야망의 시대
Age of Ambition

야망의 시대

새로운 중국의 부, 진실, 믿음

Age of Ambition

Chasing Fortune, Truth, and
Faith in the New China

에번 오스노스 지음 | 고기탁 옮김

일러두기
• 이 책에 실린 각주는 모두 옮긴이주이다.

이 책은 실로 꿰매어 제본하는 정통적인 사철 방식으로 만들어졌습니다.
사철 방식으로 제본된 책은 오랫동안 보관해도 손상되지 않습니다.

줄곧 함께해 준 세라베스를 위해

단지 가난한 집안에서 태어났다는 사실만으로
범부처럼 살아야 할 이유가 무엇일까?

– 마이클 장, 교사

대군의 지휘관은 사로잡을 수 있어도
범부의 야망은 빼앗을 수 없다.

– 공자

차례

제3부 믿음

프롤로그

전에 없던 유행이나 인생관, 생활 방식 등 새로운 사상이 중국을 휩쓸 때마다 중국인은 이를 〈열병〉이라고 묘사한다. 중국이 세계를 향해 문호를 개방한 초기에 중국인은 〈서구식 정장 열병〉과 〈장 폴 사르트르 열병〉, 〈사설 전화 열병〉을 앓았다. 이러한 열병은 언제 어디로 튈지, 또는 그 뒤에 어떠한 흔적들을 남길지 예측하기 어려웠다.

인구 1,564명의 샤자 마을은 한때 미국 경찰 드라마 「헌터」 열병을 앓았다. 중국에서는 〈노련한 형사 헌터〉라는 제목으로 더 많이 알려졌다. 1990년에 중국 텔레비전에서 이 드라마가 방영되자 샤자 마을 사람들은 텔레비전 앞에 모여 LA 경찰국의 릭 헌터 형사가 파트너인 디 디 맥콜 형사와 위장 근무를 하면서 펼치는 활약상을 지켜보았다. 그리고 한 에피소드에서 적어도 두 번 이상 자신의 트레이드마크인 〈그다지 나쁘지 않아〉라는 대사를 던지는 헌터 형사에게 익숙해졌다. 한편으로 그는 중국에서 종교적인 인물로 이해되기도 했다. 〈그다지 나쁘지 않아〉라는 대사를 〈다 하늘의 뜻이지〉라고 옮겼기 때문이다. 드라마에 대한 열병은 이 사람 저 사람에게 옮아갔고 각각 다른 식으로 사람들에게 영향을 끼쳤다. 몇 개월 뒤 경찰이 샤자 마을에 사는 한 농부의 집을 수색하려고 했을 때 농부는 수색 영장을 가지고 다시 오라고 요구했다. 「노련한 형사 헌터」를 보면서 배운 말이었다.

나는 2005년에 중국에 들어갔고 다방면에 걸친 중국의 혁신적인 변화에 관한 이야기를 듣는 데 익숙해졌다. 전체 인류의 6분의 1에 달하는 사람들이 관련된 전면적인 변화와 정치, 경제 노선의 대대적인 선회 등에 관한 이야기들이었다. 하지만 가까이서 보자 개인과 의식의 변화가 무엇보다 두드러졌으며 이러한 변화는 간과되기 쉬운 일상의 리듬 속에 묻혀 있었다. 그중에서도 가장 뜨거운 열병은 야망, 즉 인생을 바꿀 수 있다는 순수한 가능성 그 자체에 대한 믿음이었다. 시도한 사람들 중 일부는 성공했고 상당수는 그러지 못했다. 주목할 점은, 그들에게 절대로 그러한 시도를 하지 말라고 요구했던 역사를 그들이 거부했다는 사실이다. 중국에서 가장 유명한 현대 작가 중 한 명인 루쉰은 이런 말을 한 적이 있다. 〈희망은 시골에 나 있는 소로(小路) 같은 것이다. 원래는 길이 아니더라도 사람들이 다니기 시작하면 길이 된다.〉

중국에서 8년 동안 살면서 나는 이 야망의 시대가 구체화되는 과정을 지켜보았다. 야망의 시대는 특히 풍요의 시대였다. 오늘날의 영국을 낳은 최초 산업 혁명보다 규모 면에서 1백 배는 크고 속도 면에서 열 배는 빠른, 변화의 절정이었다. 이제 중국인들은 먹을 것이 부족하지 않았다. 1976년과 비교했을 때 오늘날 보통의 중국 도시민은 여섯 배나 많은 고기를 소비한다. 이제는 다른 차원의 굶주린 시대이며 중국인들은 새로운 감각과 사상, 존중에 허기를 느끼기 시작했다. 중국은 에너지, 영화, 맥주, 백금을 세계에서 가장 많이 소비한다. 그리고 전 세계의 다른 나라들을 모두 합친 것보다 빠른 속도로 철도와 공항을 건설하고 있다.

중국의 붐은 일부 중국인들에게 놀랄 만한 부를 안겨 주었다. 세계에서 가장 단기간에 새로운 억만장자들을 배출한 나라가 바로 중국이다. 신흥 부자들 중에는 세계에서도 손꼽힐 정도로 악랄하게 도둑질을 한 사람도 있었고 고위 관료도 있었다. 둘 다인 사람들도 있었다. 이러한 붐이 대다수의 중국인에게 거대한 부를 가져다준 것은 아니나, 빈곤에서 벗어나 갓 걸음마를 떼도록 해주었다. 발흥이 가져온 보상은 극단적으로 편중되어 분배되었지만 근본적으로 중국에 심대한 영향을 끼쳤다. 요컨대 근대 인류의 복지라는 측면에서 가장 광범위한 성과 중 하나였다. 1978년에 2백 달러였던 중국인의 평균 소득은 2014년에 6천 달러에 이르렀다. 거의 모든 수치로 볼 때 중국인들은 보다 장수하고, 건강하며, 계몽된 삶을 살게 되었다.

이 시대의 베이징에 살면서 나는 사람들의 생각이, 특히 중국의 미래에 대한 그들의 확신이 내가 이 나라에서 보낸 시간에 반비례한다는 인상을 받았다. 복잡성 때문에 그 복잡성에 단순한 논리를 부여할 자극이 오히려 둔화된 터였다. 변화 속에서 질서를 발견하기 위해 우리는 통계학에서 일종의 피난처를 찾는다. 이를테면 내가 중국에 체류한 8년 동안 항공 여객 수는 두 배로 늘었고, 휴대 전화 판매량은 세 배로 늘었으며, 베이징 지하철의 총연장은 네 배로 늘어났다. 하지만 나는 이러한 숫자들보다 정량화할 수 없는 한 편의 드라마에 보다 깊은 인상을 받았다. 두 세대 전까지만 하더라도 중국을 방문한 사람들은 그 천편일률적인 모습에 가장 놀랐다. 외부인의 눈에 마오쩌둥 주석은 인상적인 어떤 책의 제목처럼 〈푸른 일개미들의 황제〉였다. 하나같이 파란 면 작업복과 〈생산 팀〉으로 구성된 나라의 세속적인 신이었다. 중국인이 집단주의자이며 속을 헤아릴 수 없는 일개미라는 고정 관념이 유지되어 온 데는 중국의 정치도 일조했다. 요컨대 중국 정부는 중국 방문객들에게 중국이 단웨이(單位)와 코뮌, 무수한 희생으로 일구어진 나라라는 점을 계속해서 상기시켰다.

그럼에도 내가 본 중국에 의하면 한때 조화로운 연기를 보여 주던 국가의 이야기는 살과 피의 이야기, 그들만의 방식과 고독한 투쟁의 이야기 등 중국의 인구수만큼이나 다양한 이야기로 세분되고 있다. 오늘날은 세계 최강대국인 중국과 미국의 관계가 스스로 운명을 바꿀 날짜와 시간을 선택한 고독한 농민 변호사의 야심에 의해 시험당할 수 있는 시대다. 또한 농민의 딸이 생산 조립 라인에서 중역 회의실로, 촌부 특유의 태도와 조바심을 떨칠 새도 없이 너무나 빠르게 출세해 버리는 극적인 신분 변동의 시대이다. 개인이 정치적·경제적·개인적인 삶에서 강풍의 핵이 되고 신세대의 자아상에서 가장 중요한 위치를 차지하면서, 석탄 광부의 아들이 책 표지에 적힌 자신의 이름을 보는 것보다 중요한 일은 없다고 믿으면서 자라는 때이다.

어떻게 보면 야망의 시대의 최대 수혜자는 중국 공산당이다. 2011년 중국 공산당은 창당 90주년을 자축했으며 이는 냉전이 종료될 당시만 하더라도 상상조차 할 수 없었던 일이다. 소련이 붕괴된 후 다년간 중국 지도자들은 소련의 역사를 연구하며 그들과 똑같은 운명을 맞지 않겠노라 다짐했다. 2011년에 아랍의 독재자들이 쓰러졌을 때도 중국은 버텨 냈다. 중국 공산당은 살아남기 위해 당의 성전(聖典)을 버리면서도 그들의 성인은 꼭 쥐고 놓지 않았다. 마르크스 이론을 버리면서도 톈안먼(天安門) 광장을 내려다보는 마오쩌둥 초상화는 그대로 간직했다.

중국 공산당은 더 이상 평등을 약속하거나 고생을 끝내 주겠다고 약속하지 않는다. 그들이 약속하는 것은 오로지 번영과 자부심, 힘뿐이다. 그리고 한동안은 그것으로 충분했다. 하지만 시간이 흐를수록 사람들은 보다 많은 것을 갈구했고 어쩌면 다른 무엇보다 정보를 갈망했다. 신기술은 정치가를 수세에 빠뜨렸다. 한때는 비밀이었던 일들이 이제는 세상에 알려졌고, 한때는 혼자였던 사람들이 이제는 연대했다. 검열되지 않은 정보에 접근하지 못하도록 당이 막으면 막을수록 사람들은 더욱더 정보를 갈구했다.

중국은 오늘날 자기모순적인 모습으로 분열되어 있다. 세계에서 루이뷔통 제품을 가장 많이 구매하고, 롤스로이스와 람보르기니를 미국에 이어 두 번째로 많이 수입하는 나라인 동시에 광고판에 〈럭셔리〉라는 단어의 사용을 금지하는 마르크스·레닌주의 당이 집권한 나라이다. 중국에서 가장 부유한 도시와 가장 가난한 도시 간의 기대 수명과 소득은 뉴욕과 가나만큼이나 커다란 차이를 보인다. 또한 세계 최고의 인터넷 기업 두 개를 보유하고 미국보다 많은 인구가 인터넷을 이용하는 나라지만 사람들의 자기표현을 검열하기 위해 역사상 가장 많은 노력을 쏟아부었고 최근에는 이러한 투자 비용을 다시 두 배로 늘린 나라이다. 역사적으로 그 어느 때보다 다양하고, 도시화되고, 번영하고 있지만 한편으로는 노벨 평화상 수상자가 감옥에 있는 유일한 나라이기도 하다.

　때때로 중국은 1980년대의 일본과 비교된다. 당시 도쿄 중심가의 땅 9제곱미터는 100만 달러에 거래되었고 재계 거물들은 남극 대륙에서 가져온 얼음덩이를 넣은 칵테일을 홀짝거렸다. 그리고 1991년에 이르러 현대 자본주의 역사상 최악의 자산 디플레이션이 일본을 덮쳤다. 하지만 중국과 일본의 유사성은 그다지 크지 않다. 거품이 사라졌을 때 일본 경제는 보다 성숙해지고 발전했다. 반면 중국은 심지어 과열되어 있음에도 여전히 가난하고 그 속에서 일반인은 1970년의 일본인과 비슷한 수준으로 돈을 번다. 한편 무릎을 굽히지 않은 채 다리를 높이 들어 행진하는 중국 군인들, 망명자들과 반체제 인사들은 소련이나 심지어 나치 독일을 떠올리게 한다. 그러나 이러한 비교는 완전하지 않다. 중국 지도자들은 흐루쇼프가 그랬던 것처럼 미국을 〈묻어 버리겠다〉고 위협하지 않을뿐더러 중국의 가장 극렬한 민족주의자들 역시 제국주의 정복 활동이나 인종 청소를 하려 들지는 않기 때문이다.

　중국은 종종 과도기의 미국을, 마크 트웨인과 찰스 워너가 〈모든 사람에게는 그들만의 꿈과 나름의 계획이 있다〉라는 말과 더불어 〈도금 시대〉라고 명명했던 시기를 떠올리게 한다. 당시 미국은 남북 전쟁을 딛고 일어나 영국과 독일, 프랑스를 합친 것보다 더 많은 강철을 생산하는 나라로 발전하고 있었다. 1850년에 채 스무 명이 되지 않던 미국의 백만장자는 1900년에 이르러 4만 명으로 늘어났는데, 그들 가운데 일부는 오만하고 거만했다. 창가 자리를 달라는 요구가 거절당하자 몬테카를로에 있던 레스토랑을 아예 사버린 제임스 고든 베넷처럼 말이다. 중국에서와 마찬가지로, 부를 축적하던 초기에 미국에서는 극적인 배반 행위가 판쳤다. 조부와 증조부가 모두 미국 대통령을 지낸 철도업계 종사자 찰스 프랜시스 애덤스 주니어는 〈우리의 사업 방식은 거짓말과 속임수, 도둑질을 바탕으로 완성되었다〉고 이야기하기도 했다. F. 스콧 피츠제럴드는 노스다코타의 제임스 개츠에 대해, 궁극적으로 그가 새로운 세상으로 자신을 내던졌고 결국 사랑과 부를 추구하다가 목숨을 잃었다는 이해하기 힘든 이야기를 들려주었다. 나는 중국의 새로운 스카이라인이 던지는 불빛 아래에 서서 때때로 개츠비의 뉴욕을 떠올렸다 ─ 〈언제나 생소한, 그럼에도 여전히 이 세상의 모든 신비와 아름다움을 다 보여 주겠다는 처음의 무모한 약속을 간직한 듯한 도시〉를.

21세기 초의 중국은 두 개의 우주를 아우른다. 신흥 초강대국과 세계 최대의 권위주의 국가. 이따금 나는 신흥 재계 거물과 오전을 보낸 다음 오후에는 가택 연금 중인 반체제 인사와 시간을 보냈다. 그들이 경제적, 정치적으로 전혀 별개의 왕국인 신(新)중국과 구(舊)중국을 각각 대표한다고 생각하기 쉬웠지만 결과적으로 나는 그들이 하나이며 똑같다는, 그들의 차이가 현실의 불안정한 상태를 반영할 뿐이라는 결론에 이르렀다.

이 책은 야망과 권위주의라는 두 가지 힘의 충돌을 이야기한다. 40년 전까지 중국인에게 부와 진실, 믿음은 현실과 동떨어진 주제였다. 정치와 빈곤 때문에 이 세 가지는 단지 먼 나라의 이야기에 불과했다. 장사를 하거나 자신이 원하는 분야에 뛰어들 기회도 없었고, 정치적 선전과 검열에 도전할 힘도 없었으며, 공산당 밖에서 도덕적 영감을 찾을 수도 없었다. 불과 한 세대 만에 그들은 이 세 가지 모두에 접근할 수 있는 권리를 획득했으며 이제는 더 많은 것을 원하고 있다. 중국인들은 그동안 거의 전적으로 타인들의 통제 아래 놓여 있던 자유를 거머쥐었다. 이제는 어디서 일하고 어디를 여행하며 누구와 결혼할 것인지 그들 스스로 결정할 수 있게 되었다. 그러나 이처럼 자유가 확대되는 와중에도, 공산당은 이를 수용하는 데 줄곧 주저하는 모습만을 보여 왔다. 통제하기 위한 공산당의 노력 — 누가 중국을 이끌어 나갈 것인지는 물론 기차 여승무원이 미소를 지을 때 보여야 하는 치아의 수까지 규정하기 위한 — 은 당 외부의 온갖 다양한 삶과 모순된다. 중국에서 지낸 시간이 길어질수록, 중국인들이 그들의 성장에 자양분이 되어 준 정치 체제를 앞질렀다는 내 느낌은 더욱 강해졌다. 중국 공산당은 세계사에서 유례가 없을 만큼 거대한 인간 잠재력의 확장을 가져왔고, 어쩌면 그럼으로써 자기 자신의 생존에 가장 큰 위협을 맞이하게 되었다.

이 책은 8년간의 대화를 바탕으로 한 논픽션이다. 연구 과정에서 나는 무엇보다 노력하는 사람들 — 비단 경제적인 차원에서뿐만 아니라 정치와 관념, 정신적으로 이 영역에서 또 다른 영역으로 헤치고 나오려고 노력하는 남자와 여자들 — 에게 이끌렸다. 그들 중 상당수는 내가 「시카고 트리뷴」과 나중에는 『뉴요커』에 글을 기고하던 중 알게 된 사람들이었다. 나는 그들의 삶이 발전하고 나의 삶으로 들어왔다가 멀어지는 모습을 추적했다. 외국에서 글을 쓰는 미국인으로서 미국이 약점으로 느끼는 부분에서 중국이 가진 강점을 선망하고, 내 가치관을 거스르는 부분에서 그 나라를 고약하게 평가하고 싶은 유혹도 느꼈다. 그럼에도 불구하고 나는 중국인의 삶을 무엇보다 그들 기준에 입각해서 보여 주고자 특히 노력했다.

나는 대체로 실명을 사용했으며 정치적으로 민감한 몇몇 경우에만 주석을 달고 신원을 애매하게 처리했다. 모든 대화는 한 사람이나 그 이상의 사람들이 배석한 상태에서 나눈 이야기를 토대로 했다. 제1부는 중국의 붐 초기에서부터 시작한다. 중국의 발흥 과정에서 빈곤으로부터 완전히 탈출한 몇몇 남녀를 소개하고 그들이 감수한 위험과 그들을 행동하게 만든 사상을 설명한다. 경제적으로 성공할수록 사람들은 주위를 돌아보고 세상에 대해 더욱 많은 것을 알고자 했으며, 따라서 제2부에서는 중국 공산당의 선전과 검열을 둘러싼 저항을 이야기한다. 마지막 제3부에서는, 중산층의 말단에 위치한 사람들이 무엇을 믿어야 할지 고민하기 시작함에 따라 이러한 저항이 새로운 도덕적 토대에 대한 탐구로 바뀌는 것을 보게 될 것이다.

21세기 중국을 둘러싼 이야기는 흔히 동양과 서양, 국가 자본주의와 자유 시장 간의 경쟁으로 묘사된다. 하지만 그 전경에는 보다 직접적인 경쟁이 존재한다. 중국은 무엇이어야 하는가를 둘러싼 싸움이다. 중국을 이해하려면 눈부시게 빛나는 새로운 힘의 빛과 열기도 측정해야 하지만 그 에너지의 원천 또한 살펴보아야 한다 — 변화하는 중국 그 한가운데 있는 사람들 말이다.

제1부

부

1. 해방

1979년 5월 16일

중국 연안에 인접한 어느 섬, 한 조각 달빛에 의지한 채 스물여섯 살의 한 육군 대위가 초소에서 몰래 빠져나와서 물가로 향했다. 최대한 기척을 숨기면서 소나무 숲을 가로질러 절벽에서 툭 튀어나온 바위로 이동했다. 그 아래로 바닷가가 한눈에 들어왔다. 계획이 발각되면 그는 불명예를 쓰는 것은 물론 그 즉시 숙청될 터였다.

린정이 대위는 모범적인 군인이자, 중국 공산당에 반대하는 세력이 집권하고 있던 타이완에서 가장 유명세를 떨치던 젊은 장교 중 한 명이었다. 지난 30년 동안 타이완은 공산주의 정권에 맞서 왔고 린 대위는 이러한 저항의 상징이었다. 대학에 다닐 때부터 그는 이미 유명 인사였다. 평범한 민간인으로서의 삶을 포기하고 군에 입대하기로 했기 때문이다. 그 같은 결심을 하는 사람이 지극히 드물었던 까닭에 미래의 타이완 대통령이 그에게 악수를 청할 정도였고, 신문마다 〈성스러운 역습〉 즉 중국 본토를 되찾고자 하는 꿈의 상징적인 인물로 그의 사진이 대문짝만 하게 실렸다.

꼿꼿한 자세와 넓고 납작한 코, 모자 가장자리로 툭 튀어나온 돌출 귀를 가진 린정이는 키가 180센티미터가 넘었다. 그동안의 헌신 덕에 그는 전방에서도 가장 민감한 지역에 배치될 수 있었다. 키모이라는 아주 조그마한 섬이었다. 중국어로 〈진먼(金門)〉이라 불리는 그 섬은 바다를 사이에 두고 중국 본토의 암석 해변과 1.8킬로미터 남짓 떨어져 있었다.

린 대위에게는 한 가지 비밀이 있었다. 자신은 물론이고 가족한테도 너무나 위험했기 때문에 둘째를 임신한 채 아들과 함께 집에 있는 아내에게도 감히 털어놓지 못한 비밀이었다. 린 대위는 점점 그 무게를 더해 가는 역사의식에 진즉 눈을 떴다. 혼란의 30년을 마감한 중국이 타이완 국민들에게 〈위대한 조국〉과 재결합하자고 호소하고 있었다. 본토로 전향을 시도하는 군인은 누구를 막론하고 발견되는 즉시 총살을 당했다. 전향을 시도한 사람도 매우 드물었지만 그나마도 결과는 뻔했다. 가장 최근의 시도라고 해봐야 거의 한 달 전이었다. 그럼에도 린정이에게는 확고한 사명이었다. 중국은 다시 일어나서 번영할 것이다. 그는 그렇게 믿었다. 그리고 자신은 그러한 중국과 함께 번영할 터였다.

그는 어둠 속에서 지뢰가 매설된 언덕을 안전하게 내려가도록 자신을 안내할 모랫길을 찾아냈다. 섬 특유의 옹이 많은 소나무들이 바다에서 불어오는 바람에 휘었다. 낮 동안 크리스털처럼 반짝이던 녹색 바다는 이제 끝이 보이지 않는 검은색 덩어리에 불과했고 파도에 따라 밀려왔다 밀려가기를 반복했다. 해상 침투를 막기 위해 백사장에는 바다를 향해 돌출된 기다란 쇠창들이 심겨 있었다.

린 대위는 소나무 숲을 벗어나 해변으로 돌진하기 직전에 신발 끈을 풀고 흙과 돌로 된 바닥에 맨발을 내디뎠다. 마침내 그는 동료 군인들과 가족, 자신의 명예를 버릴 준비가 되었다.

실제로 그 바다를 헤엄치려고 했던 다른 사람들은 하나같이 지금 린 대위가 가려는 방향과 반대쪽으로 향했다. 1979년의 중국 본토는 도망쳐야 할 땅이었다.

18세기 제국 시절의 중국은 전 세계 재화의 3분의 1을 장악했다. 이 시기 중국에서 가장 발달한 도시들은 대영 제국이나 네덜란드만큼이나 번창했고 상업화되었다. 하지만 19세기와 20세기에 중국은 외부의 침략과 내전, 정치적 격변 등을 겪으면서 쇠락했다. 이어 1949년에 정권을 잡은 중국 공산당은 〈토지 개혁〉 운동을 실시했다. 소작농을 공동체로 묶고 지주를 비롯하여 적으로 간주된 수백만 명의 사람들을 죽였다. 1958년에는 마오쩌둥 주석이 대약진 운동을 출범시켜 단 15년 만에 영국을 따라잡고자 했다. 일부 조언자들이 불가능하다고 간언했지만 마오쩌둥은 그들을 무시하고 모욕했다. 그 결과 국가 기술 위원회의 수장이 창밖으로 몸을 던지기도 했다. 선전관들은 번번이 수확량이 엄청나게 늘었다고 호도하면서 〈스푸트니크식 수확〉이라고 치켜세웠다. 소련이 인공위성 발사에 성공한 것과 맞먹는 성과라는 뜻이었다. 사실 그들이 발표한 수치는 가짜였다. 굶주림은 더욱 심해졌고 불평하는 사람들 중 상당수가 고문을 받거나 죽임을 당했다. 음식을 찾아 돌아다니는 일이 당명으로 금지되었다. 마오쩌둥의 대약진 운동은 결국 세계 최악의 기근을 낳았고 그로 인해 제1차 세계 대전의 희생자 수보다 많은 3천만 명에서 4천5백만 명의 사람들이 목숨을 잃었다. 린 대위가 타이완을 저버리던 시점에 중화 인민 공화국은 북한보다도 가난했다. 1인당 국민 소득이 사하라 사막 이남 아프리카 수준의 3분의 1에 불과했다.

당시는 덩샤오핑이 중국 최고 지도자가 된 지 아직 6개월도 지나지 않은 시점이었다. 일흔다섯 살이 된 그는 설득력과 솔직함을 겸비한 정치가였고, 마오쩌둥 주석에 의해 거듭해서 축출되었다가 두 번의 복권을 거치면서 살아남았다. 이후 뒤이은 중국 붐의 유일한 설계자로 자주 묘사되었는데 이는 공산당 역사학자들의 숨은 노력이 작용한 결과였다. 덩샤오핑은 자신의 지식적 한계를 인정했다. 경제 문제와 관련해서 그가 취한 가장 현명한 행보는 동료인 당원로 천원과 힘을 합친 일이었다. 천원은 서구 사회에 대해 지극히 회의적이었던 까닭에 레닌의 『제국주의론』을 다시 읽고 그로부터 개혁 아이디어를 얻었다. 또 다른 협력자로 상대적으로 젊고 진보적인 당 간부 자오쯔양도 있었다. 빈곤을 줄이려는 그의 노력 덕분에 소작농들 사이에는 〈먹고살려면 자오쯔양을 찾아라〉라는 말이 생길 정도였다.

변화는 아래에서부터 시작되었다. 바로 이전 해였다. 샤오강이라는 내륙 마을의 농부들이 마오쩌둥의 경제 비전 때문에 더없이 빈곤해지자 집단 농장의 경작을 중단하고 구걸에 나섰다. 자포자기 심정이 된 열여덟 명의 농부들이 집단 농장을 분할하여 제각각 농사를 짓기 시작했다. 그들은 자신만의 계획을 세우고 정부에서 정한 양보다 많은 농작물을 시장에 내다 팔아 이득을 챙겼다. 은밀한 협정을 맺고 체포되는 사람이 생길 경우 나머지 사람들이 그 사람의 가족을 보살피기로 했다.

이듬해가 되자 그들은 이전에 비해 거의 스무 배에 가까운 소득을 올리고 있었다. 실험이 탄로 나면서 몇몇 당 기관원들이 〈사회주의의 근간을 위협한다〉는 혐의로 그들을 고발했지만 보다 현명했던 지도자들은 그 농부들이 해오던 대로 계속하도록 허락했고, 궁극적으로는 그들의 방식을 전국 8억 명의 농부들에게 확대했다. 알려진 대로 〈가족농〉으로의 회귀는 급속하게 확대되었고 한 농부는 그 과정을 닭장 안에서 세균이 퍼지는 것에 비유했다. 「한 집의 닭이 병에 걸리면 마을 전체의 닭이 같은 병에 걸린다. 그리고 한 마을이 병에 걸리면 곧 나라 전체가 감염된다.」

덩샤오핑을 비롯한 이들 지도자들은 끊임없이 서로 언쟁을 벌였지만 덩샤오핑의 카리스마와 천윈의 신중한 태도, 자오쯔양의 능력은 놀라운 성공을 이끌어 냈다. 그들이 만들어 낸 모델은 이후로도 수십 년 동안 지속되었다. 천윈이 〈새장 경제〉라고 부른 이 모델은 시장 경제가 번창하도록 놔둘 만큼 충분히 유연하면서도 시장 경제가 정부의 통제로부터 벗어날 만큼 완전히 자유롭지는 않았다. 당 원로들은 젊은 혁명가였던 시절 지주들의 처형과 공장 몰수, 인민 공사의 탄생 등을 감독했다. 하지만 이제는 혁명을 뒤집음으로써 자신들의 권력을 보호했다. 덩샤오핑의 표현에 의하면 〈파리 몇 마리〉가 따라 들어오기는 했지만 그들은 사기업을 허가하고 세상에 문호를 개방했다. 중국의 개혁에는 청사진이 따로 없었다. 천윈의 표현을 빌리자면 통제력을 잃지 않으면서 나아가는 것이 전략이었다. 그들은 〈돌다리도 두들겨 보고〉 건넜으며 그 공로는 예상대로 천윈이 아닌 덩샤오핑의 차지가 되었다.

1979년 중국 공산당은 더 이상 인민들에게 〈지주〉나 〈부농〉이라는 딱지를 붙이지 않겠다고 선언했고, 이후 덩샤오핑은 다음과 같은 말로 최후의 낙인마저 없애 버렸다. 「우선은 일부 사람들 먼저 부자가 되게 하고, 그런 다음에 점차 모든 인민들이 함께 부자가 되어야 한다.」 중국 공산당은 그들의 경제 실험을 확대했다. 사기업이 직원을 여덟 명 이상 고용할 수 없다는 공식적인 제한 ─ 마르크스는 직원이 여덟 명이 넘으면 기업의 착취가 시작된다고 믿었다 ─ 에도 불구하고 머지않아 소기업들이 빠르게 등장하기 시작했으며, 이를 두고 덩샤오핑은 유고슬라비아 대표단에게 〈어디에서 왔는지 모를 생소한 군대가 뜬금없이 등장한 것 같다〉고 설명했다. 그럼에도 자신이 그 공을 차지하지는 않았다. 그는 〈이러한 성과가 우리 중앙 정부의 노력에 의한 것은 아니다〉라고 단언했다.

전국 곳곳에서 사람들이 한때 그들의 삶을 지배했던 집단 농장에서 벗어나고 있었다. 그리고 이런 탈출에 대해 언급할 때 그들은 자신들이 〈송방〉, 즉 해방되었다고 말했다. 〈송방〉이란 감옥에서 풀려난 죄수나 구속에서 벗어난 동물을 가리킬 때 자주 이용되는 말이었다. 곧 그들은 정치와 민주주의를 이야기하기 시작했다. 하지만 덩샤오핑에게는 타협할 수 없는 자신만의 한계가 있었다. 린정이 대위가 중국 본토로 탈출을 감행하기 불과 얼마 전인 1979년 3월, 덩샤오핑은 일단의 정부 고위층을 상대로 한 연설에서 〈우리 체제의 원칙과 명백하게 충돌하는 이러한 언론의 자유를 우리가 어떻게 허용할 수 있겠는가?〉라고 주장했다. 중국 공산당은 절대로 〈개인의 민주주의〉를 수용하지 않을 터였다. 경제적 자유는 허용하지만 정치까지 통제하도록 허용하지 않을 터였다. 중국이 번창하기 위해서는 〈인민에게 자유를 제공하는 행위〉에 반드시 제한을 두어야 했다.

변화가 본토를 휩쓸기 시작했을 때 린정이는 멀리서 그 변화를 보았다. 그는 타이완과 본토가 이후로 수십 년간 지속될 이념적·정치적 교착 상태에 빠지고 난 3년 뒤인 1952년에 태어났다. 1949년 중국 내전에서 공산주의자들에게 패한 국민당은 타이완으로 망명해 타이완 섬 전체에 계엄령을 선포하고, 원칙적으로는 다시 중국에서 집권할 그날을 준비했다. 타이완의 삶은 고되었고 제약도 많았다. 린정이는 타이완 본섬 외진 구석의 이란이라는 울창한 삼각주 마을에서 자랐다. 그의 가족은 중국 본토에서 건너온 초기 이민자의 후손이었다. 타이완으로 온 국민당 세력은 이들 초기 이민자들을 하층민으로, 정치적으로 신뢰할 수 없는 사람들로 간주했으며 따라서 그들은 직업과 교육적인 측면에서 공공연한 차별을 당했다.

그의 아버지 린훠수는 이발소를 운영했고 어머니는 이웃들에게 삯빨래를 해주었다. 그들 가족은 마을 외곽에 위치한 판잣집에서 생활했다. 이런 환경에서도 린훠수는 자식들에게 고대 중국의 과학과 치국책을, 구텐베르크의 인쇄술이 등장하기 4백년 전부터 이미 인쇄를 시작했을 정도로 발달했던 중국의 문명에 대해 가르쳤다. 그는 『삼국지』, 『서유기』 같은 고서들을 소리 내어 읽고 자식들에게 중국 부활의 꿈을 심어 주었다. 넷째 아들의 이름은 〈정이〉라고 지었다. 〈정의(正義)〉라는 의미였다.

어린 린정이는 중국이 그토록 눈부신 역사를 가졌음에도 왜 그의 가족은 겨우 먹고살 정도로 가난한지 이해할 수 없었다. 그는 자신의 형을 떠올렸다. 그의 형은 어머니에게 절대로 그날 점심을 먹을 수 있는지 묻지 않았다. 그만큼 묻기가 곤혹스러운 질문이었다. 「형은 화덕에 몸을 기대어 보고는 했어요. 화덕에서 온기가 느껴지면 점심을 먹을 수 있다는 뜻이었죠.」 그렇지 않으면 굶을 터였다. 이 같은 경험은 린정이에게 지극히 실리적인 성향을 길러 주었다. 그 결과 그는 인간의 존엄성 문제를 주로 역사와 경제라는 관점을 통해 보게 되었다.

10대 때 그는 토목 공사 이야기에 매료되었다. 기원전 3세기에 오늘날의 쓰촨 성을 다스렸던 리빙 같은 고대 중국의 지도자들이 이룩한 업적에 관한 이야기였다. 리빙은 산을 관통하는 수로를 8년에 걸쳐 완성하여 치명적인 홍수를 통제한 인물이었다. 그 과정에서 그는 수천 명의 인부들을 동원했고 인부들은 건초에 불을 질러 바위를 가열한 다음 가열된 바위를 물로 냉각시켜 깨뜨렸다. 그렇게 오늘날 종종 세계의 불가사의로 비유되는 거대하고 튼튼한 관개 시설이 탄생했다. 아울러 이 관개 시설은 그 지방에서 가장 황폐한 평원 중 한 곳을 오늘날에 이르러 〈천국의 땅〉으로 알려질 정도로 비옥한 지역으로 바꾸어 놓았다.

린정이는 형제들 중에서도 가장 전도가 유망했으며 1971년에는 누구나 탐내는 국립 타이완 대학에 입학했다. 관개학을 공부하기 위해서였다. 그의 학비를 조달하기 위해 나머지 세 형제들은 학교를 중퇴하고 아버지의 이발소에서 일했다. 그가 대학에 들어갔을 당시 학교는 타이완과 중국 본토의 미래를 둘러싼 논쟁에 한창 휩싸여 있었다. 그때까지 타이완의 젊은이들은 오랫동안 중국 본토가 〈공산당 강도〉와 〈악마〉의 지배를 받는다고 배워 오던 참이었다. 이러한 위협을 국민당은 계엄령을 정당화하는 데 이용했으며 이 같은 전략은 정적들과 공산당 지지자들에 대한 대대적인 인권 침해로 이어졌다.

린정이가 대학에 들어간 시점에 타이완의 국제적 지위는 점점 약화되고 있었다. 1971년 7월, 미국 대통령 리처드 닉슨은 베이징을 방문하겠다고 발표했다. 그해 10월에는 국제 연합이 UN 총회에서 타이완의 의석을 박탈하고 그 자리를 인민 공화국에 넘겨주기로 결의했다. 인민 공화국을 중국인의 합법적인 정부로 인정하는 행보였다. 이런 분위기 속에서 린정이는 자신의 목소리를 냈다. 그는 신입생 대표가 되었으며 타이완에서 가장 열정적인 젊은 행동주의자 중 하나로 부상했다. 〈UN 내부로 잠입하려는 공산당 강도들에 맞서 투쟁하라〉라는 학생 대회에 참가한 그는 마이크를 잡고 타이완을 향해 대대적인 저항 운동을 호소했다. 계엄령이 선포된 시기라는 점을 감안하면 동료 행동주의자들조차 차마 그를 지지할 수 없을 정도로 너무나 급진적인 발상이었다. 또 다른 행사에 참가해서는 단식 투쟁을 선언했고 이 투쟁은 학장의 만류가 있은 다음에야 중단되었다.

육군 사관 학교로 학교를 옮기겠다고 발표하면서 그는 기자들에게 〈나의 입대 결정이 모든 젊은이들에게 애국심을 일깨울 수 있다면…… 그에 따른 영향은 헤아릴 수 없을 것이다〉라고 설명했다. 그에게는 다른 실리적인 노림수도 있었다. 요컨대 사관 학교에 들어가면 학비가 무료일 뿐 아니라 장학금도 받을 수 있을 터였다.

대학에 다니던 어느 날 친구 집에서 린정이는 천윈잉이라는 젊은 여인을 만났다. 국립 정치 대학에서 문학을 전공하는 학생 운동가였다. 그들은 학교를 졸업하고 결혼하여 아들을 낳았다. 린정이는 2년 동안 MBA 과정을 공부한 다음 키모이 섬에 배치되어 중대를 이끌었다. 공산당이 집권한 중국 본토의 해안선을 바로 코앞에 두고 있는 최전방이었기 때문에 냉전 당시 〈자유 세계의 등대〉라는 이름으로 알려진 섬이었다. 양측이 한때 서로에게 맹렬한 포격을 가했던 탓에 타이완 군대는 키모이 섬 곳곳에 벙커와 지하 식당, 병원 등을 마치 벌집처럼 수도 없이 건설해 두고 있었다. 산을 파고 깊이 들어간 덕분에 핵 공격에도 버틸 정도였다.

1978년 린정이가 부대에 배치될 즈음 전쟁은 물리적인 측면보다 심리전의 양상으로 진행되었다. 양쪽 군대는 여전히 서로를 향해 포격을 가했지만 일정한 패턴이 있었다. 중국 본토에서는 홀수 날에만 포격했다. 타이완은 포격을 받은 그 주의 나머지 주중에만 포격을 가했다. 대부분의 경우 그들은 선전 활동에 열을 올렸다. 거대한 고성능 스피커를 이용해서 서로에게 비난을 가했으며 열기구를 이용해서 전단지를 살포했다. 자국의 부유한 환경을 과시하기 위해 전향자들을 유혹할 수 있는 물품들을 소프트볼 크기의 유리 용기에 포장해서 상대편 해안으로 떠내려 보냈다. 타이완은 외부 세계의 소식을 알려 주는 핀업 사진과 축소판 신문을 비롯하여 깨끗한 속옷과 대중음악 카세트테이프, 간이 라디오를 만드는 설명서, 잠재적인 전향자들에 대한 부와 명예의 약속 등을 제공했다. 이에 맞서 중국은 술과 차, 참외 그리고 타이완에서 중국 본토로 전향한, 또는 당에서 주장하듯이 〈어둠을 빛과 맞바꾼〉 외교관들과 과학자들이 웃고 있는 사진을 실은 팸플릿 등으로 대응했다.

1978년 12월, 지미 카터는 미국이 베이징의 공산당 정부를 공식적으로 인정하여 타이완과 정식 외교 관계를 끊겠다고 선언했다. 이 소식은 타이완이 중국 본토에서 재집권할 거라는 희망을 그나마도 완전히 묻어 버렸다. 한 통신 기자의 전언에 따르면 타이완 사람들은 〈차들이 복잡하게 오가는 도로를 건너려는 고양이처럼 초조해했으며 시간이 갈수록 초조감은 더욱 심해졌다〉. 1979년 새해 첫날 중국 정부는 키모이에 대한 포격을 중지한다고 공표하면서 타이완 사람들에게 〈밝은 미래가 (……) 우리와 여러분 앞에 있다. 중국 본토의 재통일은 역사가 우리 세대에게 맡긴 신성한 사명이다〉라고 호소했다. 더불어 〈본토에서는 이미 활발하게 건설이 시작되고 있다〉고 자랑했다.

1979년 2월 16일에 린정이는 이전보다 더욱 중국 본토와 가까운 곳에 새로 배정되었다. 그는 황량하고 강한 바람이 그대로 들이치는 곳, 군인들 사이에서는 〈우주의 최전방〉이라고 알려진 〈마〉라는 산(山)에서 작은 전투 지휘소를 맡았다. 그곳에 배치되는 것은 일종의 특권이었지만 군 수사관의 증언에 따르면 린정이는 새롭게 배정된 임무에 불만을 느꼈다. 육군 사관 학교에서 학생들을 가르치거나 시험을 치러 상급 부대에 들어가는 것에 비하면 외딴섬 생활이 고독하기 그지없었기 때문이다. 그럼에도 그가 배정된 근무지는 최전방에서 군복을 입은 젊은 애국자들과 복무하는 사진을 남기고 싶어 하는 정치 귀족들이 가장 선호하는 중간 경유지였다. 4월에 휴가를 낸 그는 가족과 친구들을 만났다. 그리고 어느 날 밤 오랫동안 알고 지내던 대학 동창 장자성에게 자신은 중국이 번영해야 타이완도 번영할 수 있다고 믿는다고 말했다.

린정이는 마 산으로 돌아왔다. 쌍안경을 통해 인민 해방군의 얼굴을 볼 수 있을 정도로 중국 본토는 가까이 있었다. 그의 생각은 이미 획기적인 전환을 맞기 시작한 터였다. 타이완과 중국 공산당은 서로 적이었지만 일반인들은 그들이 같은 역사와 운명을 공유한 동일한 씨족의 서로 다른 반쪽이라고 생각했다. 미국의 남북 전쟁과 마찬가지로 어떤 가족들은 물리적으로 이별한 채 살았다. 예컨대 한 남자는 공산당이 뱃길을 막기 직전에 어머니 심부름으로 중국 본토에 장을 보러 갔다가 40년째 집에 돌아오지 못하고 있었다.

타이완이 분리된 첫해에 일부 병사들이 헤엄쳐서 중국 본토로 건너가려 시도했다. 하지만 섬 주변으로 거센 물살이 굽이치고 있었기에 망명을 시도했던 사람들은 결국 물살에 떠밀려 기진맥진한 상태로 돌아와 반역자로 체포되었다. 망명을 단념시키기 위해 군인들은 섬에 있던 대부분의 어선들을 파괴했고 그나마 남은 몇몇 어선의 선주들은 밤이 되면 노를 치워 두어야 했다. 농구공이나 자전거 튜브처럼 언제든 수영 보조 장치로 변할 수 있는 물건들은 무기처럼 무조건 등록해야 했으며 군인들은 섬을 돌아다니면서 수시로 검문을 했다. 불시에 문을 두드리고 등록된 농구공이나 고무 튜브가 제대로 있는지 보여 달라는 식이었다.

1979년 이른 봄, 한 병사가 좀처럼 드문 시도를 벌였다. 망명 시도였고 아니나 다를까 역시 체포되었다. 하지만 다른 병사의 실패에도 린정이는 영향을 받지 않았다. 자신의 계획은 훨씬 성공 가능성이 높다고 믿었으며 한편으로는 상관들에게 미칠 영향을 최소화하고 싶었다. 그는 5월에 다른 부대로 전출될 예정이었다. 따라서 전출 도중에 망명한다면 상관들은 사전에 알아차리지 못한 잘못을 서로에게 그럴듯하게 떠넘기고 비난을 피할 수 있을 거라 생각했다. 더구나 키모이 섬의 봄은 습한 공기와 차가운 바닷물이 만나 해안가에 회색빛 커튼을 드리우는 안개의 계절이었다. 그 안개는 파도 속으로 조용히 미끄러져 들어가는 사람을 가릴 정도로 충분히 짙은 장막이 되어 줄 터였다.

봄이 되면 섬 주변의 물살은 하루가 다르게 거세지고 여름이 되면 이미 너무 거세서 아무리 열심히 파도를 향해 헤엄쳐도 해안으로 도로 떠밀려 올 수밖에 없었다. 중국 본토까지 헤엄쳐서 갈 생각이라면 린정이는 지금 당장 출발해야 했다.

5월 16일 아침에 린정이는 자신의 초소에 있었다. 그는 중대 부관인 랴오전 주에게 최신 물때표를 부탁했다. 만조는 오후 4시였고 이후로는 날물이 시작된다.

그날 저녁 일몰 후에 린정이는 대대 본부에서 회의를 마치고 저녁을 먹으러 마 산으로 돌아왔다. 8시 30분, 중대 참모 퉁친야오가 식사 중이던 그에게 다가와서 신병을 데리러 대대 본부에 다녀오겠다고 보고했다. 퉁친야오는 1시간 후에 돌아왔지만 식당에서 더 이상 린정이를 볼 수는 없었다.

그는 막사에도 없었다. 밤 10시 50분, 사단의 대위 두 명이 그의 부재를 일지에 기록하고 수색대를 편성했다. 자정이 되자 지휘관들은 〈번개 작전〉이라는 이름으로 키모이 섬 전체에 대한 대대적인 수색을 실시했으며 군인과 민간인, 남자, 여자, 어린아이 할 것 없이 10만 명의 인원이 동원되었다. 그들은 농가의 헛간을 파헤치고 장대를 이용해 연못 속까지 철저히 조사했다. 머지않아수색대는 첫 번째 단서를 발견했다. 지뢰가 매설된 오솔길이 끝나는, 즉 마 산에서 해안으로 이어지는 지점에서 〈중대장〉이라는 글씨가 전사된 그의 운동화가 발견된 것이다. 그들은 린정이가 사용하던 방을 수색했고 물통과 나침반, 구급상자, 중대 깃발, 구명조끼가 사라졌음을 알았다.

그 시간 린정이는 수색대보다 훨씬 앞서 있었다. 전투 지휘소에서 해안가의 회갈색 바위 지대에 도달하는 데는 300미터만 가로지르면 되었다. 그곳에서 그는 파도 속으로 미끄러져 들어갔다. 간조 시간인 10시 전까지 바다로 뛰어들어야 썰물이 자신을 육지로부터 바다로 이끌어 줄 거라는 계산을 마친 상태였다. 그는 또 다른 중요한 조치도 이미 취해 두었다. 군 수사관에 따르면 린정이는 바다로 뛰어들기 이틀 전 해안을 따라 설치된 초소들을 검열하면서 바다를 감시하는 어린 신병들에게 훈시를 행했다. 그리고 그들에게 야릇한 농담을 던졌다. 요컨대 만약 밤중에 바다를 수영하면서 공격할 의사를 보이지 않는 누군가를 발견하면 굳이 사격하지 말라. 그들은 아마도 〈물의 혼령〉일 뿐이며 혹시라도 그들에게 사격을 가하면 앙갚음이 있을 것이다. 당시 타이완에는 징조와 혼령에 관한 미신이 성행했고 따라서 지휘관의 입에서 나온 즉흥적인 그 한마디는 마음 약한 10대 병사로 하여금 밤바다에서 일어나는 비밀스러운 움직임에 대해 경보를 발동하기 전 다시 생각하도록 만들기에 충분했을 것이다.

물속에서 린정이는 열심히 그리고 빠르게 헤엄쳤다. 해류가 그를 잡아당겼지만 곧 그는 연안을 벗어나 시커멓고 깊은 바다에서 혼자가 되었다. 주변은 온통 바다와 하늘뿐이었다. 해협의 중간 지대를 건너기만 하면 밀물이 남은 여정 동안 그를 이끌어 줄 터였다.

그는 녹초가 될 때까지 자유형으로 수영했고 그런 다음에는 하늘을 향해 누운 자세로 떠내려가면서 체력을 회복했다. 3시간 뒤, 추위로 다리가 덜덜 떨리고 감각도 없었지만 그는 육지에 접근하고 있었다. 중국 땅의 동쪽 맨 끝에 위치한 작은 섬이었다. 넓이가 대략 240제곱미터에 불과한 그곳은 모래와 팔메토 야자나무 숲을 제외하면 중국군 초소와 대포가 전부였다. 그가 알기로 해변 곳곳에는 지뢰가 매설되어 있었다. 그는 비닐봉지에 넣어 둔 손전등을 꺼내기 위해 품속으로 손을 넣었다. 꽁꽁 언 손가락이 버튼을 더듬거렸다. 손전등을 켠 그는 이미 해안가로 모여들기 시작한 중국 군인들에게 신호를 보냈다.

마침내 린정이는 얕은 연안에 도착했다. 그는 잔뜩 기대에 부풀어 있었다. 중국 공산당에서 제작한 팸플릿에 따르면, 그들은 자신 같은 사람들에게 영웅에 준하는 환영과 부를 약속했다. 하지만 어둠 속에서 한 명의 병사가 물속으로 들어와 린정이에게 다가오더니 그를 체포했다.

2. 사명

모든 중국 여행은 이끌림에 관한 이야기로 시작한다. 톈진에서 선교사 부부의 아들로 태어난 미국인 작가 존 허시는 이를 〈사명〉이라고 불렀다.

대학 1학년 때 나는 현대 중국 정치학 개론 수업에 빠져들었다. 혁명과 내전, 다방면에 걸친 마오쩌둥 주석의 비극적 영향, 중국을 고립에서 꺼내어 세상을 향해 문호를 열도록 한 덩샤오핑의 부침(浮沈) 등에 관한 내용이었다. 불과 5년 전인 1989년에 톈안먼 민주화 운동이 일어났었다. 당시 나보다 겨우 몇 살 많은 학생들이 충동적인 이상주의에 고무되어 공산당 권력자들의 요새 안마당에 텐트촌을, 국가 안의 작은 국가를 건설했다. 텔레비전 속 그들은 동양과 서양 사이에서 갈등하는 듯 보였다. 서양의 여느 젊은이들처럼 덥수룩하게 머리를 기르고, 대형 휴대용 카세트 라디오를 들고 다니고, 미국의 독립 혁명 지도자 패트릭 헨리의 말을 인용하면서도 입으로는 혁명가를 부르고, 여전히 인민복을 단추로 꽉 채운 사람들에게 자신들의 요구를 전달하기 위해 무릎을 꿇었다. 한 학생 시위자가 기자에게 말했다. 「우리가 원하는 바가 무엇인지 나도 정확히 모르겠다. 어쨌든 우리는 보다 많은 것을 원한다.」 그들의 시위는

6월 3일 밤과 4일 새벽 정부의 확성기에서 〈여기는 서양이 아니다. 중국이다〉라는 소리가 울려 퍼지면서 유혈 사태로 끝났다. 중앙정치국은 공산혁명 이후 처음으로 인민 해방군으로 하여금 인민을 공격하게 했다. 중국 공산당은 당에 대한 도전을 제압했다는 사실에 만족했지만 이미지 타격을 의식했고, 따라서 그 뒤로 오랜 시간에 걸쳐 해당 사건을 조직적으로 무마시키며 역사에는 아주 개략적인 사실만 남도록 만들었다.

중국에 관심을 갖게 된 나는 반년 동안 중국어를 배울 계획으로 1996년에 베이징으로 날아갔다. 입이 떡 벌어질 정도로 경이로운 곳이었다. 정신적으로나 지리적으로나, 그 도시가 네온사인에 뒤덮인 홍콩보다는 바람이 몰아치는 몽골의 평원과 얼마나 더 가까운 곳인지 카메라로는 담아낼 수 없었다. 베이징에는 석탄과 마늘, 땀에 찌든 스웨터, 싸구려 담배 냄새가 진동했다. 창문이 닫힌 채 고정되어 열기가 올라오는 엉성한 택시를 탈 때면 으레 그 냄새들이 입천장을 맴돌았다. 산으로 둘러싸인 베이징은 화베이 평원의 고지대에 위치해 있으며 겨울이면 칭기즈 칸의 땅에서 시작된 바람이 쌩쌩 휘몰아쳐 사람들의 얼굴을 후려쳤다.

베이징은 왁자지껄하고 매력 없는 곳이었다. 당시 도시에서 가장 좋은 빌딩 중 하나가 젠궈 호텔이었는데 그 건물을 지은 건축가는 캘리포니아 팰로앨토에 있는 홀리데이 인을 완벽하게 복제했다고 자랑스럽게 설명했다. 중국의 국민 경제 규모는 이탈리아보다 작았다. 시내에서 조금만 벗어나도 시골 느낌이 물씬 풍겼다. 나는 신장 마을이라는 이슬람 동네에서 자주 저녁을 먹었는데 그곳에는 중국 서쪽 끝자락 출신의 민족 집단인 위구르족이 살았다. 회색 벽돌로 지은 작은 식당 앞에는 양들이 매인 채 불안하고 있었다. 이 동물들은 저녁 때마다 차례로 부엌에서 생을 마감했다. 한편 그날의 손님이 모두 떠나면 손님 시중을 들던 종업원과 주방장은 식탁을 침대 삼아 잠자리에 들었다.

중국은 이미 2년 전에 인터넷을 도입했지만 전화 회선은 인구 1백 명당 다섯 개꼴에 불과했다. 내가 미국에서 가져온 모뎀을 기숙사 벽에 연결하자 모뎀은 〈펑!〉 하며 날카로운 소리를 내었고 그 뒤로는 두 번 다시 작동하지 않았다.

　　톈안먼 광장을 처음 방문했을 때 나는 광장 중앙에 서보았다. 마오쩌둥 기념당과 인민 대회당, 톈안먼이 삼면에 보였다. 당연하지만 시위의 흔적은 어디에도 없었으며 마오쩌둥의 유해가 유리 상자에 방부 처리된 1977년 이래로 광장은 아무것도 변한 것이 없었다. 외국인으로서 나는 중국 공산당이 건설했던 스탈린식 유적을 보며 중국 공산당의 운이 다했다는 결론을 내리고 싶은 충동을 느꼈다. 그해 여름 「뉴욕 타임스」는 〈무의미한 대장정〉이라는 제목의 기사를 실어 〈한때는 어디에나 존재했던 당이 거의 아무 곳에도 존재하지 않게 되었다〉고 논평했다.

　　광장의 한쪽은 미래를 위해 할애되어 있었다. 높이 15미터에 길이 9미터짜리 거대한 디지털시계가, 그 꼭대기에 적힌 바에 의하면 〈중국 정부가 홍콩에 대한 주권을 회복〉할 날짜를 카운트다운 중이었다. 영국이 1842년 제1차 아편 전쟁에서 승리한 뒤로 줄곧 지배해 온 홍콩 섬을 반환하기로 한 날짜가 채 1년도 남지 않은 시점이었다. 그들의 표현을 따르자면 외국 강대국에 의해 〈멜론처럼 조각조각 잘린〉 침략의 역사에 중국인들은 몹시 분노했고, 따라서 홍콩 반환은 중국의 위엄 회복을 의미하는 상징적인 사건이었다. 시계 아래서는 중국인 관광객들이 사진을 찍고 있었고, 시계를 배경으로 웨딩 촬영을 하기 위해 서 있는 커플들을 취재하는 지방 신문사의 모습도 보였다.

　　홍콩 반환은 폭발적인 애국심을 이끌어 냈다. 거의 20년에 걸친 개혁과 서구화를 겪고 나서 중국인 작가들은 이제 할리우드 영화와 맥도날드, 미국적 가치관에 맞서고 있었다. 예컨대 그해 여름에는 〈노라고 말할 수 있는 중국〉이라는 제목의 책이 베스트셀러가 되었다. 일단의 젊은 지식인들이 공동 집필한 그 책은 중국이 앓던 〈미국 열병〉을 노골적으로 비난했다. 그들은 〈미국 열병〉의 결과로 만연한 비자와 해외 원조, 광고 등이 국가의 이미지를 실추시켰다고 주장했다. 이러한 〈문화적 교살〉에 맞서지 않는다면 중국은 외국의 침략을 받은 굴욕의 역사를 되풀이하면서 다시 〈노예〉로 전락할 터였다. 중국 정부는 비록 도움이 되기는 하지만 폭발력을 가진 그러한 생각들이 빠르게 확산되는 것을 염려하여 결국 판매대에서 해당 책을 빼버렸지만, 이미 동일한 분위기를 이용하려는 다수의 책들이 등장한 뒤였다. 이를테면 『중국이 노라고 말할 수 있는 이유』, 『여전히 노라고 말할 수 있는 중국』, 『언제나 노라고 말해야 하는 중국』 같은 책들이다. 10월 1일 국경절을 경축하던 그해 가을에 나는 현장에 있었다. 대표적인 국영 대중 매체인 「인민일보」의 한 사설은 중국인들에게 〈애국심이 우리에게 사회주의 체제를 사랑하라고 요구한다〉는 사실을 상기시켰다.

2년 뒤 나는 다시 중국으로 돌아왔다. 베이징 사범 대학에서 공부하기 위해서였다. 그 학교에 대해 내가 아는 것이라곤 1989년의 역사적 사건과 관련한 것이 거의 전부였다. 요컨대 베이징 사범 대학은 톈안먼 광장에서 시위가 진행되는 동안 중국에서 가장 적극적으로 행동에 나선 학교 중 하나였다. 전체 학생 중 90퍼센트가 톈안먼 광장으로 행진을 벌이며 시위에 나선 적도 여러 번이었다. 하지만 내가 도착한 시점에 이르러 그해 여름에 만난 사실상 거의 모든 사람들에게 가장 중요한 문제는 억눌린 소비 욕구였다. 실로 엄청난 변화였다. 사회주의가 한창 전성기를 구가하던 시절, 중국에는 「절대로 잊지 말아야 할 것」이라는 영화가 나왔다. 어떤 남자가 새 모직 양복을 너무나 갖고 싶어 한 나머지 미쳐 가는 내용이었다. 이제는 이를테면 〈이혼하면 집은 누가 가질 것인가?〉 같은 특집 기사를 소개하는 『고급 제품 구매 가이드』라는 중국 잡지가 발행되고 있었다. 음료수에 대한 어떤 기사는 〈소다수를 선택하는 남자들〉이라는 표제와 함께 소다수를 마시는 남자들이 〈강한 자존감과 이상, 야망을 가졌으며 좀처럼 평범함을 참지 못한다〉고 설명했다.

중국 정부는 자국민들에게 거래를 제안하고 있었다. 번영과 충성심의 거래였다. 한때 마오쩌둥 주석은 부르주아 계급의 방종을 욕했지만 이제 중국의 지도자들은 윤택한 삶을 추구할 것을 적극적으로 장려했다. 민주화 운동을 겪고 처음 맞은 겨울에 베이징의 노동조합들은 조합원들에게 오버코트와 담요, 코카콜라, 인스턴트커피, 고기 등을 나누어 주었다. 중국 정부는 도시에 새로운 슬로건을 내걸었다. 〈꿈을 이루기 위해 돈을 빌려라.〉

사람들은 노동에서 벗어난 삶이라는 개념에 적응하고자 여전히 애쓰는 중이었다. 중국 정부가 주당 노동일을 6일에서 5일로 축소한 지 불과 2년이 지났을 때였다. 또한 그들은 이전에는 상상조차 할 수 없었던 3주 휴가를 실현하기 위해 예전의 사회주의 달력을 바꾸었다. 중국 학계는 이러한 변화를 환영하면서 〈여가학〉이라는 새로운 장르를 만들었다. 여가학은 이 같은 〈인류의 사회적 진화의 중요 단계〉에 기여할 것이었다. 어느 주말이었다. 나는 네이멍구로 여행을 가는 중국인 반 친구들을 따라나섰다. 기차는 사람들로 북적였고 기차의 환기 장치가 디젤 배기가스를 빨아들여 객차 안으로 내뿜고 있었다. 그럼에도 불평하는 사람은 아무도 없었다. 그 같은 불편도 순전히 여행에서 얻을 수 있는 소소한 즐거움이라고 생각하기 때문이었다.

대학 졸업 후 시카고와 뉴욕, 중동에서 신문 기자로 일하던 내게 2005년 「시카고 트리뷴」지에서 혹시 중국으로 돌아갈 마음이 없는지 물어 왔다. 나는 카이로에 있던 아파트의 짐을 싸서 바람 한 점 없는 6월 어느 날 밤 베이징에 도착했다. 중국에서는 여전히 2억 5천만의 인구가 1달러 25센트도 안 되는 돈으로 하루를 살아가고 있었다. 미국 전체 인구와 거의 맞먹는 이들을 제외한 채 새로운 중국을 이야기한다는 것은 명백한 오류일 터이나, 중국 전역에 진행되는 변화의 규모와 속도를 고려하면 한편으로는 이해할 수 있는 일이기도 하다. 베이징은 몰라볼 정도로 변해 있었다. 나는 신장 마을의 야점들과 양들을 찾아보려고 나섰으나 이미 한바탕 일어난 도시 미화 작업으로 모두 자취를 감추었다. 소득은 몸집이 큰 국가들이 한 번도 경험하지 못했던 비율로 치솟기 시작한 터였다. 앞서 마지막으로 중국을 방문했을 때 중국의 1인당 국민소득은 1872년의 미국과 비슷한 연 3천 달러였다. 이 수치를 7천 달러로 올리기까지 미국은 50년이 걸렸다. 중국은 10년 만에 해냈다.

이제 중화 인민 공화국은 린정이 대위가 중국 본토를 향해 헤엄쳤던 1978년 한 해 동안 수출했던 물량을 매 6시간마다 수출하고 있었다. 경제 문제는 나를 린정이가 사는 집의 현관으로 이끌었다. 중국에서 변화를 추진하는 힘이 무엇인지 알고 싶어 경제학자들을 찾아다니던 참이었다. 그런 점에서 짧은 반백에 짙은 눈썹, 금속 테 안경을 콧잔등까지 내려 쓴 린정이는 특히 눈에 띄는 경제학자였다. 나는 그의 배경에 대해 전혀 아는 바가 없었다. 다른 경제학자에게 그의 이름을 거론하자 그는 내가 가진 수많은 책들보다 린정이 자신의 인생 여정이 중국의 붐을 이끄는 원동력에 대해 더 많은 이야기를 들려줄 거라고 넌지시 말했다.

처음 만난 자리에서 이에 대해 묻자 린정이는 〈다 지나간 이야기입니다〉라며 공손히 대답을 거부했다. 그는 좀처럼 자신의 탈출에 관한 이야기를 풀어놓으려 하지 않았다. 그런 모습이 이해되면서도 궁금증은 계속해서 남았다. 첫 만남 이후로 나는 자주 린정이를 방문했다. 우리는 그의 최근 저작들을 주제로 대화를 나누었고 머지않아 그는 자신의 과거를 둘러싼 나의 집요한 질문 공세에 마침내 항복했다. 나는 그의 탈출과 관련한 자료들을 수집하고 그가 바다로 뛰어들었던 해변에도 가보았다. 그 자신의 설명에 따르면 린정이는 타이완을 떠날 때 자신이 완전히 〈증발〉하기를 바랐다.

내가 아는 중국다운 모습을 찾으려는 희망으로 처음에 나는 시골에 매달렸다. 내가 알기로 중국은 문학과 수묵화의 나라였다. 꼬박 한 달 동안 나는 걷거나 차를 얻어 타면서 쓰촨 성의 강가를 헤집고 다녔다. 도시의 매력을 느끼기에는 너무 늙거나 어린 사람들을 제외하고는 모두 떠나 버려 반쯤 버려진 느낌이 드는 작은 마을에서 잠을 잤다. 마을 노인들은 자신들이 죽을 때쯤엔 관을 날라 줄 만큼 건장한 사람들이 남아 있지 않을 거라는 농담을 자주 주고받았다.

중국의 도시들이 예외적인 어떤 것, 이를테면 빈곤한 시골 바다에 드문드문 존재하는 섬처럼 느껴지던 때도 있었지만 이는 사실과 거리가 멀었다. 중국은 2주마다 로마 면적과 맞먹는 도시를 새로 건설하고 있었다(2012년 중국에는 처음으로 시골보다 도시가 많아졌다). 나는 차선도 없이 끝없이 이어진 아스팔트와 아직 아무도 입주하지 않은 건물들로 둘러싸인 신도시에 들어가야 한다는 생각을 갖기 시작했다. 끊임없는 변화만이 변하지 않는 유일한 것이었다. 다음 여행지로 미국을 방문하려던 한 중국인 친구가 어떤 도시들을 가보면 좋을지 물어서 뉴욕을 추천하자 그는 내 기분이 상하지 않도록 최대한 조심하면서 〈뉴욕은 갈 때마다 항상 똑같아요〉라는 반응을 보였다. 베이징에서 지내는 동안 나는 초대를 받으면 절대 거절하지 않았다. 어느 순간 사라지는 것들이 하도 많아서 과연 그 장소를, 그리고 그 사람을 두 번 다시 볼 기회가 있을지 확신할 수 없기 때문이었다.

내가 살 집을 찾기로 했을 때 멀린 샴페인 타운, 베니스 워터 타운하우스, 문 리버 리조트 콘도 등이 광고를 하고 있었다. 나는 글로벌 트레이드 맨션을 선택했다. 건설 현장의 바다에서 우뚝 솟은 그 맨션은, 누가 지었는지는 모르지만 방음 창문까지 설치되어 있었다. 가까운 미래에 끊임없는 소음에 둘러싸이게 될 것이 분명했던 까닭이다. 나는 22층에 살았고 아침마다 일을 시작하기 전에 소규모의 노동자 군단을 내려다보면서 중국어를 공부했다. 그들은 오렌지색 안전모를 쓰고 부산한 크레인 아래서 움직이고 있었다. 밤이 되어 다른 근무조가 임무를 교대하면 창문 밖으로 용접기 토치 불빛이 타올랐다. 공산당이 말하는 〈중국식 사회주의〉가 어떤 뜻인지 알고 싶은 사람에게는 글로벌 트레이드 맨션이야말로 최적의 장소 같았다.

「타임스」에서 〈무의미한 대장정〉이라고 공언한 지 9년 만에 중국 공산당은 그 어느 때보다 부유해지고 거대해졌다. 당원만 성인 열두 명 중 한 명꼴인 8천만 명에 달했으며 조직적인 저항에 부딪친 적도 없었다. 그들은 가장 서구화된 첨단 기술 회사들과 헤지 펀드 회사들에도 공산당 사무소를 열어 두고 있었다. 중국은 고도로 기능하는 독재 정권을 유지했다. 독재자가 없는 독재 정권이었다. 정부가 곧 공산당이었고 공산당에서 기업 경영자와 가톨릭 주교, 신문사 편집자 등의 임명권을 행사했다. 또한 민감한 재판에 대해 어떤 판결을 내릴지 판사에게 조언했고 국가의 장군들을 지휘했다. 서민 계층에서는 공산당이 일종의 직업 네트워크 같은 역할을 했다. 베이징에서 알고 지내던 한 재능 있는 젊은 기자는 자신이 대학생 때 공산당원이 되었다고 말했다. 당원이 되면 가질 수 있는 직업의 숫자가 두 배로 늘어날 뿐 아니라 그녀가 가장 좋아하는 교수 중 한 명이 여성 지원자의 머릿수를 채우도록 도와 달라고 부탁했다는 이유였다.

내가 도착했을 때 중국 공산당은 소위 〈중국 공산당의 선진적인 본질을 유지하기 위한 교육 캠페인〉을 벌이면서 쇄신을 꾀하고 있었다. 당의 기준에 따르면 이 운동은 낙관적이었다. 대중의 비난과 반대에 부딪쳤던 1960년대나 1970년대와는 달리, 당은 국민들에게 당에 가입한 기념일인 〈붉은 생일〉을 자축하도록 장려했으며 모든 당원들에게 2천 단어 분량의 자기 평가서를 쓰도록 했다. 이에 시장은 하나의 기회를 감지했고 곧이어 〈모범적인〉 자기 평가서를 판매한다고 제안하는 웹 사이트들이 등장했다. 이런 웹 사이트들은 예컨대 〈나는 과학적인 세계관을 확립하기 위해 충분한 주의를 기울이지 않았습니다〉 같은 자기반성을 필수 문구로 원고에 포함시켰다. 대학에 다니는 동안 당에 가입했던 그 기자 친구는 직접 자기 평가서를 쓰려고 했지만 월례 모임에서 자신이 작성한 글을 낭독했을 때 공인된 문장들을 포함하지 않았다는 비난을 받아 결국 표준 형식으로 다시 작성해야 했다.

내가 중국을 떠나 있던 7년 사이 언어에도 변화가 있었다. 〈동무〉를 의미하는 말인 〈퉁즈〉는 씁쓸하게도 게이와 레즈비언이 서로를 부르는 말이 되었다. 어느 날 오후에 은행에서 줄을 서 있을 때였다. 조바심을 내며 줄 앞쪽을 기웃거리던 한 나이 든 남자가 〈동무, 빨리빨리 합시다!〉라고 말하자 10대 두 명이 마구 웃기 시작했다. 웨이트리스와 여자 판매원을 의미하는 〈샤오제〉는 주로 매춘부를 가리키는 말로 바뀌었다. 그리고 어느 순간 이 새로운 종류의 샤오제들은 출장 중인 돈 많은 신흥 기업가들이 모이는 곳이면 전국 어디에나 존재하게 되었다.

하지만 나를 가장 놀라게 한 변화는 〈야망〉, 글자 그대로 풀이하자면 〈야생의 마음〉을 뜻하는 〈예신(野心)〉의 의미 변화였다. 중국어로 야망은 언제나 예컨대 〈백조를 집어삼키려는 꿈을 가진 두꺼비〉라는 속담처럼 막돼먹은 방종이나 터무니없는 기대를 암시하는 단어였다. 2천여 년 전 정치적 조언을 수록한 책 『회남자(淮南子)』는 통치자들에게 〈어리석은 사람이 날카로운 연장에 손대지 못하게 하듯이 야망을 가진 사람이 영향력 있는 지위를 손에 넣지 못하게 하라〉고 경고했다. 그럼에도 나는 갑자기 사방에서, 텔레비전 토크 쇼나 서점의 자기 계발서 코너에서 〈야망〉이라는 단어가 언급되는 현실과 맞닥뜨렸다. 특히 서점에는 〈위대한 야망: 선구적이고 영웅적인 기업가의 부침과 20대에 야심을 갖는 법〉 같은 제목들이 눈에 띄었다.

여름의 무더위가 본격적으로 시작되었을 때 신문에서 알게 된 천광청이라는 이름의 한 남자를 만나러 길을 나섰다. 천광청은 인구가 5백 명 남짓한 둥시구 마을에 사는 농가의 다섯 형제 중 막내였다. 그는 어릴 때 병을 앓아 시력을 잃었고 열일곱 살 때까지 학교 교육을 전혀 받지 못했다. 대신 가족들이 그에게 순수 문학 작품과 모험 소설 등을 읽어 주었다. 그는 라디오를 들었고 아버지로부터 자극을 받았다. 그의 아버지는 내내 문맹으로 살다가 성인이 된 뒤에야 학교에 들어갔고 교사가 되었다.

천광청은 마사지와 침술 교육을 받았다. 중국에서 맹인이 받을 수 있는 사실상 유일한 교육이었기 때문이다. 하지만 법률에 더 관심이 많았던 그는 자원해서 법학 강의를 청강했다. 그의 아버지는 아들에게 『장애인 보호법』이라는 책을 선물했고 천광청은 부모님과 형제들에게 그 책을 반복해서 읽어 달라고 부탁했다. 그는 자신의 가족이 당연히 받아야 할 세금 혜택을 받지 못하고 있다는 사실을 알게 되었다. 대담하게도 그는 베이징에 가서 탄원서를 제출했으며 모두의 예상을 깨고 원하던 바를 얻어 냈다. 그리고 오래지 않아 라디오의 시청자 전화 참여 프로그램을 통해 알게 된 여인과 결혼했다. 중국인들 대다수가 그렇듯이 신부의 부모님은 딸이 장님과 결혼하는 것을 반대했지만 딸의 의지를 꺾지는 못했다.

주민 대부분이 밀과 콩, 땅콩을 재배하는 둥시구 마을에 법률 지식이 있는 사람은 이 마사지사가 거의 유일했고 따라서 사람들은 그의 도움에 의지했다. 그는 지역 유지들이 토지를 장악하고 농부들에게 고금리로 소작을 주지 못하도록 막았다. 또 다른 경우로, 그 지역의 강을 오염시키는 제지 공장 문을 닫게 만들기도 했다. 기자가 찾아갔을 때 그는 〈무엇보다 중요한 것은 일반인들이 자신에게 불만을 표시할 권리가 있다는 사실을 아는 것이다〉라고 말했다. 중국의 정치계에서 볼 때 천광청은 괴짜였다. 비단 그의 생활 환경 때문만이 아니었다. 그는 전통적인 반체제 인사라기보다는 뭐라 규정하기 힘든 새로운 유형의 운동가였던 것이다.

내가 그에 관한 소문을 들었던 2005년, 그는 중국의 한 자녀 정책을 거역했다가 강제로 낙태를 하거나 불임 수술을 받은 여성들의 사례를 모으고 있었다. 수술을 거부하거나 도망칠 경우 지방 정부는 해당 여성이 자수하게 만들 심산으로 그녀의 부모와 형제를 가두었다. 이러한 여성들이 소송을 제기할 수 있도록 천광청이 돕고 나서자 지방 공무원들은 그를 가택에 연금시켰다.

여름이 막바지에 이른 어느 날, 나는 산둥 성으로 향하는 비행기에 몸을 실었고 택시를 여러 번 갈아탄 끝에 둥시구 마을에 도착했다. 마을 어귀의 좁고 먼지 나는 길에 도착한 때는 나른한 오후였다. 택시에서 내려 비탈진 길을 걸어서 계속 올라갔다. 천광청은 대문 위로 수양버들이 늘어지고 꽃이 핀 덩굴 식물이 돌담장을 덮은 단층 농가에 살았다. 대문 옆에는 색이 바랜 빨간색 명절용 깃발이 걸려 있었다. 대문으로 막 들어서려는데 남자 두 명이 나를 가로막았다. 볼이 붉고 거친 한 명은 야위고 앙상했으며 뚱뚱한 다른 한 명은 미소를 짓고 있었다.

「그는 집에 없습니다.」 뚱뚱한 남자가 말했다. 그는 웃으면서 냄새로 그의 점심 메뉴를 짐작할 수 있을 만큼 내게 가까이 다가왔다.

「있을 것 같은데요.」 내가 말했다. 「나를 기다리고 있거든요.」

그 남자는 설령 천광청이 집에 있더라도 손님을 받고 싶어 하지 않는다고 말했다. 두세 명씩 무리를 이룬 또 다른 남자들이 모여들기 시작했다. 그들 중 한 명이 내 손목을 잡더니 내가 타고 온 택시가 있는 쪽으로 끌고 갔다. 곧이어 경찰차가 도착했고 경찰이 내게 여권을 요구했다. 그들 주장에 따르면 나는 허가되지 않은 방문을 한 참이었다. 그들은 내게 둘 중 하나를 선택하라고 했다. 자기들과 함께 경찰서로 가서 잠시 〈휴식〉을 취하든지, 아니면 곧장 마을을 떠나든지.

예의 뚱뚱한 친구는 더 이상 웃지 않았다. 그는 내가 어디서 둥시구 마을의 맹인 남자에 관한 이야기를 들었는지 알고 싶어 했다. 나는 〈인터넷을 통해서〉 알게 되었다고 했다. 그가 나를 쳐다보며 눈을 껌벅거렸다. 그 표정에서 나는 그에게 인터넷이라는 대답은 요정이 나를 그곳으로 이끌었다는 말과 다를 게 없음을 직감했다. 그는 택시 문을 열더니 다짜고짜 나를 안으로 욱여넣었다.

나는 택시 안으로 쿵 쓰러졌고 우리는 뒤꽁무니에 경찰차를 달고 서서히 마을을 벗어났다. 한바탕의 난리에 택시 기사가 호기심을 드러냈다. 나는 천광청이 한 자녀 정책의 남용으로 인한 불만 사례들을 수집하고 있다고 설명했다. 그러자 택시 기사가 근처에 비슷한 불만을 가진 사람들이 있는 곳을 안다고 말했다. 그는 니거우라는 마을로 나를 데려갔고 우리는 중심가에 나란히 늘어선 가게들 옆에 차를 세웠다. 1층에 비료 가게가 있는 한 건물의 2층 창문이 창살로 막혀 있었다. 택시에서 내려 그 창문 아래를 서성이자 창살 뒤로 한 여인이 나타나서 나를 내려다보았다.

그녀에게 왜 그런 곳에 있는지 묻자 그녀가 대답했다. 「이곳을 벗어날 수 없으니까요. 우리에게는 아무런 자유가 없어요.」 그녀는 차분했다. 그녀의 며느리가 강제된 불임 수술에 동의하지도 않고, 한 명 이상의 자녀를 낳은 데 따른 거의 1년 치 수입에 맞먹는 벌금을 지불하지도 않을 것이기 때문에 그 지역의 가족계획 공무원들이 그녀를 그곳, 비료 가게 위에 가두었다는 것이었다.

그녀를 올려다보면서 〈그곳에 얼마나 오랫동안 계셨나요?〉라고 물었다.

「3주요.」 그녀가 대답했다.

「그 위에 당신 같은 사람들이 몇 명이나 있죠?」

「열다섯 명요.」

인터뷰치고는 묘한 배치였다. 나는 창문 아래 서 있었고 그녀는 창살을 통해 내려다보고 있었다. 집 주변을 찬찬히 살펴보았다. 평범한 사람들이 평범하게 사는 곳이었다. 한쪽에는 미용실이 있었고 다른 한쪽에는 과일을 파는 노점이 있었다.

비료 가게 길 건너편에 그 지역의 가족계획 사무소가 있었다. 나는 사무소로 걸어가서 비료 가게 위층에 구금되어 있는 사람들에 대해 물었다. 해당 사무소의 통계과 과장인 완전둥이라는 남자가 책상 뒤에 앉아 있다가 자신은 구치소 같은 것에 대해 전혀 아는 바가 없다고 말하면서, 구금되었다고 볼멘소리를 하는 사람들은 대체로 너무 많은 자녀를 낳은 데 따른 벌금을 내지 않기 위해 그러는 거라고 덧붙였다. 그는 〈여기 있는 사람들 중 99.9퍼센트가 해당 정책에 수긍한다〉고 주장했다.

베이징으로 돌아온 이후에 나는 맹인 마사지사 천광청에게 전화를 걸었다. 하지만 전화를 걸 때마다 불통이었다. 몇 달 동안 연락이 닿지 않았다. 니거우에서 있었던 상황을 설명하자 텅뱌오라는 변호사는 전혀 놀랍지 않다는 반응을 보였다. 사람들은 이러한 구치소를 〈비밀 감옥〉이라고 부르기 시작했다. 얼마나 많은지, 어디에 있는지에 대해서는 좀처럼 알려진 바가 없었다. 이 동네 저 동네 하나하나씩 찾아보는 수밖에 없었다. 그는 〈구치소에 수감된 사람들이 변호사나 대중 매체와 접촉하기란 불가능에 가깝다. 지방 관헌에서 구치소에 대해 아무도 모르도록 하기 위해 최선을 다할 것이기 때문이다〉라고 설명했다.

둥시구 마을에서는 인터넷이 대체로 미지의 것이었지만 베이징에서는 더 이상 그렇지 않았다. 중국 정부는 처음에 인터넷을 하나의 기회로 여겼다. 산업혁명이 늦게 찾아온 터라 중국의 지도자들은 서방과 격차를 좁히는 데 정보혁명이 도움을 줄 수 있기를 희망했다. 하지만 당초의 열정은 싸늘하게 식어

버렸다. 장쩌민 주석은 인터넷을 〈정치적, 이데올로기적, 문화적 전장(戰場)〉으로 간주했다. 산둥 성에서 돌아온 그 주에 중국 공안부는 웹에서 공식적으로 〈금지되는〉 정보의 목록을 확대했다. 중국 정부는 기회가 생길 때마다 세상을 범주화하여 분류하려 했고, 따라서 이미 〈루머〉와 〈국가의 신뢰성에 해를 끼치는〉 모든 것을 포함한 아홉 가지 유형의 정보 목록을 금지하고 있었다. 그리고 이제 〈불법 집회를 독려하는 정보〉와 〈불법 시민 활동에 관련된 정보〉가 새롭게 포함되며 그 목록은 아홉 개에서 열한 개로 확장되었다.

이용 가능한 정보의 규모가 비약적으로 확대되고 있었다. 2005년 초반까지만 하더라도 중국에는 대략 100만 명의 블로거들이 있었다. 하지만 그해 말 이 숫자가 네 배로 늘어나자 중국 정부는 인터넷 회사에 사람들의 웹 이용 방식을 검열하는 〈자기 규제〉 시스템을 구축하라고 지시했다. 중국 공산당은 〈만리 방화벽〉이라고 알려지게 되는 것, 즉 중국인 유저들이 중국 최고 지도자들에 대해 비판적인 신문 기사나 인권 단체의 보고서를 읽지 못하게 하는 거대한 디지털 방화벽을 서서히 구축해 나갔다. 머지않아 트위터나 페이스북 같은 소셜 네트워크 사이트도 차단되었다. 물질세계의 만리장성과 달리 디지털 버전의 만리장성은 새로운 도전에 맞서거나 개방적인 분위기를 조성할 필요가 있을 때마다 높아지거나 낮아지기를 반복했다. 실제로 주소창에 주소를 입력한 다음 화면에 해당 페이지를 찾을 수 없다는 〈HTTP 404〉 같은 오류 코드가 뜨기 전까지는 어떤 사이트가 접속 금지인지 알 수 없는 경우가 많았다.

당은 그들의 정보 통제를 약화시키려는 사람들을 점점 더 단호하게 처벌하기 시작했다. 그 전해인 2004년이었다. 후난 성의 「현대 비즈니스 뉴스」에서 일하던 스타오라는 이름의 한 기자는 직원 회의에 참석했다. 그 회의에서 편집장이 톈안먼 사건 기념일을 전후로 어떤 주제들을 다루면 안 되는지, 가장 최근에 당에서 내려온 지침 문건을 전달했다. 그날 밤 스타오는 자신의 이메일 계정(huoyan1989@yahoo.com.cn)에 로그인하여 당에서 보내온 문서를 정리해 뉴욕에 본사를 둔 친(親)민주주의 성향의 웹 사이트인 〈민주주의 포럼〉 편집자에게 이를 발송했다. 이틀 뒤, 베이징 국가 안전국은 〈야후차이나〉에 연락해 해당 계정의 사용자 이름과 이메일 내용, 이메일 계정에 접근한 위치를 요구했다. 야후는 그들의 요구에 따랐고 마침내 2004년 11월 23일 스타오는 체포되었다. 얼마 뒤 그는 〈국가 기밀 누설〉 혐의로 기소되었다. 2시간의 재판 끝에 그는 유죄 판결을 받았고 징역 10년 형이 선고되었다.

이는 중국 정부가 실체 없는 새로운 도전을 통제해 나가기 위해 얼마나 많은 힘을 쏟는지 극명하게 보여 주는 사례다. 인권 단체들이 정보를 넘겨주었다고 야후를 비난하자 야후의 공동 설립자 제리 양은 〈중국에서 사업을 하고 싶으면 그들의 요구에 응하는 수밖에 없다〉고 해명했다. 미국 의회의 의원들도 이 사건에 주목했다. 중국의 인터넷 문제를 둘러싼 소위원회 청문회에서 뉴저지 주 출신의 공화당원 크리스 스미스 하원 의원은 〈만약 반세기 전에 비밀경찰이 안네 프랑크가 숨은 장소를 물었어도 현지법을 준수하기 위해 정보를 넘기는 것이 바람직한 대응이었을까?〉라고 반문했다. 그럼에도 야후는 초지일관 자신들의 입장을 고수했고 스타오 기자의 어머니가 아들을 위험에 빠뜨렸다고 회사를 고소하자 소송을 기각하기 위해 재정 신청을 냈다.

시간이 흐르면서 이 회사에 대한 압력은 버틸 수 없을 정도로 거세졌다. 2007년 가을, 의회에서 유일하게 홀로코스트를 경험한 톰 랜토스 하원 의원은 제리 양을 비롯한 인터넷 사업 운영진들을 상원 외교 위원회에 소환하여 〈도덕적으로 당신들은 피그미 같은 사람들입니다〉라고 일침을 가했다. 스타오 어머니의 눈물겨운 증언이 이어졌고 그녀의 증언이 끝나자 제리 양은 그녀에게 세 번이나 머리를 숙이면서 〈인간적으로 사과하고 싶습니다〉라고 말했다. 야후는 가족과 해결을 보았지만 그녀의 아들은 여전히 감옥에 남았다. 중국 내에서 이 사건이 주는 교훈은 결코 잊을 수 없는 것이었다. 즉 인터넷은 절대로 자유로운 표현의 장이 되지 못할 터였다.

글로벌 트레이드 맨션은 너무 조용하고 비쌌으며 내게는 중국어를 실습할 기회가 더 필요했다. 나는 집주인에게 전화를 걸어 임대 보증금으로 마지막 월세를 대신하겠다고 제안하다가 실수로 마지막 〈월경〉을 임대 보증금으로 대신하겠다고 말했다.

2008년 올림픽을 준비하면서 도시의 대부분이 허물어지고 새로 지어졌다. 베이징 태생으로 미국에서 유학하고 다시 수도로 돌아온 소설가 자젠잉은 베이징을 〈새장을 걸어 두기〉가 점점 불가능해지는 곳이라고 묘사한 한 친구의 말을 인용했다. 몇 군데 남지 않은 베이징의 구시가에는 대체로 좁은 골목길을 따라 양옆으로 회색 벽돌과 목재, 타일로 지은 단층짜리 집들이 늘어서 있었다. 이 같은 배치는 원 왕조에 의해 도시 구획이 편성된 이래 거의 일곱 세기 동안 변함없이 유지되어 온 터였다. 원 왕조는 이들 거리에 몽골어로 〈후통(胡同)〉이라는 이름을 붙였으며 이 단어는 중국어로 〈골목길〉을 의미하게 되었다. 당초 몽골인들은 후통을 열둘에서 스물네 걸음 폭으로 설계했다. 1980년만 하더라도 베이징에는 6천 개의 후통이 있었지만 세월이 흐르면서 몇백 개만 남고 모두 파괴된 채 사무실 건물과 아파트 단지에 자리를 내주었다. 호화로운 궁궐도 마흔네 채나 있지만 온전하게 보존된 곳은 하나에 불과했다.

여기저기 알아보고 다닌 끝에 나는 차오창 베이샹 45번지에 위치한 단층짜리 임대 주택을 찾아냈다. 이런 오래된 집에 사는 사람들 대부분은 대문 옆 한쪽 구석에 딸린 공용 화장실을 이용했다. 다행히도 내가 찾은 집은 옥내 화장실을 갖추었고 현대식으로 개조된 네 개의 방이 있었으며 안마당에는 야자나무와 감나무가 한 그루씩 심어져 있었다. 「시카고 트리뷴」 소속의 운전기사 장

노인에게 새 주소를 일러 주자 그는 내 결정에 찬성하지 않았다. 「당신은 잘못 가고 있어요. 땅바닥에 붙어 살다가 하늘 높이 솟은 아파트로 옮기는 거지, 그 반대로 가는 건 아니에요.」

그 집의 벽은 있으나 마나였다. 비가 오면 천장에서 물이 샜고 겨울 한파가 온기를 집어삼킬 때면 집 안에서도 스키 모자를 써야 했다. 발밑에서는 쥐와 딱정벌레, 도마뱀 등이 제집 드나들듯 돌아다녔고 이따금씩 잡지책으로 전갈을 잡아야 했다. 그럼에도 창문을 열어 놓고 지낼 정도로 동네가 평안했는데 나는 그 점이 정말 마음에 들었다. 골목길을 사이에 두고 건너편에 사는 내 이웃은 취미로 지붕에 비둘기 우리를 만들어 두었다. 그가 나무로 만든 호루라기를 새 다리에 매달았기 때문에 새들이 머리 위에서 크게 선회할 때면 호루라기 소리가 났다.

내 책상 옆에 있던 창문 밖으로는 베이징의 고풍스러운 고루가 보였다. 1272년에 지어진, 마치 하늘을 향해 날아오를 듯한 목재 건축물이었다. 고루와 그 옆에 있는 종탑은 수백 년 동안 베이징 시민들에게 잠자리에 들고 일어날 시간을 알려 주었다. 인근에서는 이 고루와 종탑이 가장 높은 건축물이었다. 고루에는 가죽으로 된 거대한 북이 스물네 개나 있었는데 천둥처럼 울리는 북소리는 베이징의 가장 외곽까지 닿을 정도였다.

중국 황제들은 계절의 흐름과 하루의 시간을 통제하는 데 집착했다. 여름이 되면 궁궐의 가신들이 언제 털옷을 벗고 비단옷을 입을지 황제가 정확한 시점을 결정했다. 가을에는 역시 황제가 언제 낙엽을 갈퀴질할지 적당한 때를 결정했다. 시간을 통제하는 행위가 황제의 권력과 밀접한 관계가 있었기 때문에 1900년에 베이징을 침략한 외국 군대는 상징적인 행위로서 고루에 올라가 총검으로 가죽 북을 찢었다. 중국인들은 한동안 이 고루에 〈치욕을 기억하는 탑〉이라는 이름을 붙여 부르기도 했다.

3. 문명의 세례를 받다

군인들이 린정이를 물에서 해변으로 끌어냈다. 1979년 5월 16일 한밤중이었다. 그들은 린정이를 스파이라고 생각했다. 타이완에서 군인이 헤엄쳐 온 것을 한 번도 본 적이 없었기 때문이다.

한편 타이완에 있던 린정이의 상관들은 그 상황을 어떻게 생각해야 할지 종잡을 수 없었다. 그들은 린정이가 망명했을 거라고 의심했다. 하지만 혹시라도 망명한 거라면 바다 건너편 확성기에서 진즉에 득의양양한 발표가 있었을 터였다. 어쩌면 익사했을지도 모르는 일이었다. 또는 애초부터 중국 본토의 스파이였을 가능성도 있었다. 어쨌거나 타이완에서 가장 유명했던 군인의 갑작스러운 실종은 치욕적인 사건이었다. 군은 린정이를 실종으로 처리했다가 얼마 뒤 사망으로 발표했으며 그의 아내 천원잉에게 3만 달러에 달하는 보상금을 지급했다. 그녀는 임신한 상태였고 혼자서 세 살배기 아들을 키우고 있었다. 그녀가 보복을 당하지 않도록 린정이는 아내에게도 자신의 계획을 일절 언급하지 않았던 것이다. 린정이의 부모는 가족묘에 그의 이름이 새겨진 위패를 추가했다.

중국 본토에서 린정이는 석 달 동안 감금 상태로 심문을 받았다. 자신이 스파이가 아니라는 확신을 주고 나서야 그는 풀려나 여행 허가를 받았다. 대다수 사람들이 문화 대혁명의 여파로 여전히 몸살을 앓던 나라에서 그는 전향자의 열정을 품고서 마오쩌둥의 유산을 보았으며 그의 표현에 따르면 〈스스로를 교육하고자〉 전시에 공산당 본부가 있던 옌안(延安)으로 성지 순례를 떠났다.

그는 자신의 영웅인 리빙이 건설한 옛날 댐을 보려고 쓰촨 성도 방문했다. 발밑으로 물이 소용돌이치는 절벽의 돌출된 바위 위에서, 댐이 건설된 이래 2천 년 동안 중국의 땅이 얼마나 깊이 깎여 나갔는지 상징적으로 보여 주는 장소로 자주 언급되는 협곡을 린정이는 뚫어지게 응시했다. 그리고 그 협곡을 용감한 일을 행하기 위한 영감의 원천으로 삼았다. 「나는 우리가 행동한다면 설령 천년이 걸리더라도 결국에는 사람들의 운명을 바꾸고, 더 나아가 나라의 운명을 바꿀 수 있다고 생각합니다.」

망명으로 부풀었던 마음은 가족을 남겨 놓고 왔다는 수치스러운 사실 때문에 무겁게 가라앉았다. 「나는 아내를 사랑합니다. 아이들을 사랑해요. 우리 가족을 사랑해요. 그들에게 책임감을 느낍니다. 또 한편으로는 지식인으로서 중국의 문화와 번영에 대한 책임을 절감하기도 합니다. 무엇이 옳은 일인지 확실한 믿음이 있다면 그 믿음을 따라야 합니다.」

중국에 도착한 후 몇 달 만에 아내와 접촉하는 일은 생각도 할 수 없었다. 린정이의 죽음을 둘러싼 보상 때문에라도 타이완 군부에서 아내를 감시하고 있을 것이 불을 보듯 뻔했다. 도쿄에서 공부하는 사촌을 떠올린 린정이는 그에게 편지를 썼다. 〈지금 시점에서 내가 연락할 수 있는 사람은 자네가 유일하네. 하지만 조심하게. 자네에게 불리하게 사용될 수 있는 어떠한 증거도 국민당원에게 넘어가지 않도록 하게. 자네가 전해 주었으면 하는 전갈이 있는

데, 반드시 말로 전해야 하고 절대로 흔적을 남기지 말아야 할 것이네.〉린정이는 그에게 아내와 아이들의 생일 선물을 사주되 보내는 사람 이름을 자신의 별명이었던 〈팡팡〉으로 해달라고 부탁했다. 그는 편지에서 〈남자라면 원대한 야망을 가져야 하고 가족에 대한 감정과 애착에 앞서 책임을 먼저 생각해야 하지만 나는 시간이 지날수록 점점 더 향수병이 심해지고 있네〉라고 고백했다. 그는 부모님과 세 살배기 아들, 새로 태어난 딸을 걱정했다. 아들에 대해서는 〈샤오룽은 이제 세 살이라네. 아버지가 가장 필요할 나이지. 하지만 지금 그 아이에게는 어머니밖에 없네. 하물며 딸 샤오린은 아예 아버지를 본 적도 없지. (……) 그들 모두에게 말로는 나의 죄스러움을 다 표현할 수 없을 지경이네〉라고 말했다. 한편 타이완 정부가 자신에게 배정했던 임무, 예컨대 전진보다는 선전에 중점을 둔 임무에 대해서는 여전히 좋지 않은 감정을 가지고 있었다. 〈국민당원들은 나를 이용하기만 했을 뿐 육성하려고 하지 않았다네.〉더불어 그는 덩샤오핑이 경제 붐을 폭발시킨 처음 몇 개월 동안 중국이 겪고 있던 변화들에 대해 열변을 토하기도 했다. 〈요즘에는 거의 모든 사람들에게 충분한 음식과 옷이 주어진다네. (……) 비약적인 발전 속에서 상황이 빠르게 좋아지고 있어. 사람들도 활기와 자신감으로 가득 차 있지. 나는 진심으로 중국의 미래가 밝다고 믿는다네. 언젠가는 자네도 중국인이라는 사실을 자랑스럽게 여기면서 머리를 높이 쳐들고 가슴을 활짝 펴게 될 걸세.〉

하지만 새로움이 사라지자 망명자의 삶은 고되었다. 1981년에 비행기를 몰고 중국으로 망명한 황즈청이라는 타이완 출신의 비행사는 〈처음에는 이 사람 저 사람과 인사하기 바쁩니다. 그때가 지나면 스스로 알아서 꾸려 가라고 아무도 신경 쓰지 않죠〉라고 회상하기도 했다.

린정이는 경제학을 공부하려고 베이징 소재의 인민 대학에 지원했지만 거부당했다. 그의 공식 기록, 즉 〈당안(檔案)〉에 그의 정치적 과거사에 대해 그동안 제기되었던 모든 혐의가 포함되어 있었기 때문이다. 망명했다는 사실은 린정이에게 언제나 의심받을 거리를 제공할 터였다. 당시 용어로 사람들은 그가 〈불확실한 출신 성분〉을 가졌다고 말했다. 인민 대학에서 거부당한 그는 베이징 대학에 지원했다. 베이징 대학 행정관인 둥원쥔은 린정이가 스파이일지 모른다는 점을 우려했지만 나중에 직접 밝힌 바와 같이 〈어쨌거나 경제학 분야에는 빼내어 갈 만한 정보도 없다〉는 결론에 이르러 린정이의 입학을 허가했다.

린정이는 동급생들에게 자신을 싱가포르에서 온 학생이라고 소개했다. 망명 조건으로 그는 인민 해방군에게 자신의 이야기를 선전 목적으로 광고하지 말아 달라고 부탁했다. 이전에 키모이 섬으로 떠내려온 팸플릿에서 망명자들을 소개하는 글을 보았던 그는 자신도 그런 식으로 이용되는 것을 원치 않았다. 그는 린정이라는 이름을 포기했다. 이제부터는 긴 여행 중에 있는 불굴의 남자를 의미하는 린이푸(林毅夫)로 살 터였다.

어느 날 오후 린의 사무실을 방문하여 나는 그에게 타이완에서는 그가 신뢰를 얻으려고 군사 기밀을 인민 해방군에게 넘겼을 거라고 생각한다고 말했다. 그 역시 이미 들어 본 말이었다. 그가 허탈한 웃음을 지으며 말했다. 「그건 말도 안 됩니다. 당시 내가 가져간 것이라고는 몸에 걸치고 있던 것이 전부였습니다.」 그는 자신이 망명할 당시에는 중국이 재결합을 외치고 있었으며 초급 장교가 아는 비밀이라고 해봤자 쓸모가 제한적이었을 거라는 점을 강조했다. 아울러 그가 어느 정도는 직업적인 좌절감 때문에 망명했으며 자신의 이탈을 은폐하기 위해 초병들을 속였다는 군 수사관들의 보고서를 반박했다. 그는 자신의 망명을 이상주의에 입각한 행동으로 규정했다. 「나는 타이완에 있던 내 친구들도 나처럼 중국에 기여하고자 하는 야망을 지녔을 거라고 지금도 믿고 있습니다. 그리고 그들의 야망을 존중합니다. 망명은 새로운 역사를 써나가는 중국에 기여하기 위해 내가 생각한 방법입니다. 개인적인 선택이었죠.」

중국 본토의 기준에 따르면 린이푸의 선택은 급진적인 행동이었다. 근대사와 고대사를 통틀어 역사적으로 보았을 때 중국인들에게 개인의 선택은 우선순위가 낮았다. 처음에는 중국의 지리적 특수성 때문이었다. 미시간 대학에서 문화에 따른 세계관의 차이를 연구하는 심리학 교수 리처드 니스벳은 고대 중국의 비옥한 평야와 강이 벼농사에 적합했고 벼농사를 짓기 위해서는 관개(灌漑)가 필요했으며 사람들이 〈서로 협력하여 땅을 경작〉해야 했다는 사실을 알아냈다. 반면에 산과 바다에 둘러싸여 살았던 고대 그리스인들은 목축과 교역, 어업에 의지했으며 따라서 보다 독립적일 수 있었다. 니스벳은 그러한 역사를 바탕으로 개인의 자유와 개성, 객관적인 사고 등 그리스식 관념들이 등장했다고 보았다.

중국의 예술과 정치, 사회에는 개인이 보다 큰 무리 속에서 존재한다는 의식이 흐르고 있다. 기원전 3세기의 중국 철학자 순자는 수증기와 압력으로 뒤틀린 나무판자를 똑바로 펼 수 있듯이 오직 사회의 관습과 규범만이 개인의 〈변덕스러운〉 욕구를 통제할 수 있다고 믿었다. 중국에서 가장 유명한 고전 회화 중 하나로 범관(范寬)이 그린 「계산행려도(谿山行旅圖)」라는 제목의 족자는 흔히 중국의 모나리자로 불린다. 하지만 주인공이 액자를 가득 채우고 있는 레오나르도 다빈치의 초상화와 비교하면 범관의 작품은 광대하고 안개가 자욱한 산들로 둘러싸인 인물을 아주 작게 묘사하고 있다. 황제 시절의 중국 법에 따르면 판관들은 동기뿐 아니라 사회 질서에 대한 피해까지 고려하여 사회적 지위가 높은 사람을 살해한 피고에게 지위가 낮은 사람을 살해한 경우보다 훨씬 가혹한 형벌을 내렸다. 처벌은 죄인 한 사람으로 끝나지 않았다. 즉 판관들은 죄인에게 형벌을 내리는 데 그치지 않고 죄인의 가족과 이웃, 마을 장로에게도 형벌을 내렸다.

20세기 초 중국의 선도적인 혁명가 중 한 명인 량치차오(梁啓超)는 한때 국가 발전에서 개인이 차지하는 중요성을 역설했지만 1903년 샌프란시스코의 차이나타운을 방문한 후에 그 같은 관점을 포기하고 중국 내에 존재하는 개별적인 씨족과 집안 간의 경쟁이 중국인의 발전을 저해한다고 결론을 내렸다. 그는 〈만약 우리가 민주주의 정부 체제를 지금 채택한다면 국가 차원의 자살을 저지르는 꼴밖에 되지 않을 것이다〉라고 썼다.

량치차오는 중국의 크롬웰 같은 인물을 꿈꾸면서 향후 20년, 30년, 심지어 50년은 〈강권 통치를 행하며 강철과 불로 중국 동포들을 벼리고 담금질해야 한다. 그런 다음에야 비로소 중국인들에게 루소의 책을 읽도록 허락하고 워싱턴의 업적을 알려 줄 수 있을 것이다〉라고 주장했다. 1911년에 청나라가 무너지고 대총통이 된 혁명가 쑨원(孫文)은 중국이 쇠락한 이유가 국민들이 〈백사장의 성긴 모래알〉처럼 분열되어 있기 때문이라는 결론에 도달했다. 그리고 처방을 제시했다. 그는 〈개인에게 지나치게 많은 자유가 주어지면 안 된다. 반면 국가는 완전한 자유를 가져야 한다〉고 주장했다. 그리고 정부를 〈거대한 자동차〉로, 지도자들을 손이 자유로울 필요가 있는 필수 불가결한 〈운전사와 정비사〉로 여기도록 사람들을 부추겼다.

중국에는 늘 시인이나 저술가, 혁명가가 존재했으며 중국 전문가 제레미 바르메와 린다 제이븐은 그들을 가리켜 중국 역사의 〈자유로운 발〉이라고 불렀다. 하지만 마오쩌둥 주석은 〈개인은 단체에 종속된다〉는 관념을 금과옥조로 여겼고 그에 따라 당은 〈분열을 지향하는 성향을 모조리 근절해야 한다〉고 선언했다. 중국 공산당은 국민들을 노동 조직과 집단 농장에 편입시켰다. 자신이 속한 〈단웨이〉 즉 노동 조직에서 인가장을 받지 않는 한 결혼이나 이혼을 할 수 없었고, 비행기 표를 사거나 호텔에 묵을 수도 없었으며, 이러한 문제로 다른 단웨이를 찾아갈 수도 없었다. 거의 매일을 단웨이의 테두리 안에서 생활하고, 일하고, 쇼핑하고, 공부했다. 개인주의적인 사고방식을 적발하고 교정하기 위한 수단으로 마오쩌둥은 선전 활동과 교육 — 그는 이 교육을 〈사상 개조〉라는 말로 지칭했으며 이 말은 통칭 〈시나오(洗腦)〉 즉 〈정신의 정화〉로 알려졌다 — 에 치중했다(1950년에 이 사실을 알게 된 한 CIA 요원은 〈세뇌 *brainwashing*〉라는 용어를 만들기도 했다).

중국 공산당은 메시지에 힘을 불어넣기 위해 희생적인 사례를 홍보했다. 1959년 신문사들은 레이펑이라는 군인을 집중 조명했다. 키가 150센티미터 남짓한 그는 스스로를 혁명이라는 기계의 〈작은 나사못〉으로 소개했다. 그는 〈랴오닝 성의 인민공사(人民公社)를 돕기 위해 거름 삽을 들다〉나 〈짜깁기한 레이펑의 양말〉 같은 이미지로 순회 사진전에 등장했다. 군에서 이 젊은 병사가 사고(전신주가 넘어지면서 그를 덮쳤다)로 사망했다고 발표하자 마오쩌둥 주석은 인민들에게 〈레이펑 동지에게 배우라〉고 권고했으며 이후로 수십 년 동안 지방 박물관들은 그가 신던 샌들과 칫솔, 기타 소지품의 복제품을 마치 성인의 유골처럼 전시했다.

집단을 따라야 한다는 압력은 엄청났다. 문화 대혁명 기간에 서쪽 사막으로 추방당하고 그곳에서 아내가 자살하는 등 공포에 떨었던 한 의사는 후에 이렇게 말했다. 「중국에서 살아남기 위해서는 다른 사람에게 자신의 본심을 내보이지 말아야 한다. 안 그러면 언젠가는 그것이 자신에게 독이 될 수 있다. (……) 그렇기 때문에 나는 자신의 가장 속 깊은 이야기를 불분명하게 남겨 두는 것이 최선이라고 생각하게 되었다. 중국 산수화 속의 안개와 구름처럼 당신의 사회적인 모습 뒤에 존재하는 개인적인 부분을 감추어라. 당신의 공적 자아를 저녁 식탁의 쌀밥처럼 만들어라. 즉 특징이 없고 눈에 띄지 않으면서 함께 먹는 다른 반찬의 향미를 살리되 그 자체의 향미를 풍기지 않도록 해라.」

1980년대에 이르러 변화가 급물살을 타면서 중국 지도자들은 중국이 소위 〈돌다리도 두들겨 보면서〉 강을 건너야 한다고 경고했다. 하지만 현실에서 이 급물살에 휘말린 많은 사람들은 강 건너편에 정확히 뭐가 있는지는 모르지만 아무튼 물로 뛰어들어 가능한 한 빠르게 헤엄치는 것 말고는 다른 선택의 여지가 없다고 생각했다.

이론적으로 중국은 개인주의에 대해 회의적인 태도를 고수했다. 개혁이 이미 시작된 후인 1980년에 개정된 중국의 권위 있는 사전 『사해(辭海)』는 개인주의를 〈부르주아적 세계관의 진수, 타인을 희생시켜 자신의 이익을 도모하는 행동〉으로 정의했다. 중국 공산당은 마거릿 대처가 주장하는 자유 시장 근본주의를 무엇보다 혐오했다. 그럼에도 공공 서비스 감축, 노동조합을 향한 적개심, 국가와 군사력에 대한 긍지 등 대처리즘의 가장 기본적인 개념들 중 일부를 이미 실천에 옮기고 있었다.

중국 전역에서 국민들이 이주를 시작하며 인류 역사상 최대 규모의 인구 이동이 시작되었다. 중국의 이례적인 성장은 풍부하고 저렴한 노동력과 공장 및 기반 시설에 대한 투자 급증 — 마오쩌둥 체제하에서 혼란의 세월 동안 갇혀 있던 경제 에너지의 봉인을 풀기 위한 하나의 수단 — 이 빚어낸 합작품이었다. 총서기 시절 자오쯔양은 한국과 일본의 성장을 모방하고자 하는 경제학자들과 가까이 지냈다. 부유해지기 위해서는 유연할 필요가 있었다. 중국의 싱크 탱크에 소속된 연구원 우징롄은 일찍부터 정통 사회주의자로서 경력을 시작했다. 이미 고등학교 때 학교 측을 설득하여 영어와 서구 경제학 교육을 포기하도록 만들었다. 하지만 문화 대혁명 기간 중 유치원 원장인 아내에게 〈주자파(走資派)〉*라는 꼬리표가 붙었다. 그녀의 아버지가 국민당 군의 장군이었기 때문이다. 홍위

---

* 중국 공산당 내에서 자본주의 노선을 주장하는 파.

병이 그녀의 머리 절반을 밀어 버렸다. 우징롄 자신에게는 〈반(反)혁명파〉라는 꼬리표가 붙었고 〈노동을 통한 개조〉를 위해 유배되었다. 그는 내게 〈이데올로기의 극단적 전환을 경험했다〉고 술회했다. 80대의 나이가 된 우징롄은 선구적인 자유 시장 전문가가 되었다. 물론 자유 시장이라는 용어에는 논란의 여지가 너무나 많았기 때문에 그는 〈상품 경제〉라는 단어를 사용해야 했다.

1980년부터 중국은 경제 특구를 지정하고 세금 혜택을 이용하여 외국의 투자와 기술, 해외 고객을 상대하는 기업들의 중간 거점을 유치하고자 했다. 경제 특구에는 일손이 필요했다. 1950년대 이래로 중국 공산당은 모든 가구를 두 가지 유형, 즉 시골과 도시로 분류하여 국민들이 살 곳을 통제해 왔다. 그리고 이 분류로 그 사람이 태어나고 교육받고 일하는 장소가, 그리고 대부분의 경우에는 그 사람이 묻히는 장소까지 정해졌다. 거의 예외가 없었지만 그나마도 오직 공안국만이 가구의 호적 즉 〈후커우(戶籍)〉를 바꿀 수 있었다. 하지만 새로 도입된 농기계와 비료 덕분에 논밭에는 그다지 많은 일손이 필요하지 않았고 이에 1985년 중국 정부는 시골 사람이 일시적으로 도시에 나가 살면서 일하는 것을 공식적으로 허락했다. 이후 8년간 시골에서 이탈한 이주자 숫자는 1억 명에 이르렀다. 1992년에 덩샤오핑은 번영을 지상 과제로 생각하도록 인민들을 부추겼다. 그는 7년 만에 무려 열여섯 배 성장한 한 냉장고 공장을 방문하고 나서 〈발전은 유일하고 냉엄한 진실이다〉라고 말했다. 1993년부터 2005년 사이에는 국영 기업체들이 7300만 개 이상의 일자리를 축소하면서 새로운 수입원을 찾아야 하는 또 다른 부류의 노동자들이 홍수처럼 쏟아져 나왔다. 한편 중국 지도자들은 그들의 통화를 저평가된 상태로 유지했고 그 결과 낮은 수출 단가 덕분에 수출량이 치솟았다. 1999년 중국의 수출량은 미국 수출량의 3분의 1에 못 미치는 수준이었다. 그로부터 불과 10년 뒤에 중국은 세계에서 수출량이 가장 많은 나라가 되었다.

자율성이 일상생활에 영향을 미치기 시작했다. 과거 마오쩌둥 집권 시절에는 부업을 갖는 것이 부도덕한 행위로 간주되었다. 개인의 여가 시간도 엄연한 국가의 소유였기 때문이다. 그러나 1990년대가 되자 야간에 아르바이트를 하는 사람들이 얼마나 많이 늘어났는지 명함을 찍어 내는 사업이 호황을 맞을 정도였다. 한때는 사람들에게 중국이라는 기계의 〈녹슬지 않는 나사못〉이 되라고 부추겼던 관영 통신도 이제는 경쟁적인 새로운 현실을 인정했다. 「허베이 경제일보」는 〈자기 자신을 믿으라. 자신의 길을 개척하고 투쟁하라〉라고 썼다. 사람들은 수단과 방법을 가리지 않고 돈을 벌었다. 가난한 지역에서는 피를 사는 사람들이 세금과 학비 조달을 돕겠다고 제안하며 집집마다 돌아다녔다. 하버드 대학에서 수학한 인류학자 징쥔은 지나치게 잦은 매혈 때문에 사람들이 육체적 한계에 부딪칠 정도라는 사실을 알게 되었다. 그는 〈혈액 수집상들이 매혈하는 사람들을 거꾸로 매달고 발을 벽에 기대게 해서 피가 팔뚝으로 몰리게 하였다〉고 썼다(매혈 사업은 결국 재앙으로 이어졌다. 1990년대 중반에 이르러 혈액 수집상들은 중국에 최악의 HIV 발병 사태를 초래했다. 어림잡아 5만 7천 명이 HIV에 감염된 것이다).

영화와 패션, 음악에서도 개인이라는 말이 새어 나왔다. 영화 제작자 지아장커는 나와 만났을 때 1980년대에 석탄의 고장인 산시 성에서 자라면서 오로지 덩리쥔의 감상적인 팝 발라드 테이프를 사겠다는 일념으로 4시간씩 버스를 타고는 했다고 회상했다. 린이푸가 근무하던 키모이 섬의 부대에서도 전향을 부추기고자 라디오로 그녀의 노래를 틀었을 정도로, 당시 이 타이완 스타의 인기는 대단했다. 그녀의 성(姓)이 덩샤오핑과 같다는 이유로 중국 본토의 군인들은 낮에는 내내 늙은 덩의 말을 듣고 밤에는 내내 젊은 덩의 노래를 듣는다고 농담을 하기도 했다. 지아장커가 말했다. 「그전까지 〈우리는 공산주의의 후계자다〉나 〈노동자인 우리에게는 힘이 있다〉 같은 노래를 불렀습니다.

언제나 〈우리〉에 관한 내용이었죠. 하지만 덩리쥔의 노래 〈달이 내 마음을 대변하네요〉는 〈나〉에 관한, 나의 마음에 관한 내용이었습니다. 당연히 우리는 그녀의 노래를 매우 좋아했습니다!」

이러한 메시지에 기업들이 힘을 보탰다. 차이나 모바일은 25세 이하의 젊은 층을 겨냥해 휴대 전화 상품을 판매하면서 〈나의 영역, 나의 결정〉이라는 슬로건을 내걸었다. 변화가 느린 시골에서도 사람들은 이전까지와 다른 방식으로 자신을 표현했다. 노르웨이의 중국 연구가 메트 할스코프 한센은 중국의 시골 학교에서 4년을 보내며 교사들이 〈자립과 자기 계발, 자수성가〉를 요구하는 세상에서 살아남을 수 있도록 학생들을 준비시키려 한다는 사실을 파악했다. 2008년에는 학생들이 다음과 같은 다짐을 낭독하던 궐기 대회를 목격하기도 했다. 〈하느님이 이 땅에 만물을 창조하신 이래 지금까지 나와 같은 사람은 아무도 없었다. 나의 두 눈과 두 귀, 두뇌, 영혼 등 나의 모든 것이 특별하다. 나처럼 말하거나 행동하는 사람은 나밖에 없으며 이전에도 없었고 이후에도 없을 것이다. 나는 자연계의 가장 큰 기적이다.〉

시골을 벗어나려는, 이른바 도시로 〈나가려는〉 욕구가 시골 마을을 휩쓸었다. 그리고 이러한 욕구는 꼭 그 마을에서 가장 출세했거나 자신감 넘치는 남녀에게만 국한되지 않았다. 오히려 불만 있는 사람들, 의지만 있는 사람들, 불행한 사람들 등 부적응자들까지 이에 휩쓸리기 일쑤였다. 어느 날 공하이난이 이 같은 욕구에 사로잡히자 그녀의 어머니와 아버지는 망설였다. 딸이라고는 그녀 하나뿐이었고 시골 사람인 그들은 도시에 대해 아는 것이 없었기 때문이다. 하지만 떠나야겠다고 마음먹은 딸은 자신의 결심을 고집스럽게 밀어붙였다. 공하이난이 내게 말했다. 「동의하는 것 말고 그분들에게 다른 선택권은 없었어요.」

공하이난은 마오쩌둥 주석의 고향이기도 한 후난 성 내에 위치한 와두안강 마을의 산자락에서 태어났다. 그녀의 부모님은 미개한 환경에서 서로를 만났다. 그들은 가족이 〈부농〉으로 분류되어 비슷한 정치적 고난을 당한 것을 계기로 서로 가까워졌으며 마을 중매쟁이가 그들을 묶어 주었다. 공하이난의 가족은 땅콩과 목화를 재배하고 닭과 돼지를 길렀다. 그녀는 두 남매 중 맏이였다. 키가 작고 병약했으며 어깨는 좁고 입술은 얇았다. 가만히 쉬고 있을 때면 경계하는 듯한 인상을 주었다. 시골 생활의 위계에서 이러한 외모는 그녀에게 아무런 도움도 못 되었다. 마을 소년들은 통통한 볼과 꽃봉오리 같은 입술을 가진 소녀를 선호했다. 몇 년 후 베이징에서 나와 알게 된 후 공하이난은 말했다. 「혹시라도 나를 좋아하는 사람이 있었다면 내 귀에도 그 소문이 들렸을 거예요.」

아직 어렸지만 공하이난에게는 주체할 수 없는 에너지가 있었다. 이웃들이 소규모로 장사를 시작하자 그녀는 자신도 대세에 합류하게 해달라고 부모님을 졸랐다. 그녀의 부모님이 웃으면서 반문했다. 「이웃이라고 해봐야 세 집밖에 없고 뒤에는 산으로 막혀 있단다. 누가 이런 곳에서 쇼핑을 하겠니?」 공하이난은 좌절하지 않고 남동생 하이빈에게 사업 제안을 했다. 그들 남매는 막대 아이스크림을 사서 집집마다 찾아다니며 그것들을 되팔았다. 13킬로그램이 넘는 스티로폼 아이스박스를 질질 끌면서 바큇자국투성인 마을 길을 돌아다닌 지 하루 만에 남동생이 그만두었다. 그녀가 말했다. 「남동생을 반쯤 죽도록 패줄 수도 있었겠지만 그랬더라도 동생은 두 번 다시 아이스크림을 팔러 나가지 않았을 거예요.」 공하이난은 자식이 해달라면 무조건 해준다고 알려진 부모들이 사는 곳을 표시한 마을 지도를 만들고 최적의 이동 경로를 정했다. 머지않아 그녀는 하루에 두 박스의 아이스크림을 팔 수 있었다. 〈어떤 일을 하든지 전략적으로 움직여야 해요〉라는 말로 그녀는 결론을 대신했다.

1970년대에 태어난 그녀 세대에는 남녀를 불문하고 뭔가 다른 점이 있었다. 부모 세대가 예컨대 〈우리 노동 조직〉이나 〈우리 가족〉처럼 복수 명사를 사용하는 반면에 〈나〉라고 자연스럽게 이야기하는 그들의 말투에서 느껴지는 것이었다(그들 윗 세대들은 그녀 세대를 〈워 이 다이〉 ─ 즉 〈미 제너레이션*Me Genera-tion*〉이라고 부르기 시작했다.)

시험 성적이 좋았던 공하이난은 그 지역 최고의 고등학교에 입학했고 농사를 짓던 그녀의 가족은 전환점을 맞았다. 학기가 시작되기 불과 며칠 전이었다. 그녀가 아이스크림 재고를 보충하러 가는 길에 트랙터 택시를 탔는데 이 트랙터 택시가 그만 도랑에 빠지고 말았다. 다른 승객들은 다치지 않고 튕겨져 나갔다. 문제는 앞 좌석에 앉아 있던 그녀였다. 다리에 파쇄 골절을 당하고 코는 거의 잘려 나간 상태였다. 때가 되면 회복될 터였다. 하지만 엉덩이에 석고 붕대를 감고 퇴원한 그녀는 농촌 학교에서 걷지 못하는 학생을 받아들일 수 없다는 사실을 알게 되었다. 학교는 그녀에게 자퇴를 권유했다.

공하이난의 어머니 장샤오위안은 학교의 권유를 받아들일 마음이 눈곱만큼도 없었다. 그녀는 거처를 아예 기숙사로 옮겨 딸을 등에 업고 다녔다. 딸을 업은 채 교실을 찾아 계단을 오르내리고 화장실을 오갔다(공하이난은 하루에 두 번 이상 화장실을 가지 않도록 스스로를 훈련시켰다). 공하이난이 수업을 듣는 동안 어머니는 서둘러 바구니를 들고 길거리로 나가 과일을 팔았다. 가욋돈을 벌기 위해서였다. 나는 그녀의 어머니를 만나기 전까지 이 이야기가 일종의 은유가 아닐까 의심했다. 장샤오위안이 기억을 더듬느라 얼굴을 찡그리면서 말했다. 「유독 높은 건물이 있었는데 과학 실험실이었죠. 게다가 수업은 4층이었어요.」 공하이난은 다른 대안을 진지하게 고민해 본 적이 한 번도 없었다. 장샤오위안이 말했다. 「학교가 유일한 탈출구였어요. 우리는 딸아이가 우리처럼 들판에서 일하면서 살기를 바라지 않았어요.」

공하이난의 병원비를 대느라 그녀의 부모는 빚더미에 올랐다. 공하이난은 〈내 사고로 가족의 생활이 엉망이 되었다〉고 말했다. 1994년의 일이었고 이즈음 중국에서는 노동 이주가 광범위하게 증가하고 있었다. 1978년까지만 하더라도 중국 인구의 80퍼센트가 농업에 종사했지만 1994년에 이르러 이 수치는 50퍼센트 이하로 떨어졌다. 공하이난은 지역의 명문 고등학교를 자퇴하고 공장들이 몰려 있는 해안 지역으로 떠났다.

노동자의 이주가 증가하자 정부는 이 홍수의 경로를 통제하려고 시도했다. 농촌 사람들이 집 근처에서 일을 찾아야 한다고 주장하는 표어도 등장했다. 〈농사에서 벗어나되 농촌을 벗어나지는 말라! 공장에 들어가되 도시로 들어가지는 말라!〉 정부에서는 새로운 이주자들에게 공식적으로 〈부유(浮遊) 인구〉라는 이름을 붙였다. 부랑자와 집 잃은 개를 가리킬 때와 동일한 한자가 들어간 단어였다. 경찰은 〈세 가지가 없는 사람들〉, 즉 집과 직장과 안정적인 소득원이 없는 이주자들 때문에 범죄가 일어난다며 이들을 비난했다. 도시마다 새로운 이주자의 숫자를 제한하기 위해서 방법을 강구했다. 베이징에서는 지방 정부가 〈거지와 길거리 악사, 점쟁이, 봉건적인 미신 행위에 종사하는 사람들〉을 포함하여 다양한 부류의 사람들에게 베이징 이주를 금지했다. 그런 사람들은 발견되는 즉시 고향으로 되돌려보내졌다. 베이징 시는 공립 학교에 다니고 집을 살 수 있는 권리를 제공하기 위해 공인된 〈영주권〉도 발행했다. 하지만 그 기준이 너무 높아서 새로운 이주자들 중 1퍼센트만이 자격을 얻었다. 상하이에서는 『상하이 이주 안내서: 상하이로 취업하러 오는 형제자매를 위해』라는 안내서를 출간했는데, 이 책 첫 장의 제목은 〈취업을 위해 맹목적으로 상하이로 오지 말라〉였다.

그럼에도 이주자의 숫자는 줄어들지 않았다. 2007년에 이르자 1억 3500만 명의 농촌 출신 이주자들이 도시에 살게 되었고 정부는 이들 〈부유 인구〉를

〈외부 인구〉로 간주했다. 국무원은 지방 정부에 보호 장치와 직장 내 안전 대책을 개선할 것과, 당 기관지의 표현에 의하면 이주자들이 〈문명의 세례를 받도록〉 할 것을 지시했다.

주하이 시로 이주한 공하이난은 파나소닉 텔레비전을 생산하는 조립 라인에 일자리를 구했다. 하루에 2천 번씩 전선 두 가닥을 납땜으로 연결하는 일이었으며 번 돈은 가족에게 보냈다. 그녀가 작업을 일찍 끝내기라도 하면 현장 주임은 바로 그다음 날의 할당량을 늘렸다. 그 회사에는 사내 신문이 있었는데 2~3개월 뒤 공하이난은 여기에 〈나는 파나소닉을 사랑하고 내 고향을 사랑한다〉라는 제목의 선전 글을 기고해서 사람들의 시선을 사로잡았다. 이 글이 효력을 발휘했다. 공하이난은 조립 라인에서 빠지고 편집자로 승진했다. 그녀는 자신의 직업에서 일종의 안식을 찾았다. 그러던 어느 날 동창이 찾아와 주말을 함께 보내며, 예전 친구들이 대학에 다니면서 각성하여 낯설고 새로운 곳으로 떠나고 있다는 반가운 소식을 전했다. 그때까지 공하이난은 공장이라는 테두리 안에서 자신이 나름 성공했다고 생각했다. 손가락이 아닌 가슴으로 일했기 때문이다. 그럼에도 자신이 놓치고 있는 부분에 관한 이야기는 엄청나게 충격적이었다.

그녀는 학교를 자퇴하기로 했던 결정을 저주했다. 당시를 떠올리며 〈나약하고 순진한 결정이었다〉고 회고했다. 중국 경제는 그녀 주위의 모든 곳에서 발전하고 있었지만 정작 그녀는 지하실에 갇혀 있었다. 텔레비전이나 옷을 만드는 공장이 원하는 것은 고용 보장이나 교육, 발전 전망이 없어도 불평할 줄 모르는 노동자들이었다. 그녀 같은 이주자들이 받는 임금은 원래부터 광둥 성에 살던 일반 노동자들이 받는 임금의 절반밖에 되지 않았으며 그나마도 격차가 더욱 벌어지고 있었다. 그녀가 계속 광둥 성에 산다면 이류 수준의 의료 서비스와 교육밖에 기대할 수 없을 터였다. 그 지역 부모들이 그 지역 후커우를 가진 자녀의 교육비로 지불하는 것보다 대여섯 배나 많은 교육비를 지불해야 할 터였다. 게다가 도시에서 아이를 낳다가 사망하는 전체 여성 중 4분의 3이 출산 전에 건강 관리를 받지 못한 이주자들이었다.

전자 산업계의 조립 라인 십장들은 여성이 세밀한 작업에 훨씬 능하다는 이유로 여성 노동자를 선호했다. 그녀가 근무하는 공장에도 남자는 경비와 트럭의 짐을 부리는 사람, 그리고 요리사가 전부였다. 공하이난이 말했다. 「내가 그곳에 안주하고자 했다면 그들 중 한 사람을 남편으로 맞았겠죠.」 시골 마을로 돌아갈 경우의 위험성을 그녀는 알고 있었다. 때는 1995년, 당시 중국 내 농촌과 도시의 소득 격차는 이미 짐바브웨 공화국이나 남아프리카 공화국을 제외한 전 세계 어느 나라보다 훨씬 심각한 상황이었다. 그녀는 도시로 가야 했다. 「학교로 돌아가기로 결정했어요.」

그녀는 말을 이었다. 「고향 사람들은 하나같이 내 생각에 반대했어요. 그들은 〈너도 이제 스물한 살 먹은 처녀야. 결혼할 생각이나 해!〉라고 했죠.」 마을의 위계에서 젊은 여성보다 아래 놓이는 유일한 부류는 자신의 미래와 관련해 보다 나은 무언가를 꿈꾸는 젊은 여성이었다. 하지만 그녀의 부모님은 딸의 결정을 지지했고 학교에서도 그녀가 11학년으로 재등록하는 것을 허가했다. 그녀는 전국 대학 입학시험에서 현 내 최고 점수를 기록했으며 그토록 갈망하던 베이징 대학에 입학했다. 스물네 살에 수도에 입성한 마오쩌둥이 〈베이징은 도가니 같은 곳이며 그 안에서는 누구든 변할 수밖에 없다〉고 말했던 곳이다.

학교 등록을 앞두고 그녀는 린이푸처럼 자신의 이름을 바꾸었다. 이제부터는 하이옌이었다. 막심 고리키가 지은 「쇠바다제비의 노래」라는 예전 혁명시(詩)에 등장하는 작고 억센 바닷새를 가리키는 말이었다. 레닌이 가장 좋아했던 시 중 하나이기도 했다. 그녀는 혁명에 전혀 관심이 없었지만 폭풍에 맞서는 새의 이미지 ― 고리키의 표현대로 〈상처 입지 않고 혼돈 위를 부유하는 자유로운 한 영혼〉 — 가 마음에 들었다.

베이징 대학에서 공하이옌은 중국 문학을 공부하고 계속해서 상하이 푸단 대학에서 언론학 석사 과정을 밟았다. 2년째 되던 해 전문성에 가속이 붙는 것을 느꼈다. 하지만 그럼에도 무언가 빠져 있었다. 연애였다.

중국인의 생활상에 나타난 그 모든 대변동 중에서도 배우자를 선택할 수 있는 기회가 생긴 것만큼 개인적인 변화는 없었다. 중국에서는 수 세기 동안 동네 중매쟁이나 부모들이 사회 경제적으로 비슷한 위치에 있는, 이를테면 〈대문 크기가 엇비슷한 집안의〉 젊은이들끼리 짝을 지어 주었으며 그 과정에서 예비 신랑과 신부의 역할은 극히 미미했다.

공자는 정의와 의무에 대해서는 포괄적인 조언을 하지만 감정, 즉 〈칭(情)〉에 대해서는 그의 가르침을 기록한 책 『논어(論語)』에서 딱 한 번 언급할 뿐이다. 중국에서는 20세기가 되어서야 사랑 이야기가 인기를 끌기 시작했다. 유럽의 사랑 이야기 속 주인공들이 때때로 행복을 찾은 반면에 일반적으로 중국의 연인들은 부모의 간섭이나 질병, 오해 등 그들의 통제를 벗어난 힘 앞에서 굴복했다. 이런 유의 이야기들은 비극적인 사랑이나 쓰라린 사랑, 끔찍한 사랑, 부당한 대접을 받는 사랑, 순결한 사랑 등으로 범주가 정해져 있어서 독자들은 그 결말을 쉽게 예측할 수 있었다. 하지만 여섯 번째 유형인 기쁨을 주는 사랑은 그다지 인기를 얻지 못했다(사랑을 곤란한 문제로 바라보는 경향은 계속되었다. 1990년대에 프레드 로스바움과 빌리 위피우 창이라는 두 연구가는 80여 곡의 중국 노래와 미국 팝송 가사를 분석하여 중국 노래들에 고통과 〈부정적인 예상〉, 즉 운명이 허락하지 않으면 관계가 이루어질 수 없다는 식의 언급이 훨씬 많다는 사실을 밝혀냈다).

중국의 연애에는 정치적인 측면이 존재했다. 1919년 덕(德) 선생과 새(塞) 선생*을 외치면서 시위할 때 중국인 학생들은 더불어 중매결혼도 없애자고 주장했다. 중매결혼의 종식을 그들은 〈사랑의 자유〉라 불렀고 그때부터 사랑은 개인의 자율이라는 개념과 엮이게 되었다. 마오쩌둥은 중매결혼과 첩을 두는 행위를 금지하고 여성의 이혼할 권리를 정립했지만 사회는 욕망에 대해 여전히 거의 어떠한 여지도 남겨 놓지 않았다. 결혼으로 이어지지 않는 교제는 〈망나니 생활〉이나 다름없었으며, 마오쩌둥 시대에는 섹스가 지나치게 금기시되어 성교육을 제대로 받지 못해 아이를 갖는 데 어려움을 겪는 부부들이 의사를 찾을 정도였다. 『대중 영화』라는 잡지에 신데렐라가 왕자와 키스하는 사진이 실리자 이를 비난하는 독자들의 편지들이 쇄도하기도 했다. 한 독자는 〈내가 듣기로 많은 노동자들과 농부들, 군인들이 귀사를 후안무치하다고 비난한다〉고 썼다.

1950년을 기점으로 중매결혼이 금지되었음에도 공장 사장들과 공산당 간부들은 여전히 많은 중매를 섰다. 1970년 베이징에서 중국 북동쪽의 샤자 마을로 내려온 옌윈샹이라는 젊은 지식인은 끔찍한 결혼이 여전히 횡행하고 있음을 알게 되었다. 자신의 결혼 상대에 대한 마을 여인의 발언권은 거의 전무했고, 따라서 결혼식 날 신부가 집을 떠나며 흐느껴 우는 풍습이 있을 정도였다. 마을 장로들은 1980년대에 들어서야 결혼을 둘러싼 통제권을 양도하기 시작했다. 옌윈샹은 마침내 인류학자가 되었고 수년 동안 꾸준히 그 마을을 방문했다. 그리고 어느 날 서로 사랑해서 결혼하는 남녀의 한 결혼식에 참석했다. 신부는 너무 행복해서 눈물이 나오지 않을 지경이라고 그에게 털어놓았다. 결국 그녀는 부모 세대의 기대에 부응하고자 손수건에 매운 고추를 문질러서 눈물을 쥐어짜야 했다.

* 덕 선생은 민주주의를, 새 선생은 과학을 뜻한다.

사회주의가 절정에 달했던 시절, 옌윈샹이 찾은 마을의 남자들은 하나같이 〈라오스(老实)〉하게, 즉 솔직하고 수수하게 보이고 싶어 했다. 미혼 남자로서 최악은 〈펑류(风流)〉, 즉 반항적이고 로맨틱한 남자였다. 그런데 느닷없이 라오스한 남자가 촌스럽고 아둔한 사람으로 여겨지고 사람들은 당시 가장 인기를 끌던 해적판 영화 「타이타닉」의 레오나르도 디카프리오처럼 펑류해지고 싶어 하게 되었다.

대부분의 나라에서 결혼은 감소 추세다. 미국 성인 중 기혼자 비율은 기록을 시작한 이래 최저 수준인 51퍼센트로 떨어졌다. 반면 중국에서는 이혼율도 증가하기는 했지만 문화의 많은 부분이 가족과 자식을 중심으로 돌아가고, 결국 여성 인구 중 98퍼센트가 결혼한다. 이러한 수치는 전 세계적으로도 가장 높은 축에 든다(중국은 합법적 동성 결혼이나 차별 금지법이 없고 따라서 게이로 살기가 무척 어려운 곳이다).

갑작스러운 자유는 문제를 낳았다. 중국에는 술집이나 교회가 거의 없고 이를테면 남녀가 함께하는 소프트볼 같은 여가 활동도 없었기 때문에 사회의 사각지대에 있는 공동체들은 임시변통으로 대처해야 했다. 공장 인근 마을에서는 조립 라인에 근무하는 노동자들을 위해 〈사교 클럽〉을 만들었다. 베이징 교통 방송 라디오 채널 103.9는 일요일마다 30분을 할애해서 택시 기사들에게 자신을 광고할 수 있는 기회를 제공했으며, 국군 방송인 CCTV-7에서는 보병들을 위한 데이트 프로그램을 편성했다. 하지만 이러한 노력은 기존의 장벽을 더욱 강화할 뿐이었고 여전히 많은 사람들에게 사랑과 선택과 이해의 충돌은 당혹스럽고 새로운 문제였다.

중국의 한 자녀 정책도 결혼에 예상치 못한 영향을 끼쳤다. 전례 없는 규모로 콘돔 사용을 장려한 결과 섹스와 생식이 분리되었고 소소한 섹스 혁명에 박차가 가해졌다. 한 자녀 정책이 경쟁을 가열시키기도 했다. 1980년대에 들어 중국에 초음파 기술이 전파되자 부부들이 아들을 낳기 위해 여아를 낙태했다. 그에 따라 2020년에 결혼 적령기가 되어도 배우자를 찾을 수 없을 것으로 예상되는 남자들, 즉 중국식 표현으로는 가족이라는 나무에서 〈헐벗은 가지〉에 해당하는 남자들의 숫자가 2400만 명에 이르렀다. 한편 여성들에게는 서른 살이 되어서도 계속 미혼일 경우 〈잉여 노처녀〉로 간주될 것이라는 중국 언론의 경고가 집중적으로 쏟아졌다.

어느 날 공하이옌이 내게 〈중국의 결혼 시장에서는 남자와 여자, 석사 학위가 있는 여자, 이렇게 세 가지 종(種)의 인간들이 살아남으려고 애쓴다〉고 설명했다. 석사 과정을 공부하며 그녀는 중국 남자들이 학벌이 높은 여자를 경계한다는 사실을 알게 되었다. 그녀가 말했다. 「나는 이 도시에 아는 사람이 한 명도 없었어요. 부모님은 초등 교육만 받은 분들이에요. 그분들이 주변에서 찾은 남자에게는 전혀 흥미를 느낄 수 없었죠.」

후커우가 다른 남자와 여자가 결혼하는 경우는 좀처럼 드물었다. 그리고 이러한 사실이 그녀는 불만이었다. 「법에 〈자유로운 사랑과 결혼〉이 명시되어 있었지만 실제로는 선택할 자유가 없었어요.」 2003년 중국의 인터넷 이용자 수는 6900만 명에 불과했지만(이는 인구의 5퍼센트였다) 1년에 30퍼센트씩 증가하고 있었다. 그해 가을 〈소후〉라는 한 포털 사이트는 그들 웹 사이트에서 가장 많은 조회수를 기록하는 단어가 한때는 〈마오쩌둥〉이었으나 이제는 〈무쯔메이〉라는 섹스 블로그 운영자라고 발표했다. 한번은 무쯔메이가 자신의 밀회 현장을 녹취해서 해당 오디오 파일을 포스팅하자 방문자가 급증하는 바람에 서버가 먹통이 되기도 했다(그녀는 자신의 블로그를 방문해서 씩씩거리는 사람들에게 〈나는 섹스를 통해 자유를 표출한다〉고 설명했다).

공하이옌은 초기 온라인 데이트 서비스에 당시 환율로 대략 60달러와 맞먹는 5백 위안을 지불했다. 그리고 열두 명의 남자를 선별해서 그들에게 메시지를 발송했다. 하지만 답장을 한 통도 받지 못한 그녀는 회사에 불만을 제기했고, 그 회사로부터 〈자신을 돌아보세요. 당신은 추하기 그지없어요. 그럼에도 이처럼 조건 좋은 남자들을 어떻게 해보겠다고요? 답장이 한 통도 없는 것이 전혀 이상하지 않아요〉라는 말을 들었다. 그녀는 자신이 선택했던 독신남 중 한 명을 추적하여 그 남자가 해당 사이트에 가입조차 하지 않았다는 사실을 알아냈다. 사진과 핵심 정보, 연락처 등 모든 내용이 다른 웹 사이트에서 가져와 대충 꿰맞추어 놓은 것이었다. 가짜 폴로 셔츠를 진작 마스터했던 중국은 이제 가짜 데이트 상대를 만들어 내는 일로 고개를 돌리고 있었다. 공하이옌이 말했다. 「나는 기업가가 될 생각이 없었어요. 다만 무척 화가 났던 것뿐이죠. 나와 비슷한 처지에 있는 사람들을 위한 사이트를 만들고 싶었어요.」

그녀는 웹 사이트 구축 프로그램인 프런트페이지를 이용해 단순한 디자인을 배치했다. 회사명은 〈Love21.cn〉으로 정했다. 고등학교를 중퇴하고 약간의 컴퓨터 강의를 들은 동생 하이빈을 채용해 광고 영업을 맡겼다. 그녀는 우선 친구들을 등록했고 다른 고객들이 그 뒤를 따랐다. 얼마 뒤 한 소프트웨어 개발자가 1만 5천 달러에 해당하는 돈을 투자하기로 합의했다(후에 그는 이 웹 사이트를 통해서 아내를 만났다). 공하이옌은 이 돈을 사업 확장에 사용했고 자신이 당초 예상했던 것보다 수요가 훨씬 많다는 사실을 깨달았다. 컴퓨터 스캐너를 구하기가 여전히 어려운 오지에서는 고객들이 우편으로 사진을 보내오기 시작했다. 하루에 거의 2천 명꼴로 새로운 사람들이 웹 사이트에 가입했다.

공하이옌은 내가 중국에서 만난 여느 인터넷 기업가들과는 사뭇 달랐다. 일례로 중국의 첨단 기술 분야 중 상위에 자리 잡은 기업들은 하나같이 남자들이 쥐고 있었다. 또한 중국에서 인터넷의 잠재력을 알아본 다른 사람들과 달리 그녀는 영어가 유창하지 못했다. 심지어 컴퓨터 공학 분야의 학위도 없었다. 시골 사람 티도 여전했다. 목청이 무척 컸는데 대중 앞에서 말할 때는 예외였다. 그럴 때면 으레 목소리가 떨려 나왔다. 키는 157센티미터 남짓했고 어깨는 여전히 좁았다. 그녀가 사업 이야기를 하는 동안 나는 왠지 그녀가 자기 자신에 대해 이야기하고 있다는 느낌을 받았다. 그녀는 말했다. 「우리는 당신 같은 외국인들과 달라요. 술집에서 쉽게 친구를 사귀거나, 여행을 다니거나, 낯선 사람과 수다를 떨지도 못해요. 우리 사이트는 재미로 즐기기 위한 것이 아니에요. 회원들에게는 명백한 목표가 있어요. 바로 결혼이죠.」

여가 시간에 그녀는 글을 썼다. 인터넷은 온갖 종류의 생각을 주고받을 수 있는 토론의 장으로 부상하고 있었고 그녀는 〈리틀 드래곤 레이디〉로서, 중화 인민 공화국의 문제에 특화된 고민 상담가로서 스스로 명성을 쌓았다. 그녀는 메시지들을 훑어보았다. 고뇌에 찬 독신남과 걱정스러운 부모, 불안한 신부 등이 보내온 메시지였고 그들 중 상당수는 현재 그녀의 데이트 서비스를 이용하거나 과거에 이용했던 회원이었다.

그녀의 조언은 중국의 옛 엄숙주의에 대한 반대론처럼 들리는 경우가 잦았다. 예컨대 그녀는 갓 결혼한 한 여인에게 이렇게 말했다. 시어머니가 당신을 〈아기를 낳아 줄 사람으로밖에〉 보지 않고 남편도 도와주려 하지 않는다면 〈약간의 용기를 내서 그 집에서 나오세요〉. 남편이 외도를 하고 다닌 어느 부유한 신혼부부의 경우 그녀는 아내에게 〈울거나 약해지거나 불쌍한 사람〉처럼 굴지 않은 점을 칭찬하면서 남편으로 하여금 또다시 바람을 피우면 전 재산을 증여하겠다는 계약서에 서명하게 만들라고 조언했다. 무엇보다 공하이옌은 사랑을 찾는 행위를 자존의 문제로 만들었다. 그녀는 이렇게 썼다. 〈고기 파이가 하늘에서 거저 떨어지는 법은 없어요.〉

4. 정신적 욕망

공하이옌이 사업을 시작한 지 얼마 되지 않았을 때였다. 한 인터넷 게시글이 그녀의 눈길을 사로잡았다. 〈아내 구함, 162센티미터 키에 평균 이상의 외모, 석사 학위 소지자.〉

글을 올린 사람은 박사 학위 취득 후 초파리를 연구하고 있었다. 운동을 좋아한다는 그는 연구실 실험대 앞에서 삼두근에 잔뜩 힘을 주고 있는 익살스러운 사진을 첨부했다. 공하이옌이 말했다. 「그는 모든 것을 다 갖춘 사람이었어요.」 그녀는 남자의 요구 사항을 살펴보았고 〈자신이 그가 내건 조건에 하나도 맞는 것이 없다〉는 사실을 깨달았다. 어쨌든 그녀는 남자에게 회신을 보내기로 결정했다. 자신감 넘치는 태도를 보여 줄 터였다. 〈당신의 공고는 미흡한 점이 많군요. 설령 당신의 요구 사항을 충족하는 사람이 있더라도 그녀는 당신을 까다롭다고 생각할 겁니다.〉

궈젠쩡이라는 이름의 상대 남자는 당혹스러워했다. 그가 답장을 보냈다. 〈나는 이런 글을 써본 적도 없고, 내가 어떤 일을 벌이고 있는지도 잘 모르겠네요.〉 공하이옌이 그의 공고를 다듬어 주겠다고 자청했다. 그녀는 말했다. 「공고 내용을 다듬고 나자 그 기준에 부합하는 여성은 이 세상에 딱 네 명밖에 없다는 생각이 들었어요. 나를 포함해서요.」

서른세 살인 궈젠쩡은 수줍음을 타는 편이었다. 처음 그들이 만났을 때 그의 휴대 전화에는 총 여덟 명의 전화번호가 저장되어 있었다. 그는 선천적으로 로맨틱함과는 거리가 먼 사람이었다. 그가 그녀에게 처음으로 한 선물은 부서진 안경을 새것으로 바꿔 준 것이었다. 부자도 아니었다. 자기 이름으로 가진 돈이 4천 달러도 되지 않았다. 그럼에도 공하이옌은 그에게 지능 검사를 받아 보라고 권유했고 그의 지능 점수가 자신보다 5점이나 높게 나오자 깜짝 놀랐다. 또한 그가 자신의 홀아버지를 극진히 모시는 것에 감동했다. 두 번째 데이트 때, 그는 지하철에서 그녀에게 청혼했다.

그녀는 궈젠쩡의 자전거 뒷자리에 옆으로 걸터앉아 함께 민정부로 가 그곳에서 혼인 증명서를 발급받기 위해 9위안을 지불했다. 예식은 10분 만에 끝났다. 신랑은 결혼반지 대신 노트북을 선물했다. 그들은 월세 1백 달러짜리 쥐꼬리만 한 아파트를 임대했고 그나마 화장실은 나이 지긋한 한 이웃과 공동으로 사용했다.

2006년이 되자 공하이옌의 데이트 서비스에 등록된 이용자 수는 1백만 명에 이르렀다. 이듬해에는 벤처 투자가들이 투자를 했다. 그녀는 메시지 한 건을 보내거나 받을 때마다 약 30센트의 요금을 부과하기 시작했다. 사업을 시작한 지 7년째가 되면서 사이트 등록자 수는 5600만 명에 이르렀고 가입자들이 로그인한 시간과 순 방문자 수를 기준 삼았을 때 중국 최상위 사이트로 부상했다. 중국 최대의 온라인 데이트 서비스가 된 것이다. 공하이옌은 〈Love21.cn〉이라는 상호를 내리고 보다 웅대한 이름을 채택했다. 아름다운 운명이라는 뜻의 〈자위안(佳緣)〉이었다. 그리고 자신의 성향에 걸맞게 〈진지한 데이트 웹 사이트〉라는 슬로건을 내걸었다.

어느 날 내가 그녀의 사무실을 방문했을 때였다. 공하이엔이 새로운 직원들을 대상으로 오리엔테이션이 진행 중이던 회의실로 슬며시 들어갔다. 춘절 바로 직전이었다. 전국의 독신 남녀들이 일가친척을 만나러 귀향할 터였고 아마도 결혼 계획과 관련해서 무자비한 심문을 받을 터였다. 그들 중 일부는 그러한 압박을 견딜 수 없었을 것이다. 춘절이 지나자 자위안의 가입자 수는, 마치 새해에 미국의 헬스클럽이 붐비는 것과 유사한 수준으로 급증했다.

사람들을 앞에 두고 이야기할 때면 설령 그 숫자가 몇 명에 불과하더라도 그녀는 여전히 긴장했고, 그래서 타자로 친 서류 위에 자신이 할 말을 적은 메모를 늘 가지고 다녔다. 그녀가 이야기를 시작하기 전에 직원들은 최고 운영 책임자이며 부드러운 목소리를 가진 팡칭위안이라는 남자의 말을 들었다. 그는 직원들에게 〈이곳에서 편애나 족벌주의를 기대하면서 괜히 애쓰지 마십시오. 열심히 일하세요. 그러면 그 결과로 여러분은 분명히 성공할 것입니다. 윗사람에게 잘 보이려고 괜스레 힘을 낭비하지 마세요〉라고 말했다.

자신이 이야기할 차례가 되어서야 공하이엔은 회의실 테이블의 상석에 앉아 신입 직원들에게 그들이 이제 〈행복 사업〉에 동참했음을 알렸다. 그녀는 웃지 않았다. 행복 사업에 관한 이야기를 할 때면 웃는 경우가 좀처럼 드물었다. 그보다 〈가격 대비 성능〉과 〈정보의 비대칭성〉에 관한 이야기에 집중했다. 안경과 뒤로 질끈 묶은 머리, 화장기 없는 얼굴, 왼쪽 소매가 너덜너덜한 핑크색 아디다스 재킷 등, 그녀는 전형적인 사무실 직원의 차림이었다. 그녀 앞에 있는 젊은 남녀들은 거의 5백 명에 달하는 기존 직원들과 합류할 터였다. 그녀가 말했다. 「여러분의 고객은 여러분 자신과 별반 다르지 않을 것입니다. 도시에서 외톨이로 지내는 이주자들이며 〈우뚝 솟은 세 개의 산〉 때문에, 즉 돈과 시간과 연줄이 없어서 사랑과 담을 쌓은 사람들입니다. 우리의 목표는 단순해요. 사람들에게 선택권을 주는 것입니다.」

중국인들은 선택권이 급증한 현실에 여전히 적응이 필요했다. 공하이옌의 사업이 중매라는 개념 그 자체에 대한 질책이었음에도 지역 언론에서는 공하이옌을 〈중국 최고의 중매인〉으로 자주 묘사했다. 회사의 이름은 아름다운 운명이었지만 그녀는 운명이 더 이상 쓸모없는 것이라는 자신의 믿음을 명백히 보여 주었다. 신입 직원들을 향한 그녀의 이야기가 이어졌다. 「중국인은 아직도 운명을 믿습니다. 〈오, 나는 어떤 일이 닥쳐도 결국에는 적응할 거야〉라는 식으로 말하죠. 하지만 더 이상 그럴 필요가 없습니다! 적응하려 할 필요가 없다는 말입니다. 그들에게는 이제 갈망하는 마음이 필요합니다. 우리는 그들에게 사랑의 자유를 주고 있습니다.」

인생의 가장 중요한 결정에 있어 변변한 발언권조차 얻지 못한 채 오랜 세월을 보낸 끝에 사람들은 이제 잃어버린 시간을 만회하려는 듯 보였다. 나는 린 위라는 대학원생이 온라인에 게재한 개인 광고를 보았는데, 그녀는 미래의 남편에게 자신이 기대하는 바를 다음과 같이 밝혔다.

초혼일 것, 석사 학위를 소지했거나 그 이상일 것, 우한 출신이 아닐 것, 시골 태생이 아닐 것, 외아들이 아닐 것, 담배나 술을 하지 않을 것, 노름을 하지 않을 것, 키가 172센티미터 이상일 것, 결혼 전에 최소한 1년 이상 사귈 준비가 되어 있을 것, 스포츠를 좋아할 것, 부모님이 모두 살아 계실 것, 연봉이 5만 위안 이상일 것, 나이가 스물여섯에서 서른두 살 사이일 것, 일주일에 네 번은 집에서 저녁을 먹는다고 약속할 수 있을 것, 최소 두 명 이상의 여자를 사귀었으되 네 명을 넘기지 않을 것, 처녀자리나 염소자리가 아닐 것.

미국과 중국의 온라인 데이트는 그 개념에서 가장 큰 차이를 보였다. 미국의 온라인 데이트는 잠재적인 데이트 상대의 범위를 확대하는 힘이 있었다. 반면 13억 인구를 가진 중국에서 온라인 데이트는 정확히 그 반대의 역할을 약속했다. 공하이옌의 수석 엔지니어인 루타오가 말했다. 「한번은 23세 여성이 베이징에서 데이트 상대를 찾길 원했어요. 당시 베이징에는 우리 사이트에 가입한 남성 회원이 40만 명이나 있었어요. 그녀는 혈액형과 키, 별자리, 그 밖의 조건들을 적용해서 범위를 좁혔고 마침내 여든세 명의 남자를 추려 냈죠.」(한 중국인 은행가는 내게 자신이 자위안에서 단일 기준인 키를 적용하여 데이트 상대를 가려내자 늘씬한 패션 모델들 명단이 나왔다고 말했다.)

나는 공하이옌의 사업을 이해하고자 자위안 사이트에 가입하면서 서른다섯 개 항목의 선다형 질문에 답해야 했다. 중국 공산당이 순종을 종용하며 수십 년을 집권해 온 터였다. 하지만 그 설문지를 보자, 이제 남자가 가능한 한 정확하게 자신을 규명할 수 있어야 한다는 사실은 의심의 여지가 없었다. 키와 몸무게, 수입, 그 밖의 필수 사항을 기입하고 나자 내 머리카락을 먼저 색깔(검은색, 금색, 갈색, 적갈색, 회색, 붉은색, 은색, 부분 염색, 대머리 등)로, 그다음에는 스타일(긴 생머리, 긴 곱슬머리, 중단발, 짧은 머리, 아주 짧은 머리, 대머리 등)로 설명하라는 요구가 이어졌다. 얼굴형과 관련해서는 〈오리 알〉 같은 타원형이나 〈해바라기 씨〉처럼 가늘고 긴 형태를 포함한 아홉 가지 가운데 선택할 수 있었다. 〈국가형 얼굴〉이라는 것이 혹시 애국자들만 선택하는 항목인지 잠시 헷갈렸지만 곧 한자 〈국(國)〉 자 모양의 주걱턱을 의미한다는 사실을 깨달았다.

또한 내가 가진 〈가장 매력적인 특징〉을 꼽아야 했으며 이를 위해 열일곱 가지 항목이 주어졌고 여기에는 미소나 눈썹, 발 모양도 포함되었다. 〈종교적인 믿음〉과 관련해서는 열여섯 가지 항목이 있었다. 다양성을 추구하는 의미에서 나는 〈샤머니즘〉에 표시했다. 〈생활 기술〉과 관련한 질문에서는 집수리나 실무 절충 등을 포함한 스물네 가지 항목에 답해야 했다. 설문 작성이 거의 끝날 무렵에는 휴양지와 주로 읽는 책, 혼전 합의서, 흡연, 반려동물, 개인 공간, 가사(家事), 은퇴 계획 등을 둘러싼 내 생각을 묻는 질문이 나왔다. 그리고 마침내 일단의 호칭 가운데 나를 설명해 주는 것을 선택하라는 물음에 도달했다.

1. 효자

2. 호탕한 사람

3. 책임감 있는 사람

4. 인색하고 가정적인 남자

5. 정직하고 직설적인 성격

6. 통찰력 있는 남자

7. 출세 지향적인 남자

8. 현명하고 선견지명이 있는 사람

9. 꼴불견

10. 유머러스한 남자

11. 여행을 좋아하는 사람

12. 고독하고 집안에 틀어박혀 있기를 좋아하는 남자

13. 이해심이 많은 사람

14. 대담한 사람

15. 성실한 사람

16. 관리형

17. 멋진 녀석

18. 건실하고 침착하며 온화한 사람

다음 페이지에서는 나의 개인적인 특질을 가장 잘 설명하는 말을 선택하라는 요구를 받았다. 나는 〈푸른 일개미〉 시대를 떠올리고 항목들을 꼼꼼하게 살펴보았다.

1. 나는 신사답고 세련되었다.
2. 나는 서부 개척 시대에서 온 카우보이다.
3. 나는 예의 바르고 쾌활하다.
4. 나는 잘생겼고 상냥하다.
5. 나는 성숙하고 매력적이다.
6. 나는 키가 크고 근육질이다.
7. 나는 단순하고 꾸밈이 없다.
8. 나는 말수가 적고 차갑다.

공하이옌이 선택 관련한 사업을 시작한 것은 시기적으로 매우 적절했다. 중국인들이 일상생활에서 선택을 하는 데 점점 더 많은 시간을 쓰고 있었기 때문이다. 1980년대 들어서 개인 소득이 늘어나기 시작하자 쇼핑객들은 떼를 지어 다니면서 〈해일 소비〉라고 알려지게 될 힘을 발휘하며 이웃이 가진 것과 똑같은 제품을 구매하기 위해 밀려들었다.

샤자 마을의 비공식적 중심가는 공산당 본부에서 그 마을의 유일한 상점으로 옮겨 갔다. 젊은이들은 그들이 〈거싱〉 즉 개성이라고 부르는 특징을 찬양하듯 언급하기 시작했다. 마을 청년들은 머리에 바를 젤과 소가죽으로 된 로퍼를 구매했다. 아울러 겨우 300미터 떨어진 마을 상점에 가면서도 걷기보다는 자동차를 이용했다. 집집마다 집을 재정비해서 더 이상 부부가 조부모나 아이들과 침대를 공유하지 않아도 되었으며 세대별로 독립된 방에서 잠을 잤다. 그 지역 당 서기는 〈혁명이라는 기계의 녹슬지 않는 나사못〉이라고 자칭하기를 포기했으며 〈내가 왜 이 일을 하느냐고요? 간단해요. 돈 때문이죠〉라고 솔직하게 말하기를 서슴지 않았다.

직업을 직접 배정하지 않기로 한 이상, 중국 정부는 직업을 선택하느라 익숙하지 않은 경험을 하는 대학 졸업생들을 안내해 줄 필요가 있었다. 새로운 구직 시장과 결혼 시장은 새 옷과 헬스클럽, 화장품, 면도기와 면도 거품에 대한 수요를 창출했다. 2005년에는 중국 텔레비전에서 처음으로 「아메리칸 아이돌」 스타일의 프로그램 ─ 「몽골 젖소 요거트 걸 콘테스트」 ─ 이 전파를 탔다. 해당 프로그램의 성공으로 〈선택 프로그램〉라는 새로운 장르가 탄생했고, 이런 프로그램의 참가자들은 서로를 선택하거나 서로에게 또는 관객들에게 선택받을 수 있었다.

쇼핑이나 적어도 인터넷 검색이 중요한 취미 생활이 되었다. 보통의 중국인은 일주일에 거의 10시간을 쇼핑에 할애하고 있었다. 평범한 미국인이 4시간 이하를 소비하는 것과 대조적이었다. 이러한 차이는 중국에서의 쇼핑 과정이 대중교통이나 가격 비교라는 면에서 효율성이 떨어진다는 이유도 있었고, 쇼핑이 고상한 형태의 유흥이라는 이유도 있었다. 한 광고 연구 결과에 따르면 상하이의 보통 사람은 일상생활에서 런던의 소비자보다 세 배나 많은 광고를 접했다. 시장에는 소비자의 눈을 사로잡으려는 새로운 브랜드들이 넘쳐 났고 주의를 끌고자 하는 이들의 대담한 노력을 중국 소비자들은 비교적 편안하게 받아들였다. 광고가 너무 많아져서 패션 잡지는 물리적인 한계에 봉착할 지경이었다. 중국어판 『코즈모폴리턴』의 편집자들은 한때 잡지를 두 권으로 나누어 발행해야 했다. 한 권으로 만들면 너무 두꺼워서 들고 보기가 불편했기 때문이다.

내 휴대 전화는 광범위한 소비 선택을 제안하는 스팸 문자들로 집중 포화를 맞았다. 베이징에서 〈가장 큰 실내 승마장〉에서는 〈장차 승마인이 되고자 하는 분들, 주목하세요〉라는 문자 메시지가 왔다. 어느 날 아침에는 〈영국인 기술자가 건축한 1백 년 된 거대한 빌딩〉과 〈5만 4천 평방미터의 개인 정원이 갖추어진 궁궐 같은 바로크 양식 빌라〉라는 메시지가 왔다. 대부분의 스팸 문자들은 허위 경비 보고서 제출을 위한 가짜 영수증을 판매한다는 내용이었다. 나는 이 시대의 한 모범적인 중국인 남자가 아침마다 거대한 영국식 건축물에서 눈을 뜨고 자신의 말에 올라 개인 정원을 가로질러 가짜 영수증을 사러 가는 모습을 상상했다.

서양 기업들도 경쟁에 가세하여 중국인의 취향에 부합하려는 희망을 보태며 선택을 부추겼다. 미국의 껌 생산업체 리글리는 오이와 민트 맛이 동시에 나는 껌을 개발했다. 하겐다즈는 월병을 판매했다. 모든 시도가 성공한 것은 아니었다. 크래프트푸드는 쓰촨 성의 매운 후추 열매 기름으로 튀긴 생선 맛 크래커를 개발하려다 실패했다. 장난감 회사 마텔은 상하이 도심에 온천과 각테일 바까지 갖춘 6층짜리 거대한 바비 인형 가게를 열었지만 중국 부모들이 바비의 공부 습관에 호의적이지 않다는 사실만 확인했을 뿐이다. 홈데포는 농부와 노동자의 아들딸들이 가장 싫어하는 일이 바로 DIY라는 사실을 알게 되었다.

중국 소비자들이 보여 준 선택 중에는 외부인들이 이해할 수 없는 것들도 있었다. 멋스러운 안경테를 생산하는 한 회사가 〈헬렌 켈러〉라는 이름으로 시장에 등장했다. 기자들이 굳이 세계에서 가장 유명한 맹인 이름으로 안경을 광고하기로 한 이유를 묻자 그 회사는 중국 학교에서 불굴의 정신력을 보여 준 상징적인 인물로 헬렌 켈러의 이야기를 가르치고 있기 때문이라고 설명했다. 말할 것도 없이 그 회사의 안경테는 히트를 쳤다. 그들은 〈당신은 세계를 보고 세계는 당신을 본다〉라는 슬로건과 함께 안경테를 판매했다.

서구 사회에 비해 중국에서는 돈과 사랑이 항상 명백하게 연결되어 있었다.

하지만 거의 모든 사람이 파산 지경에 있을 때는 돈 문제가 훨씬 단순했다. 전통적으로 중국에서는 신부의 부모가 결혼 지참금을 지불했고 신랑의 부모가 〈혼자(婚資)〉라고 하여 훨씬 많은 돈을 냈다. 마오쩌둥 시대에는 일반적으로 이러한 교환이 곡식으로 이루어졌지만 1980년대에 이르자 신혼부부들은 〈세 개의 둥근 것과 하나의 소리〉 즉 자전거, 손목시계, 재봉틀 그리고 라디오를 기대하게 되었다. 경우에 따라서는 〈서른 개의 다리〉 즉 침대와 식탁과 일단의 의자 세트를 원하기도 했다. 이 같은 관습은 중국 내 대부분의 지역에서 (현금으로) 계속 이어졌으며 금액도 점점 커졌다.

혼인 풍속에 가장 커다란 충격을 준 사건은 전혀 예상치 못한 곳에서 불거졌다. 1997년 국무원에서 사람들이 집을 사고팔 수 있는 권리를 복원한 것이다. 사회주의 체제 아래 그동안은 고용주가 도시 근로자들에게 천편일률적인 콘크리트 주거 블록을 지정해 주었다. 정부가 시장 경제를 복원한 시점에 중국 관료들에게는 담보 대출, 즉 〈디야(抵押)〉라는 말을 공식적으로 대신할 단어조차 없었다. 머지않아 세계 최대 규모의 부동산 축재가 시작되었다.

전통적으로 중국의 젊은 부부들은 신랑의 부모 집으로 들어가 살았다. 하지만 21세기에는 그들 가운데 절반에 가까운 숫자가 멀리 떨어져 살며, 경제학자 상진 웨이와 샤오보 장이 밝혀낸 바에 따르면 아들을 가진 부모들은 자식이 조금이라도 더 나은 신부를 얻길 바라는 마음에서 어느 때보다 크고 비싼 집을 짓는다. 이러한 부동산 현상은 〈시어머니 신드롬〉으로 알려지게 되었다. 신문들도 〈집은 남자의 위엄이다〉 같은 표제 기사들로 이를 부추겼다. 일부 마을에서는 사람들이 서로를 이기려고 불필요하게 건물 층수를 늘려 지으면서 부동산을 둘러싼 소위 군비 확장 경쟁이 시작되었다. 그렇게 늘어난 여분의 층은 집주인이 살림을 채울 수 있게 되기 전까지 빈 상태로 남아 있었다. 2003년부터 2011년 사이에 베이징과 상하이 등 대도시에서는 집값이 800퍼센트 올랐다.

야망의 시대에는 과거가 아닌 미래가 그 사람을 평가하는 기준이 되었다. 사회주의 시절의 중국인들은 부모와 조상의 〈정치적 신뢰성〉을 평가했지만 이제는 남녀 모두가 잠재력, 특히 소득 잠재력에 근거해서 서로를 평가했다. 그럼에도 새로운 결혼 시장에서는 일반적인 기대치와 현실의 괴리가 점점 명확해지고 있었다. 예컨대 공하이옌의 데이트 서비스에 가입한 남자들 가운데 집을 소유한 사람은 겨우 10퍼센트에 불과했다. 하지만 다른 외부 기관에서 조사한 바에 따르면 조사에 응한 여성들 중 거의 70퍼센트가 집이 없는 남자와는 결혼하지 않겠다고 밝혔다. 집과 관련한 세세한 항목들이 연애의 성공 여부에 지극히 큰 비중을 차지하기 때문에 나 역시 다음 항목들 중에서 선택을 해야 했다.

1. 나는 내 집이 없다.
2. 나는 필요하다면 집을 살 예정이다.
3. 나는 이미 내 집이 있다.
4. 나는 여러 사람과 함께 집을 빌려서 같이 산다.
5. 나는 혼자 집을 임대해서 혼자 산다.
6. 나는 부모님과 함께 산다.
7. 나는 친구와 친척 등과 함께 산다.
8. 나는 내가 속한 노동 조직의 기숙사에 산다.

그 모든 질문 중에서 이것이 가장 중요했다. 공하이옌이 내게 말했다. 「만약 당신이 임대한 집에 살거나 여러 룸메이트와 같이 사는 남자라면 시작과 동시에 퇴장이라고 보면 됩니다.」 반면 충분히 훌륭한 대답거리가 있는 남자들은 군이 세세하게 굴 필요가 없었다. 그들은 독신자 광고에 새로운 문구를 집어넣었다. 〈처팡 지베이〉 즉 〈자동차와 집 구비 완료〉라는 뜻이다.

세상에 뒤처지지 않으려는 압박감은 일종의 신조어 인플레이션을 낳았다. 불과 몇 년 전까지도 〈세 가지가 없는 사람〉이라는 말은 주거지와 직업, 소득원이 없는 이주 노동자를 가리키는 용어였다. 그러던 것이 내가 공하이옌의 사무실을 어슬렁거리기 시작할 즈음에는 자기 소유의 집과 자동차, 저축한 돈이 없는 남자를 가리키는 말이 되었다. 이 세 가지가 없는 사람이 결혼하는 경우 〈벌거벗은 결혼〉으로 불렸다. 2011년에는 이 말이 텔레비전 미니 시리즈의 제목으로 사용되었다. 특권 계급에 속한 한 젊은 여자가 노동자 계급인 남자를 만나 부모님의 반대를 무릅쓰고 결혼해서 남편 집으로 들어가 그의 가족들과 함께 사는 내용이었다. 이 미니 시리즈는 중국에서 가장 인기 있는 프로그램이 되었다. 만약 이 미니 시리즈가 1930년대의 소설이었다면 〈비극적인 사랑〉이라는 제목이 붙었을 터였다. 시리즈 막판에 그들 부부가 이혼했으니 말이다. 또 다른 인기 프로그램으로 미혼 남녀가 서로를 평가하는 「바로 당신이야」라는 〈선택 프로그램〉도 있었다. 이 프로그램에서는 텔레비전 화면에 말풍선이 등장해 남자가 〈자동차와 집 구비 완료〉 상태인지 표시해 주었다. 한번은 이 프로그램에서 세 가지가 없는 남자가 한 여성에게 자신의 자전거를 함께 타지 않겠느냐고 제안하자 그 여성은 남자를 마구 무시하면서 〈자전거를 타면서 헤헤거리느니 차라리 BMW를 타면서 울고 말겠다〉고 쏘아붙였다. 검열관이 보기에 도가 지나친 대사였다. 곧 방송사 측은 프로그램를 재구성하여 점잖은 공동 진행자를 추가하여 출연자에게 미덕과 자제를 조언하도록 했다.

공하이옌의 회사는 일주일에 한두 번씩 미혼 남녀를 위한 행사를 개최했다. 어느 날 밤 나는 세심하게 몸단장을 한 3백 명의 남녀와 함께 줄을 서서 베이징의 한 무도장으로 들어갔다. 그들은 건전지로 작동하는, 오므린 입술 모양의 반짝이는 발광체를 받아 각자 자신의 옷에 달았다. 사회자가 무대 위를 껑충껑충 뛰어다니며 군중의 주의를 끌었다. 「손을 가슴에 대고 내가 하는 말을 따라 하세요……. 〈나는 어떠한 기만적인 의도나 악의를 가지고 여기에 온 것이 아님을 맹세합니다.〉」

열두 명의 여성이 퀴즈 프로그램 형태로 무대 위에 모였는데 저마다 꼭대기에 하트 모양의 전구가 달린 빨간 막대기를 들고 있었다. 전구가 켜지면 관심이 있다는 의미였고 켜지지 않으면 관심이 없다는 의미였다. 그들 모두는 20대 후반에서 30대 초반의 엔지니어나 대학원생, 은행원 등으로 나름대로 무언가를 성취한 사람들이었다.

남자들이 한 사람씩 무대로 올라가서 질문을 받았다. 그들이 주고받는 대화를 들으며 나는 양쪽의 기대가 크게 다르다는 느낌이 들었다. 떡 벌어진 어깨에 면 스웨터를 입은 은행원 남자는 상당한 관심을 받았지만 그가 일주일에 6일하고도 반나절을 꼬박 사무실에 갇혀 지낸다고 말하기 전까지만이었다. 다음 남자는 트위드 재킷을 입은 물리학 교수였다. 〈훌륭한 성취보다 오로지 후회하지 않는 삶을 살고 싶다〉는 인생의 소망을 밝혔고 그의 이야기는 거의 아무런 감흥도 이끌어 내지 못했다. 마지막으로 하이킹 애호가이기도 한 과묵한 형사법 전문 변호사가 나왔다. 그는 잘나가다가 나중에 가서 여성 참가자들에게 자신이 〈순종〉을 매우 중시한다고 밝혔다. 당연히 하트 모양 전구에 불이 켜졌을 리 만무했고 그는 혼자 무대를 떠났다.

새해가 마치 마감 시한처럼 며칠 앞으로 다가와 있었다. 그날 저녁 나는 왕징빙이라는 남자를 만났다. 30세의 친근한 국가형 얼굴을 가진 그는 가족들과의 만남에 대비하고 있었다. 벽에 등을 기대고 나란히 앉아 그가 내게 말했다. 「가족들이 스트레스를 줄 겁니다. 오늘 밤 이곳에 온 것도 그 때문이죠.」 왕징빙은 대학을 졸업한 후에 영업 사원이 되어 냅킨과 기타 종이 제품을 수출하는 일을 했다. 직업이 그가 사용하는 영어 단어에 흔적을 남겼는지, 그는 성공적이지 못했던 데이트를 언급하면서 자신이 〈반품〉되었다고 설명했다. 그의 시골 친척들은 독신자 행사를 전혀 이해하지 못했다. 「누이는 내가 이 행사에 참석하는 것을 찬성하지 않았어요. 〈그런 곳에서는 결혼할 여자를 절대로 찾을 수 없을 거야〉라더군요.」 왕징빙의 생각은 어땠을까? 「나는 마음이 이끄는 대로 따라야 한다고 생각해요. 누이의 교육 배경이나 인생 경험은 나와 달랐어요. 당연히 생각도 다르죠.」

중학교까지만 다닌 그의 누이는 줄곧 고향에서 지내며 한 점포 앞에 딸린 작은 공간에서 탄산음료와 국수를 팔았다. 스무 살 때 친척이 소개해 준 남자와 결혼했는데 남편 역시 이웃 마을 사람이었다. 반면에 왕징빙은 산둥 대학에서 영어를 공부하고 직장을 찾아 베이징으로 이주했다. 나를 만났을 당시 그는 5년째 수도에서 살며 이제 막 노동자 계급에서 한 단계 올라서는 중이었다. 대화를 나누며 나는 마음속으로 그가 설문지에 표시했을 답들을 그려 보았다. 1. 효자…… 5. 인색하고 가정적인 남자…… 14. 대담한 사람.

왕징빙은 누군가를 만날 때까지 적어도 일주일에 한 번씩 이런 행사에 참여할 거라고 스스로 다짐하듯 말했다. 「솔직히 말해서 어제도 한 여성에게 퇴짜를 맞았어요. 그녀가 말하길 나는 자신이 바라던 만큼 키가 크지 않다더군요.」 결혼하기 전에 집과 자동차가 준비되어 있어야 한다는 생각에 동의하는지 그에게 물었다. 「그럼요. 집과 자동차는 문명의 상징이잖아요. 남자와 결혼하는 여자는 어떻게 보면 그 남자의 집과 자동차와 결혼하는 겁니다. 나는 임대 주택에서 살고 있어요. 그래서 엄청나게 스트레스를 받습니다.」 그는 잠깐 침묵을 지키다가 다시 입을 열었다. 「하지만 내게는 잠재력이 있어요. 5년만 있으면 나도 집과 자동차를 살 수 있을 겁니다. 딱 5년요.」

5. 더 이상 노예가 아니다

〈우선은 일부 사람들 먼저 부자가 되게 하자〉라고 선언할 때 덩샤오핑은 누가 그 일부에 해당하는지는 언급하지 않았다. 그것을 알아내는 것은 당사자들의 몫이었다.

이전까지 공산당이 가장 오랫동안 공격 대상으로 삼은 최우선의 표적은 계급의 횡포였다. 마오쩌둥이 4백만 개의 개인 사업장을 폐쇄하고, 재산을 국유화하고, 사회를 완전히 평준화하면서 중국의 소득 불균형은 사회주의 세계에서 가장 낮은 수준으로 떨어졌다. 학생들은 부르주아와 〈계급의 적들〉이 〈고혈을 빨아먹는 자〉이며 〈해충〉이라고 배웠다. 이러한 열기는 문화 대혁명 기간 동안 절정에 이르렀다. 당시 군은 서열을 폐지했다가 그 결과 전쟁터에서 혼란이 일어나자 철회했다. 그사이에 군인들은 군복에 달린 주머니의 개수로 서로의 계급을 확인해야 했다(장교의 군복에는 일반 사병보다 주머니가 두 개 더 많았다). 운명을 개선하려는 모든 노력은 무의미한 동시에 위험한 것으로 간주되었다. 중국 공산당은 경기 스포츠를 금지했고 운동선수들은 과거에 메달을 땄음에도 소급 적용을 받아 〈트로피 마니아〉라는 죄 ─ 대중의 건강이 아닌 승리를 추구한 범죄 — 로 기소되었다. 사람들 사이에서는 〈로켓을 만들기보다 달걀을 파는 것이 더 돈이 된다〉라는 이야기가 떠돌기 시작했다.

최근 들어 지역 신문들의 계속된 화두는 〈바이서우 치자〉 즉 맨손 자수성가의 꿈이었다. 나는 점심을 먹으면서 종종 식탁에 신문들을 펼쳐 놓고 길거리 음식 상인에서 패스트푸드 업계의 거물이 된 사람들이나 그 밖의 이주 1세대에 관한 이야기를 읽고는 했다. 가난뱅이에서 부자가 된 이야기는 중국이라고 특별히 다를 것이 없었지만 그들은 중국의 자아상에서 중심적인 위치를 차지하게 되었다. 이제 그들을 이야기할 때 중국인들은 차고에서 시작한 실리콘밸리의 인터넷 기업들을 신화처럼 입에 올리는 미국인들과 비슷한 태도를 보였다. 덩샤오핑의 선언대로 가장 먼저 성공한 사람들은 〈시엔푸 췬티〉 즉 먼저 부자가 된 사람들로 알려졌다. 자수성가한 부자들을 전에 없이 존경하게 되었음에도 중국은 지주와 〈주자파〉를 비난하면서 수십 년을 보내 온 터였고 따라서 〈먼저 부자가 된 사람들〉 대부분은 되도록 익명으로 남고자 했다. 그들은 수시로 〈사람이 유명해진다는 것은 돼지가 살이 찌는 것과 비슷하다〉는 지론을 피력했으며 『포브스』지는 2002년 중국 최고의 부자들 목록을 발표하면서 머리에 종이 가방을 쓰고 있는 남녀 사진을 첨부해 그들의 비밀주의를 드러냈다. 복권 당첨자들이 세간의 관심을 너무 걱정했기 때문에 중국 신문들은 모자와 선글라스로 얼굴을 가린 채 크게 확대된 수표를 들고 있는 당첨자 사진을 실어야 했다.

계급의 귀환은 중국 공산당에게 기회를 제공했다. 그들은 신흥 부자들을 끌어들이면 민주화를 요구하는 동요 세력을 진압할 힘이 되어 주리라 믿었다. 관료들은 옛 현인 맹자의 말을 자주 인용했다. 〈생계가 안정되면 마음이 안정되고, 안정된 생계가 없으면 안정된 마음도 없다.〉 그러나 〈안정된 마음〉을 담보하기 위해 번영에 의존하는 정책은 중국 공산당의 본질과 관련한 모순을 초래했다. 부르주아적 가치관과 불평등을 비난하면서 권력을 잡았던 마르크스와 레닌의 후계자, 즉 중화 인민 공화국의 지도자들이 어떻게 신흥 부자 계급을 노골적으로 포용할 수 있을까, 어떻게 사상적인 지배 이념을 고수할 수 있을까 하는 문제였다.

하지만 바야흐로 자기 창조의 시대였고 그것은 중국 공산당에게도 마찬가지였다. 그리고 그 임무는 국가주석이자 총서기인 장쩌민에게 넘어갔다. 2002년 당의 가장 중요한 전당 대회에서 그는 심각한 수사학적 왜곡을 보여 주었다. 차마 중산층이라는 용어를 사용하지는 못했지만 이제부터 〈중간 소득 계층〉의 성공을 위해 당이 헌신하겠다고 선언한 것이다. 중간 소득 계층은 어디에서나 당 기관원의 환영을 받았고 새로운 슬로건마다 그들이 언급됐다. 중국 경찰 학교에 근무하는 한 저술가는 중간 소득 계층을 〈문명화된 방식의 이면에 존재하는 도덕적인 집단이다. 특권을 없애고 빈곤을 줄이기 위해 반드시 필요한 세력이다. 사실상 전부라고 할 수 있다〉라고 묘사했다.

동일한 전당 대회에서 공산당은 또한 중국 헌법에 중대한 변화를 가져왔다. 그들은 스스로를 〈혁명당〉이라고 지칭하는 대신 〈집권당〉이라고 부르기 시작했다. 즉 중국 지도자들이 그들의 존재 이유를 바꾼 것이다. 그렇게 지난 수십 년 동안 〈반혁명주의자들〉이라며 정적을 거세게 비난했던 이전의 반란자들은 집권당임을 자처하면서 이제는 되레 혁명이라는 단어를 문제 삼을 정도로 현 상태의 열렬한 옹호자가 되었다. 그 결과 톈안먼 광장 옆 혁명사 박물관은 원래의 이름을 잃고 중국 국립박물관에 흡수되었다. 2004년에 국무원 총리 원자바오는 〈실제로 통일성과 안정성이야말로 다른 어떤 것보다 중요하다〉라고 말했다.

보통의 중국인들은 그 같은 변화를 위선적이라 느꼈지만 그대로 수용하는 수밖에 없었다. 더욱이 그들은 너무나 오랫동안 궁핍하게 살아왔기에 예전의 정치적 신조에 대해 그다지 미련도 없었다. 이제 중국 공산당과 인민들은 정반대의 방향으로 나아가고 있었다. 중국 사회는 더욱 다양하고, 시끌벅적하고, 자유분방한 곳이 되었으며 중국 공산당은 더욱 균일화되고, 차분하고, 보수적이 되었다.

2007년 10월, 나는 제17차 중국 공산당 전국 인민 대표 대회 개회식을 보기 위해 인민 대회당을 찾았다. 5년에 한 번씩 개최되어 일주일 동안 각종 연설과 의식을 진행하는, 정치적으로 가장 신성한 행사였다. 대회 기간 중 국무원에서 형식적으로 중화 인민 공화국의 지도자를 결정했다(실제로는 사전에 이미 모든 결정이 내려진 상태였지만). 무대 위에서 국가주석이자 당 총서기인 후진타오가 연단에 올라섰다. 많은 당 고위층 동료 인사들이 그렇듯이 그는 공학을 전공한 엔지니어였으며 〈발전은 유일하고 냉엄한 진실이다〉라는 믿음을 받아들인 기술 관료였다. 예순다섯 살이던 그는 말수가 적고 냉정해서 사람들로부터 〈나무로 된 얼굴〉이라는 별명을 얻었다. 하지만 이것이 그의 잘못이라고는 할 수 없다. 문화 대혁명의 공포를 겪은 뒤로 중국 공산당은 당 지도자의 개성이 외부로 드러나지 않게 하는 데 많은 공을 들였다. 그리고 성공했다. 후진타오가 아직 젊었을 때 그의 공식 전기에는 그가 무도장에서 춤추는 것을 좋아한다는 내용이 포함되어 있었다. 하지만 당 고위 관료로 선출되자, 호불호와 관련하여 유일하게 그의 개성을 보여 주던 해당 내용도 사라졌다.

후진타오가 대회장을 가득 메운 2천여 명의 충성스러운 대의원들을 쭉 둘러보았다. 바닥을 완전히 덮은 붉은 양탄자와 붉은 휘장들, 천장에서 내리비치는 거대한 붉은 별까지 하나같이 공산주의의 색으로 도배된 광경이 펼쳐졌다. 그의 뒤로는 고위 관료들이 몇 줄로 열을 맞추어 배석해 있었는데 그들 중 상당수의 넥타이가 후진타오와 똑같은 붉은색이었다. 연출은 흠잡을 데 없었다. 일단의 젊은 여성들이 수시로 따뜻한 물이 든 보온병을 들고 고위 관료들이 배석한 열 사이를 누비며 마치 싱크로나이즈드 스위밍 선수들처럼 정확히 똑같은 동작으로 차를 따랐다. 후진타오는 대중에게 잊혀 버린 어휘들을 사용하면서 2시간 30분 동안 연설을 했다. 그는 〈사회주의 조화 사회〉와 〈발전을 바라보는 과학적 관점〉 그리고 평소처럼 〈마르크스·레닌주의〉를 언급했다. 또한 점진적인 변화만을 허용하겠다고 천명했으며 공산당이 〈모든 방면의 투쟁을 조화롭게 통솔하는 핵심 세력〉으로 남아야 함을 강조했다.

인민 대회당 밖에서 중국은 계급의 귀환을 맞이했다. 1998년 한 지역 출판사가 1982년에 발간된 폴 푸셀의 문화 풍자서 『계급: 미국의 신분 제도 안내서Class: A Guide Through the American Status System』를 출간했다. 이 책의 관찰 내용에 따르면 〈신체 접촉이 보다 격렬한 스포츠를 볼수록 낮은 계급〉이었다. 중국어로 번역된 책에는 풍자적인 면이 축소되었으나 새로운 세상에 대한 휴대용 도감으로서 오히려 높은 판매고를 기록했다. 번역자는 서문에 이렇게 썼다. 〈단지 돈이 있다고 해서 세상의 호평이나 존경, 인정을 받을 수는 없다. 소비를 통해 드러나는 그 사람의 면면이 훨씬 중요한 문제다.〉

2002년에는 데이비드 브룩스의 책 『보보스Bobos in Paradise』가 중국어로 번역되어 베스트셀러가 되었다. 원래는 먼 세계의 이야기, 즉 1960년대의 반체제 문화를 레이건 시대의 경제학과 결합한, 미국의 부르주아 보헤미안들을 다룬 책이었지만 중국에서는 노력하는 사람들의 자아상을 담아낸 책으로 변신했고 보보스족, 중국어 〈부보쭈〉는 중국에서 그해 최다 인터넷 검색어 중 하나가 되었다. 순식간에 보보스 바와 보보스 북 클럽, 보보스족에게 〈재즈풍의 로맨스 느낌〉을 제공한다고 광고하는 노트북 컴퓨터가 등장했다. 얼마 후 보보스족에게 싫증을 느낀 중국 언론은 딩크족(중국어로 〈딩커〉족), 즉 〈자식을 갖지 않는 맞벌이 부부〉에게로 관심을 옮겼고 이후에도 계속해서 네티즌이나 부동산왕, 모기지 노예 등 새로운 칭호와 정체성 집단으로 관심을 옮겨 갔다. 인기를 끈 저자 불명의 한 에세이에서 젊은 화이트칼라 계급의 전형을 그려 냈는데 이는 다음과 같은 특징을 지닌 남녀에 대한 내용이었다.

카푸치노를 홀짝거리고, 온라인 데이트를 즐기고, 딩크족이며, 지하철과 택시를 주로 이용하고, 비행기를 탈 때면 이코노미석을 구매하고, 좋은 호텔에 묵으며, 대중적인 술집을 찾고, 전화 통화를 오래 하고, 블루스 음악을 듣고, 늦게까지 야근하고, 밤에 외출하고, 크리스마스를 즐기고, 하룻밤의 섹스를 즐기고 (……) 침대 옆 탁자에는 『위대한 개츠비』와 『오만과 편견』이 있고, 사랑과 예의범절, 문화, 예술, 경험 등을 지향하는 사람들.

야망의 시대에 들어서서는 삶이 바쁘게 돌아갔다. 사회주의 체제일 때는 서두를 이유가 전혀 없었다. 대약진을 향한 마오쩌둥의 환상을 제외하면, 인민들은 세월이 가면 가는 대로 관료 같은 태도로 일했다. 보다 바쁘게 또는 효율적으로 움직이고 위험을 감수한다고 해서 저녁 밥상이 달라질 일은 없었기 때문이다. 고루가 있던 시절의 청 제국 궁중처럼, 사회주의 중앙 정책 기획자들은 가을에 언제부터 난방을 시작할지, 봄이 되면 언제 난방을 중지할지 결정했다. 하지만 나라 전체가 느리게 움직이고 있다는 인식이 너무나 갑작스럽게 중국을 휩쓸었다. 중산 대학의 사회학자 허자오파는 일본 보행자들이 초당 평균 1.6미터를 걷는다고 전하면서 속도를 옹호했다. 그는 〈심지어 하이힐을 신은 미국인 여성들도 젊은 중국인 남자들보다 빨리 걷는다〉며 중국인들을 비난했다. 아울러 중국 동포들에게 1분 1초의 중요성을 시급히 인식하라고 호소했다. 그는 〈시간을 낭비하는 나라는 낭비한 그 시간 때문에 도태될 것이다〉라고 썼다.

노력가들 중에는 너무 순식간에 벼락부자가 되는 바람에 자신이 번 돈을 어떻게 써야 할지 정확히 모르는 사람들도 있었다. 2010년 중국에는 〈해외 주식 공개 열풍〉이 불어 이듬해 5월이 되자 데이트 서비스 사업가 공하이엔도 나스닥에 주식을 공개했다. 주식을 공개한 바로 그날 저녁 그녀가 보유한 주식의 가치는 7700만 달러가 넘었다. 그녀의 남편은 초파리 연구를 그만두었다.

그녀가 나를 저녁 식사에 초대했다. 그들은 베이징 북쪽의 교외에서 살고 있었다. 고속 도로를 벗어날 무렵 해가 지기 시작했다. 우리는 반려동물용 스파와 〈인생의 성Chateau de la Vie〉이라는 아파트 단지를 지나서 후난 성보다는 뉴저지를 떠올리게 하는, 숲이 우거진 외부인 출입 제한 주택 단지로 들어갔다. 그녀의 집은 베이지색 벽토를 바른 토스카나 양식의 건물이었다. 우리가 도착하자 두 살 된 그녀의 딸이 파자마를 입은 채 현관으로 달려 나와 공하이엔의 다리를 껴안았다. 곧이어 그녀의 남편이 식당으로 안내했는데 그곳에는 함께 살고 있는 그녀의 부모님과 할머니가 앉아 있었다.

4대에 이르는 여인들이 한집에 산다는 사실이 내게는 무척 인상적이었다. 공하이엔의 할머니는 아흔네 살이었고 문화 대혁명 기간에 부농으로 분류되어 온갖 잔인한 짓을 당했다. 그녀는 중국에서 전족 풍습이 사라진 직후에 태어났다. 식사하는 내내 나는 그녀가 중국의 20세기에서 살아남아 손녀딸의 교외 맨션으로 오기까지의 드라마 같은 여정에 대해 들었다. 공하이엔이 젓가락으로 밥을 콕콕 찌르면서 말했다. 「여자들 사이에서는 한때 이런 이야기가 돌았어요. 〈입을 옷과 먹을 음식을 원한다면 결혼을 해라.〉 예전에는 상대 남자가 아주 기본적인 요건만 갖추었으면 결혼을 했죠. 하지만 더 이상은 아니에요. 이제는 여자도 윤택하고 독립적인 삶을 살 수 있어요. 상대를 고를 수 있는 거예요. 하나라도 마음에 들지 않는 구석이 있을 경우, 그 남자는 바로 아웃이에요.」

수년간 그들 가족은 임대 아파트를 전전하며 침실 두 개에서 여섯 식구가 생활했다. 이제는 유럽인 외교관들과 아랍인 사업가들을 이웃으로 두고 살았다. 그 집으로 이사한 지 9개월이 지났음에도 집 안의 벽들은 여전히 원래의 하얀 벽 색깔을 그대로 드러내고 있었다. 아직은 그림이나 장식품 같은 것들이 전혀 없었지만 조만간에 들여올 터였다. 현관 홀에는 모페드* 한 대가 주차되어 있었는데 시골에서 하던 습관대로 도둑맞지 않도록 집 안에 둔 것이다. 그 동네에서 도둑맞을 걱정 같은 것은 그다지 하지 않아도 될 듯 싶었지만 말이다. 마치 후안 성 농가에 있는 짐을 베이징의 CEO 저택으로 통째로 옮겨 와 그대로 풀어놓은 것 같은 집이었다.

야망의 시대는 새로운 기술과 지식을 요구했다. 중국에서 사업을 하다 보면 접하게 되는 무지막지한 건배 문화에 대처할 수 있도록, 〈웨이량 대인 관계 연구소〉라는 하얼빈의 한 야간 학교에서는 초보 기업가들을 위한 〈음주 전략〉 과목을 개설했다(팁을 하나 주자면, 건배한 다음 조심해서 입속에 든 술을 찻잔에 도로 뱉어 내시라). 배울 수 없는 것은 돈으로 해결되었다. 장다중이라는 가전 업계의 한 거물은 세 명의 〈독서 직원〉을 고용해 평소 자신이 읽고 싶었던 책을 요약하도록 시켰다.

서양 사람들이 자녀를 엄격하게 몰아붙이는 중국의 〈호랑이 엄마들〉에 대해 알기 훨씬 이전에 중국에서 가장 인기를 끈 양육 안내서는 장신우라는 여인이 자신의 딸을 아이비리그에 입학시킨 과정을 기록한 『하버드 소녀_Harvard Girl_』였다. 이 책에 따르면 그녀는 딸이 태어나기 전부터 식이 요법을 시작하고 구토가 일었음에도 억지로 고영양가 음식을 먹었다. 생후 18개월부터는 딸을

* 모터로 움직이는 자전거.

도와 당나라 시를 외우게 했다. 초등학교 때는 집중력을 높이기 위해 일부러 시끄러운 환경에서 공부를 시켰고 시간표에 맞춰 행동하게 했다. 이를테면 매번 20분 공부한 다음에는 5분간 계단을 오르내리는 식이었다. 아울러 정신력을 벼리기 위해 한 번에 15분씩 얼음 조각을 손에 쥐고 있도록 했다. 이런 양육 방식이 얼핏 불합리하게 느껴질 수도 있지만 여전히 가난에서 벗어나려고 애쓰는 사람들의 입장에서는 사실상 어떠한 희생도 합리적인 듯 보였다.

〈먼저 부자가 된 사람들〉은 그 누구보다도 엘리트 교육이라는 문화 자본을 열렬히 갈망했다. 무(無)에서 시작한 그들 대다수는 도시 지식인들로부터 시골뜨기 취급을 받는다는 사실을 잘 알고 있었다. 중국은 그 엄청난 인구 때문에 대학 입학 경쟁이 잔인할 정도로 치열했고 수험생들은 〈하나밖에 없는 외나무다리로 강을 건너는 1만 마리의 말〉에 비유되었다. 보다 많은 기회를 제공하기 위해 중국 정부는 10년 만에 단과 대학과 종합 대학의 숫자를 두 배인 2,409개로 늘렸다. 그럼에도 여전히 수험생 네 명 중 한 명만이 대학에 들어갈 수 있었다.

더하여 미국 유학은 특별한 명성을 가져다주었는데 그래서 〈먼저 부자가 된〉 부모들은 그들의 열망을 자식에게 쏟아부었다. 2008년 가을에 나는 청옌이라는 여성과 함께 점심을 먹었다. 대중에게는 〈폐지의 여왕〉으로 더욱 잘 알려진 인물이었다. 상하이 잡지 『후룬 리포트』에서는 매년 중국 최고의 부자들 순위를 발표했는데, 2006년 청옌은 이 순위에서 1위 자리에 이름을 올린 첫 번째 여성이 되었다. 중국에서 가장 큰 제지 회사인 구룽 제지의 설립자인 그녀는 효율성을 극대화하기 위해 세계로 눈을 돌려 잘 알려지지 않은 틈새시장을 정복함으로써 그 같은 별명을 얻은 터였다. 미국에서 엄청난 양의 폐지를 저렴한 가격에 구매하여 중국으로 들여와 재활용 과정을 거쳐 판지 상자로 만들었고 이 상자들은 안에 〈메이드 인 차이나〉 제품들을 담은 채 다시 미국으로 팔려 나갔다. 2006년 부자 순위에 따르면 그녀의 재산은 대략 34억 달러로 추정되었다. 그 이듬해에는 더욱 늘어나 1백억 달러를 상회했으며 『후룬 리포트』는 그녀를 오프라 윈프리나 J. K. 롤링을 제치고 자수성가한 세계 최고의 부자 여성으로 꼽았다.

청옌과 함께, 한때 치과 의사였다가 이제는 그녀 회사의 최고 경영자로 일하는 그녀의 남편 류밍충이 세계에서 가장 큰 제지 공장의 임원 식당에서 나를 맞아 주었다. 남부 도시 둥관에 위치한 그 공장은 청옌이 소유한 여러 공장들 중 하나였다. 쉰두 살의 그녀는 전형적인 공장장이었다. 영어를 한마디도 하지 못했으며 중국어도 만주 억양이 무척 두드러졌다. 키는 150센티미터 남짓했다. 대화 중에는 패기와 조바심이 폭발했다. 마치 중국 산업계의 이드를 보여 주는 듯한 모습이었다. 그녀가 말했다. 「시장은 아무도 기다려 주지 않습니다. 오늘 개발하지 않으면, 1년이든 2년이든 3년이든 무언가 개발되기를 마냥 기다린다면, 시장에 내놓을 것이 아무것도 없게 될 테고 결국 기회를 놓치고 말 것입니다. 그러면 우리도 그저 평범해지겠죠. 다른 공장들처럼요!」

식사를 하는 동안 그녀는 사업에 관한 이야기를 피하고 싶어 했다. 그들 부부는 두 아들에 대해서 이야기하기를 원했다. 뉴욕에 있는 첫째 아들은 컬럼비아 대학에서 석사 과정을 밟는 중이었다. 둘째는 캘리포니아에서 예비 학교를 다녔다. 한창 식사가 진행되던 중에 비서가 들어와 교사가 작성한 아들의 대학 추천서를 청옌에게 건넸다. 그녀가 서류를 꼼꼼히 살펴보고는 다시 비서에게 돌려주었다.

그녀는 말했다. 「아들은 평점이 4.0에서 4.3 정도 됩니다.」 그러고는 독학으로 공부한 사람으로서의 긍지를 내비치며 이렇게 덧붙였다. 「아들의 머릿속은 미국식 교육으로 가득하죠. 이제는 중국식 교육도 받을 필요가 있습니다. 그러지 않으면 균형이 깨질 거예요.」

미국 국토 안보부에 따르면 내가 중국으로 들어간 2005년 당시 미국 사립 고등학교에는 중국인 학생이 겨우 예순다섯 명밖에 없었다. 5년이 지난 시점에는 거의 7천 명으로 늘어나 있었다. 나는 자녀가 미국 명문 기숙 학교인 태프트 스쿨이나 앤도버 스쿨에 다닌다는 중국 공산당 간부들의 이야기에 더 이상 놀라지 않게 되었다(머지않아 일단의 중국인 엘리트 부모들은 자녀를 유학 보내는 대신 베이징에 새롭게 등장한 호화로운 예비 학교에 보냈다. 그들은 초트 로즈메리 홀과 호치키스 같은 명문 학교에서 은퇴한 전직 교장들을 채용해서 학교 운영을 맡겼다).

자기 가치를 창조하는 수많은 방법들 중에서 가장 광범위하게 중국인들을 자극한 것은 바로 영어 공부였다. 〈영어 열풍〉은 식당 종업원이나 최고 경영자나 교수를 가리지 않았으며, 영어는 인생의 가능성을 규정하는 척도로 격상되었다. 영어가 그 사람의 이력서를 바꾸고, 배우자를 매료시키고, 시골 마을에서 벗어나게 만들어 줄 정도의 영향력을 갖게 된 것이다. 공하이엔의 데이트 사이트에 등록한 남녀 회원들은 대체로 자기소개서에 자동차와 집에 관한 언급과 더불어 영어 실력을 포함시켰다. 대학 신입생은 모두 일정 수준 이상의 영어 이해력을 갖추어야 했으며 외국어로서는 유일하게 영어가 시험에 포함되었다. 작가이자 시골 학교 교사인 왕강은 그의 소설 『영어English』에서 〈사전 속 단어들을 모두 내 것으로 만들 수 있다면 세상을 다 가질 텐데〉라고 말한다.

과거와 완전히 반대되는 상황이었다. 19세기 중국에서는 영어가 외국 무역상을 상대하는 중개인의 언어로 여겨지며 무시당했다. 개혁파 학자 펑구이펀은 1861년 〈그들(중개인)은 대체로 도시의 천박한 악당이자 건달이며 그들 마을과 공동체에서도 그들을 멸시한다〉고 썼다. 그럼에도 펑구이펀은 외교 목적으로 중국에 영어가 필요하다는 사실을 알았기에 특수 언어 학교를 설립할 것을 요구했다. 그는 〈중국에는 똑똑한 사람들이 많다. 야만인들로부터 배우고 그들을 능가할 수 있을 것이다〉라고 주장했다. 마오쩌둥은 국익 차원에서 러시아어를 선호했으며 수많은 영어 교사들을 퇴출시켜서 1960년대에 이르러서는 전국적으로 고등학교 영어 교사가 채 1천 명도 되지 않았다. 영어 열풍은 덩샤오핑이 문호를 개방하며 시작되었다. 2008년에 실시된 한 조사에 따르면 응답자들 가운데 82퍼센트가 영어 교육을 매우 중시했다(반대로 미국에서 중국어를 배우는 것이 중요하다고 생각하는 사람은 11퍼센트에 불과했다). 2008년에 들어서는 대략 2억에서 3억 5천만 명의 중국인들이 영어를 공부하고 있었다. 뉴욕 증권 거래소에 중국에서 가장 큰 영어 교육 기관인 〈뉴 오리엔탈〉의 주식이 상장되었다.

나는 리양이라는 남자를 만나고 싶었다. 중국에서 가장 인기 있는 영어 교사였으며, 수업이 너무 재미있어서 학생들이 눈물을 흘릴 정도라고 알려진 아마도 세계에서 유일한 외국어 교사였기 때문이다. 그는 자신의 회사인 〈리양 크레이지 잉글리시〉에서 수석 교사 겸 편집장으로 일했다. 학생들은 마치 주문을 외우듯 하나같이 그의 일대기를 외우고 있었다. 당 선전관 부부의 아들로 자란 그는 부모님의 엄격한 훈육 탓에 전화도 받지 못할 정도로 수줍음이 많았다. 대학에 다닐 때 성적 불량으로 거의 퇴학당할 위기에 몰렸던 그는 소리 내어 읽으면서 영어 시험을 준비했고, 그 과정에서 큰 소리로 책을 읽을수록 점점 더 용기가 생기고 영어도 잘할 수 있다는 사실을 깨달았다. 그는 학교의 유명 인사가 되었고 자신의 경험을 밑거름 삼아 거대 기업을 만들었다. 영어 교사로 나선 이래로 20여 년 동안 그는 어른과 아이를 막론하고 수백만 명의 중국인들 앞에 섰다.

2008년 봄, 나는 리양을 만나러 갔다. 그는 베이징 외곽의 작은 대학에서 전일 일정으로 진행되는 집중 세미나를 주관하기로 되어 있었다. 자신의 사진사와 개인 비서를 대동하고 도착한 그가 교실 안으로 들어서면서 영어로 크게 외쳤다. 「여러분, 안녕하세요!」 학생들이 박수로 화답했다. 리양은 보랏빛을 띤 회색 터틀넥과 진회색 반코트 차림이었다. 서른여덟 살인 그의 검은 머리 사이사이 간간이 희미한 새치가 보였다.

리양은 학생들을 지긋이 응시하다가 모두 자리에서 일어나라고 했다. 학생들은 30대와 40대의 의사들로, 그해 여름에 열릴 올림픽에서 일하기 위해 베이징의 여러 병원에서 차출된 사람들이었다. 하지만 영어를 배우는 중국의 다른 수많은 학생들과 마찬가지로 수년간 교과서를 통해 배운 언어로 말하는 것에는 전혀 자신감이 없었다. 리양은 ESL* 기술로 유명해졌는데 한 홍콩 신문은 이 기술을 가리켜서 〈소리치는 언어로서의 영어*English as a Shouted Language*〉라고 불렀다. 리양의 주장에 따르면 소리를 지르는 행위는 그가 〈국제 근육 *international muscles*〉이라고 부르는 것을 풀어 주는 방법이었다. 리양이 학생들 앞에 서서 마치 천막 안에서 부흥회를 주도하는 종교인 같은 태도로 오른팔을 들더니 영어로 크게 고함을 질렀다. 그가 찌렁찌렁한 소리로 〈*I!*〉라고 말했다. 학생들이 복창했다. 「*I!*」

「*Would!*」

「*Would!*」

「*Like!*」

「*Like!*」

「*To!*」

「*To!*」

「*Take!*」

---

* *English as a second language.* 제2언어로서의 영어.

「*Take!*」

「*Your!*」

「*Your!*」

「*Tem! Per! Ture!*」

「*Tem! Per! Ture!*」

이번에는 의사들이 한 명씩 돌아가며 해당 문장을 말했다. 멋스러운 검은 안경을 쓴 여성이 말했다. 「나는 당신의 체온을 재보고 싶습니다*I would like to take your temperature.*」 리양이 과장되게 머리를 가로저으면서 다시 하라고 시켰다. 그녀는 볼이 붉게 변하는가 싶더니 돌연 감정이 폭발한 듯 큰 목소리로 〈나는 당신의 체온을 재보고 싶습니다!〉라고 소리쳤다. 그다음은 군복을 입은 땅딸막한 남자였는데 이번에는 딱히 부추길 필요가 없었다. 「나는 당신의 체온을 재보고 싶습니다!」 뒤이어 왜소한 여성의 차례가 되자 그녀는 벽의 칠이 벗겨질 것 같은 비명 소리를 토해 냈다. 나는 환자의 대답이 궁금했지만, 질문할 겨를도 없이 리양은 문을 나서 또 다른 그룹이 모여 있는 옆 강의실로 사라졌다.

리양은 늘 공연장에서 한 번에 1만 명이나 그 이상의 사람들을 가르쳤다. 가장 열성적인 팬들은 돈을 지불하고 〈다이아몬드 등급〉을 구매했다. 이 등급을 구입하면 보너스로 이 위대한 남자와 소집단 수업을 할 수 있었다. 다만 정가가 하루 250달러였는데 이는 보통의 중국인 노동자가 꼬박 한 달을 일하고 받는 돈보다 많은 액수였다. 학생들은 사인을 받으려고 그에게 몰려들었다. 가끔은 속옷을 동봉한 연애편지를 보내는 사람도 있었다.

리양의 행보를 다른 시각에서 보는 사람들도 많았다. 홍콩 교육 연구소의 영어 전문가 밥 애덤슨은 내게 〈영어를 배우는 데 그의 방법이 실제로 도움이 되는지는 아직 확실치 않습니다〉라고 말했다. 리양의 특이한 외침 교육법은 구체적인 음역도 지정하고 있었다. 누군가에게 트럭이 돌진할 때 내지르는 경고성 같은 비명까지는 아니었지만 저녁 준비를 마친 어머니가 가족을 부르는 소리와 비교하면 훨씬 긴박한 음역이었다. 리양은 예컨대 〈영어를 정복해서 중국을 더욱 강하게 만들자〉와 같이 이색적으로 애국심을 고취하는 슬로건을 선호했다. 자신의 웹 사이트에서 그는 다음과 같이 선언했다. 〈미국과 영국, 일본 사람들은 중국이 성장하거나 강력해지길 바라지 않는다! 그들이 가장 원하는 것은 중국의 젊은이들이 머리를 길게 기르고, 이상한 옷을 입고, 탄산 음료를 마시고, 서양 음악을 듣고, 투지를 잃고, 쾌락에 탐닉하는 것이다! 중국의 젊은이들이 타락할수록 그들은 행복해한다!〉 중국에서 가장 영향력 있는 소설가 중 한 명인 왕쉬는 이 같은 리양의 민족주의적인 수사법에 불쾌감을 표시했다. 〈나는 이런 식의 선동을 본 적이 있다. 예전의 사악한 주술이 바로 이런 식이었다. 대규모 군중을 상대하면서 말로써 그들을 흥분시키고 그들에게 산을 무너뜨리고 바다를 뒤집을 힘이 있다고 느끼게 만드는 것이다. 나는 리양이 중국을 사랑한다고 믿는다. 하지만 이런 식의 행동과 애국심이 인종 차별 같은 불쾌한 것으로 발전할까 봐 걱정이다.〉

그의 학생들과 어울려 시간을 보내기 시작하면서, 나는 학생들이 리양을 외국어 교사라기보다는 자기 변화를 통해 무엇을 얻을 수 있는지 보여 주는 산증인으로 여긴다는 사실을 알게 되었다. 리양은 자금성과 만리장성에서도 수업을 가졌다. 또한 표지에 그의 이름을 단 100여 권의 책과 비디오테이프, 박스로 포장된 오디오 세트, 소프트웨어 패키지 등이 출시되었다. 이들 상품 대부분에는 리양의 얼굴 사진이 인쇄되어 있었다. 무테안경과 사람을 잡아끄는 미소 등 전형적인 21세기 중국 시민의 모습이었다. 대화를 나누던 중 그는 자신의 명성을 오프라의 그것에 비유하고 자신의 책이 〈수십억 권이나 판매되었다〉고 주장하면서 거드름을 피웠다(그의 주장은 사실과 상당한 차이가 있었다. 그의 책을 출간한 한 출판사가 내게 말하기를 판매 부수가 대략 수백만 권이라고 했기 때문이다). 국영 신문사인 「중국일보」의 한 칼럼니스트는 리양을 〈선동자〉로 단정했다. 「사우스차이나 모닝 포스트」는 크레이지 잉글리시가 〈지도자가 신과 대등한 대우를 요구하는 사이비 종교 집단 중 하나〉로 변질되고 있는 것은 아닌지 의문을 제기했다(〈사이비 종교 집단〉이라는 단어는 중국에서 매우 위험한 말이다. 1999년에 종교 집단인 파룬궁에 해당 딱지가 붙은 뒤 중국 정부는 파룬궁 추종자들을 모두 일망타진했다).

예의 「사우스차이나 모닝 포스트」 기사에 대해 묻자 리양은 대답했다. 「화가 나더군요.」 그는 자신은 숭배받는 것에 전혀 관심이 없었다고 했다. 그의 동기는 오로지 돈이었다. 「성공의 비결은 사람들로 하여금 계속 돈을 지불하게 만드는 것입니다. 그게 제 결론입니다.」 그를 향한 학생들의 헌신적인 사랑과 관련하여 그의 목표는 간단했다. 「그들이 계속해서 돈을 지불하게 만들려면 어떻게 해야겠습니까?」

리양의 우주론은 영어 능력을 개인의 힘과 결부시켰고 개인의 힘을 다시 나라의 힘과 결부시켰다. 강렬하고 때로는 필사적인 숭배를 이끌어 낸 것도 바로 이러한 조합에 의해서였다. 펑타오라는 이름의 한 학생은 자신에게 리양의 수업 중 하나를 들을 수 있는 돈이 있지만 강의가 열리는 곳까지 갈 기찻삯이 모자라다는 사실을 알게 되었을 때에 대해 내게 말했다. 「나는 나가서 피를 팔았어요.」 이러한 팬들이 모여 군중을 이루면 대응이 불가능한 분위기로 발전하기도 한다. 리양의 미국인 아내 킴 리가 내게 말했다. 「군중들이 대책 없이 밀어붙이는 바람에 너무 겁이 나서 그들로부터 딸을 빼내겠다고 내가 직접 뛰어들거나 나보다 덩치가 큰 남자에게 부탁해야 했던 때가 여러 번 있었어요. 그런 순간에는 〈와우, 남편이 유명하구나〉보다는 〈오! 하느님 맙소사, 완전히 통제 불능의 유명세로군〉하고 느끼지요.」

킴 리는 크레이지 잉글리시 세상에서 마치 오아시스인 양 정상적인 상태를 보여 주어 나를 놀라게 했다. 그녀가 웃으며 말했다. 「나는 우연히 별난 삶 속으로 들어온 한 엄마일 뿐이에요.」 플로리다에서 교사로 근무하던 그녀는 1999년에 마이애미 교원 노조원들과 함께 중국에 여행을 왔다가 리양을 만났다. 4년 뒤 그들은 결혼해 두 아이를 낳았고, 그녀는 무대 위 남편 옆에서 사람들에게 영어를 가르치기 시작했다. 그녀의 천연덕스러운 재치와 미국인의 외모는 남편의 방식을 완벽하게 받쳐 주었다. 예컨대 남편이 시트콤 「신혼 여행객들The Honeymooners」의 주인공 랠프 크램든이라면 그녀는 엘리스 크램든이었다.* 처음에는 그녀도 리양의 별난 행동과 민족주의 성향의 위협적 태도에 당황했지만 학생들이 그에게 어떻게 반응하는지 알게 된 뒤로 그들과 교류하는 남편의 능력에 자신의 힘을 보탰다. 그녀가 말했다. 「이 남자는 자신이 하고 있는 일에 대단한 열정을 가졌는데, 같은 교사로서 그런 그에게 어떻게 감동받지 않을 수 있겠어요?」

베이징에서의 수업이 끝나고 2~3주 뒤에 나는 리양이 1년 중 가장 고대하는 행사에 참석했다. 바로 크레이지 잉글리시 겨울 집중 캠프였다. 행사가 열린 그 주말, 50년 만에 최악의 한파가 닥쳐 중국을 덮쳤다. 심한 눈보라가 불어닥쳤고 때를 같이하여 중국에서 가장 중요한 가족 휴일인 춘절을 맞아 주말 통행량이 급증했다. 전례 없는 대혼란이 뒤따랐다. 광저우에서는 수십만 명의 여행자들이 기차역 주변 길거리에서 오도 가도 못하는 신세가 되었다. 이런저런 방법들을 동원해서 7백여 명의 어른과 아이들이 캠프가 열리는 남쪽 도시 충화의 한 대학에 가까스로 도착했다. 열 살 된 한 소년은 자신이 꼬박 나흘 동안 자동차를 탔으며 내내 그의 형이 운전대를 잡았다고 내게 설명했다.

영어 캠프에서 지도 교사들은 위장 전투복을 입고 확성기를 사용했다. 그들

---

* 시트콤에서 남편 랠프 크램든은 몽상가적인 사람이고 아내 엘리스 크램든은 현실적인 인물이다.

은 학생들에게 대형을 갖추도록 한 채 구내 곳곳을 안내했다. 사방에 리양의 얼굴이 보였다. 그의 얼굴이 실린 특대형 포스터에는 영어로 된 문구들이 삽입되어 있었다. 구내식당으로 들어가는 계단 위에는 〈자신이 과연 밥 먹을 자격이 있는지 생각해 보았는가?〉라는 문구가 있었고, 수업이 시작되기 전 학생들이 줄을 서서 대기하는 광장에는 〈나라를 실망시키지 말라!〉라는 문구가 있었으며, 공연장 같은 강의실로 들어가는 출입구 위에는 〈인생을 살면서 적어도 한 번쯤은 완전히 미쳐 보아야 한다〉라고 써 있었다.

강의 첫날 9시를 바로 앞두고 학생들이 공연장으로 몰려 들어갔다. 기숙사와 마찬가지로 그곳도 난방이 되지 않아 몹시 추웠다(전날 밤 나는 옷을 완전히 갖추어 입고 모자까지 쓰고 잤다). 리양은 자신의 근본 원칙에 근거해서 영어로 말하는 능력을 물리적인 힘과 결부시켰다. 그의 주장에 따르면 영어를 사용하는 나라와 그렇지 않은 나라의 격차가 너무나 큰 까닭에, 어떠한 어려운 일이나 창피함도 무릅쓸 가치가 있었다. 그는 학생들에게 〈체면 깎이는 것을 오히려 즐기라〉고 강변했다. 중·고등학생들을 대상으로 한 비디오에서는 〈많은 실수를 경험하라. 많은 사람들에게 비웃음을 당하라. 그래도 괜찮다. 여러분의 미래는 다른 사람들의 미래와 완전히 다르기 때문이다〉라고 말했다.

붉은 양탄자를 깐 긴 무대가 학생들 가운데로 나 있었고 폭죽이 터지면서 리양이 무대 위로 올라갔다. 그는 무선 마이크를 들고 가운데 통로를 오갔는데 그의 발이 앉아 있는 사람의 어깨 높이에 위치했기 때문에 학생들은 자연히 그를 우러러보아야 했다.

「세계 인구의 6분의 1이 중국어로 말합니다. 그런데 왜 우리는 영어를 배우고 있을까요?」 그는 이렇게 질문을 던지고는 몸을 돌려 자기 뒤에 한 줄로 침울하게 앉아 있는 외국인 교사들을 손으로 가리켰다. 「중국어를 할 줄 모르는 그들을 우리가 불쌍히 여기기 때문입니다.」 학생들이 큰 소리로 웃었다.

그다음 4시간 동안 몸이 마비될 정도의 추위 속에서 리양은 위협적인 태도와 고무적인 태도를 빠르게 오갔다. 예컨대 어느 순간에는 카메라 앞에서 우쭐대다가 어느 순간에는 명문 대학을 나온 중국의 연설가들을 조롱하는 식이었다. 학생들은 넋을 잃고 강의에 몰입했다. 그리고 그날부터 모두 함께 새벽에 조깅을 하고 큰 소리로 영어를 말했다. 마지막 날에는 뜨거운 석탄을 넣은 단(壇) 위를 걷기도 했다. 수업과 수업 사이의 쉬는 시간에는 구내 여기저기서 마치 랍비가 되기 위해 공부하는 학생들처럼 중얼거렸다. 그들은 리양이 쓴 책에 얼굴을 파묻은 채 바쁘게 입술을 놀렸다.

어느 날 오후였다. 나는 바람을 쐬러 밖을 어슬렁거리다가 문 앞에서 호리호리한 체격에 질문하기를 좋아하는 스물세 살의 청년 장즈밍을 만났다. 앞머리를 세워 마치 「땡땡의 모험」 주인공처럼 보이는 그는 마이클이라는 이름으로 불리는 것을 더 좋아했으며 5년째 크레이지 잉글리시를 공부하고 있었다. 은퇴한 광부의 아들인 그는 캠프에 참가할 돈을 마련할 수 없었고 그래서 전년에는 캠프 안전 요원으로 일하며 공연장 한쪽에서 열심히 강의에 귀를 기울였다. 올해에는 캠프 보조 교사로 승진하여 약간의 급료도 받았다.

밖에서 햇빛을 받으며 함께 앉아 있는 동안 마이클이 내게 말했다. 「리양을 만나면 나는 습관적으로 약간 긴장해요. 그는 슈퍼맨이죠.」

마이클의 열정은 전염성이 있었다. 「크레이지 잉글리시에 대해 몰랐을 때는 무척 수줍은 중국인이었습니다. 아무런 말도 못 했어요. 정말 소심했죠. 이제는 자신감이 많이 생겼어요. 사람들 앞에서 누구하고도 이야기를 나눌 수 있고 다른 사람들을 부추겨 대화에 동참하게 만들 수도 있어요.」

마이클의 형은 한때 리양의 조수로 일했다. 그러면서도 영어를 많이 배우지 못했던 그와 달리 마이클은 하루에 8시간씩 영어를 공부하기 시작했고 테이프에 녹음된 리양의 목소리를 반복해서 들었다. 마이클에게는 리양의 목소리가 〈마치 음악처럼〉 들렸다.

마이클이 가장 좋아하는 책은 『리양의 표준 미국 발음 바이블Li Yang Standard American Pronunciation Bible』이었다. 영어 발음에서 모음을 다듬고 자음에 활력을 불어넣는 데 그 책이 많은 도움을 주었기 때문이다. 머지않아 그는 영어 학원에서 학생들을 가르치게 되었다. 그에게는 언젠가 자신의 학원을 열고자 하는 꿈이 있었다. 그해 겨울 나는 리양의 학생들을 스무 명 남짓 만나며 항상 영어를 공부하는 목적이 무엇인지 물었다. 한 양돈업자는 자신의 미국인 구매자들에게 영어로 인사를 하고 싶어 했다. 경리로 일하던 어떤 남자는 휴가를 이용해서 공부하고 있었는데 그렇게 함으로써 회사에서 유리한 위치를 점할 수 있기를 원했다. 마이클은 영어를 배움으로써 자신이 얻을 수 있는 것에 대해 한 치의 의심도 없었다. 2~3년 전 그의 형은 직접 판매망을 구축하는 일에 관여하여 건강 음료와 마시는 약을 밀매했다. 중국어로는 〈쥐들의 사회〉로 알려진 이런 밀매 방식은 중국 급성장 시대에 급증했으며 여기에 벼락부자를 꿈꾸는 사람들과 이데올로기적인 믿음 사이에서 표류하는 사람들이 가세하면서 기름을 부었다.

마이클이 계속해서 말했다. 「형은 늘 내가 그 일을 함께하기를 원했어요.」 나는 그가 지금 영어에 대해 보이는 열정과 똑같은 열정으로 강장제의 효능을 격찬하는 모습을 상상해 보았다. 「6개월 동안 일을 해봤지만 얻은 것이 아무것도 없더군요.」 결국 마이클의 형은 채권자들에게 지불할 돈을 벌기 위해 미국으로 건너갔다. 마이클의 설명에 따르면 그의 형은 뉴욕에서 웨이터로 일하고 있었고 그가 돌아오기 전까지는 마이클이 부모님을 보살펴야 했다.

이야기가 진행될수록 마이클의 목소리는 풀이 죽어 갔다. 그의 형은 마이클도 미국으로 오길 원했다. 「형에게는 큰 꿈이 있어요. 하지만 나는 정말 미국에 가기 싫어요. 내 사업을 하고 싶으니까요. 노동자로 살아서는 부자가 될 수 없잖아요. 집을 살 수도, 자동차를 살 수도 없고 가족을 부양할 수도 없죠.」

마이클은 자신의 발치를 응시했다. 「내게는 선택권이 없어요. 인생이 다 그렇죠. 나는 언제나 웃어야 해요. 하지만 실제로는 엄청난 압박감을 느낍니다. 울고 싶을 때도 있어요. 그렇지만 나는 남자잖아요.」

그가 이야기를 끝냈다. 따뜻한 바람만 제외하면 주위는 조용했다. 그 바람을 타고 우리들 뒤에 있던 공연장에서 리양의 목소리만이 윙윙 울리며 흘러나올 뿐이었다.

몇 주 뒤 마이클이 부모님과 함께 사는 광저우의 아파트로 나를 점심 식사에 초대했다. 그의 아파트는 여러 동이 모여 있는 현대식 고층 건물로, 〈사금 채취〉라는 뜻의 골드 패닝 가(街)에 있었다. 아파트 단지 정문에서 만난 그는 기분이 좋아 보였다. 「교육 감독관으로 승진했어요. 월급도 올랐죠.」 그들 가족이 사는 아파트는 거실 하나와 작은 침실 두 개, 부엌으로 이루어진 구조였다. 마이클의 부모님이 요리를 하느라 생강 냄새가 풍겨 나왔다. 마이클과 아버지가 한 침실에 2단 침대를 놓고 같이 사용했고 다른 침실은 어머니와 누나가 사용했다. 마이클의 방은 각종 영어 교재가 수북한 책상 때문에 어수선했다. 마이클과 아버지에 더해 영어가 그 방의 세 번째 룸메이트로, 그것도 어지르기를 아주 좋아하는 룸메이트로 느껴졌다. 마이클이 박스 하나를 헤집어서 한때 리양이 그랬던 것처럼 자신이 직접 만들어 가지고 다니던 단어장을 보여 주었다. 카드 한 장을 빼자 거기에는 〈직업: 천문학자, 제빵사, 이발사, 바텐더, 생물학자, 블루칼라 노동자, 사장/상사, 식물학자……〉 같은 단어들이 적혀 있었다.

마이클이 아직 어렸을 때 그들 가족은 〈제5호 탄광〉이라 불리는 탄광촌에 살았다. 가난과 정치적 불안이 만연했던 고난의 세월을 산 그의 부모님에게는 오직 〈단 하나의 인생 목표〉가 있을 뿐이었다. 마이클이 말했다. 「오늘도 어제처럼 평범하게 사는 거죠.」 반면 마이클은 제5호 탄광에서 벗어나기 위해 필사적이었다. 그가 영어를 연습하면서 쓴 구절에는 다음과 같은 내용이 있었다.

나는 매일같이 찐빵과 시든 채소, 고구마만 먹는 생활이 지겹다. 매년 헝겊 조각을 덧대어 기운 똑같은 옷을 입는 것도 지겹고 그 때문에 친구들에게 놀림당하는 것도 지겹다. 오래되고 낡은 학교에 한 시간씩 걸어서 등교하는 것도 참을 수 없다.

탄광 사장과 다른 사람들이 돈을 빌려 준 덕분에 마이클은 대학에 들어갔고 그때부터 영어에 대한 집착이 시작되었다. 그는 일기에 〈어떤 날은 심지어 밤에 잠을 잘 수도 없다. 잠자는 시간을 아껴서라도 영어를 공부하고 싶은 마음이 너무나 간절하기 때문이다〉라고 썼다. 미국 영화를 즐겨 보던 마이클은 애니메이션 「라이언 킹」의 아버지 사자 무파사의 웅웅거리는 목소리를 흉내 내곤 했다. 실제로는 무파사 역을 연기한 제임스 얼 존스의 목소리를 흉내 낸 셈이었고, 학교 안에 다스 베이더*를 닮기도 한 목소리를 내는 젊은 중국 남자가 있었으니 사람들의 눈에 띄지 않을 수가 없었다. 마이클의 친구 흡슨은 내게 〈약간 건달처럼 보이기도 했어요〉라고 말했다.

대학에 다니면서 지역 라디오 방송국과 접시닭이로 KFC에서 일을 하고 탄광 사장에게 돈까지 빌렸음에도 수업료는 너무 비쌌다. 결국 마이클은 크레이지 잉글리시에서 풀타임으로 공부하기 위해 2학년을 마치고 중퇴했다. 그는 내가 만났던 다른 누구보다 자기 변화에 따른 보상을 철석같이 믿었다. 그리

---

* 마찬가지로 제임스 얼 존스가 목소리 연기를 했다.

고 스스로를 〈영어 사용자로 새롭게 거듭난 사람〉이라고 지칭하기 시작했다. 그는 일기에 더 이상 좌절하고 살지 않겠다고 선언했다. 〈나무의 성장은 기후에 좌우된다. 하지만 나는 나 스스로 기후를 만들 것이다. 내 운명을 스스로 통제할 것이다.〉 그러고서 이렇게 덧붙였다. 〈인생의 시작점은 바꿀 수 없지만 공부와 각고의 노력으로 인생이 끝나는 지점은 바꿀 수 있다!〉 그의 책장은 경영 입문서와 자기 계발서로 가득했다. 예컨대 〈믿기세요?〉 같은 말처럼, 사람들의 환심을 사기 위한 질문을 마구 남발하는 영업 사원의 습관도 이미 몸에 익힌 상태였다.

둘이서 방에 앉아 있는 동안 그는 자신의 학생들에게 모범적인 발음을 들려주기 위해 만들고 있다는 테이프를 틀어 주겠다고 나섰다. 그가 〈영어란 무엇인가?〉라는 제목의 테이프를 틀었다. 파도와 갈매기 소리가 배경으로 깔린 가운데 마이클과 이사벨이라는 소녀가 번갈아 가며 문장을 말했다. 「영어는 참 쉽다. 나는 영어를 완전히 정복할 수 있다. 나는 영어를 사용할 것이다. 나는 영어를 배울 것이다. 나는 영어 속에서 살 것이다. 나는 더 이상 영어의 노예가 아니다. 나는 영어의 대가이다. 나는 영어가 나의 충성스러운 하인이자 평생의 친구가 될 것이라 믿는다…….」

테이프는 이후로 1분 정도 계속되었고 마이클이 집중해서 듣고 있는 동안 나는 그의 침대 발치 쪽 벽에 손글씨로 작게 쓴 중국어 표어가 붙어 있는 것을 발견했다. 〈과거는 미래와 같지 않다. 너 자신을 믿으라. 기적을 창조하라.〉

6. 목숨을 건 도박

　야망의 시대는 중국 해안에서 시작해 내륙을 휩쓸며 이주자들의 경로와는 반대 방향으로 진행되었다. 요컨대 도시에서 공장 마을로, 공장 마을에서 다시 농촌으로 옮겨 갔다. 그리고 오랫동안 고향에서 벗어날 기회를 기다리던 사람들에게 이르렀을 때, 부에 대한 집착은 아주 감탄스러운 발상들을 낳았다. 궁벽한 시골 마을의 농부들이 〈농부 다빈치〉라는 별명이 붙을 정도로 기발한 발명품을 내놓기 시작한 것이다. 몇몇 아이디어는 소름 끼칠 만큼 실용적이었다. 이를테면 신장병에 걸린 어떤 남자는 빨래집게와 중고 혈액 펌프 같은 주방 용품과 의료 부품을 이용해서 직접 투석기를 제작했다. 가능성이라는 만연한 분위기에 휘둘려 발명가로 나서는 경우도 많았다. 그런 사람들은 경주용 자동차와 로봇을 만들었고 심지어 우수짜이라는 할아버지는 나무로 헬리콥터를 제작하기도 했다. 헬리콥터가 닭장처럼 보인다고 이웃들이 수군거렸지만 우수짜이는 〈언젠가 내가 만든 헬리콥터를 타고 이 산을 벗어나 세상을 볼 수 있을 것〉이라는 희망으로 포기하지 않고 제작에 몰두했다.

　하지만 농부 다빈치들과 자수성가한 부자들에 관한 그 모든 사례에도 불구하고 현실에서는 〈먼저 부자가 된 사람들〉이 훨씬 빠르게 앞서 나가고 있다는 사실이 점점 분명해졌다. 다른 사람들이 따라갈 수 없을 정도였다. 2007년에 이르자 도시에 사는 중국인들 중 상위 10퍼센트가 하위 10퍼센트보다 9.2배나 많은 소득을 올리고 있었다. 전년도의 8.9배에서 더욱 증가한 것이다. 주로 임금 체불에 분노한 노동자들이나 개발로 농지를 빼앗긴 농부들이 주축을 이룬 대중 항의 집회는 불과 10년 전 1만 1천 건이었던 것이 2005년에는 무려 8만 7천 건으로 급증했다. 격차가 심화되고 있다는 인식이 만연하면서 사람들은 더욱 필사적으로 변해 갔다. 영어 교사 마이클은 일하는 시간을 늘려야 한다고 결론 내리고 잠자는 시간을 하루에 4시간으로 제한했다. 「돈은 벌면 되지만 시간은 내가 어떻게 할 수 없잖아요.」

부자 따라잡기 경주는 창조력을 자극했고 종종 처참한 결과가 빚어지기도 했다. 양쯔 강 삼각주에 사는 재봉사 왕구이핑은 화학제품을 생산하는 새로운 사업에 이웃들을 끌어들이며 다른 부락민에게 그 사업이 〈내 아들을 좋은 학교에 보내 주고 우리를 도시민으로 만들어 줄 것〉이라고 자랑했다. 가족들이 잠든 밤에 9학년 학력이 전부인 이 재봉사는 화학책을 참고해서 실험을 하다가 솔벤트를 훨씬 고가의 다양한 물질로 위장해서 원가 차액을 취할 수 있다는 사실을 깨달았다. 나중에 그가 말했다. 「판매하기 전에 내가 직접 마셔 보았습니다. 위가 불에 데인 듯 약간 화끈했지만 참을 수 있는 정도였죠.」 그는 기존의 화학 성분을 대신할 다른 싸구려 대체물도 찾아냈고 그럴수록 이윤은 더욱 늘어났다. 결과적으로 그의 혼합물은 독약으로 밝혀졌다. 2006년 그는 기침약에까지 손을 댔는데 광둥 성의 한 병원에서 그가 만든 기침약을 복용한 환자 열네 명이 목숨을 잃는 사고가 발생했다. 결국 그는 감옥에 갔다. 중국 정부는 그해에만 4백 명 이상의 3류 의약품 제조업자들에게 영업 정지를 내렸다. 그들이 만들어 낸 불량 제품은 모두 합쳐 수백 명의 목숨을 앗아 갔으며 여기에는 파나마처럼 먼 나라에 사는 사람들도 포함되었다.

　부자 따라잡기 경주는 사람들에게 다양한 방식으로 영향을 끼쳤다. 전직 이발사였던 50세의 시우원핑은 리스크에 대한 욕구에 자극을 받았다. 2007년 여름부터 그는 홍콩에 있는 자신의 마을에서 마카오로 정기적인 방문을 시작했다. 그곳이 합법적으로 카지노 도박을 할 수 있는 유일한 중국 땅이었기 때문이다. 마카오는 주장 강이 남중국해로 흘러드는 지역의 암석투성이 해안선에서 돌출하여 자리 잡고 있다. 면적은 대략 맨해튼의 3분의 1 크기로, 열대 기후인 하나의 반도와 지도로 볼 땐 중국 본토에서 떨어진 빵 부스러기처럼 보이는 두 개의 섬으로 되어 있다. 이미 오래전에 마오쩌둥 주석이 중국에서 도박을 금지했지만 역사적 구김살을 가진 마카오는 예외였다. 5백 년 가까이 포르투갈의 식민지였기에, 1999년 중국으로 반환되었을 때 마카오는 W. H. 오든이 〈가톨릭 유럽에서 전파된 쓸모없는 것〉이라고 명명했던 이색적이고 방탕한 전통을 어느 정도 유지할 권리를 지닌 셈이었다. 그리고 여기에 중국의 신흥 부자들이 유입되면서 전례 없는 건설 붐이 일어났다. 시우원핑이 방문하기 시작한 2007년에 이르러 마카오의 카지노 수입은 당시 세계 최대 도박 도시의 자리를 지키던 라스베이거스를 넘어섰다. 그로부터 불과 2~3년 후 마카오에서 유통되는 현금 규모는 라스베이거스보다 여섯 배나 많아질 터였다.

　시우원핑은 그동안 행운이라는 것을 거의 모르고 살았다. 그는 홍콩 외곽의 갯벌에 자리 잡은 불법 거주자 부락, 양철 지붕을 얹은 오두막에서 자랐다. 그가 태어나던 해에는 치명적인 홍수가 있었고, 이듬해에는 가뭄과 태풍이 차례로 마을을 덮쳤다. 이 지역의 한 공무원은 자신의 회고록에서 당시를 〈마치 신이 우리를 미치게 만들어서 말살하려는 것 같았다〉라고 회상했다. 시우원핑은 형제가 다섯이나 되었고 초등학교를 졸업한 것이 학력의 전부였다. 이발사가 되기 전까지는 재봉사와 건설 노동자로 일했다. 홍콩에서 도박은 엄밀히 불법이었지만 많은 중국인 공동체에서 그랬듯이 은밀하게 행해지는 일상적인 행사였고, 아홉 살의 시우원핑은 동네에서 벌어지는 카드 게임을 구경하기 위해 사람들을 밀치고 그들 틈에 끼어 있곤 했다. 열세 살에는 작은 판에서 직접 도박을 했으며 지하 도박장에 고용되어 도박장 안을 어슬렁거리며 사람들의 손을 감시했다. 「나는 사람들의 움직임을 관찰하는 데 능했어요. 속임수를 쓰는 사람을 발견할 때마다 상관에게 보고했죠.」

어른이 되어서도 그는 계속해서 카드를 즐겼지만 승률은 그리 좋지 못했다. 그의 외모는 평범했다. 마르고 강인한 인상에 통통한 볼과 더벅머리, 자신을 지키는 일에 익숙한 남자의 빠르고 주의 깊은 눈을 가졌다. 열아홉 살에 결혼해서 세 명의 자녀를 낳았으며 본처와 이혼하고 재혼했다. 그의 고향은 〈행운을 축하하다〉라는 뜻의 푹힝이라는 마을이었는데 그곳에서 그는 〈랑터우핑〉 즉 노름꾼 핑이라는, 그가 그다지 좋아하지 않는 별명으로 통했다.

이발사로 일하는 동안 그는 동네의 비쩍 마른 10대 소년 웡캄밍과 친구가 되었다. 웡캄밍은 시우원핑과 같은 동네, 즉 홍콩에서 가장 가난한 마을에서 자랐고 마찬가지로 학교를 중퇴하고 직장을 구했다. 그들은 웡캄밍이 어머니를 도와 일하는 간이식당에서 가끔씩 만나 함께 저녁을 먹었다. 시우원핑은 소규모 부동산 개발업자가 되어 마을 근처의 논에 집을 지어 분양하고자 했고 웡캄밍은 식당을 개업했다. 그러다가 웡캄밍이 마카오에서 부업으로 도박꾼을 끌어모아 돈을 빌려 주고 그들이 도박에 사용한 액수만큼 수수료를 챙기는 〈정킷 에이전트〉로 일하기 시작하면서 그들은 더욱 가까워졌다. 시우원핑 역시 그가 끌어들인 도박꾼 중 하나였다.

일주일에 한두 번씩 시우원핑은 페리 여객선에 몸을 싣고 주장 강 어귀의 넘실거리는 회색 바다를 건넜다. 매일 7만 명이나 되는 사람들이 자신의 운을 시험하고자 마카오로 향했고 그들 중 절반 이상이 중국 본토에서 온 사람들이었다. 시우윈핑에게 자신의 과거 경력이 유리하게 작용할 거라는 환상 같은 것은 없었다. 「처음에는 아마도 도박을 하는 사람들 열 명 중 세 명이 돈을 딸 겁니다. 하지만 그 세 명이 계속해서 도박을 할 경우, 오직 한 명만 돈을 딸 수 있죠.」 그의 주 종목은 도박을 즐기는 중국인들이 가장 좋아한다는 바카라였다 (바카라는 다른 게임에 비해 돈을 딸 확률이 약간 더 높았을 뿐 아니라 배우기도 쉬웠다). 마카오에서 가장 선호되는 일명 〈코스타리카 푼타 반코〉 방식에는 기술이 따로 필요 없었다. 딜러가 카드를 나누어 주면서 바로 승부가 결정되었기 때문이다.

주기적으로 마카오를 방문하기 시작한 지 몇 주가 지난 2007년 8월, 시우윈핑은 연승 행진을 이어 가고 있었다. 수천 달러를 따는 날도 있었고 수십만 달러를 집에 가져가는 날도 있었다. 윙캄밍의 추천으로 거물 도박꾼에게만 개방되는 호화로운 VIP 룸으로 초빙되는가 하면 바다를 건널 땐 큰손들이 타는 헬리콥터를 고정적으로 이용했다. 시우윈핑이 도박을 하면 할수록 윙캄밍의 수수료 수입과 팁도 늘어났다. 겨울이 다가오면서 시우윈핑의 성공은 일련의 사건들에 시동을 걸기 시작했다. 중국 부와 권력의 새로운 판도에서 마카오가 왜 곤경에 빠지기 쉬운 장소인지 보여 주는 사건들이었다. 홍콩 출신의 전직 이발사든 미국에서 가장 큰 부자 중 한 명이든, 그것은 중요하지 않았다.

도박의 도시들은 개척 정신을 보여 주는 일종의 성지다. 도시로 변하기 전의 라스베이거스는 모래 폭풍과 갑작스러운 홍수에 시달리는 사막의 불모지였다. 19세기에 이곳을 버린 모르몬교 선교사들의 관점에 따르면 〈신도 그 존재를 망각한〉 땅이었다. 하지만 이제는 매년 메카보다 많은 사람들이 몰리는 도시로 변모했다. 작고한 미국 서부 역사 연구가 할 로스만은 라스베이거스가 그곳을 방문하는 모든 사람들에게 똑같은 질문을 던진다고 썼다. 〈당신은 어

떤 사람이 되고 싶은가? 그리고 그런 사람이 되기 위해 어떤 희생을 감수하겠는가?〉

페리 여객선이 마카오에 도착하면 호객꾼들이 우르르 나와 방문객을 맞는다. 어느 가을 오후 내가 그곳을 방문했을 때, 한 젊은 여성이 중국어로 된 〈USA 다이렉트〉 광고 전단을 건넸다. 전단에는 중국어 사용자들이 미국 부동산을 할인된 가격에 구매할 수 있도록 하는 무료 전화번호가 적혀 있었다. 내 휴대 전화가 울렸다. 한 카지노에서 자동으로 보내는 메시지였다.

꿈의 도시가 총 상금 11,562,812홍콩달러의 〈1달러로 부자, 부자, 부자 되기〉 경품에 당첨된 행운의 주인공에게 축하를 전합니다! 행운의 열차에 탑승하십시오. 다음 백만장자는 바로 당신일 수 있습니다.

인구가 50만 명 남짓한 마카오는 중국의 확장판이자 축소판 같은 느낌을 준다. 중국과 동일한 야망과 위험, 자기 창조의 조합을 원동력으로 삼지만 엄청난 양의 현금과 유동 인구가 그 조합으로부터 정제한 추출물은 너무나 강력해서 그 자체가 도시의 가장 큰 장점이자 약점으로 보일 정도다. 마카오는 한때 폭죽과 장난감, 조화(造花) 등을 생산했지만 카지노가 들어선 이후로 공장들은 자취를 감추었다. 이제 이곳의 일반 시민은 유럽의 일반 시민보다 높은 소득을 올린다. 건축 공사도 끝이 없다. 호텔에 투숙해서 바깥 풍경을 내다보며 나는 처음 중국에 왔을 때, 하루 24시간 내내 창문에 용접공의 토치 불꽃이 반사되던 때를 떠올렸다.

중국의 기준에서도 마카오의 성장 속도는 숨이 막힐 지경이었다. 2010년 마카오의 큰손들은 도박에 대략 6천억 달러를 썼는데 이는 미국의 ATM에서 한 해 동안 인출되는 현금을 모두 합친 액수와 비슷했다. 하지만 카지노 테이블 위에서 임자가 바뀌는 그 모든 현금은 그림의 떡에 지나지 않았다. 미 의회-행정부 중국 위원회에서 제출한 2011년 연례 보고서에 따르면 〈중국 본토의 도박꾼들로부터 유입되는 돈에 힘입은 마카오 도박 시장의 성장과 미국 내 카지노의 성장은 광범위한 부패와 조직 범죄, 돈세탁 등의 문제를 수반했다〉. 2009년 미국 외교관들이 내부 통신에서 사용한 표현에 따르면 마카오는 이제 〈마카오 세탁소〉가 되었다. 부시 행정부의 동아시아 태평양 담당국 선임 고문이었던 데이비드 애셔는 내게 〈제임스 본드 영화에 등장하는 어떤 것이었던 마카오는 이제 「본 아이덴티티」에 나오는 어떤 것이 되었다〉라고 말했다.

2005년에 FBI는 콜롬비아 무장 혁명 조직 FARC로 가장해서 지민홍이라는 마카오 시민이 연루된 한 밀수단에 스며들었다. 위장한 FBI 요원 잭 가르시아가 무기를 사고 싶다는 의사를 밝히자 지민홍이 카탈로그를 보내왔고 가르시아는 대전차 미사일과 박격포, 기관총, AK-47 등을 주문했다. 지민홍과 그 일당을 미국으로 유인하기 위해 FBI는 함정 수사로 그들과 안면을 익힌 한 쌍의 남녀 요원을 내세워 가짜 결혼식을 꾸몄다. 지민홍을 비롯한 많은 손님들에게 뉴저지 주 케이프 메이에서 열리는 선상 축하 파티에 참석해 달라는 고상한 초대장이 배달되었다. 가르시아가 말했다. 「내가 신랑의 들러리였죠. 우리는 총각 파티에 간다며 그들을 차에 태운 다음 그대로 FBI 지부로 직행했습니다.」 그 작전으로 쉰아홉 명이 체포되었다. 그 사건과 다른 첩보에 근거해서 미국 재무부는 북한 정권과 관련된 돈세탁에 관여한 혐의로 마카오의 방코 델타 아시아 은행을 블랙리스트에 올렸다. 은행 측은 혐의를 부인했다.

확률 게임은 하나라 시대(B.C. 2000~B.C. 1500) 이래로 내내 중국 역사의 일부였다. 마카오 대학 마케팅과 교수 데스몬드 램이 말했다. 「정부에서 도박을 금지하는 법을 내놓기도 했지만 정작 도박을 가장 즐기는 사람들이 바로 관료들 자신이었습니다. 그들은 도박 때문에 직위를 박탈당하고, 태형에 처해지고, 투옥되고, 유배되기도 했지만 시대를 막론하고 그 같은 추세는 변함이 없었습니다.」 램은 불확실한 위험성을 지향하는 중국인들의 태도를 연구했다. 그와 나는 〈동참하고 플레이하라, 당신의 인생을 바꾸라〉라고 홍보하는 카지노 단지 〈꿈의 도시〉를 걸어서 여행했다. 6년의 연구와 조사를 거친 램은 각각의 도박 테이블을 〈전장의 축소판〉으로, 과학과 믿음의 교착 상태로 본다. 전쟁의 한 축은 카지노이며, 그들은 그들의 이점을 소수점 둘째 자리까지 확실하게 계산할 수 있다. 다른 한 축은 운명과 미신을 믿는 일단의 중국인들이고, 램의 설명에 따르면 그들은 〈운명이나 미신이 불합리하기는 하지만 문화의 일부라는 사실을 안다〉. 그가 일반적인 통념 몇 가지를 짚어 주었다. 확률을 높이기 위해서는 빨간 속옷을 입고 집을 나설 때 집 안의 불을 모두 켜놓아라. 연패를 막기 위해서는 카지노로 가는 길에 수녀나 수도사를 보지 마라. 절대로 정문을 이용하지 마라. 항상 옆문을 찾아라.

고상한 속임수를 묘사하는 도시의 설립 신화 이래 마카오는 이런저런 음모와 얽혀 있었다. 마카오의 설립 신화는 1564년경으로 거슬러 올라간다. 지역의 중국인 어부들이 그곳을 방문한 포르투갈 함대에 해적을 소탕해 달라고 요청하자 포르투갈 함대는 중국 어선에 대포를 숨기고 바다에서 해적들을 기습했다. 보답으로 중국은 포르투갈 해군에게 주장 강 하구의 반도에 주둔하는 것을 허가했다. 마카오는 인도와 일본을 잇는 매우 중요한 거점이 되었지만 머지않아 가까운 홍콩에 보다 좋은 항구가 들어서는 바람에 다른 전문 분야를 개척해야 했다. 바로 아편과 매춘, 도박이었다. 네덜란드 출신 작가 헨드릭 드 리우는 저서 『죄의 도시Cities of Sin』를 쓰기 위해 마카오를 방문했던 1930년대에 그곳을 〈세상의 모든 하층민과 술 취한 선장들, 바다의 부랑자들, 낙오자들, 세계 어느 항구의 여인들보다 뻔뻔하고 아름다우며 야만적인 여인들의 집〉으로 분류하고 〈지옥이 따로 없다〉고 묘사했다.

바로크 양식의 가톨릭 교회들을 비롯해 늘어진 야자나무 그늘 아래 나이 든 국외 이주자들이 포르투갈어로 발행되는 마카오 신문 「조르나우 트리부나」를 읽으며 〈카페 다 마냥〉*을 홀짝거리는 카페 골목 등, 마카오는 역사의 상당 기간 동안 중국인 동시에 지중해의 섬처럼 보였다. 하지만 마카오에 도착한 나는 에어컨을 갖춘 사치스러운 호텔과 고층 건물, 햇빛 아래 정차한 채 공회전하는 스포츠카를 보면서 오히려 페르시아 만 같다는 느낌을 받았다. 마카오에서는 일반적으로 세수가 세출보다 두 배 이상 많았으며 쿠웨이트에서 그렇듯이 〈현금 분향(分享) 계획〉이라는 프로그램의 일환으로 거주자들에게 수표가 분배되었다. 실업률도 3퍼센트 미만이었다. 『마카오 비즈니스』를 포함해 여러 지역 잡지들을 발행하는 파울로 아제베두는 나와 만나 가볍게 술을 마시며 〈라스베이거스가 75년 만에 해낸 일을 우리는 15년 만에 해내고 있다〉라고 말했다. 그처럼 빠른 속도 때문에 도시에는 예컨대 택시와 도로, 주거 시설, 의료 서비스 등 많은 것들이 부족해졌다. 아제베두는 〈치과 치료를 받으려면 태국까지 나가야 한다〉라고도 했다. 어떤 달에는 마카오에 동전이 거의 동날 뻔한 적도 있었다. 또한 카지노들은 절대다수의 환영을 받지 못할 방식으로 생활과 일의 리듬을 재편성했다. 마카오 시 의회 의원이자 고등학교 교사로 일하는 아우캄산은 그가 가르치던 학생들로부터 〈카지노에 가면 나는 지금 당장이라도 취직할 수 있고 선생님보다 많은 돈을 벌 수 있어요〉라는 말을 들었다.

페리에서 내려 자동차로 조금만 가면 라스베이거스의 거물 스티브 윈이 소유한 복합 건물이 나왔다. 이 복합 건물은 호텔 두 개를 포함하고 있었는데 이곳의 루이뷔통 매장이 전 세계 루이뷔통 매장 중에서 단위 면적당 가장 많은

* *café da manhã.* 〈아침의 커피〉를 뜻하는 포르투갈어. 브라질에서는 아침 식사의 의미로 사용한다.

매출을 올린다고 했다. 특수하게 고안된 커튼이 있어야 밤에 잠을 자는 발광 해파리들이 들어 있는 수조 옆을 걸어 지날 때였다. 내게 복합 건물의 이곳저곳을 소개하던 홍보 직원이 중국인 고객들은 높은 수준의 고급스러움을 요구한다면서 〈그들 모두가 사장님이거나 회장님이기 때문〉이라고 설명했다. 우리는 복합 건물 안에서 가장 최근에 생겼으며 미슐랭의 별을 받은 레스토랑에 들렀다. 그곳에서는 한 시인이 상주하면서 모든 VIP 고객들에게 시를 헌정했다. 테이블마다 하얀 가죽으로 된 작은 스툴이 하나씩 비치된 이유를 묻자 여급이 말했다. 「핸드백을 놓는 자리입니다.」

　불과 30년 전에 사람들은 갖고 있던 보석을 뒤뜰에 파묻었다. 정치적 박해를 피하기 위해서였다. 2012년에 이르자 중국은 미국을 제치고 세계에서 사치품을 가장 많이 소비하는 나라가 되었다. 중국인들에게 박탈의 시대를 향한 향수 같은 것은 없었지만 그럼에도 그들은 외곬의 물욕이 그들 자신을 어떻게 바꿀지 궁금해했다. 사람들 사이에서는 베이징의 한 남자에 관한 농담이 회자되었다. 어느 날 남자가 길모퉁이에 서 있을 때였다. 스포츠카가 스치고 지나가면서 그의 팔이 떨어져 나갔다. 공포에 질린 남자가 자신의 상처를 바라보다가 외쳤다. 「내 시계!」

　마카오는 언제나 내게 미국 남북 전쟁 후의 도금 시대를 떠올리게 했다. 『약탈 귀족The Robber Barons』의 저자 매슈 조셉슨은 미국인들이 1870년대의 갑작스러운 부에 어떻게 적응했는지 묘사한다. 〈한 남자가 이에 작은 구멍 여러 개를 뚫고 치과 의사로 하여금 각각의 구멍 안에 두 줄로 다이아몬드를 박게 했다. 그가 바깥으로 나가 미소를 지으면 햇빛에 반사된 다이아몬드들이 반짝거렸다.〉 당시 미국의 정치는 오늘날 중국의 정치가 직면하고 있는 것과 유사한 비판을 받았다. 예컨대 부패, 법치의 부재, 기업 독점 앞의 무력함 등이다. 1870년대와 1880년대에 파업과 시위가 미국 전역을 휩쓸자 정부는 그들을 무력으로 진압했다. 펜실베이니아 철도 회사의 토머스 스콧은 〈파업 참가자들에게 며칠만 소총 맛을 보여 주고 그들이 그런 종류의 빵을 얼마나 좋아하는지 지켜보자〉고 제안했다. 유럽인들은 종종 미국이 야만적인 상태에서 문명화라는 일반적인 중간 단계를 거치지 않은 채 곧바로 타락했다고 말했다.

마카오는 중국의 신흥 부자들에게 탐닉의 기회를 제공했다. 카지노를 설계하는 과정에서 스티브 윈은 행운과 관련한 중국의 미신을 존중했다. 예컨대 온천에 딸린 사실(私室) 개수가 중국어로 〈죽음〉을 의미하는 발음과 비슷해서 불길하게 여겨지는 숫자인 네 개라는 사실을 깨달은 호텔 설계자들은 홀 전체를 가로지르는 일련의 가짜 문들을 설치해서 총합이 중국어로 〈부자가 되다〉라는 말과 비슷한 발음인 여덟 개가 되도록 했다. 라스베이거스에서 윈은 웨인 뉴턴의 공연에 피카소의 그림들까지 전시함으로써 자신의 명성을 쌓았다. 하지만 마카오 호텔은 카지노 디자이너들이 일명 〈억 소리 나는 구경거리〉라고 부르는 전략을 적용했다. 매 시간마다 관광객들이 그의 호텔 로비로 모여들었다. 바닥이 갈라져 구멍이 드러나고 그곳에서 애니매트로닉스* 기술이 사용된 용이 등장하는 광경을 구경하기 위해서였다. 타는 듯 붉은 눈을 가진 그 용은 콧구멍으로 연기를 내뿜으며 용수철처럼 몸을 말면서 공중으로 솟아올랐다.

꿈의 도시에서는 향수와 담배와 카페트 세제 냄새가 났다. 중국인 도박꾼들이 돈이 걸린 상황에서 술을 마시는 경우는 드물었다. 대신 낮은 웅성거림 사이로 기뻐서, 또는 화가 나서 테이블을 내리치거나 카드에 대고 기합을 넣는 소리가 간간이 튀어나왔다. 어느 날 저녁 나는 바카라 테이블 주위에 몰린 무질서한 군중들 사이에 자리를 잡고 짙은 눈썹에 땀으로 번들거리는 붉은 얼굴

---

* *animatronics*. 영화 제작 등에서 동물이나 사람의 로봇을 실제처럼 보이게 하는 전자 공학 기술.

의 호리호리한 남자가 자신의 패를 〈조이는〉 모습을 지켜보았다. 그가 카드의 한쪽 귀퉁이를 들어 패를 확인하는 동안 옆에 있는 남자는 높은 숫자가 나와 자신이 승리하기를 바라면서 〈블로! 블로!〉를 외쳤다. 카드 안의 숫자가 충분히 보일 만큼 뒤집히자 예의 호리호리한 남자는 얼굴을 찡그리더니 넌더리 난다는 표정으로 카드를 테이블 건너편으로 던졌다.

램 교수가 말했다. 「미국인은 운명이 자신의 손에 달렸다고 생각하는 경향이 강한 반면 중국인은 운명을 자신의 능력 밖에 있는 무엇으로 여깁니다. 그래서 운명을 바꾸기 위해서는 보다 많은 행운을 가져다줄 어떤 일을 해야 한다고 생각하죠.」조사에 따르면 중국의 카지노 도박꾼들은 베팅을 투자로, 투자를 베팅으로 보는 경향이 있다. 중국인의 관점에서 주식 시장이나 부동산 시장은 카지노와 크게 다르지 않다. 행동 과학자 엘케 웨버와 크리스토퍼 시는 재무 위험에 대한 중국과 미국의 접근 방식을 비교했다. 그리고 일련의 실험을 통해 자신이 미국인 투자자들보다 훨씬 신중하다고 주장하는 중국인 투자자들이 압도적으로 많다는 사실을 알아냈다. 하지만 그들에게 가상으로 일련의 재무 관련 결정을 내리게 하자 그동안의 생각이 잘못되었으며 중국인들이 비슷한 재정 상태의 미국인들보다 언제나 훨씬 많은 리스크를 감수하는 것으로 드러났다.

나는 재무 결정과 관련하여 중국인 친구들이 내 관점에서는 불편할 정도로 위험을 감수할 거라고 생각하게 되었다. 예컨대 저축한 돈을 털어서 사업을 시작하거나, 직장을 구할 수 있다는 보장도 없이 전국을 떠도는 것처럼 말이다. 웨버와 시가 〈쿠션 가설〉이라고 명명한 한 가지 해석은, 중국의 전통적인 대가족 체제가 사람들로 하여금 위험을 감수한 결과가 좋지 않게 나오더라도 다른 사람에게 의지할 수 있다는 확신을 준다는 것이다. 또 다른 가설은 경기 호황 시기에 보다 초점을 맞춘다. 마카오 대학의 경영학 교수 히카르두 시우는 내게 〈덩샤오핑이 실시한 경제 개혁은 그 자체로 일종의 도박이었습니다. 그래서 사람들은 위험을 감수하는 행동이 괜찮을 뿐 아니라 유용하다고 생각하게 되었죠〉라고 설명했다. 극빈층에서 중산층이 된 사람들에 대해 그는 이렇게 덧붙였다. 「이런 생각일 겁니다. 혹시라도 위험을 감수한 결과로 가진 돈의 절반을 잃더라도 괜찮아. 내게는 경험이 있으니까. 다시 가난하던 시절로 돌아가지는 않을 거야. 그리고 몇 년 후면 날렸던 돈도 다시 회복할 수 있겠지. 하지만 그 도박에서 승리한다면? 백만장자가 되는 거야!」

리스크를 대하는 중국인의 일반적인 접근 방식을 보면서 나는 타이완에서 망명한 린이푸를 떠올렸다. 그는 새로운 중국에 베팅을 했던 셈이다. 그의 여정이 훨씬 극적이기는 했지만 그의 결정에는 보다 나은 가능성을 찾아 고향을 등진 이주자들이 행했던 다른 결정과 공통점이 있었다. 공하이옌과 그녀의 온라인 데이트 사업이 그랬고, 크레이지 잉글리시를 배우는 학생들이 그랬으며, 같은 맥락에서 도금 시대에 미국으로 건너간 유럽 이주자들도 예외가 아니었다. 〈당신은 어떤 사람이 되고 싶은가? 그리고 그런 사람이 되기 위해 어떤 희생을 감수하겠는가?〉

노름꾼 펑의 경우, 그의 관심을 끈 것은 성공과 위험 감수였다. 시우원펑이 내리 4개월 동안 돈을 따자 대중적인 홍콩 일간지 「애플 데일리」의 가십난은 마카오에서 1억 5천만 달러를 벌었다는 이 〈신비로운〉 인물을 주목했다. 2008년 1월 〈그는 지극히 운이 좋은 사람인가, 아니면 진정 마법의 손을 가진 것인가?〉라며 의혹을 제기한 것이다. 그리고 바로 다음 날 홍콩 시 의회 의원이며 그 역시 광적으로 도박을 즐기는 침푸이청은 해당 신문과의 인터뷰에서, 사람들이 이 새로운 큰손을 일컫기를 저우룬파가 주연한 홍콩 영화 제목을 따서 〈도신(賭神)〉이라 하며 칭송하는 것을 들었다고 주장했다. 전문적인 도박사들 사이에서는 그런 사람들을 지칭하는 이름이 따로 있었다. 바로 〈유성〉이었다. 그들이 어디에서 왔는지 모르게 등장했다가 일반적으로 등장할 때와 마찬가지로 금방 사라진다는 이유였다.

시우원핑의 엄청난 연승 행진은 당연히 의심을 키웠다. 카지노 측은 바카라에서 자신들의 승률이 대략 1.15퍼센트 정도 유리하며 따라서 어떤 도박꾼도 3만 번 정도 게임을 하고 나면 절대로 돈을 딸 수 없게 되어 있음을 알고 있었다. 정말 열심인 플레이어라면 주말에 약 1천 번의 게임을 할 수 있고 좋은 승률을 기록할 수도 있다. 하지만 그렇게 7개월이 지나면 거의 누구도 승자가 되어 집으로 돌아갈 수 없다. 「애플 데일리」가 시우원핑에게 〈도신〉이라는 별명을 붙인 지 얼마 되지 않아 스무 살 된 그의 아들은 연거푸 익명의 협박 전화를 받았다. 어느 날은 누군가 시우원핑의 동네까지 찾아와서 그의 집에 불을 질렀다. 마침내 시우원핑을 VIP 룸에 소개했던 친구 웡캄밍에게도 분노에 찬 전화가 걸려 왔다. 전화를 건 남자는 그에게 회의에 참석할 것을 요구했다. 노름꾼 핑의 속임수 문제를 논의하기 위한 회의였다.

수년간 스탠리 호만큼 마카오의 시대정신을 보여 준 사람도 없었다. 키가 훤칠하고 고상한 소위 거물이었던 그는 장래가 촉망되는 젊은 여배우나 댄서들과 염문을 뿌렸고, 80대의 나이에도 뛰어난 탱고 실력을 뽐냈으며, 기사를 대동한 채 〈HK-1〉 번호판을 단 롤스로이스를 타고 홍콩 시내를 누볐다. 아버지가 주식 시장에서 가산을 탕진한 뒤 그는 제 2차 세계 대전 기간 중 마카오에 무역 회사를 차리면서 자신의 첫걸음을 내디뎠다. 후에 그는 〈겨우 10달러로 시작해서 전쟁이 끝날 무렵까지 1백만 달러 이상을 벌었다〉고 회상했다. 그는 항공 회사와 부동산, 선박 회사로 사업을 확장하고 1962년 공동 경영자들과 함께 마카오에 있는 카지노들을 인수하면서 향후 40년간 지속된 독점권을 획득함으로써 아시아에서 가장 부유한 남자들 중 하나가 되었다. 외국 정부에서는 스탠리 호가 중국의 조직범죄 단체와 지나치게 친밀하다는 의혹을 제기했다. 그가 해당 사실을 부인했지만 규제 기관들은 미국과 호주에서도 카지노를 운영하려는 그들 가족의 노력을 좌절시켰다. 자신의 소유나 다름없는 도시의 시대정신에 따라, 사업 파트너를 선택하는 문제에서도 그는 편협하지 않았다. 그는 국왕 시절의 이란에서 경마장을, 페르디난드 마르코스 대통령 시절의 필리핀에서 보트 도박장을, 김정일 체제의 북한에서 섬 도박장을 운영했다. 첩보원들은 그의 연줄을 알아내기 위해 필사적이었지만 홍콩에서 FBI 요원으로 활동하다가 은퇴한 고(故) 댄 그로브의 증언에 따르면 〈아무도 1루 베이스조차 밟지 못했다〉.

2002년 스탠리 호의 마카오 독점이 끝나자 외국의 경쟁자들이 인허권을 획득하려고 몰려들었다. 새로운 카지노 가운데 가장 먼저 개장한 곳은 『포브스』가 미국 아홉 번째 부자로 선정한 라스베이거스의 셸던 아델슨이 후원하는 샌즈 마카오였다. 작고 뚱뚱하며 정열적인 빨간 머리를 가진 아델슨의 겉모습은 스탠리 호와 정반대였다. 리투아니아 출신 택시 기사의 아들로 태어난 그는 보스턴의 도체스터 지구에서 자랐고 호텔용 세면도구를 포장하는 일부터 자동차 앞유리의 성에를 제거하는 화학 성분의 스프레이를 판매하는 일까지 다양한 사업을 벌였다. 그리고 마침내 1979년에 컴퓨터 산업 박람회인 컴덱스 COMDEX를 개최하면서 대박이 났다. 이후 라스베이거스의 오래된 샌즈 호텔을 매입해서 미국에서 가장 큰 개인 소유의 컨벤션 센터로 개조하고 카지노와 전시장을 하나로 묶어 부자가 되었다. 13억 중국인을 공략하기 위한 관문으로서 마카오를 탐낸 아델슨은 미국 공화당에 대한 자신의 영향력을 강조하여 베이징의 중국인 지도자들의 환심을 사는 데 성공했다(2012년 대통령 선거 운동 당시 그는 개인 자격으로 가장 많은 돈을 기부한 사람이었다). 2004년 5월 첫 번째 카지노를 개장한 그는 뒤이어 자신이 꿈에서 영감을 얻었다는 아이디어에 착수했다. 바로 마카오의 두 섬 사이를 가로지르는 공해 일대에 라스베이거스 스트립을 그대로 재현하는 일이었다. 그의 회사는 3백만 입방미터의 모래로 바다를 메워 24억 달러짜리 베네치안 마카오를 개장했다. 라스베이거스 베네치안 호텔의 특대형 복제품인 이 호텔의 카지노는 규모 면에서 세계 최대를 자랑했다. 그는 사람들에게 언젠가는 마카오가 자신을 빌 게이츠나 워런 버핏보다 더 큰 부자로 만들어 주길 희망한다고 말했다.

주된 이윤이 슬롯머신에 투입되는 동전에서 발생하는 라스베이거스와 달리 마카오의 수입 중 4분의 3은 VIP 룸에서 오가는 거액의 판돈으로부터 나왔다. 그곳에서는 소위 큰손들이 24시간 내내 게임을 즐겼다. 카지노 업주들은 마카오의 카지노 운영에 수반되는 현실적인 문제들을 해결하기 위해 〈정킷Junket〉이라고 알려진 중국 회사들에 의지했다. 중국은 카지노 업주들에게 인민 공화국 내에서 도박 빚을 추심하지 못하도록 법으로 금지했는데, 정킷 회사를 통하는 방법은 요컨대 이 같은 문제를 해결할 수 있는 합법적인 우회로였다. 정킷 회사들이 중국 전역에서 돈 많은 고객들을 모집해서 그들에게 돈을 빌려 준 다음 채권 추심과 관련한 복잡한 일을 대행했던 것이다. 이러한 시스템은 특히 거액의 현금을 중국 밖으로 빼돌릴 필요가 있는 고객들에게 매력적이었다. 부패 공무원이나 기업의 경영 간부가 수익금을 숨기길 원하는 경우 정킷 회사가 그 수단을 제공했다. 정킷 회사를 통해 국경 이쪽에서 미리 현금을 건넨 다음 국경 바깥에서 게임을 통해 깨끗한 외국 돈으로 출금할 수 있는 칩으로 회복하는 식이었다(또 한 가지 방법은 직접 현금을 가지고 느슨한 마카오 국경을 넘는 것이었다. 돈세탁 업계에서는 이런 방식을 가리켜 하찮은 물건을 배달하는 군대라는 의미로, 가상의 파란 만화 캐릭터 이름을 따 〈스머핑〉이라고 불렀다).

법을 준수하는 구성원들도 많았지만 정킷 사업은 수십 년 동안 조직범죄의 개입에 약점을 보였다. 〈삼합회〉로 알려진 중국의 조직범죄 단체는 19세기 정치 집단에서 발전했다. 삼합회라는 이름은 세 개의 단체가 강력한 단일 조직으로 합병되면서 유래했다고 한다. 그들은 고리대금업과 매춘에 관여하고 마카오의 카지노에서도 존재를 드러냈지만 최근 들어서는 보다 사업 지향적인 성격을 띠었다. 마약이나 경범죄 같은 시시한 싸움은 한쪽으로 치우고 보다 발전한 인민 공화국에 발맞추어 돈세탁이나 금융 사기, 도박 같은 새로운 범죄 기회를 모색했다. 범죄학자들 표현대로 〈갱 단원이 회색 기업가가 되었고〉, 기업가로 변신한 삼합회와 삼합회처럼 행동하는 기업가를 구분하기란 점점 더 어려워졌다. 한때는 지역 신문에서 이를테면 〈삼합회 보스〉라는 이름으로 지칭되던 인물들이 도박 산업계의 경영인으로 변신했다.

마카오는 부패한 중국인 관료들에게 특히 매력적인 장소였다. 공금을 가지고 마카오로 갔다가 빈손으로 돌아오는 등 당 간부들이 몰락의 길을 걷는 데 마카오는 꾸준히 한 역할을 담당했다. 충칭 출신으로 성이 똑같이 〈장〉이었던 공산당 간부 두 사람은 2004년 카지노에서 1200만 달러 이상을 잃었다. 장쑤성의 전임 당 대표는 1008만 달러를 잃었다. 충칭의 한 관료는 액수가 아닌 속도에서 특히 두각을 나타냈다. 그는 불과 48시간 만에 25만 달러를 탕진하는 능력을 보여 주었다. 마카오에서 공금을 탕진하고 체포되는 관료들이 하도 늘어나자 2009년 학자들은 꼬리를 잡히기 전까지 보통의 공무원이 도박판에서 잃을 수 있는 금액을 산출했다. 물경 330만 달러였다.

아직 도박에 발을 들이지 않은 백만장자들을 발굴하고자 정킷 에이전트들은 경제 신문을 샅샅이 뒤져 새로운 얼굴을 찾기 시작했다. 서른아홉 살의 한 정킷 에이전트가 말했다. 「요즘 마카오에서는 최소 몇십 만 달러 이상 쓰지 않는 한 진정한 고객 취급을 받지 못합니다.」 고객이 빚을 갚지 못할 경우 그들은 어떻게 할까? 「고객이 사는 도시로 찾아가서 그에게 전화를 겁니다. 그런 다음 필요하면 그곳에서 꼼짝도 하지 않고 이틀을 기다립니다. 채무자를 압박하는 거죠.」

　시우원핑의 집에 불이 나고 2~3주 뒤에 일단의 젊은 남자들이 홍콩 외곽의 주차장으로 호출되었다. 그들을 소집한 사람은 중국에서 가장 유명한 삼합회 조직 화합도(和合桃)의 중간 보스 시와룬이었다.

　중간 보스는 30대의 땅딸막한 남자였다. 그가 조직원들에게 시우원핑을 갈취할 계획에 대해 설명했다. 그들 중 한 명은 나중에 법정에서 〈어떤 보스가 한 남자에게 돈을 돌려받길 원했다〉고 증언했다. 청치타이가 바로 그 보스였고 그는 홍콩 경찰과 미국 정부 당국자들 사이에서 매우 유명한 폭력배 두목이었다. 홍콩 법원의 베리나 보카리 판사의 주장에 따르면, 청은 시우원핑이 바카라로 돈을 벌었던 장소 중 한 곳인 샌즈 마카오의 VIP 룸에 대해서 〈어떤 권리를 갖고 있을 수 있었다〉. 그래서 시우원핑이 속임수를 썼다는 의혹을 받게 되자 청의 부하들이 그가 딴 돈을 도로 빼앗으려 한 것이다.

　시와룬의 계획은 단순했다. 친구인 웡캄밍을 통해 시우원핑에게 메시지를 보내는 것이었다. 그들은 매복해서 웡캄밍을 기다렸다가 그가 탄 차를 다른 차 두 대로 막고 그를 인근 마을로 납치하기로 계획을 세웠다. 이미 그 마을의 외지고 황폐한 건물 하나에 장갑, 두건, 칼, 길게 늘일 수 있는 경찰봉 등을 가져다 둔 터였다. 원래의 계획은 웡캄밍의 다리와 손을 부러뜨리는 것이었다. 그런데 그때 시와룬이 부하들을 불러 세웠다. 그러고는 웡캄밍을 죽이는 것으로 계획을 수정했다. 시우원핑에게 그들이 매우 진지하다는 사실을 분명하게 전달하고 그가 딴 돈을 확실히 넘겨받기 위해서였다.

　하지만 시와룬이 새로운 계획을 하달했음에도 선뜻 나서는 부하가 아무도 없었다. 오히려 그들 중 한 명은 이렇게 물었다. 「그렇게까지 심각하게 일을 벌여야 합니까?」

시와룬은 당황스러웠다. 그럼에도 〈보스가 그렇게 하라는데 지금 못 하겠다는 거야?〉라며 부하들을 다그쳤다.

또 다른 부하 한 명은 그날 저녁 결혼식에 하객으로 참석해야 한다며 불만을 표시했다. 라우밍예라는 세 번째 부하는 아무런 대가도 없이 그런 일을 시키는 게 불만이었다. 그는 나중에 〈대가도 없는 일을 누가 하고 싶겠어요〉라고 말했다.

라우밍예가 그 상황에 특히 더 불편함을 느낀 이유는 그가 그들의 잠재적인 희생자와 아는 사이였기 때문이다. 농부의 아들이던 20대 중반의 라우밍예는 한때 찻집에서 배달부로 일하면서 금색 페인트를 칠한 도요타 자동차를 타고 동네를 종횡무진 누비며 종종 웡캄밍의 동네로 음식 배달을 가기도 했었다. 라우밍예가 말했다. 「사람을 죽인다는 말에 우리 모두는 충격에 휩싸였습니다. 우리 중 누군가와 아는 사람이든 아니든 그건 중요하지 않았어요.」

시와룬으로부터 살인 계획과 자신이 맡을 역할을 들은 라우밍예는 망설였다. 시와룬이 격하게 화를 냈다. 그는 〈빌어먹을, 생각할 게 뭐가 있어!〉라며 윽박질렀다.

보스의 압력에 라우밍예가 결국 굴복했다. 살인을 돕겠다고 대답한 것이다. 하지만 진심이 아니었다. 10대 때 화합도에 가입한 그는 시와룬의 명령을 받는 하찮은 행동 대원에 불과했다. 요컨대 화합도는 그의 삶에서 그다지 중요한 의미를 갖지 않았다. 그는 수년째 신문 가판대와 인터넷 카페에서 일하고 있었다. 이제는 여자 친구도 있었고 더구나 그녀가 임신한 상태였다. 자신의 도요타 자동차로 들이받은 트럭을 수리하는 데 필요한 5백 달러 남짓한 돈을 구하는 일만으로도 고민거리는 충분했다.

직업과 관련한 모든 일에 염증을 느낀 청부 살인자 라우밍예는 공격이 예정된 당일 동트기 전에 그동안 알고 지내던 경찰에게 전화를 걸어 언질을 주었다. 두 사람은 그 동네에 있는 사당 근처에서 만났고 라우밍예가 경찰에게 살인 모의를 비롯해 도신과 안전 가옥, 그곳에 준비해 둔 두건, 칼 등과 관련한 모든 내용을 제보했다. 후에 법정에서 라우밍예는 〈나는 한 아이의 아버지였고 책임감 있는 남자가 되고 싶었다〉라고 증언했다. 결과적으로 그는 자신의 선택을 놓고 도박을 한 셈이다. 양형(量刑) 거래란 곧 징역형을 의미할 수 있었지만 그렇더라도 자신의 징역살이가 보다 심각한 문제로 발전하기 전에, 다시 말해서 〈아이가 모든 것을 알아버리기 전에〉 출소할 수 있을 거라고 그는 계산했다.

몇 시간 뒤에 경찰이 다섯 명을 체포했다. 그해 가을 그들은 재판에 회부되었고 라우밍예는 그들에게 불리한 증언을 했다. 그들은 무죄를 주장했지만 심각한 신체적 가해 행위를 모의하고 삼합회 회원으로 활동한 혐의로 모두 기소되었다. 주모자 시와룬에게는 살인 미수와 살인 교사 죄도 추가되었다. 체포된 다섯 명은 최고 14년 형까지 각각 징역형을 선고받았다(라우밍예는 수사에 협조한 대가로 면책을 받았다). 수사가 진행되면서 경찰은 삼합회 두목인 청치타이도 곧 구금했지만 그의 구금 생활은 그다지 오래가지 않았다. 시와룬의 변호사 존 헤인즈의 설명에 따르면 청치타이는 〈자신의 변호사를 부르고 묵비권을 행사했으며 그 결과 무혐의로 풀려났다〉. 판결이 내려지자 헤인즈는 〈송사리들〉이 감옥에 가고 〈두목은 (……) 이제 무혐의가 되어 마카오에서 편안하게 앉아 있다〉며 애석하다는 반응을 보였다.

시우윈핑과 친구 웡캄밍도 증인으로 재판에 출석하여 시우윈핑이 다섯 달 동안 연승 행진을 하면서 얼마나 많은 돈을 벌었는지 질문을 받았다. 복잡한 문제였다. 흔히 마카오의 큰손들은 테이블 위의 칩보다 몇 배나 많은 돈으로 사이드 베팅을 하기 때문이다(사이드 베팅에서는 플레이어와 정킷 에이전트가 각각의 1백 달러짜리 칩을 1천 달러나 1만 달러로 계산하기로 비밀리에 합의한 다음

승패 결과에 따라 개인적으로 정산한다). 이발사 출신의 시우윈펑은 자신이 번 돈을 모두 합해서 1300만 달러로 추산했다. 그리고 웡캄밍이 추산한 금액은 그보다 훨씬 많았다. 무려 7700만 달러였다.

전직 이발사가 도박으로 7700만 달러를 벌었을 뿐 아니라 폭력배들이 그 돈을 되찾으려다 기소될 정도로 계속해서 돈을 땄다는 사실은 홍콩 언론의 관심을 끌기에 충분했다. 그들은 가벼운 호기심에서 한동안 도신을 추적했다. 물론 도신은 인터뷰를 거절했다. 재판이 있은 지 1년이 지났을 때였다. 『넥스트』라는 홍콩 잡지에 시우윈펑이 시스템을 조작하는 방법을 알아내서 속임수를 썼다고 주장하는 기사가 실렸다. 기사에 따르면 그는 자신의 승률을 끌어 올리고 패배를 최소화하기 위해 돈을 주고 부하를 한 명 고용해 플레이어의 숫자가 높게 나왔을 때와 낮게 나왔을 때를 모두 기록하게 했다. 해당 잡지에서 추정한 속임수를 카지노 측이 파악하지 못했던 것은, 시우윈펑의 내기가 대부분 장부에 기록되지 않는 〈사이드 베팅〉이었으며 더불어 정킷 회사들은 무명 도박꾼이 직원을 매수하는 엄청난 위험을 감수하리라고는 상상도 하지 못했기 때문이었다. 시우윈펑은 해당 기사와 관련해서 일절 반응하지 않았다. 어쨌든 그 지역 기자들은 그가 잠적했음을 알게 되었다.

도신은 지역의 범죄 현장에서 완전히 자취를 감추었다. 그러던 중 2010년 가을 샌즈 마카오의 전임 경영자 스티브 제이콥스가 다양한 혐의로 셸던 아델슨을 고소하면서 부당 해고 소송을 제기했다. 제이콥스는 그와 아델슨이 도신 사건에 대해 논의한 바 있다고 주장했는데 이는 곧 삼합회와 샌즈 카지노가 관련을 맺고 있다는 뜻이었다. 그의 주장에 따르면 자신의 반대에도 불구하고 아델슨은 〈정킷 사업을 공격적으로 육성〉하고자 했다. 제이콥스는 또한 이 소송에서 기업들이 외국 공무원에게 뇌물을 공여하지 못하도록 금지한 해외 부정 지불 방지법을 피해 가기 위해 샌즈 카지노가 마카오의 입법부 의원을 고용했다고 고발했다. 샌즈 카지노 측은 모든 혐의를 부인하면서 오히려 삼합회와 거리를 유지하는 데 실패한 당사자가 바로 제이콥스라고 주장했다.

그럼에도 미국 정부에서는 이 소송에 주목했다. 그리고 미국 법무부와 증권 거래 위원회가 샌즈의 해외 부정 지불 방지법 위반 가능성에 대한 조사에 착수했다. 아델슨은 모든 범죄 사실을 완강하게 부인했다. 그는 〈연기가 모두 걷히고 나면 그 아래 아무런 불씨도 없을 거라고 나는 절대적으로, 1백 퍼센트가 아니라 1천 퍼센트 확신한다. 그들은 나의 모든 이메일을 원하지만 나에게는 아예 컴퓨터가 없다. 이메일 자체를 사용하지 않는다. 애초에 나는 이메일을 사용하는 부류의 사람이 아니다〉라고 주장했다.

아델슨과 그의 동료들은 호황을 맞이한 중국의 변경에서 사업을 하는 것이 당초 그들이 전혀 예상치 못했던 방식으로 많은 위험을 내포한다는 사실을 새삼 절감하고 있었다. 또한 그들의 부가 이제는 다른 사람들, 즉 공산당 간부와 삼합회, 심지어 카지노를 상대로 돈을 따려는 이발사 등의 행동에 달려 있다는 사실도 깨닫고 있었다. 도신 사건 파일은 예컨대 바카라 테이블에서 이어진 시우원핑의 연승, 양심적인 청부 살인자에게 배정된 웡캄밍의 행운, 그다지 눈에 띄지 않는 살인 미수 사건을 향한 기자들의 관심과 하필 그 사건에 자신의 카지노가 관련된 아델슨의 불운 등 일련의 우연으로 이해될 수도 있었다. 그러나 다른 관점에서 보면 이 이야기는 카지노가 운에 기대지 않는 것만큼이나 운과는 거의 아무 관련이 없었다. 그보다는 개인적인 이해의 격렬한 충돌에 관한 이야기였고 도금 시대 중국의 우화였다.

과도함과 계략, 도덕적 융통성이라는 측면에서 마카오는 인민 공화국의 사뭇 걱정스러운 새 시대를 향한 창문을 열었다. 거의 모든 사람이 굶주리던 시절의 중국에는 도둑질을 할래야 훔칠 것이 거의 없었고 따라서 벼락부자가 될 수 있는 가능성 앞에서 도덕적인 문제를 고려할 이유가 전혀 없었다. 중국의 신흥 부자와 불투명한 정부의 조합이 악폐를 조장하는 거의 완벽한 여건을 제공한 것이다.

시우윈펑이 마카오에서 연승 행진을 이어 가던 2007년 중국학자 민신페이는 중국 전체 성(省) 중 거의 절반에 달하는 성의 교통부 장관이 감옥에 갔다는 사실에 주목했다. 민신페이는 이런저런 종류의 부패가 중국에 GDP의 3퍼센트에 상당하는 비용을 초래하는 것으로 추산했다. 이는 중국의 한 해 교육 예산보다 많은 금액이었다.

마카오의 무법적인 성공은 중국 정부에 딜레마를 남겼다. 어디까지 그대로 계속하도록 허락해야 하는가? 예컨대 특별 허가증을 발급하여 허가된 사람들만 들어갈 수 있도록 하고 마음대로 방문객의 유입을 재개하거나 중단함으로써 마카오의 붐에 종지부를 찍을 수도 있었다. 하지만 마카오를 집중 단속할 경우 정치적인 문제가 발생했다. 마카오는 중국에서 성공한 사람들 — 자수성가한 사람들, 신흥 중간 소득 계층 — 이 그동안 축적한 부를 소비하면서 즐기는 장소였기 때문이다. 그들이 국가의 내정에 간섭하지 않는 한 국가 역시 과도하게 그들의 일에 간섭하지 말아야 했다. 마카오와 베이징을 오가는 비행기 안에서 나는 이제 부동산과 여러 개의 공장을 소유하고 있는 전직 장교를 만났다. 한 달에 한 번 정도 〈열을 식히기 위해서〉 마카오를 방문한다는 그는 가장 최근에 구입한 물건을 꼼꼼히 살피면서 비행 시간의 대부분을 보냈다. 악어 가죽으로 케이스를 씌우고 버튼 하나만 누르면 바로 상근 아파트 경비원과 연결되는 1만 2천 달러짜리 버투Vertu 휴대 전화였다.

베이징에 있는 동업자들과 마찬가지로 마카오의 지도자들도 당장은 변화를 줄 이유를 찾지 못했다. 마카오의 수석 카지노 감시 위원 마누엘 조아킴 다스 네베스가 나와 만난 자리에서 〈마카오는 라스베이거스가 아닙니다〉라고 말하는 순간, 나는 그가 라스베이거스를 꼼꼼한 도덕적 규제의 기준으로 여긴 다는 사실을 깨달았다. 그가 계속해서 말했다. 「마카오는 카지노 사업 하나로 만 그동안 2백억 달러 이상의 외국 투자를 이끌어 냈습니다. 간단히 말해서 대 중의 관심에 잘 부응해 왔다는 뜻입니다.」 공산당이 중국 내에서 그들의 성공 에 대해 이야기하는 방식과 일맥상통하는 관점이었다. 즉 〈발전은 유일하고 냉엄한 진실이다〉라고 덩샤오핑은 말했고, 대다수 사람들이 보기에 이는 맞는 말이었다.

시우윈펑의 연승 행진이 있은 지 4년 후에 나는 홍콩의 한 친구로부터 시우 윈펑이 어린 시절을 보냈고 이제는 철거된 불법 거주지에서 그다지 멀지 않은 예전 동네로 돌아왔을지도 모른다는 이야기를 들었다. 그가 워싱워라는 또 다 른 삼합회 조직의 보호를 받기로 거래했다는 소문이 들렸다. 나는 그를 찾으러 기차에 올랐다. 그가 사는 동네는 초목들이 무성한 삼각주에 위치했고 수평선 의 푸른 언덕들에 둘러싸여 있었다. 한여름의 열기가 타오르고 거의 전역에서 공사가 진행되는 듯 보이는 가운데 낡은 마을들이 프레스티지, 스카이 블루, 풀 실버 가든 같은 이름의 빌라와 프랑스풍 건물 단지로 변신하는 중이었다.

나는 고철 수집소 근처 건설 현장에서 시우윈펑을 찾아냈다. 마름과 백합이 무성한 습지로 둘러싸인 건설 현장에는 작은 길들이 거미줄처럼 얽혀 있었다. 그는 늘 원했던 바대로 이제 부동산업에 종사하며 열네 채의 집을 짓는 중이었 다. 다량의 스테인리스강과 검은색 화강감을 사용한 현대적 디자인의 그 집들 이 완성되면 새크라멘토나 애틀랜타의 집들처럼 보일 터였다. 또한 공사가 완 료되면 주택 단지 전체는 첨탑을 뜻하는 〈피너클〉이라는 이름으로 불릴 터였 다. 시우윈펑은 늘어진 골프 셔츠와 청바지, 진흙이 묻은 스니커즈 차림이었 다. 차분한 사람으로 보였고 쉰 듯한 목소리를 가진 그는 공사장 인부들 — 피부가 햇볕에 그을리고 호리호리한 시골 출신의 중년 남자들 — 과 거의 구별되지 않았다. 퇴근 시간 무렵 도착했기 때문에 인부 중 한 명이 옷을 홀딱 벗고 양동이에 든 비눗물을 작은 바가지로 끼얹으며 씻는 모습이 보였다. 내 소개를 하자 시우원핑이 달갑지 않은 표정을 지었다. 내가 오랫동안 그에게 관심을 가졌고 그의 발자취를 짚어 왔으며 무엇보다 과거에 그 같은 위험을 감수한 이유가 궁금하다고 설명하니 그제야 인터뷰에 동의했다. 우리는 빨래를 죽 늘어놓고 말리는 한쪽에 접의식 의자를 놓고 자리 잡은 다음 공사 중인 집들을 바라보았다.

도망 다니는 동안 어디에 있었냐고 묻자 그가 웃으며 말했다. 「중국 전역을 떠돌았죠. 내가 직접 운전하고 다녔어요. 때로는 5성급 호텔에 묵기도 하고 때로는 아주 비좁은 곳에 묵기도 했습니다. 네이멍구 자치구가 가장 마음에 들었어요. 한동안은 장시 성의 산으로 들어가 그곳에서 8개월 동안 머물렀습니다. 눈이 오기 시작하자 얼어 죽는 줄 알았어요. 그래서 산을 내려와 집으로 돌아왔죠.」

내가 바카라를 하면서 정말 속임수를 썼는지 물었다. 「기자들은 자신의 돈을 돌려받길 원하는 사람들이 퍼뜨린 소문만 들은 겁니다. 다들 하나같이 내가 테이블 위에서 속임수를 썼다고 말하지만 사실이 아닙니다. 나는 속임수를 사용하지 않았어요. 플레이를 할 때면 항상 열 명 이상의 사람들이 나를 주시했어요. 그런 상황에서 어떻게 속임수를 쓸 수 있겠어요?」

그의 부정은 오히려 게임이 조작될 수 있다는 일단의 여지를 남겼다. 한 피고인의 변호사는 시우원핑이 훨씬 거대한 속임수에서 그리 중요하지 않은 플레이어로 고용되었다가 해당 불법 행위를 자신에게 유리하게 바꿀 수 있음을 알아챘을지도 모른다고 주장했다. 만약 변호사의 주장이 사실이라면, 시우원핑이 부자가 되려는 열망에 사로잡히기 전에는 다른 사람들이 그에게서 자신의 야망을 보았던 것이라고 나는 생각했다. 그 변호사는 〈지금도 정말 많은 속임수가 오고 있습니다. 무엇이 진실인지 어떻게 알겠어요?〉라고 덧붙였다.

삼합회가 여전히 자신을 노린다고 생각하는지 묻자 시우원핑이 말했다. 「나는 50대 중반입니다. 앞으로 얼마나 더 살까요? 일흔 살? 그렇게 따져도 살날이 10년 조금 넘게 남았겠군요. 나는 잃을 것이 없어요. 무서울 게 없죠.」 그가 잠시 침묵했다가 야릇한 미소를 지으면서 말했다. 「게다가 그들이 나를 노릴 경우 내게도 반격할 방법은 있어요.」

그는 더 이상 마카오를 찾지 않았다. 자식들 때문이라고 했다. 「자식들이 도박을 멀리했으면 좋겠습니다. 두 명은 학사이고 한 명은 박사입니다. 상스러운 말도 하지 않아요. 착한 아이들이죠.」 그의 이야기가 계속되었다. 「훌륭한 도박꾼이 되려면 지극히 섬세해야 합니다. 나는 누구에게도 도박을 추천하지 않아요. 사람들은 나를 〈노름꾼 핑〉이라고 불렀어요. 하지만 나는 단 한 번도 도박을 좋아했던 적이 없습니다. 도박에 중독된 적이 없었어요. 내가 도박을 한 이유는 내가 이길 수 있다는 사실을 알았기 때문입니다.」

땅거미가 지기 시작하자 시우원핑은 우리 옆의 노지에 주차되어 있던 자신의 검은색 렉서스 SUV로 기차역까지 태워다 주겠다고 제안했다. 자동차는 가로등 불빛이 반사될 정도로 광이 났다. 그가 부자라는 사실을 보여 주는 유일한 징표였다. 석양이 물들면서 하늘이 보라색으로 변했다. 시우원핑이 말했다. 「내가 원할 때면 언제든지 베네치안 호텔까지 데려다 주는 헬리콥터가 있었어요. 이제는 발에 흙을 묻히면서 돌아다니죠. 부동산 사업이 훨씬 돈벌이가 좋아요. 도박이나 마약 거래 같은 것보다 낫죠.」 한창 건설 중인 집들을 바라보며 그는 고개를 끄덕였다. 「이런 단지 하나를 개발하려면 2~3백만 달러가 들지만 팔 때는 1천만 달러를 받습니다.」

7. 맛을 들이다

〈먼저 부자가 된 사람들〉은 아이비리그에서 공부하는 자녀와 새로 나온 책을 대신 읽어 주는 독서 팀 등 과시적인 요소들이 갖추어지자 이번에는 정신적인 요소들을 추구했다. 중국 산업 혁명에서 우위를 점하고자 발버둥쳤던 사람들은 이제 보다 넓은 세계에 대해서, 취향이나 예술이나 행복한 삶 같은 문제들에 대해서 선택의 기회를 확대하길 원했다. 적어도 그들이 무엇을 놓치고 있는지 알고 싶어 했다.

1942년 5월 마오쩌둥 주석은 예술과 문학의 미래를 논하며 〈예술 자체를 위한 예술이나 계급을 초월하는 예술, 정치로부터 분리된 또는 독립된 예술 같은 것은 사실상 존재하지 않는다〉라고 말했다. 그에게 문화란 〈인민을 단결시키고 교육하는 무기이자 적을 진압하고 파멸시키는 무기〉였다. 중국 공산당은 예술과 문학을 비롯해서 개인의 취향을 표현하는 모든 행위들이 이후 그들이 중국 사회의 〈주쉬안뤼(主旋律)〉 즉 〈중심 선율〉이라고 명명한 어떤 것에, 가치와 우선순위와 갈망 등을 둘러싼 당의 정제된 생각에 부합해야 한다는 입장을 분명히 했다.

인민 공화국은 볼이 빨간 농부들을 그린 그림과 결연한 표정의 군인들을 찍은 영화, 고매한 영웅적 행동을 노래하는 시 등으로 유명해졌다. 이러한 형식은 〈혁명적 낭만주의와 조합된 혁명적 현실주의〉라고 불렸으며 문화 황제 저우양(周楊)이 말한 〈오늘의 이상이 내일의 현실이다〉라는 중국 공산당의 믿음에 의해 모양을 갖추었다. 그 과정에서 현재의 노골적인 사실에 지나치게 초점을 맞춘 예술가들은 오히려 〈현실을 다룬〉 죄로 기소되어 처벌을 받기도 했다.

1976년에 마오쩌둥이 세상을 떠나자 최초의 전위 예술가 집단이 등장했고, 그들은 그들 중 하나였던 마더성이 이전의 것들에 존재하는 〈단조로운 획일성〉이라고 지칭한 것에 반발해서 〈개성을 강조하기 위해〉 스스로를 〈스타스 Stars〉라고 명명했다. 1979년 국립 박물관에서 개최하려던 그들의 첫 번째 전시회가 무산되자 그들은 박물관 외부 담장에 작품을 걸고 〈우리는 정치적 민주주의와 예술적 자유를 요구한다〉라는 슬로건을 외치면서 행진을 벌였다. 1990년대 전반에 걸쳐 중국 정부는 나체로 대중 앞에 섰다는 이유로 행위 예술가들을 체포했고 실험적인 공연을 폐쇄시켰으며 비주류 예술가들의 마을을 불도저로 밀어 버렸다.

하지만 나라가 부유해지면서 예술가들과 정부의 관계에 변화가 일어났다. 2006년에 이르자 장샤오강 같은 중국인 화가들의 작품이 거의 1백만 달러에 가까운 금액에 거래되었고 경제 붐과 함께 성장한 젊은 세대 예술가들은 독재와 정치 문제를 다루는 데 싫증 났다는 사실을 굳이 숨기려고 하지 않았다. 다른 나라의 예술가들과 마찬가지로 그들도 소비 지향적인 풍조와 문화, 섹스를 바라보는 나름의 안목을 기르며 새로운 세대의 투기자들과 수집가들을 만났다.

베이징의 큐레이터이자 수집가인 리쑤차오가 내게 말했다. 「나는 친구들에게 〈골프를 치면서 한 판에 4천 달러짜리 도박을 하는 대신 예술 작품을 사라〉

라고 충고합니다.」 뉴 밀레니엄이라는 화랑에서 만난 리쑤차오는 노란색 스웨터를 어깨에 두르고 있었다. 마흔네 살이던 그는 석유 공업으로 돈을 번 이래 5년째 그림을 수집하고 있었다. 그의 계산에 따르면 젊은 화가들의 작품을 사는 데 어림잡아 1년에 20만 달러 정도를 사용했다. 「내게는 베이징 북쪽의 저택에 사는 친구들이 있는데 그들은 집 안을 장식할 때 소파 하나에 10만 인민폐를 지불하면서 그 위에 걸 그림에는 고작 100인민폐를 씁니다. 가치는 상관없다는 식이죠. 크기만 보는 겁니다.」 리쑤차오의 관점에서 전위 예술은 〈정치와 아무런 관계가 없었다〉. 「중국의 수집가들은 추억이나 비극적인 어떤 것보다 현재의 것에 관심이 더 많습니다.」

중국 공산당은 차라리 예술을 포용하는 편이 그 안의 혁명 에너지를 제거하는 최선의 방법이라는 사실을 깨달았다. 과거 군수용 전자 공장이었다가 화랑과 스튜디오 복합 단지로 바뀐 베이징의 〈팩토리 798〉을 허물겠다는 수년간의 위협을 중단하고 2006년 지자체가 이곳을 〈창의 산업 단지〉로 지정하자 이후 관광버스들이 주변 도로를 가득 메웠다.

상업 예술 시장도 번창하기 시작했다. 전국적으로 수백 개의 현대 미술관이 들어섰고, 한때 입에 풀칠하기도 버거웠던 예술가들은 이제 전 세계로 작품을 판매하며 만리장성 옆에다 별장을 지었다. 예술가 아이웨이웨이는 자신의 레스토랑을 열고 그곳에서 밤늦게까지 친구들이나 비평가들, 식객들에게 재미있는 이야기를 들려주었다. 부를 추구하는 국가적인 풍조 자체가 그에게는 소재였다. 그는 중국의 새로운 미적 감각을 조롱하는 거대한 크리스털 샹들리에들을 주문하여 그중 하나를 녹슨 건축용 비계 안쪽에 매달아 두었다. 중국에 새로 등장한 불균형을 풍자하기 위해서였다.

처음 20년 동안 아이웨이웨이는 영향력은 있지만 변덕스러운 일련의 작품 활동을 보여 주었다. 그는 도박을 즐기고 고가구를 거래하면서 설치 미술과 사진, 가구, 그림, 책, 영화 등 다양한 작품들을 선보였다. 그 또한 초기 전위 예술가 집단인 〈스타스〉의 회원이었으며 베이징 변두리에 실험적인 예술가 공동체를 설립하는 데도 일조했다. 건축을 배운 적이 없는데도 중국에서 가장 인기 있는 건축물들을 남겼고 그다음에는 다시 다른 분야에 빠져들었다.

2004년에 「뉴욕 타임스」에 쓴 기고문에서 홀랜드 코터는 그를 가리켜 〈자극을 주고 틀을 깨는 역할을 해온 학자이자 광대 같은 예술가〉라고 칭했다. 50대 초반의 아이웨이웨이는 이제 중국의 야망에서 귀중하고 새로운 특질을 발견했다. 그리고 2007년에 열린 제12회 카셀 도큐멘타에 참가하면서 행사가 열리는 독일 카셀 시로 일반 중국인 1,001명을 보내는 원정대를 꾸렸다. 그는 이 프로젝트의 이름을 그림 형제의 고향인 카셀 시와 동시대의 중국인들은 알지 못하지만 그럼에도 늘 존재해 온 외부 세계의 매력을 의미하는 말로써 〈동화Fairytale〉라고 지었다.

원정 인원을 모집하기 위해 인터넷을 집중적으로 이용하던 중 아이웨이웨이는 이전에는 전혀 몰랐던 거대한 세상을 만났다. 〈인터넷이 매우 강력한 도구가 될 수 있다〉는 사실을 깨달은 것이다. 그는 항공비를 마련하기 위해 여러 협회와 단체들로부터 기금을 조성했다. 또한 여행 가방과 팔찌를 통일시키는 문제부터 청나라 시대의 것을 복원한 1,001개의 목재 의자가 구비된 기숙사 풍 생활 공간을 준비하는 문제까지, 행사와 관련된 모든 세부 사항을 그의 사무실에서 기획했다. 그 기획은 무슨 일을 하든지 엄청난 규모를 특징으로 삼는 중국다운 대규모 〈사회적 조각〉으로, 생전에 〈모든 사람이 예술가〉라고 선언했던 독일의 개념 예술가 요제프 보이스를 물량 면에서 깜짝 놀라게 할 터였다. 한편 화가이자 사회 비평가 천단칭이 보기에 그의 계획은 한때 비자를 포함하여 서양의 인증을 받는 일이 거의 신화적인 가치를 지니던 중국에서 특별한 울림을 주는 사건이었다. 「지난 1백 년간 우리는 언제나 미국인이나 유럽인 또는 다른 누군가가 우리 이름을 불러 주기를 기다리는 쪽이었다. 예컨대 〈당신, 이리 오시오〉처럼 말이다.」

서양 문화를 대하는 중국인의 태도에는 동정과 질투, 분노의 감정이 복합적으로 나타난다. 요컨대 문명의 중심인 중화권 밖에 있는 미개인들에 대한 동정과 그럼에도 그들이 가진 부강함에 대한 질투, 그들의 중국 침략에 대한 분노이다. 중화민국 시대의 문학자 루쉰은 이렇게 썼다. 〈중국인은 외국인을 인간으로 보지 않는다. 그들을 신처럼 우러러보거나 들짐승처럼 내려다볼 뿐이다.〉

1877년 청나라가 쇠약해지고 서구 열강이 발흥할 때 중국의 개혁론자들은 옌푸(嚴復)라는 젊은 학자 한 명을 잉글랜드에 파견해서 영국 해군력의 비밀을 조사하게 했다. 옌푸는 영국 해군의 힘이 무기가 아닌 지식에 있다고 결론을 내리고 허버트 스펜서, 애덤 스미스, 존 스튜어트 밀, 찰스 다윈을 비롯한 서양 사상가의 책을 트렁크 한가득 들고 중국으로 돌아왔다. 다윈의 〈자연 선택〉이 〈자연 도태〉라는 훨씬 극단적인 단어로 바뀌는 등 그의 번역은 완벽하지 않았지만 그 영향력만큼은 엄청났다. 옌푸와 그의 동료들에게 진화는 단순히 생물학적인 것이 아니었다. 그것은 정치학이었다. 중국의 선구적인 개혁론자 량치차오(梁啓超)는 중국이 〈가장 잘 적응한 나라 중 하나〉가 되어야 한다고 판단했다. 하지만 서구 사회를 지나치게 열광적으로 동경하는 태도에는 대가가 따랐다. 20세기 초 행동주의자들이 유럽의 개인주의 개념을 포용하고자 했을 때 그들은 〈가짜 외국인 놈들〉이라는 조롱을 받아야 했다. 마오쩌둥이 집권 말년 미국과 외교 관계를 회복하기 전까지, 서구 사회를 동경하는 태도는 처벌받아 마땅한 죄였다.

그럼에도 1980년대에 접어들면서 서구 사회는 점점 더 가능성과 자기 창조의 땅으로 그려졌다. 이 시기 중국에서는 「유럽으로」라는 TV 드라마가 인기를 끌었다. 푸젠 성 출신의 가난뱅이 남자 이야기를 다룬 드라마였는데 그는 넝마나 다름없는 티셔츠 차림으로 파리로 가 몇 개월 만에 부동산 개발업자가 되었다. 드라마가 절정에 이르렀을 때 그 남자는 한 무리의 프랑스인들을 바라보며 물었다. 「지금부터 2년 뒤 파리의 새 지도에는 무엇이 달라져 있을까요?」 그러고는 건축물 모형을 덮은 천을 걷어 내면서 선언했다. 「아름다운 센 강변에 동양적인 화려함이 가득해질 겁니다. 바로 차이나타운과 무역 센터 덕분이죠!」 드라마 속 프랑스인 청중들 사이에서 박수갈채가 터져 나왔다.

그럼에도 서구 사회를 바라보는 중국인들의 이중적인 시각은 사라지지 않았다. 오히려 더욱 심화되었다. 한편에서는 젊은 중국인들이 NBA와 할리우드 영화를 보면서 자랐고, 다른 한편에서는 내가 중국을 처음 방문했을 때 베스트셀러였던 화제의 작품 『노라고 말할 수 있는 중국』 같은 책들이 서점의 책꽂이를 메우고 있었다. 이중적인 태도의 혼재는 혼란을 초래했다. 2007년 세 명의 조사원이 중국 고등학생들에게 미국을 생각하면 가장 먼저 떠오르는 다섯 단어가 무엇인지 묻자 학생들은 그야말로 천차만별한 대답을 내놓았다.

빌 게이츠, 마이크로소프트, NBA, 할리우드, 조지 W. 부시, 대통령 선거, 민주주의, 이라크 전쟁, 아프가니스탄 전쟁, 9.11, 빈 라덴, 하버드, 예일, 맥도날드, 하와이, 세계의 경찰, 석유, 횡포, 주도권, 타이완

내가 중국에 왔을 때만 하더라도 대다수 중국인들에게 그들이 발을 들여놓을 수 있는 가장 가까운 서구 세계는 베이징 외곽에 있는 디즈니 스타일의 명소 〈세계 공원〉이 유일했다. 그곳에서 관광객들은 축소판 이집트 피라미드에 오르거나, 에펠 탑 축적 모형을 구경하거나, 맨해튼과 똑같이 만든 거리를 거

널 수 있었다. 하지만 돈이 많아지면서 사람들은 돈을 쓰는 보다 다양한 방법을 연구했다. 중국 여행업계가 설문 조사를 통해 가장 여행하고 싶은 곳을 묻자 중국 사람들은 단연 유럽을 꼽았다. 그리고 그 이유를 묻는 질문에는 〈문화〉가 첫 번째였다(한편 부정적인 측면으로 응답자들은 〈거만함〉과 〈열악한 중국 음식〉에 대해 불만을 제기했다).

지역 신문들에는 해외로 떠나는 휴일 여행 광고가 증가했다. 너 나 할 것 없이 모두가 여행을 떠나는 바람에 왠지 나도 가야 할 것 같은 느낌이 들기 시작했다. 중국 여행사들은 서양의 그랜드 투어* 개념보다 고객의 호불호에 맞춘 여행 일정을 시장에 내놓았다. 나는 온라인에서 몇 가지 상품들을 꼼꼼히 살펴보았다. 〈대형 광장, 대형 풍차, 대형 협곡〉이라는 상품은 사진으로 남기기에 최적의 장소인 네덜란드와 룩셈부르크의 전원 지대를 강조하는 나흘짜리 버스 투어였다. 〈새로운 곳을 방문하고 동유럽의 과거를 동경하라〉라는 상품은 냉전 시대의 매력을 어필했지만 굳이 추운 2월에 동유럽까지 가서 그 같은 매력을 느낄 필요가 있을까 하는 생각이 들었다.

마침내 내가 선택한 것은 열흘 동안 다섯 나라를 횡단하는 인기 버스 투어 〈클래식 유러피안〉 상품이었다. 경비는 선불이었는데 항공료를 비롯한 호텔과 식사, 보험, 기타 요금 등을 모두 포함해서 2,200달러에 해당하는 금액이었다. 여기에 더해서 중국 국적인 사람들은 하나같이 보증금 명목으로 일반 노동자의 2년 치 연봉인 7,600달러를 예치해야 했다. 귀국하는 비행기를 타지 않고 잠적해 버리는 사람이 발생하는 경우를 예방하기 위한 조치였다. 나는 서른여섯 번째이자 마지막 손님으로 그 여행 그룹에 합류했다. 우리는 다음 날 새벽에 출발할 예정이었다.

* 과거 영미권 부유층 젊은이들이 교육의 일환으로 유럽 주요 도시들을 둘러보던 여행.

나는 상하이 푸둥 국제공항 2번 터미널 25번 게이트로 가서 탑승 절차를 밟으라는 안내를 들었고 그곳에서 가르마를 타 이마를 가린 마흔세 살의 남자를 만났다. 회색 트위드 코트를 입고 사각 테 안경을 쓴 그는 자신을 리싱쉰이라고 소개했다. 우리를 안내할 가이드였다. 다른 인파와 구별되도록 우리 모두는 옷깃에 다는 선황색 배지를 지급받았다. 등산화를 신고 활기차게 걸으면서 콧구멍으로 연기를 내뿜는 용 그림 배지였다. 용 아래에는 우리 여행 단체의 좌우명이 적혀 있었다. 〈용은 1만 리를 날아오른다.〉

우리는 중국 국제항공공사 프랑크푸르트 직행편 좌석에 자리를 잡았고 나는 여행사에서 꼼꼼히 읽어 두라고 했던, 중국어로 〈출국자를 위한 조언〉이라고 적힌 안내서를 열었다. 특이한 조언 내용이 과거의 유쾌하지 못한 사건들을 암시했다. 〈유럽 제품을 모방한 가짜 물건을 가지고 다니지 말라. 세관원이 물건을 압수하고 당신을 처벌할 수 있기 때문이다.〉 안내서는 유럽을 안전하게 여행하는 법에 대해 특히 강조했다. 〈길거리에서 구걸하는 집시들을 만나게 될 것이다. 그들에게 절대로 돈을 주지 말라. 집시들이 다가와 지갑을 보여 달라고 하면 큰 소리로 가이드를 부르라.〉 낯선 사람과 대화를 나누는 것도 자제해야 할 행동이었다. 〈누군가 사진을 찍어 달라고 부탁하면 조심하라. 그때가 도둑들에게는 절호의 기회다.〉

나는 이전까지 오랜 세월에 걸쳐 유럽을 드나들었지만 안내서는 그런 유럽을 색다른 시각에서 설명하고 있었다. 30여 명의 동행이 있고 한 명의 가이드와 함께 여행한다는 사실에서 나는 묘하게도 위안을 얻었다. 안내서는 우리 여행을 인격 도야의 시금석으로 규정하는 공자풍의 조언으로 끝을 맺었다. 〈고난을 인내할 줄 아는 사람은 계속 앞으로 나아갈 것이다.〉

안개가 짙게 낀 프랑크푸르트 공항에 도착한 우리는 터미널 안에서 모두 한 자리에 모였다. 우리 일행은 여섯 살인 류커이부터 일흔 살인 그의 할아버지 류공성까지 연령대가 다양했으며, 은퇴한 광산 기술자인 류공성은 휠체어를 탄 아내 황쉐칭을 에스코트하고 있었다. 거의 모두가 신흥 중간 소득 계층에 속하는 사람들이었다. 고등학교 과학 선생님도 있었고 실내 장식가, 부동산업자, 텔레비전 방송국의 세트 디자이너도 있었으며 한 무리의 시끄러운 대학생들도 있었다. 다음 날 프랑스의 한 목장에서 말이 풀을 뜯는 생소한 광경에 앞다투어 카메라를 들이댈 정도로 일행 중 시골 사람은 아무도 없었다. 그들은 보다 넓은 세상에 이제 막 익숙해지기 시작한 참이었다. 거의 예외 없이 모두에게 이번 여행이 아시아를 벗어난 첫 번째 여행이었다. 가이드 리싱쉰이 일행 중 유일한 외국인인 나를 사람들에게 소개하자 그들 모두 따뜻하게 환영해 주었다. 바가지 머리에 하얀 별들이 점점이 박힌 검은색 운동복 상의를 입고 있던 열 살의 류이펑이 나를 올려다보며 물었다. 「외국인들은 하나같이 그렇게 코가 큰가요?」

우리는 황금색 대형 버스에 탑승했다. 나는 창문 쪽 좌석에 앉았고 내 옆에는 장신에 팔다리가 길며 검은색 오리털 조끼를 입고 금속테 안경을 쓴 열여덟 살 청년이 앉았다. 그의 짙은 단발머리는 안경테 아래까지 내려왔고 구레나룻은 윗입술에 닿을 기세였다. 그가 자신을 쉬눠라고 소개했다. 중국어로 〈약속〉이라는 뜻이었는데 그는 이 단어를 자신의 영어 이름으로 쓰고 싶어 했다. 프라미스는 상하이 사범 대학 1학년생으로 그곳에서 경제학을 공부했다. 통로 맞은편에 그의 부모님이 앉아 있었다. 가족이 명절을 맞이해서 친척을 방문하는 대신 여행을 선택한 이유를 물었다. 「과거에는 그랬지만 이제는 중국 사람들도 부유해지고 있잖아요. 게다가 1년 중 지금을 제외하고는 너무 바빠서 여행을 할 수가 없어요.」 우리는 중국어로 대화했지만 그는 놀라움을 표시할 때 〈오, 마이 레이디 가가〉라고 말했다. 학교에서 그런 표현을 쓰는 듯했다.

버스 앞쪽에서 리싱쉰은 손에 마이크를 든 채 일행들을 향해 앞으로 며칠 동안 우리가 깨어 있는 시간의 대부분이 자신에게 달렸다고 말하는 듯한 자세로 서 있었다. 중국인 관광객에게 가이드의 역할은 특히 중요하다. 그들이 통역사인 동시에 이야기꾼이며 대장인 까닭이다. 게다가 그들에게는 사실 그 이상의 것을 전달할 의무가 있었다. 중국 여행 안내서에 따르면 가이드는 〈허용되거나 허용되지 않는 것, 찬성하거나 반대할 것, 재미난 행동과 비난받을 행동 등에 대해서 명백하게 의사를 표시해〉야 했다. 리싱쉰은 침착하고 노련한 분위기를 풍겼다. 그는 종종 스스로를 〈가이드 리〉라는 3인칭으로 지칭했으며 효율성을 자신의 자랑으로 삼았다. 「여러분, 시계를 모두 똑같이 맞추어야 합니다. 현재 시각이 오후 6시 16분이군요.」 또 우리에게 출발 시간보다 항상 5분 일찍 모여 달라고 부탁했다. 「우리는 그 먼 거리를 날아서 여기까지 왔습니다. 따라서 주어진 시간을 최대한 효율적으로 활용해야 합니다.」

가이드 리가 일정을 설명했다. 우리는 버스 안에서 많은 시간을 보낼 것이고 그 시간에 그가 역사와 문화에 관해 이야기할 터였다. 현장에서 사진을 찍을 소중한 시간을 낭비하지 않기 위해서였다. 그는 프랑스 학자들이 알아낸 바에 따르면 가장 적절한 관광 가이드의 설명 시간이 75분이라고 했다. 그리고 〈그 사실을 알기 전에 가이드 리는 버스 안에서 최장 4시간까지 설명을 한 적이 있습니다〉라고 덧붙였다.

리싱쉰은 시차증을 극복하는 데 도움이 된다면서 우리에게 잠자리에 들기 전에 따뜻한 물에 발을 담그고, 빵과 치즈가 주된 유럽식 식사에 적응하도록 과일을 충분히 섭취하라고 강조했다. 설 연휴라서 우리 말고도 중국인 관광객들이 많을 터였고 우리는 휴게소에서 다른 버스에 타지 않도록 조심해야 했다. 가이드가 전직 트럭 운전사이자 체코 공화국 하키 선수 출신인 무뚝뚝한 버스 기사 페트르 피하를 소개하자 기사가 귀찮다는 듯이 운전석에서 고개를 내밀어 우리에게 손을 흔들었다(나중에 그는 내게 〈6~7년 동안 나는 계속 일본인 관광객들만 태웠습니다. 이제는 중국인밖에 없습니다〉라고 말했다). 일정과 관련해서 가이드 리의 이야기가 이어졌다. 「중국에서는 버스 기사를 초인이라고 생각합니다. 꼬박 24시간을 운전할 수 있고 우리가 원하면 아무리 늦은 시각에도 운전을 해야 한다고 생각하죠. 하지만 유럽에서는 날씨나 교통 체증 문제가 생기지 않는 한 단 12시간만 운전할 수 있습니다!」

그는 모든 기사들이 카드를 가지고 다니며 운전할 때마다 대시보드의 슬롯에 해당 카드를 삽입해야 한다고 설명했다. 지나치게 긴 시간을 운전할 경우 해당 기사는 처벌을 받을 수 있었다. 리싱쉰이 말했다. 「여러분은 그냥 가짜 카드를 만들거나 기록을 조작하면 될 거라고 생각할 수 있을 겁니다. 어려운 일도 아니죠. 하지만 그러다가 걸리면 벌금이 최소 8,800유로부터 시작되고 면허까지 빼앗겨요! 그런 게 바로 유럽식이죠. 겉으로는 각자의 자율에 맡기는 듯 보이지만 그 이면에는 하나같이 엄격한 법이 존재합니다.」

우리가 묵을 룩셈부르크의 베스트웨스턴 호텔에 도착할 즈음이 되어서야 리싱쉰이 처음으로 아침 식사에 대해 짧게 언급했다. 전형적인 중국의 아침 식사는 한 사발의 쌀죽과 꽈배기 도넛튀김으로 이루어지며 여기에 돼지고기 만두가 추가되기도 한다. 그가 유럽에서는 〈여행내내 아침 식사로 빵, 차가운 햄, 우유와 커피 말고는 거의 구경하기 힘들 것이다〉라고 요령껏 주의를 주자, 버스 안에는 한동안 침묵이 흘렀다.

우리는 해가 뜨기도 전에 룩셈부르크를 떠났다. 새벽에 베스트웨스턴 호텔을 나와 곧장 고속 도로를 탔다. 호텔에 두고 오는 물건이 없도록 리싱쉰이 우리에게 단단히 주의를 주었다. 이전 관광객 중에는 습관적으로 화장실 변기의 물통이나 통풍구에 현금을 숨기는 사람들이 있었던 것이다. 그가 말했다. 「제가 겪은 최악의 경우는 커튼 밑단에 돈을 넣고 꿰매 버린 손님이었어요.」

우리는 첫 번째 목적지로 향했다. 독일의 수수한 도시 트리어였다. 트리어는 처음으로 유럽을 방문하는 대다수 사람들에게 익숙한 이름이 아니었지만 수십 년 전 중국 공산당 대표단이 카를 마르크스의 생가를 방문하기 시작하면서 중국인 관광객에게 인기를 얻게 된 특별한 장소였다. 은퇴한 외교관이 중국어로 쓴 나의 여행 안내서에서 그곳은 〈중국 인민들의 성지〉라고 묘사되어 있었다.

버스에서 내려 잘 정돈된 골목길을 따라가자 지붕이 높게 솟은 파스텔 톤의 건물들이 나타났다. 조약돌로 된 길이 비에 젖어 반짝반짝 빛났다. 리싱쉰은 짙은 황록색 오지 탐험용 펠트 모자를 쓰고 빠른 속도로 걸으며 우리 일행을 안내하기 시작했다. 브뤼켄 스트라세 10번지에 도착하자 녹색 덧문이 달린 멋진 3층짜리 주택이 있었다. 리싱쉰이 〈바로 여기에서 마르크스가 살았습니다. 지금은 박물관으로 쓰이고 있죠〉라고 설명했다. 일행 중 누군가 문을 열어 보려 했지만 잠겨 있었다. 겨울에는 모든 것이 느려진다. 박물관 문이 열리려면 1시간 30분을 더 기다려야 했기 때문에 가이드 리는 마르크스 생가를 밖에서만 체험할 거라고 이야기했다. 그는 〈여기 일정을 빨리 끝내면 끝낼수록 빨리 파리에 도착할 수 있습니다〉라고 덧붙였다. 현관 옆에는 사자 갈기 같은 머리와 수염을 지닌 마르크스의 옆얼굴을 새긴 놋쇠 현판이 걸려 있었다. 옆 건물은 〈달콤한 인생〉을 뜻하는 〈돌체 비타〉라는 이름의 패스트푸드 식당이었다.

리싱쉰은 우리에게 원하는 만큼 오래 있어도 된다고 말하면서도 한편으로는 길모퉁이에 있는 슈퍼마켓에 들러 나중에 버스 안에서 먹을 과일을 사라고 제안했다. 우리는 사진을 찍거나 차를 피하면서 마르크스 생가 앞을 어정쩡하게 서성거렸다. 그러다가 한 아이가 〈슈퍼마켓에 가고 싶어요〉라고 조르며 자기 어머니를 환한 가게 앞으로 잡아끌었다. 나는 50대 치고는 키가 큰 왕전위 옆에 서 있었고 우리는 나란히 마르크스의 얼굴을 올려다보고 있었다. 왕전위가 〈미국에는 마르크스를 아는 사람이 그다지 많지 않죠?〉라고 물었다.

나는 〈당신이 생각하는 것보다 많습니다〉라고 대답하며 예상보다는 그곳을 방문하는 중국인 관광객이 많지 않다고 언급했다.

왕전위가 웃으며 말했다. 「젊은 사람들은 더 이상 예전의 모든 것들에 대해 잘 알지 못하죠.」

왕전위는 몸이 말랐고 자수성가한 사람 특유의 완고한 태도를 보였다. 동부의 상업 도시 우시에서 자란 그는 목수 일에 배정되어 일하다가 경제 개혁이 활성화되면서 자기 사업을 시작했다. 지금은 다림질이 필요 없는 남성용 바지를 전문적으로 생산하는 작은 봉제 공장을 운영했다. 그는 영어를 하지 못했지만 사업을 시작하면서 기억하기 쉽고 동시에 국제적인 이름의 필요성을 느끼고 회사 이름을 〈거루이터〉라고 지었다. 그는 한자를 조합한 그 이름이 영어의 〈그레이트〉와 거의 똑같이 들린다고 생각했다.

왕전위는 여행에 열정이 있는 사람이었다. 「이전까지 무척 바쁘게 살았지만 이제는 여행을 다니고 싶어요. 나는 늘 땅을 사거나 공장을 짓거나 집을 단장해야 했습니다. 이제는 딸들도 모두 장성해서 일을 하고 있죠. 내게는 그 아이들을 결혼시킬 돈만 있으면 되고 그 정도는 충분히 있습니다.」 왜 유럽을 선택했느냐고 물었다. 「아직 힘이 있을 때 가장 먼 곳을 먼저 가보자는 생각이었습니다.」 왕전위와 나를 비롯한 몇몇 사람들이 슈퍼마켓에 가장 마지막으로 도착했다. 우리 일행은 중국 인민들의 성지에 11분 남짓 머무른 셈이다.

최근까지 중국인들에게는 세상을 즐거운 곳으로 볼 수 없는 수많은 이유가 존재했다. 고대 중국에서 여행은 몹시 힘든 것이었다. 속담에도 이르듯이 〈집에 있으면 1천 날이 안락할 수 있지만 대문을 나서면 그 순간부터가 바로 고행이다〉. 공자는 여기에 더해서 죄책감까지 보탰다. 〈부모님이 살아 계시는 동안은 멀리 여행을 떠나지 말아야 한다.〉 그럼에도 고대의 승려들은 인도를 방문했으며 15세기의 환관 정화는 〈미개한 지역에 감시의 눈을 설치하고자〉 제국의 함대를 이끌고 아프리카까지 항해한 것으로 유명하다.

수 세기에 걸쳐 중국인 이민자들은 전 세계에 정착했지만 빈곤이 그들의 휴가 여행을 가로막았으며 마오쩌둥은 관광이 사회주의에 반한다고 생각했다. 마오쩌둥이 사망한 뒤 1978년이 되어서야 대다수 중국인들에게 일이나 공부가 아닌 다른 목적의 해외여행이 허가되었다. 먼저 그들은 홍콩에 사는 친척들을 방문할 수 있게 되었고 이후에 태국과 싱가포르, 말레이시아를 여행할 수 있게 되었다. 중국 정부는 바깥세상에 대해 날카로운 경계 태세를 유지했다. 그들은 내가 베이징을 방문한 첫해인 1996년에 이민법을 개혁해서 중국인들이 보다 쉽게 해외로 나갈 수 있게 했지만, 그럼에도 여전히 인민들에게 〈정치적으로 신뢰할 수 있는〉 자격을 요구하고 〈지극히 개인적이거나, 부정하거나, 타락하거나, 부도덕하다〉고 여겨지는 사람들을 철저히 제외했다. 그 이듬해에는 여행자들이 다른 나라를 〈계획적이고 체계적이며 절제된 방식〉으로 탐험할 수 있도록 길을 터주었다. 한편 중국은 지정학적인 목적을 고려하여 허가서를 교부했다. 예컨대 바누아투 공화국은 타이완과 외교 관계를 수립하지 않기로 합의한 다음에야 공인된 여행지가 되었다.

사람들에게 해외여행을 허락하기 시작하면서 정부 부서는 모든 만일의 경우에 대비해 이들 선구자들에게 정신 무장을 시키고자 했다. 그에 따라 〈해외여행자를 위한 최신 필독서〉라는 제목의 2002년판 여행 안내서에는 중국 국경을 넘으면 〈외국 첩보원들을 비롯한 적국의 세력들〉이 〈중국 공산당 지도자들을 끌어내리기 위한 반동적인 선전 문구〉를 이용해 〈심리전〉을 벌인다고 경고했다. 그 책의 저자들은 공직에 있는 여행자가 기자를 만날 경우에 대비하여

한 가지 전략을 제안했다. 〈간략하게 대답하라. 진실을 피하고 무의미한 것을 강조하라.〉

처음 해외여행을 하는 중국인 관광객의 80퍼센트가 패키지 상품을 이용했으며 그들은 열정적인, 때로는 대응하기 힘든 손님이라는 명성을 얻었다. 2005년, 말레이시아의 한 카지노를 방문한 3백 명 안팎의 중국인 관광객들이 돼지 얼굴이 그려진 식권을 받았다. 호텔 측은 해당 그림이 단순히 돼지고기를 먹지 않는 이슬람교도와 구분하기 위한 것이라고 해명했지만 중국인 관광객들은 국가를 부르며 연좌 농성을 벌였다. 경우에 따라 이들 초보 여행객들은 그들을 맞이하는 측에 엇갈린 인상을 주었고 몇 번의 사고가 반복되자 베이징 정부는 『외국에서 세련되게 행동하기 위한 중국 시민들의 지침서』라는 안내서를 발행하기에 이르렀다. 여기에는 다음과 같은 규칙들이 포함되었다.

3. 자연환경을 보호하라. 녹지를 짓밟지 말라. 꽃이나 과일을 따지 말라. 동물을 쫓아다니거나 잡거나 먹이를 주거나 물건을 던지지 말라.

6. 인권을 존중하라. 외국인에게 같이 사진 찍을 것을 강요하지 말라. 다른 사람을 향해 재채기를 하지 말라.

우리 일행 중 누구도 동물에게 물건을 집어 던질 것처럼 보이지 않았다. 『외국에서 세련되게 행동하기 위한 중국 시민들의 지침서』를 읽을수록 나는 과연 그 책의 저자들이 중국의 일반 시민들보다 나은 사람들인지 의구심이 들었다. 대부분의 나라에서는 평균적인 시민의 가용 소득이 5천 달러를 넘어서야만 대규모 해외여행이 가능해진다. 하지만 중국의 도시 거주자들이 아직 그 절반 수준이었을 때부터 여행사들은 대량으로 표를 예약하고 시내에서 멀리 떨어진 호텔을 상대로 무자비한 홍정을 벌여 그 같은 여행을 가능하게 만들었다. 리싱쉰이 〈모든 여행 상품은 대체로 비행기 표에 의해 결정됩니다〉라고 설명했다. 항공권이 어떤 특정한 날짜에 저렴하게 나올 경우 중국 여행사들은 이를 기회로 삼았다. 우리 일행의 여행 경로가 북두칠성을 닮은 것도 그 때문이었다. 요컨대 우리의 경로는 독일에서 시작해서 룩셈부르크를 거쳐 파리로 꾸불꾸불 이어지고 얼마 뒤 프랑스를 가로질러 남쪽으로 쭉 내려가 알프스를 지나 이탈리아 로마까지 내려갔다. 그곳에서 여행이 끝날 수도 있으련만 다시 180도로 방향을 돌려서 밀라노로 되돌아갔다.

초기에 유럽은 한 번 더 생각해야 하는 여행지였다. 2000년만 하더라도 훨씬 많은 중국 관광객들이 유럽의 많은 나라들을 패키지로 방문하는 대신 조그마한 마카오를 방문했다. 하지만 유럽인들은 기회를 놓치지 않았다. 프랑스의 호텔 그룹 아코르는 중국 텔레비전 채널을 추가하고 중국어를 할 줄 아는 직원들을 고용하기 시작했다. 어떤 호텔들은 창가에 있던 침대들의 위치를 풍수지리에 따라 바꾸었다. 유럽을 찾는 중국인들이 늘어날수록 여행 경비는 더욱 저렴해졌다. 2009년 영국 여행업계의 보고서에 따르면 그들은 〈유럽〉이 중국에서 매우 성공적인 〈단일, 통합〉 브랜드가 되었기 때문에 유럽의 개별 국가들은 자존심을 버리고, 이를테면 프랑스나 이탈리아 같은 〈지엽적인 브랜드〉의 광고를 유예하는 편이 현명할 것이라고 결론지었다. 유럽은 지도상의 어떤 지역이라기보다 마음속의 한 나라였고 단 일주일 만에 가능한 한 많은 나라를 볼 수 있다는 점에서 여행할 기회가 별로 없는 노동자들의 마음을 잡아끄는 일괄 상품에 가까웠다. 가이드 리가 말했다. 「중국에서는 1백 달러에 열 개를 얻는 것이 같은 값에 하나를 얻는 것보다 훨씬 낫다고 생각합니다.」

마르크스 생가에서 버스로 돌아오는 길에 나는 상하이에서 온 젊은 부부와 함께 걸었다. 이름이 캐런이며 자동차 부품 회사의 경리부에서 일한다고 자신을 소개한 느긋한 성격의 스물아홉 살 아내 궈옌진과 환경 위생부에서 행정관으로 일하며 핸디라는 영어 이름을 가진 남편 구샤오제였다. 그는 부드러운 매력에 더해 180센티미터의 키와 떡 벌어진 어깨 등 미국 풋볼 선수 같은 체격을 지닌 사람이었다. 그가 입은 적갈색 스웨터에 골프 가방 모양의 장식이 있기에 혹시 골프를 치냐고 묻자 그가 웃으며 말했다. 「골프는 부자들이나 즐기는 놀이지요.」

핸디와 캐런은 이번 여행을 위해 몇 개월 동안 돈을 모았고 부모님에게도 도움을 받았다. 가이드 리는 지나친 돈 걱정으로 휴가를 망치지 말라고 강조했다. 아울러 우리에게 가격표의 숫자를 유로화가 아닌 위안화인 것처럼 생각하라고 조언했다. 하지만 핸디와 캐런은 계속해서 잔돈 하나하나까지 신경을 썼다. 그리고 며칠이 지나자 그들 부부는 내게 그동안 거쳐 온 다섯 나라에서 물 한 병을 살 때마다 정확히 얼마를 지불해야 했는지 알려 주었다.

다시 황금색 버스를 타고 샹파뉴아르덴의 겨울 관목림을 가로질러 서쪽으로 향할 때였다. 가이드 리가 효율성을 지향하던 기존 방침에 반하는 중요한 예외를 두고자 했다. 「유럽 사람들이 때때로 천천히 움직인다는 사실에 익숙해져야 합니다.」 계속되는 설명은 이러했다. 「중국에서는 물건을 살 때 세 명이 있으면 세 명이 동시에 각자의 물건을 계산대에 올려 놓는 것에 익숙하고 그러면 나이 지긋한 여성이 아무런 실수 없이 각자에게 잔돈을 거슬러 줍니다. 유럽 사람들은 그렇지 않습니다. 그들이 멍청하다고 이야기하는 게 아닙니다. 혹시라도 그렇다면 지극히 정교한 계산이 필요한 오늘날의 이 모든 기술을 발전시키지 못했겠지요. 단지 그들은 셈을 하는 방식이 다르다는 거예요.」

그가 간단한 조언과 함께 이야기를 마쳤다. 「그들이 그들의 방식대로 일하게 해주세요. 우리가 급하게 서두르면 그들은 마음이 급해져서 기분이 나빠지고 우리는 그들이 우리를 차별한다고 생각하게 될 겁니다. 사실은 차별하는 것이 아닐 수 있는데 말이죠.」

가끔씩 가이드 리는 우리에게 보르도 와인의 가격이나 네덜란드인의 평균 키 같은 통계 자료를 늘어놓으면서 유럽의 높은 생활 수준에 감탄을 표시했다. 어쩌면 유럽 경제에 대해서도 경이로움을 표현하던 시절이 분명 있었겠지만 이제는 아니었다. 리싱쉰이 능숙한 동작으로 지중해식 생활 방식을 몸소 실연해 보였다. 「느지막이 일어나서 양치질을 하고 에스프레소를 한 잔 만들어 향을 음미합니다.」 사람들이 웃음을 터뜨렸다. 그가 덧붙였다. 「그런 속도로 어떻게 경제가 계속 성장할 수 있겠어요? 불가능합니다. 근면하고 열심히 일하는 사람들이 있을 때만 국가 경제가 성장하는 법이죠.」

나는 깜박 잠이 들었다가 파리 외곽에서 눈을 떴다. 우리는 센 강을 따라 서쪽으로 이동했고 태양이 구름을 관통하듯이 오르세 미술관을 지나갔다. 리싱쉰이 〈파리의 개방감을 느껴 보세요!〉라고 외쳤다. 사람들의 카메라가 윙윙 돌기 시작하자 리싱쉰은 파리 중심부에는 고층 건물이 없다고 언급했다. 알마 다리 옆 선창에서 우리는 2층짜리 배에 올랐고 통통 소리를 내며 배가 강 상류로 거슬러 올라가는 동안 나는 아내와 딸을 데리고 여행 중이던 주중밍이라는 46세의 회계사와 대화를 나누었다. 상하이에서 자란 그는 지역 경제가 급성장할 때 부동산 투자에 뛰어들었다. 「어떤 땅이든 살 때마다 엄청나게 돈을 벌었습니다.」 볼이 넓고 보조개가 있어서 웃을 때 어쩔 수 없는 장난기가 어렸지만 카리스마가 넘치는 사람이었고, 2004년부터 꾸준히 해외여행을 다니고 있던 터라 일행도 그의 의견이라면 존중했다. 쉴리 다리에 도착한 배는 센 강에 흰 물살을 일으키며 천천히 방향을 틀어 다시 하류로 향했다.

주중밍은 중국인들이 유럽에 관심을 갖는 이유 중 하나가 그들 자신의 역사를 이해하는 데 필요하기 때문이라고 설명했다. 「유럽이 세계를 지배할 때 중국 또한 강대국이었습니다. 그렇다면 우리가 뒤쳐진 이유는 뭘까요? 우리는 이후로 아주 오랫동안 그 문제를 고민하고 있습니다.」 실제로 강력했던 중국 문명이 15세기에 털썩 주저앉게 된 원인을 둘러싼 의문은 중국의 과거를 분석하고 미래를 전망하려는 중국 전문가들 사이를 중추 신경처럼 흐르고 있다. 주중밍이 한 가지 해석을 내놓았다. 「외세의 침략을 받은 다음 우리는 충분히 신속하게 대처하지 못했습니다.」 이는 내가 중국에서 자주 듣던 이야기로, 그들은 피해자이며 외세의 침략 때문에 중국이 쇠락했다는 주장이었다(역사학자들은 다른 여러 요인과 함께 특히 관료제와 권위주의의 억압적인 영향을 원인으로 꼽는 경향이 있다). 그럼에도 주중밍이 중국의 모든 문제를 외세의 침략 탓으로 돌린 것은 아니었다. 「우리는 우리의 세 가지 핵심 사상, 즉 불교와 도교와 유교를 저버렸습니다. 그것이 실수였어요. 우리는 1949년부터 1978년까지 마르크스의 혁명 사상을 배웠습니다.」 그가 잠시 말을 멈추고 배 난간에서 사진을 찍는 아내와 딸을, 건물들 뒤로 사라지는 주황빛 태양을 응시했다. 「오늘날 우리가 재앙으로 여기는 것에 30년을 허비한 셈이죠.」

배가 선착장에 도착하고 우리는 여행을 시작한 뒤 처음으로 도시의 소음 속에서 사람들 사이를 거닐며 저녁을 먹으러 갔다. 현관 앞에서 애정 행각을 벌이는 젊은 커플을 지날 때 캐런이 핸디와 팔짱을 꼈고 그들 부부는 고개가 돌아가도록 젊은 커플에게서 눈을 떼지 못했다. 우리 일행은 리싱쉰을 따라 작은 중국 식당의 로비로 들어선 다음, 한 줄로 이어진 계단을 내려가 후덥지근하고 폐쇄 공포증을 유발할 듯 보이는 복도를 따라 걸었다. 식사를 하는 중국인들로 꽉 찬 창문 없는 방들이 복도 옆으로 죽 늘어서 있었다. 밖에서는 보이지 않지만 바쁘게 돌아가는 벌집 같았고 한편으로는 파리와도 비슷했다. 빈자리가 없자 리싱쉰이 우리에게 계속 걸어 뒷문으로 나가라고 손짓했고 우리는 뒷문을 나와 왼쪽으로 돌아 두 번째 식당에 들어갔다. 이번에도 중국 식당이었다. 또다시 계단을 내려가서 또 다른 창문 없는 방으로 들어가자 마침내 음식들이 나왔다. 돼지고기찜과 청경채, 달걀탕, 매운 닭 요리였다.

20분 뒤 우리는 다시 예의 계단을 올라와 밤거리로 나와 리싱쉰을 따라서 오스만 대로에 있는 10층짜리 대형 백화점 갤러리 라파예트로 발걸음을 재촉했다. 백화점은 기꺼이 동양의 맹습을 즐길 태세를 갖춘 듯 보였다. 토끼해를 맞아서 빨간 깃발과 토끼 만화로 치장되어 있었다. 우리는 행복과 장수와 더불어 10퍼센트 할인을 약속하는, 중국어로 된 환영 카드를 받았다.

다음 날 루브르 박물관을 방문한 일행은 중국어를 할 줄 아는 또 다른 가이드를 고용했다. 벌새처럼 부산한 인상의 그녀는 우리에게 〈90분 안에 보아야 할 것들이 많으니 씩씩하게 걸어요!〉라고 외쳤다. 그리고 깃발 대신 사용하는 자주색 접이식 우산을 치켜들고 앞으로 내달았다. 그녀는 쉼 없이 걸으면서 우리에게 중국어 발음을 이용한 간단한 프랑스 말을 가르쳤다. 〈봉주르〉라는 프랑스 인사말은 중국어 〈번〉과 〈주〉, 즉 합쳐서 〈누군가를 뒤쫓다〉는 뜻에 해당하는 말과 발음이 비슷했다. 우리는 그녀를 뒤쫓아 경주하듯이 회전문을 통과했고 그 와중에 바지를 만든다던 왕전위는 보안 요원에게 새로 배운 프랑스 말을 시험했다. 「번주, 번주!」

가이드는 우리에게 〈산바오(三寶)〉 즉 세 가지 보물에 우선적으로 집중하라고 조언했다. 사모트라케의 니케와 밀로의 비너스, 모나리자였다. 우리 일행은 차례차례 그 세 가지 보물 주위로 몰려들었고 우리 옆에는 마치 적군처럼 금방 눈에 띄는 다른 중국인 관광 단체들이 있었다. 〈유-투어〉 여행사를 상징하는 빨간색 핀을 꽂은 사람들도 있었고, 센젠에서 온 오렌지색 바람막이를 맞추어 입은 학생들도 있었다. 우리는 이른 새벽부터 쉬지 않고 일정을 소화했지만 분위기만큼은 진지한 호기심으로 가득했다. 엘리베이터가 우리 동선에서 멀다는 사실을 알고 나는 휠체어를 탄 황쉐칭이 어떻게 미술관을 둘러볼는지 궁금했는데, 얼마 뒤 그녀가 다리를 절며 대리석 계단을 하나씩 오르거나 내려가는 동안 가족들이 휠체어를 옮기고 그녀를 위대한 걸작들 앞으로 밀어 주는 광경을 목격할 수 있었다.

비록 경쟁하듯이 바쁜 일정이었지만 날이 저물고 이틀째 유럽의 명소를 구경하면서 일행은 일종의 감상에 젖었다. 역시 중국 식당에 자리가 나기를 기다리는 동안 주중밍이 공자와 노자를 비롯하여 중국 사상계의 걸출한 기둥을 배출한 주나라(기원전 1046~256년)에 관한 이야기를 꺼냈다. 주중밍이 우리 일행을 향해 〈정말 좋은 시절이었죠!〉라고 말했다. 그의 아내 왕젠신이 눈을 흘기며 말했다. 「또 시작이군요.」 주중밍은 배터리로 조명에 불이 들어오는, 최근에 산 에펠 탑 야구 모자를 쓰고 있었다. 그가 새로운 말 상대를 찾아 나를 돌아보았다. 「정말입니다. 주나라 때의 우리는 고대 로마나 이집트와 사실상 다르지 않았어요!」

파리에서 알프스 산맥으로 7시간 동안 차를 타고 이동하는 동안 내 옆에 앉은 프라미스가 자신의 배낭을 뒤져서 꼬깃꼬깃해진 「월스트리트 저널」을 꺼냈다. 룩셈부르크에서 묵었던 호텔에서 가져온 것이었다. 그는 말없이 매 페이지를 꼼꼼하게 읽었고, 〈EU에서 화웨이가 정부로부터 지원받은 사실을 알아내다〉라는 중국 관련 기사가 나오자 팔꿈치로 나를 찌르며 도움을 청했다. 해당 기사에 따르면 유럽의 무역 관계자들은 중국의 거대 첨단 기술 회사인 화웨이가 국영 은행으로부터 부당한 저리 자금을 대부받는다고 확신했다. 프라미스가 〈미국 헌법은 기업들이 정부로부터 지원을 받지 못하도록 금지하나요?〉라고 물었다. 나는 프라미스에게 혹시 중국에서는 공식적으로 금지되었지만 약간만 손을 쓰면 얼마든지 사용할 수 있는 페이스북을 사용하는지 물었다. 「페이스북을 사용하려면 번거로운 일이 너무 많아요.」 대신에 그는 중국 버전의 런런을 이용했다. 중국 내 다른 웹 사이트들과 마찬가지로 런런 역시 민감한 정치적 토론을 검열하고 삭제했다. 그에게 페이스북이 금지된 이유를 아는지 묻자 그는 〈정치와 관련이 있잖아요〉라고 대답했다가 잠시 뜸을 들인 뒤에 〈사실은 잘 모르겠어요〉라고 덧붙였다.

중국의 도시 학생들이 보여 주는 이런 식의 이질감은 흔한 것이었다. 그들은 전례 없는 첨단 기술과 정보를 누렸지만 동시에 만리 방화벽이라는 디지털 필터와 인간 감시자들로 이루어진 거대한 사회 기반 시설 안에서 살았고 이러한 장치들은 정치적으로 불순한 내용이 중국 내 컴퓨터로 유입되지 못하도록 차단했다. 많은 중국 젊은이들이 방화벽 개념을 모욕으로 여겼다. 방화벽은 사람들로 하여금 굳이 우회하는 수고를 감수하지 않게 할 만큼 거대했다. 검열을 거쳐 들어온 바깥세상에 대한 정보도 이상했다. 예컨대 프라미스는 최근에 개봉한 소피 마르소 영화나 다양한 스위스 자동차 레이서들의 장점에 대해서는 상세히 이야기할 수 있었지만 막대한 재산을 축적한 중국인 정치가들에 대해서는 전혀 몰랐다. 갑작스럽게 너무나 많은 이국적인 개념들이 넘쳐 나자 중국인들은 세상을 다루기 쉬운 여러 조각으로 나누어 이러한 개념들을 부분적으로 이해했다. 일례로 『뎬핑』이라는 베이징의 중국 음식점 안내서는 열여덟 가지 서로 다른 범주의 중국 요리를 소개하면서 아시아 이외(이탈리아, 모로코, 브라질 등)의 음식을 모두 〈서양 음식〉이라는 한 가지 범주로 묶었다.

그날 밤 우리는 스위스의 한 도시 인터라켄에서 묵었는데 가이드 리는 앞서 그곳에 대해 우리에게 〈진정 깨끗한 공기〉를 약속하고, 중국의 대도시에 사는 사람들에게 일종의 힐링이 될 곳이라고 장담했었다. 나는 도시를 둘러보려고 정다오와 미술을 전공하는 열아홉 살짜리 그녀의 딸 리청과 함께 밖으로 나왔다. 우리는 한가로이 거닐면서 호화로운 시계 상점들과 카지노 한 곳, 그 지역 사람들이 요들을 노래하거나 스위스 레슬링 대회를 개최할 때 사용하는 넓은 잔디밭 회혜마테를 지났다. 산책을 하는 동안 리청은 점잖게 냉정을 유지했다. 그녀가 말했다. 「건물이 다르다는 것 말고는 센 강도 황푸 강과 크게 다르지 않았어요. 지하철요? 우리도 있어요. 다른 것들도 마찬가지예요. 우리에게 다 있는 것들이죠.」 그러고는 웃었다.

리청이 친구들과 어울려 앞서 걸어가자 그녀의 어머니는 내게 자신의 딸이 〈하드웨어〉보다 더 깊은 곳에서 흐르는 중국과 서양의 차이를 볼 수 있으면 좋겠다고 말했다. 우리 가이드가 유럽의 느리고 우아한 속도를 비웃었듯이 정다오의 말에 따르면 그녀의 고향 사람들은 〈어떤 것이든 밀어젖히고 나아가지 않으면 다음이 없다〉고 믿게 되었다. 우리가 횡단보도를 다 건널 때까지 멈춘 채 기다리는 자동차를 보면서 그녀가 비교했다. 「고향의 운전사들은 〈나는 멈출 수 없어. 멈추면 아무 데도 못 갈 거야〉라고 생각해요.」

여행이 막바지로 접어들면서 처음에는 그토록 고무적이던 조언과 효율성이 차츰 빛을 잃었다. 버스 안에서 사람들이 혹시 서양 식당에 들를 수 있는지 물었다. 유럽에 일주일이나 있으면서 그때까지 중국 식당이 아닌 곳에서 점심이나 저녁을 먹은 적이 한 번도 없었던 것이다(한 시장 조사에 따르면 중국인 관광객 중 거의 절반이 유럽을 여행하면서 〈유럽식〉 식사를 채 한 끼니도 하지 않는다). 리싱쉰은 유럽 음식이 조리되어 나오기까지 너무 오래 걸리고 그 때문에 너무 급하게 먹느라 체할 수 있다고 경고했다. 그가 〈다음번 여행을 위해서 남겨 두세요〉라고 말하자 모두 수긍했다. 밀라노에 도착해서 그가 도둑을 조심해야 한다고 다시 주의를 주자 공중위생 전문가 핸디가 미덥지 않다는 표정을 지었다. 「이탈리아는 겉으로 보이는 것처럼 어지러운 나라가 아닙니다. 그런 식으로 이야기하니 너무 무섭군요.」

이런 식의 관광이 앞으로 얼마나 지속될 수 있을지 나는 궁금해지기 시작했다. 이미 젊은이들 사이에서는 혼자 하는 여행이 인기를 끌었고, 하물며 함께 여행하는 도중에도 우리 일행은 지나치게 급한 일정에 진저리를 쳤다. 밀라노에서 30분의 자유 시간이 주어져 캐런과 핸디와 나는 내부가 근사한 대성당에 들어갔다. 핸디가 화려하게 우뚝 선 스테인드글라스를 올려다보며 말했다. 「저렇게 만들려면 정말 힘들겠군요. 하지만 정말 아름다워요.」

베를루스코니 총리가 10대 미성년자와 잠자리를 가진 혐의 때문에 곧 기소될 거라는 뉴스로 이탈리아 신문들이 떠들썩하던 시기였다. 가이드 리는 외교적으로 신중한 태도를 보이며 〈정말 독특한 사람이죠!〉라고 언급했다. 버스가 이탈리아를 달리던 그날 그는 고국에서의 생활을 돌아보며 사색적인 분위기에 젖었다. 「사람들은 민주주의를 발전시키는 것이 과연 유익할지 종종 의문을 제기합니다. 당연히 유익합니다. 발언의 자유를 누릴 수도 있고 정치가를 직접 선택할 수 있는 자유도 있으니까요. 하지만 일당제(一黨制)도 마찬가지로 이점이 있지 않나요?」그는 차창 밖 고속 도로를 가리키며 지역민의 반대에 맞서느라 그 고속 도로를 완공하기까지 10년이 걸렸다고 설명했다. 「중국이었다면 6개월 만에 끝났을 겁니다! 경제가 계속해서 성장하려면 일당제가 유일한 답이에요.」가이드 리가 얼마나 강하게 이를 지지했는지, 만약 베이징에서 그런 식의 이야기를 일상적으로 듣지 않았더라면 그를 정부 대변인으로 착각할 정도였다. 「외국 분석가들은 중국 경제가 그토록 빠르게 성장한 이유를 절대로 이해할 수 없을 겁니다. 그래요, 중국은 일당제 국가입니다. 그렇지만 그 안의 공무원들은 엘리트들 가운데 선별되고 13억 인구 중에서 선별된 엘리트라면 슈퍼 엘리트라고 불려도 될 겁니다.」

서구 사회를 바라보는 리싱쉰의 묘사에는 그래도 진실한 특징 하나가 포함되어 있었다. 그는 자신의 유럽인 친구 한 명에 대해 이야기했다. 그 친구는 직장을 그만두고 배낭여행을 통해 인생의 사명을 찾아 나섰다. 「우리 부모님이라면 그렇게 하도록 허락했을까요? 당연히 아닐 겁니다. 손가락질을 하면서 〈너는 쓰레기야!〉라고 말했겠죠. 하지만 유럽의 젊은이들은 자신이 추구하고 싶은 것을 추구할 수 있어요.」

그가 말을 이었다. 「우리 중국인 조상들은 우리에게 많은 것을 남겼습니다. 그럼에도 우리는 새로운 것을 찾는 일을 어째서 그토록 힘들어할까요? 우리 교육 제도에 지나치게 많은 제약이 존재하기 때문입니다.」 우리 일행은 평소보다 주의 깊게 그의 이야기를 경청했다. 미국의 부모들이 중국의 냉철한 〈호랑이 엄마들〉에게 한 수 배워야 할지 말지 고민하고 있던 바로 그 시점에 중국의 부모들은 그들의 건조한 교육 제도에서 창조성을 회복시키고자 하고 있었다. 쩡리펑이라는 한 어머니가 내게 6학년인 자신의 아이를 유럽에 데려간다고 하자 교사들이 못마땅해했다고 이야기했다. 「방학에 들어가기 앞서 학교 선생님들은 하나같이 학생들에게 〈밖에 나다니지 마라. 곧 중학교 입학시험이니까 집에서 공부해라〉라고 말해요.」 하지만 쩡리펑은 그러한 요구에 보조를 맞출 마음이 없었다. 그녀는 이전에도 미술 교사라는 안정적인 직업을 그만두고 저축한 돈을 털어 자신의 패션 상표를 만든 터였다. 「선배 교사들은 하나같이 〈이처럼 좋은 직장을 그만둔다니 정말 유감이군요〉라고 했어요. 나는 내 선택이 옳았다는 사실을 몸소 증명했죠.」

다음 날 로마에서 우리는 트레비 분수에 들른 다음 웅대한 성 베드로 광장을 거닐었다. 그 규모를 보면서 주중밍은 베이징이 떠오른다고 했다. 그가 웃으며 말했다. 「다 지나간 옛날 일처럼 느껴집니다. 그때 중국 사람들은 잠깐이라도 공산당을 보고자 베이징을 찾고는 했었죠.」

우리는 한 블록을 걸어 내려와 어느 창턱에 걸터앉아서 휴식을 취했다. 주중밍이 담배에 불을 붙였다. 그는 시시각각으로 변화하는 세계 열강들의 운명에 대해 생각하고 있었다. 중국의 발흥에 아무런 반감도 없다고 말하는 미국 정치가들을 믿느냐고 묻자 그는 고개를 저었다. 「전혀요. 우리가 발전하도록 놔두긴 할 겁니다. 다만 발전의 수위를 제한하려 들겠죠. 내가 아는 사람들 모두 그렇게 생각합니다.」 최대한 예의 바르게 말하고자 한 그의 설명에 따르면, 미국인들은 세계 무대에서 약자의 입장이 되는 데 적응할 필요가 있을 터였다. 한때 중국이 그랬던 것처럼 말이다. 「미국은 최고의 자리에 있는 것에 매우 익숙하지만 조만간 2등으로 밀려날 겁니다. 지금 당장 그렇게 된다는 건 아니에요. 20년이나 30년 정도 걸리겠죠. 어쨌든 궁극적으로는 중국의 GDP가 미국의 GDP를 앞지르게 될 겁니다.」 나는 그가 여행을 많이 했음에도 중국과 서양에는 절대로 극복될 수 없는 철학적 차이가, 그의 표현을 빌리자면 〈두 가지 서로 다른 사고방식〉이 존재한다고 여긴다는 인상을 받았다. 「우리는 그들의 도구를 이용하고 그들의 방식을 배울 겁니다. 하지만 근본적으로 중국은 언제나 중국의 방식을 유지할 거예요.」

그는 서구 사회와 나란히 나아가는 중국의 미래에 대해 그다지 긍정적이지 않았다. 특히 어떤 점에서는 그에게 반박하기가 어려웠다. 예컨대 나에게는 중국이 보다 부유해지면서 자연스럽게 서구화와 민주화가 진행될 거라는 믿음이 없었다. 톈안먼 광장의 비극적인 잠재력에 이끌렸을 때와 같은 확신이 더 이상은 없었다. 현재 내가 살고 있는 중국은 수시로 고무적인 느낌을 주는가 하면 절망적인 느낌을 주기도 했다. 그곳에는 자수성가한 사람들과 비밀 감옥이 동시에 존재했으며, 세상에 대한 강렬한 호기심과 어쩌면 그 세상에서 중국이 차지했어야 할 자리에 대한 방어적인 자긍심이 동시에 존재했다. 나와 같은 관광버스를 탄 사람들은 서구 사회로 나아가야 한다는 사명에 응한 사람들이었다. 그리고 혹시라도 그들이 스스로 발견한 것을 이해하는 데 어려움을 겪더라도 나는 그들에게 공감할 수 있었다. 나 역시 〈해방〉은 되었지만 여전히 하나의 집권당에 종속되어 있는 한 나라를 이해하는 데 애를 먹었기 때문이다.

　개방을 계기로 중국이 서구 사회와 보다 가까워질 것이라고 예상하는 것이 순진한 생각이라면 미묘한 변화가 지닌 힘을 무시하는 것 역시 순진한 생각일 것이다. 오늘날의 중국 정부와 마찬가지로 중국 여행사 또한 서양의 도둑과 요리, 문화 등이 포함되는 각종 위협으로부터 시민을 지키고 안전하게 보호함으로써 스스로 혼란스러운 세계에 질서를 부여할 수 있다는 허술한 가능성에 집착했다. 우리 일행이 실물로서 만난 서구 사회는 사실상 〈유럽〉보다 훨씬 유럽적이어서 우리가 예상치 못했던 여러 측면에서 세련되지 않았으며 평범했다. 그럼에도 나와 같은 버스에 탄 사람들은, 번영이라는 관점에서 중국의 일당제가 효율적이라고 찬양하면서도 한편으로는 가끔씩 검열되지 않은 순수한 통찰력을 접했고 인간적이고 개방적인 삶을 엿보았으며 한때는 금지되었던 세상에 매료되었다. 혁명의 종식을 선언함으로써 집권당은 사실상 인민들이 이제 정치에서 한 발짝 뒤로 물러나 생업에 복귀하길 희망했다. 하지만 쉽사리 그들의 바람처럼 되지는 않을 터였다.

　마침내 프라미스가 꾸깃꾸깃해진 「월스트리트 저널」을 내려놓았을 때 그로부터는 어떤 자랑스러운 외침도 들려오지 않았다. 〈외국 신문을 읽으면 전혀 몰랐던 것들을 많이 봐요〉라고만 언급할 뿐이었다. 이번 첫 여행에서 처음 보는 것들도 많았지만 여정이 계속될수록 그들은 그런 것들을 어떻게 바라보아야 하는지 배우고 있었다.

제2부

진실

8. 족쇄를 차고 춤추다

베이징에서 가장 흥미로운 건물이 유명해진 이유는 단순히 건축 양식 때문이 아니었다. 창안제(長安街)에 있는, 중국의 백악관에 해당하는 건물 옆에는 마치 가발처럼 꼭대기에 탑 형태의 지붕을 얹은 3층짜리 현대식 녹색 사무실 건물이 있었다. 내가 그 건물에 흥미를 느낀 이유는, 적어도 서류상으로는 해당 건물이 존재하지 않기 때문이었다. 주소나 간판도 없었고 공산당 건물을 표시한 어떤 대중적인 지도에도 나와 있지 않았다. 처음에 무슨 건물인지 묻자 그곳 경비원은 〈말할 수 없습니다. 정부 기관입니다〉라는 대답뿐이었다. 시간이 흐르면서 나도 그 건물이 단순히 정부 기관 중 하나라고 생각하게 되었다.

모든 나라의 수도에는 정부의 비밀 기관이 있기 마련이지만 이 건물이 이상하고 대중의 관심을 꺼리는 이유는 그곳이 중앙 홍보 기관이었기 때문이다. 이름에 있는 〈홍보〉라는 단어는 영어식 표현에 불과하다. 중국식 이름은 〈중앙 선전부〉였고 인민 공화국에서 가장 강력한 권력과 은밀함을 가진 조직 중 하나였다. 요컨대 편집자들을 해고하거나, 교수들을 침묵시키거나, 책을 금지하거나, 영화를 임의로 편집할 수 있는 정부 기관이었다. 내가 중국에 정착할 당시 이 부서와 그 지사들은 전국에서 2천 개 이상의 신문사와 8천 개 이상의 잡지를 통제하고 있었다. 또 모든 영화와 텔레비전 프로그램, 교과서, 놀이공원, 비디오 게임, 볼링 클럽, 미인 대회 등이 해당 부서의 감독을 받았다. 이 부서의 선전관들은 히말라야 산맥에서부터 황해에 이르기까지 어떤 광고가 옥외 광고판에 게시될 수 있는지 결정했다. 아울러 가장 많은 사회 과학 연구 기금을 관리했기 때문에, 이를테면 중국의 정치 제도를 묘사할 때 사용을 금지한 특정 단어들을 주의하지 않은 학술 연구에 대해 거부권을 행사할 수 있었다(〈전체주의〉라는 뜻의 〈지촨주이〉도 금지어 중 하나였다). 중앙 선전부는 중국의 관념 세계에 대해 광범위한 권력을 소유했고 이 문제를 연구한 학자 안네마리 브래디는 그들의 권력을 〈가톨릭 세계에 대한 바티칸의 영향력〉에 비유했다.

조지 오웰은 어떤 나라에서든 정치색을 띠는 산문이란 〈순수한 바람에 견고함이라는 겉모습을 부여하기 위해〉 의도된다고 썼다. 트루먼 시대의 국무 장관 딘 애치슨은 자신에게 보고되는 사실들을, 그의 표현을 빌리자면 〈진실보다 더 명확해질 때까지〉 재단하고 주물렀다. 그럼에도 중국처럼 선전 기술에 많은 시간과 신경을 쓴 나라도 없었다. 이미 기원전 3세기에 중국의 진시황은 스스로 〈민중을 무지하게 만들라. 그러면 순종할 것이다〉라고 이야기한 정책을 이용해서 나라를 다스렸다. 마오쩌둥은 사상화 작업의 필수 요소로서 선전과 검열을 인가하고 이를 이용해 대장정을 통렬한 패배가 아닌 전략적 승리로 재구성했다. 마오쩌둥이 사망하고 5년 뒤 그의 계승자들이 마오쩌둥을 위해 마지막으로 보여 준 헌신적인 행보는 요란했던 그의 지배 시대에 대해 공식 선언문을 발표하는 것이었다. 그들은 마오쩌둥이 70퍼센트는 옳았고 30퍼센트는 틀렸다고 주장했으며 이후로 10년 동안 학생들은 그들의 계산법을 공부하면서 고개를 갸웃거렸다.

중앙 선전부가 사라질 뻔한 일도 있었다. 1989년에 톈안먼 광장에서 시위가 발생하자 일부 공산당 간부들은 현대 사회에서 선전 활동의 효과가 갈수록 감소하고 있다고 확신했다. 하지만 덩샤오핑은 동의하지 않았고 중대한 결정을 내렸다. 장차 공산당의 존속이 그 어느 때보다 두 개의 기둥, 즉 번영과 선전 활동에 달렸다고 공표한 것이다. 그리고 톈안먼 광장에 모였던 청년들에 대해서는 〈그들을 교육해서 생각을 바꾸려면 단지 몇 개월이 아니라 몇 년이 걸릴 것이다〉라고 말했다. 그럼에도 소비에트식 선전 방법은 그들에게 실패를 안겨 주었다. 덩샤오핑과 새로운 방법이 급히 필요해지자 그의 참모들은, 불가능해 보일망정, 홍보의 성지(聖地)이자 새로운 롤 모델 미국에서 방법을 찾아냈다. 대안은 20세기의 상당 기간 동안 미국의 대표적인 칼럼니스트였던 월터 리프먼이었다. 그들은 리프먼의 초기 반공주의는 무시하면서 그가 대중의 지배를 방해하고 제1차 세계 대전에 참전하도록 미국의 여론을 뒤흔들고자 했던 일에만 집중했다. 그리고 〈비판적인 사고를 누그러뜨리면서 감정적인 측면을 강조〉하는 사진의 위력에 대한 리프먼의 믿음을 연구하고 인용하여, 훌륭한 광고는 〈군중 심리〉를 이끌어 내고 지도적 자리에 있는 엘리트로부터 〈동의를 도출〉할 수 있다는 그의 관점을 채택했다.

새로 출현한 중산층을 설득할 수 있는 선전을 만들기 위해 그들은 또 다른 미국 광고계의 대부를 포용했다. 작고한 정치학자 헤럴드 라스웰이었다. 그는 1927년에 〈쇠사슬에서 자유로워지고 싶은 대중은 은으로 된 사슬을 받아들여야 한다〉고 썼다. 한때 자본주의의 앞잡이들을 비난하는 것으로 경력을 시작했던 공산당 선전관들은 이제 코카콜라의 성공 사례를 연구했고, 중국의 한 광고 교재에서 이야기하듯이 코카콜라가 〈이미지만 좋으면 어떤 문제도 해결할 수 있다〉는 사실을 증명했다고 주장했다. 중국 공산당은 현대적인 감각의 선전 기술을 배우고자 대가들을 연구했다. 선전관 간부들을 대상으로 닷새간 열린 한 세미나에서는 광우병 사태에 대한 토니 블레어 총리의 대응과 9.11 사태를 둘러싼 부시 행정부의 미국 여론 관리 사례들이 연구되었다.

2004년 중앙 선전부에는 굳이 투표까지 하지 않고도 대중의 동향을 조사하고 연구할 수 있는 여론 부서가 신설되었다. 사상화 작업 영역은 시들기는커녕 오히려 규모가 더욱 커지고 복잡해져서, 일부의 추정에 의하면 중국 시민 1백 명당 선전관 한 명꼴로 확대되었다. 천둥처럼 요란한 확성기와 등사된 팸플릿의 시대는 막을 내렸다. 여느 경쟁 기업들과 마찬가지로 중앙 선전부도 이제 조회 수와 주요 시간대 시청률로 효율성을 판단했다. 장이머우 같은 유명한 영화 제작자들의 도움을 받아 고예산 광고를 제작하고, 한 선전 간부의 말처럼 〈사람들의 귀로, 머릿속으로 들어가서 마음을 움직일 수 있는〉 상대적으로 가볍고 감정적인 메시지로 대중을 열광케 했다. 공산당 내 학자들의 지적대로 〈사람들의 생각을 지배 이데올로기와 일치시켜서 그들의 행동을 표준화하는 문제〉가 그 어느 때보다 중요해졌다.

중앙 선전부의 최대 관심사는 무엇보다 언론이었다. 톈안먼 사건 후에 장쩌민 주석은 〈유산 계급이 진보주의를 요구하는 전장에 중국의 신문이나 라디오, 텔레비전을 방치하는 일은 두 번 다시 없을 것이다〉라고 선언했다. 그의 선언에 따르면 중국은 그가 〈이른바 글라스노스트〉*라고 지칭한 어떤 것에 절대로 굴복하지 않을 터였다. 언론인들은 여전히 〈한목소리로〉 노래해야 했고, 중앙 선전부는 뉴스에 등장하거나 등장하지 말아야 할 방대하고 계속 진화하는 단어 목록을 발표해서 언론이 한목소리를 내도록 도왔다. 어떤 규칙들은 절대로 변하지 않았다. 예컨대 타이완의 법률을 언급할 때는 무조건 〈이른바 법률〉이라고 해야 했으며, 중국의 정치 제도가 지극히 독특함에도 불구하고

---

* glasnost. 소련의 고르바초프 공산당 서기장이 실시했던 개방 정책.

기자들은 중국 정부를 다른 나라와 비교할 때 절대로 〈국제 관행에 따르면〉이라는 표현을 사용할 수 없었다. 경제 문제와 관련해서도 공휴일에는 나쁜 소식을 자세히 다룰 수 없었고, 이를테면 중국 은행의 취약성이나 부자들의 정치적 영향력처럼 정부가 〈해결할 수 없다〉고 분류한 문제들을 심층 보도할 수도 없었다. 가장 엄격하게 금지된 주제는 톈안먼 그 자체였다. 중국 교과서는 1989년의 저항 운동이나 유혈 사태에 대해 어떠한 언급도 하지 않았다. 정부는 그해에 벌어진 사건들을 논의할 때 소수의 〈검은손〉에 의해 조직화된 〈혼란〉 또는 〈소요〉라고 묘사했다.

중앙 선전부의 지침을 준수하는 것 말고 언론에게 다른 선택권은 없었다. 중국이 아무리 다양해지고 떠들썩해져도 언론계는 사막의 오아시스로 느껴질 만큼 평온했다. 숨이 막힐 정도로 획일적인 모습의 왕국이었다. 지리적으로 중국 내의 반대쪽에 위치한 신문사들도 심지어 똑같은 서체로 똑같은 헤드라인을 게재하기 일쑤였다. 강력한 지진이 쓰촨 성을 덮친 2008년 5월에도 전국의 신문사들은 〈지진이 울리면서 중국 공산당의 심금도 울렸다〉고, 거의 완벽할 정도로 똑같은 기사를 내보냈다. 그다음 날 아침에 나는 지방 신문들을 모아 보면서 획일적인 내용에 혀를 내둘렀다.

소수에 불과한 중국 뉴스 웹 사이트 중에서 유독 한 곳이 다른 목소리를 냈는데 바로 『차이징(財經)』이라는 잡지였다. 국영 뉴스인 신화통신이 인민 해방군의 구호 노력에 열렬한 지지를 보내는 순간에도 『차이징』은 대략적인 사상자 숫자라도 밝혀내려고 노력하면서 〈많은 재해민들이 여전히 구호물자를 전혀 받지 못하고 있다〉고 보도했다. 나는 『차이징』의 기사가 유독 다른 이유가 궁금해졌고 그 이유가 해당 잡지의 책임자 즉 후수리라는 여성과 관련이 있을 거라는 느낌이 들었다. 그녀는 중국에서 표현의 자유가 어디까지인지, 그 경계를 아는 사람으로 유명했다. 나는 그녀에게 인터뷰를 요청했다. 그녀가 베이징의 존재하지 않는 건물과 타협하는 방식을 알고 싶었다.

후수리라는 이름은 그녀를 만나기 전부터 알고 있었다. 나는 베이징 시내의 프라임 타워 19층에 있는 그녀의 사무실에서 그녀를 기다렸다. 회색 벽돌로 된 세련되고 개방적인 공간으로, 옆방은 『차이징』의 뉴스 편집실이었다. 복도 저쪽에서 조급하게 또각거리는 하이힐 소리가 들려왔다. 그녀는 내가 있는 사무실 문을 그대로 지나쳐 뉴스 편집실로 돌진하더니 일련의 지시와 아이디어를 쏟아 낸 다음 몸을 돌려 내 쪽으로 다가왔다. 나는 후수리를 만나기 전에 이미 수년째 후수리를 알고 지내던 편집자 첸강으로부터 그녀의 행동이 〈돌풍처럼 갑작스럽고 성급하다〉는 주의를 들은 터였다.

50대 중반의 후수리는 155센티미터의 키에 마르고 머리가 짧았으며 여러 가지 색이 뒤섞인 옷을 입고 있었다. 지극히 달변인 데다가 호전적이라서 마치 〈여자 대부〉처럼 보였다. 그녀와 함께 일하는 기자들 중 한 명 또한 그녀를 처음 만났을 때 실제로 그런 생각이 들었다고 했다. 또 다른 그녀의 동료는 그녀와의 대화를 기관총 사격을 당하는 것에 비유했다. 후수리의 오랜 친구이자 국영 신문 「경제일보」의 편집자인 왕랑의 경우에는 함께 일하자는 그녀의 제안을 번번이 거절했다. 그는 내게 〈우리 둘 사이의 우정을 위해서는 거리를 약간 두는 편이 낫습니다〉라고 그 이유를 설명했다. 그의 관점에 따르면 그녀와 함께할 경우 스릴을 느끼든 불안하든 둘 중 하나일 터였다. 그녀의 상관이자 『차이징』의 모회사 SEEC 미디어 그룹의 회장인 왕보밍은 내게 반농담으로 〈나는 그녀가 무섭습니다〉라고 말했다.

〈뉴스 노동자들〉의 세계에서 — 중국 공산당은 언론인들을 그렇게 지칭했다 — 후수리는 단연 두드러졌다. 그녀는 통제 불능의 부정부패 적발자였지만 중국의 일부 유력한 당 간부들과 막역한 관계를 유지하기도 했다. 또한

1998년 빌린 회의실에서 두 대의 컴퓨터로 『차이징』을 설립한 이래로 중앙 선전부에서 과연 어느 정도의 솔직함과 도발까지 용인할 것인지와 관련해 거의 절대 음감에 가까운 감각으로 잡지사의 가이드라인을 정했다. 즉 무엇을 다루고(만연한 기업 사기와 끊임없이 이어지는 정치 부패), 무엇을 다루지 않을지(파룬궁 사건, 톈안먼 시위 기념일을 비롯한 많은 것들) 결정했다. 그리고 다른 집요한 중국 언론인들이 수감되거나 침묵을 강요당한 후에도 오랫동안 편집자로서 자리를 지켰다. 중국과 외국 언론에서 자주 〈중국에서 가장 위험한 여성〉으로 묘사되었음에도 정작 그녀 본인은 대단치 않게 여기면서, 나무를 계속 쪼아대지만 나무를 쓰러뜨리려는 것이 아니라 곧게 자라도록 도와주는 〈딱따구리〉에 불과하다고 스스로를 설명했다.

『차이징』지에는 『포춘』지의 반짝이는 느낌과 디자인이 있었다. 카르티에 시계와 중국 신용 카드, 벤츠의 SUV 자동차 등 광고로 가득했다. 기사들은 아마도 일부러 자간을 촘촘하게 편집하는 듯했다. 중국 선전관들은 기껏해야 20만 부 정도 팔리는 잡지보다는 수요가 수백만 명씩 되는 텔레비전이나 일반 대중을 겨냥한 신문에 단속의 무게를 두었다. 해당 잡지가 정부와 금융 분야, 학술 분야의 고위급 인사들에게 상당수 배포되고 따라서 특별한 영향력을 갖더라도 달라질 것은 없었다. 『차이징』은 중국어와 영어로 된 두 개의 웹 사이트를 운영했고 둘을 합산하면 매달 320만 명의 이용자가 웹 사이트를 찾았다. 후수리는 지면과 웹 사이트에 폭넓게 인용되는 칼럼들을 썼으며 매년 공산당 경제 지도부가 참석하는 회의도 주재했다.

후수리의 활력은 진실이 자주 정치적 우선순위에 굴복하는 업계에서 단연 돋보였다. 지진이 발생한 지 얼마 지나지 않았을 때였다. 국영 통신사인 신화통신에서 자사 웹 사이트에 중국의 선저우 7호 로켓이 지구 주위의 궤도를 서른 바퀴째 돈 과정을 자세히 보도했다. 기사는 흥미로운 세부 사항들로 가득했다. 예컨대 〈운항 관리자의 굳은 목소리가 우주선 내부의 침묵을 깨뜨렸다〉는 식이었다. 불행하게도 선저우 7호는 아직 발사되기 전이었고 신화통신은 나중에 〈초고〉를 게재한 것에 대해 사과했다.

그럼에도 진실보다 정치를 우선시하지 않는 것은 위험할 수 있었다. 국경 없는 기자회가 지진이 발생한 2008년에 언론의 자유를 기준으로 국가들에 순위를 매겼을 때 중국은 173개 나라 중에서 167등을 차지했다. 이란보다 낮고 베트남보다는 높은 순위였다. 중국 헌법 제3조는 표현과 언론의 자유를 보장했지만 법령에 의해서 중국 정부는 〈국익에 해를 끼쳤다〉는 혐의와 그 밖의 죄를 적용해서 출판인과 작가를 구금할 수 있는 광대한 권력을 가지고 있었다. 중국 교도소에는 이미 스물여덟 명의 기자들이 수감되어 있었으며 이는 다른 어떤 나라보다 많은 숫자였다(2009년 이란이 이 부문에서 중국을 앞섰는데 10년 만에 처음 있는 일이었다).

이런 위험에도 불구하고 후수리의 잡지는 세계 수준의 뉴스 조직이 되고자 하는 최초의 중국어 출판물이었다. 앤디 셰라는 경제학자가 내게 말했다. 「중국에서는 모든 것이 보이는 것과 다릅니다. 어떤 면에서는 존재하는 것 자체로 기적이죠.」

처음 후수리의 집에 방문했을 때 나는 길을 잃었다고 확신했다. 함께 일하는 다른 많은 기자나 편집자와 달리 그녀는 베이징의 새로 지은 고층 건물에서 살지 않았다. 그녀와 그녀의 남편은 콘크리트로 지어진 구식 공동 주택에서, 지나치게 무성한 정원이 보이는 침실 세 개짜리 집에서 살았다. 그 동네는 중국 올드 미디어의 요새였으며, 국영 라디오 본사와 중국의 영화와 텔레비전 검열 기관의 본거지였다. 그 아파트는 그곳이 특권층 당 간부들을 위한 특별한 건물이던 1950년대에 중국 정부가 후수리의 아버지에게 배정한 곳이었다.

그녀는 나무랄 데 없는 공산주의 혈통이었다. 그녀의 할아버지 후중치는 저명한 번역가이자 편집자였고 할아버지의 형은 잘 알려진 출판사를 운영했다. 후수리의 어머니 후링성 역시 베이징의 「공인일보」에서 선임 편집자로 근무했다. 그녀의 아버지 차오치평은 노동조합에서 일하기 전까지 지하에서 공산당원으로 활동했다. 후수리의 어머니는 딸의 타고난 기질을 걱정했다. 〈저는 생각하는 게 있으면 말해야 직성이 풀렸죠〉라고 그녀가 말했다.

그녀가 열세 살 때 문화 대혁명이 중국 전체를 집어삼켰고 학교는 휴교에 들어갔다. 그녀 가족에게도 시련이 찾아왔다. 유명한 편집자였던 후수리의 어머니는 그녀가 낸 신문 기사 때문에 비판을 받고 결국 가택에 연금되었다. 아버지는 한직으로 좌천되었다. 후수리는 또래의 다른 아이들과 함께 홍위병이 되어 전국을 여행하면서 〈붉은 태양 중에서도 가장 붉은 태양〉 마오쩌둥에 대한 애정을 과시했다. 그러나 운동이 폭력적으로 변질되자 후수리는 표면상 학업을 계속하는 척하면서 책 속에서 피난처를 찾았다. 그녀는 〈무척 혼란스러운 시기였습니다. 우린 모든 가치를 잃어버렸어요〉라고 회상했다. 열여섯 번째 생일을 맞기 한 달 전에 그녀는 농촌으로 보내졌다. 농촌의 혁명을 직접 체험하라는 취지였다. 그리고 그곳에서 알게 된 것들은 그녀를 깜짝 놀라게 만들었다.

그녀가 당시를 회상하며 말했다. 「정말 터무니없었어요.」 농부들은 일을 할 이유가 없었다. 「그들은 들판에서 때로는 2시간 내내 누워만 있으려고 했어요. 내가 〈이제 일을 시작해야 하지 않나요?〉라고 물으면 〈어떻게 그런 생각을 할 수 있지?〉라고 되물었죠.」 그녀가 계속 말했다. 「10년이 지나서야 나는 모든 게 잘못되었다는 사실을 깨달았습니다.」

그녀 세대의 많은 이들에게 시골살이는 일종의 계시였다. 마찬가지로 농촌에 내려가야 했던 또 다른 젊은 신봉자 우쓰가 내게 주철 공장에서 맞은 첫날에 대해 들려주었다. 「우리는 항상 〈프롤레타리아가 사심 없는 계급이다〉라고 믿도록 배웠고 그렇게 철석같이 믿었습니다.」 그가 주철 공장에 도착하고 2~3시간이 지났을 무렵 한 동료 노동자가 그에게 다가와서 말했다. 「그쯤이면 충분해. 이제 그만해도 돼.」

우쓰는 당혹스러웠다. 「달리 할 일도 없는데 계속 일할게요.」

그러자 그 동료가 귓속말로 조언했다. 「그러면 다른 사람들이 좋아하지 않을 거야.」

우쓰가 하루를 꽉 채워 성실하게 일할 경우 모두의 할당량이 늘어날 터였다. 그는 연장을 내려놓았다. 곧 국영 공장에서 살아남는 다른 요령도 배웠다. 창고에서 부품을 슬쩍하는 방법과 암시장에 내다 팔 램프를 만드는 방법 등이었다. 후에 저명한 작가이자 편집자가 된 우쓰에게 그 일은 두 개의 평행한 현실 세계를 보여 주었다. 그가 내게 말했다. 「하나의 이야기는 대중이 알고 있는 것이고 다른 하나는 실제 현실입니다.」

1978년 동료들이 학교로 복귀했을 때 후수리는 베이징 인민 대학의 입학 자격을 얻었다. 신문학과는 그녀의 1지망이 아니었지만 학교에서 제안한 최선의 학과였다. 졸업 후 그녀는 「공인일보」에 취직했고, 1985년에 항구 도시이자 자유 시장의 성장 단계를 실험하기 위한 일종의 실험실로 지정된 샤먼의 지국으로 배치되었다. 그녀는 타고난 마당발이었다. 시장과 정기적으로 브리지 게임을 즐겼고 그가 인터뷰한 사람들 가운데는 자유 시장에 대해 열린 태도를 가져 재신(財神)이라는 별명을 가진 시 정부의 전도유망한 젊은 간부도 있었다. 그 젊은 간부의 이름은 시진핑이었고 수년 후에 중국의 주석이 될 터였다.

1987년에 후수리는 세계 언론인 협회 펠로십 자격으로 미국에서 다섯 달을 지냈다. 그리고 그 경험은 가능한 것은 무엇인가에 대한 그녀의 인식을 바꾸어 놓았다. 그녀가 만드는 신문 「공인일보」는 지면이 네 페이지밖에 안 되었지만 미국에서 그녀가 방문한 도시의 신문들은 그보다 지면이 열 배, 스무 배 많아 보였다. 미네소타 주에서 보낸 어느 날 저녁에 그녀는 「세인트폴 파이오니어 프레스」를 읽느라 밤을 꼬박 새웠다고 말했다. 그녀는 중국으로 돌아왔고, 1989년 봄 톈안먼 광장에서 벌어진 시위는 베이징 언론을 흥분시켰다. 후수리를 비롯하여 많은 언론인들이 시위에 합류했다. 결국 6월 3일 밤 군인들이 단호한 조치에 나섰다. 「나는 길거리로 뛰어나갔다가 다시 사무실로 돌아와 〈이 일은 다루어야 합니다〉라고 말했어요.」 하지만 이미 윗선에서 결정이 내려와 있었다. 〈우리는 이 사건에 대해 단 한 단어도 기사화하지 않을 것이다.〉 해당 사건을 보도한 많은 기자들이 해고되거나 지방으로 좌천되었다. 영화학과 교수인 그녀의 남편 먀오디는 아내가 체포될지도 모른다고 생각했지만 다행히 18개월 정직 처분을 받는 것으로 끝났다.

일터로 돌아온 후수리는 중국 최초의 국영 신문사 중 한 곳으로 경제 관련 최첨단 이슈들을 주로 다루는 「차이나 비즈니스 타임스」의 국제부 기자가 되었다. 그러던 중 1992년 우연히 소수의 중국인 금융가 단체를 만났다. 외국에서 유학하고 중국에 주식 시장을 구축하기 위해 귀국한 인재들이었는데 상당수가 유력한 중국 지도층의 자녀들이었다. 그들은 스스로를 증권 거래 집행 위원회SEEC라고 이름 짓고 1992년 베이징의 충원먼 호텔에 몇 개의 방을 임대해서 침대를 빼고 사무실로 꾸몄다. 그중 한 책상을 차지한 가오시칭은 듀크 대학에서 법학 학위를 취득하고 중국으로 돌아오기 전까지 뉴욕의 리처드 닉슨 로펌에서 근무했다. 또 한 명은 전직 대사이자 외교부 차관의 아들 왕보밍이었다. 그는 컬럼비아 대학에서 금융학을 공부하고 뉴욕 증권 거래소 연구 부서에서 경제학자로 근무한 터였다. 그들은 당에 유망한 인재들을 지원해 달라고 요청했으며 여기에는 부총리의 사위인 왕치산이나 개혁 성향 정치가의 자손 저우샤오촨 등이 포함되었다.

　그들과 어울리기 시작한 후수리는 결국 일련의 특종을 얻었다. 더하여 다른 무엇보다 언젠가는 중국의 고위 관료가 될 운명인 사람들과 인맥을 쌓았다(왕치산은 중국 공산당 중앙정치국 상무 위원회에 입성했고, 가오시칭은 중국 국부 펀드의 수장이 되었으며, 저우샤오촨은 중국의 중앙은행을 경영했다). 나중에 베이징의 많은 사람들이 후수리의 배경에 대해 수군거렸지만 그녀는 밖에서 보는 사람들이 자신과 권력의 밀착성을 과대평가하는 것이라고 주장했다. 그녀가 말했다. 「나는 그 사람들의 생일도 몰라요. 나는 언론인이고 그들도 나를 언론인으로 대할 뿐이에요.」

　1998년에 호텔 방 금융가 중 하나였던 왕보밍으로부터 한 통의 전화가 걸려 왔다. 잡지사를 시작하려고 하는데 그녀가 운영을 맡아 주었으면 한다는 내용이었다. 그녀는 두 가지 조건을 내걸었다. 첫째는 그의 다른 사업을 홍보하는 데 잡지를 이용하지 말 것, 둘째는 기자들이 뇌물을 받지 않아도 될 만큼 충분히 높은 급여를 받을 수 있도록 (당시로서는 상당히 거액인) 25만 달러의 예산을 달라는 것이었다. 왕보밍은 동의했다. 선심성 차원은 아니었다. 그와 개혁적 성향인 그의 협력자들은 중국 경제가 현대화됨에 따라 더 이상 불안정한 국영 언론에 의지할 수 없다고 생각했다. 더는 대중의 눈과 귀를 막을 수 없다고 믿었다.

　왕보밍이 『차이징』 본사 아래층에 위치한 자신의 넓고 어수선한 사무실에서 말했다. 「사실대로 폭로하는 기능을 수행하는 대중 매체도 필요합니다. 어떤 면에서는 정부가 폐해를 파악하는 데도 도움이 되지요.」 그는 줄담배를 피우는 골초였고, 드문드문 센 머리카락이 보이긴 하지만 숱이 많은 검은 머리였으며, 페라가모 안경을 썼고, 수다스러운 유머 감각을 지녔다. 유서 깊은 공산당 가문이었음에도 수년의 외국 생활은 진실의 가치에 대한 그의 생각을 바꾸어 놓았다. 「미국에서 공부할 때 학비를 조달하기 위해 돈을 벌어야 했고 그래서 차이나타운에 있는 한 신문사에서 일했습니다. 〈차이나 데일리 뉴스〉였죠.」 수습기자 신분이었음에도 그는 단서가 이끄는 대로 따라가는 일을 좋아했다. 그가 미소를 지었다. 기자라는 신분은 그를 〈왕관 없는 왕〉처럼 느끼게 해주었다.

후수리는 단서를 따라다니는 일을 하면서 시간을 낭비하지 않았다. 그녀는 창간호부터, 충민위안이라는 이름의 부동산 회사가 파산했을 때 소규모 투자자들이 엄청난 돈을 날렸으며 그럼에도 내부자들은 사전에 언질을 받고 주식을 정리했음을 폭로하는 폭발력 있는 표지 기사를 내놓았다. 규제 당국은 분노했다. 그들이 중앙 선전부에서 내려온 규제를 위반한 혐의로 후수리를 기소하자 그녀의 고용주들은 자기들의 불찰이라며 검열관들을 달래야 했다. 하지만 도약의 발판이 된 결정적인 순간은 2003년 차오하이리라는 기자가 홍콩을 방문해서 열차 플랫폼에 있는 사람들이 하나같이 외과 수술용 마스크를 쓰고 있다는 사실을 알아차렸을 때 찾아왔다. 〈도대체 마스크를 왜 쓰고 있지?〉라고 생각한 그녀는 곧바로 후수리에게 알렸다. 당시 중국 언론은 보건 관들이 사스SARS라는 새로운 정체불명 바이러스의 창궐을 진압했다고 보도했지만 실제로는 전염병이 확산되고 있었다. 광둥 성의 신문사 편집장들은 바이러스와 관련해 대중을 안심시킬 수 있는 기사만 싣도록 지시를 받은 상황이었다.

후수리는 그러한 규제가 광둥 성 밖의 편집자들에게까지 확대 적용되지는 않는다는 사실을 알아차리고 그 빈틈을 이용했다. 「호흡기 질환과 감염, 바이러스에 관한 책을 엄청나게 사들였어요.」 더불어 그녀의 직원들은 정부 발표에서 오류들을 찾아내기 시작했다. 한 달여 동안 『차이징』은 절대로 그냥 보아넘길 수 없는 일련의 기사들을 내놓았고 중앙 선전부에서 보도를 중단시켰을 때는 이미 또 다른 기사를 계획하고 있었다.

중앙 선전부는 창안제에 위치한 본부에서 편집자들에게 무엇은 되고 무엇은 안 되는지 날마다 최신 지침을 배포했다. 원칙적으로 이 지침은 비밀이었다(대중은 그들에게 허락되지 않은 것이 무엇인지 알 권리가 없었다). 내가 중국에 도착한 2005년에는 시타오라는 기자가 선전 지침을 누설한 죄목으로 징역 10년을 선고받은 지 3개월도 채 지나지 않은 시점이었다. 더 이상의 누출 사고를 예방하기 위해 검열관들은 이제 구두로 지시하는 방법을 선호하게 되었고, 그에 따라 국영 텔레비전 방송사 간부들의 책상에는 해당 용도에 사용되는 빨간색 특별 전화기가 놓였다. 그 밖의 다른 뉴스 조직들은 회의를 통해 지시를 전달받았는데 기자들은 이 회의에 들어가는 것을 가리켜 〈수업 들어간다〉고 말했다.

수십 년간 검열관들은 달갑지 않은 뉴스들(전염병이나 자연재해, 자국의 소요 사태 등)을 기술적으로 억눌러 왔지만 첨단 기술과 여행이 그들의 일을 갈수록 어렵게 만들었다. 사스 바이러스를 은폐한 사실이 드러나자 베이징 대학 신문학과 교수 자오궈뱌오는 중앙 선전부의 보이지 않는 권위를 인정하던 묵계를 무시하고 〈중앙 선전부는 규칙과 규정에 따라 움직이지 않는 중국에서 유일한 사각지대이며, 법의 햇살이 비치지 않는 어둠의 제국이다〉라는 글을 발표했다. 대학 측은 해당 글을 이유로 그를 해고했다.

어느 날 오후 후수리를 만났을 때 그녀는 한 특별한 약속에 늦어서 달리는 중이었다. 그녀의 수석 편집자들에게 새 옷이 필요하다고 판단하여 재단사를 부른 상황이었다. 영향력이 커지면서 후수리를 비롯한 기자들은 대중이나 외신 기자 앞에서 점점 더 많은 시간을 보내게 되었다. 직원들의 양복과 얼룩진 반팔 셔츠 차림에 신물을 느낀 그녀가 편집자들에게 한 가지 제안을 했다. 새

정장을 사면 회사에서 정장을 한 벌 더 살 수 있는 돈을 지급하겠다는 것이었다. 땅딸막하고 눈꺼풀이 처진 재단사가 회의실로 정장을 한 아름 가져오자 직원들이 줄지어 들어와 옷을 몸에 맞추어 보았다.

「여기가 너무 헐렁해 보이지 않아요?」 서른일곱 살의 부편집국장 왕숴가 입은, 가는 세로줄 무늬가 들어간 우아한 회색 정장 재킷의 소매를 잡아당기면서 후수리가 물었다. 사장이 자신의 몸을 여기저기 쿡쿡 찔러 대며 옷이 맞는지 확인하는 것을 그는 어정쩡하게 참고 있었다. 내가 강아지를 목욕시키며 종종 보던 표정이었다.

「충분히 꽉 끼는 편입니다.」 왕숴가 항변했다.

〈입는 사람이 충분히 꽉 긴다고 하는데요〉라며 재단사도 거들었다.

「잠깐만요!」 후수리가 말했다. 「영화에 나오는 제임스 본드를 생각해 봐요. 그렇게 만들어 주세요!」

후수리의 대담한 세계주의에 함축된 변화는 이런 미적 감각보다 훨씬 깊은 곳을 흐르는 것이었다. 한번은 호의를 가진 한 미국인 교수가 그녀에게 〈언론인으로서 계속 중국에 남을 경우 절대로 진정한 의미에서 국제적인 주류에 합류할 수 없습니다〉라고 조언했다. 그녀는 설령 그것이 중국의 제도권 안에서 갖은 애를 써야 함을 의미하더라도 그가 틀렸다는 사실을 증명하겠다고 결심했다.

『차이징』 같은 잡지가 규제를 어길 경우 중앙 선전부에서는 축구의 옐로카드와 같은 경고장을 보냈다. 1년에 세 장의 경고가 누적되면 해당 잡지를 폐간시킬 수 있었다. 그들은 잡지가 출간되기 전까지 기사를 읽지 않았다. 즉 불확실한 경계선을 넘어 얼마나 더 멀리 갈 것인지, 어떤 사건을 다루었을 때 어떤 위험이 있을지 계산하는 일은 전적으로 편집자들의 몫이었다. 이런 식의 구조가 일정한 압력으로 작용했으며, 중국학자 페리 링크 교수는 이러한 압력을

〈머리 위에 있는 샹들리에에서 똬리를 틀고 있는 아나콘다〉에 비유하기도 했다. 〈일반적으로 그 거대한 뱀은 움직이지 않는다. 아니, 움직일 필요가 없다. 자신에게 어떠한 행동을 하지 말아야 하는지 분명하게 보여 줄 필요를 느끼지 않기 때문이다. 거대한 뱀은 암묵적으로 계속 《네가 알아서 판단해라》라고 이야기할 뿐이며 뱀의 그림자 안에 있는 사람들은 대체로 스스로 크고 작은 조정 과정을 거친다. 그리고 그 모든 조정 과정은 지극히 자연스럽게 이루어진다.〉

후수리는 수년에 걸쳐 중국 정부를 살아 숨 쉬는 생명체로 대하면서 아나콘다 밑에서 사는 법을 터득했다. 예컨대 그녀는 끊임없이 중국 정부의 기분과 예민함의 정도를 살폈다. 그녀의 대리인 중 한 명인 왕펑이 말했다. 「그녀가 몸을 사린다는 것을 당신도 느낄 수 있을 겁니다. 예를 들자면 이런 식이에요. 월요일 편집 회의에서 그녀가 어떤 사건을 목표로 설정하면 그에 따라 편집자들과 기자들이 일을 진행합니다. 그러다가 수요일 편집 회의에서 다시 그녀가 〈여러분도 알아요? 이 사건에 대해 나는 추가로 정보를 입수했고 우리는 이 사건을 덮어야 합니다. 아무래도 수위가 더 낮은 목표를 찾아야 할 것 같아요〉라고 이야기하죠.」

2007년 1월에 처음으로 후수리는 너무 깊이 들어가면 어떻게 되는지에 대한 교훈을 얻었다. 당시의 표지 기사 〈루닝은 누구의 것인가?〉는 발전소부터 스포츠 팀까지 보유한 시가 1백억 달러짜리 복합 기업의 주식 가운데 92퍼센트를 매우 적은 돈으로 매입한 일단의 투자자들을 다루었다. 이사회와 주주들이 복잡하게 겹쳐 새로운 소유주들의 정체가 모호했고, 게다가 인수 자금의 거의 절반 이상이 출처를 알 수 없는 곳에서 흘러나온 상황이었다. 이후 『차이징』에서 간단한 후속 기사를 내려고 하자 당국은 뉴스 가판대에서 해당 잡지의 판매를 금지시켰으며 후수리의 직원들은 인쇄까지 마친 잡지들을 일일이 손으로 찢어 폐기해야 했다. 『차이징』에서 은퇴한 한 편집자가 〈우리 모두는 모욕감을 느꼈습니다〉라고 당시를 회상했다. 후수리 역시 그 사건을 자신이 겪은 〈최악의 재앙〉이라고 불렀다(해당 기사는 당 고위 간부들의 자녀들까지 연루될 정도로 너무 깊이 들어갔고 이는 언론에 개방적인 태도를 보이던 개혁가들의 의지조차 능가하는 엄청난 금기였다).

어느 날 오후 그녀의 사무실에서, 다른 출판물들은 처벌을 받았는데 『차이징』은 처벌받지 않은 이유가 무엇이라고 생각하는지 물었다. 「우리는 이를테면 〈당신들이 거짓말을 했다〉는 식으로 감정적이거나 부주의한 표현을 절대로 사용하지 않습니다. 시스템을 분석하고 어째서 훌륭한 생각이나 좋은 의도가 현실화될 수 없는지 이야기하려고 하죠.」 중국에서 가장 활발하게 활동하는 신문 중 하나인 「서든 메트로폴리스 데일리」의 편집장을 역임했고 당국을 화나게 하는 바람에 교도소에서 5개월을 지낸 적이 있는 청이중에게 똑같은 질문을 하자 후수리와는 다른 관점을 피력했다. 그는 경찰권을 제한하려던 자신의 운동과 정부의 국정 운영을 개선하는 데 집중하는 후수리의 행보 사이에 선을 그었다. 「『차이징』에서 다루는 주제들은 근본적인 지배 방식에 어떠한 영향도 끼치지 않았고 그래서 상대적으로 안전한 겁니다.」 그러고서 그는 이렇게 덧붙였다. 「후수리를 비난하려는 것은 아니지만 어떤 측면에서 『차이징』은 단순히 보다 효과적이거나 상대적으로 훌륭한 이익 단체로서 기능할 뿐입니다.」

그녀는 의혹을 제기하거나 어떤 사건을 맹렬하게 파고들 때도 항상 충성스러운 비평가의 언어를 사용했다. 2007년에 쓴 한 칼럼에서 그녀는 〈정치 개혁을 종용하는 행위가 불안을 초래한다고 주장하는 사람들이 있다. 실제로는 개혁 없이 현상을 유지하는 행위가 오히려 사회적 불안의 온상을 낳는다〉라고 주장했다. 다시 말해 정치 개혁을 통해 권력을 잃는 대신 권력을 더욱 굳건하게 다질 수 있다는 뜻이었다.

그녀의 접근 방식은 진심으로 문제를 해결하길 원하지만 그러기 위해서 권력을 포기할 마음은 없는 정부 내의 개혁가들에게 어필했다. 일부 중국 언론인들은 예컨대 부패한 행정 장관들을 색출하려는 중앙 정부의 노력을 강조하거나, 정부의 한 계파가 경쟁 관계에 있는 다른 계파의 의제를 반대하게 놔두는 등 이익 집단들이 서로를 견제하게 만드는 것이 후수리의 가장 뛰어난 능력이라고 말했다. 이 가설은 계속해서 〈가장 강력한 집단을 존속시켜라. 그러면 당신은 진정한 언론의 역할을, 심지어 돈도 벌면서 수행할 수 있다〉고 주장했다. 후수리는 검열을 협상의 문제로 간주했다. 예컨대 그녀는 선전관들이 화가 났을 경우 되도록 논쟁을 피하고자 했다. 대신 개선하겠다고, 보다 주의하겠다고, 앞으로는 그런 실수를 범하지 않겠다고 약속했다. 그녀의 친구 첸강이 내게 〈중국에는 꾸준히 떨어지는 물방울이 바위에 구멍을 낸다는 말이 있습니다〉라고 말했다. 다른 언론인들은 그보다 화려한 은유를 선호했다. 〈족쇄를 차고 춤춘다〉는 것이 그들의 표현이었다.

후수리에게 2008년에 발생한 지진에 대해 물었을 때 우리는 그녀의 사무실에 있었고 시간은 늦은 오후를 향해 가고 있었다. 오후 햇살이 사무실 창문에 그림자를 드리웠으며 재앙과 그로 인한 엄청난 인명 손실이라는 주제에 그녀는 잠시 생각에 잠겼다. 당시 그녀는 베이징 서쪽의 산자락에 위치한 한 호텔에서 장학생들을 위한 행사를 주관하다가 문자 메시지로 소식을 접했다. 그녀가 이전 지진 사건을 다루었던 친구 첸강에게 다가가 피해 규모를 대략 어느 정도로 예상하는지 조용히 물었다. 그는 시계를 확인하고 학교가 수업 중이었을 거라는 사실을 깨달았다. 학생 사상자 수가 엄청날 터였다.

그 정도 규모의 재앙을 보도하는 일은 정치적으로 위험할 수 있었다. 이전 1976년 대지진을 겪었을 때도 중국 정부는 사망자 수와 관련하여 3년 동안 언론을 침묵하게 했던 터였다. 이제는 2008년이었고 후수리는 베이징 시내로 돌아가는 차 안에서 전화와 이메일을 이용해 직원들에게 위성 전화기를 빌리고 쓰촨 성으로 기자를 파견하라고 소리쳤다. 1시간 뒤 『차이징』의 첫 번째 기자가 지진이 발생한 지역으로 가는 비행기에 몸을 실었고 그 뒤로 아홉 명이 더 비행기에 올랐다. 현장에 도착한 그들은 많은 관공서 건물들이 지진을 버텨낸 반면에 수백 개의 학교는 붕괴되어 콘크리트와 철근 더미가 되었음을 알게 되었다. 취학 아동이 급증하면서 새로운 공간이 필요해지자 1990년대에 대량으로 자금을 풀어 지은 학교들이었다. 그 과정에서 너무나 많은 돈이 다른 곳으로 빠져나갔고 그 결과 설계상 철근이 들어가야 할 곳에 대신 대나무를 넣어 건물을 지은 경우도 있었다.

수천 명의 아이들이 잔해에 갇히거나 그 안에서 목숨을 잃었다. 아무도 정확한 숫자조차 확실히 말할 수 없을 정도였다. 중앙 선전부는 건설상의 문제에 대해 보도하는 것을 재빨리 금지했다. 그럼에도 해당 사실을 보도한 몇몇 중국 신문은 처벌을 받았다. 한편 후수리는 그 같은 분위기를 다르게 해석했다. 즉 상업적 출판물이라는 그녀 잡지의 위치를 이용해서 단순히 공공 자금의 이용 실태를 감시할 뿐이라는 구실을 붙일 수 있겠다고 계산했다. 그동안 보여 온 『차이징』의 성공과 무모함도 도움이 될 터였다. 요컨대 『차이징』이 이전에도 이미 선을 넘은 적이 있었기 때문에, 보수적인 정부 기관의 입장에서는 어떤 고위 관료들이 해당 잡지를 후원하는지 이제 확신할 수 없었다.

여기에 더해서 그녀는 사업가였기 때문에 경쟁적인 부분도 생각해야 했다. 즉 당시는 인터넷이 확산되던 시기였고 그녀는 인터넷을 따라잡을 필요가 있었다. 적당한 논조를 유지하고 정확한 사실만 보도한다면 기사를 낼 수 있겠다는 생각이 들었다. 그녀가 말했다. 「완전히 금지된 것만 아니면 우리는 합니다.」 6월 9일, 『차이징』은 지진 사건에 대해 학교의 붕괴 사실을 포함한 열두 면짜리 보도 기사를 냈다. 차분하고 신뢰감을 주는 기사였다. 그리고 더딘 경제 성장과 낭비되는 공적 자금, 건설 기준을 둘러싼 만연한 무지가 재앙을 불러왔다는 사실에 주의를 기울이라고 조언했다. 해당 기사는 일반적으로 중국에서 부(富)를 추구하는 행위에 달라붙어 있는 신화라는 껍질을 이전까지 좀처럼 분명하게 표현된 적 없는 방식으로 벗겨 냈다. 요컨대 중국의 경제 붐은 가난했던 농촌에 새로운 시대를 열어 주었지만 그 같은 도약에 뒤따르는 비용이 이제 명확해지고 있었다. 기사는 지역 관료들이 어떻게 절차나 원칙을 무시했는지 자세하게 밝혔지만 실명을 거론해서 책임을 묻기 직전에 멈추었다. 후수리 역시 끌려가서 문책을 당했지만 처벌까지는 받지 않았다.

그녀는 그동안 자신의 위치에서 안팎에 한 발씩을 딛고 경계선에 걸터앉아 결정을 내려 왔다. 만약 그녀가 부패한 특정 관료들의 실명을 언급했다면 책임감이라는 측면에서는 보다 많은 점수를 얻었을지 모르겠다. 그러나 특종은 그녀를 보복에 취약하게 만들었을 것이다. 「우리는 비난받기를 원치 않는 핵심 당 간부들에게 빌미를 제공하지 않으려고 노력합니다.」 그녀의 설명에 따르면 근본적으로 중요한 문제는 〈15년 전에 양질의 벽돌을 사용하지 않은 사람이 누구인가?〉보다 심오한 것이었다. 「우리에게는 보다 많은 개혁이 필요합니다. 견제와 균형도 필요하죠. 투명성도 필요합니다. 다만 우리는 그런 것들을 이야기할 때 단순한 말이나 슬로건을 사용하지 않을 뿐입니다.」 그것은 미묘한 종류의 게임이었고 그녀는 그 판에서 승리했다. 언젠가는 아직 벌이지 않은 다른 게임들에서 승리하지 못할 수도 있겠지만.

9. 민중을 이끄는 자유의 여신

그해 봄 중국 정부는 국교(國教) 행사를 준비하는 듯한 열정으로 2008년 베이징 하계 올림픽을 손꼽아 기다리고 있었다. 공산당은 톈안먼 광장에 올림픽이 시작될 때까지 몇 초가 남았는지 표시하는 또 하나의 거대한 시계를 조립해 올렸고, 수도는 무엇보다 단결을 역설하는 〈하나 된 세상, 하나 된 꿈〉이라는 슬로건으로 장식되었다.

어느 날 아침 나는 현관문을 나서다가 시에서 고용한 두 명의 일꾼이 내가 사용하는 침실 외벽의 빨간 벽돌에 시멘트를 바르는 광경을 목격했다. 올림픽에 대비해 깨끗하고 현대적인 환경을 조성하기 위해 베이징의 많은 구역들을 허물거나 재단장하던 참이었다. 일꾼들은 먼저 벽에 부드러운 시멘트로 토대를 바르고 자와 다림줄을 이용해서 그 위에 또렷한 선과 모서리를 새겨 넣었다. 원래의 낡은 벽돌을 위장해서 새 벽돌처럼 보이게 하려는 의도임을 대번에 알 수 있었다. 현관 맞은편 골목길 벽에도 뭉툭한 글씨로 쓰인 〈마오쩌둥 주석이여 영원하라!〉라는, 이제는 희미해진 낙서가 있었는데 흙손이 그 위를 두 번 지나가자 당대의 위대한 지도자는 시멘트 뒤로 사라졌다.

완벽함을 향한 열망은 메달 경쟁으로 확산되었다. 스포츠 관계자들은 〈올림픽에서 명예를 차지하기 위한 2001~2010년 개요〉라고 불리는 장기 계획 아래 이전 그 어느 때보다 많은 금메달을 따겠다고 다짐했다. 이 계획에는 그 해 여름의 가장 치열한 경쟁 종목에서 보다 많은 금메달을 따기 위한 캠페인으로 〈119 프로젝트〉가 포함되었고 해당 프로젝트에 따르면 중국은 총 119개의 금메달을 딸 수 있을 것으로 추산되었다. 어떠한 변수의 여지도 없었다. 개막식에서 독창을 할 어린 소녀를 찾던 조직 위원회는 목소리와 외모를 겸비한 최적의 인물을 발굴하는 데 실패하자 다른 사람의 목소리에 맞춰 립싱크를 하도록 한 어린 소녀를 훈련시켜 그 둘을 하나처럼 내놓았다. 또 어떤 중국인 돈육 납품업자는 중국 선수들이 호르몬을 먹인 돼지고기를 먹고 약물 검사에 걸리지 않도록 특별히 애지중지 기른 돼지를 생산하고 있다고 발표했다. 하지만 그 발언을 계기로 일반 중국 시민들은 자신들이 먹는 돼지고기에 대해 의심을 품기 시작했고 결국 베이징 올림픽 위원회는 돼지고기를 둘러싼 이야기가 〈과장된 거짓말〉이라고 비난하는 〈올림픽 돈육 보고서에 관한 해명〉을 발표해야 했다.

외곬으로 전념하면 할수록 올림픽 조직 위원회는 그들이 통제할 수 없는 더 많은 문제들과 맞닥뜨렸다. 중국이 〈화합의 여정〉이라고 부른 올림픽 성화 봉송 릴레이에는 여섯 개의 대륙을 횡단하고 에베레스트 산 정상을 경유하는 등 이전의 어떤 올림픽보다 많은 2만 1,888명의 주자들이 참여할 계획이었다. 중국 언론은 성화를 말 그대로 신성한 불꽃으로 지칭하며 성화가 그리스 올림피아에서 일단 점화되면 베이징에 도착할 때까지 5개월 동안 절대로 꺼지지 않을 거라고 설명했다. 하지만 밤이 되거나 불이 붙은 상태로 운반할 수 없는 비행기 안에서 성화는 일단의 손전등으로 불꽃을 대신하게 될 터였다.

화합의 여정이 시작된 지 얼마 지나지 않은 3월 10일이었다. 티베트 수도 라싸의 승려들 수백 명이 달라이 라마가 미국 정부로부터 의회 명예 훈장을 받은 일을 찬양한 죄로 구속된 티베트인들의 석방을 요구하면서 행진에 나섰다. 승려 수십 명이 체포되었고 이어 3월 14일 승려들의 구속에 대한 항의 시위가 일어나 1980년대 이래 티베트 최악의 폭동으로 발전했다. 정부 발표에 따르면 폭도들이 불을 지른 건물에 숨은 열한 명의 한족과 한 명의 티베트인이 불에 타 숨졌고 한 명의 경찰과 여섯 명의 일반 시민들이 폭행이나 그 밖의 원인으로 사망했다. 달라이 라마가 평정을 되찾으라고 호소하고 나섰지만 중국 정부는 폭동이 〈사전에 계획되었고, 배후 인물이 있으며, 달라이 라마 추종 세력에 의해 선동되었다〉고 주장했다. 라싸를 통제하기 위해 장갑차를 탄 보안군이 진입했으며 당국은 용의자들을 체포하기 시작했다. 체포된 사람들의 숫자가 수백 명에 달했다. 티베트인 망명 단체가 라싸와 그 밖의 지역에서 강력한 진압 과정 중에 여든 명의 티베트인들이 목숨을 잃었다고 주장했지만 중국은 이를 부인했다.

성화가 런던과 파리, 샌프란시스코를 경유할 즈음 티베트에서 벌어진 강력한 탄압을 비난하는 항의가 너무 거세지자 올림픽 조직 위원회는 성난 군중을 피해서 성화를 끄거나 다른 길로 우회해야 했다. 그러자 중국 시민들과 특히 외국 유학생들이 보기 드물게 분노를 드러냈다. 성화가 한국에 도착했을 때는 중국인들과 상대편 시위자들이 길거리에서 몸싸움을 벌였다. 중국 국내에서는 프랑스가 티베트 인권 운동가들을 지지한다는 입장을 표명했다며 수천 명의 시민들이 프랑스의 대형 슈퍼마켓 체인 카르푸 앞에서 시위를 벌였다. MIT에서 박사 학위를 취득하고 중국의 대표적인 웹 포털 서비스 소후의 CEO를 지낸 찰스 장은 〈완전히 편견에 사로잡힌 프랑스 매체와 대중들에게 손해와 고통을 안겨 주기 위해〉 프랑스 상품 불매 운동을 벌이자고 주장했다.

국영 언론은 다른 시대의 언어를 부활시켰다. 미국 하원 의장 낸시 펠로시가 티베트 문제를 둘러싼 중국의 대응을 비난하고 나서자 신화통신은 그녀를 〈역겹다〉고 표현했다. 또 『아웃룩 위클리』라는 잡지는 〈나라 안팎의 적대 세력들이 베이징 올림픽을 침투와 방해 공작의 중심지로 만들었다〉고 경고했다. 티베트의 공산당 서기는 달라이 라마를 〈승려 복장을 한 늑대, 사람 얼굴을 가졌지만 짐승의 심장을 가진 괴물〉로 지칭했다. 익명성이 보장되는 인터넷에서는 무지막지한 말들이 난무했다. 국영 신문사에서 개설한 한 토론방에 〈입으로 방귀를 뀌는 사람들 목구멍에 똥을 처박고 싶다!〉라는 댓글이 달리는가 하면 〈내게 총을 달라! 적에게 자비 따윈 필요 없다!〉라는 댓글도 있었다. 이러한 글들을 보면서 많은 중국인들도 당혹스러워했지만 실질적으로 위협을 받기 시작한 외국인 기자들 입장에서는 그냥 무시할 수 있는 문제가 아니었다. 베이징 사무실 팩스로 들어온 한 익명의 편지는 내게 〈중국에 관한 진실을 명백히 밝혀라……. 그러지 않으면 당신과 당신이 사랑하는 사람들은 당신이 차라리 죽길 바라게 될 것이다〉라고 위협했다.

항의가 거세질 무렵 나는 중국 웹 사이트에서 가장 창의적인 애국적 표현을 찾기 시작했다. 그러던 4월 15일 아침, 중국 웹 포털 사이트인 시나에 〈2008년 중국이여 일어나라!〉라는 제목의 짧은 동영상이 등장했다. 해당 동영상의 출처는 신비에 싸여 있었다. 요컨대 동영상을 올린 호스트도 없었고, 내레이터도 없었으며, CTGZ라는 머리글자를 제외하면 딱히 서명도 없었다.

동영상은 집에서 제작된 다큐멘터리로, 머리에서 태양 광선을 발하는 마오쩌둥 주석의 총천연색 초상화로 시작되었다. 정적한 가운데 관현악이 흘러나오고 천둥처럼 요란한 북소리와 함께 검은 화면이 밝아지면서 중국어와 영어로 된 마오쩌둥의 슬로건 중 하나가 튀어나왔다. 〈제국주의는 우리를 파괴하려는 의지를 절대로 포기하지 않을 것이다.〉 뒤이어 몇몇 장면들이 연속해서 등장했다. 현대적인 풍경을 담은 사진들과 뉴스 보도 장면이 있었고, 중국이 오늘날 직면하고 있는 〈비웃음과 책략, 재앙〉 같은 음모와 배신을 헤치면서 달리는 단거리 경주 장면도 있었으며, 침몰하는 중국 주식 시장(중국 주식 가격을 〈대대적으로 조작〉하고 초보 투자자들을 홀려서 돈을 잃게 만드는 외국 투기꾼들의 소행)과, 서구 사회가 미국의 금융 위기에 따른 비용을 〈중국 사람들에게 부담하게 만든〉 글로벌 통화 전쟁의 서막을 보여 주는 장면도 있었다.

장면이 바뀌면서 폭도들이 상점을 약탈하고 라싸에서 몸싸움을 벌이는 광경이 나왔다. 화면 전체에 〈소위 평화로운 저항이라 불리는 것!〉이라는 문구가 깜빡거렸다. 이어 중국에 비판적인 외국 신문들을 짜깁기한 스크랩이 등장했고 그 모두를 가리켜서 〈진실을 외면하다〉, 〈한목소리로 왜곡하다〉라는 문구가 떴다. 다시 CNN과 BBC를 비롯한 언론사 로고들이 화면을 가득 채웠다가 요제프 괴벨스의 초상화로 바뀌었다. 이제 관현악과 수사법은 마지막을 향해 치닫고 있었다. 〈배후에 중국을 고립시키려는 음모가 도사리고 있음이 분명하다. 다시 냉전이다!〉 다음 장면에서 파리의 풍경을 담은 사진과, 시위대가 공식 봉송자로부터 올림픽 성화를 빼앗으려는 바람에 경호원들이 어쩔 수 없이 그들을 막고 있는 사진이 등장했다. 동영상은 태양 아래 타는 듯한 중국 국기의 이미지와 엄숙한 다짐으로 끝을 맺었다. 〈우리는 끝까지 버틸 것이며 조화로운 하나의 가족으로 항상 단결할 것이다!〉

CTGZ가 제작한 겨우 6분 남짓한 분량의 이 동영상은 만연한 민족주의를 자극했고 온라인에 공개된 지 일주일 반 만에 1백만 건 이상의 조회 수를 기록하며 수만 개의 호의적인 댓글을 받았다. 또한 동영상이 공개된 포털 사이트 시나에서 인기 순위 4위에 올랐다(뉴스 앵커가 하품하는 텔레비전 방송 사고 영상이 1위였다). 초당 평균 두 번의 클릭수를 기록한 이 동영상은 중국의 명예를 지키는 일에 있어 선봉을 자청하는 성명서인 동시에 중국인들이 〈펀칭(憤靑)〉 즉 성난 젊은이들이라고 부르는 애국자들 사이에서 기념비적인 사건이 되었다.

나는 톈안먼 광장 사건이 있은 지 19년 만에 중국의 젊은 엘리트들이 다시 일어섰다는 느낌을 받았다. 다만 이번에는 자유민주주의를 추구하기 위해서가 아니라 중국의 명예를 지키기 위해서였다. MIT 미디어 연구소 설립자이며 초기의 인터넷 신봉자 중 한 사람인 니컬러스 네그로폰테는 인터넷의 범세계적 접근성이 우리가 국민으로서 자기 자신에 대해 생각하는 방식을 변화시킬 것이라고 예상했다. 국가는 〈고체 상태에서 곧바로 기체로 승화되는 좀약처럼〉 증발할 것이며 〈천연두가 더 이상 존재하지 않듯이 민족주의 또한 그렇게 될 것이다〉라고 그는 예측했다. 하지만 중국에서 사정은 다르게 전개되었다. 나는 CTGZ가 누구인지 궁금했다. 다행히 그 닉네임은 이메일 주소와 연결되었다. 이메일 주소의 주인은 상하이에 거주하는 탕제라는 28세의 대학원생이었고 해당 동영상은 그의 첫 제작물이었다. 그가 한번 오라고 나를 초대했다.

중국 최고 명문 중 하나인 푸단 대학의 교정은 강철과 유리로 지어진 한 쌍의 30층짜리 고층 건물을 둘러싸고 사방으로 퍼져 있다. 대기업 본사라 해도 무색하지 않을 정도였다. 나는 학교 정문에서 탕제를 만났다. 그는 연색 옥스퍼드 셔츠와 카키색 바지, 검은색 신사화 차림이었다. 또 밝은 적갈색 눈동자와 아기처럼 둥그스름한 얼굴에, 아래턱과 코 아래에는 약간의 수염을 기르고 있었다. 택시에서 내리자 그가 뛰어와 나를 환영하며 대신 택시비를 지불하려 했다.

교정을 가로질러 걷는 동안 탕제는 잠깐이라도 논문에서 벗어날 수 있어서 기쁘다고 고백했다. 논문은 서양 철학에 관한 내용이라고 했다. 그는 현상학을 전공했으며 그중에서도 특히 사르트르 같은 사람들에게 영향을 끼친 독일 철학자 에드문트 후설이 이론을 세운 〈상호 주관성〉 개념을 공부했다. 중국어에 더해서 영어와 독일어도 술술 읽을 수 있었지만 유창하게 말하지는 못했고 그래서 가끔씩 변명하듯이 다른 언어를 섞어서 사용했다. 라틴어와 고대 그리스어도 배우는 중이라고 했다. 그가 지나칠 정도로 겸손하고 조용한 어조로 이야기했기 때문에 때때로 그의 목소리는 속삭이듯이 작아졌다. 그에게는 진지한 구석이 있었다. 힘을 아끼려는 듯 좀처럼 웃지도 않았다. 취미로 중국 클래식 음악을 들었고 홍콩 스타 주성치가 만든 스크루볼 코미디도 좋아했다. 탕제는 유행에 뒤처지는 것을 자랑스럽게 여겼다. 크레이지 잉글리시의 마이클 장과 달리 그는 영어 이름을 사용하지 않았다. 동영상에 올린 CTGZ라는 이름은 고전 시에 나오는 모호한 두 개의 단어를 조합한 것이었다. 〈창팅(長亭)〉과 〈공쯔(公子)〉라는 단어였는데, 이 두 단어는 합쳐져서 〈누각에 있는 고귀한 아들〉이라는 뜻으로 번역되었다. 다른 중국인 엘리트 학생들과 대조적으로 그는 공산당에 가입한 적이 없었다. 공산당에 가입할 경우 학자로서 자신의 객관성이 의심받을지 모른다는 우려 때문이었다.

탕제가 미리 초대한 친구들과 함께 〈뚱보 형제의 쓰촨식 식당〉에서 점심을 먹고 우리는 다 함께 탕제의 방으로 가기 위해 계단을 올랐다. 그는 엘리베이터가 없는 건물의 6층에서 혼자 살았다. 7제곱미터도 채 되지 않는 원룸은 자칫 깔끔한 불법 거주자가 점거한 도서관 창고로 오해할 수 있을 만한 상태였다. 사방이 책으로 뒤덮여 발 디딜 틈이 없었고 책상 위 선반에도 책이 엄청나게 나와 있었다. 그가 소장한 책들은 그동안 인류가 내놓은 거의 모든 사상들을 망라했다. 예컨대 플라톤이 노자와 비트겐슈타인, 베이컨, 퓌스텔 드쿨랑주, 하이데거, 코란에 기대고 서 있는 상황이었다. 침대를 몇 센티미터 넓히고 싶었던 탕제는 침대의 프레임에 합판을 깔고 그 밑을 책 기둥으로 받쳐 두었다. 결국 방에 둘 수 없을 정도로 넘쳐 난 책들은 마분지 상자에 담겨 현관 밖에서 또 다른 벽을 이루었다.

탕제가 책상에 딸린 의자에 털썩 주저앉았다. 그에게 혹시라도 동영상이 그토록 인기를 끌 줄 알았는지 물었다. 그는 웃으며 〈그 같은 결과는 내가 많은 사람들의 공통된 감정을, 공통된 관점을 표현했다는 사실을 보여 줍니다〉라고 말했다.

탕제 옆에 쾌활하고 넓적한 얼굴의 류청광이 앉았다. 그는 정치학 박사 과정을 공부하는 학생이었고 그즈음 하버드 대학 교수인 하비 맨스필드의 〈남자다움〉을 주제로 한 강의에서 통역을 맡기도 했다. 회색 운동복 상의를 입고 침대에 큰대자로 누운 슝원츠는 정치학 박사 학위를 취득한 후 학생들을 가르치고 있었다. 또 탕제의 왼쪽에 앉은 쩡커웨이는 마르고 멋있는 은행가였는데 금융계로 진출하기 전 서양 철학 분야에서 석사 학위를 취득했다. 그들은 모두 20대였고, 가족 중에서 처음으로 대학에 다닌 사람들이었으며, 서양 철학을 연구하는 일에 끌린 사람들이었다. 그들에게 서양 철학에 매료된 이유를 물었다.

류청광이 말했다. 「중국은 근대사 전반에 걸쳐 퇴보했고 항상 우리는 서구 사회가 점점 더 부강해지는 이유를 찾으려 했습니다. 그리고 서구 사회로부터 배웠습니다. 우리처럼 교육받은 사람들에게는 하나같이 꿈이 있습니다. 서구 사회로부터 배워 부강해지자는 것이죠.」

전에 함께 유럽을 여행하면서 알게 된 중국인들이나 아이웨이웨이의 동화 클럽 회원들처럼, 나를 둘러싸고 있는 이 젊은이들도 서구 사회의 유혹을 동경과 걱정 어린 시선으로 바라보았다. 중국은 혼란의 시대였다. 그들은 CNN에 저항하고 있었지만 중국의 한쪽에서는 영어 학원들이 〈한 달이면 당신도 CNN을 이해할 수 있다!〉라는 슬로건과 함께 광고를 하고 있었다.

탕제와 그의 친구들이 너무나 품위 있으며 감사하는 태도를 보였기 때문에 나는 그들의 이야기를 경청하면서 혹시 그해 봄 갑작스럽게 나타난 중국의 분노가 예외적인 현상은 아닐지 의심을 품기 시작했다. 하지만 그들은 내게 그런 실수를 범하지 말라고 진지하게 조언했다.

쩡커웨이가 말했다. 「우리는 서양의 역사를 오랫동안 연구했기 때문에 이제는 훤히 꿰뚫고 있어요. 중국에 대한 우리의 애국심이, 그리고 정부와 이 나라의 장점에 대한 우리의 지지가 마음에서 저절로 우러난 반응은 아니라고 생각합니다. 요컨대 그런 문제들에 대한 수많은 고민이 애국심을 키운 거죠.」

그들의 독설까지는 아니더라도, 중국이 나아가는 방향을 바라보는 그들의 시각은 사실상 주류의 시각과 다르지 않았다. 이를테면 중국인 열 명 중 거의 아홉 명은 자국에서 일이 진행되는 방식을 지지했다. 이는 그해 봄 미국의 퓨 연구소에서 조사한 24개국 가운데 가장 높은 비율이었다(그에 비하면 미국에서는 열 명 중 겨우 두 명만이 그러한 찬성 의견을 피력했다). 그들 가운데 보다 적극적인 애국심을 내세우는 사람들이 얼마나 많은지는 정확히 알기 어려웠지만, 학자들은 일본이 UN 안전보장이사회의 회원국이 되는 것에 반대하며 중국이 추진한 서명 운동에 주목했다. 최종 집계에 따르면 해당 운동은 스페인 인구와 대충 비슷한 4천만 명 이상의 서명을 받아 냈다. 나는 탕제에게 어떻게 동영상을 만들었는지 알려 달라고 부탁했다. 그가 자신의 레노버 데스크톱 컴퓨터의 모니터로 얼굴을 돌렸다. 그리고 동영상 편집 프로그램을 가리키며 〈무비 메이커 프로그램은 아시죠?〉라고 물었다. 나는 변명하듯이 모른다고 대답하고 혹시 책에서 배운 거냐고 물었다. 그가 측은한 듯 나를 바라보았다. 그는 도움말 메뉴를 확인해 가면서 대충 배운 터였다. 「우리는 빌 게이츠에게 고마워해야 해요.」

탕제가 동영상을 인터넷에 올리기 한 달 전에 중국은 미국을 제치고 세계 최대의 인터넷 소비국이 되었다. 중국의 인터넷 이용자 수는 2억 3800만 명에 육박했다. 그럼에도 인구 전체로 따지면 16퍼센트에 불과한 숫자였고 거의 25만 명에 달하는 새로운 이용자들이 매일 생겨나고 있었으며, 그 결과 새로운 생각이 중국 전역으로 전파되는 방식에 일대 변혁이 일어나고 있었다. 가장 활발한 몇몇 온라인 커뮤니티들은 회원 수가 수백만 명으로 늘어나면서 공산당을 제외하면 중국에서 가장 방대한 조직으로 성장했다.

　방언과 지리적 차이, 계급으로 나누어진 나라에서 인터넷은 사람들이 전례 없는 방식으로 서로를 찾을 수 있도록 해주었다. 일단의 중국인 자원자들이 모여 매주 『이코노미스트』지를 완벽하게 번역해서 독자들에게 무료로 배포하기 시작했다. 번역자들은 〈인터넷 시대에 가장 강력한 힘은 탐욕이나 사랑, 폭력이 아니라 관심사에 대한 헌신이다〉라고 그들의 목적을 설명했다. 과학 기술에 대한 믿음으로 가득 찬, 젊고 뻔뻔할 정도로 이상적인 사람들이었다. 그들은 또한 〈인터넷은 당신을 생각이 비슷한 다른 사람들과 연결해 주고 상상도 할 수 없는 에너지를 제공한다〉라고 썼다. 검열관의 간섭을 피하기 위해 그들은 공공연하게 자체 검열을 실시했다. 그에 따라 새로운 회원이 들어오면 〈만약 번역하는 기사가 민감한 주제와 관련이 있거나 공개되어도 괜찮을지 스스로 확신이 없을 경우 굳이 위험을 감수하지 마시오〉라고 조언했다. 이러한 자체 검열은 일종의 자치적 성격을 띠었다. 즉 웹 사이트들은 지원자를 모집해서 해당 사이트를 문제에 휘말리게 할 수 있는 내용들을 삭제하도록 했다. 이 지원자들은 〈포럼 호스트〉로 알려졌으며 그들이 너무 엄격하거나 느슨하다고 여겨질 경우 다른 인터넷 이용자들이 그들을 대체할 수 있었다. 이 과정은 〈탄핵〉이라 불렸다.

　초기 인터넷 이용자들 중에서도 중국의 민족주의자들은 가장 열심인 축에 들었다. 1999년 봄 미국 측 정보를 믿고 나토 항공기가 실수로 베오그라드의 중국 대사관에 세 개의 폭탄을 투하했을 때 중국의 웹 사이트들은 마침내 목소리를 낼 기회를 얻었다. 중국의 애국자 해커들은 베이징에 있는 미국 대사관 홈페이지에 〈야만인은 물러가라!〉라는 문구로 도배를 하고, 나아가 분노의 이메일 홍수로 백악관 웹 사이트까지 마비시켰다. 한 인터넷 이용자는 댓글로 〈인터넷은 서양에서 온 것이다. 하지만 우리 중국인은 그 인터넷을 이용해서 전 세계 사람들에게 중국을 함부로 모욕하지 말고 말할 수 있다!〉라고 주장했다. 민족주의는 한 젊은 애국자의 말마따나 〈표현의 자유라는 신성한 권리에 대한 우리의 첫 번째 시식〉을 제공했다.

그 또래의 다른 젊은이들과 마찬가지로 탕제도 대체로 온라인에서 살다시피 했다. 그해 3월 라싸에서 폭동이 일어났을 때 그는 중국의 관영 통신뿐 아니라 미국과 유럽의 뉴스 사이트에서 관련 뉴스를 자세히 추적했다. 정부의 방화벽에 구멍을 뚫으면서 한 치의 망설임도 없었다. 그는 프록시 서버를 이용했다. 프록시 서버란 해외에 위치하면서 이용자에게 차단된 웹 사이트를 연결해 주는 일종의 디지털 정류장이었다. 텔레비전도 오로지 컴퓨터로 시청했다. 그편이 훨씬 다양한 프로그램을 접할 수 있기 때문이었다. 그의 방에 텔레비전이 없기도 했고, 그는 또한 외국에 있는 중국인 유학생들이 스크랩해서 보내 준 외국 뉴스들을 받아 보았다. 중국인 해외 유학생은 10년 만에 거의 3분의 2가 늘어나 이제 대략 6만 7천 명에 달했다. 탕제는 외국인들이 자기 세대를 볼 때 검열에 의한 왜곡을 분별할 능력이 없다고 생각할 수 있다는 사실에 당혹감을 나타냈다. 「그러한 시스템 안에 있기 때문에 우리는 스스로 세뇌되지 않았는지 늘 자문합니다. 언제나 다른 경로를 통해서 추가 정보를 얻으려고 노력하죠.」 그러고서 이렇게 덧붙였다. 「오히려 당신 같은 외국 사람들은 이른바 자유로운 시스템 안에서 살기 때문에 자신이 세뇌되었을 가능성에 대해 전혀 의심하지 않습니다.」

그해 봄 내내 푸단 대학의 전자 게시판 시스템, 즉 BBS는 티베트 소식과 그와 관련한 의견들로 시끄러웠다. 기술적인 측면에서 BBS는 한물간 시스템이었고 토론에 필요한 다중 스레드를 지원하는 단순한 디지털 토론장에 불과했다. 그럼에도 트위터나 그에 상응하는 다른 중국산 프로그램들이 아직 뿌리내리지 못한 상황에서 많은 중국인 학생에게 처음으로 낯선 사람들로 가득한 디지털 방에 들어가 거리낌 없이 자신의 의견을 피력할 수 있는 경험을 제공했다. 푸단 대학의 BBS에서 탕제는 중국인 인터넷 이용자들의 입장에서 보기에 사실을 호도하거나 부당하다고 여겨지는 외국 언론의 기사들을 발견했다. 예를 들어 CNN 홈페이지에 올라온 한 장의 사진은 군용 트럭들이 비무장 상태의 항의자들을 향해 돌진하는 것처럼 조작되어 있었다. 조작되지 않은 버전으로는 일단의 시위자들이 인근에 매복하고 있는 사진이 있었는데, 그들 중에는 언제든 발사할 준비가 된 총을 가진 사람의 모습도 있었고 트럭에 무언가를 던지는 사람도 있었다. 탕제가 보기에 편집된 사진은 의도적으로 왜곡되어 있었다.

그가 씁쓸하게 말했다. 「장난을 쳐놨더군요.」 그 사진을 비롯해 유사한 여러 사진들이 비판적인 내용의 글과 함께 이메일을 통해 중국 전역으로 퍼져 나갔으며 사람들은 여기에 런던의 「타임스」와 폭스 뉴스, 독일 텔레비전, 프랑스 라디오 등에서 찾은 보다 많은 사례들을 추가했다. 일단의 해외 언론사들이 문제였다. 그들은 사진을 조작된 그대로, 음모의 냄새를 풍기는 모습으로 보려 했다. 그러한 행태는 그동안 서양 언론을 믿었던 탕제 같은 사람들에게 충격을 주었고 무엇보다 그들의 반감을 샀다. 탕제는 자신이 자국의 근대 역사상 최고로 번영하고 개방적인 시대를 살아간다고 생각했지만 세상은 여전히 중국을 의심스러운 시선으로 바라보았다. 이러한 시선을 확인이라도 시켜 주듯 때마침 CNN 해설자 잭 캐퍼티가 중국을 〈지난 50년 동안 그래 왔듯이 여전히 폭력배와 깡패 집단〉이라고 지칭했다. 잭 캐퍼티의 발언은 중국 전역에서 1면을 장식하면서 파문을 일으켰고, 얼마 후 CNN은 사과했다. 대다수의 동료들과 마찬가지로 탕제 역시 어째서 외국인들이 티베트 사건에 대해 그토록 요란을 떠는지 이해할 수 없었다. 그가 보기에 티베트는 중국이 수십 년째 문명화시키려고 노력해 온 불모의 오지일 뿐이었다. 그에게 티베트를 핑계로 베이징 올림픽을 보이콧하는 행위는, 체로키족에 대한 미국의 처우에 항의하기 위해 솔트레이크시티 올림픽을 거부하는 것과 다를 것이 없었다.

그는 유튜브를 샅샅이 뒤졌다. 반박할 증거와 중국의 생각을 해명할 자료를 찾기 위해서였다. 하지만 티베트를 옹호하는 동영상을 제외하고는 그 어떤 영어권 자료도 찾을 수 없었다. 그는 라이프니츠의 『형이상학 논고*Discourse on Metaphysics*』를 비롯한 몇몇 에세이를 중국어로 번역하기로 출판사와 계약한 터라 이미 바쁜 상태였지만 중국을 변호하고 싶은 마음을 떨쳐 버릴 수가 없었다.

「〈좋아, 뭐라도 해야겠어〉라고 생각했어요.」

일을 시작하기 전 탕제는 며칠 동안 고향에 내려가 있어야 했다. 그의 어머니가 추수철에 맞추어 내려오라고 했기 때문이었다. 들에서 죽순 캐는 일에 아들의 도움이 필요했다.

탕제는 중국 동부에 위치한 항저우 근처의 농가에서 4남매 중 막내로 태어났다. 그의 어머니와 아버지는 모두 글을 읽거나 쓸 줄 몰랐다. 초등학교 4학년 때까지 탕제는 이름이 없었다. 가족 내 서열에 따라 그냥 〈넷째 꼬마〉로 불렸다. 그 같은 호칭이 어울리지 않게 되자 아버지는 자신이 가장 좋아하는 코미디언 탕제중에 대한 존경의 표시로 그 이름을 줄여서 막내아들을 탕제라고 부르기 시작했다.

탕제는 책을 좋아하고 대체로 떠들썩한 가족들 사이에서 말수가 적은 소년이었다. 그는 과학 소설에 빠져들었다. 그가 말했다. 「〈스타워즈〉 같은 영화에 대해 궁금한 것이 있다면 무엇이든 다 말해 줄 수 있어요.」그는 눈에 확 뜨일 정도는 아니었지만 우수한 학생이었고 특히 철학에 조숙한 관심을 보였다. 그의 누나 탕샤오링은 내게 〈탕제는 용돈을 군것질에 쓰는 다른 아이들과 달랐어요. 돈을 차곡차곡 모아서 책을 샀죠〉라고 설명했다. 모두 8학년까지만 공부한 탕제의 형제자매는 막내 동생을 다른 세계의 존경스러운 이방인으로 여겼다. 그의 누나는 계속해서 〈막내 동생은 해답을 찾을 수 없는 문제가 생기면 잠을 못 잤어요. 다른 형제들이라면 그냥 포기했을 거예요〉라고 말했다.

고등학교에 가면서 탕제는 성적이 더 올랐고 과학 경진 대회에 참가해 발명가로서 어느 정도의 성과도 냈지만 과학이 자신의 일상적인 관심사와 너무 멀리 떨어져 있다는 사실을 깨달았다. 그러던 중 노르웨이의 철학 교사 요슈타인 가아더가 쓴 『소피의 세계』라는 판타지 소설의 중국어판을 읽었다. 한 10대 소녀가 역사 속 위대한 사상가들과 조우하는 내용이었다. 탕제는 〈철학이라는 것을 알게 된 순간이었죠〉라고 말했다.

애국심이 넘치는 집안은 아니었지만 탕제만큼은 항상 애국심이 투철했다. 톈안먼 사태의 재발 방지를 위해, 공산당은 중국의 청소년을 대상으로 한 사상화 작업을 두 배로 강화했다. 탕제가 초등학교에 다닐 때였다. 장쩌민 주석은 교육부에 서한을 보내서 〈유치원에 다니는 아이들에게도〉 중국 역사를 설명하는 새로운 방식을 주문했다. 그리고 새로운 방식은 〈바이녠 궈츠(百年國恥)〉 즉 19세기 중반 중국의 아편 전쟁 패배에서부터 제2차 세계 대전 중 일본에 강점되었던 일에 이르기까지 100년 동안 겪은 일련의 수치스러운 사건들을 강조했다.

중국 공산당은 〈애국심 교육〉에 집중함으로써 〈국가 의식〉을 고취하고 〈단결력을 제고〉할 수 있을 거라고 설명했다. 학생들은 〈국가적 굴욕을 절대로 잊지 않도록〉 교육받았다. 전국 인민 대표 대회에서 국가적 굴욕의 날이라는 공휴일을 제정하는 데 동의했으며 교과서도 새로 쓰였다. 『실용 애국심 교육 사전』은 355쪽의 분량을 할애하여 중국의 굴욕에 관한 세부 내용을 포함시켰다. 민족주의는 사회주의자가 자유 시장 경제의 선봉에 서는 모순을 공산당이 적절히 처리하는 데 도움이 되었다. 새로운 교과서는 중국 역사에서 〈계급의 적들〉이 차지하는 역할을 축소하고 외국 침략자들의 역할을 강조하기 위해 중국의 시련을 새롭게 해석했다. 마오쩌둥 시대의 중국은 그들의 패배를 감추고자 했지만 이제 학생들은 중국이 잔혹 행위를 당했던 곳으로 수학여행을 다녔다. 젊은이들에게 어필하기 위해 중국 공산주의 청년단은 이를테면 플레이어가 적군(赤軍) 병사 역할을 맡아 일본 침략자들에게 기관총을 난사하는 〈레지스탕스 워 온라인〉처럼 애국심을 고취할 수 있는 비디오 게임 개발에 투자했다.

감정과 정책은 점점 더 불가분의 관계가 되었다. 중국 외교관들은 타국 정부의 행태를 비난할 때 으레 〈중국 인민의 감정을 상하게 한다〉라고 말했으며 그런 식의 표현은 갈수록 잦아졌다. 해당 표현이 사용된 사례를 일일이 세어 본 팡커청이라는 기자는 1949년부터 1978년까지 세 번에 불과했던 〈중국의 감정이 상한〉 사례가 1980년대와 1990년대에 들어 평균 1년에 다섯 번으로 늘어났음을 알아냈다.

푸단 대학에 입학한 탕제는 중문학 박사 과정을 공부하는 내성적인 여학생 완만루를 만났다. 그들은 다른 친구들과 함께 저녁을 먹는 자리에서 나란히 앉았지만 거의 대화를 나누지 않았다. 나중에 탕제는 그녀의 온라인 닉네임 (그레이스리틀)을 추적해서 푸단의 전자 게시판을 이용해 그녀에게 사적인 메시지를 발송했다. 결국 그들은 첫 데이트를 하는 관계로 발전했고 루쉰의 소설 『죽음을 슬퍼하며(傷逝)』를 토대로 한 실험적인 오페라도 함께 관람했다.

두 사람 모두 중국의 걷잡을 수 없는 서구화에 좌절감을 느끼고 있었다는 점도 관계 발전에 일조했다. 나를 만난 자리에서 그녀는 자신의 견해를 피력했다. 「중국의 전통에는 좋은 것들도 얼마든지 많은데 우리는 그것들을 모두 버렸어요. 나는 전통을 계승하는 사람이 반드시 있어야 한다고 생각해요.」 중산층 출신인 그녀에게 탕제의 초라한 뿌리와 전통적인 가치관은 좋은 인상을 주었다. 그녀가 말했다. 「나를 포함해서 우리 세대 대다수는 평탄하고 행복한 삶을 살아요. 나는 우리의 품성에 어떤 면이 결여되어 있다고 생각합니다. 이를테면 애국심이나 고난을 극복함으로써 생기는 끈기예요. 나를 비롯한 우리 세대의 많은 사람들에게는 그런 덕목들이 없는 것 같아요.」 한편 탕제에 대해서는 〈그런 배경에, 가족 중 교육을 받은 사람도 없고, 학업에 도움을 줄 수 있는 사람도 없으며, 가족의 기대가 부담이 되는 상황에서 지금의 그 자리까지 오기가 절대로 쉽지 않았을 거예요〉라고 평가했다.

첫 만남 이후로 나는 탕제와 함께 시간을 보내기 위해서 상하이를 오가기 시작했다. 그는 카리스마 넘치는 39세의 딩윈이라는 푸단 대학 철학과 교수를 따르는 일단의 학생들 중 하나였다. 딩윈 교수는 하비 맨스필드를 비롯한 신보수주의자들의 추종을 받는 정치 철학자 레오 스트라우스의 책을 번역했다. 스트라우스 교수의 폭정 반대론이 이라크 전쟁을 기획한 신보수주의 성향의 입안자들 사이에 인기를 끌면서 당시 그는 미국에서 새삼스레 주목을 받고 있었다. 이라크를 침공하기 전 미국 국방부 내 특수 작전국을 이끌었던 아브람 슐스키도 시카고 대학에서 스트라우스 교수를 사사한 제자였다. 또 다른 제자로 폴 월포위츠도 있었는데 그는 후에 국방부 부장관이 되었다.

딩윈 교수는 짧은 머리에 멋스러운 직사각형 안경을 썼으며 당나라 시대의 학자처럼 긴소매 셔츠를 헐렁하게 입길 좋아했다. 그가 내게 말했다. 「1980년대와 1990년대에는 대다수 지식인들이 중국의 전통 문화에 대해 부정적인 견해를 보였습니다.」 개혁 초기만 하더라도 〈보수적〉이라는 단어는 〈반동분자〉에 버금가는 말이었지만 이제는 시대가 변해 있었다. 이를 증명하듯 그는 옛것의 보편성에 대해 스트라우스식 이해를 가르치며 고대 중국의 사상을 되살리라고 학생들을 독려했다. 그를 위시한 몇몇 학자들은 중국의 세계화 욕구와 배치됨에도 보수주의를 바라보는 새로운 분위기 속에서 소위 〈잘나가고〉 있었다. 딩윈 교수는 옛것에 대한 취향을 계발하고 서구화의 맹습에 대항하는 탕제와 여러 학생들을 흡족하게 바라보았다.

탕제가 말했다. 「우리가 지극히 서구화되었다는 것은 부정할 수 없는 사실입니다. 우리는 이제 예전 중국 서적들을 읽기 시작했고 예전의 중국을 재발견하고 있습니다.」 하비 맨스필드가 그곳을 지날 일이 생겼을 때 상하이의 젊은 신보수주의자들은 그를 저녁 식사에 초대했다. 그들을 방문한 뒤에 내게 보낸 이메일에서 맨스필드는 다음과 같이 썼다. 〈그들은 한편으로 자국의 부활을 실감하고 예찬하면서도 그들 국가의 부활을 계속 이끌어 갈 아무런 원칙이 없다는 사실을 정확히 인지하고 있다. 그들 중 몇몇은 (……) 서구의 진보주의가 진보주의 그 자체에 대한 스스로의 믿음을 잃었다고 생각하고 《자연권》이라는 원칙에 기초한 레오 스트라우스의 보수주의로 눈을 돌리고 있다. 이 보수주의는 원칙 없이 현 상태를 유지하려고만 하는 정부에 만족하지 않는다는 점에서 일반적으로 현상을 유지하고자 하는 보수주의와 전혀 다르다.〉

새로워진 자부심은 탕제와 그의 동료들이 경제를 바라보는 방식에도 영향을 주었다. 그들이 생각하기에 세계는 중국으로부터 이익을 얻으면서도 외국에 투자하려는 중국의 시도는 가로막고 있었다. 탕제의 친구 쩡커웨이가 한때 미국에 투자하려고 했던 중국 기업의 사례들을 열거했다. 「화웨이는 쓰리콤을 인수하고자 입찰에 참가했지만 탈락했습니다. 미국의 석유 회사 유노칼에 대한 중국 해양석유총공사CNOOC의 입찰과 IBM 중 일부를 인수하려던 레노버의 계획은 정치적 반향을 촉발했죠. 문제는 시장 논리가 아니라 정치 논리예요. 우리는 세계가 자유 시장이라고 생각합니다.」

그가 말을 끝맺기도 전에 탕제가 거들고 나섰다. 「미국이 우리에게 가르친 것이 바로 이런 겁니다. 우리는 시장을 개방했지만 우리가 미국 기업을 인수하려고 하면 정치적인 문제에 걸리죠. 공평하지 않습니다.」

이념적인 성향을 떠나 중국인들 사이에서 유행하던 그들의 관점에는 나름의 타당성이 존재했다. 주장에 따라 신뢰성에 차이는 있었지만, 미국 정치인들이 중국의 직접 투자에 반대하고자 국가 안보라는 측면에 호소했기 때문이다. 그럼에도 피해 의식까지 보탠 탕제의 관점은 일부 상반되는 증거들을 흐지부지 넘기기도 했다. 사실 중국의 국부 펀드가 블랙스톤 그룹이나 모건 스탠리의 지분을 보유할 정도로 외국과의 다른 거래에서 성공을 거두고 자국 시장 개방 조치를 취했음에도 석유 회사처럼 민감한 자산을 매입하려는 미국의 시도에 대해 여전히 부정적인 입장을 고수했다는 점에서 중국은 미국과 다를 게 없었다.

미국이 중국의 발흥을 가로막으려 한다는 탕제의 믿음 ─ 〈새로운 냉전〉 ─ 은 경제 문제를 넘어 미국 정치로까지 확대되었다. 예컨대 타이완을 지지하는 문제나 위안화의 가치를 절상하라는 미국 정부의 요구처럼 미국인의 입장에서는 상대적으로 중요성이 떨어지고 본질적으로 다른 문제들이 중국에서는 전략적 견제라는 감정의 문제로 전이되었다.

탕제는 가족의 농가에 닷새간 동안 머무른 다음에야 상하이로 돌아와 동영상 제작을 마무리할 수 있었다. 그는 적당한 사진을 구하기 위해 인터넷을 뒤졌다. 그리고 이를테면 수많은 중국 국기들이 바다를 이룬 가운데 팔을 들고

들라크루아의 「민중을 이끄는 자유의 여신」을 떠올리게 하는 남자의 사진처럼 상징적인 사진들과, 파리에서 일어난 일로 휠체어를 타고 올림픽 성화를 봉송하던 한 중국인 주자가 그로부터 성화를 낚아채려는 항의자를 밀쳐 내는 모습처럼 정치적인 순간을 담은 사진들을 찾아냈다.

또 배경 음악을 찾기 위해 중국의 검색 엔진 바이두에 〈장엄한 음악〉을 입력하고 검색 결과를 살폈다. 마침내 그는 영화 「불의 전차」 음악으로 잘 알려진 그리스 출신의 대중 음악가이며 야니 스타일의 음악을 만드는 반젤리스의 곡을 선택했다. 탕제의 마음에 든 곡은 제라르 드파르디외가 주연하는, 크리스토퍼 콜럼버스를 다룬 영화 「1492 콜럼버스」에 나오는 곡이었다. 대서양을 횡단하는 대형 범선의 갑판에 남자답게 서 있는 드파르디외를 본 것은 단지 몇 초에 불과했지만 탕제는 〈완벽해〉라고 생각했다. 「당시도 세계화의 시대였으니까요.」

그는 외국 언론사의 실수를 수집했다. 네팔 경찰들이 자막에 중국 경찰로 나온 사례도 있었고, 티베트가 아니라 인도에서 체포된 티베트인들을 잘못 보도한 경우도 있었다. 그는 〈일어나라. 그리고 세상에 우리의 목소리를 전하라!〉라는 메시지도 넣었다. 지나치게 서두르는 바람에 영어로 된 몇몇 표제 화면은 실수들로 가득했지만 그는 동영상을 공개하고 싶은 마음이 간절했다. 마침내 포털 사이트인 시나에 동영상을 올리고 학교의 전자 게시판에도 해당 사실을 공지했다. 동영상의 인기가 치솟기 시작하자 자신감이 생겼다. 진실과 관련해 자신과 같은 견해를 가진 사람들이 많다는 사실을 깨달았다. 중국 전역에서 사람들이 그의 동영상을 보았고 다른 곳으로 퍼날랐으며 그에게 응원을 보냈다.

딩윈 교수는 자신의 학생들이 거둔 성과에 무척 기뻐했다. 그가 말했다. 「우리는 그들이 유행의 최첨단을 따르며 서구화된 세대일 뿐이라고 생각했습니다. 물론 내가 알고 지내는 학생들이 매우 훌륭하다고 생각했지만, 그 세대 전체는 어떨까요? 그들을 보면서는 그다지 유쾌하지 않았습니다. 탕제의 동영상에 담긴 내용과 그것이 젊은이들 사이에서 인기를 끄는 모습을 보니 무척 행복합니다. 정말 행복해요.」

모든 사람이 그처럼 달가워한 것만은 아니었다. 중국의 젊은 애국자들은 지극히 양극화되어 있었고 어떤 사람들은 중국어 성조를 살짝 바꾸어 〈성난 젊은이〉를 〈빌어먹을 젊은이〉라고 발음하기도 했다. 자신들이 중국의 대외적인 이미지를 지키고 있다는 행동주의자들 스스로의 믿음에도 불구하고 그들의 노력이 성공했음을 보여 주는 징후는 거의 없었다. 일례로 중국에서 애국의 목소리가 흘러나온 지 몇 주 뒤 영국의 경제 일간지 「파이낸셜 타임스」에서 후원한 한 여론 조사에 따르면, 유럽인들은 중국이 미국을 제치고 세계 안정화에 가장 큰 위협을 준다고 생각했다. 민주주의를 추구하는 사람들에게 중국의 성난 젊은이들은 무척 당황스러운 존재였다. 성장과 교육을 통해 탕제와 그 친구들은 민족주의 시위자들이 〈덕 선생〉과 〈새 선생〉을 부르짖던 1919년부터 학생들이 톈안먼 광장에 모여 자유의 여신상에서 영감을 얻은 조각물을 세웠던 1989년에 이르기까지, 오랜 행동주의의 유물을 물려받은 터였다. 톈안먼 사건 20주년을 1년 앞둔 시기였지만 탕제를 비롯한 그 친구들과 지낸 그동안의 경험으로 보건대, 사건 이후의 번영과 컴퓨터와 서구화는 외부의 기대만큼 중국의 엘리트들이 민주주의를 향해 나아가게 만들지 못했음이 분명했다. 오히려 번영과 공산당의 강력한 지도력에 의해 다수의 엘리트들은 자신의 삶이 계속 향상되는 한 이상주의를 미루도록 설득된 터였다.

1989년 당시 학생들은 권력의 부패와 남용에 저항했다. 「요즘에는 이런 문제들이 사라지기는커녕 더욱 심화되었습니다.」 성난 젊은이들의 저항이 확산되고 있던 어느 날 오후에 진보적인 신문사의 편집자 리다퉁이 절망적인 표정으로 내게 했던 말이다. 「하지만 오늘날의 젊은 세대는 그런 문제들을 외면합니다. 나는 그들이 이런 중대한 국내 문제들에 반응하는 것을 여태 본 적이 없어요. 그보다는 실용적이고 기회주의적인 방식을 채택하고 있죠.」

한 젊은 중국인은 풍자 만화를 그려, 당국이 국가의 공식적인 역사에서 깨끗이 지워 버렸기 때문에 톈안먼 광장에서 벌어졌던 강력한 탄압 — 중국어로 〈6월 4일 사건〉 — 에 대해 젊은이들은 사실상 아무것도 아는 것이 없다고 주장했다. 웃기지도 않는 이야기였다. 실제로는 한두 걸음만 더 나아가 프록시 서버에 접속하기만 하면 톈안먼 사건에 대해 누구든 원하는 만큼 얼마든지 많은 정보를 얻을 수 있었기 때문이다. 그럼에도 중국의 많은 젊은이들은 1989년에 발생한 운동이 그릇되고 순진한 것이었다는 공산당의 주장을 그대로 받아들였다. 탕제가 내게 말했다. 「우리는 인권과 민주주의를 둘러싼 모든 가치를 인정합니다. 우리도 인정한다고요. 문제는 그러한 가치를 어떻게 실현할 것인가 하는 점이에요.」

나는 그해 봄 수십 명의 도회지 학생들과 젊은 전문직 종사자들을 만났고 우리는 자주 톈안먼 사건을 둘러싼 토론에 빠져들었다. 한번은 일상적인 대화 중에 대학 4학년이던 한 여학생이 내게 1970년에 발생한 켄트 주립 대학 시위대 학살을 미국식 자유의 정당한 수단으로 이해해야 하는지 물었다. 그러자 환경 공학과 대학원생 류양이 말했다. 「6월 4일 사건은 당시 성공할 수도, 성공해서도 안 되는 것이었어. 만약 6월 4일 사건이 성공했더라면 중국은 악화 일로를 걸으면 걸었지 절대로 나아지지 않았을 거야.」

스물여섯 살의 류는 한때 자신을 진보주의자라고 생각했었다. 10대 시절 그와 친구들은 자주 공산당을 비판했다. 그가 내게 말했다. 「1990년대에는 중국 정부가 그다지 마음에 들지 않았어요. 어쩌면 보다 나은 정부를 세워야 할

지도 모른다고 겁니다. 문제는 아무리 좋은 정부라도 장차 어떻게 변할지 아무도 모른다는 것입니다. 그래서 우리는 중국 공산당을 그대로 놔두기로 했어요. 우리에게 그들을 축출할 만한 힘이 없다는 것도 문제였습니다. 그들에게는 군대가 있잖아요!」

대학을 졸업한 류는 석유 서비스 회사의 엔지니어라는 번듯한 직업을 구했다. 그는 노동자로 일하다가 은퇴하고 연금으로 생활하는 그의 부모님이 1년 동안 받는 것보다 많은 돈을 월급으로 받았다. 얼마 뒤에는 충분한 돈을 저축하고 장학금 지원도 받아서 스탠퍼드 대학의 박사 과정에 등록할 수 있었다. 파리에서 성화를 둘러싸고 벌어진 소동을 목격하기 전까지 그는 애국심을 부추기는 올림픽이라는 행사에 관심이 없었다. 그가 〈우리는 분노했어요〉라고 회상했다. 성화가 샌프란시스코에 도착하자 그를 비롯한 다수의 중국인 학생들은 행사를 돕기 위해 성화 봉송 코스로 몰려갔다.

그해 늦은 봄 나 역시 샌프란시스코에 있던 터라 우리는 팰로앨토에 위치한 그의 기숙사 근처 스타벅스에서 만나기로 했다. 노티카 상표의 양털 스웨터와 청바지를 입은 그가 자신의 산악 자전거를 타고 도착했다. 약속을 잡고 보니 6월 4일이었고, 우리는 둘 다 그날이 바로 그날임을 알았다. 군인들이 톈안먼에서 일어난 폭동을 진압한 지 19년이 되는 날이었다. 기념일을 둘러싼 토론으로 재외 중국인 학생들의 게시판은 오후 내내 열기가 뜨거웠다. 류가 탱크 앞을 막아선 무명의 한 남자를 찍은 유명한 사진, 중국 근대사를 통틀어 가장 도발적인 그 이미지를 언급했다.

「우리는 진심으로 그를 인정합니다. 정말로 그가 용감하다고 생각해요.」류가 말했다. 그럼에도 그 세대에 대해서는 이렇게 덧붙였다. 「그들은 중국을 위해 싸웠습니다. 보다 나은 나라를 건설하기 위해 투쟁했어요. 게다가 정부도 잘못한 것이 있었죠. 하지만 우리는 중국 정부가 그 사건을 진압하기 위해 가능한 모든 수단을 동원해야 했다는 사실을 결국 인정해야 합니다.」

캘리포니아의 시원하고 조용한 밤 편안하게 앉아 커피를 음미하던 류는 자신이 미국에서 알게 된 자유를 앞당기기 위해 고향에서 그의 세대가 누리고 있는 모든 것을 위태롭게 만들 생각은 없다고 말했다. 그가 내게 〈당신은 민주주의 덕분에 먹고사나요?〉라고 물었다. 「당신은 빵을 먹고 커피를 마셔요. 민주주의가 이런 것들을 가져다주는 것은 아닙니다. 인도 사람들도 민주주의를 채택했고 일부 아프리카 국가들도 민주주의를 채택했지만 그들은 자국민들을 먹여 살리지 못하고 있잖아요.」

류가 계속해서 말했다. 「중국 사람들도 이제 〈한편으로는 윤택한 삶을, 다른 한편으로는 민주주의를〉 생각하기 시작했어요. 민주주의가 정말로 윤택한 삶을 제공할 수 있다면야 좋겠죠. 하지만 민주주의를 채택하지 않아도 여전히 윤택한 삶을 누릴 수 있다면, 우리가 굳이 민주주의를 선택할 이유가 있을까요?」

그해 5월 올림픽 성화가 마침내 중국으로 돌아왔을 때 중국인들은 그동안 외국에서 일어났던 모든 불행한 사건들을 베이징으로 가는 마지막 여정에서 만회하기로 단단히 결심한 듯 보였다. 성화의 이동 경로를 따라 군중이 넘쳐났다. 어느 날 오후에 탕제와 나도 상하이 교외를 지나는 성화를 보기 위해 나섰다.

당시 중국은 쓰촨 성에서 발생한 지진의 충격에서 여전히 벗어나지 못한 상태였다. 그 지진은 최근 30년 들어 최악의 재앙이었지만 국민들이 하나로 단결된 좀처럼 드문 시기를 도래시키기도 했다. 몇 주 전부터는 기부 행위가 줄을 이으며 애국심의 긍정적인 측면을 보여 주고 있었다. 하지만 그해 봄에 나타난 민족주의의 발흥은 홍위병 — 또는 유럽에서 발흥했던 스킨헤드족 —

을 기억할 나이의 사람이라면 그냥 무시할 수만은 없는 폭력성을 내포했다. 듀크 대학의 중국인 신입생 그레이스 왕은 교내에서 티베트를 지지하는 시위자들과 중국을 지지하는 시위자들을 중재하려고 노력했다. 그 결과 그녀는 온라인에서 〈민족의 반역자〉라는 딱지가 붙었다. 사람들이 항구 도시 칭다오에 사는 그녀 어머니의 주소를 알아내 집을 훼손했다. 반면 외국인 기자들에게는 어떤 위협도 없었다. 요컨대 어떠한 유혈 사태도 없었다. 성화 봉송을 둘러싼 파리에서의 소동 이후 프랑스 국적의 체인점 카르푸를 상대로 불매 운동을 전개하고자 했던 중국인들의 노력도 용두사미로 끝났다. 결국 갈수록 추락하는 자국의 대외 이미지를 의식한 중국 지도자들은 〈합리적인 애국심〉만을 요구하면서 학생들을 억제시켰다.

성화를 보러 가는 택시 안에서 나는 갈등이 격렬해진 상황에 대해 탕제가 불편해한다는 것을 느꼈다. 그가 내게 〈우리는 어떠한 폭력도 원치 않아요〉라고 말했다. 그가 원하는 것은 그들을 둘러싼 세상에서 진실을 찾는 일이 더 이상 단순히 국내외의 대중 매체를 통해 들리는 것을 수용하는 문제가 아니라고 중국 동년배 젊은이들을 설득하는 것이었다. 「우리는 반드시 둘 중 하나를 선택할 필요가 없습니다. 우리에게도 우리만의 매체가 있으니까요. 우리에게는 이제 카메라와 녹음기가 있고 진실은 거기에 있어요.」 그는 그해 봄 그의 세대가 어떤 중요한 교훈을 배웠다고 믿었다. 「이제 그들은 알아요. 자신의 머리를 써서 스스로 생각해야 한다는 사실을 말이에요.」

멀리 떨어져서 보면 중국의 젊은 민족주의자들은 중국 정부의 졸개 정도로 대수롭지 않게 여겨지기 쉬웠지만 가까이에서 보면 그 같은 이미지의 설득력이 떨어졌다. 중국 정부가 온라인상의 애국자들을 대하는 태도는 무척 신중했다. 그들이 자부심을 보이는 대상은 반드시 공산당이라 할 수 없는, 중국이라는 나라 자체였기 때문이다. 그 열정이 전혀 예상치 못한 방향으로 튈 수도 있을 터였다. 2004년에 검열관에 의해 민족주의 성향의 한 웹 사이트가 폐쇄되자 익명의 누군가는 댓글로 〈우리 정부는 양처럼 나약하다!〉라고 주장했다. 정부는 민족주의가 세를 불리도록 놔두기도 했지만 경우에 따라서는 그들을 통제하기 위해 긴장하기도 했다. 이듬해 봄, 전시 잔학 행위를 대충 얼버무렸다고 비평가들에게 비난받는 새로운 교과서를 일본 정부가 인가하자 베이징의 애국자들은 항의 계획을 세우고 채팅 방과 인터넷 게시판, 문자 메시지 등을 통해 이를 전파했다. 곧이어 1만여 명의 시위자들이 길거리로 쏟아져 나와 일본 대사관에 페인트와 병을 투척했다. 시위를 중단하라는 정부의 경고에도 불구하고 그다음 주에는 상하이에서 수천 명 ― 지난 몇 해 동안 중국에서 일어난 가장 큰 규모의 시위 중 하나였다 ― 이 행진을 벌이고 일본 영사관을 파괴했다. 어느 시점에 이르자 상하이 경찰은 사람들이 모이지 못하도록 시내의 휴대 전화 서비스를 중단시켰다.

애리조나 주립 대학 교수 쉬 우는 인터넷상의 민족주의 발흥을 연구했다. 그가 말했다. 「지금까지 중국 정부는 해당 집단을 완전히 통제할 수 있었습니다. 나는 민족주의자들이 활약하는 공간을 〈가상의 톈안먼 광장〉이라고 부릅니다. 그들은 실제 톈안먼 광장까지 갈 필요가 없어요. 인터넷으로 똑같은 일을 할 수 있거니와 때로는 그보다 심한 피해를 줄 수도 있으니까요.」

성화가 지나는 경로에 도착하자 탕제가 맞은편 군중을 응시하며 〈저 사람들을 보세요. 하나같이 이 올림픽을 자기 자신의 행사라고 생각해요〉라고 말했다. 행상인들이 티셔츠와 머리띠, 중국 국기 등을 팔고 있었다. 내가 그 물건들에 관심을 보이자 탕제는 성화가 지나갈 때까지 기다리라고 권했다. 성화가 지나가고 나면 행상인들이 물건 값을 반으로 내릴 거라는 이유였다. 탕제는 들고 있던 작은 비닐봉지를 뒤적이더니 선홍색 스카프를 꺼냈다. 일종의 사회주의 보이 스카우트인 중국 소년 선봉대의 일원임을 알리기 위해 중국 아이들이 매고 다니는 것과 똑같은 종류였다. 그가 목에 스카프를 매고 싱긋 웃었다. 그는 지나가는 한 10대 아이에게도 스카프를 주려고 했지만 거절당했다.

아지랑이가 하늘로 피어오르고 공기 흐름도 원활치 않아 답답했지만 분위기는 생동감이 넘쳤다. 성화가 도착할 순간이 시시각각 다가오자 동네 주민들은 조금이라도 좋은 위치에서 보려고 앞으로 나갔다. 단정한 머리에 짙은 색 정장을 입은 채 땀을 뻘뻘 흘리는 남자도 있었고, 오렌지색 안전모를 쓰고 농부들이 신는 덧신 장화를 신은 건설 노동자도 있었으며, 마치 장군처럼 황금색 단추와 견장을 주렁주렁 단 유니폼 차림의 벨보이도 있었다. 몇몇 젊은 구경꾼들은 중국의 최근 문제에서 영감을 받은 문구가 적힌 티셔츠를 입고 있었다. 특히 〈폭동은 반대, 진리를 탐구하라〉라는 영어 문구가 인기였다. 우리 주위에서 사람들은 보다 잘 보기 위해 갖가지 방법을 동원했다. 가로등에 매달린 여성도 있었고 붉은색 머리띠를 하고 나무에 올라간 젊은 남자도 있었다.

사람들의 열정에 탕제도 덩달아 표정이 밝아졌다. 그는 그들의 열정을 보면서 중국의 미래가 자신과 자신을 둘러싼 그들에게 달렸음을 떠올렸다. 「여기 서 있으니까 중국의 젊은이들에게 공통된 어떤 감정이 생생히 느껴져요. 바로 자신감이죠.」

경찰이 도로를 차단했다. 일종의 전율이 군중을 사로잡았다. 사람들이 머리 너머의 광경을 보려고 애쓰면서 보도의 연석 쪽으로 물밀듯 밀려갔다. 그럼에도 탕제는 뒤에 남아 있었다. 그는 인내할 줄 아는 남자였다.

10. 기적과 마법 기관차

키모이 섬에서 헤엄쳐 전향했던 군인 린이푸는 1980년 시카고 대학 경제학자 시어도어 슐츠가 강연차 베이징을 방문했을 때 베이징 대학에 재학 중이었다. 타이완에 있을 때부터 영어를 했다는 이유로 그에게 시어도어 슐츠의 통역이 맡겨졌다. 베이징을 방문하기 얼마 전 노벨상을 수상한 시어도어 슐츠는 린이푸에게 깊은 인상을 받았고 시카고로 돌아가자 그의 장학생 자격을 주선했다. 린이푸는 또다시 첫 주자로 나서서 문화 대혁명 이래 미국에서 경제학 박사 학위를 밟는 최초의 중국인 학생이 될 터였다. 설령 그 같은 이력이 그를 돋보이게 해주지 않더라도 그는 시카고로, 자유 시장 개념의 도가니로 들어가기로 결심했다. 1982년 린이푸는 미국에 도착했고 그의 아내와 아이들도 그곳으로 와서 가족이 재결합할 수 있었다. 중국으로 전향한 뒤로도 그와 아내 천윈잉은 비밀리에 종종 연락을 주고받았다. 그녀는 남편에게 〈나는 당신을 이해해요, 당신이 한 일을 이해해요〉라는 구절이 포함된 시를 보내기도 했다. 미국에 도착하자 천윈잉은 조지 워싱턴 대학에서 박사 과정을 밟았다.

시카고에 머물면서 린이푸는 중국의 부활을 주제로 한 연구에 착수했다. 이후로도 수십 년간 그는 이 연구에 매달렸고, 그가 내린 결론은 논란을 불러일으킬 터였다. 각자 박사 학위를 취득한 후 1987년 베이징으로 돌아온 린이푸와 그의 아내는 곧 미묘한 문제에 직면했다. 미국에서 온 사람으로서 사회주의자들에게 밀턴 프리드먼을 어떻게 설명해야 할지 막막했던 것이다.

그가 내게 〈모든 회의마다 빠짐없이 참석했지만 어떤 말도 할 수 없었습니다〉라고 말했다. 하지만 곧 그는 자신의 목소리를 찾았다. 「사람들은 놀랐어요. 내가 그들이 사용하는 것과 비슷한 용어를 사용하고 그들이 이해할 수 있는 언어로 이야기했기 때문이죠.」일례로 1990년대 후반 중국의 창고들이 팔리지 않은 텔레비전과 냉장고, 그 밖의 소비재 재고들로 넘쳐 났을 때 많은 경제학자들이 저소득 문제를 그 원인으로 꼽았지만 린이푸는 동의하지 않았다. 「그런 유의 제품을 소비할 만큼 사회 기반 시설이 갖추어져 있지 않았던 겁니다.」그는 농촌의 전기와 수돗물, 도로에 과감한 투자가 필요하다고 가장 열렬하게 주장하는 인물 중 하나가 되었고 공산당은 〈새로운 사회주의 농촌〉이라는 슬로건 아래 시작된 일괄적인 개혁에 그의 제안을 수용했다.

냉전 종식과 톈안먼 광장에서 있었던 강력한 탄압은 중국의 체제를 정치적·경제적으로 뒤흔들었다. 덩샤오핑이 처음에 구성했던 경제 고문단의 일원인 개혁 성향의 자오쯔양에게 시위를 조기에 진압하지 못했다는 비난이 쏟아졌다. 결국 그가 조직했던 두뇌 집단은 해체되었고 시위대를 지지했다는 죄목으로 대여섯 명의 경제학자들이 감옥에 갔다. 자오쯔양은 가택에 연금되어 집 마당에 그물을 설치하고 골프공을 치거나 비밀 회고록을 녹음하면서 15년을 살다가 생을 마감했다. 중국 정부는 국가의 발전을 기록한 공식적인 역사에서 그를 지워 버렸다.

경제적으로 그때부터 응보가 시작되었다. 톈안먼 사건 2년 뒤부터 경제 성장세가 1976년 이래 그 어느 때보다 극적으로 떨어졌다. 덩샤오핑은 자신의 성공이 흐지부지되고 있음을 깨닫고 중국 경제학자들에게 다시 일을 시켰다. 개혁이 재개되었고, 톈안먼 같은 사건의 재발 방지를 위해서 공산당은 국민에게 매우 중요한 협상을 제안했다. 정치 생활에 약간의 제약을 두는 대신 경제 활동에 보다 많은 자유를 주겠다는 내용이었다. 그럼에도 그들의 제안에는 모순적인 요소가 있었다. 한쪽에서는 개인의 야망과 자기 창조를 촉진하는 한편 다른 한쪽에서는 그러한 풍조를 억압하겠다는 뜻이었기 때문이다. 하나의 경제 전략으로서 그들이 선택한 방식은 소련이 붕괴될 당시 이른바 〈워싱턴 컨센서스〉*로 알려졌던 처방, 즉 지출을 줄이고 국영 기업을 민영화하는 한편 무역과 투자에 국경을 개방하는 등 〈충격 요법〉을 실시해야 한다고 조언했던 권위 있는 서양 경제학자들의 생각과는 어긋난 결정이었다.

1994년, 베이징 대학 지리학과에서 빌린 작은 사무실에서 린이푸와 네 명의 다른 경제학자들은 중국 경제연구소를 설립했다. 외국에서 공부한 중국인 학자들을 끌어모으고자 만들어진 두뇌 집단이었다. 린이푸는 일에 홀린 사람처럼 일했다. 새벽 1시나 2시까지 책상 앞에 웅크리고 있기 일쑤였고 그런 다음 날에도 아침 8시면 출근했다. 동료들 사이에서는 극도로 투지가 넘치고 어떤 면에서는 도저히 따라갈 수 없는 사람으로 통했다. 그는 수년에 걸쳐 열여덟 권의 책과 수십 편의 논문을 집필했으며 학생들에게는 〈나의 야망은 책상에서 죽는 것입니다〉라고 말하기도 했다. 연구소가 점점 확장되면서 린이푸도 목소리에 힘을 얻었으며 중국 정부의 5년 계획을 비롯한 여러 프로젝트에 참여했다. 당의 의사 결정 과정에 가장 깊숙이 개입하는 집단의 일원도 아니었으며

---

* 1989년 미국의 정치경제학자 존 윌리엄슨이 자신의 저서에서 당시 경제 위기로 어려움을 겪던 중남미 국가들에 대한 개혁 처방을 〈워싱턴 컨센서스〉로 명명한 데서 비롯된 말로, 자율적인 시장 경제 체제를 바탕으로 한 자본 및 무역의 자유화, 탈규제, 긴축 재정, 민영화 및 정부 개입 축소 등을 골자로 한다.

또 절대로 그렇게 될 수도 없었지만 그럼에도 그는 한때 타이완의 스파이라고 의심받던 전향자치고는 무척 이례적인 행보를 보여 주었다.

해가 갈수록 린이푸는 충격 요법을 통한 소련 개혁을 부추겼던 서구의 주류 관점에 대해 점점 더 비판적인 시각을 갖게 되었고, 중국이 성장하려면 시장 경제와 강력한 정부의 결합이 무엇보다 중요하다는 확신을 굳혀 갔다. 이전까지 앞다투어 자유 시장을 추진했던 상당수의 동유럽 국가들이 소비에트 붕괴 후 10여 년 동안 실업과 불경기, 정치 불안에 직면했고 더불어 충격 요법 방식에 대한 지지도 떨어졌다. 반면 1990년대의 중국 경제는 스펙트럼의 양극단 어디에도 들어맞지 않는 혼성체의 모습으로 격동하기 시작했다. 요컨대 어떤 부분에서는 무제한에 가까운 자본주의를 보였고 또 어떤 부분에서는 강력한 정부 통제를 보여 주었다. 발전에 집중하는 양상은 예외가 없었다. 공산당은 성장과 환경 사이에서 선택에 직면할 때마다 항상 성장을 선택했다. 사회 보장과 성장 사이에서도 성장을 선택했다. 하지만 변화의 대가는 혹독했다. 건강 보험 기금과 퇴직 기금이 증발했고, 환경 오염이 나라 전체의 풍광을 집어삼켰으며, 도시의 부동산 개발업자들이 새로운 건물을 짓기 위해 도시의 많은 지역을 파괴했다. 대중의 불만이 깊어졌지만 공산당은 번영을 향한 꾸준한 전진과 강압을 통해 불만의 목소리를 잠재웠다.

그럼에도 수치는 분명한 차이를 보여 주었다. 1949년에 중국의 기대 수명은 36세였고 식자율(識字率)은 20퍼센트였다. 2012년에 들어서는 기대 수명이 75세, 식자율이 90퍼센트 이상이었다. 컬럼비아 대학의 경제학자 제프리 삭스는 〈중국이 20세기까지 가장 가난한 나라들 중 하나였다면 21세기 들어서는 그들 중 최초로 가난의 고리를 끊은 듯 보인다〉라고 썼다. 2008년에 불어닥친 세계적인 금융 위기를 극복하기 위한 경기 부양책을 내놓을 때, 이미 너무나 많은 공항과 고속 도로가 건설 중이었기 때문에 중국의 정책 입안자들은 그밖에 다른 무엇을 건설해야 할지 선뜻 결정할 수 없을 정도였다.

린이푸는 경제 발전에서 정치 개혁이 차지하는 역할에 대해 자신의 견해를 정립했고 민주화를 요구하던 중국의 진보주의자들에게 달갑잖은 견해를 내놓았다. 그는 소련의 붕괴로 촉발된 혼란에 초점을 맞추어 팡차이, 저우리와 공동 집필한 『중국의 기적』을 출간하고 책에서 〈개혁이 급진적일수록 사회의 파괴적 대립과 개혁에 대한 저항은 더욱 폭력성을 띤다〉라고 결론 내렸다. 린이푸는 중국의 〈주먹구구식 점진적 접근법〉을 오히려 장려했다. 2007년 가을 케임브리지 대학에서 열린 한 강의에서 그는 〈워싱턴 컨센서스식 개혁의 실패〉를 지적했다. 그리고 IMF의 충격 요법 정책이 〈치료는 없고 충격만 있는 요법〉이라서 〈경제 혼란〉으로 이어질 운명인 것 같다고 농담을 던졌다. 또한 워싱턴 컨센서스 발의자들이 앞서 중국의 느린 개혁 방식이 〈최악의 전환 전략〉이며 결국에는 〈피할 수 없는 경제 붕괴〉로 이어질 거라고 경고했었다는 사실을 상기시켰다. 이제 그는 자국의 성공 사례를 전파하는, 중국에서 가장 주목할 만한 전도사였다.

2007년 11월에 린이푸는 UN 산하 국제 금융 기관이며 빈곤과 싸우기 위해 차관과 전문 지식을 제공하는 세계은행으로부터 한 통의 전화를 받았다. 총재인 로버트 졸릭이 베이징을 방문할 예정인데 중국 경제에 관한 린이푸의 생각을 듣고 싶어 한다는 내용이었다. 그들이 졸릭의 호텔 방에서 만남을 가진 지 2개월 만에 세계은행 측에서는 린이푸에게 전화하여 수석 경제학자 자리를 제안했다. 이 또한 최초였다. 즉 그는 노벨상 수상자이자 컬럼비아 대학 교수인 조지프 스티글리츠나 재무 장관을 거쳐 오바마 행정부에서 국가 경제 회의의 수장이 된 로런스 서머스처럼, 이전까지는 세간의 이목을 끄는 서양인에게만 허락되던 자리에 앉은 최초의 중국 국민이 될 터였다. 개발 도상국 전체로 따져도 최초였다.

과거 마오쩌둥 주석은 세계은행을 제국주의의 침략 도구로 간주했지만 이제 중국은 세계은행 주식을 세 번째로 많이 보유한 대주주였고 국제 경제 기구에서 보다 많은 발언권을 얻고자 하는 의지를 공공연하게 드러냈다. 2008년 6월, 린이푸와 그의 아내는 워싱턴으로 이사했다. 그가 가져온 짐은 여행 가방 두 개가 전부였다. 린이푸가 야외에서 글을 쓸 수 있도록 그들 부부는 조지타운 외곽의 테라스 딸린 집을 빌렸다. 부엌에 러닝 머신도 놓았다. 출장을 가서 동료들이 놀러 나갈 때도 그는 자신의 호텔 방으로 올라가 밤늦게까지 일했다.

타는 듯이 뜨거운 8월의 어느 오후 워싱턴으로 린이푸를 만나러 갔을 때 그는 백악관에서 몇 블록 떨어진 13층짜리 세계은행 본부 건물 4층에 위치한 널찍하고 전망 좋은 고급 사무실에서 일하고 있었다. 그가 의자를 뒤로 밀며 책상에서 일어났다. 늘 그렇듯 논문 작업을 하던 중이었다. 그가 물었다. 「어떻게 해야 개발 도상국이 선진국을 따라잡을 수 있을까요?」 그에게는 그것이 필생의 사업 중에서도 가장 중요한, 그럼에도 양극화를 초래했던 문제였으며 이제는 자신이 찾은 해답에 따라 행동해야 하는 위치에 있었다. 「실패한 사례는 많지만 성공한 사례는 소수에 불과합니다.」 린이푸 밑에는 거의 3백 명에 달하는 경제학자와 연구원이 있었고 그들의 일은 수십 년간 이념 논쟁 때문에 망가져 있던 주제, 즉 소득 수준을 끌어올릴 전략을 결정하도록 세계은행과 가난한 나라의 정부들을 돕는 것이었다.

그가 미국에 도착하고 불과 몇 주 만에 대공황 이래로 가장 심각한 금융 위기가 전 세계를 강타했다. 이 금융 위기는 린이푸에게 난해한 문제를 던졌다. 미국과 유럽의 당국자들과 IMF 임원들이 중국에 화폐 가치의 절상을 요구하고 나선 것이다. 중국 소비자의 구매력을 높이고 다른 나라에서 생산되는 제품의 가격을 상대적으로 낮추자는 취지였다. 뉴욕 주 민주당 상원 의원 찰스 슈머는 기자들에게 〈중국의 통화 정책은 경기 회복의 목을 죄는 일종의 족쇄 같다〉라고 말했다. 하지만 린이푸는 이 문제를 전혀 다르게 보았다. 그는 홍콩에서 청중들에게, 화폐 가치를 절상하도록 중국을 강요하는 방법은 〈현재의 무역 불균형을 해결하는 데 도움이 되지 않으며 오히려 세계적인 경기 회복을 방해할 수 있다〉고 설명했다. 화폐 가치를 절상하면 중국산 수출품 가격도 오르기 때문에 그런 방법은 미국의 소비 수요를 억누를 뿐이며, 게다가 중국으로부터 수입하는 제품 중 상당수가 미국에서 아예 생산되지 않는 물건들이므로 미국 경제에도 도움이 되지 않는다고 주장했다.

금융 위기는 중국 경제 호황의 핵심적인 판도를 근본적으로 바꾸어 놓고 있었다. 중국 수출품에 대한 미국과 유럽의 수요가 급감하자 경기 둔화를 피하기 위해 중국 정부는 투자 쪽으로 무게 중심을 옮겼다. 철도와 도로, 항구, 부동산 개발에 공적 자금을 쏟아부었다. 또한 부동산 취득세를 내리고 은행에 대출을 늘리도록 종용했다. 급속도로 불어난 대출 총액은 2009년에 이르러 인도의 GDP보다 많아졌다. 건설 광풍은 정부 관료들 사이에 원대한 야망을 촉발시켰다. 후베이의 성도 우한 시는 225킬로미터에 달하는 새로운 지하철을 7년 만에 완공하겠다는 계획을 세웠다. 뉴욕 시가 3킬로미터 남짓한 세컨드 애비뉴 지하철 구간을 완공하는 데 책정한 것과 동일한 기간이었다.

불황은 린이푸에게 그의 비전을 실행할 기회를 제공하기도 했다. 불황 얼마 전까지 중국의 지식인들과 관료들은 서구식 일 처리 방법에 대한 대안으로 자국의 경험을 제시하는 것을 꺼렸다. 그럴 경우 경쟁이 과열되거나 대다수 중국인이 여전히 매우 가난하다는 사실을 간과하게 될 수 있다는 우려 때문이었다. 하지만 서방 국가들이 불황으로 악전고투하는 동안에도 중국은 훨씬 적은 피해를 입었다. 베이징에서 만난 한 서방 측 외교관이 내게 말했다. 「금융 위기에서 배운 한 가지 교훈은 우리 경제학자들이 하나같이 보다 겸손해져야 한다는 사실입니다. 나는 중국이 근본적인 정치 개혁을 거치지 않고도 완전한 경제 선진국에 가까운 국가로 발전할 수 있다는 가능성을 인정해야 한다고 생각해요.」 중국의 세계은행 회원국 자격 회복 30주년을 축하하기 위해 세계은행 임원들이 베이징을 방문한 자리에서 졸릭 총재는 중국의 빈곤율 감소를 칭송하며 〈우리는, 그리고 세계는 중국의 사례에서 많이 배워야 한다〉라고 말했다.

세계은행에 근무하는 동안 린이푸는 가난한 나라들이 부유해질 수 있는 방법을 〈재고찰〉해야 한다는 의도가 담긴 일련의 논문들을 잇달아 발표했으며 해당 논문들 중 상당수에는 1990년대에 유행했던 워싱턴 컨센서스를 향한 저주가 포함되었다. 카메룬 경제학자 셀레스탱 몽가와 공동으로 집필한 논문에서는 정부가 〈무대 중앙으로 복귀해야 한다〉고 주장했다. 그의 설명에 의하면, 정부가 특정 분야의 사업을 지원하려 한 탓에 비평가들에게 〈우승마 고르기〉라고 알려진 산업 정책은 서방에서 평판이 좋지 않으며 그럴 만한 타당한 이유도 있다. 즉 그 같은 정책이 성공한 것보다 실패한 경우가 훨씬 많았기 때문이다. 하지만 그는 실패한 산업 정책보다 더 나쁜 것이 딱 하나 있는데 바로 산업 정책 자체가 없는 경우라고 주장했다. 그는 급성장 중인 열세 개의 경제 모델을 둘러싼 최근 연구를 언급하면서 〈성공한 나라에서는 하나같이 정부가 주도적인 역할을 수행했다〉라고 말했다. 특히 그는 〈유연한〉 산업 정책을 주장했다. 새로운 산업과 기업은 시끄러운 자유 시장에서 만들어지며, 정부는 그들에게 최선의 비전을 제시하고 세금 감면 혜택을 주고 이미 중국 본토 전역에서 진행 중인, 예컨대 항구나 고속 도로 같은 사회 기반 시설을 구축해 줌으로써 그들이 성장할 수 있도록 도와야 한다는 것이다. 이를테면 시카고와 베이징이 결혼하는 모양새였다. 그와 몽가의 주장에 따르면, 빈곤에서 탈출하기 위해서는 시장의 역할도 〈필수적〉이지만 정부의 역할 또한 〈마찬가지로 필수적〉이었다.

그는 세계은행에서 자신의 위치를 이용해 중국의 접근법이 다른 나라들도 따라 할 수 있는 근본적인 강점을 지녔음을 입증했다. 개발 도상국을 방문할 때면 언제나 그들이 30년 전 중국을 떠올리게 한다고 이야기했다. 그가 〈쉽게 설명하는 중국의 기적〉이라고 이름 붙인 강연회에서는 청중을 향해 〈다른 개발 도상국들도 중국이 지난 30년에 걸쳐 이룬 것 같은 성과를 거둘 수 있을까요?〉라는 질문을 던진 다음 말했다. 「대답은 확실히 〈그렇다〉입니다.」 린이푸는 가난한 나라들을 향해 부유해지고 싶다면 정치 개혁을 늦추라고, 그러지 않으면 소련 붕괴 이후 러시아가 겪은 것과 같은 혼란의 희생자가 될 수 있다고 조언했다. 더불어 억압이 아닌 〈내가 지금도 생생하게 기억하는 가난과 배고픔의 공포〉로부터 자유로울 때의 장점을 강조했다. 세계은행을 대변하지 않고 자신의 이름으로 글을 쓰는 경우에는 더욱 단호했다. 그는 〈민주 국가일수록 (……) 경제 개혁에 나설 가능성이 훨씬 높다는 일부 학자들의 낙관적이고 아마도 순진한 주장〉을 묵살했다. 그러면서 〈미국은 그들의 정치 제도를 자랑하지만 그들의 대통령은 선거 기간에 하는 말과 취임할 때 하는 말, 임기 중간에 하는 말, 퇴임할 때 하는 말이 전부 다르다〉라는 덩샤오핑의 말을 인용했다.

몇 달 뒤 베이징의 따뜻한 어느 날 밤, 며칠간 묵을 예정으로 중국의 수도로 돌아온 린이푸는 기사가 운전하는 검은색 아우디 세단을 타고 시내를 가로질러 그가 공동으로 설립한 MBA 프로그램 창설 10주년을 기념하는 연회장으로 향했다. 연회는 등나무와 능금나무가 그늘을 드리운 전통적인 중국식 안마당에서 열렸다. 한때는 서태후의 집으로 사용되던 곳이었지만 이날 행사를 위해 패션쇼에 어울릴 법한 붉은 양탄자와 클리그 조명으로 꾸며졌다. 와인이 넘쳐 나는 가운데 대부분이 중년 커플이거나 학생 또는 동료인, 대략 1백 여 명에 달하는 초대 손님들은 축제 분위기였다. 그때 린이푸와 그의 아내가 장내로 걸어 들어왔다. 아내는 이제 중국 특수 교육 분야에서 손꼽히는 전문가이자 전국 인민 대표 대회의 일원이었다. 그들 부부가 도착하자 술기운이 거나한 군중은 환호를 보냈고, 다른 초대 손님들은 벌 떼처럼 그 주위로 몰려들어 차례로 포즈를 취하면서 린이푸와 사진을 찍느라 정신이 없었다. 인터뷰를 위해 방송 팀도 등장했다. 한 10대는 그에게 사인을 요청하기도 했다. 마침내 린이푸는 조용한 테이블에 자리를 잡았지만 곧 내빈 중 한 명이 그를 붙잡고 골프장 건설 사업에 찾아온 멋진 기회에 관한 소식을 가지고 장황하게 이야기를 늘어놓았다. 린이푸는 비록 표정은 정중했지만 절망적인 듯 보였다. 결국 주최자가 급히 나서서 그와 그의 아내에게 연설을 준비할 개인 공간을 마련해 주었다.

무대에 올라선 린이푸가 내빈을 죽 둘러보았다. 그는 지난 10년에 걸친 중국 경제의 〈경천동지할 만한 대변혁〉을 언급하며 운을 뗀 다음 〈향후 10년이나 15년은 그보다 더 극적일 것〉이라고 단언했다. 그는 베이징 국제 경영자 MBA 프로그램을 시작한 2000년만 하더라도 『포춘』 선정 500대 기업 중 중국 기업이 12개밖에 없었으며 반면에 미국 기업은 거의 2백 개에 달했다고 지적했다. 「나는 2025년에 이르러 중국 경제가 세계 최대 규모로 성장하고 국제 무대에서 미국과 어깨를 나란히 하게 되면 중국 경제가 세계 경제의 20퍼센트를 차지하게 될 거라고 믿습니다. 그때쯤이면 아마 『포춘』의 500대 기업에도 중국 기업이 100개 정도는 포함되어 있겠죠.」 그는 다음과 같은 조언으로 말을 맺었다. 「나는 여러분이 중국 경제를 일으킬 뿐 아니라 더불어 보다 나은, 보다 조화로운 중국 사회를 건설하는 데 일조하길 희망합니다.」

〈조화로운 사회〉라는 말은 중국의 모든 지식인들이 내킨다고 선뜻 사용할 수 있는 표현이 아니었다. 그 말은 후진타오 주석이 〈공정하고 안정된 사회〉라는 목표를 의미할 때 즐겨 사용하는 구호였으며, 그래서 후진타오를 비판하는 사람들이 억압의 뜻으로, 반대 의견에 대한 묵살을 상징할 때 사용하는 말이었다(이를테면 어떤 웹 사이트가 폐쇄당하는 경우 〈조화되었다〉고 일컬어졌다). 린이푸는 물론 긍정적인 의미에서 그 표현을 사용했고 이는 정부의 힘을 둘러싼 그의 오랜 믿음과도 일치했다. 1999년에 유명한 진보주의 경제학자 양샤오카이(楊小凱)는 한 강의에서 〈정치 개혁이 없으면 공정성도 없고 그 결과는 대중의 불만으로 이어진다〉라고 주장하고 청중을 향해 〈민주주의를 받아들이지 않고도 중국이 과연 강대국이 될 수 있을 것인가〉라는 질문을 던졌다. 하지만 린이푸는 이에 대응하여 인도에 대한 중국의 경제적 우위를 지목하면서 〈경제 성장의 속도나 질적인 측면 모두에서 중국은 인도보다 잘하고 있다〉고 썼다. 린이푸의 관점에서 보면 중국은 민주주의를 채택하지 않고도 이미 강대국이 되어 가고 있었고, 따라서 그는 굳이 변화할 이유가 없다고 생각했다. 린이푸에게 양샤오카이와의 논쟁에 대해 묻자 그는 2004년 양샤오카이가 세상을 떠나기 전까지 그와 좋은 친구였으며 다만 서로의 견해가 달랐을 뿐이라고 말했다. 린이푸가 말했다. 「그는 만약 중국이 성공하길 원한다면 우선적으로 영국 헌법이나 미국 헌법을 채택할 필요가 있다고 생각했습니다. 나는 생각이 달랐어요. 우리는 아직 이 세상에서 어떠한 형태의 정부 구조가 최선인지 모른다고 생각했습니다.」

린이푸가 명성을 쌓아 가는 가운데 터무니없는 한 가지 현실이 그의 인생에 그늘을 드리웠다. 바다를 헤엄쳐 망명한 지 30년 넘게 지났건만 〈적에게 투항했다〉는 죄목으로 타이완 국방부에서 발부한 체포 영장이 여전히 그를 괴롭혔던 것이다. 이미 오랜 세월이 흐른 터라 타이완 대중은 그의 출세를 이제 고향의 자랑거리로 여기게 되었고 타이완의 유명한 정치가들도 그와 관련된 사건을 취하해 달라고 국방부에 요구했지만 국방부는 린이푸가 다시 타이완 땅을 밟으면 곧바로 체포해서 반역죄로 군법 회의에 회부할 거라는 말만 되풀이했다.

린이푸의 형 린왕쏭은 기자들에게 〈나는 왜 사람들이 그를 범죄자로 간주하는지 이해할 수 없다. 동생은 단지 자신의 야망을 추구하고자 했을 뿐이다〉라고 말했다. 2002년 린이푸의 아버지가 세상을 떠났을 때 그가 장례식에 참석할 수 있도록 허락해 달라는 가족들의 요청에 군은 그가 〈평생에 걸쳐 불명예를 안고 살아야 한다〉며 요청을 거절했다. 린이푸는 어쩔 수 없이 베이징의 화상 회의실에서 장례식을 지켜보아야 했다. 그는 자신의 사무실에 제단을 만들어 놓고 그 앞에 무릎을 꿇었다. 추도사도 낭송했다. 「어머니가 죽음을 앞두고 계실 때 나는 그 곁에 없었고 아무런 도움도 주지 못했다. 아버지가 병상에 계실 때도 여전히 고향에 갈 수 있는 길은 없었다. 내세로의 여정에 오르는 당신들을 배웅조차 할 수 없다. ……도대체 얼마나 큰 불효인가! 하늘이여, 나를 벌하소서!」

린이푸는 인민 공화국에서 가장 열렬한 경제 대변인이 될 정도로 출세했다. 한편 그와 다른 관점을 가진 사람들이 보기에 중국은 갈수록 살기 어려운 나라가 되어 가고 있었다. 밝은 경제적 미래를 제시하는 린이푸의 연설을 본 이틀 뒤에, 나는 개혁이 시작된 이후 10년 사이에 중국에서 손꼽히는 경제 고문 중 하나로 부상한 우징롄을 만나러 갔다. 이제 여든에 가까운 나이였지만 하얗게 센 덥수룩한 머리카락 아래 여전히 생기 넘치는 눈빛을 지닌 개구쟁이 같은 남자였다. 그는 도시 변두리에 위치한 작은 사무실에서 일하고 있었다. 당시까지도 중국 내각의 공식 고문이라는 자격을 유지하고 있었지만 실제로는 그저 잔소리꾼에 가까웠다. 그가 내게 말했다. 「중국이 지금 이 시점에 직면하고 있는 가장 심각한 문제는 부패입니다. 빈부의 격차도 바로 부패 때문이죠. 그렇다면 부패는 어디에서 왔을까요? 정부가 계속해서 너무나 많은 자원을 통제하는 작금의 현실에서 왔습니다.」

일련의 격렬한 소론과 저서를 통해서 우징롄은 중국의 경제 모델이 한계에, 즉 경쟁적인 수요들을 중재하는 과정에서 정부가 보다 많은 정치적 개방을 허용하지 않고도 가능했던 한계에 봉착했다는 증거로 정실 자본주의와 빈부 격차를 제시했다. 최근 몇 년 사이에는 중국이 서구식 민주주의를 채택할 필요가 있다는 주장으로까지 나아가 민족주의자들은 그를 변절자라고 맹비난했다. 어느 시점에 이르자 논쟁은 인신공격으로 번졌다. 예컨대 「인민일보」는 우징롄이 미국 스파이 혐의로 조사받고 있다는 인터넷상의 소문을 그대로 보도했다. 도대체가 말도 되지 않는 주장이었다. 종국에는 중국 내각에서 우징롄을 지지하고 해당 혐의를 반박하는 성명을 내놓기에 이르렀다. 그럼에도 그처럼 두드러진 공격으로 보건대 그의 비판이 「인민일보」에 줄이 닿는 유력한 사람들을 격분시킨 게 분명했다.

상황이 진정되었는지 묻자 우징롄이 한숨을 내쉬며 말했다. 「대략 한 달 전쯤에도 내가 벽돌에 맞아 의식을 잃고 쓰러졌으며 그럼에도 살아남았다는 글이 웹 사이트에 올라왔었어요.」 두말할 것 없이 사실무근이었다. 그에게 그 글을 어떤 의미로 생각하는지 물었다. 「그런 악성 루머는 사람들에게 폭력을 어떻게 사용해야 할 것인지에 대해 힌트를 줍니다.」 기사에는 〈중국 변절자 근절 협회〉라는 서명이 되어 있었다. 그를 모함하려는 노력의 배후가 누구인지 우징롄 자신도 전혀 몰랐지만 다양한 용의자들이 물망에 올랐고 그 범위 또한 확대되고 있었다. 비주류 우익 민족주의 세력일까? 아니면 개혁에 반대하는 유력 인사들일까?

중국에서 돈과 관련한 이해관계가 지나치게 커지면서 심지어 난해한 경제 논쟁에도 강렬한 적대감이 끼어들기 시작했다. 그즈음 우징롄은 중국의 화폐 가치를 절상해야 한다고 주장하고 얼마 뒤 온라인에서 그에 따른 반응을 읽었다. 「어떤 사람은 그 기사에 댓글로 내가 사는 곳과 그곳의 보안이 느슨하다는 사실을 언급하더군요.」 그가 힘없이 웃어 보였다. 「미국이었다면 그런 글을 올리는 것 자체로 법의 제재를 받았을 겁니다. 중국에서는 아무도 그런 것에 신경 쓰지 않죠.」

논쟁이 확대되면서 한때는 아무 문제 없던 말이 통렬한 정치적 표현으로 사용되었다. 린이푸는 자국의 호경기를 일컬어 〈중국의 기적〉이라고 묘사하길 좋아했다. 하지만 진보주의 작가이며 비평가인 류샤오보가 이의를 제기했다. 그는 자신의 눈에 보이는 거라고는 제도적 부패라는 〈기적〉과 불공평한 사회라는 〈기적〉, 도덕적 퇴락이라는 〈기적〉, 낭비된 미래라는 〈기적〉밖에 없다고 썼다. 또 중국의 호경기가 〈노상강도 귀족의 천국〉이 되어 간다면서 〈돈이 있어야만 당도 중국의 대도시들에 대한 통제를 유지할 수 있고, 엘리트를 끌어모을 수 있고, 벼락부자가 되고자 하는 많은 사람들의 욕구를 충족시킬 수 있으며, 적대적 집단의 저항을 초기에 진압할 수 있다. 또 돈이 있어야만 서구 열강을 상대로 술책을 부릴 수 있으며, 돈이 있어야만 불량 국가들을 매수하고 외교 지원을 살 수 있다〉라고 썼다.

쉰한 살의 류샤오보는 그레이하운드처럼 마르고 뼈만 앙상했으며 V자 형태의 이마에 짧은 머리를 하고 있었다. 줄담배를 피우는 골초로, 매사에 뻬딱하면서도 유머를 아는 사람이었다. 그는 만주에서 자랐다. 그가 열한 살 때 문화 대혁명 때문에 학교가 폐쇄되었는데 그는 이를 〈일시적 해방〉이라고 불렀다. 이 같은 독립적인 성향은 그를 인습에 얽매이지 않고 사고하면서 인생을 살도록 만들었다. 베이징 사범 대학에서 박사 학위를 취득했지만 결정적으로 그는 중국 학술계에서 출세하기 위한 필수 조건인 아부에 그다지 뛰어나지 못했다. 그는 중국의 작가들이 〈창의적으로 글을 쓸 수 없으며 이는 그들의 삶이 그들의 것이 아니기 때문〉이라고 믿었다. 서양의 중국 연구가에 대해서는 훨씬 야박한 태도를 보이면서 〈98퍼센트가 쓸모 없는 사람들이다〉라고 평했다. 그는 자진해서 공격하지 않았지만 회피하지도 않았는데, 일례로 학자 제레미 바르메에게 보낸 편지에 〈어쩌면 내 성격 때문에 나는 어디를 가든 장벽에 부딪칠 것이다. 그럼에도 나는 내 머리통이 결국 박살 나는 한이 있더라도 그 모든 것을 받아들일 수 있다〉라고 쓰기도 했다.

류샤오보는 열일곱 권에 달하는 책을 비롯해서 수백 편의 시와 논문, 소론을 썼다. 대부분의 작품들이 지극히 정치적이었고 거기에는 대가가 뒤따랐다. 톈안먼 광장 시위에서 맡았던 역할 때문에 〈반혁명적인 선전과 선동〉으로 유죄 판결을 받은 일을 시작으로 2008년 봄까지 그는 세 차례나 복역한 터였다. 혐의는 부정했지만 〈검은손〉이라는 꼬리표는 받아들이고 그것이 하나의 〈명예 훈장〉이며 그가 철창 안에서 가지고 있을 수 있는 몇 안 되는 것들 중 하나라고 말했다. 옥중에서 다음과 같은 시를 쓰기도 했다. 〈거짓말을 제외하면 / 내게는 아무것도 없다.〉

세월이 흐르면서 류샤오보는 교도소와 구치소, 강제 노동 수용소를 명확하게 구분하기를 중단했다. 가택 연금 중 그는 전화를 통해 내게 말했다. 「감옥에 있을 때 나는 벽으로 둘러싸인 작은 우리에 갇혀 있었어요. 그리고 감옥에서 나온 뒤로는 그보다 큰, 벽 없는 우리에 꼼짝없이 갇히고 말았죠.」 1996년 〈사회 질서를 파괴한다〉는 죄목으로 강제 노동 수용소에 있는 동안 그는 오랜 동료였던 예술가 류샤와 결혼했다. 노동 수용소의 교도관들은 신부에게 지금 무슨 짓을 하고 있는지 아느냐고 몇 번씩이나 되물었다. 「맞아요! 그는 〈국가의 적〉이에요! 내가 결혼하길 원하는 사람이기도 하고요.」

3년간의 복역을 마치고 석방되어 그들 부부의 아파트로 돌아왔을 때는 이제 그의 집에도 컴퓨터가 있었다. 그는 한 수필에서 〈친구가 아내에게 컴퓨터를 선물한 터였고 아내는 이미 컴퓨터를 이용해 타자도 배우고 인터넷에도 접속하고 있었다. 그녀가 내게 컴퓨터를 어떻게 사용하는지 가르쳐 주었고, 실제로 이후 며칠 동안 우리를 만나러 집에 들르는 친구들마다 내게 컴퓨터를 사용할 줄 알아야 한다고 주장했다. 나도 몇 차례 컴퓨터를 배우려고 시도했지만 기계 앞에서 글을 쓴다는 것이 무언가 잘못되었다는 생각만 계속 들었다. 결국 컴퓨터를 포기하고 계속해서 만년필로 글을 썼다〉고 회상했다.

자신의 첫 번째 원고를 이메일로 발송한 다음에야 그는 비로소 첨단 기술의 가능성에 눈을 떴다. 〈불과 2~3시간 만에 편집자로부터 회신이 왔고 나는 불현듯이 인터넷의 경이로운 기능에 깊은 인상을 받았다.〉 이후 아내의 컴퓨터는 온전히 류샤오보의 차지가 되었다. 그때까지 그는 스스로 〈자전거와 전화의 시대〉라고 부르는 전통적인 투쟁 방식을 채택해 왔다. 그 시대의 지식인들은 정부의 의심을 사지 않고 회합을 갖기 위해 누군가의 장례식이나 기념일을 기다려야 했다. 이제 인터넷의 도입으로 방언과 계급, 지리적 한계가 대폭 감소한 현상과 관련해서 1997년에 중국 최초의 온라인 매거진 〈터널Tunnel〉의 편집자들은 〈독재자들이 우리의 귀와 눈을 막아 경직된 사고를 갖도록 만들 수 있는 이유는 그들이 정보 전파 기술을 독점하기 때문이다. 그리고 컴퓨터 네트워크는 이러한 상황을 바꾸어 놓았다〉라고 썼다.

그 같은 이상주의가 다수의 보편적인 생각은 아니었다. 〈사이버 공간에 유토피아를 건설할 수 있다는 믿음〉을 비판하는 전 세계 비평가들은 인터넷이 개방에 대한 환상과 나약한 공동체 의식을 양산할 뿐이며, 보다 심오한 변화를 요구하는 압력을 해소하는 일종의 안전밸브로 작용함으로써 독재 정권을 강화시킬 뿐이라고 주장했다. 하지만 류샤오보의 관점에서 그러한 요소들은 디지털 시대가 행동주의에 가져다준 실질적인 이점들을 결코 능가하지 못했다. 이를테면 수년에 걸쳐 우체국은 그가 해외로 자신의 원고를 보내려고 할 때마다 우편물을 가로챘다. 또 공개 항의서라도 준비할라치면 그는 항의서에 서명해 줄 마음 맞는 사람들을 찾아서 거의 한 달 동안 도시를 종횡해야 했다. 〈당시에는 질문 내용과 단어 선택, 시점 등을 합의하기까지 (아주 최소한으로 잡아도) 며칠이 걸렸다. 그러고 나면 육필 항의서를 조판하고 인쇄할 장소를 물색해야 했으며 인쇄된 원고를 필요한 숫자만큼 복사해야 했다.〉 이제 류샤오보는 당당한 사이버 이상주의자가 되었다. 〈마우스를 몇 차례 클릭하고 이메일 몇 번만 주고받으면 만사 끝이다. 인터넷은 마법 기관차 같은 존재이며 내 글이 간헐천처럼 분출할 수 있도록 도와 주었다.〉

2008년 가을, 엘리베이터도 없는 베이징의 5층 아파트 문 안쪽에서 류샤오보는 그가 이전까지 했던 그 어떤 일보다 커다란 반향을 일으킬 것으로 예상되는 무언가를 준비하고 있었다. 그것을 집필하는 동안에는 반드시 비밀이 유지되어야 했지만 일단 완성되면 그는 자칭 〈신이 중국에 내린 선물〉이라고 부르는 기술의 도움을 받아 세상에 퍼뜨릴 참이었다.

그 이전 겨울 어느 오후에 류샤오보와 내가 그의 아파트 근처 찻집에 있을 때였다. 그는 평소보다 더욱 수척해 보였다. 허리에 두른 혁대가 거의 두 바퀴쯤 감길 정도였고 겨울 코트는 마치 옷걸이에 걸어 둔 옷처럼 어깨 부분이 축 늘어져 있었다. 평소에는 잘 알아채지 못했던 말더듬 증세도 심했으며 찻잔 앞에서 연신 기침을 했다. 작금에 이르러 그는 중국에서 가장 유명한 반체제 인사였다. 말인즉 중국 지식인들 사이에서는 유명 인사였지만 중국의 일반 대중에게는 거의 알려지지 않았다는 뜻이다. 그의 글은 중국에서 수년째 출간이 금지되어 왔으며 온라인에서는 검열관들이 그가 쓴 소론들을 삭제했다. 해외에서 책이 출간된 적이 있었지만 그는 영어를 할 줄 몰랐고 그래서 해외로 주거지를 옮기라는 제안을 고사해 왔다. 정부가 그의 결정을 반기든 반기지 않든, 어쨌거나 중국은 그의 고향이었다.

그날 나는 전혀 예상치 못한 그의 평온함에 얼떨떨한 기분이 들었다. 수년에 걸친 수감 생활이 그의 증오심을 부드럽게 만든 터였다. 그는 능숙하고 느긋하게 내게 새로운 공개 항의서 — 갈수록 증가하는 정치 개혁 요구에 귀를 기울이지 않으면 〈정통성의 위기〉를 맞게 될 거라는, 중국 지도자들에게 보내는 경고문 — 에 들어갈 쟁점들을 설명했다.

그가 내게 말했다. 「서방 국가들이 인권 상황을 개선하겠다는 약속을 이행하라고 중국 정부를 촉구하고 있지만 중국 내에서 아무도 그 같은 목소리를 내지 않으면 정부는 〈외국의 요구일 뿐이다. 자국민은 누구도 그러한 요구를 하지 않는다〉라고 이야기할 겁니다. 나는 인권 상황을 개선하는 문제가 단지 국제 사회의 바람만이 아니며 중국인들의 바람이기도 하다는 사실을 알려 주고 싶습니다.」

류샤오보의 낙관주의는 또 한 번 나를 놀라게 했다. 그는 중국이 세계와 융합되어 갈수록, 그의 표현을 빌리자면 〈현재의 정권도 보다 자신감을 얻을지 모른다〉고 예상했고 의자에 몸을 깊숙히 묻으면서 자신의 전망에 담긴 여운을 음미했다. 「점점 더 관대해지고 유연해지고 개방적이 되겠죠.」 그는 계속해서 글을 쓰고 논쟁하는 일이 자신의 의무라고 생각했다. 「그러한 행위가 효과가 있든 없든 나는 계속해서 정부에게 약속을 이행하라고 요구할 것입니다.」

그는 정말로 그렇게 했으며 더욱더 의욕을 불태우는 가운데 몇 개월이 지났다. 그사이에 가을이 겨울에게 자리를 내주었고 그와 소수의 동료들은 비밀 프로젝트 — 인권과 정치 개혁을 촉구하는 상세한 선언문 — 의 완성을 향해 달려가고 있었다. 그들은 〈누구나 명백히 알 수 있는 정치적 현실에 따르면 중국에는 수많은 법률이 존재하지만 법치는 존재하지 않는다. 헌법은 있되 입헌 정치는 없다. 집권한 엘리트들은 계속해서 독재 권력에 의존하고 정치적 변화를 추구하는 어떠한 움직임도 용납하지 않는다〉라고 썼다.

일반적인 반체제 선언문과 달리 그들은 그들의 선언문을 단일 사건이나 모호한 조항에 국한시키지 않았다. 그 대신 정기적인 선거와 사법 분리, 군대의 정치적 이용 금지, 그들의 표현을 그대로 옮기자면 〈말을 범죄로 간주하는〉 관행의 종식 등 모두 열아홉 가지의 근본적인 정치 개혁을 촉구했다. 그들은 「77헌장」으로부터 영감을 받았다. 「77헌장」은 당사자들의 표현에 따르자면 〈우리 나라와 전 세계에서 인권과 시민권 존중을 위해 개별적, 집단적으로 투쟁하려는 의지〉로 단결한 바츨라프 하벨과 동료 체코 행동주의자들이 30여 년 전에 발표한 선언문이었다. 한편 중국의 류샤오보와 공동 집필자들은 〈현행 체제의 쇠퇴는 변화가 더 이상 선택이 아닌 시점에 도달했다〉라고 말하면서 시간이 없다는 충고로 서문을 마무리했다.

내부 논의를 거쳐 그들은 해당 선언문을 그해 겨울 UN의 세계 인권 선언 60주년 기념일인 2008년 12월 10일 대중에게 공개하기로 결정했다. 선언문은 「08헌장」이라고 명명되었다. 초기 서명자는 총 303명이었지만 누군가는 주된 발기인이 될 필요가 있었고 류샤오보가 그 역할을 맡는 데 동의했다. 아마도 그를 제외한 대부분의 사람들이 주된 발기인으로 자신의 이름을 올리는 것을 불편하게 여겼을 터였다. 중국에서 흔히 하는 이야기로 〈가장 먼저 고개를 드는 새가 총을 맞는 법이었다〉.

11. 독주자들의 합창

　부동산 붐이 동쪽 끝에서 서쪽 끝까지, 신시가부터 구시가까지, 글로벌 트레이드 맨션을 지나 고루가 위치한 동네까지 베이징 전역을 휩쓸었다. 2008년 가을 동네의 집값이 너무 터무니없이 올라서 나는 결국 이사를 결심했다. 그리고 서쪽으로 1.6킬로미터 정도 떨어진 곳에 〈목화꽃 골목〉이라고 불리는, 아직 재개발의 손이 닿지 않은 거리에서 저렴한 집을 찾아냈다. 길가로 포플러 가로수와 황폐한 마당들이 줄지어 있고, 원래부터 베이징에 살던 사람들에 비해 키가 작고, 피부색이 짙고, 조심성이 많아 쉽게 그들과 구별되는 산둥 성과 안후이 성 및 그 외 지역 출신의 이주 노동자들이 많이 사는 동네였다. 이주 노동자들은 좁은 셋방에서 2층 침대를 나누어 사용했고 밤에도 무더운 시기가 되면 바람이라도 불어 주기를 기대하며 매트리스를 꺼내 들고 길거리로 나왔다.
　나는 〈후통〉, 즉 골목 밖으로 나가지 않고도 경제 상황을 어느 정도 정확히 짐작할 수 있었다. 일거리를 찾아 〈오징어 골목〉 모퉁이에 옹송그리며 모여 있는 그날그날의 실업자 수를, 동그랗게 눈을 뜨고 확인만 하면 되었기 때문이다. 대부분이 중년 남성인 그들은 지저분하고 여기저기 꿰맨 스포티한 상의 차림에 인조 가죽으로 된 로퍼를 신고 이쪽 발에서 저쪽 발로 체중을 옮겨 가며 서 있었다. 금융 위기가 심화되면서 그들의 숫자는 세 배로 늘어났다. 그들을 보면서 나는 DIY를 통한 주택 개조를 낭만적으로 묘사하던 홈데포가 중국에서 왜 그토록 고전했는지 그 이유를 알 것 같았다. 그들 남성들은 자신의 기술을 홍보하는 광고판을 들고 있었는데, 각각의 광고판에 적힌 내용을 보고 있자니 데이트 상대를 구하면서 자신의 요구를 항목별로 정리한 젊은 남녀의 또 다른 이면을 보는 것 같았다. 광고판은 이런 내용이었다. 〈작은 집 정도는 지을 수 있음〉, 〈석고 보드 작업〉, 〈타일 바닥 공사〉, 〈벽돌 바닥 작업 가능〉, 〈방수 공사〉, 〈내벽 공사〉, 〈페인트 작업〉, 〈막힌 하수구 뚫어 줌〉, 〈몰딩 작업〉, 〈도배〉, 〈수도 공사〉, 〈전기 공사〉.

주민들의 삶은 유동적이었고 누구도 성공이나 실패로부터 아주 멀리 떨어져 있지 않은 듯 보였다. 우리 집에서 몇 집 건너 작은 매점이 2월부터 문을 열고 참깨 비스킷을 판매했다. 길 쪽을 향해 난 진열대를 열 때마다 수증기가 밖의 찬 공기 속으로 뿜어져 나왔다. 종이 모자를 쓰고 파란색 앞치마를 두른 중년 아주머니가 행인들에게 무료 시식을 해보라고 씩씩하게 소리쳤다. 그녀의 이름은 궈 부인으로, 허난 성 억양이 강했다. 궈 부인이 계산대에서 일하는 동안 키가 크고 과묵한 남편은 그녀 뒤로 날리는 밀가루와 수증기 속에서 밀가루를 반죽했다. 그들이 밤에 시트를 걸어 입구를 가리고 탁자 위에서 잠을 청하는 7시간을 제외하면 가게는 24시간 영업했다.

하지만 2~3주 뒤에 아침으로 먹을 것을 사러 그 가게에 들르자 창문에 〈임대함〉이라는 문구가 붙어 있었다. 궈 부인이 〈돈벌이가 전혀 안 돼요〉라고 설명했다. 한 달에 150달러라는 가겟세가 그들에겐 너무 비쌌던 것이다. 〈다들 자전거를 타고 그냥 지나다닐 뿐, 걸어다니기에 좋은 위치가 아니에요〉라고 그녀가 덧붙였다. 우리가 이야기를 나누는 순간에도 나는 밖을 걸어다니는 사람들을 쳐다보지 않으려고 애썼다. 당황스러웠다. 골목 맞은편 브래지어를 파는 가게는 나름 성업 중이었고 꼬챙이에 꿰어 구운 고기가 들어간 1위안짜리 핫도그를 판매하는 편의점도 상황이 괜찮았다. 그녀가 말했다. 「푸싱먼 — 남쪽으로 1.6킬로미터 남짓 떨어진 베이징의 또 다른 구시가 — 쪽으로 내려가 보려고 해요. 일단 그쪽으로 가보면 알겠죠.」 이틀 뒤 다시 찾았을 때 가게는 이미 비워진 상태였다. 창문 안쪽에는 밀가루 먼지에 찍힌 마지막 발자국 말고는 아무것도 없었다. 가게를 연 지 7주 만이었다.

머지않아 예 씨가 그 자리에 들어왔다. 그는 이것저것 걱정이 많은 스물다섯 살의 푸젠 성 출신 젊은이였고 베이징식 샌드위치 만들기 기초를 배워 이를 밑천으로 치열한 경쟁 시장에 뛰어들려는 참이었다(참고로 그 동네에는 샌드위치 가게들이 우글거렸다). 그는 심지어 그해 봄도 버티지 못했다. 얼마 뒤 그 가게에 〈대영조(大靈鳥) 건축 설비〉라는 인상적인 새 간판이 내걸려 나는 그들에게 집 수리를 맡기면 되겠다고 생각했다. 하지만 막상 문을 열고 보니 매매춘을 하는 집이었다. 직원이 딱 한 명 — 그녀는 한때 비스킷을 팔던 아주머니가 서 있던 창가에 조심스럽게 앉아 있었다 — 뿐이던 그 가게는 겨우 2주 영업했다. 가을이 될 때까지 가게는 여전히 어두컴컴한 자리에 머리 위로 화려한 예전 간판만을 얹고 있을 뿐이었다. 이유가 무엇인지는 알 수 없었다. 어쩌면 금융 위기 때문일 수도 있었고, 위치 때문일 수도 있었으며, 오늘날 후퉁에 사는 사람들의 극심한 이동률 때문일 수도 있었다.

밤이 되면 목화꽃 골목에서 가장 바쁜 곳은 인터넷 카페였다. 금방이라도 부서질 듯한 컴퓨터가 줄지어 들어선, 천장이 낮고 넓은 공간이었다. 젊은 남자들이 멍한 표정으로 담배를 피우고 게임을 하면서 몇 시간씩 그곳에 앉아 있었다. 내가 방문했던 거의 모든 마을에는 얼마나 외진 곳이든 상관없이 하나같이 그런 인터넷 카페가 있었다. 카지노에서처럼 창문이 거의 언제나 외부의 빛을 차단했는데, 내가 보기에 중국에서 유일하게 사람들이 시간을 다투지 않는 장소인 것 같았다.

인터넷이 류샤오보 같은 지식인들에게 미친 활기나 탕제와 그 친구들에게 촉발한 민족주의 열풍에도 불구하고, 대다수 중국인의 온라인 생활은 다른 나라들과 마찬가지로 상대적으로 덜 진지한 문제들 위주로 이루어졌다. 2010년 4월, 조사원들은 검열을 우회하려는 중국인 이용자들의 시도가 급증하고 있다는 사실을 눈치챘다. 어쩌면 정치의식의 확대가 그 원인일지도 모르는 상황이었다. 하지만 실제로는 일본 포르노 스타 아오이 소라 때문이었다. 그녀가 트위터 계정을 만들자 젊은 중국 남성들이 그 사이트에 들어가기 위해 갖은 노력을 아끼지 않았던 것이다. 중국의 웹 사이트는 다양한 점에서 주목을 받게 되었다. 군중이 실제보다 더 많아 보이도록, 또는 관료들이 보다 중요해 보이도록 공산당 선전관이 사진을 조작하는 경우 블로거들이 이를 알아채기 시작했다. 족히 수십 년 동안 중앙 선전부를 위해 기능했던 기술이 이제는 오히려 조롱거리가 되었다. 한 블로거는 중국의 최신 제트 전투기에 관한 국영 뉴스의 보도가 영화 「탑건」에 나오는 장면을 포함하고 있다는 사실을 알아냈다. 그는 〈자세히 보면 소련의 미그기를 격추하는 탐 크루즈가 등장한다〉고 주장했다.

온라인에서는 조지 오웰이 〈흑백〉이라고 지칭했던 사회적 관습, 즉 〈당의 규율이 요구할 경우 흑(黑)을 백(白)이라고 이야기할 수 있는 충성스러운 의지〉가 사라지고 있었다. 예전부터 행해져 온 의례적인 행위들도 유효성을 잃기는 마찬가지였다. 후진타오 주석이 국가 보조금으로 지은 주택의 저소득층 가족을 방문하는 모습이 국영 텔레비전 전파를 탔을 때였다. 화면에 나온 그 집의 어머니가 후진타오 주석에게 〈당과 정부에서 이토록 훌륭한 나라를 만들어 주시니 너무 감사합니다〉라고 말했다. 하지만 온라인의 사람들은 그녀가 시 소속 교통경찰로 근무하는 공무원이라는 사실을 곧장 알아냈다. 그녀가 휴가 중에 상하이와 휴양 섬 하이난에서 딸과 함께 찍은 사진을 인터넷에 올렸던 것이 밝혀지면서 저소득층 가구 중 하나라는 이미지가 퇴색했다.

　기존의 대중 매체 역시 인터넷에 의해 입지를 잃어 갔다. 블로거 란윈페이는 그 같은 현상을 가리켜 〈평행한 언어 체계〉라고 불렀으며 두 언어 사이의 긴장 관계는 중국에서 수십 년 동안 시들했던 일련의 불경 행위에 불을 지폈다. 독재자들은 좀처럼 풍자를 좋아하지 않으며 특히 유머에 적대적이다. 1949년 중화 인민 공화국 정부가 수립된 직후에도 공산당은 중국 내 코미디를 사정하기 위한 위원회를 신설했다. 그리고 해당 위원회는 만담가들이 조롱을 〈찬양〉으로 바꾸어야 한다고 공식적으로 결론 내렸다. 정부에서 꼭대기가 서로 연결된 한 쌍의 비스듬한 고층 건물로 이루어진 CCTV(China Central Television, 中央電視臺)의 신사옥을 공개했을 때도 사람들은 그 건물을 〈거대한 속바지〉라고 불렀다. 당황한 공산당이 〈지식의 창문〉 즉 〈즈창(知窓)〉이라고 부르자고 제안하자 사람들은 이를 받아들이되 약간 다르게 발음해서 〈치질〉이라는 의미의 중국어로 불렀다.

　친밍신이라는 국영 방송국 기관원이 해당 프로그램을 직접 보기 전까지는 자신도 중국 텔레비전에서 「프렌즈」를 방영할 생각이었다며 기자들에게 씩씩거리던 바로 그 순간에도, 중국의 10대들은 자막 처리된 「프렌즈」 에피소드들을 온라인에서 무료로 시청하고 있었다. 친밍신이 말했다. 「나는 이전까지 그 드라마가 우정에 초점을 맞춘 작품이라고 생각했습니다. 하지만 신중하게 사전 검토를 하자 에피소드들은 하나같이 섹스와 관련되어 있었습니다.」 당은 사람들에게 무엇을 보여 줄 것인지 통제할 수 있었지만 그들의 반응까지 어찌할 수는 없었다. 일례로 중국 공산당은 그들 자신에 관한 내용인 「건당위업(建

偉業)」이라는 고예산 드라마를 승인하고 이 드라마에 자발적으로 참여할 많은 유명 배우들을 모집했다. 하지만 사람들이 〈더우반〉이라는 대중 문화 사이트에서 해당 드라마에 평점을 매기기 시작하자 악평이 너무 많아졌고 해당 사이트는 갑작스레 평점 시스템을 폐지했다.

근본적으로 웹상의 문화는 공산당의 문화와 정반대였다. 중국의 지도자들이 엄숙함과 복종, 비밀주의를 중시했다면 인터넷 세상은 사사로운 방식과 새로운 것, 무엇보다 폭로를 숭앙했다. 스타오 기자가 검열 지시를 폭로한 죄로 투옥된 지 4년이 지난 이제는 중앙 선전부나 국무원 신문 판공실, 그 밖의 정부 기관에서 내려보낸 검열 지시들이 불과 몇 시간 만에 인터넷으로 유출되는 실정이었다. 그 같은 글이 올라올 경우 검열관들은 최대한 신속하게 글을 내렸지만 그런 글을 모아서 검열관의 손이 미치지 않는 방화벽 너머에 다시 게재하는 사람들도 있었다. 예컨대 해외의 뉴스 사이트인 〈차이나 디지털 타임스〉는 오웰에 대한 존경의 의미로 〈진리부*의 지시〉라고 이름 붙인 기록 보관소를 만들었다. 검열 지시들은 종종 트위터의 글처럼 간략하고 박력이 있어서 마치 중국 정부가 자기들을 괴롭히는 매체의 억양을 흉내 내는 것 같았다. 또한 각각의 지시들은 거울에 실물과 반대로 비치는 이미지, 즉 거울 이미지처럼 국영 언론의 주요 뉴스들과 상반되었다.

모든 웹 사이트는 〈대규모 부패에 연루된 관료들이 대부분 형 집행 정지를 받는다〉라는 제목의 글들을 지체 없이 지워야 한다.

이메일로 배달되는 진리부의 지시를 받아 보겠다고 서명하자 문자 메시지가

---

* 조지 오웰의 소설 『1984』에 등장하는, 모든 정보를 통제하고 조작하는 부서.

올 때와 똑같은 신호음을 내면서 내 휴대 전화로 검열 지시들이 전송되었다.

띵~

모든 웹 사이트는 〈상위 계층에만 불균형하게 초점을 맞춘 복지에 중국인의 94퍼센트가 불만을 느낀다〉라는 제목의 기사를 즉시 제거해야 한다.

띵~

공지: 선샤인 위린 골프 클럽에서 전례 없는 조건을 제안합니다. 〈비즈니스 회원권 한 장을 구입하시면 두 장을 무료로 드립니다.〉

띵~

모든 대중 매체는 인민 해방군이 받는 임금 인상을 과장하지 말아야 한다.

띵~

모든 종류의 영수증을 좋은 가격에 모심. 괜히 인터넷에서 사기당하지 말고 필요한 것이 있으면 13811902313으로 전화 주세요.

인터넷은 새로운 목소리들로 들썩였고 내가 처음으로 주목한 목소리 중 하나는 상하이에 사는 스물여섯 살 청년 한한(韓寒)의 것이었다. 연한 청색 배경에 한쪽 구석에는 노란색 래브라도 리트리버 강아지 사진이 있는 그의 블로그는 팝 음악이나 패션 등에 관심이 아주 많은 어린 10대 소녀의 블로그 같은 인상을 주었다. 하지만 시간이 흐를수록 그는 관료주의의 자만과 위선을 비꼬고 있었다. 완곡한 표현과 비유를 사용해 진실을 암시했던 이전 세대와는 달리, 그는 정치인의 죽음에는 조기를 게양하면서 수많은 시민의 목숨을 빼앗아 간 재앙에 대해서는 그렇게 하지 않는 이유가 무엇인지 직접적으로 질문을 던졌다. 그는 〈내게 중국식 해법이 있다. 깃대의 높이를 두 배로 늘리는 것이다. 이렇게 하면 모두 만족할 것이다〉라고 썼다. 고위 관료들이 정부(情婦)에게 고액을 건넨다는 소문에 대해서도 언급했다(〈여성의 친밀한 서비스에 1백 위안을 쓰면 음탕한 행동이 되지만 1백만 위안을 쓰면 고상한 행동이 된다〉). 또 정부를 옹호하는 메시지로 인터넷을 도배해서 지지를 이끌어 내고자 하는 중국 공산당의 전략을 비웃기도 했다(〈사람들이 길모퉁이에 모여 똥을 먹는 광경을 보았다고 해서 나도 사람들을 밀치고 다가가 한 입 먹길 원하게 되는 것은 아니다〉).

한한은 반체제 인사가 아니었다. 중국의 정치 스펙트럼을 놓고 보면 그는 지극히 애매모호한 편에 속했다. 때때로 그는 중국에서 가장 솔직한 목소리를 내기도 했다. 〈과거 중앙 전시대가 얼마나 많은 악행을 저질렀는가? 그들은 거짓말로 진실을 대신하고, 여론을 조작하고, 문화를 모독하고, 사실을 모욕하고, 범죄를 은폐하고, 문제를 덮고, 조화로운 이미지를 날조했다.〉 (그가 올렸던 다른 많은 게시글과 마찬가지로 이 글도 검열관에 의해 삭제되었지만 그보다 먼저 읽은 독자들에 의해 이미 널리 퍼진 뒤였다.) 그는 자신의 비평 활동 때문에 〈성난 젊은이들〉과 잦은 갈등을 빚었다. 탕제와 그의 친구들이 한창 민족주의 동영상을 유포하던 2008년 봄에 한한은 다음과 같은 글을 썼다. 〈우리의 민족주의적 자존감이 어찌도 그리 허술하고 얄팍할까? (……) 누군가 당신이 폭도라고 이야기한다. 당신은 그 사람에게 저주를 퍼붓고 그를 공격한 다음《우리는 폭도가 아니다》라고 주장한다. 이런 상황은 누군가가 당신이 바보라고 주장하고 당신은 그의 여자 친구 남동생이 키우는 개 앞에서 《나는 바보가 아니다》라고 적힌 커다란 표지판을 들고 있는 것과 마찬가지다. 당신은 결국 그 사람에게 당신이 하고자 하는 말을 전하게 되겠지만 그 사람은 여전히 당신을 바보라고 생각할 것이다.〉 정부에 우호적인 한 웹 사이트는 한때 한한을 〈서방의 노예〉 중 하나로 꼽으면서 그의 사진에 올가미를 합성해 넣기도 했다. 그러나 한한은 문장에서 일부러 단어를 생략할 만큼 신중한 모습도 보였다. 인터넷의 자동 검열에 걸릴 게 분명한 어떤 민감한 단어를 언급할 필요가 있을 때 그는 그 단어 대신에 〈민감한 단어〉라고 쓰고 독자들이 스스로 알아내도록 했다.

2008년 9월, 올림픽이 끝난 지 얼마 되지 않은 시점에 그는 그동안 누적된 독자 총계를 기준으로 한 유명 영화 배우를 근소한 차이로 따돌리고 중국에서 가장 인기 있는 개인 블로거가 되었다. 블로그를 시작한 이래 누적 방문자 수가 2억 5천만 명에 달했다. 그보다 방문자 수가 많은 곳은 중국의 주식 정보를 제공하는 몇몇 블로그들이 유일했다. 내가 상하이에 가기로 하고 한한에게 잠깐 들러도 괜찮은지 묻자 그는 자신이 어딘가 가려 하니 함께 가자고 제안했다. 1주일이나 2주일에 한 번씩 한한은 상하이 시내를 벗어나 자신이 나고 자랐으나 이제는 조부모만이 사는 마을의 농가를 방문했다.

그는 창문이 코팅된 검은색 GMC 밴을 타고 나를 마중 나왔다. 운전은 그의 친구 쑨창이 했다. 비행기 타는 것을 무서워하는 한한이 장거리 여행 때 쓰려고 장만한 차였다. 그는 171센티미터의 키에 몸무게가 58킬로그램도 나가지 않았으며, 한국의 어느 배우처럼 도드라진 광대뼈와 양치기 개처럼 단발로 자른 앞머리가 드리운 그늘 깊숙이 검은 눈을 갖고 있었다. 또 일종의 유니폼처럼 회색이나 흰색 상의에 청바지 차림 — 중국 대중 문화에서 보편적인 미적 특징이기도 했다 — 을 선호했다. 깔끔하게 손질한 외모와 으스대며 걷는 모양이 류샤오보 같은 중국 지식인의 전형적인 모습과는 완전히 딴판이었다. 그에게는 잭 케루악과 저스틴 팀버레이크를 반씩 닮은 듯한 구석이 있었다. 직접 만나고 보니 따뜻하고 과묵했으며, 자신의 말에 담긴 혹독한 신랄함을 감추기 위해 늘 웃으면서 말을 했다.

인터넷은 한한의 인생 경로를 바꾸었다. 10학년이던 1998년에 그는 일곱 과목에서 낙제하고 학교를 중퇴했다. 이듬해에는 육필 원고를 한 출판사에 보냈다. 원고는 『삼중문(三重門)』이라는 소설로, 어머니가 아이큐를 높일 목적으로 아들에게 알약까지 먹이는 가운데 〈시험에 대비해 칠판에서 공책으로〉 수업 내용을 옮겨 적으며 묵묵히 〈끝없는 공허의 시간〉을 버티는 중국의 한 고등학생에 관한 내용이었다. 한한은 중국의 교육 제도를 젓가락 생산에, 〈정확히 똑같은 길이〉의 제품을 생산하기 위해 고안된 시스템에 비유했다. 이미 또 다른 출판사로부터 소설이 너무 우울하고 시대와도 맞지 않는다는 평가를 받은 터였다. 요컨대 중국의 젊은이들에 관한 책이 인기를 끌려면 얼음 조각을 손에 쥐고 인내심을 기른 야심찬 아이비리그 학생의 이야기 『하버드 소녀』와 비슷해야 했다. 그럼에도 한 편집자가 한한의 소설에 열광적인 반응을 보였고 초판으로 3만 부를 인쇄했다. 초판은 사흘 만에 매진되었다. 다시 3만 부가 인쇄되었고 역시 매진되었다.

국제적인 기준에서 보면 한한의 소설은 10대의 고민을 다룬 평범한 문학 작품이었지만 중국 내에서는 완전히 새로운 것이었다. 교육과 권위에 대한 무명 작가의 통렬하고 현실적인 풍자였다. 국영 방송이 한 시간에 걸친 토론을 전국 방송으로 내보내면서 열기를 억누르기 위한 행동에 나섰지만 그들의 전략은 도리어 역효과를 낳았다. 아래로 흘러내린 머리카락이 왼쪽 눈을 가리는 아이돌 밴드 스타일의 샤기컷을 하고 등장한 한한은 방송에서 오만한 매력을 발산했다. 트위드 옷을 입고 넥타이를 맨 교육학자들이 〈자칫 사회적 불안정을 초래할 수 있는 반항적인 태도〉를 맹렬히 비난하자 한한은 미소를 지으면서 그들의 말을 자른 다음 〈그런 소리를 하는 걸 보니 여러분의 인생 경험이 내 것보다도 피상적인 것 같군요〉라고 말했다. 그는 순식간에 유명해졌고 젊은이다운 반항을 대변하는 새로운 유형의 매력적인 주창자가 되었다. 중국 언론들은 〈한한 열풍〉을 선언했다.

『삼중문』은 계속해서 2백만 권 이상이 팔려 나가며 최근 20년간 중국에서 가장 많이 팔린 소설의 대열에 합류했다. 이후 몇 년 동안 한한은 자신이 가장 잘 아는 주제에 충실하여 10대, 소녀, 자동차와 관련한 네 편의 소설과 예닐곱 편의 수필집을 더 출간했다. 이 작품들도 수백만 권 넘게 판매되었다. 그럼에도 출판을 담당했던 궈마이 컬처 앤드 미디어의 대표 루진보는 문학 작품으로서 한한의 작품들을 인정하지 않았다. 그는 내게 〈한한의 소설은 일반적으로 시작은 있지만 끝이 없습니다〉라고 설명했다. 2006년 들어 블로그를 운영하기 시작하며 한한의 관심은 공산당의 부패와 검열 행위, 어린 노동자들에 대한 착취, 환경 오염, 빈부 격차 등 중국에서 가장 민감한 문제들로 명백히 전환되었다. 이를테면 어린 10대 뱀파이어의 이야기를 쓴 저자 스테파니 메이어가 〈트와일라잇〉 시리즈를 버리고 공적 자금 남용 문제로 팬들의 관심을 돌리는 것과 비슷했다. 한한은 젊은 노력가들의 수호성인이었다. 그들은 이제 막 싹트기 시작한 회의적인 의식을 그들이 갈망하는 물질적 만족과 조화시키는 방법을 한한에게서 발견한 터였다. 한한의 세상에서는 정치적 활동이 더 이상 가난을 의미하지 않았다.

「글로 돈을 벌기 시작하면서 곧바로 스포츠카를 사고 자동차 경주를 시작했습니다.」 러시아워로 꽉 막힌 도로를 굼뜨게 이동하는 동안 그가 말했다. 「다른 드라이버들은 나를 괄시했어요. 〈당신은 작가야. 기껏해야 차를 운전하다가 벽이나 들이받겠지〉라고 생각했던 거죠.」

거의 10년 동안 한한은 작가의 일과 경주 자동차 드라이버로서의 경력을 병행하며 상하이 폭스바겐 서킷 대회와 스바루 오프로드 랠리에서 훌륭한 기록을 냈다. 자동차 경주는 협찬과 샴페인 샤워의 세계였으며, 혼란스러울 정도로 작가로서의 삶과는 부조화스러운 세계였다. 대체로 그의 독자들은 자동차 경주에 아무 관심이 없었지만 두 가지 삶을 병행하는 그의 정체성은 이례적인 유명 인사를 탄생시켰다. 그 결과 한한은 유행을 선도하는 잡지들의 표지를 장식했으며 〈한한 다이제스트〉, 〈단웨이〉, 〈차이나긱스〉 같은 별도의 웹 사이트들에서는 그의 발언을 해석하고 분석했다. 언젠가 한한은 텔레비전 인터뷰를 하면서 이렇게 말하기도 했다. 「중국어를 쓰는 사람들 가운데 나를 모르는 사람은 없을 겁니다.」 터무니없는 허풍으로 들릴 수도 있지만 꼭 틀린 말도 아니었다.

그는 유일하게 기업의 후원을 받는 정부 비평가였고 보보스족 감성에 맞춘 열정적인 대변자였다. 예컨대 저가 의류 체인점 판커는 광고에 〈나는 판커〉라는 선전 문구와 함께 그의 얼굴을 실었다. 양주 회사인 조니 워커는 그의 사진과 〈꿈은 머릿속에서 반짝이는 모든 아이디어를 실현시킨다〉라는 문구를 짝지었다. 위블로에서 나온 독특하고 화려한 스위스 시계에 한한이 이름을 빌려준 일도 있었는데, 자선기금 마련을 위한 경매에 부쳐진 그 시계에는 영어로 〈자유를 위하여〉라고 새겨져 있었다.

한한의 고향인 팅린에 가까워지면서 큰길을 벗어나 좁은 길로 들어서자 우리가 탄 자동차보다 겨우 몇 센티미터 넓은 콘크리트 다리로 이어진 개울을 만났다. 운전대를 잡은 쑨창이 망설였다. 한한이 앞좌석 사이의 간격을 가늠해 보더니 짐짓 진지한 투로 말했다. 「이 다리는 테스트야!」. 무사히 다리를 건너고 나자 한한은 〈나는 저곳에서 사고를 겪은 적이 많아요〉라고 덧붙였다.

상하이 시내에서 잠깐만 운전해 변두리로 나가니 꾸준히 침식되어 가는 작은 농장들과 공장 지대가 나왔다. 논두렁길이 격자로 나 있는 휴한지(休閑地)에 안개가 내렸다. 우리는 작은 앞마당이 딸리고 벽돌로 지은 2층짜리 농가에 도착했다. 키가 아담한 한한의 조부모님이 패딩이 들어간 면 이불을 뒤집어쓴 채 느릿느릿 걸어 나와서 우리를 맞이했다. 골든 리트리버 한 마리가 주변을 정신없이 뛰어다녔다. 시골 특유의 한기와 습기가 맴도는 거실을 지나자 다시 작은 마당이 나왔는데, 그곳에 도착하자 한한이 미소를 지으며 한쪽 창문으로 기어 올라가 집의 곁채에 해당하는 자신의 방으로 들어가라고 알려 주었다. 「설계상의 작은 흠이에요. 이쪽 면에는 애초부터 문을 달지 않았어요.」

중국의 10대들을 위한 공상 소설이 만들어지는 시골 은신처에는 낡은 야마하 오토바이가 한쪽 벽에 기대어 세워져 있었고 거대한 텔레비전 화면이 다른 한쪽을 장식하고 있었다. 첫 번째 것보다는 작았지만 그래도 역시 거대한 또 다른 텔레비전에는 자동차 게임을 위해 설치된 운전대와 페달이 딸려 있었다. 방 중앙에는 당구대가 있었다. 한한이 공을 세팅한 다음 초구를 쳤다. 원래 그는 쉴 새 없이 부산한 움직임을 보이는 사람이었다. 하지만 자신의 전화기가 진동과 함께 소리 내어 울자 신경질적으로 전화기 두 대를 모두 엎어 놓으면서 드물게도 완전한 집중 상태를 보였다. 그리고 내가 첫 번째 공을 넣고 두 번째 공을 실수하자 나머지 공들을 모두 성공시켰다.

고향의 변화는 중국을 바라보는 한한의 관점에 커다란 영향을 주었다. 그가 멀리 보이는 공업 단지를 가리키며 그곳의 화학 공장이 한때 자신이 가재를 잡곤 했던 강물을 오염시켰다고 비난했다. 그는 자신의 블로그에 다음과 같은 글을 올렸다.

할아버지는 물 색깔만 보고도 무슨 요일인지 알 수 있다. 사방에서 악취가 진동한다. 환경 보호국은 수질이 정상이라고 주장하지만 강에는 죽은 물고기들이 가득하다. (……) 우리 고향은 아시아에서 가장 큰 공업용 항구를 건설하겠다고 했다가, 다시 아시아에서 가장 큰 야외 조각 공원을 만들겠다고도 했다가, 아시아에서 가장 큰 전자 제품 쇼핑 센터를 짓겠다고 하면서 수시로 계획을 번복했다. 그들이 지금까지 만든 거라고는 잡석과 미완성 건물, 황무지로 이루어진 수천 에이커의 땅뿐이다.

한한은 종종 중국 젊은이들의 상징으로 묘사되었는데 전적으로 칭찬의 의미만은 아니었다. 그는 마오쩌둥이 세상을 떠나고 한 자녀 정책이 시작된 이후 태어난 첫 번째 세대, 즉 바링허우(八零后) 혹은 〈1980년 이후 세대〉였다. 이세대는 미국의 베이비 붐 세대가 그랬듯이 가치관과 국민성에 관한 중국인들의 대화에서 하나의 기준점으로 작용했다. 그들은 그들을 부모와 소원하게 만든 사회적 변화가 한창이던 시기에 어른이 되었으며, 표현하기에 따라 새로운 자기 인식이 분명하거나 방종하게 그려졌다.

한한은 글을 통해 노동자들에게 그들의 〈낮은 임금을 합쳐 봐야 사장이 타는 롤스로이스 자동차의 볼트 한 개 값밖에 되지 않으며, 따라서 공연히 새로운 번영을 암시하는 표제들에 들떠 환호할 이유가 없다〉고 촉구함으로써 중국의 급성장을 둘러싼 공식적인 진실에 잽을 날렸다. 47세의 한 여성이 자신의 집을 허물려는 패거리를 막으려고 자신의 몸에 불을 질러 죽음에 이른 후에 그는 이렇게 썼다. 〈당신이 분신해서 재가 되지 않았더라면 (……) 가족의 일원 모두가 살아 있다면 그것이 행복한 삶의 기준이다.〉

찬바람을 쐬러 밖으로 나왔을 때 나는 그의 비판이 중국 역사상 가장 번창한 시대의 이점들을 깎아내리는 것 같다고 언급했다. 그가 나를 곁눈질로 의심스럽게 바라보았다. 그러고는 중국인들이 대대적인 성장에 취해 이를테면 성장에 따른 성과가 어떻게 분배되는지와 같은 세부적인 문제들은 보지 못한다고 지적했다. 「자동차 랠리를 위해 우리는 많은 곳을 다녔습니다. 비포장도로를 달리는 경주인 까닭에 개중에는 작고 가난한 도시도 많았어요. 그런 도시의 젊은이들은 문학이나 예술, 영화, 자유, 민주주의 같은 것에 전혀 관심이 없어요. 다만 자신들에게 한 가지가 필요하다는 사실을 알 뿐입니다. 바로 정의예요. 그들 주위에 불공평한 일들이 많다는 뜻이죠.」

요점을 설명하기 위해 그는 자신이 최근에 본 열일곱 살짜리 이주 노동자에 관한 뉴스를 예로 들었다. 그 이주 노동자는 고향에 가기 위해서 무려 62시간 동안 기차 객실의 통로에 서 있었다. 그 같은 체험은 중국 신문에서 인내심을 이야기할 때 단골로 등장하는 일종의 엄격한 고행이었다. 하지만 한한은 기차에서 꼬박 이틀하고도 반나절을 서 있어야 하는 일에 대해서 다른 관점을 내놓았다. 「그 남자는 성인용 기저귀까지 차야 했어요.」 한한이 끔찍하다는 듯 말했다. 그 일화는 그의 다음번 블로그 포스팅의 주제가 되었다. 그가 포스팅한 글에 따르면 중국의 젊은이들은 갈수록 〈도시화 과정에서 착취〉당하고 있었다. 그는 중국의 호경기가 그들 세대에게 제안하는 거래 조건들을 다음과 같이 나열했다. 〈1년 내내 일하라, 하루 종일 현장에 서 있으라, 제값을 다 주고 좌석표를 구매하라, 기저귀를 차라, 귀향하는 내내 서 있으라. 정말 품위 있지 않은가!〉

글을 쓸 때면 한한은 한낮까지 자고 보통 동트기 전까지 혼자 일했다. 일하는 속도도 무척 빨랐다. 그는 고등학교 친구인 릴리 진과 결혼했는데 아내는 한한의 비서이자 문지기 역할을 맡았다. 그녀가 말했다. 「한한은 사람을 너무 쉽게 믿어요. 거의 곧이곧대로요. 몇몇 출판사에 사기를 당해서 돈을 날리기도 했어요.」 그들 부부 사이에서 딸이 태어나자 중국의 가십 잡지들은 이른

바 왕족의 출산을 환영하면서 〈아버지가 된 한한, 딸과의 첫 만남에 관한 이야기〉처럼 출산과 관련한 모든 의식들을 다루었다.

그는 당당하게 자신을 〈시골뜨기〉라고 소개했다. 정부를 비판하는 다른 저명한 중국인 비평가들과 달리 그에게는 서구 사회와 연결 고리가 거의 없었다. 유럽을 방문한 적은 있지만 미국을 방문한 적은 없으며 서양 문학에 대해서도 관심이 없었다. 또한 오래전부터 〈반항자〉라는 자신의 정체성이 상투적인 문구에 불과하다고 인정했고 ─ 종종 그는 〈만약 정말로 내가 반항자였다면 아우디나 BMW를 몰지 않았을 것이다〉라고 말했다 ─ 계속해서 조용한 행보를 유지했다. 담배를 피우지 않았고 술도 좀처럼 마시지 않았으며 나이트클럽도 좋아하지 않았다.

한한의 부모님은 정부 쪽에서 일했다. 어머니 저우차오룽은 지역 복지 사무소에서 각종 수당을 집행했다. 아버지 한런쥔은 한때 소설가를 꿈꾸었으나 지역의 당 기관지에서 일하며 꿈을 버렸다. 그는 출세를 위한 처세 방식에 반감을 드러냈다. 한한이 내게 말했다. 「매일같이 술을 마시고 상사의 비위나 맞추어야 하는 생활을 아버지는 좋아하지 않았어요.」 장차 태어날 아이가 딸인지 아들인지 알기도 전에 한한의 부모님은 아기 이름을 아버지가 마음에 두었던 필명인 한한이라고 짓기로 합의했다. 아들의 작품이 유명세를 타면서 기득권층에 대한 그의 조롱 때문에 그들이 공무원직을 유지하기가 곤란하게 되자 한한은 부모님에게 경제적 지원을 제안했고 그들은 조기에 퇴직했다.

한한이 어릴 때 그의 아버지는 어린 아들의 손이 닿는 책장의 낮은 선반에는 문학 작품을, 높은 곳에는 정통 정치 서적들을 보관했다. 책을 읽으면 읽을수록 한한은, 그의 표현에 따르면 〈교과서와 진실〉 사이의 괴리를 더욱 실감했다. 그가 내게 말했다. 「나는 문학을 진정으로 사랑하는 사람이라면 마오쩌둥도 사랑할 수 있다는 말을 믿지 않습니다. 그 두 가지는 절대로 양립할 수 없어요. 마오쩌둥이 거둔 정치적 성과나, 그가 얼마나 나쁜 짓을 저질렀는지, 또는 그 사람 때문에 얼마나 많은 사람들이 굶어 죽었는지와 같은 문제는 차치하더라도 한 가지 사실만은 확실합니다. 마오쩌둥은 작가들의 적이었습니다.」

쑹장 제2고등학교에 다니는 동안 때때로 글을 쓰던 한한이 열여섯 살 되던 해 한 상하이 잡지사에서 〈신개념 수필 대회〉에 참가할 젊은 작가들을 찾고 있었다. 한한은 이전에도 여러 대회에 참가했던 터였다. 「참가자는 자신이 과거에 행한 선행을 주제로 글을 써야 했습니다. 이를테면 노부인이 길을 건너는 일을 돕거나 주운 지갑을 돌려준 일처럼요. 지갑을 주웠다면 자신의 주머니에 넣는 것이 보다 현실적인 행동이겠지만 뭐 상관없어요.」 하지만 신개념 수필 대회는 다른 것을 요구했고, 결선에서 한한에게 추상적인 과제가 주어졌다. 심사 위원이 텅 빈 유리 상자 안에 백지 한 장을 떨어뜨렸는데 그것이 바로 주제였다. 한한은 〈유리 상자의 바닥으로 떨어지는 종이가 우리에게 인생을 이야기하는 것 같다는 생각이 문득 들었어요〉라고 말한 다음 〈순전히 헛소리였죠〉라고 덧붙였다. 그는 대회에서 우승했다.

그즈음 한한은 일부 학과목에서 낙제하여 유급되었다. 재차 낙제하기 직전에 그는 학교를 자퇴했고, 그 일을 계기로 원고를 출간하기 위해 필사적이 되었다. 그의 설명에 따르면 〈자신을 증명하기 위해서〉였다. 「반 친구들과 선생님에게 내가 훌륭한 작가이며 글을 써서 먹고살 수 있다고 말했을 때 그들은 내가 미쳤다고 했어요.」 20년 전만 하더라도 한한은 국가를 비난한 죄로 필시 감옥에 갔을 터였지만 마침내 발간된 『삼중문』은 중국의 젊은이들을 열광시켰다. 단지 그 책이 중국의 교육 제도를 솔직하게 비판했기 때문만은 아니었다. 상하이 작가 천춘의 이야기에 따르면 한한의 존재는 그 자체로 중국 젊은이들에게 〈자신의 우상을 선택할 권리〉를 부여했다.

출판사 대표 루진보는 한한의 팬들이 한 가지 단순한 이유 때문에 그에게 끌린다고 생각했다. 즉 그들이 한한의 삶과 글에서 좀처럼 보기 드문 유형의 진실을 본다는 것이었다. 「우리 중국 문화는 사람들에게 자신의 본심과 다르게 말하기를 요구합니다. 내가 누군가에게 〈오늘 우리 집에 가서 함께 저녁이라도 먹읍시다〉라고 이야기할 경우 진실은 그 사람이 오기를 진심으로 바라지 않는다는 것입니다. 아울러 그 사람은 이렇게 대답할 거예요. 〈정말 친절하군요. 하지만 나는 다른 일이 있어서요.〉 이것이 사람들에게 익숙한 대화법이에요. 신문에 나오는 지도급 인사든 보통 사람이든 다르지 않죠. 중국인이라면 누구나 그 사람의 말과 생각이 일치하지 않는 경우가 많다는 사실을 이해합니다. 하지만 한한은 달라요. 그는 다른 사람의 감정은 신경 쓰지 않고 자신의 생각을 말하거나 아니면 침묵합니다. 간단히 말해서, 한한이 〈진실이다〉라고 말하면 1천만 명의 팬들이 〈진실이다〉라고 이야기해요. 그가 〈거짓이다〉라고 말하면 거짓인 겁니다.」

진실성, 혹은 진실성의 발로는 중국에서 가장 보기 드문 자산 중 하나가 되었다. 공하이옌이 온라인에서 가짜 독신남들을 만난 지 5년 만에, 유행처럼 번진 사기 행위는 삶의 구석구석까지 스며들었고 유업계(乳業界)의 한 사례는 특히 인상적이었다. 2008년 분유 회사 싼루는 낙농가에서 단백질 수치를 높이기 위해 우유에 멜라민 수지를 첨가해 왔다는 사실을 알았음에도 리콜을 요구하지 않았다. 오히려 언론에서 해당 사실을 보도하지 못하도록 지방 정부를 설득했다. 보건부에서 대중에게 경고하고 나섰을 때는 이미 30만 명의 유아들이 병에 걸린 뒤였고 그중 여섯 명은 목숨을 잃었다. 여행을 갈 형편이 되는 중국 부모들은 홍콩에서 유아용 유동식을 엄청나게 사들이기 시작했다. 홍콩 당국이 한 사람당 두 캔으로 법적 제한을 둘 정도였다.

지식인들 사이에서도 한한은 극단적인 평가를 받는 인물이었다. 홍콩 작가이자 텔레비전 아나운서인 렁만터우는 한한이 중국에서 가장 유명했던 사회 비평가 〈루쉰과 비슷한〉 능력을 가졌다고 열변을 토했다. 예술가 아이웨이웨이는 한 발짝 더 나아가 기자에게 〈훨씬 많은 사람들이 그의 글을 읽는다는 점에서 한한은 루쉰보다 더 영향력 있는 인물이다〉라고 말했다. 그 같은 비유에 반발하는 사람들도 있었다. 컬럼비아 대학의 문학 및 언론학자 리디아 H. 류에게 그에 대한 의견을 묻자 그녀가 말했다. 「한한은 그를 좋아하는 사람들의 거울 이미지에 불과합니다. 자기를 반영한 이미지가 어떻게 사람들을 변화시킬 수 있겠어요? 못 해요.」 그러고는 이렇게 덧붙였다. 「하물며 그의 블로그에서 가장 먼저 눈에 보이는 것은 그의 글이 아니라 스바루 광고예요.」

팬들에게 거울 역할을 한다는 것은 어쩌면 그가 가진 가장 큰 장점이었다. 다른 사람들이 생각은 하지만 입 밖으로 꺼내지 않는 것을 한한은 분명하게 표현했다. 중국에서 가장 용감한 지식인이나 반체제 인사라는 사람들이 보통 사람과 다르게 틀에 박히지 않은 모습으로 두각을 나타낸 것과는 달리 한한은 전형적인 모습을 보여 주었기 때문에, 팬들은 그와 공감하면서 그가 신봉하는 원칙들을 현실적으로 보다 가깝게 느낄 수 있었다. 한한의 일대기에는 중국에서 활동적인 젊은이로 살아가며 겪게 되는 잡다한 승리와 모욕이 모두 들어 있었고, 이러한 요소들은 그가 야심과 더불어 냉소적인 태도를 갖게 된 원인으로 작용했다. 그리고 그 결과 그는 강해졌다. 톈안먼 사건 이후 20년 동안 중국의 젊은이들은 정치에 무관심했다. 기초적인 생활 여건이 나아졌기 때문이기도 했지만 1990년대의 반체제 문화가 끔찍하고 절망적이었기 때문이기도 했다. 한한은 자신의 글을 통해 중국의 젊은이들에게 정치적인 활동을 재개하라고 주문하지도 않았고, 정책 입안자들로 하여금 손을 쓰도록 만들지도 않았지만, 회의적인 태도의 회열을 주창하는 유력한 대변인이 되었다.

성난 젊은이들과의 숱한 갈등에도 불구하고 한한은 탕제와 공통점이 있었다. 이를테면 그들은 자신의 불만을 쏟아 내고 중국에 관한 자신만의 견해를 표출할 배출구를 찾고자 했다. 또한 중국에서 새롭게 부상하는 문화 전쟁의 양쪽 진영을 각각 점령하고 있다고 생각하면서도, 자기 창조라는 새로운 성향을 추구하고 정치적 감각을 계발하기 위해 불확실한 기회를 추구했다. 그리고 그 과정에서 톈안먼 광장에 모였던 선대의 행동주의자들과 달리 인터넷을 활용했다. 한한과 탕제는 부와 야망의 시대에 어린 시절을 보냈으며, 의견 차이에도 불구하고 두 사람 중 누구도 투지를 버리고 자신의 목소리를 포기하는 일은 상상도 하지 않았다.

성장세가 블로그의 한계를 넘어서자 한한은 『두창투안(獨唱揣)』이라는 이름의 잡지를 시작했다. 〈독주자들의 합창〉이라는 의미였다. 정치적 반향을 걱정한 출판 담당자가 그를 설득해서 창간호의 내용물을 절반으로 줄였음에도 흥미로운 일부 기사들이 남아 있었다. 〈모두가 모두에게 묻다〉라는 재치 있는 특집 기사는 중국 내에서 정보가 통제되는 방식을 둘러싼 익살스러운 고찰을 보여 주었다. 독자들이 남자 친구에 관한 것이든 정부 기관에 관한 것이든 질문을 생각해 내면 그 과정이 아무리 어렵더라도 편집자들이 해답을 찾는 식이었다. 창간호는 서점에 풀린 지 10시간 만에 중국 아마존 사이트에서 1위를 차지했다. 구름처럼 몰려든 손님을 위해 서점은 별도의 매대를 설치해야 할 정도였다. 검열관들은 당황했다. 그리고 며칠 뒤 내 휴대 전화가 울렸다. 중앙 선전부 상해 지사에서 뉴스 편집자들에게 보내는 지시였다.

자동차 경주를 제외하고는 한한과 관련한 어떠한 활동이나 언급도 보도하지 말 것.

2010년 12월 한한은 두 번째 호를 낼 준비를 마쳤지만 출판 담당자에게 중단하라는 지시가 떨어졌다. 산처럼 쌓인 잡지들이 재생지 재료로 전락했다. 그 일이 발생하고 얼마 후에 한한이 내게 말했다. 「당국자들은 걱정이 되었던 것 같습니다.」 우리는 그가 임대한 사무실에 있었는데 이미 반쯤 비운 상태였다. 「아마도 〈우리가 통제하는 우리 잡지들에 글을 쓰는 작가로 시작한 주제에 이제 우리의 통제권까지 가져가려고?〉라고 생각했던 것 같아요.」 그는 폐쇄 조치가 중국 문화의 미래에 어떤 의미로 작용할지 의문을 나타냈다. 「언제까지나 판다와 차(茶)만을 이용할 수는 없어요. 그럼 그 외에 우리에게 또 무엇이 있을까요? 비단? 만리장성? 그런 것들은 중국이 아니에요.」

『타임』지가 2010년 세계에서 가장 영향력 있는 인물 연보에 포함시킬 후보자들을 선발할 때 한한도 여기에 포함되었다. 중국 당국이 기뻐했을 리 만무했다. 그들은 중국 내 검색 엔진에서 〈한한〉과 〈타임〉이라는 단어가 함께 조합되지 못하도록 봉쇄했고 「인민일보」에서는 〈『타임』지, 너무 근시안적이지 않은가?〉라는 표제 기사를 내보냈다. 한한은 자신이 승리했다고 생각하지 않았다. 그에게는 중국 내에서 개인이 직면하는 현실에 대해 어떠한 환상도 없었다. 그는 자신의 블로그에 다음과 같이 썼다.

사람들이 약간의 분노나 억울함을 배출하는 데 어쩌면 내 글이 도움이 될지 모르겠다. 하지만 그 외에 내 글이 또 어떤 가치가 있을까? 이 〈영향력〉이라는 것은 환영에 불과하다. 중국에서 영향력이란 오직 힘 있는 자들의 것이며 그들은 하늘에서 비가 내리게 할 수 있을 뿐 아니라 당신의 생사 여탈권도 쥐고 있다. 그들이야말로 진정 영향력을 가진 사람들이다. (……) 그들을 제외한 우리는 단지 무대 위 조명 아래 선 배우들에 불과하다. 극장을 소유한 그들은 언제든 무대의 막을 내릴 수 있고 조명을 끌 수도 있으며 문을 닫거나 극장 안에 개를 풀 수도 있다.

그가 올린 이 글에는 2만 5천 개의 댓글이 달렸는데 개중에는 〈나는 용감하고 고결한 남자 한한을 지키는 데 기꺼이 인생을 걸겠다〉라는 내용처럼 극단적인 헌신을 표현한 것들도 있었다. 대중의 투표로 결정된『타임』의 인물 연보 최종 누적 기록에서 한한은 이란의 야당 지도자 미르 호세인 무사비에 이어 세계에서 두 번째로 영향력 있는 인물에 선정되었다.

어느 날 오후였다. 한한이 참가한 자동차 경주를 본 뒤 나는 잠깐이라도 그를 보기 위해 모여서 기다리고 있는 소수의 열정적인 팬들을 발견했다. 그들 중 안후이 성에서 온 열아홉 살의 마르고 머리털이 삐죽삐죽한 웨이페이란은 금방 날아갈 듯 기대감에 들떠 있었다. 그는 10학년 때『삼중문』을 읽고 깊은 감명을 받은 터였다. 잡지를 출간하려던 한한의 시도에 영감을 받아 친구들 몇 명과 함께 후난 성도인 창사에서 잡지를 발간하려던 참이었다. 그가 말했다. 「정말로 그 일을 잘하고 싶어요. 내가 일종의 이상주의자거든요. 기업이나 후원자 없이도 우린 스스로 잘 해내고 있어요.」 창간호에 한한의 인터뷰 기사를 싣고자 웨이페이란은 한한을 만나기 위해 무려 14시간 동안 기차를 타고 왔다.

그의 글에 대해서 이야기할 때마다 한한의 팬들은 그것이 자신들에게는 〈계시〉였다고 했다. 한 블로거의 표현에 따르면 그의 글은 〈우리를 무관심에서 깨어나게 하는 아드레날린 주사〉였다. 웨이페이란은 한한의 블로그 게시물을 스크랩하고 댓글도 올리는 팬 사이트에서 한동안 운영을 돕기도 했다. 「우리 사이트는 닝샤 인터넷 순찰대의 명령으로 강제 폐쇄되었어요. 한한이 그동안 올린 모든 인터넷 게시물을 스크랩했는데 그들은 그 게시물들이 지나치게 민감하다고 하더군요.」 오렌지색 스웨터를 입은 한 소녀가 우연히 우리 대화를 듣고서 수줍게 끼어들었다. 「한한은 우리 모두가 되고 싶어 하는 사람을 대신하고, 우리도 하고는 싶지만 시도할 용기를 내지 못하는 일을 대신해요.」

한한의 젊은 숭배자들과 함께 시간을 보내면서 나는 〈리양 크레이지 잉글리시〉 학생이던 마이클을 종종 떠올렸다. 마이클 역시 한한의 팬이었다. 그 후 나와 만났을 때 그는 자신의 전화기를 꺼내 한한의 책들을 한곳에서 모두 볼 수 있도록 내려받은 앱을 보여 주었다.

나를 만나고 얼마 뒤 마이클은 크레이지 잉글리시가 아닌 다른 곳에서 학생들을 가르치기 시작했다. 학생들을 모집하기 위해 작은 스피커를 구입해 광저우의 한 공원에서 무료 강의도 했는데, 머리 위쪽에 설치된 대략 7~8미터 정도 되어 보이는 현수막에는 그의 공식 입장을 암시하는 글이 적혀 있었다. 〈올림픽을 환영하라, 아시안 게임을 개최하라, 영어 자원봉사자들이여 밖으로 나오라.〉 마이클은 너무 무모하다고 걱정하는 부모님의 반대를 무릅쓰고 동네의 한 신용 조합에서 5만 위안을 빌렸다. 「식구들은 하나같이 반대했어요.」 그렇게 두 달쯤 지나자 유료 수강생들이 모였다. 게다가 그 지역의 올림픽 홍보 운동 본부로부터 자원봉사자들이 외울 수 있도록 1백여 개의 기본 문장을 녹음하는 작은 계약을 따내기도 했다. 그는 자신의 일기장에 〈너무나 자랑스럽다. 새로운 양복과 넥타이를 살 수 있을 만큼 돈을 벌었다〉라고 썼다.

2009년 1월 마이클은 크레이지 잉글리시를 떠나 다른 교사 한 명과 팀을 이루어 〈뷰티풀 사운드 잉글리시〉라는 회사를 설립했다. 마이클이 영업을 담당하고 동업자가 수석 교사를 맡았다. 머지않아 마이클이 여러 도시에서 강연 일정을 잡기 시작하며 사업은 탄력을 받았다.

마이클의 영어 실력은 언제 보아도 놀라웠다. 중국 밖으로 나가 본 적이 전혀 없는 사람치고는 또박또박 분명하게 영어를 했으며 대화를 할 때나 글을 쓸 때나 실수가 거의 없었다. 영어 실력 향상을 위해서라면 무슨 일도 마다하지 않는 그의 적극성이 주된 요인이었다. 한 음악 교사가 자신은 거울을 보며 입을 과장되게 움직이면서 발음을 연습한다고 귀띔하자 마이클은 버스를 타는 동안에도 음악 교사가 제시한 방법을 따라 했다. 당연히 버스 안의 다른 승객들은 그를 이상하게 쳐다보았다. 다른 교사가 리양이 권했던 것보다 더 크게 소리를 내라고 제안하자 마이클은 그 방법도 시도했다. 그리고 얼마 후 일기장에 다음과 같이 썼다. 〈목표를 이루지 못했다. 내가 얻은 거라고는 지긋지긋한 인두염이 전부다.〉 그의 목 손상을 치료하기 위해 의사는 흡입법 치료를 처방해야 했다.

마이클은 영어로 녹음된 내용 중 마음에 드는 것을 찾기 위해 다른 무엇보다 인터넷을 문턱이 닳도록 드나들었고 녹음된 내용을 몇 번이고 계속 따라 하면서 억양을 다듬었다. 그가 자신이 가장 좋아하는 것 중 하나를 내게 읽어 주었다. 「무선 통신 단말기 전문업체 버라이즌 와이어리스에서 놀라운 일이 일어나고 있습니다. 이제 미국의 대화 방식이 바뀔 것입니다. 전폭적이면서도 대담하며 새로운 변화입니다.」 그가 읽는 소리를 들으면서 나는 어떤 물건을 팔든 상관없이 영업과 관련된 말소리에는 만국 공통의 특징이 존재한다는 사실을 깨달았다. 계속해서 그가 말했다. 「버라이즌 와이어리스에서 출시한 전국 무제한 통화를 소개합니다. 이제 과거 그 어느 때보다 저렴한 요금인 30달러로, 미국에서 가장 광범위하고 신뢰할 만한 무선 네트워크를 이용할 수 있습니다. 버라이즌입니다.」 마이클이 씨익 웃어 보였다.

마이클은 광고와 라디오 방송 진행자의 목소리를 특히 좋아했다. 그가 목소리 톤을 바꾸어 뉴스 속보를 흉내 냈다. 「오늘 아침 타이완에 리히터 규모 6.5의 지진이 발생했으며 그로 인해 다섯 명이 경상을 입었습니다……. 제임스 폼프렛 기자였습니다.」 미국 남부 특유의 억양을 모방하려고 노력하는 중이었다. 어디서 찾아냈는지는 기억나지 않지만 화자의 비음 섞인 억양이 좋다며 또 이렇게 말했다. 「안녕하세요, 빅 존슨입니다. 밥 프록터 교수법을 만나기 전까지 나는 1년에 1만 4,027달러를 벌었습니다. 최근 몇 년 동안은 일주일에 그만큼씩 벌었죠. 그리고 이제는 불과 몇 분 만에 그만큼을, 또는 그 이상을 벌어도 전혀 이상하게 느껴지지 않습니다. 밥 프록터를 만나지 못했더라면 내 인생이 지금과 어떻게 달라져 있을지 정말 상상도 하고 싶지 않습니다.」

마이클이 인생에서 진전을 보지 못한 한 분야가 있다면 바로 여자 문제였다. 그는 대학생이 된 이후로 두 차례 진지한 교제를 했지만 모두 실패했는데, 부분적으로는 그가 지나치게 공부에 열중했기 때문이었다. 「일반적으로 여자들은 한밤중에 일어나 영어로 된 녹음을 듣는 사람을 약간 바보 같다고 생각해요.」 그럼에도 마이클은 〈나를 사랑하는 여자라면 다른 무엇보다 내 영혼을 중요하게 생각할 거예요〉라고 이야기할 정도로 낭만적인 면이 있는 사람이었고 주로 돈 문제에 관심을 보이는 그 세대의 젊은이들과는 약간 달랐다. 그가 학생들의 실습을 위해 자신이 직접 쓴 가상 상황들을 보여 주어서, 나는 이를 통해 그의 관점을 엿볼 수 있었다.

A: 오늘 좋아 보이는군요.

B: 고마워요.

A: 나를 사랑하나요?

B: 아니요, 내가 사랑하는 건 오직 돈뿐이에요.

때때로 마이클은 내게 자신이 중국어로 쓴 글을 봐달라거나 학생들에게 보여 줄 영어 문장의 문법을 다듬어 달라고 부탁했다. 너무나 자연스럽게 스스로를 이야기 중심에 놓는 마이클의 방식에 나는 자주 호감을 느꼈다. 중국의 이전 세대들은 상대적으로 그런 방식을 어색해했다. 마이클의 아버지에게 탄광에서 일하며 보낸 30년 세월에 대해 이야기해 달라고 부탁했을 때 그는 말했다. 「광산은 어디나 할 것 없이 위험해요. 당시는 무척 힘들었죠. 한 달에 60위안 정도를 벌었어요.」 그 주제로 마이클의 아버지가 이야기한 내용은 그게 전부였다. 반면 마이클은 자신의 인생을 좌절과 승리로 가득 찬 서사적인 신화쯤으로 생각했다. 〈나는 2002년부터 2007년까지 너무나 외로웠고 극도로 혼란스러웠다. 나는 위대한 사람이 되고 싶었다. 흔해 빠진 인생을 살고 싶지 않았다. (……) 나는 정말 실패할 운명으로 태어났을까? 내가 어떻게 해야 하지? 어쩌면 평범한 사람이 될 수밖에 없는 운명일지도 모르겠다.〉 하지만 운명에 순종해야 한다는 생각은 그의 비위를 건드렸다. 그는 다시 이렇게 썼다. 〈단지 가난한 집안에서 태어났다는 사실만으로 범부처럼 살아야 할 이유가 무엇일까?〉

그는 영어 공부를 도덕적 자격의 문제로 둔갑시켰다. 그리고 학생들에게 역설했다. 「여러분 운명의 주인은 여러분 자신입니다. 여러분은 행복할 자격이 있습니다. 이 세상을 남들과 다르게 살 자격이 있어요.」

12. 저항의 예술

그렇지 않아도 고분고분하지 않던 중국의 인터넷 문화는 당의 공격을 받을수록 더욱 다루기 힘들게 변해 갔다. 2009년 중국 당국이 〈온라인의 상스러운〉 웹 사이트들을 폐쇄하겠다는 취지의 성명을 발표하자 사람들은 그에 대응해서 영어 〈*Fuck Your Mother*〉의 중국어식 동음이의어인 〈차오니마(草泥馬)〉라는 웃는 표정의 만화 캐릭터 — 알파카를 닮은 가공의 동물 — 를 만들어 냈다. 차오니마는 하룻밤 사이에 인터넷 전역에 등장해 총총거리며 풀을 뜯었고, 뮤직 비디오에서 노래를 불렀으며, 단편 만화 영화에 출연했다. 또 다른 만화 캐릭터인 참게와 장난치며 노는 모습도 자주 눈에 띄었다. 중국 공산당이 좋아했던, 그리고 린이푸가 청중에게 강조했던 〈조화〉 콘셉트였다. 이러한 풍자와 이중적 의미의 어구는 사실상 국가의 얼굴에 가운뎃손가락을 들이미는 행위였다. 검열관들이 긴급 지시를 내렸다.

〈차오니마〉와 관련된 어떤 내용도 홍보하거나 지나치게 강조하지 말 것(다른 가상의 캐릭터나 참게에 대해서도 마찬가지임).

하지만 긴급 지시도 소용없었다. 머지않아 차오니마는 티셔츠에도 등장했고 아이들이 좋아하는 동물 인형의 형태로도 만들어졌다. 이 같은 상징적인 운동을 예술가 아이웨이웨이처럼 열정적으로 받아들인 사람도 드물었다. 그는 차오니마 인형을 이용해 사타구니만 가린 채 공중으로 펄쩍 뛰어 오르는 자신의 나체 사진을 인터넷에 올렸다. 사진 제목은 〈가운데를 가리고 있는 차오니마〉였는데, 이는 〈엿 먹어라, 당 중앙 위원회Fuck Your Mother, Party Central Committee〉라는 영어 표현과 거의 완벽한 동음이의어였다.

중국의 새로운 풍요를 비꼬기 위해 샹들리에를 제작하고 독일에 사람들을 파견해서 서방과의 관계를 모색하기 시작한 후 몇 년 사이에 아이웨이웨이는 예술가와 건축가로서 점점 더 인지도를 쌓아 갔다. 공공사업과 관련한 일을 하면서는 그가 그동안 경험하지 못했던 방식으로 정치를 접하게 되었고 당시의 표현에 따르면 〈정치가 기능하는 방식, 작동하는 방식〉을 현장에서 직접 보기 시작했다. 그는 〈그런 일을 하고 나면 정치가 작동하는 방식에 대해 비판적인 생각이 많이 든다〉라고 덧붙였다. 비판적인 언행이 늘어날수록 아이웨이웨이는 중국에서 가장 결연하고 혁신적인 도발자가 되었다. 베이징 올림픽 주경기장의 설계를 맡은 스위스 기업 헤어초크 앤드 드 뫼롱Herzog & de Meuron에 미술 고문으로 채용되었을 때는 관점의 급격한 변화를 겪기 시작했다. 그 결과 그는 중국에 산재한 문제를 감추는 〈가짜 미소〉라는 이유로 주경기장이 완성되기 전에 올림픽과 이별을 고했다.

아이웨이웨이는 셰익스피어의 「헨리 4세」에 등장하는 폴스타프처럼 넉넉한 뱃살과 통통하고 표정이 넘치는 얼굴, 가슴까지 내려오는 희끗희끗한 턱수염을 가진 인물이었다. 유별난 세계관을 보여 주기 전부터 전체적인 외모로 사람들의 눈길을 끌었다. 그의 남동생 아이단이 내게 말했다. 「형에게 수염은 분장 도구입니다.」 예술가 아이웨이웨이는 베이징의 북쪽 끝에 살며 자신이 직접 설계한 스튜디오 복합 단지에서 작품 활동을 했다. 그의 친구 중 한 명이 〈수도원과 범죄 조직의 교차점〉이라고 부르기도 하는 그곳은 엉뚱한 창의력이 가득한 벌집 같은 곳이었다. 청록색으로 칠한 철문을 열고 들어가면 잔디와 대나무가 심어진 마당이 나왔고 통풍이 잘되는 벽돌과 콘크리트 건물들이 그 주위를 에워쌌다. 그는 마찬가지로 예술가인 아내와 함께 마당 한쪽에서 지냈으며 수십 명의 조력자들이 나머지 다른 쪽을 점령하고 있었다. 이따금씩 아이웨이웨이의 건축 모형물을 망가뜨리는 늙은 코커스패니얼 대니와 야성이 반쯤 남아 있는 일단의 고양이들처럼 방문객들은 아무런 제지 없이 그곳을 자유롭게 돌아다닐 수 있었다.

그들 부부 사이에는 자식이 없었지만 아이웨이웨이에게는 그의 영화에 출연했던 한 여성과 혼외 관계로 낳은 젖먹이 아들이 있었다. 그들은 서로 가까운 곳에 살아서 아이웨이웨이는 매일 그들과 일정 시간을 함께 보냈다. 그는 당초 아버지가 되고 싶은 마음이 전혀 없었다. 「그녀가 〈그래요, 나는 아이를 갖고 싶어요〉라고 말했어요. 나는 〈평소 아이를 가져야 한다는 생각을 하지 않았어요. 하지만 당신이 원한다면 그건 당연히 당신의 권리이니 나는 아버지로서 전적인 책임을 지겠어요〉라고 대답했지요.」 그는 아버지가 되는 문제에 관한 자신의 생각이 틀렸다는 사실을 오히려 즐기고 있었다. 「소위 인간의 지성이라는 것을 우리는 절대로 과대평가하지 말아야 합니다. 예상치 못한 사건도 막상 일어나고 보면 경사로운 일이 되기도 하니까요.」

아이웨이웨이는 평소 길 위에서 많은 시간을 보냈다. 맨해튼과 첼시에도 자기 소유의 아파트가 있었다. 하지만 중국에 있는 동안에는 모든 일정이 스튜디오를 중심으로 빽빽하게 돌아갔다. 스튜디오는 베이징 시민들의 문화 생활에 있어 앤디 워홀의 공장과 유사한 역할을 담당했다. 아이웨이웨이는 밤낮으로 스튜디오 내의 건물들을 어슬렁거렸고, 그래서 일하고 있을 때와 하지 않고 있을 때를 구분하기가 어려웠다. 최근 몇 년 사이 예술과 생활의 경계가 점점 더 모호해지면서 구분은 더욱 어려워졌다. 트위터를 알게 된 이후로는 중국에서 가장 활발한 이용자 중 하나가 되었는데 하루에 8시간씩 트위터에 매달려 있는 날도 잦았다. 예술에 투자할 시간까지 트위터에 빼앗기는 것은 아닌지 그에게 물었다. 「나는 나의 생활 태도와 방식이 가장 중요한 예술 작품이라고 생각해요. 다른 작품들은 수집할 수도, 벽에 걸어 둘 수도 있지만 전통적인 관점의 작품에 불과해요. 과거 렘브란트가 그런 식으로 했다는 이유만으로 특정한 방식을 고수해서는 안 됩니다. 셰익스피어가 오늘날을 살았다면 아마도 트위터에 글을 썼을 거예요.」 아이웨이웨이는 인터넷의 자발성을 즐기는 한편 그 안에서 인터넷이 중국인에게 갖는 보다 심오한 의미도 인지했다. 그가 내린 결론에 따르면 인터넷은 화자와 청자 사이에 국가가 끼어 있지 않은 상태에서 〈개인이 표현의 자유를 행사할 수 있는, 1천 년 만에 찾아온 첫 번째 기회〉였다.

쓰촨 성에서 지진이 발생한 지 10개월이 지나고 후수리가 붕괴된 학교들을 조사한 지 9개월이 지났을 때였다. 아이웨이웨이는 한 가지 사실에 특히 주목했다. 정부가 사망한 학생들의 숫자나 이름을 밝히려 하지 않는다는 점이었다. 거듭된 요구에도 불구하고 정부는 어떠한 명단이나 사상자 수, 과실 보고서도 내놓지 않았다. 심지어 집요하게 정보를 요구하는 일부 부모들을 구속하기까지 했다. 이 문제는 보다 추상적인 다른 정치적 쟁점들보다 아이웨이웨이에게 커다란 충격을 주고 그를 격분하게 했다. 「우리는 아주 간단한 질문을 던지기 시작했습니다. 누가 죽었는가? 죽은 사람의 이름은 무엇인가?」 그라는 점을 감안하더라도 이례적으로 과격했던 블로그 글에서 아이웨이웨이는 재해 지역의 공무원들에 대해 〈그들은 안정을 꾀한다는 명목으로 진실을 감추고 있다. 또한 진실을 요구하는 부모들을 겁주고, 구속하고, 박해하면서 뻔뻔하게 헌법과 인간의 기본권을 짓밟는다〉라고 썼다.

그해 12월 아이웨이웨이는 자칭 〈지진에 관한 시민들의 조사 작업〉에 착수했다. 어떻게, 왜 그토록 많은 학교들이 붕괴되었는지 입증하는 한편 사상자의 이름을 가능한 한 많이 수집하기 위한 시도였다. 그는 지원자들을 고용하고 조사를 위해 쓰촨 성으로 파견했다. 파견단은 5,212명의 명단을 확보하여 부모와 보험 회사, 그 밖의 자료들과 이를 대조했다. 80장 분량에 달하는 조사 결과는 수천 명의 이름과 생년월일이 담긴 스프레드시트 형태로 아이웨이웨이의 사무실 벽을 빼곡히 도배했다. 아이웨이웨이 사무실에서는 지진으로 목숨을 잃은 학생들 가운데 그날 태어난 학생의 명단을 매일 트위터에 올렸다. 아이웨이웨이가 어느 겨울날 아침에 내게 말했다. 「오늘은 열일곱 명입니다. 지금까지 중에는 가장 많군요.」

우리는 아이웨이웨이의 사무실에 앉아 있었고 그는 평소처럼 키보드 앞에서 트위터를 하는 중이었다. 이야기를 나누면서 시계를 확인하던 그가 법원에 갈 시간이라고 말했다. 지난 1년 동안 그의 사무실에서는 정부의 정보공개법에 근거하여 정부 기관에 지진 희생자와 건축 문제의 진상 규명을 요청하는 150통 이상의 탄원서를 보낸 터였다. 그럼에도 그때까지 아무런 실질적인 회답을 받지 못한 상태였다. 그날은 자신의 요구에 무반응으로 일관하는 민정부(民政部)를 상대로 고소장을 제출할 계획이었다.

그가 검은색 소형 세단의 조수석으로 미끄러지듯 들어갔다. 차 안에는 기사와 탄원서 보내기 운동의 실질적인 책임을 맡고 있던 류옌핑이라는 이름의 여성이 타고 있었다. 그녀가 무릎 위에 올려놓은 서류 뭉치를 꼭 쥔 채 말했다. 「정책에 따르면 그들은 근무일 기준으로 15일 안에 회신을 해야 합니다.」 그녀에게 혹시 변호사냐고 묻자 그녀가 웃으며 말했다. 「아주 오랫동안 나는 아이를 키우면서 집에만 있었어요. 아이웨이웨이 씨가 자신의 블로그에서 자원봉사자를 찾길래 이메일을 보냈죠. 일이 흥미로워 보여 호기심이 발동했어요.」
자원봉사 일은 상근직으로, 또 새로운 경험으로 이어졌다. 류옌핑은 아이웨이웨이의 정식 직원으로 채용되고 얼마 지나지 않아 쓰촨 성에서 경찰에 체포되었다. 지진 사건을 파헤치던 활동가가 재판을 받게 되었다는 사실을 대중에게 알렸다는 이유였다. 그녀는 〈사회 질서 교란죄〉로 구치소에서 이틀을 지냈다.

우리는 베이징 제2중급 인민 법원에 도착했다. 법원은 현대식 고층 건물이었는데, 아치 형태의 웅장한 정문을 들어서자 건물 안쪽으로 새로운 사건들을 심의하는 수수한 사무실이 있었다. 우리가 금속 탐지기를 통과하는 동안 경비 복장을 한 젊은 두 남자는 만화책에 열중해 있었다. 사무실 안에는 은행 창구에서 보던 것과 비슷하게 줄이 늘어서 있었다. 우리와 가장 가까운 줄에서 핑크색 패딩 재킷을 입은 한 왜소한 노부인이 유리창에 직사각형 모양으로 난 개구부를 통해 고함을 질렀다. 「어째서 아무 증거도 없는 상대가 승소할 수 있죠? 그들이 법원장에게 뇌물을 쓴 거 아닌가요?」 유리창 너머 유니폼을 입은 두 여성의 체념한 듯한 표정에서 그 노부인이 꽤 오랫동안 그러고 있었다는 사실을 알 수 있었다.

아이웨이웨이와 류옌핑은 1번 창구 앞에 줄을 섰고 차례가 되자 준비해 온 서류를 유리창 개부구를 통해 황갈색 블레이저 차림의 중년 남자에게 건넸다. 멍한 표정의 남자는 지쳐 보였다. 꼼꼼하게 서류를 읽은 그가 한 가지 문제를 지적했다. 「당신은 민정부가 나서서 해당 정보를 공개해야 한다고 주장하는데 이 문제에 관심을 갖는 이유가 뭐죠?」

창문의 개구부를 통해 이야기하느라 아이웨이웨이가 몸을 앞으로 숙였다. 「정부 정책에 따르면 사실상 누구나 이 같은 정보를 요구할 권리가 있습니다. 당신들이 허락하고 말고의 문제가 아니에요.」 창구의 남자와 잠깐 동안 입씨름을 벌인 끝에 아이웨이웨이와 류옌핑은 그들의 목적을 글로 적어서 설명하기로 결정하고 비슷한 서류 뭉치를 든 사람들로 가득한 대기실에서 자리를 찾아 앉았다. 아이웨이웨이가 말했다. 「그들은 이 소장(訴狀)을 접수하지 않으려고 해요. 일단 소장이 접수되면 어떤 식으로든 판결이 뒤따라야 하기 때문이죠.」 아이웨이웨이와 류옌핑이 다시 창구 앞에 섰을 때는 1시간이 훌쩍 지난 뒤였다. 그리고 이번에는 그들이 잉크를 잘못 사용했다는 사실을 알게 되었다. 모든 문서는 검은색으로 작성되어야 했는데 파란색을 사용했던 것이다. 그들은 다시 앉아 서류를 수정한 다음 또다시 줄을 섰다.

「카프카의 성(城)이 따로 없군.」 아이웨이웨이가 낮게 중얼거렸다. 2시간이 3시간으로 늘어났고, 나는 그에게 정부로부터 어떤 반응을 기대하는 것도 아니면서 굳이 그런 일을 하는 이유가 무엇인지 물었다. 「정부의 시스템이 작동하지 않는다는 사실을 입증하고 싶어요. 단순히 말로만 시스템이 작동하지 않는다고 이야기할 수는 없는 노릇이잖아요. 직접 겪어 봐야 하죠.」 법원이 문을 닫기 20분 전 마침내 유리창 뒤의 남자가 소장을 접수했고 아이웨이웨이와 류옌핑은 만족해서 그곳을 떠났다. 노부인은 그때까지도 고함을 지르고 있었다.

아이웨이웨이는 늘 자신에게 어울리지 않는, 적어도 불운한 집안에서 태어났다고 생각했다. 그의 아버지 아이칭은 중국에서 가장 유명한 문인 중 한 명이었다. 그는 젊어서 공산당에 가입했고 혁명 정신이 투철한 대중 시를 써서 명성을 얻었다. 특히 마오쩌둥 주석에게 깊이 감복해서 〈마오쩌둥 주석이 등장할 때마다/ 우뢰와 같은 박수가 터져 나온다〉로 시작하는 헌시를 쓰기도 했다.

1957년 아이칭이 마흔일곱 살 때 그와 작가협회의 젊은 직원이던 아내 가오잉 사이에 아들이 태어났다. 당시는 마오쩌둥의 지식인 숙청 사업 중 하나인 반우파 투쟁이 한창 힘을 얻던 시절이었고 그에 따라 공산당에 대한 아이칭의 헌신도 의심을 받게 되었다. 앞서 그는 「정원사의 꿈」이라는 우화를 써서 창의적인 견해를 폭넓게 받아들일 필요가 있다고 강조한 터였다. 그 이야기에서 오직 월계화만을 재배하던 한 정원사는 자신이 〈다른 모든 종류의 꽃에게 불만을 초래한다〉는 사실을 깨닫는다. 동료 시인이던 펑즈가 아이칭이 반동적인 형식주의의 수렁에 빠졌다며 그를 공격하고 나섰다.

결국 아이칭은 모든 직위를 박탈당하고 작가협회에서도 퇴출되었다. 밤이면 그는 벽에 머리를 쾅쾅 찧으며 혼잣말로 〈당신들은 내가 당에 반대한다고 생각하는가?〉라고 따져 물었다. 바로 이 비참한 시기에 그들 부부는 갓난아이의 이름을 지어야 했다. 아이칭은 무작위로 사전을 펼친 다음 손가락으로 한 글자를 짚었다. 〈웨이〉라고 발음하고 〈힘〉을 의미하는 글자 〈威〉였다. 당시 상황에 견주어 너무나 아이러니하다고 생각한 아이칭은 성조를 약간 바꾸어 다른 〈웨이〉, 즉 〈아직〉이라는 뜻의 〈未〉라고 정했다. 그들의 아들이 〈아직, 아직〉이 되는 순간이었다.

당의 명령에 의해 그들 가족은 신장의 궁벽한 서쪽 평원에 살게 되었고 아이칭에게는 하루 13시간씩 공중화장실을 청소하는 일이 배정되었다. 도축업자가 버린 절단된 양 발굽이나 얼어 죽은 새끼 돼지 등으로 부족한 먹거리를 보충했다. 문화 대혁명이 시작되면서 상황은 더욱 악화되었다. 아이칭을 괴롭히려는 사람들이 그의 얼굴에 잉크를 뿌렸고 아이들은 돌을 던졌다. 가족의 거처가 다시 바뀌어 이번에는 농장의 가축들이 새끼를 낳을 때 사용했던 지하 동굴에 살게 되었다. 그들은 그곳에서 5년 동안 생활했다. 아버지에 대해 이야기하면서 아이웨이웨이는 내게 〈아버지의 인생을 통틀어 그 시절은 최악이자 가장 고통스러운 시간이었습니다. 아버지는 자살 시도도 여러 번 했어요〉라고 말했다.

어린아이웨이웨이는 스케이트나 화약을 만드는 등 주로 손을 쓰는 일을 하면서 마음을 달랬다. 그의 부모님은 둘째 아들 아이단이 〈압박과 모욕, 그리고 절망〉이라고 부르는 것에 대해 아무런 방어막이 되어 줄 수 없었다. 아이단이 자신의 형에 대해 말했다. 「어릴 때 형은 예민하고 섬세해서 보통 사람들보다 많은 것을 보거나 들었습니다.」 10대였던 아이웨이웨이는 동생에게 그들의 어린 시절을 회상하며 다음과 같은 편지를 보내기도 했다. 〈가구를 때려 부수거나 사람들이 자비를 구걸하는 소리, 목이 매달려 죽은 고양이…… 사람들 앞에서 당한 괴롭힘과 저주까지. 우리는 너무나 어렸지만 그 모든 범죄 행위를 견뎌야 했지.〉 그는 절대로 국가가 정한 운명의 포로가 되지 않겠다고 다짐하기도 했다. 〈나는 자신의 운명을 스스로 통제하는 보다 나은 삶을 원해.〉

아이웨이웨이는 가족이 베이징으로 돌아와도 좋다는 허락을 받은 해에 고등학교를 졸업했다. 이미 예술에 눈을 뜬 상태였던 그는 가족의 친구인 한 통역가가 준 드가와 반 고흐 등에 관한 금서(禁書)들을 마치 부적처럼 친구들과 돌려 보았다(재스퍼 존스에 관한 책도 받았지만 지도와 국기를 이용해서 만든 이미지들을 그는 이해할 수 없었고 책은 〈곧장 쓰레기통으로 직행했다〉). 그는 〈스타스〉로 알려진 전위 예술가 집단에게도 끌렸지만 그들의 행동주의에는 한계가 있었다. 1979년에 이르러 덩샤오핑은 〈서단 민주의 벽〉이라는 이름으로 막 시작된 정치적 운동에 종식을 고했으며, 주동자인 웨이징성에게는 국가 기밀을 누설한 죄로 징역 15년 형이 선고되었다. 그 사건 이후로 아이웨이웨이는 〈더 이상 이 나라에 살 수 없다고 느꼈다〉. 당시 교제 중이던 여자 친구가 미국으로 유학을 떠나자 1981년 2월 그도 그녀를 따라나섰다.

아이웨이웨이는 뉴욕에서 영어를 공부하며 이스트 7번로와 2번가 근처에 저렴한 지하 아파트를 구했다. 주말에는, 남동생의 표현에 따르면 마치 〈동물 분뇨가 있는 곳이라면 어디든 굴을 파는 미꾸라지처럼〉 미술관을 찾거나 도시를 배회했다. 그는 〈산 정상에서 늘 연기를 내뿜는 화산 같은〉 느낌을 주는 이스트빌리지의 원초적인 에너지에 도취되었다. 그즈음 뉴욕에서 많은 중국인 미술가들과 친분을 쌓던 중국 미술사학자 조앤 레볼드 코헨이 아이웨이웨이의 집을 방문했던 일을 회상하며 말했다. 「집안 전체에 소변 냄새가 진동했어요. 방 한 칸짜리 그의 아파트는 가구도 없이 맨바닥에 침대 하나와 텔레비전 한 대만 덜렁 있었는데 그는 도무지 텔레비전 앞을 떠날 줄 몰랐어요. 이란-콘트라 사건에 관한 청문회였던 것 같아요. 그는 정부가 그 같은 정화 과정을, 수난과 고통의 과정을 자청한다는 사실에 무척 흥분했죠. 특히 그 모든 과정이 공개적으로 진행된다는 사실에 믿을 수 없다는 표정이었어요.」

그는 주택 관리인이나 정원사, 보모, 건설 노동자 등 잡다한 일도 했지만 대체로 애틀랜틱시티에서 블랙잭을 하며 시간을 보냈다(그가 얼마나 자주 그곳을 찾았는지, 몇 년 뒤 한 카지노 신문은 그가 예술에도 관심이 많다는 사실에 그를 알고 지내던 도박꾼들이 깜짝 놀랐다고 보도했다). 그는 길거리에서 초상화를 그려 약간의 돈을 벌었다. 그럼에도 자신과 같은 이민자 손님들은 피했는데 그런 사람들은 하나같이 가격을 깎으려 하기 때문이었다. 머지않아 아이웨이웨이는 그림을 팽개치고 사물의 잠재성을 탐구하기 시작했다. 친구에게 바이올린을 빌려 목과 현을 비틀어 떼어 낸 다음 그 부분을 삽 손잡이로 바꾸어 놓기도 했다(바이올린을 빌려 주었던 친구는 당연히 좋아하지 않았다).

아이웨이웨이는 꾸준히 자신의 세력을 구축해 나갔다. 세인트 마크 바우어리 교회에서 열린 시 낭송회에서 앨런 긴즈버그*를 만났고, 뜻밖에도 두 사람은 우정을 나누기 시작했다. 그래도 뒤샹만큼 그에게 깊이 영향을 끼친 인물

* Allen Ginsberg(1926~1997). 1950년대 예술과 정치에 지대한 영향을 미친, 비트 제너레이션의 지도적인 시인 가운데 한 명.

은 없었다. 통념을 파괴하는 뒤샹의 예술은 강단 리얼리즘만을 접하며 자란 중국인 미술가들을 소름 돋게 했다. 아이웨이웨이는 사진에 빠져들어 「타임스」에 뉴스 특보 사진을 판매했다. 톰킨스 스퀘어 공원에서 일어난 일련의 시위들을 상세히 보도하면서 생애 처음으로 경찰에 체포되기도 했다. 후에 그는 중국인 기자와 가진 인터뷰에서 〈위협을 받는다는 것은 중독성이 있다. 권력자들의 집중 감시를 받으면 자신이 중요한 사람이라고 느끼게 된다〉라고 말했다.

그럼에도 현대 미술 시장에서 중국인 작가들의 위상은 처참했다. 조앤 레볼드 코언의 회상이다. 「내가 접촉을 시도했던 어떤 큐레이터는 〈우리는 제3세계 미술품을 전시하지 않아요〉라고 말하더군요.」 그녀의 설명에 따르면 구겐하임 미술관과 접촉했을 때는 〈큐레이터는 물론이고 그의 비서조차 그들을 만나 주려 하지 않았다〉. 1993년 4월, 아버지가 위독하다는 소식에 아이웨이웨이는 베이징으로 돌아갔다. 중국에 도착하자마자 그는 톈안먼 사건 이후 수년간 많은 중국의 젊은 지식인들이 대중 앞에 나서길 꺼리고 있다는 사실을 알았다. 심지어 자신의 귀와 눈과 입을 막고 있는 세 마리의 원숭이 그림과 〈위험을 멀리하라〉는 문구가 인쇄된 티셔츠가 인기를 끌고 있었다.

1999년에 아이웨이웨이는 베이징 외곽의 차오창디라는 마을에서 작은 채소밭을 임대해 한나절 만에 스튜디오 단지를 디자인했다. 건축가로서 교육받은 적이 전혀 없었음에도 디자인이 매우 독특해서 그에게 건물 설계나 대중적인 설치 미술품 의뢰가 쏟아졌다. 머지않아 그의 건축 양식은 중국에서 가장 유력한 한 갈래를 형성했고 그는 자신의 건축 양식을 가리켜 〈페이크 디자인 FAKE Design〉이라고 이름 붙였다. 건축가로서의 우연한 성공을 인정하고 작품의 진정성에 관한 문제 제기를 환영한다는 의미였다(그는 입버릇처럼 〈나는 건축에 대해 아는 것이 없다〉고 말했다).

해가 지날수록 아이웨이웨이는 정치와 자유로운 표현, 현대 기술의 교차 영역에서 점점 더 많은 시간을 보냈다. 중국의 포털 사이트 시나로부터 블로그를 운영해 달라는 정식 요청을 받은 그는 이 블로그를 독특한 방식으로 이용했다. 방문객이나 자신의 고양이들, 자신이 산책하는 모습 등을 담은 수십 장의, 때로는 수백 장의 스냅 사진들을 포스팅하면서 자신의 생활을 스스로 감시한 것이다. 블로그를 하면서 그는 이전 그 어느 때보다 많은 팬들과 만났다. 그리고 예술과 한참 동떨어진 주제들에 대해서 논평하기 시작했다. 그는 〈C〉라는 이름의 어떤 나라에 관한 글을 썼다. 〈해마다 먹고 마시는 데 2천억 위안을 사용하고 또 그에 상당하는 액수를 군사비로 지출하는, 땅딸막하고 어리석은 대식가들이 지배하는〉 나라였다. 중앙 선전부의 지시에 주의해야 하는 일반 언론인과 달리 아이웨이웨이는 새로운 경우였다. 그에게는 자신의 목소리를 냈다고 해고될 아무런 직장이 없었다.

그는 연이어 민감한 사안들에 빠져들었다. 그의 조력자로 일하던 자오자오가 내게 말했다. 「그는 뉴스를 읽으면서 연신 〈어떻게 이럴 수 있지?〉라고 탄식합니다. 다음 날과 그다음 날도 여전히 똑같은 탄식을 내뱉죠.」 2009년 5월 즈음 아이웨이웨이는 중국에서 가장 거침없이 자신의 목소리를 내는 사람이 되어 있었다. 경찰들이 그와 어머니를 찾아와 활동에 대해 캐묻자 그는 공개 항의서를 작성하고 인터넷에 올렸다. 「내 전화기를 도청하는 것은 참을 수 있다. 내 거처를 감시하는 것도 참을 수 있다. 하지만 우리 집으로 난입해서 일흔여섯의 노모 앞에서 나를 위협하는 행위는 도저히 참을 수 없다. 당신들이 인권에 대해 무지한 것은 알겠는데 이 외에도 헌법이라는 것이 존재한다는 사실을 아는가?」 다음 날 그의 블로그는 폐쇄되었다.

복지와 권위주의의 교집합은 중국에 새롭게 등장한 창의적 집단의 구성원들을 궁지로 몰았다. 물론 그들이 예술을 지지하면서 자유로운 표현은 억압하는 사회를 감내해야 했던 최초의 예술가들은 아니었다. 이를테면 미스 반데어로에는 나치에 협조했고 그 때문에 비판을 받았다. 문화 대혁명 시절 바흐나 베토벤 같은 작곡가의 곡을 연주하는 것이 금지되어 중국의 예술가들은 오로지 허가된 혁명 오페라 즉 「양판희(樣板戲)」만 연주해야 하기도 했다. 그럼에도 오늘날의 압력은 보다 교묘했다. 중국에서 예술에 사용할 수 있는 자금은 그 어느 때보다 많아졌지만 그러한 이권을 이용하자면 표현의 제한을 감수해야 하는 식이었다. 이제 작가나 화가, 영화 제작자 등은 그들의 작품 활동에서 어느 정도로 행동주의를 표방하고 어느 정도로 편의를 추구할 것인지 결정해야 했다. 요컨대 그들은 과열된 상업 시장과 인민 공화국에서 가난하게 작업하는 예술가들을 바라보는 외국의 기대, 그리고 당연하지만 중국 공산당의 압력 사이에서 균형을 유지해야 했다.

그 느낌을 이해하기 위해 나는 쉬빙을 방문했다. 그는 존재하지 않는 가짜 그림 문자들로만 이루어진 일단의 수쇄(手刷)된 책과 두루마리인 「천서(天書)」, 즉 중국의 편협한 문학 문화를 비판하는 작품을 비롯하여 논란이 많은 작품들로 1980년대에 명성을 얻은 작가였다. 그는 일찍이 미국으로 건너가 성공했고 맥아더 영재상을 수상했으며 작품 또한 고가에 거래되었다. 그러던 2008년 돌연 바깥세상에서의 지위를 버리고 베이징으로 돌아와 중국 최고의 공식 예술 학교인 중앙 미술 학원 부원장 자리에 올라 중국 미술계를 깜짝 놀라게 했다. 나는 베이징의 한 미술관에서 그를 만났다. 그는 그곳에 강철로 된 일단의 거대한 불사조를 건축용 크레인에 매달아 설치하는 중이었다. 함께 차를 마시는 자리에서 그에게 기득권을 포기하고 중국으로 돌아온 이유를 물었다. 「사실 중국은 이를테면 빈부 격차나 이주 노동자 등 여전히 많은 문제가 있습니다. 그럼에도 지금까지 정말 많은 문제들을 해결하기도 했죠. 중국 경제는 빠른 속도로 성장하고 있어요. 어떻게 그런 일이 가능했는지 호기심이 생겼습니다.」

계속해서 그가 말했다. 「우리 학교에서는 회의가 끝없이 열립니다.」 국영 조직으로서 어쩔 수 없는 현실이었다. 「당신도 참석해 보면 그런 회의들이 정말 지루하고 쓸모없다는 사실을 알게 될 겁니다. 때때로 나는 회의 시간에 문학 에세이를 쓰기도 하는데 그럼 사람들은 내가 메모를 한다고, 유난히 열심이라고 생각하죠.」 그가 웃음을 보이고는 다시 말을 이어 갔다. 「그럼에도 가끔은 중국 전역에서 이런 회의들이 매일 진행되고 있다는 것을, 비록 그것이 무의미할지라도 중국이 여전히 빠르게 성장해 왔다는 사실을 생각합니다. 어떻게 이런 일이 가능했을까요? 분명히 이유가 있을 겁니다. 내가 관심을 갖는 것이 바로 그 점이죠.」

중국 현대 미술계에서 아이웨이웨이의 위치는 특히 어정쩡했다. 예컨대 영국 테이트 모던 미술관의 터바인 홀 같은 주요 전시관에서 전시회를 열어 달라는, 누구나 부러워할 만한 주문을 받는 등 해외에서의 명성이(그리고 가치가) 날로 높아지는 반면 중국 내에서는 어떠한 주요 전시 의뢰도 받지 못했으며 동료 예술가들과의 관계도 미지근했다. 자오자오가 말했다. 「미술관과 잡지사에서 그에게 이런저런 것들을 보내지만 그는 열어 보지도 않아요.」

나는 큐레이터이자 비평가이며 아이웨이웨이와 수년째 함께 일해 온 펑보이에게 다른 지식인들이 아이웨이웨이를 어떻게 생각하는지 설명해 달라고 부탁했다. 「어떤 사람들은 진심으로 그를 존경해요. 특히 미술계 밖의 젊은이들이요.」 하지만 일부 예술가들 사이에서는 다른 관점이 지배적이었다. 「그런 사람들은 그를 헐뜯어요. 그가 단지 요란 떨기를 좋아할 뿐이라고 주장하죠. 그들은 그의 방식을 인정하려 하지 않아요.」

다른 분야의 엘리트들과 마찬가지로 많은 중국인 예술가들은 한때 서방의 진보주의를 연구했거나 해외에 거주한 경험이 있었다. 하지만 그런 경험은 탕제나 팰로앨토에서 만났던 스탠퍼드 대학의 엔지니어에게 그랬던 것처럼 그들에게 애국심을 고취했고 중국에 대한 서방의 비난을 의심스러운 눈길로 바라보게 만들었다. 아이웨이웨이를 비난하는 사람들이 보기에, 그는 너무나 성급하게 〈반체제 인사〉에 대한 서구 사회의 기대를 만족시켰으며, 외국의 동정심에 호소하기 위해 오늘날 중국의 복잡성을 절대적인 흑백 논리로 전락시켰다. 그들은 그를 위선자라고 비난했다. 명성과 서구 사회의 평판 덕분에 정작 자신의 가족은 일반인들이 누리지 못하는 일정 수준의 보호를 받으면서 부당함에 맞서는 다른 사람들의 소극적인 태도를 비판하는 행위 자체가 위선이라는 주장이었다. 아이웨이웨이가 대체로 해외에서 전시회를 갖는다는 사실도 그가 중국의 애매한 상황에 맞서 싸우는 것보다 외국인들로 하여금 그들의 도덕적 열망을 자신에게 투영하도록 하면서 더 행복을 느낀다는 비난을 부채질했다(한때 온라인의 수많은 논객들이 그가 중국 시민권을 이미 포기했을 거라고 추측했을 때 아이웨이웨이는 자신의 중국 여권 사진을 게시하고 싶은 충동을 느꼈다).

맥아더 영재상을 수상하고 중앙 미술 학원에 합류한 쉬빙은 한때 아이웨이웨이와 가까운 친구 사이였지만 그들은 차츰 소원해졌다. 나는 쉬빙에게 아이웨이웨이의 정치적 활동을 어떻게 생각하느냐고 물었다. 「그는 자신에게 깊은 인상을 주었던 특정한 이상에 매달려 왔어요. 이를테면 민주주의나 자유 같은 요소들, 냉전 시대로부터 계승된 것들이죠. 그런 요소들이 가치가 없지는 않아요. 당연히 가치 있는 것들이며, 오늘날의 중국에는 그 사람만의 역할이 존재합니다. 의미도 있고 꼭 필요한 일이기도 하죠. 하지만 나는 내가 돌아왔을 때의 중국과 그가 돌아왔을 때의 중국이 무척 다르다고 생각해요. 우리는 냉전 시대적인 태도를 고수할 수 없어요. 특히 오늘날의 중국에서는 더욱 그렇죠. 오늘날의 중국과 냉전 시대의 중국은 별개의 세상이기 때문입니다.」

쉬빙이 덧붙여 말했다. 「모든 사람이 아이웨이웨이처럼 될 수는 없습니다.

혹시라도 그렇게 된다면 중국은 더 이상 발전할 수 없겠죠. 안 그런가요? 그럼에도 중국이 아이웨이웨이 같은 사람까지 포용하지 않는다면 그것도 문제예요.」

블로그가 폐쇄되고 몇 달 뒤 아이웨이웨이는 쓰촨 성 성도인 청두로 갔다. 정부 전복을 부추겼다는 이유로 기소된 쓰촨 성 지진 운동가 탄쭤런의 재판에 참석하기 위해서였다. 8월 12일 오전 3시, 아이웨이웨이가 자신의 호텔 방에서 잠들어 있는 사이 경찰이 들이닥쳐 문을 두드리며 열라고 요구했다. 그는 그들이 주장하는 대로 진짜 경찰인지 알 수 없다고 대답하면서 전화기를 들어 경찰에 전화를 걸었다(동시에 현장 상황을 담기 위해 음성 녹음기를 켰다). 경찰서와 통화가 연결되기도 전에 예의 경찰들이 문을 부수었다. 몸싸움이 이어졌고 그는 얼굴에, 정확히 오른쪽 광대뼈에 주먹을 맞았다. 그가 내게 말했다. 「서너 명 정도였습니다. 나를 완전히 질질 끌고 가다시피 하면서 내가 입은 셔츠를 찢고 머리를 구타했죠.」

경찰은 그를 비롯해 그를 돕던 열한 명의 자원봉사자와 조력자 등을 다른 호텔로 끌고 가서 날이 저물어 탄쭤런의 재판이 끝날 때까지 감금했다. 그로부터 4주 후 뮌헨에서 전시회를 준비하던 아이웨이웨이는 지속적인 두통을 느꼈고 왼팔에 힘을 줄 수가 없었다. 의사를 찾아가자 그에게 경막 하혈종 — 뇌의 오른쪽 반구에 피가 고인 상태 — 이라는 진단이 내렸다. 둔기에 의한 외상이 원인이었다. 의사는 생명이 위험할 수 있다고 판단하여 바로 그날 밤에 수술을 실시했다. 아직 병상에서 회복 중일 때 그는 자신의 뇌 사진과 의사의 소견서, 두피에 피를 배출하는 관이 돌출된 상태로 입원 중인 자신의 사진을 트위터에 올렸다. 그리고 얼마 뒤 그의 경력 중 가장 큰 규모의 전시회를 추진했다. 주문 제작한 9천 개의 밝은 색 아동용 가방을 이용해 만든 모자이크로, 뮌

헨 예술의 집Haus der Kunst 한쪽 외벽을 완전히 덮을 만큼 거대한 설치 미술품이었다. 거대한 한자(漢字) 형태를 이룬 그 가방들은 지진으로 목숨을 잃은 한 아이의 어머니가 한 말을 그대로 옮겨 놓았다. 〈딸은 7년 동안 이 세상에서 행복하게 살았다.〉

수술 몇 개월 뒤 아이웨이웨이는 비록 쉽게 피곤을 느끼고 적절한 단어를 떠올리는 데 어려움을 겪긴 했지만 건강을 거의 완전히 회복했다. 그리고 동시에 정부가 자신을 보다 면밀하게 감시하는 낌새를 눈치채기 시작했다. 이를테면 그의 지메일 계정들이 해킹을 당해서 받은 편지를 생소한 주소로 전송하도록 설정되어 있었다. 또 그가 거래하던 은행은 그의 재정 상태를 조사해 달라는 공식 의뢰를 받기도 했다. 정문 앞 전신주에는 두 대의 감시 카메라가 생겼고 들어오고 나가는 차량들에게 초점이 맞추어졌다. 이미 자신의 생활을 낱낱이 공개하고 있는 누군가를 불필요하게 이중으로 감시하는 처사였다. 그가 자신의 기록물을 DVD로 만들려고 했을 때에는 제작자들이 그와 엮여 괜히 자신들까지 처벌받게 될까 봐 난색을 표시했다. 아이웨이웨이의 미디어 제작실에서 일하는 록 음악가 줴샤오쭈저우는 말했다. 「심지어 포르노 제작자들도 그 일을 맡길 꺼렸습니다.」

아이웨이웨이는 중국에서 반대 의사를 표명할 때 사용하는 완곡한 방식을 혐오했다. 중국의 지식인들은 정부를 비판할 경우 전통적으로 기존의 통일된 틀에서 벗어나지 않되 완곡한 표현을 사용해야 했다. 흔히 하는 이야기로 〈물푸레나무를 비난하기 위해서 뽕나무를 겨냥해야 했다〉. 이와 관련해 아이웨이웨이는 일말의 인내심도 보이지 않았다. 개발 명목으로 자신들의 작업실을 허물려는 정부의 계획에 저항하던, 비교적 덜 유명한 일단의 예술가들이 아이웨이웨이에게 조언을 구하자 그가 말했다. 「여러분이 시위를 하고도 그 문제를 공론화하지 못한다면 각자 집으로 돌아가 아무도 봐주지 않는 시위를 하는 편이 차라리 낫습니다.」결국 아이웨이웨이를 비롯한 예술가들은 베이징 한가운데 위치한 창안제를 따라 걸으며 행진을 벌였다. 톈안먼 광장이 지척이라는 점을 고려할 때 지극히 상징적인 행위였다. 행진은 수백 미터도 못 가서 경찰의 평화적인 봉쇄에 가로막혔지만 그들의 무모함은 예술계 안팎에서 대대적인 관심을 끌었다. 법률계의 저명한 운동가 푸즈창이 내게 말했다.「지난 20년 동안 나는 창안제에서는 두 번 다시 시위를 할 수 없을 거라고 생각했습니다. 그는 그 일을 해냈어요. 이제 와서 중국 정부가 무엇을 어쩌겠습니까?」

풍자의 부활이나 커뮤니티의 활성화, 불만을 말하는 용기 등 인터넷 시대의 체제 전복적인 동력은 새로운 비판의 목소리에 대한 열망을 자극했다. 후수리 같은 편집자와 기자들은 그러한 열망을 만족시킬 수 없었다. 그들에게는 독립성이나 대중의 분노를 풀어 주고자 하는 의지가 없었던 까닭이다. 류샤오보 같은 전형적인 반체제 인사들은 지나치게 진지했고 보다 광범위한 대중을 대변하기에는 너무 엘리트였다. 탕제를 비롯한 민족주의자들은 그들의 사나운 면모 때문에 대중으로부터 외면받았고, 한한은 선대의 행동주의자들과 어깨를 나란히 하기에는 대체로 말로만 떠들었다. 반면 아이웨이웨이는 공산 국가의 국민으로서 완벽한 자격과 대중적인 재능을 모두 만족시켰고 풍자와 상상, 분노가 섞인 서민의 언어를 사용했다.

중국인 화가이자 사회 비평가 천단칭이 내게 말했다.「어떤 사람들은 그가 일종의 행위 예술을 보여 준다고 이야기합니다. 나는 그가 이미 오래전에 그 단계를 넘어섰다고 생각해요. 그는 이제 더 흥미롭고 야심 찬 어떤 일에 매진하고 있습니다.」그러고 나서 마지막으로 이렇게 덧붙였다.「아이웨이웨이는 한 개인의 힘이 어디까지 미칠 수 있는지 알고자 합니다.」

13. 일곱 문장

류샤오보가 〈신이 중국에 내린 선물〉이라고 말한 기술은 결과적으로 그의 집 현관으로 경찰을 불러들였다. 중국 당국은 수개월에 걸쳐 그의 이메일과 온라인 채팅을 감시해 온 터였다. 2008년 12월, 그와 공동 집필자들은 「08헌장」이라고 명명한 선언문에 1차로 3백 명의 서명을 받아 유포하려고 준비하던 참이었다. 유포를 이틀 앞두고 일단의 경찰이 류샤오보가 사는 아파트 밖 층계참에 집결했다.

경찰에게 연행되면서 류샤오보는 저항하지 않았다. 그의 아내 류샤는 남편이 어디로, 왜 연행되는지 아무런 설명도 듣지 못했다. 그렇게 며칠이 흘렀다. 류샤오보의 변호사 모샤오핑는 어느 정부 기관에서 자신의 고객을 구금했는지, 그가 어디에 잡혀 있는지 알아내고자 했지만 반체제 인사들과 관련한 문제를 처리하는 지방 정부 기관 즉 베이징 공안국 총무실은 중앙 선전부와 마찬가지로 존재하지 않는 건물이었다. 등록된 주소도 없었고 알려진 전화번호도 없었다. 변호사가 직접 정문 앞으로 찾아가는 방법도 써보았지만 경비원은 그곳이 그가 찾는 건물이라는 사실을 인정하지 않았다. 달리 뾰족한 수를 찾지 못한 모샤오핑은 과거의 구식 기술을 재활용했다. 그는 정보 공개 요구서를 타이핑해서 비밀 기관의 주소를 기재한 다음 우체통에 밀어 넣었다.

류샤오보가 체포되고 며칠 뒤 마침내 공개된 「08헌장」은 갑작스러운 변화가 아닌 점진적인 변화를 촉구했다. 공동 집필자들이 선언문 내용을 의도적으로 조정한 결과였다. 그들은 소수의 지식인들로 대상을 국한시키는 대신 더 나아가길 원했다. 전면적인 사회 불안정이 예상될 경우 움츠러들 가능성이 있긴 하지만 그들의 개혁 요구에서 자신의 투쟁과 비슷한 어떤 것을 발견할 수도 있는 일반인들에게 다가가기 위해서였다. 류샤오보와 공동 집필자들은 〈현체제의 쇠퇴는 변화가 더는 선택이 아닌 시점까지 도달했다〉라고 주장하면서 사법 분리, 선거를 통한 고위직 선출 등 열아홉 가지 개혁안을 제시했다. 지면 상으로 보기에 인권과 민주주의, 법치를 둘러싼 그들의 요구는 정부에서 하는 말과 유사했다. 중국 헌법은 예컨대 〈발언의 자유, 언론의 자유, 집회와 교류, 행진, 시위의 자유〉를 보장하는 35항처럼 다양한 권리를 보장했다. 그럼에도 현실에서의 중국 헌법은 공산당을 넘어서는 법적인 권위가 없었고, 따라서 아무런 의미가 없었다. 중국 공산당이 찬양하는 〈민주주의〉란 〈민주 집중제〉를, 즉 당 내부에서 논쟁을 벌이고 최종적으로 결정이 나면 무조건 따른다는 개념을 의미했다.

류샤오보의 소재에 대해 아무런 소식도 듣지 못한 채 4개월이 지났다. 마침내 2009년 6월 23일, 당국에서 류샤오보의 아내에게 남편이 〈공권력 전복을 선동한〉 혐의로 기소될 거라고 알려 왔다. 재판은 크리스마스를 이틀 앞두고 시작될 예정이었다. 〈공권력 전복을 선동한〉 죄는 중국에서만 볼 수 있는 특유의 범죄였다. 일반적으로 다른 독재 정권들은 보다 구체적인 이유를 들어 반체제 인사들을 감옥에 보냈다. 소련에서 나탄 샤란스키는 간첩이라는 이유로 감옥에 갔다(실제로 그는 간첩이 아니었다). 미얀마의 이전 군사 정부는 아웅 산

수 치를 수년간 가택에 연금시켰다. 그들의 주장에 따르면 〈그녀의 안전〉을 위해서였다. 하지만 중국 정부는 굳이 그런 수단까지 동원할 필요를 느끼지 않았고 류샤오보가 쓴 글 가운데 정확히 일곱 문장에 근거하여 그를 기소했다. 검사의 기소 내용에 따르면 그의 글에는 〈인민 민주 독재〉를 비방하는 〈루머와 중상〉이 포함되어 있었다. 그가 쓴 불경한 글 중 하나는 제목만으로도 기소 조항이 되었다. 과거 그는 수필에 〈사회를 바꿈으로써 정권을 바꾸어라〉라는 제목을 붙인 일이 있었다.

중국 공산당이 언급하지 않은 내용도 있었다. 그들이 류샤오보를 특별한 위협으로 여긴다는 사실이었다. 해외 인사들과 접촉하고 인터넷을 받아들인 류샤오보의 행보는 공산당이 가장 껄끄럽게 생각하는 두 가지 문제가 하나로 결합된 경우였다. 즉 하나는 해외 지원을 받는 〈색깔 혁명〉의 위험이었고 다른 하나는 세력을 규합하기에 용이한 인터넷의 잠재력이 가진 위험이었다. 이미 그 전해에 후진타오 주석이 정치국을 향해 〈우리가 인터넷에 대응할 수 있는 냐 없느냐의 문제〉가 〈국가의 안정〉을 좌우할 거라고 이야기했던 터였다.

12월에 열린 류샤오보의 재판에서 검사 측의 논고는 겨우 14분 분량에 불과했다. 자신이 발언할 차례가 오자 류샤오보는 어떠한 혐의도 부정하지 않았다. 그 대신 성명서를 낭독하고 자신에 대한 유죄 판결이 〈역사의 심판에 의해 낙제점을 받을 것〉이라고 예견했다.

나는 우리 나라가 자유로운 의사 표현이 가능한 나라가 될 날을 고대한다. 또한 국민 한 사람 한 사람의 말이 똑같이 존중받는 나라가 되기를, 서로 다른 가치관이, 생각이, 믿음이, 정치적 관점이 평화롭게 공존하면서도 서로 경쟁할 수 있는 나라가 되기를, 다수는 물론이고 소수의 관점도 안심하고 표현될 수 있으며 특히 권력자의 그것과 다른 정치적 관점도 전적으로 존중되고 보호되는 나라가 되기를,

모든 정치적 관점이 하늘 아래 모든 국민에게 공개되어 국민의 선택을 받고 모든 국민이 일말의 두려움 없이 자신의 관점을 표현할 수 있는 나라가 되기를, 자신의 정치적 관점을 피력했다고 박해를 받는 일이 불가능한 나라가 되기를 기대한다. 나는 말을 범죄로 취급하는 중국의 오랜 역사에서 내가 마지막 희생자이길 희망한다.

류샤오보의 진술 도중에 판사가 갑자기 말을 끊었다. 검사가 14분만 사용했으니 피고도 똑같이 해야 한다는 이유였다(중국인 변호사들에게도 그런 규칙은 금시초문이었다). 이틀 뒤인 2009년 크리스마스에 법정은 류샤오보에게 징역 11년을 선고했다. 11년은 중국 기준으로도 너무 과한 형벌이었다. 지역 운동가들은 이 판결을 〈닭 한 마리를 죽여 다수의 원숭이들을 겁준다〉는 오랜 속담처럼, 다른 사람들에게 보내는 경고로 받아들였다.

류샤오보에 대한 엄중한 처벌은 뜻밖의 사건이었다. 특히 「08헌장」이 대중에게 거의 아무런 반응도 얻지 못했다는 점에서 더욱 그러했다. 관련 글이 올라오는 즉시 검열관들이 삭제하기도 했지만 시기적으로 좋지 못했던 탓도 있었다. 당시 중국인들은 여전히 올림픽의 여운을 즐기고 있었고 그해 봄에는 철학과 학생 탕제가 서방의 비난에 맞서 동영상을 제작하여 중국인들의 정서를 자극한 터였다. 게다가 금융 위기가 확산되는 상황에서 서양 지도자들에 비해 중국 지도자들이 경제적으로 보다 나은 수완을 발휘하는 듯 보이던 때였다. 작가이자 번역가인 롤랜드 쑹은 〈조지 W. 부시 때문에 「08헌장」은 세상에 나오자마자 사장되었다〉라고 썼다. 그리고 새롭게 중산층이 된 사람들이 〈한낱 기도문 때문에 그들의 아파트와 자동차, 텔레비전, 세탁기, 희망을 걸고 모험을 하지는 않을 것〉이라고 전망하기도 했다.

처음에는 중국 정부도 이에 동의하는 듯 보였다. 물론 그들이 군이 「08헌장」을 공개적으로 인정하는 수고를 한 것은 아니다. 그런데 그 뒤로 수개월에 걸쳐 지식인과 농부, 10대, 전직 관료 등이 서명에 동참하기 시작했다. 머지않아 서명자 수는 1만 2천 명에 이르렀다. 중국 인구를 감안하면 아주 적은 수였지만 그럼에도 상징적인 의미가 있었다. 말하자면 해당 서명 운동은 1949년 이래 일당 통치에 반대해서 다양한 계층이 동참한 최대 규모의 정치 운동이었다. 이 운동은 자신의 이름으로 서명하기를 두려워하지 않는 보통 사람들의 사회를, 서명에 가담한 누군가의 표현에 따르면 그때까지 〈분열되고 고립된 어떤 상태에서〉 살아온 사람들의 존재를 보여 주었다. 공산당은 마냥 침묵으로 일관할 수 없었다. 2010년 10월, 관영 통신은 해당 선언문이 〈완전히 시대 착오적〉이며 〈국민의 생각을 혼란스럽게 만들고 폭력적인 혁명을 조장할〉 목적으로 쓰였다고 비난하고 나섰다. 아울러 사람들에게 국치의 세기를 기억하라고 촉구했다. 〈이런 종류의 선언문을 채택하는 순간 중국은 서방의 종속국으로 전락할 것이다. 더불어 중국 사회의 발전과 국민의 행복 또한 종식을 고할 것이다.〉

류샤오보는 유죄 판결을 받고 2개월 뒤 항소했다. 항소는 거부되었다. 외신 기자들이 외무부 대변인 마자오쉬에게 판결과 관련한 정보를 요청하자 그는 〈중국에는 당초 반체제 인사가 존재하지 않는다〉는 이유로 요청을 거부했다. 그러고는 다시 밝은 분위기를 연출하려 시도했다. 마침 춘절이 며칠 앞으로 다가오고 있었기에 기자 회견 말미에 그는 모두에게 행복한 호랑이 해가 되기를 바란다며 호랑이 인형을 들어 보였다. 그러면서 기자들을 향해 〈질문할 때 아주 조심하라〉고, 그러지 않으면 〈여기 있는 호랑이가 여러분을 무척 싫어할 수 있다〉고 강조했다.

아이웨이웨이는 도시 반대편에 위치한 자신의 스튜디오에서 〈중국에는 당초 반체제 인사가 존재하지 않는다〉는 기사를 접했다. 기사 내용이 계속 그의 머릿속을 맴돌았다. 방문객 중 갈수록 많은 사람들이 자신을 가리켜 〈반체제 인사〉라는 단어를 사용했지만, 그는 그 단어가 너무 단순해서 이제 막 중국에 뿌리를 내리고 있는 새로운 범주의 반체제 인사들을 모두 아우를 수 없다고 생각했다. 〈반체제 인사〉가 된다는 것은, 서양의 경우 억압적인 힘에 맞서 반항하는 윤리적인 투명성을 의미했지만 중국 내에서는 대개의 경우 외부인들에 과소평가될 정도로 복잡한 문제였다.

일례로 중국 정부는 단순한 목표를 제시하지 않았다. 비록 정치적인 자유를 박탈했지만 수억 명에 달하는 국민들의 삶을 개선하는 데 성공한 터였다. 따라서 비판에 직면할 경우 자주 그 점을 내세워 실질적인 효과를 보았다. 성공한 사업가인 동시에 인권 운동가인 원커젠이 경찰의 방문을 받았던 일을 회상했다. 경찰은 그에게 정치 문제에서 손을 떼라고 설득하면서 〈당신의 낡은 자동차를 보시오. 벌써 7~8년이나 묵은 차요. 당신의 친구들은 하나같이 이미 벤츠를 가졌소〉라고 말했다. 원커젠은 경찰의 말을 끝까지 들어 주면서도 그들이 자신의 말을 터무니없다고 생각하는 것만큼이나 그들의 주장이 터무니없다고 생각했다. 양측은 서로를 설득하고자 했지만 서로 상이한 언어를 사용했다. 중국인들이 흔히 〈오리에게 이야기하는 닭〉이라고 말하는 식의 대화였다.

보안대의 노골적인 압박 외에도 반체제 인사가 될 경우 친구나 후원자와의 관계가 무너질 수 있었다. 중국의 지식인들은 그들 사이에서 지나치게 많은 해외 추종자들이 있거나, 실질적인 성과보다 전통적인 중국식 사고에 따르면 피해야 할 공공연한 정치적 갈등을 부채질하는 데 더 많은 관심을 보이는 반체제 인사들을 향해 종종 의심스러운 눈길을 보냈다. 반면 아이웨이웨이는 오히려 대치 상황을 즐겼다. 사복 차림의 공안 요원들이 자신을 따라다니는 점을 이용해 그들을 경찰에 신고했고 그 결과 같은 경찰 기관끼리 충돌하면서 상황은 슬랩스틱 코미디처럼 엉망이 되었다. 이 같은 난장판을 그는 〈변질된 부조리 소설〉이라고 지칭했다. 요컨대 그는 예술과 정치의 보편적인 논리를 뒤집었다. 즉 예술을 저항 운동에 집어넣는 대신 독재 권력의 도구를 예술로 승화시킨 것이다.

때로는 선천적으로 협력할 줄 모르는 사람처럼 보이기도 했다. 언젠가 그는 코펜하겐의 한 유명한 장소에 전시할 작품을 제작해 달라는 부탁을 받았다. 평소 그 장소를 차지하던 에드바르트 에릭센의 인어 공주 동상은 상하이에 대여될 참이었다. 원래의 동상을 또 다른 동상으로 대체하는 대신, 아이웨이웨이는 중국에 임시로 전시된 인어 공주 동상을 CCTV로 촬영해서 실시간으로 재생되는 화면을 설치하기로 했다. 덴마크인들은 그가 직접 설계한 특대형 크기의 감시 카메라를 마음에 들어 하지 않았다. 그러자 그는 〈우리가 살아가는 삶의 현실이 그렇다. 모든 사람은 어떤 식으로든 감시 카메라의 감시를 받는다. 삶은 아름답지 않다〉라고 말했다.

중국의 활동가들이 저항에 따른 비용과 편익을 검토할 때마다 그 이면에는 언제나 정부의 인내심이 바닥날 경우 어떤 일이 일어날 수 있는지에 대한 인식이 자리했다. 그들은 그냥 가오즈성이라는 이름만 떠올리면 되었다. 2005년 가오즈성은 변호사이자 떠오르는 유망주였다. 2001년에는 법무부에서 발표한 중국 최고의 변호사 10인 중 한 사람으로 뽑히기도 했다. 법조계에서의 성공이 계속될수록 그는 더욱 호전적으로 변했고, 급기야 금지된 영적 운동인 파룬궁의 신도들이 연루된 사건까지 떠맡았다. 정부의 법 집행 방식을 비난한 죄로 감옥까지 다녀왔지만 그는 멈추길 거부했다. 그러던 2007년 9월, 인도를 걷던 중 일단의 남자들이 자신에게 다가오는 것을 발견하고 곧 목 언저리에 강력한 타격감을 느꼈다. 그의 머리에는 자루가 씌워졌다.

어딘지 모를 장소로 끌려가고서야 자루가 벗겨졌다. 그는 알몸 상태였다.

구타가 이어졌고 경찰봉으로 전기 고문을 당했다. 해외로 몰래 유출한 보고서에서 그는 〈그때 두 사람이 내 팔을 붙잡고 나를 바닥에 고정시켰다. 그런 다음 이쑤시개를 이용해 사타구니를 찔렀다〉라고 썼다. 고문은 14일간 지속되었다. 그 뒤로는 5주 동안 다른 곳에 갇혀 지냈다. 마침내 자신이 어떤 대우를 받았는지에 대해 일체 발설하지 말라고, 그러지 않으면 다음번에는 〈아내와 자식들 앞에서 똑같은 경험을 하게 될 것〉이라는 경고를 듣고서 풀려났다. 2년 뒤 자신을 방문한 한 기자 앞에서 그는 활동가로서 자신의 삶을 포기했다. 〈나로서는 버틸 능력이 없다〉라는 말뿐이었다.

아이웨이웨이는 다시 〈중국에는 당초 반체제 인사가 존재하지 않는다〉라는 문구를 보았다. 그리고 수만 명의 팔로워에게 일련의 메시지를 보냈다. 그런 말을 한 정부의 속내를 이해하기 위한 노력이었다.

1. 반체제 인사는 모두 범죄자다.

2. 오로지 범죄자만이 정부에 반대하는 관점을 가진다.

3. 정부에 반대하고 반대하지 않고의 차이가 범죄자인지 아닌지를 결정한다.

4. 중국에 반체제 인사가 존재한다고 생각하는 사람은 범죄자다.

5. 중국에 반체제 인사가 존재하지 않는 이유는 그들이 범죄자이기 때문이다.

6. 이런 관점에서 볼 때, 이제 과연 누가 정부에 반대하고 나설 수 있을까?

중국 공산당은 전형적인 유형의 반체제 인사를 통제하는 일에 지극히 능숙했기에 급증하는 정보 문제를 대수롭지 않게 여기는 경향이 있었다. 그럼에도 인터넷이 중앙 선전부 검열관만으로 감당할 수 있는 수준을 이미 오래전에 넘어선 까닭에 인터넷을 감시하는 임무는 국무원 신문 판공실 인터넷국을 비롯해 여러 기관으로 분산되었다. 그리고 인터넷국은 그들이 직면한 문제의 규모에 대해 솔직한 태도를 보였다. 이 기관의 부국장 류정룽은 참담한 표정으로 〈우리에게 가장 큰 문제는 인터넷이 지금 이 순간에도 성장하고 있다는 사실입니다〉라고 시인했다.

예전의 미디어 시스템에서 검열관들은 〈샹들리에 위의 아나콘다〉에 의지했다. 즉 그들은 후수리와 동료 편집자들이 그들의 출판할 권리를 보호하기 위해 스스로를 검열할 거라는 사실을 알고 있었다. 하지만 인터넷에서는 막상 글이 되어 올라오기 전까지 누가 어떤 불순한 글을 쓰려고 하는지 전혀 알 수 없었다. 검열관들이 아무리 빨리 삭제해도 원문이 전달되고 저장되고 읽히는 것을 막기에는 여전히 너무 느렸다. 이제 중국 역사상 유례를 찾을 수 없을 정도로 많은 말들이 먼저 표현되고 검열이 그 뒤를 따르고 있었다.

이러한 문제는 또 다른 문제를 낳았다. 한때는 비밀 지시와 뉴스 편집실 회의로 한정된 관념적이고 눈에 띄지도 않던 검열 과정이, 이제는 명백히 가시적인 것이 되어 버린 것이다. 한한의 블로그에서 게시물을 삭제하는 문제는 우체국에서 류샤오보의 원고를 가로채던 일을 디지털 방식으로 바꾸기만 하면 되는 간단한 일이 아니었다. 수백만 명의 인터넷 이용자들이 우연히라도 그 같은 행위를 목격할 수 있었기 때문이다. 게다가 그들은 혹시라도 그런 사실을 몰랐다면 오만한 검열 구조 안에 머무는 대신 평생 자신의 삶에 만족하며 행복하게 살았을 사람들이었다. 한한의 설명에 따르면 검열은 일종의 신호였고, 그 신호를 보면서 사람들은 〈정부에서 내가 정말 모르기를 바라는 어떤 것이 존재한다. 따라서 나는 이제 그게 무엇인지 《정말》 알고 싶다〉라고 느꼈다.

한한의 팬을 자청하는 세대들은 그가 말한 대로 〈은폐하려는 대상이 곧 진실〉임을 점점 더 믿게 되었다. 한 강연에서 그는 이렇게 말했다. 「나는 경찰에 대한 글을 쓸 수 없다. 지도자들에 대해서도 마찬가지다. 정책에 대해서도 쓸 수 없으며, 제도에 대해서도 쓸 수 없다. 사법부에 대해 쓸 수 없고, 역사의 많은 부분을 언급할 수 없으며, 티베트에 대해서도 쓸 수 없고, 마찬가지로 신장에 대해서도 쓸 수가 없다. 대중 집회에 대해서도 못 쓰고, 시위에 대해서도 말할 수 없다. 포르노를 다룰 수 없으며, 검열에 대해서도 쓸 수 없고, 예술에 관한 글도 쓸 수 없다.」

공산당 입장에서 바랄 수 있는 최선은 인터넷에서 어떤 대화가 시작되기 전에 먼저 차단하는 것이었다. 하룻밤 사이에도 다양한 정치적 쟁점들이 불쑥불쑥 생겨나는 바람에 검열관들은 내가 휴대 전화로 받는 대중 매체용 지시 목록처럼 금지어 목록을 계속해서 업데이트해야 했다. 국무원 신문 판공실 인터넷국은 때때로 하루에도 몇 번씩 전국의 웹 사이트 운영자들에게 지시문을 발송했다. 바로 어제까지 허용되던 단어가 오늘 갑자기 금지되기도 했다. 그런 단어를 구글의 중국 버전인 바이두에 입력하면 다음과 같은 문구가 떴다. 〈관련 법과 규정, 정부 방침에 맞지 않기 때문에 검색 결과를 표시할 수 없습니다.〉

하지만 사람들도 못지않게 빠르게 적응했다. 그들은 검열을 우회하기 위해 일종의 암호를, 어둠의 언어를 창안하고 발음이 유사한 다른 한자를 사용했다. 이를테면 검열관들이 〈링 바 셴장〉이라고 발음되는 〈08헌장〉이라는 단어를 차단하면 대신 〈린바 셴장〉이라고 지칭하는 식이었다(아무도 이 말의 본래 의미가 〈지방 행정관의 림프절〉이라는 사실에 신경 쓰지 않았다).

중국 정부는 상상력 경주에 돌입했고, 국민들을 따라잡으려는 노력에도 불구하고 경주는 영원히 끝나지 않을 것처럼 보였다. 1년 열두 달 가운데 톈안먼 저항 운동 기념일이 다가오는 6월처럼 힘든 시기도 없었다. 사람들은 그 사건을 논의하기 위해서 온갖 기발한 방법들을 생각해 냈다. 언제나 블랙리스트에 올라 있는 〈민주주의 운동〉, 〈1989년〉, 〈6월 4일〉 같은 단어들 말고도 검열관들은 새롭게 만들어지는 속도만큼 신속하게 핵심 단어들을 추가하기 위해 야단법석을 떨었다. 최신 금지어 목록을 읽고서 나는 그 목록이 오히려 톈안먼 사건을 기념하기 위해 만들어진 것 같다는 인상을 받았다.

불
진압
시정(是正)
절대로 잊지 말라

이러한 검열 노력이 실패할 경우 공산당은 최후의 무기를 꺼냈다. 스위치를 내리는 방법이었다. 2009년 7월 5일, 중국 극서쪽에 위치한 도시 우루무치에서 한족과 중국 내 소수 집단인 위구르족 사이에 발생한 싸움과 관련한 경찰의 대응에 항의하면서 위구르족 이슬람교도들이 시위를 벌였다. 시위는 폭력적으로 변했고 거의 2백 명에 달하는 사람들이 목숨을 잃었다. 희생자들 대부분이 한족이었는데 단지 한족이라는 이유만으로 표적이 된 사람들이었다. 뒤이어 위구르족 마을에 대한 복수가 행해졌는데, 국민들이 해당 사건을 전파하거나 조직적으로 움직이지 못하게 하려는 시도로 중국 정부는 돌연 문자 메시지와 장거리 통화를 차단하고 인터넷에 접근할 수 있는 거의 모든 방법을 봉쇄했다. 디지털 정전이 지속되는 10개월 동안 경제는 엄청난 타격을 입었다. 예컨대 이 기간에 위구르 자치구인 신장의 수출 실적은 44퍼센트 이상 급락했다. 하지만 중국 공산당은 그들이 정치적 위협이라고 생각하는 것을 은폐할 수 있다면 막대한 경제적 손실쯤은 기꺼이 감수하고자 했다. 향후 보다 광범위한 위기가 발생하더라도, 중국에 너무나 많은 채널들이 존재하기 때문에 완전한 정전은 불가능하겠지만 제한적인 정전만으로도 충분한 효과를 기대할 수 있을 터였다.

신장의 폭동은 다른 여러 방면에서도 전환점이 되었다. 그동안 후수리와 『차이징』지는 성공적인 추적 보도가 인기의 비결이라는 사실을 증명해 왔다. 중국인들은 많은 정보를 접할수록 더 많은 정보를 갈망하는 듯 보였다. 후수리는 뉴스 편집실의 규모를 세 배로 확장했고 그 결과 기자들만 2백 명 이상이 되었다. 또한 영업부장으로 채용된 전직 투자 은행가 다프네 우는 광고 매출을 2년 만에 세 배로 늘려 그 금액이 1억 7천만 위안에 이르렀다. 그녀와 후수리에게는 인쇄된 형식의 잡지를 뛰어넘는 원대한 계획이 있었다. 그들이 꿈꾸는 것은 〈하나의 완전한 정보 매체와 방송 플랫폼〉이었다. 자신의 사무실에서 그들의 원대한 계획을 이야기하던 다프네 우가 베이징 시내를 내려다보았다. 그녀는 중국의 언론 노동자라기보다는 실리콘 밸리의 중역처럼 보였다. 그녀가 말했다. 「당신이 어떤 유형의 장치를 사용하든 우리는 당신에게 고품질의 정보를 제공하길 원해요.」

하지만 잡지가 돈벌이가 되고 대담한 기사들을 다루면서 후수리와 그녀의 후원자 왕보밍의 관계는 첨예해졌다. 여행을 많이 다니고 해외 출판 시장을 깊이 연구할수록 후수리는 보다 큰 야망을 품었다. 그리고 국제적 수준으로 기능하는 자신의 언론 기업을 원했다. 반면 왕보밍에게는 다른 우선순위가 있었다. 그는 당초 약간의 돈이나 벌기 위해, 그리고 언론계의 주요 인사로서 삶의 소소한 자극을 즐기기 위해 출판에 뛰어든 터였다. 정치적 순교자가 될 생각 같은 것은 전혀 없었다. 그는 불안했다. 내가 후수리에 관한 이야기를 꺼내자 그의 얼굴에 지친 표정이 스쳐 지나갔고 나는 그가 자신의 원래 예상보다 훨씬 멀리 왔다는 사실을 짐작할 수 있었다. 「이 정도의 위험이 뒤따르게 될 줄 처음에는 몰랐습니다.」

2009년 봄 중국 정부는 『차이징』에 국영 방송사 내부의 재정적 부패 문제나 지극히 민감한 일련의 다른 사안들을 조사하지 말라고 경고했다. 왕보밍이 말했다. 「그럼에도 그들은 기어이 그 사건을 다루었어요!」 그가 원망스럽다는 듯 담배 한 모금을 깊이 빨아들였다. 폭로 기사가 독자들한테나 인기가 있지 광고주들한테는 아니라는 말도 덧붙였다. 「이를테면 그들의 광고가 있는 페이지 바로 다음에 버젓이 그들 회사가 사기꾼이라는 기사가 실리는 식입니다. 우리가 광고주들한테 어떤 전화를 받는지 당신은 상상도 못 할 겁니다. 『차이징』은 절대로 긍정적인 보도를 하지 않아요. 기업들은 후수리에게 이야깃거리를 주면서 좋은 기사가 나오길 기대하지만 현실은 언제나 부정적인 기사들뿐이지요!」

여름이 되자 편집자와 출판사의 관계는 급격히 악화되었다. 신장에서 폭동이 발생해 인터넷이 폐쇄되었을 때 선전관들은 공인된 언론인들에게만 인터넷에 접속할 수 있도록 허가를 내주었다. 당국에서 오직 두 명의 파견만 허락했음에도 후수리는 현장에 세 명의 기자들을 파견했다. 세 번째 기자는 인터넷을 사용하기 위해 친구의 기자 출입증을 빌려 프레스 센터에 잠입했다. 결국 들통나서 공무원들이 그의 휴대용 컴퓨터를 조사하려 하자 그는 저항하며 경비원과 몸싸움을 벌였다. 정부는 그를 비행기에 태워 베이징으로 돌려보냈다.

몸싸움을 벌였다는 소식이 정부 고위직 관료들의 귀에 들어갔다. 이미 그해에 선전부로부터 경고를 받은 터라 후수리의 후원자들은 그녀를 다시 통제하기 위해 일단의 대책을 강구했다. 이제부터 『차이징』은 모든 표지 기사를 사전에 제출해서 승인을 받아야 했다. 또한 〈아무런 토를 달지 않고〉 중앙 선전부의 지시를 수용해야 했다. 가장 중요하게는 정치 기사를 포기하고 〈금융과 경제에 대한 긍정적인 보도로 복귀〉해야 했다.

후수리는 격분했다. 그녀가 왕보밍에게 따져 물었다. 「도대체 〈정치적인 뉴스〉의 정의가 뭔가요? 〈긍정적인 뉴스〉는요? 누가 그런 것들을 판단하죠?」 이후 몇 주 동안 그녀는 새로운 규칙에 적용하려고 노력했다. 하지만 그녀의 상관이 표지 기사를 번번이 물리쳤다. 세 번째로 거절당했을 땐 자신이 아끼는 젊은 편집자들이 금방이라도 그만둘까 봐 걱정되었다. 결국 네 번째까지 거절을 당하자 그녀는 무시하고 해당 기사를 표지 기사로 출간했다.

베이징에 후수리와 후원자들이 서로 대립한다는 소문이 퍼질 무렵 그녀는 탈출구를 발견했다. 투자가들이 그녀에게 접촉해 오자 그녀는 그들에게 후원을 받음으로써 잡지에 대한 자신의 통제권을 더욱 강화할 수 있겠다고 생각했다. 왕보밍과 그녀의 갈등은 단순한 편집권의 자유 문제가 아니었다. 요컨대 그녀가 운영하는 잡지사는 왕보밍이 소유한 잡지사 가운데 가장 많은 매출을 올렸고 그녀는 매출액에서 보다 많은 돈을 투자하여 사업을 확대하길 원했다. 그렇게 하지 않으면 새로운 인터넷 시대에 자신이 뒤처질 거라는 두려움이 있었다.

그녀가 회사의 지분을 분배하는 야심 찬 경영권 인수 계획을 들고 왕보밍을 찾았다. 계획대로라면 전체 지분의 40퍼센트는 투자가들에게, 30퍼센트는 그녀를 비롯한 편집자들에게, 나머지 30퍼센트는 왕보밍의 회사에게 돌아갈 터였다. 무엇보다 그녀는 편집과 관련하여 최종 결정권을 원했다. 누군가 중앙 선전부와 협상해야 한다면 자신이 그 사람이 되길 원했다. 그녀가 말했다. 「전문 편집자로서 나는 최종적으로 결정하는 사람이 나 자신이 되어야 한다고 생각해요.」

하지만 왕보밍의 입장에서 그 제안은 일종의 배신이었다. 그동안 자신은 그녀가 언론인으로서 중국의 다른 누구보다 자유롭게 일할 수 있도록 도와주었다. 그럼에도 그녀는 자신에게 고마워하기는커녕 더 많은 것을 요구하고 있었다. 이미 충분히 많은 것을 주었다고 생각하는 지배층에게 더 많은 것을 요구하는 중국 국민들의 행동과 똑같았다. 왕보밍은 그녀가 철없이 군다고 생각했다. 더 나아가서는 회사의 경영권을 손에 넣으려는 욕심을 감추기 위해 언론의 자유라는 기치를 두르고 과시적인 행동을 한다고 생각했다. 그는 제안을 거절했다.

9월에 이르면서 타협은 결렬의 수순을 밟기 시작했다. 다프네 우와 그녀의 부하 직원 예순 명이 사직서를 제출했고, 그사이 뉴스 편집실에서는 편집자들이 그들도 회사를 그만둘 예정이며 다 같이 새로 시작할 거라고 공표했다. 부편집국장 왕숴가 젊은 편집자와 기자들에게 〈우리와 함께 가자〉고 제안했다. 그들이 무엇을 어떻게 다시 시작할 것인지 확실하지 않다는 점이 문제였지만 선택권은 그들에게 있었다. 퇴사를 결심한 편집자들은 전면적인 사퇴를 종용하면서도 동료들에게 동참 여부를 결정하도록 사흘의 시간을 주었다.

결정을 앞둔 기자들에게 그 상황은 딜레마였다. 이제 누가 후수리의 정치적 보호막이 되어 줄 것인가? 투자가들이 그녀에게 재차 도박을 걸 것인가? 게다가 그녀와 함께 일했던 기자들은 그녀의 관리 방식에 대한 불만도 가지고 있었다. 늘 투명성과 견제와 균형을 강조하면서도 정작 그녀 자신은 독단적인 경향을 보였던 것이다. 추적 보도를 담당하는 기자들 중에는 그녀가 권력자 친구들을 지나치게 봐준다고 생각하는 사람도 있었다. 『차이징』 개간 초기에 그녀가 제공했던 높은 급여도 중국의 급등하는 경제 수준을 따라잡는 데 실패했다. 그들이 다루는 산업 분야에 종사했더라면 급여가 족히 세 배는 늘어났을 터였다.

이 모든 불확실성에도 불구하고 후수리의 존재는 그 자체만으로도 주변의 유망한 젊은 언론인들에게 지대한 영향력을 발휘했다. 사스 바이러스 사건을 취재했던 기자 차오하이리가 내게 말했다. 「우리는 후수리가 1백 년에 한 번 나올까 말까 하는 인재라고 자주 이야기해요. 그녀는 정말로, 진짜로 유일무이한 사람이에요. 미국에는 그런 사람이 수도 없이 많겠지만 중국에서는 정말 보기 드문 사람이죠.」

그해 11월 9일 후수리는 잡지사를 그만두었고 뉴스 편집실 인원 140명도 그녀와 함께 나왔다. 후수리의 입장에서 퇴사는 비록 원하는 바가 아니지만 그럼에도 자신의 선택이었다. 그녀가 말했다. 「우리는 쫓겨났다고 할 수도, 제 발로 나왔다고 할 수도 있어요. 뭐라고 딱 잘라 말하기 어려운 문제예요.」 그녀는 긍정적으로 생각하려고 노력했다. 「어쩌면 그 덕분에 보다 중요하고 훨씬 흥미로운 어떤 일을 할 수 있을지도 모르잖아요.」 하지만 중국의 지식인들 사이에서는 긍정적으로 볼 어떤 요인도 없다는 것이 지배적인 관점이었다. 이와 관련하여 블로거 허차이터우는 자신의 블로그에 〈그녀는 자신의 칼에 이미 너무 많은 피를 묻혔고 옷에도 온통 화약을 뒤집어썼다. 예전 후수리의 모습을 기대하기는 어려울 것이다〉라고 썼다.

류샤오보가 유죄 판결을 받은 지 10개월이 지난 2010년 10월 8일, 노벨 위원회에서 〈기본적인 인권을 위해 오랫동안 비폭력 투쟁을 해왔다〉는 공로를 들어 그에게 노벨 평화상을 수여했다. 수십 년 동안 망명 생활을 했던 달라이 라마를 제외하면 노벨 평화상을 수상한 최초의 중국인이었다. 한편 류샤오보의 수상 소식에 중국 지도자들은 격분했다. 그들은 류샤오보의 수상이 알프레드 노벨의 유산에 대한 〈신성 모독〉이라고 비난했다. 실제로 중국은 국가의 발전한 위상을 확인하고 세상의 인정을 받는 계기로서 수년째 노벨상을 염원해 오고 있었다. 노벨상에 너무 집착한 나머지 학자들은 〈노벨 컴플렉스〉라는 말까지 만들어 내면서 매년 가을만 되면 마치 페넌트 레이스를 맞은 스포츠 광팬처럼 중국에서 수상자가 나올 가능성에 대해 토론을 벌였다. 텔레비전에서 〈우리는 노벨상에 얼마나 근접했는가?〉라는 제목의 토론회가 방영된 일도 있었다.

류샤오보의 수상이 발표되었을 때까지도 대다수 중국인들은 그의 이름을 들어 본 적이 없었고 이 점을 이용해 국영 언론은 국민들을 상대로 그의 첫인상을 조작했다. 곧이어 그가 〈자신의 조국을 헐뜯어서〉 생활비를 벌었다는 보도 기사가 전국에 유포되었다. 그들이 만들어 낸 이미지는 정형화된 모습을 그대로 보여 주었다. 그들은 류샤오보를 고급 와인과 도자기 수집가로 묘사했으며, 동료 수감자들에게 〈나는 당신들과 다르다. 돈에 굶주리지 않는다. 외국인들에게 매년 보수를 받는다. 심지어 감옥에 있어도 마찬가지다〉라고 말하는 인물로 그렸다. 이를테면 류샤오보는 〈서방의 반중 세력을 위해 일하면서 노력을 아끼지 않았으며〉 그 과정에서 〈언론의 자유를 넘어 범죄를 저지른〉 사람이었다.

행동주의자들은 그의 수상 소식에 깜짝 놀랐다. 그들 중 한 사람은 후에 〈많은 이들이 눈물을 흘렸으며 주체하지 못할 정도로 오열하는 이들도 있었다〉라고 술회했다. 베이징에서는 블로거, 인권 변호사, 학자 등이 류샤오보의 수상을 기념하고자 어느 한 식당 안쪽에 위치한 외진 자리에 모였지만 경찰이 들이닥쳐 그들 중 스무 명을 체포했다. 한편 한한은 노벨상이 발표되자 자신의 블로그를 이용해 검열관과 독자 모두를 희롱했다. 그는 공백 한가운데 밑도 끝도 없이 한 쌍의 물음표만을 게시했다. 그 게시물은 150만 건의 조회 수를 기록했고 2만 8천 개가 넘는 댓글이 달렸다.

류샤오보의 수상 사실이 발표되고 이틀 뒤 그의 아내 류샤가 랴오닝 성에 있는 진저우 교도소로 그를 만나러 갔다. 류샤오보는 아내에게 〈이 상은 6월 4일 사건으로 목숨을 잃은 영혼들을 위한 겁니다〉라고 말했다. 베이징으로 돌아오자마자 류샤는 가택에 연금되었다. 정부는 그녀를 비롯하여 누구도 대신 상을 받으러 오슬로에 가는 것을 금지했다. 과거 이와 비슷한 경우가 딱 한 번 있었다. 1935년에 히틀러는 독일인 작가이자 평화주의자 카를 폰 오시에츠키의 가족들에게 그를 대신하여 상을 받으러 가지 못하도록 금지했다. 당시 오시에츠키 본인은 강제 수용소에서 풀려난 뒤 감시를 받으며 병상에 있었다. 류샤의 전화와 인터넷이 끊겼고 어머니를 제외한 누구와도 접촉이 금지되었다. 이후로 수년간 지속될 격리 조치가 막 시작된 참이었다.

12월이 되면서 시상식 날짜가 다가오자 중국 정부는 다른 나라에 시상식 참석을 거부할 것을 요청했다. 중국의 국영 언론은 이를 〈편을 선택하는 일〉로 지칭했다. 외무부 차관이자 존스 홉킨스 대학 출신의 노련한 외교관이던 추이텐카이는 우호국들을 향해 물었다. 〈중국의 사법 제도에 이의를 제기하는 정치적 게임에 합류하길 원하는가? 아니면 중국 정부, 중국 국민들과 진정한 우정을 쌓길 원하는가?〉 결국 45개국이 시상식에 참석하고 19개국이 불참했는데 불참국에는 이라크, 파키스탄, 러시아, 사우디아라비아, 베트남 등이 포함되었다(『중국일보』는 1면에 〈대다수 나라들이 류샤오보의 노벨 평화상 수상을 반대한다〉라고 발표했다). 류샤오보의 베이징 아파트 밖에는 건설 현장에서 사용되는 파란색 철제 담장이 부랴부랴 세워졌다. 사진 기자들이 가택에 연금된 류샤오보의 모습을 촬영하지 못하게 하기 위해서였다. BBC 방송국에서 노벨상 시상식을 방영할 때는 중국 전역의 텔레비전 화면이 검게 변했다.

여러 해 중국에 살면서 나는 이런 식의 전략을 수없이 목격했다. 먹통이 된 텔레비전 화면은 과거 중국의 편협한 세계관과 후진성, 단절을 보여 주는 그림직한 단면이었다. 그렇지만 대중이 불쾌한 현실을 직시하지 못하게 막으려는 그들의 본능은 이제 중국의 일상 곳곳에 자리 잡은 개방성이나 복잡성과 전혀 어울리지 않았을 뿐 아니라, 평범한 중국인들이 그토록 이루고자 노력한 것의 가치를 떨어뜨리는 듯 보였다. 중국은 히틀러가 지배하던 독일이 아니었음에도 중국 지도자들은 노벨상의 역사에서 기꺼이 나치와 하나로 묶이고자 했다. 중국 정부 내의 가장 강력한 세력이 그에 따른 대가를 인지할 정도로 충분히 현명하지 못하거나, 가장 현명한 세력이 다른 세력을 설득할 만큼 충분히 강하지 못한 까닭일 터였다.

중국의 일반 국민들은 시상식과 관련해 거의 아무런 이야기도 듣지 못했다. 또한 시상식 사회자가 정치 개혁이란 〈점진적이고 평화적이며 정연하고 세심히 다루어져야 한다〉는 류샤오보의 말을 인용하는 것도 듣지 못했다. 무대 위 텅 빈 파란색 의자에 놓인 메달과 증명서도 보지 못했다. 중국 내부에서 그 순간은 보잘것없는 존재의 단순한 망령으로 기록되었다. 검열관들은 그해 겨울의 인터넷 금지어 목록에 새로운 검색어를 추가했다. 〈텅 빈 의자.〉

14. 닭장 속 세균

선글라스를 낀 사람들이 처음부터 주의를 끈 것은 아니었다. 2011년 가을 중국의 몇몇 소셜 미디어 사이트에 처음 등장했을 때만 하더라도 그들은 20~30명의 남녀에 불과했다. 곧 보다 많은 사람들이 선글라스를 끼고 등장하는가 싶더니 아이들과 외국인, 그림으로 된 아바타까지 여기에 가세했다. 블로거들이 주목하면서 소문이 퍼져 나갔다. 그들의 수가 5백 명을 넘어서자 검열관들이 제지에 나섰지만 숫자는 계속해서 불어났으며 자신이 무엇을 목격하고 있는지 알고 있는 사람들에게 그 상황은 아주 굉장한 사건이었다. 요컨대 그것은 중국 최초로 바이러스처럼 확산된 정치 캠페인이었다. 또한 참가자들 중 어느 누구도 만나 본 적 없는 한 남성에 대한 존경의 표시이기도 했다. 바로 맹인 농부 변호사 천광청이었다.

내가 그를 만나기 위해 둥시구 마을에 있는 집을 찾아간 지 6년이 지나도록 그의 생각이 확산되지 않도록 억제하려는 그곳 지방 정부의 결심은 전혀 흔들림이 없었다. 열병의 보균자라도 되는 양 그를 철저히 고립시키려 했다. 내가 방문했을 즈음인 2005년 가을에 그는 그 지역 부시장이던 류제의 호출을 받았다. 류제는 천광청에게 외국 기자들을 상대로 한 자녀 정책의 폐해에 대해 떠벌린 이유를 물었다. 「외국의 적대적인 세력에게 이야기하는 대신 정상적인 공식 채널을 통해 그 문제를 이야기할 수는 없었습니까?」

천광청이 문제를 공론화하는 과정에서 정부가 더 이상 참을 수 없을 정도로 선을 넘었다는 사실이 분명해진 것은 그때였다. 아직 구체적인 죄목으로 기소된 상태가 아니었지만 그는 가택에 연금되었고 전화는 차단되었다. 그로부터 두 달 뒤 일상적인 정전 — 농촌이 급속도로 발전하면서 빈번히 일어나던 문제였다 — 이 발생했는데, 그로서는 놀랍게도 이로 인해 그를 고립시켰던 전화 차단 장비가 고장이 났다. 천광청은 전화를 걸어 베이징에 있는 자신의 변호사를 호출했고 그 변호사가 내게 귀띔을 해준 덕에 마침내 나는 천광청에게 전화를 걸 수 있었다. 그가 그 기묘한 상황에 실소를 터뜨리다가 멈추었다. 상황이 상황인지라 말투를 진지하게 바꾸려는 듯 싶었다. 그런 다음 그는 호기롭게 말했다. 「나는 이곳의 지방 정부가 그들 자신이 만든 법조차 지키지 않는다는 사실을 온 세상에 알리고 싶습니다.」 그는 한 자녀 정책의 폐해를 정부에 경고하려던 시도 때문에 오히려 자신이 격리되었다는 사실을 당혹스러워했다. 그가 생각하는 가장 중요한 문제는 무엇인지 물었다. 「중앙 정부가 해당 정책을 중단할 마음이 없는 건지, 그게 아니면 중단할 능력이 없는 건지 궁금할 따름입니다.」

천광청이 가택에 연금된 지 거의 6개월째 되던 3월, 그의 형과 동네 지인들이 그의 열악한 가택 연금 환경을 두고 경찰과 몸싸움을 벌였다. 그리고 천광청은 〈재산을 파괴하고 군중을 동원해 교통 흐름을 방해한 혐의〉로 기소되었다. 그를 지지하는 사람들은 고작 그런 혐의로 그의 신체를 구속할 수 없을 거라고 생각했다. 천광청에게는 법원에서 지정한 변호사들이 배정되었는데, 그들은 목격자조차 소환하지 않았다. 결국 천광청은 재산을 파괴하고 교통 흐름을 방해한 죄로 유죄 판결과 4년 3개월의 징역형을 선고받았다.

중국에 아직 황제가 존재하던 시절, 판결과 관련해 상소를 하거나 권력 남용을 폭로하기 위해 지도층의 관심을 끄는 방법 중 하나는 해당 목적으로 그 지역 법원 앞에 설치된 북을 치는 것이었다. 이 방법으로도 반응을 이끌어 내는 데 실패할 경우 사람들은 지나가는 고관대작의 가마 앞으로 뛰어들었다. 자신의 불평을 알리는 데 성공한 사람들은 공식적으로 〈위안민(怨民)〉 즉 〈불만을 가진 사람들〉이라는 이름과 더불어 자신의 요청을 한 단계 한 단계씩 계속 밀고 나갈 자격을 얻었으며 최종적으로 황제가 있는 수도까지 갈 수 있었다.

공산당은 권력을 쥐면서 예전의 제도 중 일부를 그대로 유지했다. 〈불만을 가진 사람들〉의 접수를 받아 그들의 사건을 올바른 정부 부처로 인도하기 위한 국가 신방국(國家信訪局)도 설치했다. 하지만 21세기에 이르자 국가 신방국은 완전히 시대에 뒤처진 조직이 되었다. 접수되는 건수는 엄청나게 급증했지만 그들이 과연 일을 하기는 하는지 의문이 들 정도였다. 한 조사에 따르면 국가 신방국은 접수되는 사건의 0.2퍼센트만을 처리했다. 접수된 사건들이 법원에서 완전히 공개적으로 다루어지는 경우는 극히 드물었고 그 결과 불만을 가진 사람들 중 일부는 재판에서 지거나 아무런 진전 소식도 듣지 못한 채 때로는 수년씩 장기화되는 정의 구현의 깊은 나락으로 떨어졌다.

불만을 가진 사람들의 계승자들은 오늘날 〈탄원자〉라는 이름으로 불렸으며 나는 종종 그들의 갑작스러운 방문을 받곤 했다. 외국 기자의 관심이 정부를 압박해서 자신들의 문제를 해결할 수 있을지 모른다는 희망을 품고 수소문을 통해 나를 찾아온 것이다. 그들이 찾아와도 나로서는 이야기를 들어 주는 것 말고는 달리 도와 줄 방법은 거의 없다시피 했다. 그들의 사정은 하나같이 복잡하고 혼란스러웠으며, 베이징 외곽에 수천 명의 사람들이 고립된 채 살아가는 〈탄원자 마을〉이라는 빈민굴이 생길 정도로 탄원 과정 또한 긴 여정이었다. 탄원자들은 빈민굴에서 산더미처럼 쌓인 꼬깃꼬깃한 법률 서류에 둘러싸인 채 마음을 졸이며 살아갔다. 그들의 정신이 온전하지 않아 분쟁의 미로 속에서 길을 잃은 것인지, 아니면 그 긴 여정 자체가 그들을 정신 이상으로 몰고 가 길을 잃게 된 것인지조차 가끔씩 나는 분간할 수 없었다.

인터넷이 등장했을 때 불만을 가진 사람들은 이를 가장 먼저 받아들인 축에 속했다. 2002년 9월 난징에서 집단 식중독이 발생하여 마흔 명 이상이 목숨을 잃었지만 국영 방송사는 저녁 뉴스에서 이 사건을 보도하지 않았다. 그 대신 당 지도자들이 보여 준 〈동정에 심심한 고마움을 표현하는〉 노동자나 지방에서 열린 의상 축제 같은 뉴스들을 보도했다. 인터넷에 비난의 글들이 올라오기 시작했다. 어떤 사람은 〈중국에서 일반인은 인간이 아닌가?〉라고 따졌다. 또 〈강물이 범람하는 것을 막기보다 국민의 입에 재갈을 물리는 것이 더 어려울 것이다〉라는 글을 쓴 사람도 있었다.

머지않아 불만을 가진 사람들은 서로를 찾는 데 이 새로운 기술을 이용했다. 장셴주라는 이름의 스물다섯 살 청년은 자신이 간염 양성 판정을 받았다는 이유로 공무원이 될 자격을 박탈당했다는 사실을 알고 인터넷을 이용해 비슷한 경험이 있는 사람들을 찾아내 그들과 힘을 합쳐 정부에 그 같은 차별을 금지하도록 정책을 바꾸라고 압박했다. 뒤이어 게이와 레즈비언, 종교인, 당뇨병 환자 등을 대신하여 보다 중요한 권리를 요구하는 유사한 캠페인들이 속속 등장했다. 세력을 모으려는 본능이 확산을 거쳐 주류가 된 셈이었다.

2007년에 샤먼 시에서는 한 문자 메시지가 대대적인 반향을 일으켰다. 샤먼 시에 제안된 화학 공장을 비난하는 메시지였다. 메시지 속 말투는 무척 심각했다. 〈지극히 유독한 이런 화학 물질을 생산하는 것은 도시에 원자 폭탄을 떨어뜨리는 행위나 다름없다. (……) 미래 우리의 손주들을 위해서라도 행동에 나서라! 6월 1일 오전 8시, 1만 명 걷기 운동에 동참하라. 이 메시지를 샤먼에 사는 다른 지인들에게도 전달하라.〉 주동자들은 과격한 시위 대신에 〈항의 행진〉을, 경찰을 자극해서 엄중 단속을 당하는 일이 없도록 절제된 행진을 요구했다. 수천 명의 남녀가 걷기에 동참하여 항의의 뜻으로 차분히 걷기에 나섰다. 시위에 나선 사람들은 주로 신흥 중간 소득 계층에 속하는 부유한 도시민들이었으며 자녀와 팔짱을 끼고 나온 사람들도 있었다. 지방 정부는 깜짝 놀랐다. 그들은 맹자의 예언, 〈안정적인 생계 수단을 가진 사람은 절대로 모험을 하려 들지 않는다〉라는 말을 언제나 철석같이 믿고 있던 터였다. 물론 맹자가 마냥 걷기만 하는 항의 운동을 언급한 적은 없었다. 이 같은 행동이 안정을 도모하려는 시도일까? 아니면 깨뜨리려는 시도일까? 행진은 폭동이 아님이 분명했지만 그렇다고 합법적인 것도 아니었다. 며칠 동안 군중과 함께 여러모로 검토한 끝에 지방 정부는 화학 공장 건설 계획을 연기하고 〈재검토〉하기로 합의했다.

계획적인 동시에 절제된 새로운 저항 정신은 중국 정부에 미묘한 새로운 문제를 안겨 주었다. 뉴욕 대학 로스쿨의 중국 전문가 제롬 코언은 이런 질문을 던졌다. 〈과연 그들은 이런 문제들을 실질적으로 처리하고, 갈등을 줄이고, 욕구를 만족시킬 수 있는 새로운 법 체계를 만들어 낼 수 있을까? 아니면 그 모든 것이 단지 국민을 길거리로, 온갖 형태의 저항 운동으로, 안정과 조화의 부재 상태로 내모는 엉터리로 끝나게 될까?〉 코언은 천광청의 투쟁을, 독재 체제가 야망이라는 새로운 조류에 적응할 수 있는지 보여 주는 일종의 시험으로 간주했다. 한번은 천광청이 코언에게 말했다. 「당신은 내가 어떻게 하길 바랍니까? 길거리로 나가서 가두시위라도 하길 원하나요? 나는 법정 안에서 싸울 겁니다.」 그런 의미에서 코언은 천광청이 〈비록 정부가 그를 반체제 인사로 만들고 있을지는 모르지만 원래부터 반체제 인사는 아니〉라고 말했다.

코언은 미 국무부가 세계 차세대 지도자 프로그램을 통해 천광청을 미국 일주에 초청했던 2003년부터 그와 알고 지냈다. 미 국무부 직원이 코언에게 중국인 변호사가 있는데 만나 볼 시간이 되는지 물었을 때 한창 마감에 쫓기던 코언 교수는 〈그가 어디에서 로스쿨을 다녔다고 합디까?〉라고 물었다.

「그는 로스쿨을 다니지 않았습니다.」

「그런데도 굳이 나를 귀찮게 하는 이유가 뭡니까?」

「이 사람은 특별합니다. 직접 만나 보면 당신도 좋아할 거예요.」

그렇게 그들은 만났고, 코언은 내게 〈그를 만난 지 30분 만에 내가 비범한 인물을 만나고 있다는 생각이 들더군요〉라고 회상했다. 뜻밖의 동맹 관계는 이렇게 시작되었다. 일흔세 살의 코언은 키가 훤칠하고 맨머리에 멋진 은색 콧수염을 기르고 나비넥타이 매기를 즐기는 멋쟁이였다. 인민 공화국에서 최초의 서양인 변호사로 일하기 전까지 두 명의 미국 대법관 밑에서 서기로 일했으며 이제는 외국인 중국법 전문가들의 수장으로 여겨지는 인물이었다. 베이징에서 두 번째로 만났을 때, 한 무더기의 법률 서적을 사주는 코언에게 천광청은 그에게 〈둥시구 마을에 내려와 보지 않는 한 당신은 내가 어떤 문제에 직면해 있는지, 무엇을 하려고 하는지 절대로 이해하지 못할 것이다〉라고 말했다.

코언과 그의 아내 조앤(미술사가인 그녀는 뉴욕에서 우연히 아이웨이웨이와 만나 친구가 되었다)은 뉴욕에서 둥시구로 향하는 여정에 올랐다. 중국에서 수십 년 일한 경험이 있었음에도 그들은 빈곤의 심각성에 새삼 깜짝 놀랐다. 코언은 천광청의 고객들을 만났다. 코언이 말했다. 「당신은 불행한 삶을 사느라 우울하면서도 행복한 척 행동해야 하는 사람을 만난 적이 있나요? 절름발이나 가난에 찌들 대로 찌든 극빈자, 난쟁이 같은 사람들 말입니다. 그들은 당국에 뇌물을 주지 않는 한 장사를 시작할 수도 없었습니다. 아니면 부당한 세금이나 경찰권 남용의 희생자가 되었죠.」 코언은 자신이 천광청에게 사주었던 책들을 발견했다. 책장 모서리가 잔뜩 접혀 있었다. 「그의 아내와 큰형이 그 책들을 그에게 읽어 주었습니다.」

코언이 둥시구 마을을 떠나기 전 천광청은 자신의 계획을 설명했다. 그는 입소문을 통해, 그리고 2백 명에 달하는 마을 주민들에게 재판과 관련한 기초 지식을 가르쳐서 자신처럼 그들도 사건을 맡을 수 있도록 법률 지식을 퍼뜨리길 원했다. 코언이 물었다. 「당신은 지방 정부가 자기들 코앞에서 강당을 빌린 다음 자기들을 끌어내리고 비참하게 만들 사람들을 가르치게 할 거라고 진심으로 생각하는 겁니까?」

「물론입니다.」

천광청이 감옥에 투옥되던 시점에 중국 공산당은 새로운 사상의 확산을 통제하는 그들의 방식이 너무 느슨하다는 결론에 도달했다. 그리고 2007년 봄이 되자 후진타오 주석은 중앙정치국 동료들에게 이제 디지털 필터와 검열관의 숫자가 더 이상 충분하지 않다고 말했다. 그의 주장에 따르면 당은 인터넷을 〈활용〉할 필요가 있었다. 당은 〈온라인의 여론에 대해서도 패권을 장악해야 했다〉.

그 같은 목적으로 중국 공산당은 그들이 〈여론 조성단〉이라고 부르는, 일반 사용자로 위장한 채 인터넷을 돌아다니면서 논쟁을 잠재우기보다 일정한 방향으로 유도하는 부대를 확충했다. 그들이 인터넷에 글을 올릴 때마다 0.5위안을 받는다는 사실에 빗대어 비평가들은 그들을 〈50센트당〉이라는 이름으로 불렀다. 중앙 선전부 직원들과 마찬가지로 그들은 사방에 존재했지만 눈에 띄지 않았다. 자신들이 공산당을 위해 일한다는 사실을 인정하는 것 또한 엄격히 금지되었다. 하지만 아이웨이웨이가 여론 조성단 가운데 기꺼이 정체를 밝히는 사람에게 아이패드를 주겠다는 공약을 내걸자 자신을 W라고 밝힌 스물여섯 살의 한 청년이 이 제안을 받아들였다. 신문학을 공부한 그는 방송사에서 계약직으로 일했지만 부업인 여론 조성단 일로 대부분의 수입을 충당했다.

W의 설명에 따르면 임무는 매번 〈대중의 생각을 움직여라〉 또는 〈네티즌을 진정시켜라〉라는 지시로 시작되었다. 공개적으로 정부를 칭찬하면 사람들이 그를 무시하거나 〈50센트당 당원〉이라고 조롱할 수 있었으므로 그는 묘안을 냈다. 예컨대 어떤 사이트에 사람들이 너무 많이 몰리는 경우 그는 말 같지 않은 농담을 올리거나 지루한 광고를 게재해서 우연히 들른 독자들이 그냥 지나쳐 가도록 유도했다. 또 누군가 이를테면 휘발유 값을 너무 올린다고 당을 비난하는 경우에는 수류탄처럼 폭발력 강한 견해를 투척하기도 했다. 〈그 때문에 차를 운행하지 못할 정도로 가난한 당신에게나 해당되는 말이지.〉 그가 설명했다. 「일단 그런 글을 보면 사람들은 나를 공격해요. 그러면서 주제는 휘발류 값에서 내가 한 말로 서서히 바뀌어 갑니다. 나로서는 임무 완수죠.」

그가 자신의 일을 자랑스럽게 여기는 것은 아니었다. 단지 돈을 벌기 위해 그 일을 했으며 가족이나 친구들에게도 비밀로 했다. 그의 말대로 〈평판이 나빠질〉 수 있었다. 「누구에게나 진실을 알고 싶은 갈증이 있어요. 저도 그렇고요. (……) 과거보다는 표현의 자유가 더 많아졌어요. 하지만 그 같은 자유를 손에 쥐자마자 더 많은 자유를 누리는 사람들이 눈에 들어오기 시작하죠. 그러고 나면 다시 자신은 자유롭지 않다고 느끼게 됩니다. 비교하면서 우울해지는 거죠.」 아이웨이웨이가 그 여론 조성단과의 인터뷰를 블로그에 게시하자 불과 몇 분 만에 검열관들이 글을 삭제했다. 상관은 없었다. 원문은 이미 널리 유포되고 있었기 때문이다.

의심과 비판은 마치 근육 같아서, 사용하면 할수록 점점 더 발달했다. 〈인터넷 사건〉으로 알려진 대중의 거센 비판이 한 번씩 중국을 휩쓸었다. 어느 순간에는 사회 말단의 노조 조직책들이 온라인 포럼과 휴대 전화로 노동자들을 동원하여 불과 두 달 만에 40개가 넘는 공장에서 전면적인 파업을 일으켰다. 불안이 고조되면서 특히 당의 불안감이 커졌다. 그들은 결집한 노동자들의 잠재력을 어느 누구보다 잘 알고 있었기 때문이다. 눈에 띄든 띄지 않든, 이제는 모든 기관에 대해 공개적인 평가가 진행되었다. 나는 전에 쓰촨 성 시골의 작은 전문 대학을 방문한 적이 있었다. 2~3년 뒤 그 학교 뉴스를 검색하자 학교가 졸업장에 학생들을 〈비정규 졸업생〉으로 분류함으로써 그들을 기만했다고 그 지역 시장에게 탄원하는 한 학생의 글이 가장 먼저 눈에 띄었다. 그 학생은 〈우리는 정규 학생 수준의 수업료를 지불했다. 우리에게는 더 이상 흘릴 눈물도 남아 있지 않다〉라고 썼다. 다른 졸업생들까지 불만을 제기하고 나서자 지방 정부는 그들을 소환해 공연한 소란을 일으키지 말라고 경고했다. 예의 그 학생은 〈우리는 어떤 문제나 폭동도 일으키지 않았다. 아무 짓도 하지 않았다. 법을 위반하지도, 사회 윤리를 해치지도 않았다. 우리는 해명을 원할 뿐이다〉라고 썼다.

상하이에서는 일단의 부모들이 학교가 그들의 자녀에게 건강 보험을 제공하지 않는다는 사실을 알게 되었다. 부모들의 주소지가 시골로 등록되어 있다는 이유였다. 그들은 인터넷에 〈우리는 엄격한 계급 사회에 산다〉라는 제목으로 불만 글을 올렸다. 〈이런 학교가 과연 어떻게 우리 아이들에게 당을 사랑하도록, 모국을 사랑하도록 가르칠 수 있겠는가?〉 일종의 불편한 상징성을 보여 주는 또 다른 사례로, 스스로 삶을 헤쳐 나가는 젊은 남녀의 이야기를 다루는 「노력」이라는 인기 텔레비전 프로그램의 시나리오 작가는 인터넷에 다음과 같은 불만을 토로했다. 〈내가 겨우 먹고살 만큼이라도 벌려면 시청률이 도대체 얼마나 더 높아져야 하는 것일까?〉

공산당은 그들 스스로 자초한 난제에 빠졌다. 즉 수년에 걸쳐 너무나 많은 표현 수단을 제한했던 까닭에 국민들에게는 이제 공산당이 가장 두려워하는 방식으로 불만을 표출하는 것 말고 다른 선택의 여지가 남아 있지 않게 된 것이다. 그럴수록 공산당은 더욱 단속의 강도를 높였고 악순환이 반복되었다. 번화한 해변 도시 닝보에서는, 거주자들이 화학 공장 단지를 추가로 건설하려는 계획에 반대하여 며칠 동안 가두시위를 벌여 결국 시에서 공장을 포기하기로 합의했음에도 검열관들은 한 발짝 더 나아가 시위자들의 슬로건이 인터넷에 올라오지 못하도록 차단했다. 〈우리는 살고 싶다. 그럭저럭 살아가길 원한다〉라는 평범한 슬로건이었다.

심지어 자신이 준 뇌물이 기대한 만큼 효과를 보지 못할 때도 사람들은 인터넷에 불평을 늘어놓았다. 황위뱌오라는 후난 성의 한 부동산 거물은 그 지역 의회에서 한자리 차지하고자 뇌물로 5만 달러를 썼지만 액수가 너무 적다는 소리를 들었다(그는 앙갚음으로 돈을 받았던 중개인의 동영상을 인터넷에 올렸다). 비슷한 경우로 왕첸이라는 젊은 여성은 자신이 군대의 어떤 보직(임명권을 행사할 수 있었기 때문에 원하는 사람들이 많은 요직이었다)을 매수하려고 1만 5천 달러를 제시했는데 채용 담당자로부터 다른 지원자들이 더 많은 금액을 제시했다는 이야기를 들었다며 불평했다.

불평이 늘 관료들만 겨냥하는 것은 아니었다. 온라인 데이트 기업가 공하이옌의 고객들은 자신들이 해당 사이트에서 사기꾼들의 먹이가 되어 가고 있다며 그녀에게 불만을 터뜨렸다. 사기꾼 남자들이 회원들 사이를 어슬렁거리고 있는데도 그녀는 모르는 척한다며 비난했다. 실제로 자위안 사이트에서 만난 것으로 알려진 여성을 편취한 혐의로 한 남성이 체포되어 얼마 뒤 베이징 법원에서 징역 2년 6개월을 선고받았다. 해당 사건에 대해 아무런 책임이 없다는 자위안 측의 부인에도 불구하고 회사의 주가는 거의 40퍼센트 가까이 추락했다. 고객들도 발길을 돌리기 시작했다. 자위안은 사기 사건을 예방하기 위해 고객들에게 급여 명세서나 공무원증, 이혼 서류 같은 공문서 사본을 요구하고 증빙 서류를 더 제출하면 이름 옆에 별을 더 붙여 줌으로써 그들의 프로필 관리를 보강하는 시스템을 도입했다. 여기에 더하여 문서 감정사들로 팀을 꾸려 문서의 위조 여부를 확인하고 이를테면 이름이나 생일을 자주 바꾸는 등 의심스러운 행적을 색출했다.

그럼에도 더욱 많은 비난이 뒤따랐다. 국비 보조를 받는 신문사 「징화 위클리」는 자위안이 〈VIP에 해당하는 최상위층의 결혼만을 주선하는 조언자들〉이라고, 대다수가 남자인 부유한 회원들만 상대하면서 그들을 가장 인기 있는 여성 이용자들과 연결시켜 주는 특별한 중매쟁이들이라고 비난했다. 〈다이아몬드 미혼남〉으로 불리는 이들 남성 고객은 최대 여섯 명의 여성을 소개받는 데 최고 5만 달러를 지불했으며 그 자체로 최첨단 매춘 서비스 같은 느낌을 풍겼다. 그 문제에 대해 묻자 공하이옌은 굳이 변명하려 하지 않았다. 그녀의 설명에 따르면 단지 수요와 공급이 있을 뿐이었다. 그녀가 말했다. 「다이아몬드 미혼남들은 미모의 젊은 여성들을 원해요. 그리고 그런 미모의 여성들 중 일부는 그런 남자와 결혼하길 원하고요. 서로에게 안성맞춤인 셈이죠.」

자위안이 신문 지면에서 혹평을 받자 경쟁사들이 호기를 잡았다. 공하이옌이 시작할 당시만 하더라도 불모지나 다름없던 중국의 인터넷 데이트 서비스는 시장 규모 10억 위안을 상회하는 산업으로 발전했고 회사에는 베테랑이 필요하게 되었다. 2012년 3월, 수익과 주가가 급감하자 자위안은 노련한 전문 경영인 린광 우를 공동 CEO로 영입했다. 연애 산업은 이제 먹느냐 먹히느냐의 싸움을 앞두고 있었다. 자위안에 합류하기 전까지 린광 우는 〈월드 오브 탱크〉라는 온라인 슈팅 게임을 운영했다.

한때 인터넷에 압도되었던 사람들은 이제 기대치가 상승하면서 인터넷상에서 그들의 자유를 빼앗으려는 사람들에게 서슴없이 경멸을 드러냈다. 이런 맥락에서 팡빈싱이라는 이름을 가진 50대의 한 컴퓨터 공학과 교수만큼 능욕을 당한 사람도 드물었다. 그는 인터넷의 검열 시스템 구성을 설계하는 과정에서 중추적인 역할을 한 사람이었고 국영 언론들은 존경의 의미로 그를 〈만리 방화벽의 아버지〉라고 묘사했다. 하지만 막상 팡빈싱이 자신의 소셜 미디어 계정을 만들자 한 인터넷 이용자가 사람들에게 〈서둘러라, 팡빈싱에게 벽돌을 던져라!〉라고 촉구했다. 또 다른 이용자가 〈대중의 적들은 머지않아 심판을 받게 될 것이다〉라며 맞장구를 쳤다. 검열관들이 최대한 신속하게 글을 삭제하고 나섰지만 속도는 못 미쳤고 팡빈싱을 혹독하게 비판하는 글들이 쏟아졌다. 사람들은 팡빈싱을 〈내시〉라고, 〈앞잡이 개〉라고 불렀다. 포토샵으로 그의 얼굴을 부두 인형과 합성하고 이마에 바늘을 꽂아 놓은 사람도 있었다. 디지털 세계에서 팡빈싱은 제 발로 광분한 군중의 손아귀에 들어간 셈이었다.

인터넷 이용자들이 그를 주목하고 나선 지 불과 3시간도 되지 않아 만리 방화벽의 아버지는 계정을 폐쇄하고 자신이 창조에 일조했던 디지털 세계로부터 움찔 물러났다. 몇 개월 뒤인 2011년 5월, 팡빈싱이 우한 대학에서 강의를 하고 있을 때였다. 한 학생이 그에게 달걀을 던졌고 연이어 던진 신발이 가슴에 명중했다. 인근의 다른 대학에서 찾아와 신발을 던진 그 학생을 교수들이 제압하려 하자 다른 학생들이 그를 보호하면서 안전하게 대피시켰다. 그는 순식간에 인터넷의 유명 인사가 되었다. 사람들이 그에게 돈이나 홍콩과 싱가포르에서의 휴가를 제안하는가 하면 심지어 어떤 여성 블로거는 잠자리를 제안하기도 했다.

왜 그랬는지 묻는 질문에 그 학생은 자포자기 상태에서 한 행동이라고 설명했다. 그가 한 중국인 기자에게 말했다. 「팡빈싱과 동등하게 토론을 벌일 수 있는 자리가 우리에게는 없습니다. 그러므로 불만을 표시하기 위해서는 다소 과격한 이런 방법에 의지할 수밖에 없었어요.」

천광청은 형기를 꽉 채우고 2009년 9월에 석방되었다. 더 이상의 추가 기소는 없었다. 그가 둥시구 마을로 돌아왔을 때 지방 정부는 그의 출소에 대비한 준비를 해놓고 있었다. 집 창문에는 철제 셔터가, 마당 주변에는 투광 조명과 하루 24시간 그곳을 감시하기 위한 카메라가 설치되어 있었다. 교대로 근무하는 감시조도 있었다. 한번은 코언과 천광청이 감시원들의 인건비와 식비, 부대 비용 등 맹인 변호사를 세상과 격리하는 데 소요되는 비용을 진지하게 계산해 봤는데 7백만 달러라는 액수가 나왔다.

천광청의 입장에서 처벌은 대체로 정신적인 측면이 주를 이루었다. 이따금씩 감시원들은 집에 있는 물건들을 모조리 마당에 꺼내 놓은 다음 그대로 가 버렸다. 그 물건들을 다시 정리하는 것은 온전히 천광청과 가족의 몫이었다. 또 전화기와 컴퓨터를 압수했으며 텔레비전을 볼 수 없도록 플러그의 끝을 구부려 놓았다. 언젠가 천광청이 자신의 상황을 알리는 짧은 동영상을 몰래 유출한 적이 있는데 그 일이 탄로나자 감시원들은 벌로 그를 담요에 말아 구타했다.

정부의 격리 전략에 따른 천광청의 가장 큰 걱정은 자신에 대한 것이 아니었다. 감시원들이 그의 여섯 살짜리 딸을 유치원에 가지 못하도록 금지한 것이다. 첨단 기술에 익숙한 베이징과 상하이를 비롯한 여러 대도시의 시민들은 바로 그 대목에서 충격을 받은 듯 보였다. 2011년 10월 23일, 시민 30여 명이 천광청을 방문하려고 했지만 감시원들은 그들의 휴대 전화와 카메라를 빼앗아 돌로 쳐서 박살 내고 마을 밖으로 쫓아냈다. 이 극적인 사건은 난징의 영어 교사 허페이룽 같은 사람들의 관심을 끌었다. 그해 가을 한 친구가 해당 사건을 언급하기 전까지 그녀는 천광청에 대해 전혀 들어 본 적이 없었다. 그녀가 내게 말했다. 「내가 첫 번째로 취한 행동은 천광청이라는 사람이 이야기하는 내용의 사실 여부를 확인하는 거였어요.」 그의 연금 상황에 대해 알아 갈수록 그녀는 감시인들에게 분노를 느꼈다. 「인권 운동을 벌이는 과정에서 한때 법을 어겼더라도 나는 그가 이미 죗값을 치르었다고 생각해요. 석방된 이후로 그가 받는 처우는 충격적이었습니다. 오늘날 중국에서 그 같은 만행이 일어나고 있을 거라고는 상상도 못 했어요.」

허페이룽은 선글라스를 낀 채 사진을 찍어 인터넷에 올리고 온라인 캠페인에도 동참했다. 블로그에서 천광청의 사례를 다루기 시작했으며 그의 생일에 맞추어 그를 방문할 계획을 밝혔다. 11월 5일 전후에 경찰이 그 글을 읽은 모양이었다. 천광청을 만나러 가기로 한 날 닷새 전부터 경찰이 그녀를 미행하기 시작했고 직장에 태워다 주면서 그 마을에 가지 말라고 경고했다. 그녀의 증언에 따르면, 어느 시점이 되자 경찰은 그녀가 손을 떼겠다고만 하면 휴가비를 주겠다고까지 제안했다. 그녀가 거절하자 그들은 천광청의 생일이 지날 때까지 그녀를 가택에 연금했다. 허페이룽은 단념하지 않았다. 다른 지지자들과 함께 KFC 광고 비슷한 모양과 색깔로, 천광청의 얼굴과 그 밑에는 〈Free CGC〉 즉 천광청의 가택 연금을 풀라고 요구하는 문구가 포함된 자동차 범퍼 스티커 4천 장을 제작해 배포했다(경찰이 물으면 무료 치킨 광고라고 할 참이었다). 저항 운동의 양상을 보면 그 운동에 동참한 사람들이 어떤 사람인지 알수 있다. 허페이룽이 내게 말했다. 「중국에서 있었던 이전까지의 인권 운동과는 다른 유형의 지지 운동이었어요. 오직 자동차를 소유한 사람들만이 운동에 동참할 수 있다는 점에서 천광청 자동차 범퍼 스티커 운동은 중산층의 시각을 보여 준다고 생각해요.」

허페이룽의 캠페인이 국제적인 뉴스가 되자 그로부터 2주 뒤 지방 정부가 한발 양보하고 나섰다. 천광청의 딸이 유치원에 다닐 수 있도록 허락한 것이다. 천광청은 여전히 자신의 집에 갇혀 지냈다. 중국 정부는 그 사건에 당혹스러워하면서도, 천광청과 그의 지지자들이 불평을 쏟아 낼수록 압박에 굴복하는 모습을 보이길 싫어했다. 전국 인민 대표 대회 기자 회견에서는 한 외국 기자가 천광청의 근황을 물었지만 이 질문은 속기록에서 삭제되었다.

15. 모래 폭풍

베이징의 봄은 모래 폭풍이 출몰하는 계절이다. 이 폭풍은 몽골의 스텝 지대를 휩쓸고 내려오는 동안 푸석푸석한 모래 알갱이들을 머금는다. 모래 폭풍이 수도를 강타하기 전부터 사람들은 모래 폭풍이 오고 있음을 알 수 있다. 하늘이 초자연적인 엷은 노란색으로 변하고 눈이 약간씩 쌓이듯 창턱에 모래가 쌓이기 시작하기 때문이다. 2011년 3월이었다. 당시에는 약혼자였고 지금은 아내가 된 세라베스 버먼과 함께 살던 후퉁의 우리 집은 겨울의 끝자락에서 생기를 잃고 삭막했다. 동네 주민들이 새봄을 맞아 집에 활기를 불어넣기 위해 베이징 외곽에 위치한 화훼 시장으로 그해의 첫 나들이를 시작했다. 그즈음 베이징의 꽃 상인들에게는 이례적인 지시가 떨어졌다. 재스민을 팔지 말라는 내용이었다. 재스민은 중국인이 가장 좋아하는 꽃이었고 차로 끓여도 완벽했으며 그 작고 하얀 꽃잎은 고전 시에서 순결을 상징했다. 하지만 그해 들어서 경찰은 상인들에게 얼마를 제의받더라도 절대로 재스민을 판매하지 말라고 못을 박았다. 혹시라도 재스민을 사러 돌아다니는 사람을 발견하면 자동차 번호를 적어서 경찰에 신고하라고 했다.

중국 정치계에서 재스민은 정권 전복의 향기를 풍기는 꽃이 되어 있었다. 몇 주 전인 12월 17일, 대학을 졸업하고 취직하지 못한 26세의 튀니지 청년 모하메드 부아지지는 무허가로 과일을 판매하다가 경찰에게 청과물을 압수당하고 불평한다는 이유로 손찌검까지 당했다. 부아지지는 열한 명에 이르는 대가족의 생계를 혼자 책임지고 있었다. 지방 경찰청을 찾아가 도움을 청했지만 아무도 그를 만나 주려 하지 않았다. 절망과 수치심으로 그는 몸에 시너를 잔뜩 뿌리고 성냥을 그었다.

몇 주 뒤 그가 세상을 떠날 즈음에 이르러 그의 이야기는 지네 엘아비디네 벤 알리 대통령의 독재 통치에 반대하는 시위를 촉발시켰다. 휴대 전화로 촬영된 동영상들이 유튜브와 페이스북을 통해 퍼져 나가면서 저항 운동은 점차 부패, 실업, 인플레이션, 정치적 자유의 구속 등에 관한 불만까지 망라했다. 채 한 달도 못 가서 튀니지 대통령이 사임했고 이제 저항 운동은 아랍 세계 전체에 저항을 부추겼다. 외국인들은 이 저항 운동을 튀니지의 국화(國花) 이름을 따 〈재스민 혁명〉이라고 불렀고 튀니지 국민들은 〈존엄성 혁명〉이라 불렀다. 이름이야 어떻든 간에 저항 운동은 중국 내에서 즉각적인 관심을 불러일으켰다. 이집트 카이로의 호스니 무바라크가 대통령직을 사임하자 아이웨이웨이는 자신의 트위터에 〈오늘만큼은 우리 모두가 이집트인이다〉라고 썼다.

중국 지도층은 태연한 반응을 보였다. 정부에서 정보실장을 지낸 자오치정은 〈중국에서 재스민 혁명이 일어날 수 있다는 발상은 매우 터무니없고 비현실적이다〉라고 말했다. 「북경일보」는 〈안정이 곧 축복이고 혼돈이 곧 불행이라는 사실을 모르는 사람은 없다〉라고 발표했다. 「중국일보」는 한 기사에서 〈안정〉의 중요성을 일곱 번이나 언급했다. 그럼에도 뒤에서는 다르게 반응하는 공산당이었다. 내 휴대 전화가 울렸다. 중앙 선전부에서 전국의 편집자들에게 보내는 메시지였다.

중동과 중국의 정치 제도를 비교하지 말 것. 이집트나 튀니지, 리비아 같은 나라의 지도자들 이름을 거론할 경우 중국의 지도자를 절대로 나란히 거론하지 말 것.

〈아랍의 봄〉은 수년 동안 발생한 어떤 사건보다 중국 지도층의 신경을 건드렸다. 마오쩌둥은 〈단 하나의 불똥이 들불을 낼 수 있다〉고 강조한 바 있다. 기술의 위력은 흔히 과장되는 경향이 있지만 독재에 반대하는 사람들에게 주는 도움만큼은 명백했다. 당에서 불쾌하게 여긴 것에는 다른 철학적인 이유도 있었다. 중국 공산당은 자주 개발 도상국의 국민들이 민주주의나 인권 같은 〈서양식 개념〉을 추구하기보다 부를 축적하고 안정을 유지하는 데 관심을 갖는다고 주장해 왔다. 하지만 아랍 세계의 시민들이 민주주의와 인권을 요구하며 행진을 벌이는 시점에서 이제 그들의 주장은 더욱 믿기 어려워졌다.

요르단 왕처럼 아랍의 봄을 지켜본 일부 통치자들은 국민들이 폭발하는 사태를 예방하고자 규제 완화를 약속했다. 반면 중국의 지도자들은 정반대의 길을 선택했다. 그들이 무바라크의 퇴진에서 얻은 교훈은 소련의 붕괴를 통해 얻은 것과 동일했다. 저항 운동을 방치하면 폭동으로 발전한다는 것이었다. 중앙정치국은 정통 보수파 중 하나인 우방궈에게 해묵은 그의 〈다섯 가지 불허〉론을 꺼내도록 했다. 그에 따르면 중국은 앞으로도 야당을, 다른 주의(主義)를, 권력의 분리를, 연방제를, 전면적인 민영화를 불허할 참이었다. 베이징에서 그는 3천 명의 입법자들을 앞에 두고 〈우리가 흔들리면 국가가 심해로 침몰할 수 있다〉라고 주장했다.

2월 19일 토요일, 한 해외 중국 웹 사이트에 다음 날 오후 2시에 중국 내 열세 개 도시에서 군중 집회를 열어 〈재스민을 한 송이씩 들고 침묵 시위를 벌이자〉는 공고가 등장했다. 문제가 발생할 경우에 대비해 중국 정부는 수만 명의 경찰과 국가 안전 요원을 동원하여 대기시켰다. 군사 신문인 「중국 인민해방군」은 〈서구화와 국가 분열을 획책하는 무연(無煙) 전쟁〉에 대해 경고하고 나섰다.

저항 운동이 예정된 시간에 베이징 당국은 거의 도시 전역에서 문자 메시지를 차단했다. 막상 현장에 모습을 드러낸 사람은 대부분이 외국 기자들이었다. 상업 지구인 왕푸징 거리에 위치한 맥도날드 앞에 대략 2백 명가량의 중국인 군중이 모여 있었지만 누가 시위대고 누가 경찰인지, 또는 그냥 얼빠진 사람인지 구분하기란 불가능했다. 그곳에서 나는 상하이 출신의 젊은 민족주의자 탕제를 발견하고 깜짝 놀랐다. 「그냥 한번 와보고 싶었어요. 어떤 극적인 사건이 일어날지도 모른다고 생각했거든요. 기자들 말고는 아무도 오지 않을 거라고 예상했어요. 결국 기자들 사진밖에 못 건졌네요.」 그가 웃었다. 「혁명은 없었어요.」

그와 알고 지낸 3년 사이에 탕제는 철학 박사 과정을 끝마쳤고 자신의 애국심을 직업으로 삼았다. 그가 제작한 동영상이 온라인에서 선풍을 일으키면서 그는 서방의 중국 관련 보도를 비판하는 웹 사이트 Anti-CNN.com의 설립자 라오진처럼 자신과 비슷한 생각을 가진 사람들을 만났다. 라오진이 영화 제작사를 설립하자 탕제는 베이징으로 이사하여 그와 합류했다. 회사 이름은 그들이 올림픽 성화를 지키기 위해 일어섰던 달을 기념하여 〈4월 미디어〉, 줄여서 〈m4〉라고 지었다. 그들은 중문 기사는 영어로 또 영문 기사는 중국어로 번역하고 비디오와 동영상 강의를 제작하면서, 그들의 표현에 의하면 〈세상에 대한 진실되고 보다 객관적인 화면을 제공〉하고자 했다.

저항 운동이 불발로 그치고 2~3시간 뒤 탕제는 두 명의 동료 활동가들이 맥도날드에서 놀라운 장면을 촬영해 왔다는 소식을 들었다. 군중들 틈에 섞여서 베이징 주재 미국 대사 존 헌츠먼 주니어가 아주 잠깐 모습을 드러냈던 것이다. 대사는 우연의 일치 — 그는 점심을 먹고 산책하러 나왔다고 해명했다 — 라고 주장했지만 중국의 민족주의자들이 보기에 이는 미국이 〈중국의 재스민 혁명〉을 조장하려 한다는 명백한 증거였다. 문제의 동영상에서 군중 속의 한 남자가 헌츠먼에게 〈혼돈에 빠진 중국을 보고 싶은 거죠? 그렇죠?〉라고 물었다. 미국 대사는 아니라고 대답한 다음 급히 자리를 빠져나갔지만 탕제는 그 장면에서 크게 히트할 가능성이 다분한 원석을 발견했다. 그는 작업에 돌입해서 자막을 추가하고 퐁퐁 터지는 말풍선으로 자신의 주장을 덧씌웠다. 〈분명히 중국에는 많은 문제가 있다! 그렇지만 우리는 또 다른 이라크처럼 되고 싶지 않다! 튀니지처럼, 이집트처럼 되고 싶지도 않다! 중국이 혼란에 빠진다면 과연 미국이 그리고 소위 《개혁가》라는 인간들이 우리 13억 동포를 먹여 살릴 수 있을까? 개수작 부리지 말라!〉

작업을 완료한 시각은 새벽 3시였다. 동영상을 인터넷에 올려 대중에게 공개하기 직전에 그는 망설였다. 이미 중동의 저항 운동이나 소요 사태를 언급하지 말라는 당국의 경고를 들은 터였다. 그가 내게 말했다. 「하지만 그때 동영상을 꼭 올려야 한다는 생각이 들었어요. 이런 소스를 손에 쥐었다면 어떤 언론 기관이든 그것이 뉴스거리라는 사실을 알았을 겁니다.」 그는 확인 버튼을 눌렀고, 미처 그날이 가기도 전에 그 일은 외교 사건으로 발전했다. 중국 외무부에서는 헌츠먼의 현장 방문을 비난했고 탕제는 헌츠먼의 고향인 솔트레이크시티처럼 멀리서 걸려 온 기자들의 전화를 처리했다.

그다음 주에 나는 베이징의 새로운 사무실로 탕제를 만나러 갔다. 사무실은 올림픽 주경기장에서 그다지 멀지 않은 사무실 단지에 있었다. 그는 활기차 보였다. 베이징에서 지낼 곳을 마련하는 동안 사무실의 부서진 빨간색 소파에서 잠을 자야 했음에도 새로운 모험이 그를 설레게 하는 듯 보였다. 내가 방문했던 중국의 대다수 신생 기업이 그랬듯이 그의 사무실도 이케아 물건들로 채워졌고 벽에는 바람에 나부끼는 깃발이나 밀밭처럼 영감을 주는 사진이 들어간 포스터가 붙어 있었다. 회사의 슬로건은 〈우리의 무대, 우리의 희망, 우리의 이야기, 우리의 믿음〉이었다.

우리는 카페테리아로 내려갔다. 점심을 먹으면서 나는 탕제와 동갑내기인 작가이자 사업가 한한을 알게 되었다고 설명했다. 탕제가 코웃음을 쳤다. 「그는 너무 단순하고 때로는 너무 순진해요. 중국의 몇몇 문제들을 지적하기도 하지만 하나같이 무척 피상적인 견해들이죠. 단순히 〈정부가 나쁘다〉라는 식이에요.」내가 탕제의 사이트에서도 예컨대 부패나 오염, 정치적 개혁의 필요성 등 동일한 사안을 많이 다루었다고 지적했지만 그는 다른 시각에서 보았다. 「우리와 한한의 다른 점은 우리가 건설적이고자 한다는 겁니다. 이를테면 그는 부패와 집값 폭등에 대해 떠들면서 모든 사람을 화나게 만들어요. 반면에 우리가 주장하는 바는 차근차근 해나가자는 거죠. 모든 일에는 절차가 필요합니다.」

재스민 저항 운동의 실패에도 불구하고 조직책은 그다음 주말 또 다른 시도를 벌였다. 해외 중국 웹 사이트에 〈중국 국민의 권리는 중국 국민 스스로 쟁취해야 한다〉라는 게시글이 올라왔다. 그 글은 중국 공산당에게 사법권을 분리하고 소득 불균형과 부패에 맞서 싸우라고, 그럴 수 없으면 〈역사의 무대에서 내려가라〉라고 요구했다. 그들은 슬로건을 정하면서 〈우리는 일하고 싶다, 집을 원한다!〉와 같이 실용적인 문제와 〈우리는 공정함을 원한다, 정의를 원한다!〉와 같이 추상적인 문제를 결합했다.

그보다 2~3년 전에 중국인 해외 유학생들이 민족주의의 발흥에 결정적인 역할을 했다면 이번에는 그들과 다른 편에 속한 유학생들이 목소리를 높이고 있었다. 서울과 파리, 보스턴 등지의 유학생들이 자칭 재스민 운동이라는 이름으로 블로그와 페이스북, 구글 그룹, 트위터 피드를 신설했다. 그들은 〈해고 근로자와 강제 철거민 등에게 시위에 동참하고, 슬로건을 외치고, 자유와 민주주의, 정치 개혁을 요구해서 《일당 독재》를 끝내자〉고 호소했다.

현지에서는 그들의 주장이 인터넷에서 벗어나 행동으로 옮아가고 있다는 어떠한 징후도 발견할 수 없었다. 두 번째로 예정된 저항 운동이 열릴 때가 되었지만 당국은 가능성이 전혀 없다고 판단했다. 그들은 겨우 몇백 명 수준의 사복 경찰과 제복 경찰을 배치했다. 방탄복을 입고 자동 소총과 전투견으로 무장한 특별 기동대는 한 팀에 불과했다. 경찰은 사전에 외국인 기자들에게 전화를 걸어 현장에 나오지 말라고 경고했으나 20여 명이 모습을 드러내자 그들을 강제로 해산시켰다. 그 과정에서 미국 블룸버그 방송사의 스티븐 엥글 기자는 한쪽 다리를 잡힌 채 질질 끌려가서 발길질과 구타를 당했다. 경찰에게 습격을 받아 얼굴에 주먹질과 발길질을 당한 카메라맨도 있었다. 후에 기자들이 외무부에 조사를 요구하자 대변인은 의례적인 외교적 약속도 생략한 채 기자들이 〈중국에서 문제를 일으키려고 한 이상 그들을 보호해 줄 법은 없다〉고 잘라 말했다. 저항 운동은 끝났다. 마지막 몸부림으로 조직책은 사람들에게 정해진 시각에 맥도날드에 가서 세트 메뉴 3번을 주문하라고 촉구했다.

오래지 않아 보복이 시작되었다. 저항 운동에 우호적인 목소리를 냈던 사람들이 적어도 일시적으로 사라지기 시작했다. 어떤 사람은 초인종 소리에 문을 열었다가 그대로 사라졌고 인도를 따라 걷다가 대기하고 있던 차 속으로 끌려 들어간 사람도 있었다. 2011년 4월 3일 일요일 아침, 예술가 아이웨이웨이는 베이징 수도 국제공항에서 홍콩행 비행기에 탑승할 준비를 하고 있다가 줄에서 끌려 나와 어떤 사무실로 안내되었다. 도시 반대편 그의 스튜디오에서는 직원 한 명이 청록색 철문을 열고 얼굴을 내밀었다가 한 무리의 경찰을 발견했다. 스튜디오에서 멀지 않은 곳, 아이웨이웨이의 아들이 친모와 함께 사는 집에도 경찰들이 들이닥쳤다. 베이징의 다른 곳에서는 아이웨이웨이의 행보를 자주 보도했던 원타오라는 이름의 기자가 몸싸움을 벌이며 검은색 승용차에 올라탔다. 아이웨이웨이의 동료 세 명이 추가로 비슷한 상황을 연출하며 구금되었다.

스튜디오에 난입한 경찰은 수십 대의 컴퓨터와 하드 드라이브를 압수해 갔다. 또한 직원 여덟 명이 구금되었고 아이웨이웨이의 아내 루칭은 심문을 받기 위해 스튜디오에 남겨졌다. 밤이 되자 경찰은 스튜디오 직원들을 풀어 주었지만 아이웨이웨이나 다른 사람들에 대해서는 일절 언급하지 않았다. 그들의 체포 소식이 퍼지기 시작하자 인터넷 검열관들은 금지어 목록에 다음의 단어들을 추가했다.

아이웨이웨이
웨이웨이
아이웨이
뚱보 아이

보다 함축적으로 쓰인 몇몇 글들이 검열관들의 눈을 피해 빠르게 유포되었는데 그중에는 신학자 마르틴 니묄러의 말을 재해석한 다음과 같은 글도 포함되어 있었다.

뚱뚱한 남자가 자유를 빼앗기면 사람들은 〈비쩍 마른 나랑은 상관없다〉라고 말한다. 수염 난 남자가 자유를 빼앗기면 〈수염이 없는 나랑은 상관없는 일이다〉라고 말한다. 해바라기 씨를 판매하는 남자가 자유를 빼앗기면 〈해바라기 씨를 팔지 않는 나랑은 상관없다〉라고 말한다. 마침내 그러한 일이 마르고 수염이 없으며 해

바라기 씨를 판매하지 않는 사람에게 닥치면 그들을 두둔해 줄 사람은 아무도 남지 않을 것이다.

4월 중순에 이르러 인권 운동 단체들은 그 사건을 20년 전 톈안먼 사건 이래로 표현의 자유에 대한 최악의 탄압으로 규정했다. 2백여 명이 심문을 받거나 가택에 연금되었다. 그들과 별도로 서른다섯 명이 더 구금된 것으로 추정되었다. 여기에는 오랜 뿌리를 가진 반체제 인사뿐 아니라 소셜 미디어계의 유명 인사와 기자도 포함되었다. 그들 중 일부가 풀려나자 다양한 경험담이 들려왔다. 진광훙이라는 이름의 변호사는 자신이 정신 병원의 침대에 묶인 채 구타를 당했으며 이름 모를 주사를 맞았다고 주장했다. 고문당한 일을 글로 썼던 변호사 가오즈성의 사례를 명심하라는 경찰의 경고를 들었다는 사람들도 있었다. 행동가 리톈톈의 경우에는 심문자들로부터 방 안을 가득 매운 간수들 앞에서 자신의 성 경험을 자세히 묘사하라는 요구를 받았다. 자신이 어떤 처우를 받았는지 절대로 발설하지 말라는 경고도 들었다. 그럼에도 그녀는 자신이 당했던 일을 인터넷에 공개했다. 〈마음 깊이 수치심을 느꼈다. 마치 매를 맞으면서도 계속해서 미소를 지으며 아프지 않다고 말하는 기분이었다. 선택의 여지란 없었고 나는 무력했다.〉

탄압이 강도를 더해 가자 미국 국무장관 힐러리 클린턴은 〈역사의 흐름을 막으려 하면서 헛수고를 하고 있다〉라며 중국 지도층을 비난했다. 이에 「인민일보」는 퓨 연구소에서 20개국을 상대로 실시한 여론 조사 결과를 인용하여 응수했다. 조사에 따르면 중국 국민은 87퍼센트로 가장 높은 수준의 만족감을 나타냈다. 이 과정에서 자칫 간과되기 쉬웠으나, 정기 예산 보고서에는 놀라운 지표가 나타났다. 바로 인민 공화국이 역사상 처음으로 국방비보다 자국의 치안 유지에 더 많은 예산을 쓰고 있다는 사실이었다. 중국은 외부의 적을 막기보다 자국민을 상대로 치안을 유지하고 그들을 감시하는 데 더 많은 돈을 들이고 있었다. 그럼에도 「인민일보」는 〈한때 시대에 역행하고 빈곤했던 나라가 세계에서 두 번째 경제 대국으로 발전했기 때문에 저항 운동은 실패했으며 (……) 전 세계가 그 점을 높이 사고 있다〉라고 주장했다.

아이웨이웨이의 소재에 관한 어떤 소식도 없이 며칠이 흘렀다. 결국 그의 모친과 누이는 머릿속에 떠오르는 일을 행동에 옮겼다. 손글씨로 쓴 전단지를 들고 동네 여기저기를 다니며 〈임대〉 전단지와 〈잃어버린 개〉를 찾는 벽보들 사이에 그들이 만든 전단지를 붙인 것이다. 전단지 머리 부분에는 〈사람을 찾습니다〉라고 적혀 있었다.

아이웨이웨이, 남성, 53세.
2011년 4월 3일 오전 8시 30분, 베이징 수도 국제공항에서
홍콩행 비행기를 타기 직전에 두 남성에게 잡혀감.
실종된 지 50시간 이상 지났으며 여전히 소재 불명임.

그날 오후 늦게 외무부는 아이웨이웨이가 〈경제 범죄〉 혐의로 조사를 받는 중이라고 발표하면서 〈인권이나 표현의 자유와는 무관하다〉라고 덧붙였다. 공산당에서 발간하는 타블로이드 신문 「환구시보」는 아이웨이웨이를 〈중국 사회의 독불장군〉이라고 비난하고 반항에 따른 〈대가를 지불해야 한다〉라고 주장했다. 〈중국은 전체로서 나아가고 있으며 누구도 국가로 하여금 그의 개인적인 호불호를 따르도록 강제할 수 없다.〉

공항에서 아이웨이웨이는 하얀색 승합차의 뒷좌석에 처박혔다. 양옆에서

공안 요원들이 그의 팔을 잡았고 머리에는 검은색 자루가 씌워졌다. 어느 순간 승합차가 멈추고 그는 건물 안으로 끌려가 의자에 앉혀졌다. 자루가 벗겨지자 짧은 머리에 근육질의 남자가 서서 그를 내려다보고 있었다. 아이웨이웨이는 구타를 각오했다. 하지만 요원들은 그의 주머니를 비우고 허리띠를 풀더니 오른손에 수갑을 채워서 의자 팔걸이에 고정한 다음 그대로 물러났다. 그는 의자에 앉아 8시간을 기다렸다. 두 명의 심문자가 도착했다. 한 명이 노트북 컴퓨터를 열었다. 다른 한 명은 담배를 물고 불을 붙였다. 담배를 피워 문 사람은 가는 세로줄이 있는 스포티한 상의를 입은 중년 남자였다. 잠시 후 아이웨이웨이는 〈미스터 리〉라고 알게 될 터였다. 그다음 2시간 동안 미스터 리는 아이웨이웨이에게 해외 연줄과 수입원, 그의 작품에 내포된 정치적 의미 등을 캐물었다. 몇 년 치에 달하는 아이웨이웨이의 블로그 게시글과 트위터 글을 한 줄 한 줄 검토하는가 하면 재스민 혁명을 뒤에서 선동한 조직책을 불라고도 했다. 아이웨이웨이가 변호사를 불러 달라고 요구했다. 〈법은 아무 도움이 되지 않아. 그냥 지시에 순응하는 편이 이로울 거야〉라는 대답이 돌아왔다.

아이웨이웨이는 엄청난 두려움 속에서 한편으로 희열을 느꼈다. 그토록 다양한 각도에서 당의 모습을 서술하고자 노력한 끝에 마침내 그 실체와 직접 얼굴을 맞대게 되었기 때문이다. 그를 심문하는 사람들은 아이웨이웨이의 세계를 이해해 보려 애쓰는 것 같았다. 미스터 리는 누드 사진을 찍는 방법에 대해 이것저것 질문했다. 재정에 관한 질문을 받은 아이웨이웨이가 조각품 하나에 8만 달러도 나갈 수 있다고 대답하자 처음에는 믿지 못하는 눈치였다.

미스터 리는 아이웨이웨이에게 1년 전부터 당신의 체포에 대해 생각해 왔다고 밝혔다. 「어려운 결정이었어. 당신을 체포할지 말지 말야. 하지만 우리는 체포해야 한다고 결심했어. 당신은 중국 정부를 당혹스럽게 만들었고 그것은 국가의 이익에 반하는 행동이야.」 그는 이렇게 덧붙였다. 「당신은 서방의 〈화평

연변(和平演變) 전략)*에 가담한 거야.」 그는 결론적으로 정부가 〈당신을 박살 내 버려야〉 했다고 말했다. 리는 아이웨이웨이가 〈국가 권력 전복을 선동한 혐의〉, 즉 작가인 류샤오보에게 제기된 것과 동일한 혐의로 기소될 가능성이 높다고 했다.

이후로 아이웨이웨이는 하루 24시간을 간수와 함께 생활했다. 그는 모 부대로 이송되어 창문도 없는 좁은 방에 수감되었다. 정신 병원처럼 벽에 충격 흡수재를 덧댄 방이었다. 황록색 군복을 입은 젊은 간수 둘이 그에게서 결코 1미터 이상 떨어지는 법이 없었다. 때로는 그의 얼굴에서 불과 10센티미터 거리에 떨어져 앉기도 했다. 화장실에 가거나 샤워를 할 때도 늘 동행했다. 그가 방을 서성거리면 그들도 함께 서성거렸다. 그들은 손이 완전히 보이도록 내놓고 잠을 자라고, 얼굴을 만질 때도 허락을 구하라고 지시했다. 아이웨이웨이는 종종 그들에게 궁금증을 느꼈다. 과연 그들은 스스로를 번영을 향해 나아가는 중국의 지킴이라고 생각할까? 그들은 나 같은 개인의 이기적이고 파괴적인 행동을 저지하고 있다고 생각할까? 아니면 자신을 죽음의 공포에 질려 괴로워하는 몸통에 붙은 근육처럼 느끼면서 우울해할까?

심문이 계속되었지만 육체적 학대는 없었다. 공포는 극도의 피로감으로 바뀌었다. 아이웨이웨이의 체중이 줄었다. 그는 당뇨와 고혈압, 심장 질환, 두부외상 약을 처방받았다. 의사가 정기적으로, 때로는 3시간마다 그의 상태를 확인했다. 시간의 흐름이 불투명해지기 시작했다. 자신이 왜 그곳에 있는지도 종종 잊었다. 아이웨이웨이의 표현에 따르면 마치 〈모래 폭풍〉 속에서 혼자 이리저리 비틀거리고 있는 것처럼 느껴졌다.

6주 뒤 아이웨이웨이에게 갑자기 깨끗한 하얀색 셔츠가 주어지고 샤워를

* 중국 지도부가 사회주의 국가들의 잇단 붕괴를 우려하면서 나온 말로, 전쟁 등 무력 수단이 아닌 비폭력적 수단과 방법으로 사회주의 국가를 와해시키는 서방 국가의 전략을 의미한다.

하라는 지시가 떨어졌다. 아내를 만날 거라고 했다. 아이웨이웨이가 고문을 당한다는 소문이 무성했기 때문에 정부로서는 소문이 틀렸음을 증명할 필요가 있었다. 정부의 연출에 아이웨이웨이는 분개했다. 「나는 아내를 만나지 않겠소. 당신들은 나더러 변호사도 만날 수 없다고 했잖소. 게다가 지난 한 달 반 동안 일어난 일과 관련해 아내에게 무슨 말을 할 수 있겠소?」 하지만 그들의 제안은 협상할 수 있는 성질의 것이 아니었다. 그가 어떤 말을 할 수 있는지 지침이 내려왔다. 요컨대 그는 〈경제 범죄〉로 조사를 받는 중이었고 건강은 양호했다. 그 외에는 어떤 말도 허락되지 않았다.

아이웨이웨이의 체포 소식은 그의 작품이 한 번도 해내지 못한 대단한 수준의 세계적인 명성을 그에게 가져다주었다. 별안간 그는 세계에서 가장 유명한 반체제 인사가 되었다. 지지자들이 중국 대사관 앞에서 시위를 벌였고, 그의 사진 — 수염이 덥수룩하고 반쯤 감긴 눈에 볼살이 늘어진 — 을 정면에 내건 건물들이 등장했으며, 유럽과 미국에서는 그의 사진이 인쇄된 티셔츠가 판매되었다. 영국 조각가 애니시 커푸어는 범세계적인 저항 운동을 촉구하면서 자신의 가장 최근 작품 — 공기를 주입해서 부풀린 거대한 보라색 설치 미술품인데 〈리바이어던〉이라는 이름으로 파리의 그랑 팔레에 전시되었다 — 을 아이웨이웨이에게 헌정했다. 살만 루슈디는 「뉴욕 타임스」에 예술과 폭정 간에 벌어졌던 위대한 전쟁들 — 아우구스투스와 오비디우스, 스탈린과 만델스탐 등 — 을 언급하면서 〈오늘날 중국 정부는 세계에서 가장 강력하게 언론의 자유를 위협하는 나라가 되었으며 우리에게 아이웨이웨이가 필요한 이유도 바로 그 때문이다〉라고 썼다.

중국 내에서는 반응이 보다 복잡하게 엇갈렸다. 아이웨이웨이가 실종되고 2~3일 뒤에 열린 만찬 행사에서 베이징에 탄탄하게 뿌리를 내린 한 미국인 중국 미술품 도매상은 체포 사건을 다룬 나를 나무랐다. 「지금은 한발 물러날 때입니다.」 그녀는 경찰이 기소되지 않은 용의자를 30일 동안 구속할 수 있는 중국의 법 조항을 인용하면서 법률 조문에 따라 아이웨이웨이가 석방될 거라고 예측했다. 「중국 정부를 난처하게 만들어서는 안 돼요. 30일간의 절차가 자연스럽게 완료될 때까지 기다려야 합니다.」 그러자 만찬을 주최한 여주인이 그 미술상에게 쏘아붙였다. 오랫동안 해외에서 거주한 그녀는 중국 법정을 별로 신뢰하지 않는 사람이었다. 「나는 중국을 옹호하면서 20년을 살았지만 이번 사건은 변론의 여지가 없습니다. 당치도 않은 소리 좀 작작 하세요.」 만찬은 오래가지 않았다.

사실 나는 아이웨이웨이를 어느 정도의 비중으로 다루어야 할지 고심했다. 맹인 변호사 천광청이나 노벨상 수상자 류샤오보에 대해서도 같은 문제로 고심했다. 그들의 시련이 실제 중국에 대해 얼마나 많은 이야기를 들려줄 수 있을까? 서구 사회의 평범한 뉴스 소비자가 일주일에 기껏 한 건 정도의 중국 관련 기사를 읽는다면(또는 보거나 듣는다면) 그 기사는 극적인 삶을 사는 사람을 다루어야 할까, 아니면 전형적인 삶을 사는 사람을 다루어야 할까? 중국 현지에서 글을 쓸 때 가장 어려운 부분은 권위적인 관료주의나 경찰서에서의 제약과 타협하는 것이 아니었다. 균형을 유지하는 문제였다. 어떤 극적인 상황이 어느 정도의 긍정적인 측면과 부정적인 측면을 보여 주는가? 어디까지가 기회에 관한 부분이고 어디까지가 억압에 관한 부분인가? 멀리 떨어진 외부인들도 판단하기 어려운 문제지만 가까이 있다고 해서 판단이 쉬워지지는 않았다. 보는 사람이 어디를 보느냐에 따라 모든 것이 달라지기 때문이었다.

반체제 인사들에게 지나치게 많은 관심을 보인다는 것은 서방 언론인들의 정형화된 이미지였다. 그 이유로 누군가는 우리가 자유민주주의를 갈구하는 그들의 희망을 동정하기 때문이라고, 또한 영어를 사용하고 효과적인 어구를 표현할 줄 알기 때문이라고 지적했다. 실제로도 국가에 맞서는 개인의 각본 없는 드라마는 확실히 매력적이었고, 왜 지난 30년간 중국이 경제 발전보다 톈안먼 광장에서 탱크 앞을 막아선 남자의 이미지로 유명했는지 설명하는 데 도움이 되었다. 인권 침해에 관한 글을 쓸 때마다 대개의 경우 나는 중국에 거주하는 외국인들이 가장 비판적인 반응을 보일 거라고 예상할 수 있었다. 그 이유도 짐작했다. 외국인으로서 그들은 무언가를 면밀히 파헤칠 이유가 없었고 따라서 중국에 수년씩 거주하면서도 재판도 받지 못하고 고문당하거나 감금당한 사람들을 인터뷰할 이유가 없었다. 그들이 보기에 나는 부적절한 부분에 초점을 맞춘 셈이었다. 요컨대 중국의 일반 시민들은 뉴욕이나 파리에서 유명한 반체제 인사들에 대해 잘 알지 못했으며 이는 민주주의나 인권을 둘러싼 논의가 보통 사람들의 일상적인 관심사와는 맞지 않는다는 사실을 암시했다.

나는 그런 주장들을 받아들이기 어려웠다. 내 입장에서 대중성이란 사상을 검열하는 한 나라에서 특정 사상의 중요성을 판단하는 정상적인 지표가 아니었다(하버드 연구원들이 나중에 밝혀낸 바에 따르면 아이웨이웨이의 체포와 관련한 뉴스는 그해에 가장 집중적으로 검열을 받은 기사 중 하나였고 이러한 사실은 중국 국민들이 그의 체포에 무관심했다는 주장과 어긋나는 것이었다). 「환구시보」는 아이웨이웨이의 세계관이 〈중국 사회에서 주류에 속하는 견해〉가 아니라고 주장했다. 어떻게 보면 그 신문의 주장이 옳았다. 아이웨이웨이의 생활 방식은 단연코 주류에서 벗어나 있었다. 하지만 그의 사상을 놓고 보면 과연 주류가 아닌지, 과거보다는 덜 분명했다. 지진으로 학교들이 붕괴된 사건은 도시의 엘리트들뿐 아니라 일반 중국인들의 관심을 사로잡았고 중국에서 가장 연약한 생명들의 죽음을 애도하려는 과정에서 아이웨이웨이는 수많은 사람들이 지지하는 사상을 유행시켰다. 나로서는 설령 소수에 불과할지라도 열정적인 사람들로 구성된 소집단의 영향력을 무시한다면 소집단이 자주 커다란 힘을 발휘했던 중국의 역사를 잘못 해석하는 것이라는 생각이 들었다.

아이웨이웨이가 왜 체포되었는지, 또는 가오즈성이 왜 박해를 받았는지, 또는 류샤오보가 왜 감옥에 갔는지 이해하는 것은 중국을 이해하는 데 매우 중요했다. 아이웨이웨이 같은 인물을 어느 수준까지 포용할 수 있는지를 보면 중국이 근대적이고 개방적인 사회로 얼마나 발전했는지 혹은 그러지 못했는지 알 수 있을 터였다.

감금이 1개월에서 2개월로 늘어나면서 아이웨이웨이의 체포 사건은 중국 미술계에 불화를 초래했다. 그가 체포되자 많은 사람들이 불안해했다. 아무리 유명하거나 연줄이 많아도 격리될 수 있다는 사실을 새삼 깨달았기 때문이다. 하지만 동료 지식인들에 대한 그의 비판에 분노했던 사람들도 많았는데, 그런 사람들은 그의 접근 방식을 무익하고 대립적인 것으로 간주했다. 베이징에서 사람들은 국제 사회의 항의로 눈을 돌리기 시작했다. 일종의 유행처럼 그들은 아이웨이웨이와 류샤오보가 구세주 같은 인물이라고 수군댔다.

겁에 질린 사람들 사이에서도 체포 사건은 이제 명확해졌고 그들은 자신들이 성취할 수 있을 거라고 상상했던 무언가의 한계를 은밀히 주시했다. 작가 한한을 만나자 그는 〈아이웨이웨이의 실종과 관련해 우리가 할 수 있는 일은 아무것도 없어요〉라고 말했다. 우리는 정치적인 대화와는 어울리지 않는 현장에 있었다. 상하이 외곽의 자동차 경주장이었다. 비닐 재질로 된 조막만 한 옷을 입은 늘씬한 패션모델들이 성큼성큼 지나갔다. 그들의 미니스커트는 폭스바겐이었고 탱크톱은 기아였다. 은색 레이싱 슈트를 입은 한한의 복부에는 폭스바겐, 소맷부리에는 레드불, 오른쪽 팔뚝에는 호마크 알루미늄 합금 휠 광고가 붙어 있었다. 우리가 있던 그의 팀 텐트 내부 공기에는 기름과 고무 냄새가 배어 있었고 자동차들이 지나갈 때마다 마치 성난 벌처럼 윙윙거리는 소리가 들렸다. 경주차 드라이버들도 거들먹거리며 연신 드나들었는데 그때마다 옛날 영화에 나오는 술탄처럼 텐트 입구를 활짝 열어젖히곤 했다.

최근 몇 년간 한한과 아이웨이웨이는 호의적이면서도 거리를 두는 관계를 유지했다. 아이웨이웨이는 한한의 작품에 찬사를 보냈고 한한은 아이웨이웨이가 뇌 손상을 겪은 이후에 찍은 엑스레이 사진을 자신의 잡지에 실었다. 하지만 이제 한한은 말을 신중하게 가려서 했다. 「정부가 아이웨이웨이를 심각한 골칫거리로 판단했다면 그게 맞을 겁니다. 그를 체포할 필요가 있을 때 그렇게 할 수 있는 힘이 정부에겐 있어요. 모든 사람이 알 수 있도록 투명하게만 처리된다면 괜찮다고 생각해요. 그들은 〈경제 범죄〉를 이유로 제시했죠. 아이웨이웨이는 예술가이고 유명한 사람이에요. 따라서 그가 〈경제 범죄〉를 저질렀다고 주장하고 싶다면 증거를 내놓아야 합니다.」 한한은 이런 이야기는 자신의 블로그에 올리지 않을 작정이었다. 그의 설명에 따르면 〈쓸모없는 짓〉이었기 때문이다. 「어차피 아이웨이웨이의 이름이 거론되는 순간 시스템에 의해 자동으로 차단될 거예요.」

이야기를 나누면서 나는 얼핏 보기에 같은 생각을 공유하는 중국인들 사이에도 엄연히 차이가 존재한다는 사실을 얼마나 간과하기 쉬운지 새삼스레 느꼈다. 바로 그 며칠 전이었다. 주로 런던에서 활동하는 작가 마젠은 중국이 아닌 다른 곳에서 출간된 한 사설에서, 아이웨이웨이가 체포된 이상 한한을 비롯한 세 명의 유명한 비평가들이 그다음 목표가 될 거라고 전망했다. 〈공산당 정권은 《공인된》 예술가들의 목소리만 들릴 때까지 박해를 멈추지 않을 것이다.〉 하지만 정치 개혁을 요구하는 진보주의자로 한한과 아이웨이웨이를 함께 묶는 것은 그들의 뿌리 깊은 차이를 감출 뿐이었다. 한한이 내게 말했다. 「아이웨이웨이는 훨씬 직접적으로 비난하고 하나의 사안을 보다 집요하게 물고 늘어져요. 내 경우에는 어떤 한 가지 문제를 비판해서 정부를 곤란하게 만들고 만약 그들이 그 문제를 더 이상 언급하지 말라고 지시하면 다른 문제를 파고들죠. 중국에는 이야기할 문제가 얼마든지 많거든요.」

중국 예술계에서 개인이 어디까지 가도 되는지 예측하는 것은 어둠 속에서 물이 빠진 백사장 위에 선을 긋는 일과 비슷했다. 그만큼 정치계는 끊임없이 변화를 겪었다. 1분 전까지도 단단했던 땅이 바로 다음 순간 물에 잠길 수 있었다. 한한은 정부와의 긴장을 완화하기 위해 변덕스러운 노력을 계속 이어 가면서도 눈앞에 보이는 경계선의 안전한 쪽에 머물고자 하는 자신의 의지를 시험하는 일은 절대로 하지 않았다. 결코 인터넷에서 벗어나 길거리로 나가서 자신의 행동주의를 실천하려 하지 않았으며 다당제 선거를 요구하는 주장에도 반대했다. 「어차피 공산당이 이길 거잖아요. 그들은 부자이고 돈으로 사람들을 매수할 수도 있어요. 문화를 보다 활기차게 만들고 대중 매체를 보다 개방적으로 만드는 일에 전념하자고요.」 종종 외부인들은 그의 개방 요구를 민주주의에 대한 전면적인 요구로 잘못 이해했다. 하지만 그 둘 사이에는 근본적인 차이가 있었다.

구금 81일째인 6월 22일, 아이웨이웨이는 징역 10년을 복역하게 될 거라는 이야기를 들었다. 그와는 별도로 〈탈세〉 혐의를 인정하면 그날 오후에라도 석방될 수 있었다. 서명할 진술서를 넘겨받았다. 그는 변호사를 요청했지만 묵살되었다. 심문자 중 한 명이 그에게 말했다. 「당신이 서명하지 않으면 우리는 임무를 완료할 수 없고, 그러면 당신을 보내 줄 수도 없어.」 모든 것이 분명해지는 순간이었다. 아이웨이웨이는 〈내가 진정 제도와 싸운 것이 아니었구나〉 하고 깨달았다. 〈실제로는 아주 말단의 이들 두 사람을 상대하고 있었고 그들은 나를 범죄자가 아니라고 생각하면서도 단지 맡은 일을 중단할 수 없었을 뿐이야. 그들도 이 상황이 불만스럽기는 마찬가지였어.〉

석방에 따른 가장 중요한 조건은 향후 1년 동안 외국인과 이야기를 나누거나 인터넷에 글을 올릴 수 없다는 내용이었다. 그는 진술서에 서명했다. 그러자 경찰서로 이송되었고 아내가 그곳에서 기다리고 있었다. 그에 대한 재판은 계속되겠지만 당장은 집에 가도 좋았다. 도무지 믿기지가 않았다. 왜 석방되었을까? 단지 추측만 해볼 뿐이었다. 외교적 압력 때문이었을까? 당시 원자바오 총리는 영국과 독일을 방문하려 준비 중이었는데, 현지 시민들이 아이웨이웨이의 체포에 대해 항의하겠다고 예고한 터였다. 공식 해명은 관영 통신사의 보도를 통해 나온 것이 유일했다. 그들은 아이웨이웨이의 회사가 〈엄청난 금액의 세금을 포탈했으며 계획적으로 재무 서류를 파기했다〉고 보도했다. 아이웨이웨이가 구속에서 풀려난 이유에 대해서는 〈범죄 사실을 시인하는 과정에서 그가 보여 준 성실한 태도와 지병〉 때문이라고 설명했다.

그가 자신의 스튜디오에 도착할 즈음 여름밤 무더위가 무색할 만큼 방송국 카메라들이 잔뜩 모여 그를 기다리고 있었다. 닳아서 해진 파란색 티셔츠 밖으로 비쩍 마른 그의 팔이 보였다. 그는 바지가 흘러내리지 않도록 허리춤을 움켜잡았다. 체중이 12킬로그램이나 줄었기 때문이다. 허리띠는 여전히 경찰에게 있었다. 기자들이 몰려들자 그가 양해를 구했다. 그는 어떤 발언도 할 수 없는 처지였다. 분위기가 묘했다. 눈앞의 결과가 승리인지 또는 패배인지 분명치 않았다. 후수리가 『차이징』을 떠날 때처럼 아이웨이웨이는 석방 과정에서 자유를 얻는 대신 값비싼 대가를 치렀다. 공산당이 〈조화로운 사회〉, 즉 차등 없는 국가라는 비전에 매진한 이래 수년에 걸쳐 나는 중국 내부에서 목소리가 커지는 것과 함께 점점 더 많은 요구를 목격했고, 공산당은 난국에 맞섰다. 후수리의 잡지처럼 제도의 틀 안에서 시작된 진실에 대한 탐구는 요 몇 년 동안 확대되며 아이웨이웨이나 천광청 같은 인물을 끌어들였다. 그들이 어떠한 단체도 대변하지 않은 까닭에 정부의 입장에서는 그들을 통제하기가 무척 어려윘다. 그 결과 진실을 추구하는 움직임은 더욱 확대되어 길거리 여론까지 아우르게 되었고 이제는 기술의 도움까지 받으며 한층 증폭되었다.

수많은 목소리가 한꺼번에 터져 나오면서 〈중심 선율〉 즉 사상적인 합의를 둘러싼 중국 공산당의 비전은 실패로 돌아갔다. 중국 국민들은 정보뿐 아니라 신뢰와 관련해서도 그들끼리 의지했다. 조사에 따르면 마이크로블로깅 사이트인 웨이보가 등장한 지 1년 만에 중국 소셜 미디어 이용자 중 70퍼센트가 뉴스를 얻는 주된 매체로 소셜 미디어에 의지하게 되었다. 미국의 경우 이 수치는 9퍼센트에 불과했다.

물론 당의 궁극적인 권위는 물리력, 즉 공산당을 비판하는 자들을 가둘 수 있는 능력에 있었다. 잔뜩 겸손해진 아이웨이웨이가 슬며시 청록색 문을 통과해 집으로 들어가는 모습 — 정부의 다음 행동을 기다리기 위해 — 을 지켜보면서 나는 공산당이 중국 내 의사 표현 영역에서 잃어 가고 있던 권위를 되찾은 것은 아닌지 궁금했다. 그들이 우격다짐으로 다시 의사 표현의 조건을 정하고 있는 것 같았다. 그리고 이런 내 생각이 완전히 틀렸다는 사실을 깨닫기까지는 채 한 달도 걸리지 않았다.

16. 뇌우

베이징 남역은 비행접시와 비슷한 외관에 은색 아치형 천장에는 채광창이 조명을 대신했다. 엠파이어 스테이트 빌딩을 지을 만큼의 강철이 들어갔으며 1년에 2억 4천만 명의 이용자를 수용할 수 있는데 이는 미국에서 가장 붐비는 뉴욕 펜 역보다 30퍼센트나 많은 숫자였다. 2008년 처음 문을 열었을 때만 하더라도 베이징 남역은 아시아에서 가장 큰 역사였다. 나중에는 상하이에서 이 왕좌를 앗아 갔다. 미국 정부의 민간 근로자 수와 거의 맞먹는 숫자의 직원을 거느린 중화 인민 공화국 철도국은 최근 몇 년 들어서 3백여 개의 기차역을 새로 짓거나 재건축했다.

2011년 7월 23일 아침, 초고속 열차 D301의 탑승을 알리는 마지막 방송에 승객들이 급히 역을 가로질렀다. 그들은 세계에서 가장 길고 가장 빠르며 가장 최근에 건설된 고속 철도를 달려 남쪽으로 가는 허시에(和諧) 호*에 탑승할 참이었다. 종착역은 그곳에서 1,900킬로미터 떨어진 푸저우였다. 플랫폼에 도

* 허시에는 전 중국 국가 주석인 후진타오가 국가 통치 이념으로 제시한 말로, 〈조화롭게 화합한다〉라는 의미를 담고 있다.

착한 승객들은 기차라기보다는 날개 없는 제트기에 가까운 운송 수단과 마주 쳤다. 한쪽 끝에서 다른 쪽 끝까지 길이가 4백 미터에 이르는 알루미늄 합금 튜브처럼 생긴 그 기차에는 하얀 고광택 바탕에 경주용 자동차처럼 파란색 줄 무늬가 그려진 객차 열여섯 칸이 딸려 있었다. 팬아메리칸 항공 스타일의 챙 없는 모자와 길고 통이 좁은 치마를 입은 여승무원들이 손님을 안내했다. 규 정에 따르면 그들은 하나같이 키가 최소 167센티미터 이상 되어야 했으며 웃 을 때 정확히 여덟 개의 치아가 보이도록 훈련을 받았다. 스무 살의 여대생 주 펑이 좌석에 앉아 잠시 후면 철로 위를 날아서 집에 갈 거라고 룸메이트에게 문자를 보냈다. 그녀는 〈심지어 노트북 컴퓨터도 평소보다 쌩쌩하게 돌아간 다〉라고 썼다.

침대칸에 탄 차오 가족에게 호화로운 여행은 출세의 상징이었다. 20년 전에 뉴욕 퀸스로 이민 간 부부는 경력을 쌓아 라가디아 공항의 관리자라는 번듯하 고 안정된 직장에서 일했다. 두 아들을 모두 대학에 보내고 미국 시민권을 획 득한 그들은 이제 중국을 여행하면서 둘이 비슷한 모자를 쓰고 톈안먼 광장 에 있는 마오쩌둥의 초상화 아래에서 뻣뻣하게 선 포즈로 사진을 찍기도 했다. 다음 목적지 푸저우에서는 친척들과 재회할 예정이었다. 그들에게 이번 여행 은 생애 첫 휴가였다. 콜로라도에서 카메라 납품 사업을 하는 아들 헨리는 자 라면서 가난하게만 여겼던 나라를 처음으로 방문했다.

최근까지도 중국 기차는 늘 후진성의 상징이었다. 1백여 년 전 서태후는 베 이징 중심지를 다닐 때 사용하도록 초소형으로 제작된 기관차를 받았지만 그 〈불 수레〉가 자연의 질서를 모독한다고 생각해 없애 버리고 이전처럼 내시들 로 하여금 자신의 마차를 끌도록 했다. 마오쩌둥 주석이 어느 정도는 군사적 인 목적으로 중국 전역에 철도를 놓았지만 연착되기 일쑤였고 초만원인 기차 때문에 일반인들의 여행은 여전히 끔찍했다. 열차는 검댕으로 얼룩진 객차 색

깔에 따라 별명으로 불렸는데, 〈녹색 껍질〉이 가장 느렸고 〈빨간색 껍질〉도 별반 나을 게 없었다. 1950년대에 일본이 고속 철도를 개발하고 유럽이 바로 그 뒤를 잇는 와중에도, 중국은 국영 언론이 1인당 철도 길이가 5센티미터밖에 되지 않는 것에 〈담배 한 개비보다 짧다〉며 애석해할 정도로 뒤처져 있었다.

2003년, 중국 철도부 부장 류즈쥔은 총연장 1만 2천 킬로미터에 달하는 고속 철도 건설 계획의 책임을 맡았다. 다른 나라들의 고속 철도를 모두 합친 것보다 긴 길이였다. 중국 기차를 탄 경험이 있는 사람이라면 누구도 상상하기 어려운 일이었다. 홍콩 교통 컨설턴트로 일하는 영국인 리처드 디보나는 내게 〈만약 당신이 1995년으로 돌아가서 중국이 오늘날처럼 발전할 거라고 말했다면 나는 순전히 미치광이의 헛소리라고 생각했을 겁니다〉라고 말했다. 2조 5천억 달러가 넘는 예산이 투입될 그 사업은 1950년대 아이젠하워 대통령의 주간(州間) 고속 도로 건설 사업 이래 세계 최대 규모의 공공사업 프로젝트가 될 터였다.

특유의 야심과 대담함으로 〈대약진 류〉라는 별명을 얻은 류즈쥔 부장은 2008년까지 첫 번째 노선을 완공하기 위해 작업조와 기술자들에게 24시간 교대로 일하면서 철로를 깔고, 설계도를 수정하고, 터널을 뚫도록 몰아붙였다. 그는 종종 〈대약진을 위해 어느 한 세대는 희생할 수밖에 없다〉고 말하곤 했다(일부 동료들은 그를 〈미치광이 류〉라고 불렀다). 국영 통신사에서는 신리라는 한 기술자를 영웅으로 떠받들었다. 컴퓨터 앞에서 너무 오래 일하다가 왼쪽 눈의 시력을 거의 잃었다는 이유였다(그 기술자는 기자에게 〈설령 한쪽 눈이 완전히 실명하는 한이 있더라도 나는 계속 일할 것이다〉라고 밝혔다). 2008년 6월 시범 운행과 함께 개통된 첫 번째 고속 철도는 예산을 75퍼센트나 초과하고 독일 디자인을 너무 많이 차용한 것이었지만 개통식에서 그 부분을 마음에 두는 사람은 아무도 없었다. 두 번째 노선의 처녀 운행 때는 류즈쥔이 차장의 옆자리에 앉아 〈혹시라도 죽는 사람이 생긴다면 내가 첫 번째 희생자가 되겠다〉라고 말했다.

그해 가을이 되자 세계적인 경기 침체를 피해 가기 위해 중국 지도자들은 고속 철도 예산을 두 배 이상 늘리고 2020년까지 1만 6천 킬로미터의 철도를 건설하는 것으로 목표를 상향 조정했다. 미국 최초 대륙 횡단 철도의 다섯 배가 넘는 길이였다. 중국은 또한 자국의 철도 기술을 이란과 베네수엘라, 터키에 수출하기 위해 준비했다. 콜롬비아 산악 지대를 가로질러 장차 파나마 운하를 위협할 화물 철도 건설 계획을 세웠으며 메디나와 메카를 오가며 신도들을 실어 나를 〈순례자 고속 철도〉 건설 계약을 따냈다. 2011년 1월 연두 교서에서 오바마 대통령은 중국의 철도 붐을 언급하며 〈한때 최고였던 미국의 사회 기반 시설이 우위를 빼앗겼다〉는 증거라고 지적했다. 그럼에도 바로 그다음 달 플로리다 주지사 릭 스콧은 연방 자금을 거절함으로써 미국 최초의 고속 철도 건설 계획을 무산시켰다. 전미 철도 여객 수송 공사에서 2040년까지 중국의 속도를 따라잡는다는 계획까지 이미 발표한 뒤였다.

베이징을 출발한 D301 열차는 선명한 연둣빛 논을 가로지르며 동남 중국해 해안을 향해 빠르게 질주했다. 크고 완만한 곡선을 그릴 때, 또 이따금씩 저쪽 방향에서 마주 오는 다른 기차와 엇갈리며 쿵 소리를 내고 진동할 때, 2호 객차의 마지막 객실 창가 자리에 앉은 헨리 차오는 그 기차가 마치 둥둥 떠가는 듯 느껴졌다. 해가 지면서 여름 폭풍이 몰려와 구름 사이에서 번개가 번쩍였다. 헨리는 손을 뻗어 객실 안의 접이식 침대를 붙잡았다. 그의 발끝이 향한 곳에는 어머니가 꼿꼿이 앉아 있었다. 웨이브 진 단발머리의 그녀는 파란색과 흰색 줄무늬가 있는 셔츠를 입었다. 거의 반평생을 미국에서 살았으면서도 어머니는 중국인 여행자의 습관을 버리지 못하고 허리 주머니에 1만 달러가 넘는 현찰과 선물로 나누어 줄 옥 장신구들을 넣어 다녔다. 그녀의 맞은편에는 남편이 아이폰을 들고 있었다. 그는 흔들리는 손으로 객차 맨 끝에 달린 디지털 속도계를 찍었다. 속도계가 시속 3백 킬로미터를 가리켰다.

오후 7시 30분, 원저우 시 외곽의 선로 옆에 있던 중금속 상자에 번개가 내리쳤다. 세탁기만 한 그 상자는 기관사와 운항 관리자에게 열차의 위치를 알려 주는 신호 장치의 일부였다. 터널에 진입할 경우 레이더 신호가 차단되기 때문에 열차들은 선로 옆의 그 상자처럼 고정 배선으로 연결된 장치에 주로 의지했다. 해당 상자는 기관사와 운항 관리자가 서로에게 연락할 수 있도록 해줄 뿐 아니라 기관사에게 멈추거나 출발하라는 기본적인 지시를 내리면서 교통 신호를 조정했다. 이 상자가 번개에 맞으면서 퓨즈가 나가자 두 가지 끔찍한 문제가 발생했다. 연락이 두절되고 교통 신호가 푸른색 상태로 멈춰 버린 것이다.

인근 역에 있던 한 기술자가 선로의 왜곡된 신호를 알아차렸다. 그는 수리공들에게 폭풍을 뚫고 나가 문제를 파악하고 상하이 운행 관리자 장화에게 보고하라고 지시했다. 차오 가족을 태운 기차는 아직 몇 킬로미터 떨어져 있었지만 그들 앞에는 승객 1,072명을 태우고 마찬가지로 푸저우로 향하는 D3115 열차가 있었다. 장화는 D3115 열차에 연락해서 기관사에게 신호 고장 때문에 해당 기차가 자동으로 정지할지 모른다고 경고했다. 그럴 경우 기관사는 정해진 속도를 무시하고 다시 정상 구간으로 진입할 때까지 안전 속도를 유지해야 했다. 예상한 대로 컴퓨터가 기차를 멈춰 세웠고 기관사가 다시 시동을 걸려고 했지만 시동이 걸리지 않았다. 몇 번을 시도해도 마찬가지였다. 기관사는 5분 동안 여섯 차례에 걸쳐 상하이와 통화를 시도했으나 허사였다. 기차에 탄 승객 한 명은 어둠에 갇힌 객차 내부의 사진을 인터넷에 올리고 〈미친 폭풍 때문에 이 기차에 무슨 일이 일어난 걸까? 지금 달팽이보다 느리게 가고 있다……. 부디 별일 없기를〉이라고 썼다.

운행 관리자 장화는 이제 다른 열 대의 열차를 조율하느라 정신이 없었다. D3115 열차로부터 아무 연락이 없자 그는 기관사가 다시 시동을 걸고 출발했을 거라고 생각했던 모양이다. 차오 가족을 태운 열차는 예정보다 이미 30분이나 지연된 상태였는데 오후 8시 24분에 장화로부터 운행을 재개해도 좋다는 승인이 떨어졌다. 그로부터 5분 뒤, 앞선 열차의 기관사는 마침내 시동을 거는 데 성공하여 조금씩 전진하기 시작했다. 열차가 정상 선로 구간으로 접어들자 마치 하늘에서 뚝 떨어진 것처럼 저 멀리 상하이의 운행 본부 화면에 느닷없이 이 열차가 등장했다. 운행 관리자는 그것이 무슨 의미인지 직감했다. 그 뒤에 있는 열차는 운행 승인을 받고 이미 날듯이 선로를 내달리고 있었다. 운행 관리자는 곧바로 기관사에게 위험을 알렸다. 「D301 열차, 조심하라! 가까이에 또 다른 기차가 있다. D3115 열차가 바로 앞에 있다! 조심하라! 들리나? 장비가 ─」 연락이 두절되었다.

D301 열차의 기관사 판이헝은 코가 넓적하고 미간이 넓은 38세의 철도 공사 직원이었다. 마지막 순간 그는 수동으로 작동하는 비상 브레이크를 잡아당겼다. 평탄한 계곡을 가로지르는 가느다란 구름다리 위를 달리던 기관사의 눈앞으로 D3115 열차가 순식간에 모습을 드러냈다. 무척 느리게 진행하던 터라 마치 벽처럼 느껴졌다.

열차가 충돌하면서 브레이크 손잡이가 판이헝의 몸에 박혔고 헨리 차오는 허공을 날았다. 충격에 대비해서 몸에 절로 힘이 들어갔다. 하지만 아무 충격도 없었다. 대신 추락하기 시작했다. 한없이 떨어지는 느낌이었다. 나중에 그는 내게 〈어머니의 비명 소리가 들렸습니다. 그 뒤로는 아무것도 기억나지 않아요〉라고 말했다. 그가 탄 객차와 다른 두 개의 객차가 선로에서 벗어나 공중제비를 돌다가 19미터 아래 땅바닥에 처박혔다. 네 번째 객차는 승객들을 태운 채 불꽃을 내뿜으며 구름다리 난간에 수직으로 매달려 있었다. 헨리는 병원에서 깨어났고 의사들이 그의 비장과 신장 하나를 제거했다. 한쪽 발목뼈가 산산이 부서졌고 갈비뼈가 부러졌으며 뇌 손상도 있었다. 말을 알아들을 정도로 정신이 돌아왔을 때는 부모님이 모두 사망했다는 소식을 들었다. 구조와 복구의 혼돈 속에서 어머니가 가지고 있던 1만 달러도 사라지고 없었다.

원저우에서 발생한 충돌 사고로 40명이 목숨을 잃었고 192명이 부상을 당했다. 실용적인 이유와 더불어 상징적인 이유로 중국 정부는 열차의 운행을 재개하기 위해 필사적이었고 24시간도 지나지 않아 운행을 재개한다고 발표했다. 중앙 선전부는 충돌 사고와 관련해 언론사에 최소한의 관심만을 보이도록 지시했다. 〈의문을 제기하지도, 자세히 다루지도 말라〉라고 경고했다. 이튿날 아침 중국 최초의 고속 열차 충돌 사고를 1면으로 다룬 신문은 한 곳도 없었다.

정부와 반대로 대중은 유야무야 넘어가는 대신 사고의 내막과 원인을 알고 싶어 했다. 지방의 외딴 소도시에서 버스 한 대가 도로를 이탈한 사고와는 차원이 달랐기 때문이다. 중국이 가장 자랑스럽게 여기는 위업 중 하나로 인해 수십 명의 남녀가 목숨을 잃은 것이다. 컴퓨터로 연결된 새로운 시대에는 승객들이 휴대 전화를 가지고 다녔고 그 덕에 목격자들과 비판자들은 마침내 선전관들에게 굴욕감을 선사할 수단을 손에 쥘 터였다. 비교도 안 될 만큼 많은 사망자를 기록한 쓰촨 성 지진 사건이 발생한 지 3년밖에 지나지 않은 시점이었다. 이제 열차 충돌 사고는 새로운 방식으로 중국 전역에 파문을 일으켰다.

사람들은 구조대가 수색을 종료한 뒤 잔해에서 두 살배기 생존자가 발견된 이유를 따지고 들었다. 철도부 대변인은 〈기적〉이라고 해명했다. 하지만 비판자들은 그 같은 설명에 대해 〈중국인의 지능을 모욕하는 행위〉라며 야유를 보냈다. 충돌 사고 후 며칠 만에 웨이보에는 충돌과 관련한 글이 중국 전역에서 1천만 건 넘게 올라왔는데 대체로 다음과 같은 정서를 보여 주는 내용이었다. 〈나라가 얼마나 부패했으면 번개 한 방에 열차가 충돌할까. (……) 우리 중 누구도 예외일 수 없다. 오늘날의 중국은 뇌우(雷雨) 속을 달리는 열차와 같다. (……) 우리 모두가 이 열차의 승객이다.〉

어느 순간 당국은 구덩이를 파서 부서진 열차의 잔해를 파묻고는 복구 작업을 위해 땅을 단단하게 다져야 했다고 설명했다. 기자들이 조사를 방해하려는 시도라고 비난하자 불운한 대변인은 〈여러분이 믿든 안 믿든 나는 그렇게 믿습니다〉라고 답변했다. 이 문구는 신뢰를 잃어 가는 정부의 상징이 되어 인터넷을 떠다녔다(결국 열차는 다시 발굴되었다. 예의 대변인은 보직에서 해임되었는데 폴란드에서의 근무가 마지막 모습이었다).

며칠 후 해당 신호 상자, 즉 신호소를 생산하는 국영 기업이 설계상의 오류에 대해 공식 사과했다. 하지만 많은 중국 사람들에게, 단 하나의 고장 난 부품에 집중하는 행보는 중국 급성장에 내재된 보다 근본적인 문제의 잠재성을 간과하는 것으로 여겨졌다. 요컨대 화학 물질에 오염된 채 시장에 유통된 우유, 지진에 맥없이 무너진 쓰촨 성의 겉만 번드르르한 학교 건물, 정치적인 목적을 충족시키기 위해 불안정한 상태로 급하게 개통된 교량 등 만연한 부패와 도덕적 무관심은 이미 많은 문제를 초래한 터였다. 이즈음 국영 텔레비전의 사회자 추치밍이 시대의 각광을 받는 좀처럼 드문 목소리를 냈다. 그는 방송 중 대본을 무시한 채 〈우리가 안전한 우유를 마실 수 있을까요? 무너질 위험이 없는 아파트에 살 수 있을까요? 도시의 도로 위를 다니면서 붕괴될까 봐 걱정하지 않아도 될까요?〉라고 물었다.

사고 현장을 방문하고 조사를 약속하는 것 외에 원자바오 총리에게는 선택의 여지가 없었다. 그는 〈이 사고의 배후에 부정이 발견되면 법대로 처리해야 한다. 우리는 일말의 자비도 베풀지 않을 것이다. 이 방법이 목숨을 잃은 희생자들에게 그나마 공평을 기하는 유일한 길이다〉라고 강조했다. 현장을 방문하기까지 닷새나 걸린 이유를 묻자 원자바오는 건강이 너무 나빠져서 지난 열하루 동안 병상에 있었다고 답변했다(사람들은 즉시 인터넷에서 기사와 사진 등을 파헤쳐 그 기간에 총리가 간부들과 인사를 나누고 회의를 주재하는 자료들을 찾아냈다).

첫 번째 조사 마감 시한이 흐지부지 지나가자 대중은 원자바오 총리의 약속을 잊지 않고 계속해서 보다 철저한 규명을 요구했다. 마침내 그해 12월 정부에서는 전례 없이 상세한 보고서를 배포했다. 그들은 〈심각한 설계상의 결함〉과 〈안전 관리 소홀〉, 입찰과 테스트 과정의 문제점을 인정했다. 아울러 관련 공무원과 기업인 54명을 비난했다. 대약진 류가 바로 첫 번째 비난 대상이었다. 고속 철도 건설 현장에서 일한 한 기술자는 나와의 인터뷰에서 이렇게 말했다. 「어떤 단계가 생략되었는지 또는 어느 부분에서 충분한 시간을 들이지 않았는지 콕 찝어서 이야기할 수가 없습니다. 시작부터 끝까지 전 과정에서 시간에 쫓겼으니까요.」 그는 마지막에 이렇게 덧붙였다. 「중국 속담에 이런 말이 있어요. 너무 멀리 뛰려다 가랭이 찢어진다.」

철도부장 류즈쥔은 원래 이런 식으로 극적인 대중적 망신을 자초할 사람처럼 보이지 않았다. 농부의 아들로 태어난 그는 키가 작고 왜소했으며 시력도 나빴고 부정 교합이었다. 우한 시 외곽의 농촌 마을에서 자랐는데 10대 때 망치와 계측기를 들고 선로를 걸어다니는 일을 하기 위해 학교를 그만두었다. 그에게는 권력으로 이어진 길에 대한 타고난 감각이 있었다. 수려한 서체는 시골에서 보기 드문 기술이라, 손글씨가 완벽했던 류즈쥔은 제한된 교육을 받은 상관들이 신뢰하는 대필가가 되었다. 정치적 연줄을 가진 집안으로 장가를 가서 스물한 살에는 공산당원이 되어 있었다. 그는 철도와 자기 자신을 홍보하는 데 지칠 줄 몰랐고 지방의 지국장을 거쳐 베이징의 권좌까지 빠르게 출세했다. 2003년에 철도부장이 되면서는 군대 다음으로 규모가 크고 독립적인 관료 제국을 이끌었는데 이 제국 안에는 그들만의 경찰과 법원, 판사가 존재했으며 그가 마음대로 집행할 수 있는 수십 억 달러의 예산이 있었다. 국가 내의 또 다른 국가로서 그의 부처는 중국어로 〈톄 라오다(鐵老大)〉, 즉 〈보스의 철도부〉로 알려졌다.

류즈쥔은 검은 머리를 대충 올려 빗은 헤어스타일을 고수했고 흔히 고위 기관원들이 착용하여 〈지도자의 안경〉이라 알려진 사각형 뿔테 안경을 썼다. 류즈쥔의 동료로 그와 가까이서 일하는 철도부 직원이 내게 말했다. 「신해혁명 이후로는 대다수 중국 관료들의 외모가 비슷해요. 그들은 똑같은 얼굴에 똑같은 제복을 입고 심지어 성격까지 비슷합니다. 일을 서두르는 법이 없고 여유롭게 앉아 승진하길 기다리는 데 만족하죠. 하지만 류즈쥔은 달랐어요.」철도 건설에 마법을 쓸 수 있었다면 그는 단연코 그렇게 했을 터였다. 그는 종종 자정이 넘어서 회의를 소집했고 자신의 근무 방식을 과시하길 좋아했다. 권력의 정점에 가까이 다가갈수록 윗사람에 대한 아부도 끊이지 않았다. 어느 해 여름이었다. 후진타오 주석이 기차를 타고 베이징으로 돌아오자 류즈쥔은 마치 미친 사람처럼 허겁지겁 플랫폼으로 뛰어나와 그에게 인사를 하느라 가죽신이 벗겨질 지경이었다. 예의 그 직원이 당시를 회상했다. 「내가 외쳤죠. 〈류 부장님, 신발 잘 신으세요! 넘어지지 않도록 조심하세요!〉 하지만 그는 그런 것에 신경 쓸 겨를이 없었어요. 마냥 회심의 미소를 지으면서 달려갔죠.」

류즈쥔의 출세로 그의 남동생 류즈샹도 덕을 보아 철도부에 합류한 뒤 여러 지위를 거쳐 고속 승진했다. 그는 재치 있고 변덕스러운 인물이었다. 2005년 1월 그가 횡령과 뇌물 수수, 그를 고발하려던 한 도급업자의 살인을 공모하는 과정에서의 역할과 관련해 고의 상해 혐의로 체포되어 조사를 받았다. 당시 그는 우한 철로국 부국장이었다(희생자는 아내 앞에서 잭나이프에 찔려 사망했다. 법원의 공식 일지에 따르면 유언장에서 〈만약 내가 죽임을 당한다면 부패한 공무원 류즈샹의 소행일 것이다〉라고 이미 예언한 터였다). 철도부장의 이 남동생은 기차표 판매 수익금 중 상당 부분을 횡령해서 현찰과 부동산, 보석, 미술품 등으로 5천만 달러 상당의 재산을 축적했다. 수사관에게 체포될 당시 그의 집에는 주체할 수 없을 정도로 많은 돈이 산처럼 쌓여 지폐들이 썩어 날 지경이었다(시중에 유통되는 가장 고액권이 15달러 가치의 1백 위안짜리였기 때문에 현찰을 모아 두는 일은 부패한 중국 공무원들이 직면하는 가장 성가신 문제 중 하나였다). 그는 유죄 판결과 함께 사형 선고를 받았으나 형 집행이 미루어지다가 나중에는 16년형으로 감형되었다. 하지만 다른 중범죄자들처럼 교도소에서 형기를 채우는 대신 병원으로 이송되었고, 전하는 바로는 그곳에서도 전화로 계속 철도 관련한 사업을 지휘했다.

한편 베이징의 류즈쥔 부장은 충직한 동료들로 주변을 에워쌌다. 그들 중 〈보스 중의 보스〉는 부총공정사(副總工程師) 장수광으로, 모피 코트와 흰색 스카프를 걸친 채 철도 회의장에 등장하곤 했으며 자신의 협상 방식을 〈불끈 움켜쥔 주먹〉이라고 즐겨 묘사하는 인물이었다. 중국 철도 과학 아카데미의 은퇴 회원인 짱치지는 내게 〈그의 고갯짓 한 번으로 모든 것이 결정되었다〉라고 이야기했다. 장수광은 과학에 대해 거의 아는 바가 없었지만 자신의 발언이 무게를 갖길 열망했고, 그래서 소수 정예로 구성된 학술 단체의 회원 자격을 얻고자 두 명의 교수에게 자신의 이름으로 책을 발간하도록 하기도 했다(한 표 차이로 회원 자격을 얻는 데는 실패했다.)

류즈쥔은 고속 철도에 모든 것을 걸었다. 또한 부지 매입비와 인건비, 재료비의 상승을 피하기 위해 무엇보다 서둘러야 한다고 강조했다. 그는 2009년에 열린 한 회의에서 〈우리는 기회가 왔을 때 이를 이용해 보다 많은 철도를 건설하고 보다 신속하게 끝내야 한다〉라고 역설했다. 류즈쥔의 야망과 중국의 권위주의는 불안한 조합이었다. 철도부는 입안자인 동시에 실질적인 감독자였고, 철도부장과 그 보좌관들은 반대 의견을 용납하지 않았다. 베이징 교통 대학의 자오젠 교수가 고속 철도의 건설 속도가 너무 빠르다며 공개적으로 문제를 제기했을 때도 류즈쥔은 그를 소환해서 조용히 있으라고 경고했다. 자오젠이 물러서길 거부하자 이번에는 대학 총장이 그를 호출했다. 자오젠 교수가 내게 말했다. 「총장이 더 이상 내 의견을 내세우지 말라고 조언하더군요.」 끝까지 저항했지만 그의 우려는 묵살되었다. 그리고 결국 충돌 사고가 발생했다. 「그때는 이미 늦었어요.」

속도에 대한 집착은 모든 영역에 걸쳐 나타났다. 몸집이 너무 빨리 커지고 있었기 때문에 공급자가 제품을 생산하는 족족 품질에 상관없이 곧바로 구매자에게 팔려 나갔다. 조사관의 발표에 따르면 원저우 열차 충돌 사고에서 고장을 일으킨 신호기는 국영 기업인 중국 철도 신호 및 통신 회사에 의해 2007년 6월부터 시작해서 단 6개월 만에 개발된 것이었다. 그 회사에 근무하는 대략 1,300명의 직원들은 납품 기한 요구를 맞추느라 정신이 없었고, 조사관들은 신호기를 담당했던 직원들이 〈느슨한〉 검사를 실시했으며 그 결과 〈심각한 결함과 잠재된 중대한 위험을 발견하지 못했다〉는 사실을 알아냈다. 해당 부서는 〈서류철이 없어져도 모를 정도로 혼란스러운 곳〉이었다. 그럼에도 생산된 제품들은 2008년 검사를 무사히 통과하여 전국에 설치되었다. 문제의 신호기는 그해 산업계에서 신기술에 수여하는 최우수상의 주인공이었다. 후에 그 회사의 기술자 중 한 사람은 일이 그렇게 급하게 진행되었다는 사실을 알았을 때 전혀 놀랍지 않았다고 이야기했다.

의심스러운 요소들은 그 외에도 더 있었다. 2010년 4월, 일본 동해 여객 철도 주식회사의 회장 요시유키 카사이는 중국이 일본의 설계를 거의 그대로 베껴서 기차를 만들고 있다고 주장했다. 가와사키 중공업에서 그들의 기술을 마치 제 것인 양 사칭했다며 중국을 고소하겠다고 나서자 베이징의 철도부 부장은 〈허약한 정신 상태와 자신감 부족〉을 보여 주는 증거라며 불평을 일축했다. 요시유키 카사이는 중국이 일본에서 승인된 속도보다 25퍼센트나 더 빠르게 열차를 운행하고 있다는 점도 지적했다. 그는 런던 「파이낸셜 타임스」와의 인터뷰에서 〈그처럼 한계에 가깝게 밀어붙이는 짓은 우리라면 절대로 하지 않을 행동이다〉라고 밝혔다.

사고가 발생하기 얼마 전, 무리한 건설 일정의 마지막 치명적인 요소가 기존 문제들에 추가되었다. 6월에 이르러 중국 정부는 그때까지 가장 주목할 만한 노선을 개통했다. 베이징과 상하이를 잇는 노선이었는데 공교롭게도 중국 공산당 창립 90주년 기념일과 일치했다. 건설 일정을 만 1년이나 앞당긴 결과였고, 그 여파로 운행 시작 후 처음 몇 주 동안은 반복된 연착과 정전 등 모든 것이 엉망이었다. 한 철도부 관리자의 증언에 따르면 당시 고속 열차 직원들은 열차가 또다시 연착될 경우 그들이 받을 보너스에 영향이 있을 거라는 경고를 들었다. 2011년 7월 23일 밤, 열차들이 정체되기 시작하자 운행 관리자들과 정비 요원들은 앞다투어 불완전한 신호기를 수리하면서 가장 간단한 해법을 무시했다. 열차들을 세운 다음 수리하는 방법이었다. 중국 공정원 소속 학자이자 충돌 사고 조사 위원회 부위원장이던 왕멍수가 내게 말했다. 「정비 요원들은 그들이 맡은 일에 충분히 숙련된 상태가 아니었습니다. 게다가 열차를 세우고 싶은 마음도 전혀 없었어요. 감히 그럴 수 없었겠죠.」

사고가 발생했을 때는 더 이상 대약진 류가 철도부를 이끌지 않는 상태였다. 2010년 8월, 중국 국가 회계국이 거대 국영 기업의 회계 장부를 조사하는 과정에서 고속 철도 계약을 따내는 대가로 중개인에게 지급된 1600만 달러 규모의 〈커미션〉이 불거져 나왔다. 그 중개인은 딩수먀오라는 여성의 대리인으로 밝혀졌다. 그녀는 아마도 중국의 철도 붐이 탄생시킨 가장 대표적인 졸부일 터였다. 딩수먀오는 글을 읽을 줄도 쓸 줄도 모르는 산시 성 시골의 양계업자였다. 155센티미터의 키에 어깨가 넓으며 크고 걸걸한 목소리를 가진 여성이었다. 덩샤오핑이 중국에 자유 시장 정책을 도입한 뒤인 1980년대에 그녀는 이웃들에게 달걀을 사들여 군청 소재지로 나가 인도에서 판매했다. 허가 없이 길거리에서 노점 행위를 하는 것은 불법이었다. 결국 달걀을 모두 압수당한 그녀는 수년이 지나서도 그때 얼마나 낭패스러웠는지 자주 언급하곤 했다. 머지않아 작지만 손님들로 붐비는 식당을 운영했고 영향력 있는 손님들에게 공짜로 음식을 대접하면서 자신이 성공한 이야기를 과장해서 들려주었다. 딩수먀오의 오랜 동료 중 한 명이 내게 말했다. 「그녀는 수중에 1위안이 있으면 10위안이 있다고 이야기했어요. 그렇게 해서 자신을 실제보다 영향력 있는 사람처럼 포장했으니 사람들은 점점 그녀와 친분을 쌓아 두면 도움이 되겠다고 생각하게 됐죠.」

그녀의 식당은 석탄업계 사장들과 공무원들 사이에서 특히 인기를 끌었다. 이내 그녀는 석탄 운송업에 관여하기 시작했다. 철도 산업계에서 알려진 대로 그녀는 〈지독한 운송업자〉였다. 인기 있는 화물 노선을 싼 가격에 이용하기 위해 온갖 연줄을 동원했고, 조사관 왕밍수의 설명에 따르면 〈자신이 지불한 돈의 열 배를 받고〉 해당 권리를 되팔기도 했다. 2003년에 즈음해서는 대약진 류와 각별한 사이가 되어 철도 산업과의 연줄로 사업은 더욱 번창하게 되었다. 그녀의 회사 브로드 유니온은 합작 투자에 서명하고 철도국에 기차 바퀴와 방음재 등을 납품했다. 국영 통신에 따르면 불과 2년 뒤 브로드 유니온의 자산은 열 배로 늘어나 2010년 기준으로 6억 8천만 달러에 달했다.

딩수먀오의 이름 수먀오가 시골 출신임을 암시했기 때문에 풍수설에 입각한 조언자의 제안에 따라 위신이라는 이름으로 개명도 했다. 그녀는 자주 놀림을 받곤 했지만 — 사람들은 그녀를 바보 딩 여사라고 불렀다 — 사업상의 친분을 쌓는 데 천부적인 재능을 보였다. 그녀의 오랜 지인 한 명이 내게 말했다. 「내가 시장을 분석하고 회사를 운영하는 법을 가르치려고 하면 그녀는 〈난 이런 것들을 알 필요가 없어요〉라고 반박했어요.」 중국 언론에서는 그녀의 대담한 사회적 신분 상승 이야기를 연대기로 자세히 다루고 나섰다. 해외 계약을 수주하려는 목적으로 〈국제 외교관들을 위한〉 클럽도 후원했는데 2010년에는 영국 총리를 지낸 토니 블레어도 이 클럽에 방문했다. 그녀의 후한 접대는 중앙정치국 소속 위원들까지 끌어들였다. 그 결과 그녀는 지방 의회의 의원이 되었고 자선 단체에도 많은 기부를 해서 2010년 『포브스』가 선정한 중국의 자선가 6위에 오르기도 했다.

딩위신은 2011년 1월에 체포되어 결국 뇌물 공여와 불법적인 사업 활동 혐의로 기소되었다. 더불어 총 300억 달러 규모의 철도 건설 계약을 따내기 위해 류즈쥔 등에게 1500만 달러 상당의 뇌물을 제공한 혐의에 대해 스물세 개 기업들이 유죄 판결을 받았다. 한 일에 비해서 그녀가 벌어들인 돈의 액수가 무척 인상적이었다. 그녀는 도급업자들로부터 총 3억 달러에 달하는 리베이트를 받았다. 다른 많은 사람들처럼 딩위신은 정부의 회계 감사관들이 뒤늦게 알게 된 어떤 사실을 진즉부터 알고 있었다. 중국에서 요란하게 진행되는 대다수 공공사업 프로젝트가 부정을 저지르기에 거의 완벽한, 요컨대 불투명하고, 감시가 소홀하고, 현찰이 넘쳐 나는 생태계라는 사실이었다. 어떤 경우에는 닷새로 예정되었던 입찰 기간이 단 13시간 만에 마감되기도 했다. 공사가 이미 시작되어 입찰은 요식 행위에 불과한 경우도 있었다. 현찰이 그냥 사라졌다고 알려진 경우도 있었다. 철도가 들어서면서 집이 허물리게 된 사람들에게 지급하려고 따로 떼어 놓은 보상금 7800만 달러가 그냥 사라져 버린 것이다. 중개인들은 1~6퍼센트의 수수료를 챙겼다. 왕밍수의 설명이다. 「예컨대 어떤 프로젝트가 45억짜리라면 중개인이 2억을 집으로 가져가는 겁니다. 물론 다른 사람들은 이에 대해 일절 함구하죠.」

가장 흔하게 볼 수 있는 부정한 돈벌이 중 하나는 불법 하도급 행위였다. 단일 계약이 여러 건으로 나뉘어 리베이트를 대가로 팔렸으며 이후로도 먹이 사슬의 최말단에 이를 때까지 재판매가 반복되었다. 먹이 사슬 최말단에 있는 노동자들은 인건비가 저렴한 대신 경험이 없었다. 철도부 직원 자리도 사고팔았다. 여객 승무원 자리는 4,500달러였고 관리직은 1만 5천 달러에 거래되었다. 2011년 11월에는 기술자로서 경력이 전무한 전직 요리사가 미숙련 이주 노동자들을 거느리고 고속 철도 다리를 건설하다가 세상에 알려졌다. 그들은 심지어 다리의 기초 공사를 하면서 시멘트를 파쇄된 돌로 대체했다. 철도 산업계 내부에서는 제대로 된 자재 대신 값이 싼 자재를 쓰는 일이 비일비재했으며 정확히 그 같은 행위를 꾸짖는 〈터우량 환주(偷梁換柱)〉, 즉 〈대들보를 훔쳐서 기둥으로 바꾸어 넣는다〉는 표현이 있을 정도였다.

여러 손을 거치면서 그토록 많은 리베이트가 발생했기 때문에 고속 철도 부품값이 예산을 훌쩍 넘어가도 전혀 놀라운 일이 아니었다. 광저우의 한 역사는 당초 3억 1600만 달러를 들여 건설될 예정이었지만 완공하기까지 일곱 배나 많은 돈이 들어갔다. 철도부가 워낙 방대한 조직이었던 까닭에 일부 공무원들은 존재하지 않는 부서를 만들어서 비용을 부풀려 전용하기도 했다. 이를테면 대체로 아무도 본 적 없는 5분짜리 홍보 동영상을 제작하는 데 거의 300만 달러에 육박하는 비용이 들어가는 식이었다. 결국 그 동영상이 수사관들을 철도부 홍보실 차장에게로 이끌었고, 그 여성의 집에서는 현금 150만 달러와 아홉 개의 집문서가 발견되었다.

철도계의 부패를 고발하려던 기자들의 노력은 막다른 골목에 봉착했다. 충돌 사고 2년 전, 천제런이라는 기자가 철도부의 문제를 다룬 〈류즈쥔이 비난당하고 사임해야 하는 다섯 가지 이유〉라는 제목의 기사를 인터넷에 올렸지만 곧바로 모든 주요 웹 포털 사이트에서 삭제되었다. 나중에야 류즈쥔이 주요 언론사와 웹 사이트 편집자들의 충성심을 매수하는 데 사용되는 비자금을 쥐고 있다는 이야기를 들었다. 다른 정부 기관들도, 이를테면 회계 감사관들이 50곳 중 49곳에서 비리를 발견할 정도로 재무상의 문제가 심각했지만 그중에서도 철도부의 가용 현금 규모는 타의 추종을 불허했다. 국제 투명성 기구 소속의 아시아 전문가 랴오란은 「인터내셔널 헤럴드 트리뷴」지와의 인터뷰에서 중국의 고속 철도가 〈단일 규모로는 중국 최대의, 어쩌면 세계 최대의 재무 스캔들〉로 나아가고 있다고 언급했다.

열차 사고가 일어나기 5개월 전인 2011년 2월 공산당은 결국 류즈쥔을 해임했다. 왕명수의 설명에 따르면 조사관들은 류즈쥔이 부정 축재한 재산으로 뇌물을 써서 공산당 중앙 위원회와 종국에는 중앙정치국에 진출할 준비를 하고 있다고 결론지었다. 왕명수가 내게 말했다. 「그는 딩위신에게 〈4억을 준비해 주시오. 여기저기에 돈을 좀 뿌릴 필요가 있을 것 같소〉라고 말했습니다.」 4억 위안이면 약 6400만 달러에 상당한 돈이다. 그의 설명에 따르면 류즈쥔은 제지를 당하기 전까지 그럭저럭 거의 1300만 위안을 모았다. 「중앙 정부는 혹시라도 그가 정말로 4억 위안을 뇌물로 푼다면 틀림없이 정부 내에서 한자리를 차지할 거라는 점을 우려했습니다. 그가 체포된 것도 바로 그 때문이죠.」

류즈쥔은 그해 5월에 공산당에서 축출되었다. 〈중대한 규율 위반〉과 〈수장으로서 철도계 내부의 심각한 부패 문제에 대한 책임〉이 이유였다. 국영 언론의 한 기사는 류즈쥔이 철도 관련 거래를 통해 4퍼센트의 리베이트를 받았다는 혐의를 제기했다. 또 다른 기사는 그가 뇌물로만 1억 5200만 달러를 벌었다고 주장했다. 그는 최근 5년 동안 비리 혐의로 체포된 공무원 가운데 최고위급이었다. 이와 별도로 정작 사람들을 놀라게 한 부분은 류즈쥔의 사생활이었다. 철도부가 그를 〈간통〉으로 고발했고 홍콩의 유력 일간지 「밍파오」는 그에게 열여덟 명의 정부(情婦)가 있다고 보도했다. 그의 친구인 딩위신이 그녀가 투자한 텔레비전 프로그램의 여배우들을 그와 연결시켜 주었다고 전해졌다. 몇 년 전 후진타오 주석이 당원들에게 〈권력과 돈, 미녀와 관련한 수많은 유혹〉을 경계하라고 경고할 정도로, 중국 관료들이 육욕의 죄에 빠지는 경우는 흔했다. 그럼에도 이성과 놀아난 대약진 류라는 이미지와 열여덟 명의 정부라는 적나라한 문구는 그에게 결정타로 작용했다. 류즈쥔의 동료에게 정부에 관한 이야기가 사실인지 묻자 그는 〈당신이 생각하는 정부의 정의가 뭡니까?〉라고 반문했다.

음탕한 류즈쥔이 물러나는 시점에 최소 여덟 명의 다른 고위 관료들도 덩달아 퇴출되어 조사를 받았다. 류즈쥔의 허풍쟁이 조력자 장수광도 포함되었다. 지역 언론은 장수광이 5천 달러도 되지 않는 연봉으로 로스앤젤레스에 호화 저택을 구입했다고 보도하면서, 재산을 해외로 빼돌린 공무원들 사이에서 갈수록 늘어나던 망명을 그 역시 준비 중이었다는 의혹을 제기했다. 최근 몇 년들어 사람들 사이에서 가족을 해외로 보낸 부패한 고위 관료들은 〈발가벗은 공무원〉이라는 뜻의 중국어로 통하고 있었다. 2011년 중앙은행이 웹 사이트에 올린 내부 보고서에 따르면 1990년 이래로 1만 8천 명의 부패 공무원들이 해외로 망명했으며 그들과 함께 1200억 달러가 유출된 것으로 추산되었다. 총액만 보면 디즈니랜드나 아마존닷컴도 살 수 있는 돈이었다(해당 보고서는 곧바로 인터넷에서 삭제되었다).

몇 달 동안 류즈쥔의 부침에 대해 사람들과 이야기를 나누어 본 결과, 그의 일대기는 그에게 적대적인 사람들과 우호적인 사람들 모두를 어리둥절하게 만드는 것 같았다. 그의 적수들은 류즈쥔이 다른 부패 관료들과 달리 재직 중에 실질적인 성과를 거두었음을 인정했다. 문제가 있었던 것은 사실이지만 전국 일반인들의 거리와 시간 개념을 근본적으로 바꾸어 놓은 철도망을 구축했다는 것이었다. 한편 류즈쥔의 옹호자들은 그가 동료들이 하지 않던 짓을 한 것은 아니라는 다소 민망한 주장을 펼쳤다. 사교적인 성격의 전직 군인이자 류즈쥔의 동료였던 한 인사는 내게 말하길, 어느 시점에 이르러서는 그로서도 비리를 멀리하기가 쉽지 않았을 거라고 했다. 「오늘날 같은 시스템 안에서는 뇌물을 받지 않으면 나가야 합니다. 자리를 보전할 도리가 없어요. 우리 세 사람이 같은 부서에 있다고 칩시다. 당신 혼자만 뇌물을 받지 않는다면 다른 두 사람이 불안하지 않겠어요?」

충돌 사고 얼마 후 나는 고속 철도 건설 하청을 받았던 하도급자를 만나 류즈쥔이 물러난 뒤로 투명한 환경이 조성되었는지 물었다. 그는 씁쓸한 미소를 지었다. 「그들은 그냥 쇼를 한 겁니다. 여전히 똑같은 규칙이 시장을 지배하죠. 정부가 딩수먀오를 잡아들였지만 그들이 붙잡은 건 한 명의 딩수먀오에 불과하고 세상에는 정말 많은 딩수먀오들이 존재합니다.」

원저우 열차 사고가 발생한 지 몇 주 뒤 철도부 부장은 안전이라는 이름으로 일련의 조치를 발표했다. 54대의 초고속 열차들이 검사를 위해 회수되었고, 새로운 노선들의 공사가 중단되었으며, 최고 운행 속도를 시속 350킬로미터에서 300킬로미터로 낮추라는 지시가 내려졌다. 하지만 머지않아 철도 붐은 재개되었고 원저우 사고 1주년을 경계한 집중적인 관리가 이루어졌다. 국영 언론에 사고 현장을 방문하지 말라는 지시가 떨어지는가 하면 생존자들은 입을 닫고 있으라는 경고를 받았다. 생존자 중 한 명인 덩첸이라는 20대 청년이 당일에 현장을 방문하려 하자 경찰이 따라붙어 그의 행동을 녹화했다. 「그들이 내게 보내는 메시지는 분명했어요. 이제는 내가 그들의 적이자 위험인물이라는 거죠. 그들은 우리를 영원히 감시할 거라는 생각이 들었어요.」

헨리 차오는 골절과 신경 손상, 신장과 비장 적출 후유증을 치료하며 중국 병원에서 5개월을 지냈다. 가족이 있는 콜로라도로 돌아온 후에도 카메라 납품 사업은 접어야 했다. 그와 남동생 레오가 부모님의 유해를 회수하기 위해 중국으로 날아갔다. 푸젠 성의 부모님 고향을 찾아가서 위령제를 지내게 해달라고 부탁했지만 정부에서 금지하고 나섰다. 그들은 부모님의 유해를 롱아일랜드에 있는 공동묘지에 안장했다.

류즈쥔은 결국 재판을 앞두게 되었다. 어떤 판결이 내려질 것인지는 뻔했다. 중국에서 일단 재판이 시작되면 98퍼센트가 유죄 판결로 끝나곤 했다. 더하여 당에서 그들의 가장 오랜 관행 중 하나에 이미 착수했다는 사실도 류즈쥔의 향후 운명을 여실히 보여 주었다. 한때 기술자들이 공문서에서 정치적 사망자들을 지웠던 것처럼 검열관들은 인터넷에서 류즈쥔의 업적을 열렬히 찬양하는 수년 치 뉴스 보도와 문서들을 삭제하기 시작했으며 그의 체포에 관련된 토막 기사들만 남겨 두었다. 오래지 않아 그런 사람이 존재했다는 사실조차 잊혀 버릴 정도로 대약진 류는 중국의 업적을 기록한 역사에서 완전히 사라졌다.

그리고 그 시점에 이르러 원저우 사고는 중국 공산당이 직면한 본질적인 위험을 상징하게 되었다. 그 사고가 중산층을 뒤흔들어 놓은 것이다. 그들 중산층은 사회주의를 지향하는 현대 중국 정치가 제시했던 그랜드 바겐을, 즉 당이 적정 수준의 경쟁력을 유지하는 한 그들의 지배 방식에 이의를 제기하지 않는다는 거래를 수용한 사람들이었다. 열차 사고는 이러한 계약의 위반을 의미했고 많은 사람들에게, 예컨대 미국인에게 허리케인 카트리나와 비슷한 의미로 받아들여졌다. 말하자면 정부가 제대로 기능하지 못하고 있음을 상징했다. 그들의 평가는 냉엄했다. 베이징 세계은행의 수석 인프라 전문가 제럴드 올리비에는 중국에서 열차는 여전히 가장 안전한 운송 수단이라고 지적했다. 「생각해 보면 중국 고속 철도는 1년에 최소 4억 명 이상의 승객을 운반해야 합니다. 지난 4년간 중국 고속 철도에서 몇 명이 목숨을 잃었던가요? 마흔 명입니다. 중국에서 5~6시간마다 교통사고로 사망하는 사람들과 똑같은 숫자예요. 안전을 따지자면 고속 철도는 가장 안전한 운송 수단 가운데 하나입니다. 지난해 발생한 사고는 분명히 매우 비극적이고 일어나지 말아야 할 사고였습니다. 하지만 자동차로 승객을 운반하는 방법과 비교하면 최소 1백 배 이상 안전합니다.」

하지만 중국의 자국민들은 다른 통계 자료를 들고 나왔다. 일본의 고속 철도는 개통된 지 47년이 지났지만 사망자가 한 명밖에 없다는 사실이었다. 닫히는 문에 끼어 승객이 목숨을 잃은 사고였다. 새로운 중국의 주요 시설들이 지나치게 졸속으로 건설되어 위험하다는 주장이 갈수록 설득력을 더해 갔다. 화베이에 가장 긴 다리 중 하나를 건설하기 위해 3년이라는 공사 기간이 주어졌지만 정작 공사는 18개월 만에 끝났고, 9개월 뒤인 2012년 8월에 붕괴되어 세 명이 죽고 다섯 명이 부상을 당했다. 지역 공무원들은 과적 트럭을 원인으로 지적했지만 이 붕괴 사고는 그해 1년 동안에 일어난 여섯 번째 다리 붕괴 사고였다.

국민들은 더 이상 중국의 부흥이 가져다주는 부에 만족하고만 있지 않았다. 대약진 류의 추락은 특권을 당연시하는 문화가 통제 불능 상태가 되면 어떤 결과를 낳는지 극적으로 보여 주는 사례였다. 다년간 류즈쥔은 국가의 가능성과 더불어 자신의 가능성을 끌어올리는 데 헌신했다. 하지만 그는 균형 감각을 잃었고, 또한 문제는 이것이었다. 그가 충성을 바쳤던 정부는 과연 어떠했는가.

17. 번쩍이는 건 무조건

판사를 매수하는 일과 관련해 후강이 내게 제일 먼저 알려 준 것은 식사의 중요성이었다. 「식사에 초대하면 처음에는 모두 거절합니다. 그러나 서너 번 권유가 거듭되면 누구나 승낙하기 마련이고 일단 함께 식사를 하고 나면 가족처럼 되는 일만 남는 거죠.」 중국 내 부패 문제를 그토록 많이 다루었으면서도 미묘한 기술이나 관행, 금기 등 실질적으로 비리가 이루어지는 세부적인 방식은 내게 여전히 신비에 싸여 있었다. 마카오에서 시간을 보내거나, 대약진 류의 사례를 통해 배우거나, 후수리의 심층 기사를 읽으며 수년에 걸쳐 단편적인 이해의 조각들을 모았지만 말 그대로 큰 그림의 단편만 보일 뿐이었다. 그러나 후강을 만나면서 그림의 나머지 부분들이 채워지기 시작했다.

첫눈에 보기에 후강은 출세에 필요한 어둠의 기술을 가르치는 가정 교사와는 사뭇 거리가 멀었다. 나를 만날 당시 그는 소설가였다. 키가 작고 세심한 성격의 이 50대 남자는 딸에 대한 걱정 섞인 자부심으로 호들갑을 떨었으며 과식하지 말라는 딸의 조언을 중요하게 여기는 사람이었다. 하지만 많은 사람들과 마찬가지로, 지천에 널린 기회의 유혹을 뿌리치기란 그에게도 역시 불가능한 일이었다. 후강은 대학에서 철학을 공부하고 졸업 후에는 대학 서무과에서 평범한 직장 생활을 시작했다. 중국 경제가 급성장하면서 경매 전문 회사로 직장을 옮겨 중국 고전 회화들을 팔았으며 작품이 팔릴 때마다 수수료를 받았다. 어느 날 함께 점심을 먹는 자리에서 그가 말했다.「사람들이 위탁하는 그림과 족자 중에 가짜가 많다는 사실을 알게 되었습니다. 매력을 느꼈죠. 위작들을 비싼 가격에 팔 수 있겠다는 생각이 든 겁니다. 물론 마음은 편치 않았지만요.」

  양심의 가책은 오래가지 않았다. 위작들이 물밀듯이 몰려들었고 마침내 그는 자신의 손으로 직접 위작을 만들기에 이르렀는데, 놀랍게도 제백석의 힘찬 붓놀림과 서비홍의 사실주의를 비슷하게 모방하는 스스로의 재주를 발견했다. 경매 분야도 확장해서 반환권이 상실된 유질물까지 손을 뻗쳤다. 판사의 서명 하나만 있으면 건물이나 부동산, 그 밖의 유질물을 팔아 두둑한 수수료를 챙길 권리가 생겼다. 그의 주장에 따르면 모든 사람이 뇌물을 주고받을 것 같았다.「다른 사람들이 할 수 있다면 내가 못 할 이유가 뭘까 생각하기 시작했어요.」

  하지만 중국의 수많은 분야에서 그렇듯이 여기에도 경쟁이 존재했다. 권력을 쥔 소수의 사람들을 매수할 기회를 놓고 많은 사람이 경쟁을 벌였다. 곧 후강은 단순한 선물을 뛰어넘는 무엇이 필요함을 깨달았다. 그로서는 개인적인 친분을 구축할 필요가 있었고 그런 면에서 그는 타고난 재능을 선보였다. 판사들에게 처음에는 담배를 선물하고 다음에는 만찬에, 그다음에는 안마 시술소에 데려가는 식으로 뇌물을 먹였다. 아무도 가르쳐 주지 않았지만 꼼꼼한 남자였던 그는 스스로 일정한 규칙을 만들어서 지켰다. 이를테면 이런 것들이었다. 모르는 사람에게는 절대로 뇌물을 주지 말 것. 현금 선물은 자녀의 학비 고지서가 나오는 가을로 일정을 잡을 것. 머지않아 그는 하루에만 세 차례나 안마 시술소에 가야 할 정도로 마치 저글링하듯 수많은 판사들과 친분을 유지했다. 그는 나를 뚫어져라 쳐다보며 〈단 하루에 세 번〉이라고 힘주어 말했다. 「그 정도 되면 더 이상 즐거운 일이 아니에요. 진이 빠지죠.」

수 세기에 걸쳐 중국의 지도자들은 부패를 근절하기 위해 그들 나름의 전략을 발표해 왔다. 14세기에 황제 주원장은 부패한 관료들을 참수하고 가죽을 벗겨 그 안을 지푸라기로 채운 다음 마네킹처럼 세워 사람들이 볼 수 있게 하라고 지시했다. 효과는 오래가지 않았다. 여전히 높은 관직은 부자가 되는 확실한 방법이었다. 1799년에 결국 몰락한 관료 화신은 국가의 1년 치 예산보다 열 배나 많은 재산을 축적했던 것으로 드러났다. 1935년, 작가이자 번역가인 린위탕은 〈중국에서는 지갑을 도둑질하면 체포될 수 있어도 국고를 도둑질하면 체포되지 않는다〉라고 지적하기도 했다.

근대에 들어와서는 부패와 성장이 함께 꽃을 피웠다. 1980년대까지만 하더라도 중국제 홍슈앙시 담배 한 보루와 붉은별 곡주 두 병이면, 또는 세탁기 배급 쿠폰 한 장이면 충분히 다른 직장으로 옮길 수 있었다. 그러나 1992년 정부에서 개인이 토지를 소유하거나 공장을 운영할 수 있도록 하면서 부패 시장도 호황을 맞았다. 사례별 평균 뇌물 액수가 첫해에만 세 배 이상 증가해 6천 달러에 이르렀다. 홍슈앙시 담배는 결국 에르메스 가방이나 스포츠카, 자녀의 해외 유학비에 역할을 내주었다. 거래가 크면 클수록 보다 고위직 관료의 승인이 필요했고 그럴수록 뇌물 규모도 수직 상승했다. 관료들과 기업가들은 〈보호 우산〉으로 묶어 스스로를 보호했는데, 중국 학자들은 그러한 행태를 가리켜 국가의 〈마피아화〉라고 지칭했다.

처음에 어렴풋하던 여파는 곧 거세졌다. 중국 대중을 분노케 한 재앙들을 조사하는 과정에서 부정 이득과 사기, 횡령, 특혜가 원인으로 작용한 사례들이 꼬리에 꼬리를 물었다. 예컨대 쓰촨 성 지진으로 붕괴된 학교들의 경우에는 리베이트가 부실 공사로 이어졌다. 원저우에서 충돌한 열차를 관리했던 주체는 다름 아닌 중국에서 가장 부패한 기관 중 하나였다. 2008년 어린아이들의 목숨을 앗아 간 오염 분유 사건의 경우, 처음에는 낙농업자와 유통업자가 화학 물질의 존재를 눈감아 달라고 나라의 검품원들에게 뇌물을 주었고 나중에 아이들이 아플 때는 해당 사건을 덮어 달라고 분유 회사가 언론사에 뇌물을 주었다.

창의성을 발휘하면 모든 것이 뇌물이 될 수 있었다. 기업가들은 공무원이 무조건 따는 노름판을 벌였다. 술은 중국에서 가장 인기 있는 귀주 마오타이의 매출 실적이 곧 〈중국의 부패 지표〉임을 시인할 정도로 확실한 선택이었다. 얼마나 잘 팔렸는지 2011년에는 중국에 주식 시장이 개장된 이래 이 술을 만드는 회사가 가장 많은 배당금을 지불했을 정도였다. 수요가 너무 많아지자 그 회사는 영업점별로 할당량을 지정해 주어야 했다.

나는 진보주의 경제학자 마오위스의 집을 방문한 적이 있는데 우연히도 그의 집 근처에는 중국에서 가장 유력한 정책 입안 기관인 국가 발전 개혁 위원회 본부가 자리 잡고 있었다. 마오위스는 그 위원회 건물이 술과 도자기를 판매하는 선물 가게들에 둘러싸여 있다고 지적했다. 도움을 청하려는 시민들이 담당자를 만나러 들어가기 전에 이것저것 잔뜩 사 들고 가야 한다는 사실을 알기 때문이라고 했다. 「타지에서 온 사람들이 크고 작은 가방을 들고 들어가는데 나올 때는 모두 빈손입니다. 고위 관료들이 퇴근할 때 보면 하나같이 크고 작은 가방들을 가지고 나옵니다. 아마도 그 선물들을 전부 소비하지는 못할 거예요. 그래서 선물 가게에 되팔고, 그러면 그 선물 가게는 베이징에 어떤 임무를 띠고 올 사람들에게 다시 판매하는 식이죠. 그게 우리 동네의 현주소입니다.」

공식적으로는 1년에 2~3만 달러의 연봉을 받는 공무원들이 수시로 구치와 루이뷔통을 구매하는 통에 전국 인민 대표 대회가 열릴 때마다 베이징의 고급 백화점 매장의 재고가 바닥을 드러냈다(정치인들은 미리 전화를 걸어 자신이 선호하는 제품을 예약해 두는 법까지 터득했다). 사업가가 매장 입구까지 공무원과 동행하는 경우도 있었지만 그 방법이 너무 시선을 끈다고 여겨지면 서류철에 신용 카드를 끼워 전달해 필요한 만큼 사용하도록 했다. 대부분의 경우에는 누가 누구에게 뇌물을 주었는지 알기 어려웠지만 가끔씩 재판 과정에서 뇌물이 어떻게 전달되었는지 살짝 드러나기도 했다. 마카오 경찰이 그 지역 교통 및 공공사업부 장관이던 아오만룽을 체포했을 때 그에게는 자칭 〈우정 노트〉라는 것이 있었는데 여기에는 그가 그동안 리베이트로 받은 1억 달러에 대한 상세한 내역이 기록되어 있었다.

판사를 매수하는 방법과 관련해 후강이 내게 가르친 두 번째는 최소 6개월 동안은 아무 효과도 기대하지 말라는 것이었다. 「다른 무엇보다 우정이 중요합니다.」 그가 말했다. 「두 사람 사이에 아무런 비밀이 없을 정도로 정말 두터운 우정 말이에요.」 그는 이야기를 나누면서 자기 접시에 돼지고기를 산처럼 쌓았다. 「먼저 충성심을 보여야 솜씨를 발휘할 수 있습니다. 당신이 할 수 있다고 말하는 일을 할 능력이 당신에게 있으며, 매번 상대의 노고에 보답할 거라는 확신을 주어야 하죠.」 그가 눈을 게슴츠레 뜬 채 조용히 음식을 먹으며 한동안 생각에 잠겼다. 「그런 단계를 거치면 상대가 누구든 꼼짝 못 하게 옭아맬 수 있고, 그와 절대 갈라설 수 없는 사이가 되는 겁니다.」

후강의 전략은 돈이 많이 들었다. 판사들에게 뇌물을 준 첫해에 그는 선물과 성 접대, 만찬 비용으로 25만 위안을 사용했다. 하지만 그로부터 5년 뒤에는 멋진 성과로 이어졌다. 그는 시내에서 가장 큰 경매 회사 중 하나를 소유했으며 통장 잔고도 평균 150만 달러를 유지했다. 그에게는 나름의 생활 리듬이 있었다. 「정오까지 잔 다음에 순회를 시작하는데 지인들의 정부를 챙기는 일도 포함된답니다.」

그는 계속해서 부족함을 느꼈다. 「1년에 3백만, 5백만 위안을 벌어도 그다음 해에 더 많은 돈을 벌기 위해 골몰하게 됩니다. 베이징에서 세 번째로 큰 부자가 된다면 어떻게 해야 제일 큰 부자가 될 수 있을지 궁리할 겁니다. 이를테면 달리기랑 비슷해요. 일단 시작하면 절대로 멈출 수 없는 달리기죠. 마냥 달리고 달리고 또 달리는 겁니다. 철학적인 의미를 고민할 필요는 없습니다. 심리적으로 자신만의 세계에서 사는 거죠.」

외부인들로서는 중국이 정치적으로 얼마나 부패했는지 알기 어려운 경우가 많았다. 부분적으로는 그들 대다수가 부패와 차단되어 있었기 때문이다. 중국을 방문하는 사람들은 다른 개발 도상국과 비교할 때 소액의 뇌물을 요구하는 세관원이나 교통경찰과 마주칠 일이 없었다. 학교나 공공 병원에 가지 않는 한 사실상 중국 사회의 구석구석에서 뇌물 수수가 만연하다는 사실을 알 수 없었다. 이론적으로 중국의 공교육은 무료이며 누구에게나 보장되어 있지만 부모들은 자녀를 명문 학교에 보내기 위해서는 〈후원금〉을 내야 한다는 사실을 알게 된다. 베이징의 경우 후원금은 1만 6천 달러에 육박했는데 이는 중국 평균 연봉의 두 배가 넘는 액수였다. 전국적인 여론 조사에 응한 부모들 중 46퍼센트가 자녀에게 좋은 교육을 시키려면 확실한 〈사회적 인맥〉이나 후원금이 유일한 방법이라고 이야기했다. 2011년에 중국 사회과학원에서 제출한 보고서에 따르면 중국에서는 하루에 한 건 비율로 시장과 동등한 직위의 공무원들이 연루된 비리 사건이 터졌다.

권력을 매수하는 행위가 너무 빈번하게 일어났기 때문에 중국어에 대해 국가적 권위를 지닌 『현대 중국어 사전』은 2012년 〈돈 주고 공직을 사다〉라는 뜻의 〈마이관(賣官)〉이란 단어를 사전에 추가할 수밖에 없었다. 식당에서 메뉴를 고르듯이 공직을 선택할 수 있는 경우도 있었다. 네이멍구의 한 작은 도시에서는 수석 도시 설계사 자리가 1만 3천 달러에 거래되었고 당 서기 자리는 10만 1천 달러에 경매에 붙여졌다. 공직 매수는 일정한 논리에 따라 이루어졌다. 예컨대 민주적 기반이 없는 지역에서는 유권자들의 표를 매수해 공직을 샀다. 매수할 표가 없는 지역에서는 직업을 배분하는 사람을 매수했다. 심지어 군대 안에서도 온갖 이권이 난무했다. 지휘관들은 그들 아래 피라미드 형태로 존재하는 충성스러운 장교들로부터 일련의 상납금을 받았다. 소문에 의하면 준장급은 선물과 사업 거래로 1천만 달러를 축적할 수 있었고 대장급은 최소 5천만 달러를 벌 수 있었다.

모든 나라마다 부패가 존재하기 마련이지만 중국은 그들만의 독보적인 수준을 향해 나아가고 있었다. 특히 고위직 공무원들이 직면하는 유혹의 크기는 일찍이 서구 사회에서 맞닥뜨린 그 어떤 것과도 수준을 달리했다. 자수성가한 부자들 가운데 누가 합법적으로 돈을 벌었는지, 누가 불법을 자행했는지 판단하는 것은 어렵지만 공직만큼은 그 나름의 규모로 부를 구축할 수 있는 확실한 경로였다. 2012년을 기준으로 중국 입법부 소속 당원들 가운데 가장 부유한 일흔 명의 순자산 가치는 거의 900억 달러에 달했으며 이는 미국 의회 의원들의 순자산을 모두 합친 것보다 열 배 이상 많은 액수였다.

거액의 돈과 은폐성이 결합되면서 중국 공산당의 가장 중대한 의식에까지 영향을 끼치게 되었다. 다가올 2012년에는 이전 대의 수뇌부가 다음 대의 수뇌부로 정권을 이양하는 한 편의 깔끔한 정치극이 상연될 참이었다. 계획도 치밀하게 세워졌다. 그해 가을로 예정된 어느 날이 되면 18미터짜리 만리장성 그림 앞에서 서로에게 점잖게 박수를 보내는 가운데 새로운 수뇌부원들이 인민 대회당 무대 위로 성큼성큼 걸어서 등장할 터였다. 하지만 정작 그해가 되어 채 한 달이 지나기도 전에 계획이 어긋나기 시작했다.

왕리쥔은 중국 서부에 위치한 도시 충칭의 전직 공안국장이었다. 사형된 죄수의 장기를 다른 사람에게 이식하는 제도를 도입하는 등 특유의 강인함과 혁신으로 당 기관지로부터 찬사까지 받았다. 이런 인물이 2012년 2월 6일 자동차를 타고 청두에 있는 미국 영사관으로 피신하여 신변 보호를 요청했다. 그는 살인 사건을 적발했다고 주장하면서 자신의 상관이자 충칭의 당 서기인 보시라이 가족을 용의자로 지목했다. 그때까지 보시라이는 그해 가을 인민 대회당 무대에 오를 유력한 경쟁자로 평가되고 있었다. 희생자는 그 지역의 영국인 사업가로 닐 헤이우드라는 이름의 41세 남자였다. 그는 옅은 색 리넨 정장을 즐겨 입었으며 신중한 성격이었고 그의 지인이 영국 언론에 밝힌 바에 따르면 〈그레이엄 그린의 소설에 등장할 만한, 항상 깔끔하고 매우 고상하며 무척 박식한 인물〉이었다. 영국 해외 정보국 MI6 출신이 설립한 정보 회사에서 비상 근직으로 일하던 헤이우드는 007 번호판이 붙은 재규어 자동차를 타고 베이징 시내를 돌아다녔다(친구들은 그가 제임스 본드보다 월터 미티, 즉 몽상가에 가깝다고 평가했다). 그해 겨울 산꼭대기에 위치한 〈럭키 홀리데이 호텔〉이라는 여관의 허름한 방에서 그의 시체가 발견되었을 때 경찰은 그가 술 때문에 죽었다고 발표했지만 이 공안국장의 주장은 달랐다. 헤이우드는 미국 영사관에서 보시라이 가족의 해결사로 일했는데 보시라이의 아내와 사이가 틀어지자 그녀가 독살했다는 것이다.

중국 정치계의 엘리트들 중에서도 매우 카리스마적인 인물로 꼽히는 보시라이는 인민주의자인 동시에 처세술에 능한 사람이었다. 우연한 기회에 나는 한창 출세 가도를 달리던 그를 만난 적이 있는데 당시 그는 상무부를 이끌며 자신이 중앙정치국에 입성할 차례를 기다리고 있었다. 베이징 명문가 출신에

키도 훤칠한 보시라이는 카메라 세례를 받을 준비가 된 정당 실력자의 아들이자 황태자로서 고생을 모르고 자랐다. 그의 아내 구카이라이는 자신이 법정에서 거둔 성공담을 책으로 펴내기도 한 유명 변호사로, 나중에 미국인 동료가 쓴 표현에 따르면 〈중국의 재키 케네디〉였다. 보시라이는 충칭의 당 서기가 되면서 진보적인 정적들을 압도하고 중국에서 미국의 대표적인 인민주의자 휴이 룽에 가장 가까운 인물로 거듭날 기회를 감지했다. 그에 따라 스스로 마오쩌둥주의를 표방하면서 시민들에게 「통일이 힘이다」나 「혁명가는 영원히 젊다」 같은 〈홍가(紅歌)〉를 부르도록 독려했다. 그와 그의 경찰은 〈검은 세력을 박살 낸다〉라는 미명 아래 수천 명의 재계 거물들과 정적들, 범죄 용의자들을 체포하고 고문했다.

보시라이를 만났을 때 나는 시카고 시장 리처드 데일리를 동행 취재하던 참이었다. 미국 정치가가 중국 정치와 직면해서 어떤 모습을 보일지 궁금했던 까닭이다. 우리는 보시라이의 사무실 밖에서 기다리던 중이었는데 갑자기 문이 벌컥 열리면서 그가 모습을 나타냈다. 그는 앞선 손님들에게 활짝 미소를 지으며 작별을 고했다. 키가 크고 마른 아프리카 손님들은 그의 열렬한 환대에 무척 흐뭇해하는 듯 보였다. 차 시중을 드는 여성들 중 한 명에게 그 손님들이 누구인지 물었다.

「수단에서 온 분들이에요.」

현관에서 보시라이가 수단 사람들에게 잘 가라고 손을 흔들더니 휙 돌아서서 다음 손님을 향해 손을 내밀었다. 내가 방 밖으로 안내되기도 전에 보시라이는 영어를 섞어 가며 중국 관료치고는 드물게 요란한 환영 인사를 건네고 있었다. 마지막으로 그를 돌아보자 시카고 사우스사이드 출신에 체격이 떡 벌어진 데일리 시장 옆에 앉아 있는 모습이 마치 영화배우 같았다.

공안국장 왕리쥔이 망명을 시도하지 않았더라면 세상은 보시라이와 그가 만든 세계의 이면에 대해 전혀 알 수 없었을 것이다. 왕리쥔의 폭로는 충격 그 자체였다. 결과적으로 그는 미국으로부터 어떤 보호도 받지 못했다. 침울한 표정으로 영사관을 걸어 나와 제 발로 중국 당국의 손아귀에 들어갔다. 그는 반역과 뇌물 수수 혐의로 재판에 회부되었다. 향후 망명을 고려할지도 모를 사람들에게 보내는 명백한 메시지였다. 하지만 일단 폭로된 이야기는 주워 담을 수 없었고 그 이야기가 대중에게 새어 나가면서 중국 핵심 권력자들의 신화 중 일부가 빛을 잃기 시작했다.

왕리쥔의 폭로와 관련한 소문들이 인터넷과 뒷골목을 통해 빠르게 확산되었다. 검열관들이 소문을 진압하려고 나섰지만 보시라이가 입은 정치적 피해는 치명적이었다. 채 두 달도 지나지 않아 그는 공직에서 물러났고 중국 정부는 뇌물 수수와 직권 남용, 그 밖의 범죄 혐의로 그를 법정에 세울 준비를 서둘렀다. 정의를 추구하는 모습을 보일 필요성과 치부를 폭로하는 행위에 대한 불관용 사이에서 균형을 유지하기 위해 공산당은 필사적이었다. 단 하루 만에 끝난 여론 조작용 재판에서 보시라이의 아내 구카이라이가 영국인 살해 혐의에 대해 유죄 판결을 받았지만 대중의 의혹을 잠재우는 데는 거의 도움이 되지 않았다. 그녀가 사진보다 훨씬 뚱뚱한 모습으로 법정에 나타나자 중국인 시청자들은 피고가 돈을 받고 죄를 뒤집어쓰기로 한 대역 배우일 거라고 추측했다(정부가 아무리 부인해도 의혹은 좀처럼 사라지지 않았다. 진보주의 논객 장이허는 〈거짓말로 늑대가 나타났다고 외친 소년이 떠오른다. 거짓말이 계속 반복되자 아무도 소년의 말을 믿지 않게 되었고 결국 그 소년은 늑대에게 잡아먹혔다〉라고 썼다). 보시라이의 몰락은 혹독한 유산을 남겼다. 일례로 그 사건은 중국에서 청렴한 공무원이란 허구에 불과하다는 사실을 드러냈다. 보시라이의 연봉이 미화 1만 9천 달러에 불과하던 시기에 그의 일가친척은 자산 가치가 1억 달러가 넘는 회사를 인수했던 것으로 밝혀졌다.

외국인 기업가들은 영국인의 죽음에 당황했다. 그 사건은 중국이 아무리 성장하고 발전했어도 상업과 정치의 겉모습 뒤에 여전히 남아 있는 암흑가 시절의 악습이 이따금 겉으로 표출될 수 있음을 상기시켰다. 아닐 스리바스타프라는 영국인 고철 무역상은 내게 고철 한 무더기 때문에 겪은 짜증 나는 협상에 대해 이야기했다. 「그 사람들이 갑자기 들이닥쳐서 나를 질질 끌고 나갔어요. 〈도와 주세요!〉라고 외쳤지만 아무도 거들떠보지 않았죠. 그들은 나를 승합차에 태워 어디론가 끌고 갔습니다.」 얼마 뒤에 그는 풀려났지만 이미 〈이런 일은 영화에서만 봤는데〉라는 생각이 든 다음이었다.

보시라이의 몰락은 중국 대중에게 이제 그들 주위에서 소용돌이치는 정보와 관련해 보다 강력한 메시지를 전했다. 그들이 인터넷에서 주고받았던 어떤 소문이, 검열관들이 공공연히 비난하고 삭제했던 그 소문이 하루아침에 사실로 뒤바뀌었던 것이다. 제이공장이라는 이름의 한 유저는 웨이보에 이렇게 썼다. 〈한때《국제적인 반동 세력》에 의해 유포된 공격들이 이제는 진실이 되었다. 우리는 해외 언론에서 폭로한 또 어떤 다른《진실들》을 믿어야 할까?〉

추문은 중국의 성장에서 불가결한 요소가 되어 가고 있었다. 기술과 부, 만연한 경솔함이 한데 어우러져 한때는 외부의 정밀 조사로부터 공산당 지도부를 보호했던 커튼을 열어젖히고 있었다. 인민 공화국의 시민들은 나라를 운영하는 이들이 누리는 특전에 대해 잘 알지 못했다. 한펑이라는 무명의 공산당 간부는 중국의 남부 도시 라이빈에서 담배 전매국의 수장으로 생활하면서 2년 동안 일기장에 500일 치가 넘는 일기를 기록했다. 그리고 인터넷에 유출된 — 그는 어떻게 그런 일이 일어났는지 도무지 알 수 없었다 — 그의 일기는 만찬과 혼외정사, 공산당 행사 중간중간에 다녀온 외유성 출장 등으로 가득한 생활을 적나라하게 보여 주었다. 평범한 주의 하루를 마감하면서 그는 이렇게 적었다.

11월 6일, 화요일(11~25℃, 맑음). 〈세련된 매너〉에 관한 연설문 교정을 보았다. 점심때 샤먼의 리더후이와 몇 사람이 찾아와 함께 술을 마셨다. 오후에는 회사의 기숙사에서 휴식을 취했다. (······) 저녁을 먹으러 가서 술을 진탕 마셨다. (······) 밤 10시에 탄산팡 양이 나를 차에 태워 그녀의 집으로 데려갔다. 우리는 세 번 사랑을 나누었고 새벽에 다시 한 번 사랑을 나누었다.

일기가 유출된 후 2010년 3월, 한펑은 체포되었다. 뒤이어 재판에 회부되어 10만 달러에 달하는 뇌물과 부동산을 제공받은 혐의로 징역 13년을 선고받았다. 공산당은 정치계의 먹이 사슬에서 보면 일개 피라미에 불과했던 그를 배 밖으로 내치는 데 한 치의 주저함도 없었다. 일기를 읽으면서 나는 그의 평범함에 충격을 받았다. 그는 특출난 폭력배도, 정치가도 아니었다. 제도가 그의 머리 위에 매달아 둔 특전을 움켜잡기 위해 자신이 할 수 있는 일을 한 남자일 뿐이었다(공금 남용 사례에서 가장 보편적인 세 가지 — 외유, 만찬, 자동차 — 는 〈3대 공무〉로 알려지게 되었는데 재정부는 한때 이 3대 공무가 국가에 국방 예산의 절반에 달하는 140억 위안의 비용을 초래한다고 추정했다). 그해 마지막 날 전매국 공무원 한펑은 자신의 삶을 다음과 같이 반추했다.

올해는 이전의 다른 어느 해보다 일이 잘 풀렸다. (······) 직원들 사이에서 권위도 올라갔다. (······) 아들도 잘하고 있다. 시험을 치를 필요도 없이 대학원 추천을 받았고 2년 뒤에는 별 어려움 없이 직장을 구할 것이다. 내 사진 실력도 한 단계 발전했다. 앞으로도 계속 배워야겠다. 계집질은 올바른 방향으로 가고 있다. 리틀 판양이 마음에 든다. 탄산팡 양하고도 정기적으로 즐거운 시간을 보내고 있으며 모야오다이 양과 보내는 시간도 좋다. 여자 쪽으로는 괜찮은 한 해였다. 다만 파트너가 너무 많으니 건강에 유의해야 할 것 같다.

시간이 지나면서 중국 블로거들이 공무원들의 사진을 확대해서 급여 수준에 어울리지 않는 습관을 보여 주는 증거를 찾아내기 시작했다. 그들은 푸른색과 흰색으로 도색된 마세라티와 포르셰가 주차된 경찰서 사진들을 인터넷에 게재했다. 한 갑에 24달러씩 하는 담배를 즐겨 피운다고 지적당한 지방의 부동산 담당 공무원 저우주겅은 뇌물 수수 혐의로 조사받은 뒤 징역 11년을 선고받았다. 의심스러울 정도로 고가의 시계를 찬 관료들만 전문적으로 적발한 한 블로거는 손목시계 감시인이라는 명성을 얻었다.

그런 게시물이 인터넷에 올라오지 못하도록 애쓰는 검열관들의 노력에도 불구하고 인터넷에 새로운 사례가 추가될 때마다 〈쓴맛은 가장 먼저 보고 보상은 가장 나중에 받겠다〉라고 늘 맹세해 왔던 당의 이미지에는 새로운 구멍이 하나씩 늘어 갔다. 새로운 사례들은 예외라기보다 규칙처럼 보였고 각각의 세부 내용은 당의 엄숙한 발표와 그 아래 노골적인 현실 사이의 격차를 강조했다. 한 여성은 상사와의 불륜 관계를 온라인에 올렸다. 상사는 이쥔칭이라는 당의 중앙 편역국(編譯局) 국장으로, 사실상 마르크스주의의 교리와 가치관을 설파하는 최고 율법학자 같은 존재였다. 그 내연 여성은 자신이 일자리를 얻기 위해 그에게 현금을 준 사실을 폭로하고 3년간 주고받은 문자 메시지를 공개했으며 초밥과 사케, 점심시간의 성적인 행위 등이 등장하는 장문의 글을 게시했다.

또 다른 사례로, 다섯 명의 남녀가 호텔 방에서 난교 파티를 벌이는 일그러진 모습이 찍힌 사진 여러 장이 컴퓨터를 수리하는 과정에서 유출되었다. 사진을 본 사람들이 몇몇 정부 관료의 얼굴을 알아보았다. 문제는 당혹감이 아니었다. 위선이었다. 그 사건이 일어나기 얼마 전 정부는 자신의 어머니와 살면서 여가 시간에 집단 성교 커뮤니티를 조직한 컴퓨터 공학과 교수를 기소했다. 그 커뮤니티에서 〈포효하는 남성의 불〉이라는 대화명으로 알려져 있던 사람이었다. 그는 〈단체 음란〉죄로 체포되어 3년 6개월의 징역형을 선고받았다. 정부가 혼외정사를 〈망나니 생활〉로 기소하던 시절의 잔재였다. 〈포효하는 남성의 불〉 사건으로 사생활을 옹호하는 사람들이 결집했고, 따라서 당 간부들의 난교 관련 뉴스가 터지자 당은 대민 관계 측면에서 다소 곤란한 지경에 처했다. 한 지방 관청에서 사람을 착각한 경우라고 성명을 발표하자 「인민일보」는 곧장 이를 요약해서 〈나체의 남자는 우리 당 간부가 아니다〉라는 표제를 실었다(실제로 그는 당 간부로 밝혀졌다).

나로서는 최근 뉴스를 다 알기 어려울 정도로 비슷한 사건들이 많았다. 한 자녀 정책을 실시하는 나라에서 네 명의 부인과 열 명의 자녀를 둔 산시 성의 한 지방 관리가 체포된 사건도 있었다. 또 레이정푸라는 당 서기가 자기 나이의 3분의 1밖에 안 되는 여성과 격렬한 정사를 벌인, 잊지 못할 동영상이 유포되기도 했다. 특히 그 사건은 한 번 더 꼬여서, 상대 여성의 정체는 레이정푸를 유혹해 협박할 목적으로 부동산 개발업자가 고용한 사람으로 드러났다(중국 네티즌들은 뚱뚱하고 개구리를 닮은 레이정푸의 외모를 빗대어 그의 사진과 영화 「스타워즈」에 나오는 뚱뚱한 악당 자바 더 헛의 사진을 나란히 올려 놓았다).

내가 이런 뉴스들을 일일이 따라잡는 수고를 그만두기 전 마지막으로 접한 사건은 우쭤 시의 공안국장에 관한 내용이었다. 그가 동시에 두 명의 여성과 내연 관계를 유지하면서 그들을 공안 조직 내에서 승진시키고 납세자의 돈으로 호화 아파트에 살게 한 일이 적발되자, 공안국은 그 같은 상황에서 참도 좋은 소식으로 들릴 만한 해명을 내놓았다. 문제의 공안국장이 사귀던 두 내연

녀가 〈쌍둥이〉 자매가 아니라 〈그냥 자매〉라는 사실이었다. 그 대목에서 나는 점심을 먹다가 멈추고 고개를 들어 눈을 껌벅이며 그 말의 온전한 의미를 곱씹었다. 중국 공직자들의 이미지를 떠올릴 때마다 〈그냥 자매〉라는 그 항변이 두고두고 생각날 것 같았다.

그들의 해명 자료는 당의 통치 기반을 떠받치는 기둥이 약화될 수 있음을 간과하는 듯 여겨질 만큼, 너무나 터무니없는 것들이었다. 수천 년 동안 중국 지도자들은 덕으로 다스린다는 의미의 〈더즈(德治)〉 개념에 의존했다. 공자는 〈군주의 개인적인 행동이 올바르면 그가 이끄는 정부는 명령을 내리지 않아도 효율적이다. 반대로 군주의 개인적인 행동이 올바르지 않으면 그가 아무리 명령을 내려도 따르는 이가 없을 것이다〉라고 말했다. 마찬가지로 공산당의 권위는 비록 지방 관료들이 부패했더라도 최고위층 지도자들이 지혜와 정의, 실적주의의 귀감이 되는 한 의견 차이와 직접 선거는 불필요하고 쓸모 없다는 개념에 근거했다. 후진타오 주석은 〈개인의 도덕적 진실성은 정직한 관리가 되기 위한 가장 기본적인 자질로 간주된다〉라고 말했다. 이런 〈덕치〉의 원리를 위반하는 듯한 정부의 모습에 대중의 반응은 격렬했다. 1980년대 톈안먼 광장에서 일어난 봉기는 상당 부분 부패의 증가가 그 원인이었다.

비교적 최근 들어 급증한 부패로 인해 당이 직면한 도덕성 문제는 한 동영상에서 가장 노골적으로 드러난 듯싶다. 이 동영상은 선정적인 동영상보다 훨씬 더 강하게 중국인들을 사로잡았다. 지역 기자들이 한 무리의 여섯 살짜리 아이들에게 커서 무엇이 되고 싶은지 묻는 동영상이었는데 아이들로부터 소방관, 비행기 조종사, 화가 등 항상 나오는 대답들이 쏟아져 나왔다. 그때였다. 한 작은 소년이 〈나는 공무원이 되고 싶어요〉라고 말했다.

「어떤 종류의 공무원이 되고 싶어요?」 기자가 물었다.

소년이 대답했다. 「부패한 공무원이요. 그들은 많은 것을 가졌잖아요.」

언론은 막대한 재산 축적과 관련한 뉴스를 다루면서 고위층까지 그 대상을 확대했다. 2012년 6월 블룸버그 뉴스는 기업의 서류와 인터뷰에 근거하여 차기 중국 주석으로 내정된 시진핑의 일가친척이 수억 달러의 자산을 축적한 것으로 추정했다. 해명이 어렵다고 판단한 공산당은 아예 시도조차 하지 않기로 결정했다. 대신 24시간도 안 되어 중국 정부가 블룸버그 웹 사이트를 차단했고 — 중국에서는 당분간 계속 차단될 터였다 — 중국 은행과 회사에는 블룸버그와 단말기 이용 계약을 새로 체결하는 것이 금지되었다. 해당 조치로 블룸버그사는 판매와 광고 부문에서 수백만 달러의 손해를 입을 터였다.

중국 지도층에 압박이 가해지자 그들을 지지하는 사람들 중 일부는 폭로 기사에 분노했는데 그 분노가 이상한 방식으로 우리 가족의 삶에 흘러들었다. 어느 날 오후였다. 비영리 교육 기관에서 근무하던 아내 세라베스가 일 때문에 알게 된 한 여성으로부터 전화를 받았다. 그녀의 남편은 당과 밀접한 관계를 맺고 있는 중국인 교수였다. 자녀를 아이비리그 대학에 보낸 그들 부부는 당 고위 관료들과 연줄이 닿을 정도로 처세에 뛰어난 사람들이었는데 그 부인이 세라베스에게 근처 상가에서 잠깐 만나자고 청한 것이다. 애플 스토어와 나란히 위치한 스타벅스에서 그녀는 세라베스에게 언론인으로서 내가 어떤 일을 하는지, 혹시 시진핑 일가의 재산과 관련하여 자세한 기사를 낸 블룸버그 기자 마이클 포사이스와 친구인지 물었다. 그러고는 세라베스가 내게 전달하고 내가 마이클에게 전달해 주기를 바란다며 경고를 전했다. 「그와 그의 가족은 이제 중국에 머무를 수 없어요. 더 이상 안전하지 않기 때문이죠. 일이 벌어질 거예요. 물론 그 일은 사고로 위장될 겁니다. 아무도 무슨 일이 일어났는지 알 수 없을 거예요. 그는 그냥 죽은 채로 발견되겠죠.」

그런 일을 겪어 본 적이 없는 세라베스는 혼란에 빠졌다. 그녀는 그 상황이 진짜인지, 왜 그 여성이 자신에게 그런 이야기를 하는지 어안이 벙벙했다. 세라베스는 가능한 만큼만 상황을 받아들이고 그녀에게 이런 협박의 배후에 누가 있는지 물었다. 「그의 가족이 직접 관여하는 건 아니에요.」그녀가 시진핑을 지칭하며 말했다. 「그의 주변에는 충성심을 증명하고 싶어 하는 사람들이 있지요.」

나는 아내와 아들들을 데리고 유럽에서 휴가를 보내던 마이클과 전화 연락이 닿았다. 그는 또 다른 중개인을 통해서 이미 그 같은 협박을 받았다고 했다. 그 교수 부인이 시진핑 일가의 홍보 자문으로 일하는 까닭에 마이클은 이전에도 그녀를 만난 적이 있었다. 이제 그는 어떻게 생각해야 할지 알 수가 없었다. 그녀가 자신을 도우려는 건지, 아니면 중국에서 쫓아내려는 건지 당최 갈피를 잡을 수 없었다. 그녀로서는 시진핑 가족의 재산 관련 보도로 홍보 활동에 재앙이 닥친 격이었고 그를 쫓아낸다면 더 이상의 폭로는 막을 수 있을 터였다. 현대 언론과 암흑가의 정치가 교차하는 지점이었다.

블룸버그 소속 보안 전문가들이 사람들을 면담하고 관련자들을 추적하면서 협박 관련한 조사를 벌여 마침내 마이클과 그의 가족이 베이징으로 돌아와도 안전하다는 결론을 내렸다. 하지만 그 사건을 잊기란 어려웠다. 결국 그로부터 1년도 안 되어 그와 그의 가족은 중국 본토를 떠나 홍콩으로 이주했다(마이클은 2013년에 블룸버그를 그만두었다).

달갑지 않은 정보를 쫓지 못하도록 막으려는 의도였다면 그 같은 협박과 보복 위협은 실패로 돌아갔다고 할 수 있었다. 곧바로 그해 10월 「뉴욕 타임스」에서 기업들의 기록을 토대로 원자바오 총리와 가족들이 그의 재임 기간 동안 27억 달러 상당의 재산을 축적했다는 평가를 내놓았던 것이다. 이전까지 원자바오 총리의 가족은 부유함과 거리가 멀었다. 아버지는 돼지를 키우는 농부였고 어머니는 교사였다. 그러나 이제 그들의 재산 규모는 『포브스』가 선정한 〈세계에서 가장 부유한 가족〉 순위에 들 정도로 어마어마했다.

이는 당에서 입버릇처럼 떠들던 말 중 하나를 조롱하는 뉴스였다. 중국 공산당은 공산주의자들이 등장하기 전까지 중국이 유력한 네 개의 가문에 의해 운영되었으며, 그들 가문이 소유했던 재산을 공산당이 국민들에게 돌려주었다고 주장하곤 했다. 마지막 왕조의 멸망 100주년을 기념하는 시점에서 이제 중국은 다시 귀족주의로 회귀하고 있었다. 원자바오가 스스로를 당의 진보적 기수 중 하나로 천명했던 까닭에 자기거래와 특권의 규모는 그의 명성에 특히나 커다란 타격을 입혔다. 가난한 사람에게 관심을 쏟은 덕에 〈원 할아버지〉라는 애칭까지 얻었던 그는 앞서 〈나는 우리가 사람들에게 언론의 자유를 주어야 할 뿐 아니라 보다 중요하게는 그들에게 정부의 업무를 비판할 수 있는 환경을 제공해야 한다고 자주 이야기한다〉라고 밝힌 바 있었다. 그럼에도 원자바오 가족의 재산 규모가 공개된 당일 아침 6시, 그가 이끌던 정부는 「뉴욕 타임스」 사이트를 차단했다. 블룸버그의 경우와 마찬가지로 이후로도 한동안 차단될 예정이었다.

정책 결정권자의 입장을 고려해 세계에서 가장 영향력 있는 뉴스 출처를 차단하는 행위는 당이 스스로를 보호하기 위해 자국민을 얼마나 고립시키려 하는지 보여 주는 생생한 표지였다. 중국 공산당은 이제 페이스북과 트위터, 「뉴욕 타임스」와 블룸버그 뉴스, 그 밖의 수많은 다른 사이트에 대한 접속을 금지하고 있었다. 온라인에서는 검열관들이 원자바오 총리의 이미지 보호를 위해 〈총리 + 가족〉, 〈원자바오 + 수억〉을 비롯한 새로운 복합어들을 서둘러 차단했다.

문제는 돈만이 아니었다. 공직자가 일반인보다 더 건강하게 사는 방식이 드러났다. 한 공기 정화기 제조업체가 부지중에 엄청난 논란을 일으켰으니, 그 업체에서 홍보 자료를 배포하며 중국 관료들이 베이징 곳곳의 격리된 사무실에 설치된 2백여 대의 고급 공기 청정기 덕분에 숨을 쉰다고 자랑했던 것이다. 그 회사는 〈우리 지도자들을 위해 깨끗하고 건강한 공기를 만들어 내는 것은 국민들에게 축복이다〉라고 주장했다. 그 같은 축복에 대해 알게 된 것과 때를 같이하여 국민들은 안전한 식재료를 당 지도자들에게 납품하는 데 헌신하는 〈특별 농장〉이라는 조직에 대해서도 듣게 되었다(2007년 아시아 개발 은행 보고서가 추산한 바에 따르면 중국에서는 매년 3억 명에 육박하는 사람들이 식품을 매개로 하는 질병에 걸렸다). 주간지 『서던 위클리』의 기자들이 그 농장들에 관한 기사를 내보낸 후 전국의 편집자들은 다시는 그런 일이 없도록 하라는 경고를 받았다.

판사에게 뇌물을 주는 방법에 대해 후강이 내게 알려 준 마지막 사항은, 그 일이 할 만한 가치가 있다는 것이었다. 5년 뒤 그는 정례적인 법정 부패 단속에 걸렸다. 그 지역 최고 법원의 수장을 포함해서 모두 140명의 판사들이 검거되었다. 후강도 기소되어 징역 1년을 살았다.

출소 후 그는 〈푸스〉라는 필명으로 소설을 출간하고 이어서 또 한 권을 냈으며 우리가 만난 2012년에는 방송 대본을 쓰고 있었다. 그는 자신의 경험에 대한 결론에 도달했다. 「우리 법률 제도가 모든 형태의 법과 규범을 담고 있다지만 집행은 선택입니다.」 그가 점심을 먹다 말고 멍한 시선으로 의자 깊숙이 몸을 묻었다. 「입법자에게 유리한 규칙인 경우 그 규칙은 적용됩니다. 그렇지 않으면 무시되죠. 입법자들은 〈내가 단 하나의 진정한 규칙이고 가장 강력한 규칙이다〉라고 말합니다. 모든 사람이 인정하는 사실이죠.」 그가 소리 내어 웃었다. 그의 설명에 따르면 중국은 〈불문율〉에 의해서 움직였다. 「언제나 그랬어요. 다만 최근 들어서는 문제가 보다 자주 사람들의 입에 오른다는 차이가 있을 뿐입니다.」

대다수 국가에서 도둑 체제*에 따른 장기적인 영향은 쉽게 예상할 수 있다. 경제학자들은 한 국가의 부패 지수를 1에서 10으로 나눌 경우 지수가 한 단계 상승할 때마다 국가의 경제 성장이 1퍼센트씩 감소한다고 추정한다(프랑수아 뒤발리에가 집권한 아이티나 모부투가 집권한 자이르를 생각해 보라). 문제는 예외적인 사례들이다. 일본과 한국에서는 부패가 그 나라의 성장과 보조를 같이했으며 경제의 붕괴를 불러오지 않았다. 가장 눈에 띄는 사례는 미국의 경우다. 1872년 〈크레디 모빌리에 사건〉으로 알려진 스캔들이 터져 최초의 대륙 횡단 철도를 추진한 사람들이 철도 건설비 명목으로 몰래 돈을 착복한 사실이 밝혀졌을 때 언론에서는 그 약탈의 규모에 대해 〈이제껏 세상에 드러난 것 중 가장 손해가 크고, 공적인 동시에 사적인 악행과 부패의 전시장〉이라고 묘사했다. 1866년에서 1873년 사이 미국은 5만 6천 킬로미터의 철로를 깔고 엄청난 부를 창출했지만 그와 함께 마크 트웨인의 표현에 따르면 〈수치스러운 부패〉도 보여 주었다. 과도한 철도 붐은 1873년의 공황과 뒤이은 경제 위기를 불러왔으며 이후 혁신주의 시대**에 들어서면서 권력 남용을 억제하기 위한 정치적 압력이 탄력을 얻었다.

부패가 중국의 미래에 어떤 영향을 끼칠지 것인지에 대해서는 기본적으로 두 가지 견해가 존재했다. 먼저 낙관적인 시나리오에 따르면 사회주의 체제에서 부패는 자유 시장 체제로 이동하는 과정의 일부로, 부패가 있었음에도 중국은 선진국도 부러워할 고속 도로와 철도를 건설했다. 미국 교통부 장관 레이 라후드는 기자에게 〈중국인들이 보다 성공한 이유는 그 나라에서는 단 세 사람이 결정을 내리기 때문이다. 우리 나라의 경우에는 그런 사람이 3천 명이나 있다〉라고 말했다. 그에 비하면 학자 민신 페이의 견해는 비교적 덜 낙관적

---

* *kleptocracy.* 권력자가 막대한 부를 독점하는 정치 체제.
** 1890년대부터 1920년대까지 미국의 사회적 정치적 개혁이 활발히 이루어진 기간.

이었다. 그는 중국 공산당이 비리에 관여한 당원들 중 3~6퍼센트만 기소했으며 그들 중 3분의 1만이 실형을 선고받았다고 설명했다. 조지아 주립 대학에서 중국을 연구하는 정치학자 앤드루 웨드먼은 뇌물 수수에 따른 기소 사례를 검토하면서 당초 중국의 부패 구조가 일본이나 한국에서 관찰되는 위계적인 후원 체제를 보여 줄 것으로 예상했다. 하지만 그가 내린 결론은 〈증거들로 보건대 현대 중국의 부패는 근본적으로 난장판〉이었다. 그는 〈중국의 부패는 일본보다 자이르에서 나타나는 부패와 밀접하게 닮았다〉라고 썼다. 다만 자이르와 달리 중국은 부패에 연루된 많은 사람을 처벌했다. 연이은 5년 동안 중국은 총 66만 8천 명에 달하는 당원들을 뇌물 수수와 부정 이득, 횡령 혐의로 처벌하고 비리와 관련해 350건의 사형 선고를 내렸다. 웨드먼은 〈매우 기본적인 수준에서 중국은 부패가 걷잡을 수 없이 퍼지는 것을 막은 듯 보인다〉라고 결론 내렸다.

보다 부정적인 시나리오는 중국의 부패가 경제적인 위협이 아닌 정치적인 위협이라는 견해였다. 이 견해에 따르면 부패로 인해 중국민과 지도자 사이의 합의가 느슨해지는 가운데, 지배층은 광적인 성장의 마지막 몇 년 동안 가능한 많은 몫을 차지하고자 쟁탈전을 벌이고 있었으며, 당은 소련 공산당과 마찬가지로 안에서부터 스스로를 개혁할 능력이 없었다. 보시라이 스캔들 이후로 일부 일반 당원들은 당의 건전성을 의심하기 시작했다. 같은 맥락에서 네 명의 퇴직 관료들이 공개 성명서를 작성하고 〈심지어 최고위층까지 『천일야화』에 등장하는 어떤 이야기보다도 사악한 짓에 휘말린 지금, 당은 어떤 모습인가?〉라고 썼다. 중국 지도자들은 정치 개혁이 사회 불안을 조장할 거라고 생각했다. 그렇다면 아무런 행동을 취하지 않아도 똑같은 결과를 낳을 수 있다는 사실을 그들은 알았을까? 경제가 번영하는 한 국민은 노골적인 부패도 용인한다. 반대로 경제가 침체되면 똑같은 수준의 부패라도 참을 수 없는 것이 된다.

미국이나 한국처럼 중국도 부패의 늪을 빠져나와 성장할 수 있을 거라고 생각하는지 후강에게 물었다. 그가 잠시 곰곰이 생각하더니 입을 열었다. 「나는 우리 사회를 하나의 거대한 연못으로 생각해요. 아주 오랫동안 사람들은 그 연못을 화장실로 사용했어요. 다른 이유는 없어요. 그냥 그래도 되니까 그런 거예요. 연못이 갈수록 더러워지는데도 우리는 변함없이 자유를 즐겼어요. 그리고 이제 우리에게는 모두의 앞에 나서서 그 연못이 오염되었고 계속 더러워질 경우 아무도 살아남을 수 없다고 이야기해 줄 사람이 필요해요.」

18. 냉엄한 진실

영어 전문가 리양이 산산조각 나고 있었다. 그를 만난 이래 수년간 나는 크레이지 잉글리시와 열렬한 사랑에 빠진 학생 부대들을 지켜보았고 그러는 동안 그는 줄곧 별나고 공격적인 성격으로 변해 갔다. 2011년 쓰나미가 일본을 덮쳐 수만 명이 사망하자 그는 제2차 세계 대전 중 중국을 침략한 일본의 만행에 대해 〈신이 내린 작은 형벌〉이라고 주장했다. 상하이의 한 블로거는 그를 〈왕또라이〉라고 지칭했다.

수년간 리양을 제정신이라고 믿었던 가장 큰 이유는 그에 대한 아내 킴 리의 한결같은 지지 때문이었는데 그런 그녀가 2011년 9월 남편을 가정 폭력으로 고소하고 이혼을 청구했다. 배우자에게 학대를 당해도 보통은 경찰에 신고하지 않는 나라에서 그녀의 고소는 전국적인 뉴스가 되었다. 리양은 지역 언론사와의 인터뷰에서 〈간혹 손찌검을 하기는 했지만 아내가 그 사실을 공개하리라고는 생각지도 못했습니다. 부부간의 문제를 남한테 알리는 건 중국의 전통이 아니잖아요〉라고 말했다. 그 후 몇 달 동안 킴 리는 중국 언론의 표현에 따르면 〈중국의 매 맞는 아내들을 대변하는 민중의 영웅〉이라는 별난 아이콘으로 떠올랐다.

리양의 사업은 스캔들을 견디어 냈지만 리양 본인은 명성에 심각한 타격을 입었고, 그를 깊이 신뢰하던 젊은이들에게 이는 당혹스러운 반전이었다. 나와 알고 지내던 학생 마이클 장이 어느 날 아침 안부차 전화했다가 이렇게 말했다. 「그는 부인을 너무 심하게 때렸어요. 좋은 아버지가 아닐뿐더러 본받아야 할 좋은 스승도 아니에요. 나는 그가 정말 미워 —」 마이클이 잠시 말을 멈추었다. 「아니, 그는 믿다는 소리를 들을 자격도 없어요.」 몇 주 뒤 중국 남부에 있게 된 나는 내친김에 버스를 타고 마이클과 그의 부모님을 만나러 갔다. 그들이 광저우 골드 패닝 가에 있는 아파트에서 나와 근처의 작은 도시 칭위안으로 이사한 뒤였다. 버스로 불과 1시간 거리였지만 칭위안은 광저우보다 우중충했고 시골 느낌을 풍겼다. 칭위안에는 아직 베이징으로 직접 연결되는 고속 철도가 없었다. 버스 정류장에서 마이클을 기다리는 동안 내 옆에는 나뭇가지를 깎아 만든 지게로 짐을 운반하던 남자가 서 있기도 했다. 이어폰을 목에 둘러 멋지게 늘어뜨린 채 유행하는 바람막이를 입고 마중 나온 마이클은 왠지 그 장소와 어울리지 않아 보였다. 그가 주변을 둘러보더니 자신의 새로운 동네를 보다 현대적으로 묘사하려고 애썼다. 「앞으로 3년만 있으면 국제적인 도시가 될 거예요. 광저우는 별로예요. 도둑이 들끓거든요. 거기에 사는 동안 세 번이나 도둑을 맞았어요.」

우리는 택시를 타고 시내를 가로질렀다. 마이클과 그의 부모님이 사는 동네는 싱크대와 양변기, 욕실 타일 등을 판매하는 상점들이 줄지어 있어서 도자기 구역이라고 불러도 이상하지 않을 곳이었다. 색색의 부서진 타일 조각들이 마치 결혼식장에 색종이를 뿌려 놓은 듯 길을 온통 뒤덮고 있었다. 그의 아파트는 회색 시멘트로 된 주거용 건물 8층이었는데 승강기가 없었다. 계단을 올라가는 동안 멀리서 공사하는 소리가 들렸다. 집 안으로 들어섰을 때 마이클의 부모님은 점심을 준비하고 있었다. 내부는 전에 살던 광저우의 아파트처럼 세련되거나 도회적이지 않았지만 약간 더 넓었고 마이클의 방도 있었다. 그가 동기 부여를 위해 방 벽에 붙여 둔 문구들에서 평소의 낙관적인 태도 뒤에 숨어 있던 일말의 좌절이 엿보였다. 〈정신적인 측면에서 나는 내 운명을 통째로 바꿔야 한다!〉, 〈더 이상 참을 수 없다!〉 같은 문구들이 보였다.

옷장 위에 〈크레이지 잉글리시〉라고 인쇄된 글이 붙은 커다란 골판지 상자가 보였다. 무슨 상자인지 묻자 마이클이 한숨을 내쉬었다. 상자 안에는 한때 그가 팔려고 했던 10여 권의 크레이지 잉글리시 교재들이 들어 있었다. 「리양은 설득을 무척 잘해요. 나 역시 그에게 설득당해서 9년 동안이나 크레이지 잉글리시와 사랑에 빠져 있었죠. 그가 내 영혼 안으로 깊숙이 들어왔고 나는 완전히 이상해졌어요.」 그가 실소를 터뜨렸다. 「크레이지 잉글리시의 방식은 별로예요. 많은 학생들이 나를 찾아와서 9천 위안이나 쓴 것치고는 발음이 여전히 형편없다고 말해요.」

외국어 사업은 어려웠다. 마이클은 돈을 빌려서 〈베이직 잉글리시〉라는 회사를 차렸지만 운영 2년 만에 동업자와 사이가 틀어졌다. 영업 담당이었던 마이클은 학생들을 모집하려고 애썼다. 2011년 1월 사업은 최종적으로 실패했다. 마이클은 파산했고 빚까지 졌다. 부모님 집에서 2주에 걸쳐 비참한 시간을 보내는 동안 방 안을 서성거리며 지난 일을 하나하나 곱씹었다. 그 경험으로 마이클은 냉엄한 교훈을 얻었다. 자신을 제외하고는 누구에게도 의지하지 말라.

마이클의 가족은 돈을 절약하기 위해 광저우를 떠났고 이제 마이클은 칭위안의 엘리베이터도 없는 아파트 8층에서 1인 프로젝트를 진행하는 중이었다. 영어 교재를 집필하는 일이었다. 「내 꿈은 중국어-영어 교육 체계를 완전히 바꾸는 겁니다.」 그는 기회만 주어진다면 훌륭한 책을 쓸 수 있다고 확신했다. 그가 〈나만의 장점이 있어요. 나를 대신할 사람은 없어요〉라고 말하고는 이전처럼 자기 계발서에서 배운 말을 흉내 냈다. 「믿어지세요?」

　점심 식사가 준비되어 우리는 거실 식탁에 둘러앉았다. 벽에는 서로 경쟁 관계에 있는 아이콘들의 초상화가 걸려 있었다. 마이클의 방문에는 여전히 리양의 포스터가 붙어 있었고 그 옆에는 기독교로 개종한 마이클의 어머니가 가져온 〈그리스도는 가정을 떠받치는 기둥이시니라〉라고 쓰인 깃발이 걸려 있었다(기독교에 대해서 마이클은 선택을 보류하는 중이었다. 그는 〈나는 모든 종교에서 최고의 장점들을 취할 뿐이에요〉라고 설명했다).

　마이클은 자신이 만들려는 책의 개념을 내게 무척 설명하고 싶어 했다. 그는 자신이 〈시험 영어〉라고 경멸하는 영어의 문제점에 대해, 즉 수많은 중국 학생들이 대학 입학시험에 합격하기 위해 배우는 지나치게 형식적인 영어의 문제점에 대해 이야기하길 원했다. 〈시험 영어〉 대신에 영어를 모국어로 쓰지 않는 사람들이 혼동할 수 있는 실생활의 표현들을 가르치고 싶어 했다. 그가 줄줄이 예를 늘어놓았다. 〈알았어? 일어나, 녹초가 되다, 기운 내, 너무 몰아붙이지 마, 이해가 안 돼, 전혀 모르겠어, 입 닥쳐.〉 학생들이 영어 발음을 연습할 때 반복해서 따라 할 단어 800개도 선정해 두었다. 자신의 교수법을 시연하는 그의 목소리가 내게는 마치 한 문장으로 압축된 중국의 근대사처럼 들렸다. 「나는 할 수 있다, 할 수 있다, 할 수 있다, 할 수 있다. 괴롭다, 괴롭다, 괴롭다, 괴롭다. 소유하다, 소유하다, 소유하다, 소유하다.」

　마이클의 부모님이 아들을 바라보는 모습을 보니 그들은 이런 상황에 익숙한 모양이었다. 아들이 그들 집을 영어 학원처럼 바꾸어 놓았지만 그들은 그 세대의 대다수 사람들이 그렇듯이 영어를 할 줄 몰랐다. 그들로서는 마이클이 가치 있는 일을 하고 있다고 그냥 믿는 수밖에 없었다. 그날 오후 마이클 가족과 나는 그들이 자랑스럽게 여기는 새로운 재산을 구경하러 나갔다. 마이클이 장차 결혼할 사람을 만나면 살게 될 아파트가 아직 공사 중이었다. 우리는 도자기 구역을 가로질러 걸었다. 마이클의 아버지는 군대에서 유출된 위장용 신발을 신고 있었는데 깨진 타일들과 잘 어울린다는 생각이 들었다. 하지만 그것도 잠시, 높고 가느다란 현대식 고층 건물에 도착해서 반짝이고 매끈한 현대식 로비에 들어서자 신발은 순식간에 빛을 잃었다. 로비 한가운데 마련된 아파트 단지 모형에는 불이 들어오는 작은 전등들이 설치되어 있었고 야자수 모형 아래로 플라스틱 인형들도 보였다. 로비는 분양 사무실도 겸했는데 그날은 아파트를 사러 온 고객이 없었다. 중국 경제가 둔화되면서 칭위안의 부동산 시장도 예전 같지 않았다. 우리는 당초 그들의 새 아파트를 둘러볼 계획이었으나 해당 동은 아직 미완성이었다. 승강기를 대롱대롱 매달고 있는 와이어가 유난히 안전해 보이지 않았다. 마이클이 버튼을 몇 번 눌러 보다가 반응이 없자 견본 주택을 보러 가자고 제안했다.

전시장 벽은 콘크리트가 그대로 드러나 있었다. 앞으로 나아지겠지 싶기도 했지만 한편으로는 건축 계획에 차질이 생긴 건 아닐까 하는 생각도 들었다. 우리는 발코니로 나가 아래 펼쳐진 호수를 바라보았다. 18층에서 내려다보니 사람들이 로비에서 본 인형처럼 작아 보였다. 마이클 가족이 장만한 아파트는 호수가 아닌 반대편 타일 가게들이 보이는 방향이었다. 그곳을 나와 승강기를 타는데 마이클이 거북스러워하는 듯 보였다. 뭔가 할 말이 있는 것 같았다. 그가 부모님이 알아듣지 못하도록 영어로 말했다. 「나는 여기 살지 않을 겁니다. 여기에는 부모님이 사시게 할 거예요. 나는 선전이나 베이징, 상하이 같은 대도시로 다시 나가야 해요. 칭위안은 시골이에요. 주류가 아니죠. 사람들이 〈시험 영어〉만 배우는 곳이에요. 이 동네 사람들은 야망도 없어요.」

시간이 흐르면서 나는 마이클과 비슷한 다른 노력형 젊은이들도 마찬가지로 좌절을 겪고 있음을 알게 되었다. 특별한 기능이 필요 없는 직장에 다니는 경우라면 별로 문제 될 것은 없었다. 심지어 그런 직장은 급여가 상승했다. 문제는 해마다 대학에서 배출되는 600만 명 이상의 졸업생들이었다. 그들이 일할 사무직이 충분하지 않았다. 2003년에서 2009년까지 도시에서 일하는 이주 노동자들의 평균 초임이 거의 80퍼센트 가까이 상승한 반면 대학 졸업생의 초임은 그대로였다. 인플레이션을 감안하면 오히려 감소한 셈이었다. 중국의 젊은이들은 배우자를 얻고 신흥 중간 소득 계층에 남보다 앞서 진입하기 위해 〈자가용과 집을 마련하려고〉 노력했지만 이제 현실을 깨달았다. 요컨대 중국의 새로운 부는 터무니없이 불균형한 상태였다. 2012년을 기준으로 중국 도시의 일반 아파트는 전국 평균 연봉의 여덟 배에서 열 배의 가격에 거래되었다(미국의 부동산 거품이 절정에 이르렀을 때도 이 비율이 다섯 배를 넘은 적이 없었다). 젊은 남자들은 스스로를 비하하는 별명을 만들었다. 본디 〈실처럼 가는 남근〉을 뜻하던 중국어 〈댜오쓰(屌絲)〉는 이제 부자가 될 연줄이 없거나 결혼에 필요한 현금이 없는 남자들을 가리키는 표현이 되었다. 그들은 자기 창조의 시대에서 성장했다. 휴대 전화 광고에 〈나의 영역, 나의 결정〉이라는 문구가 등장하고 학교에서는 〈나는 자연계의 가장 큰 기적이다!〉라는 구호를 외치며 자란 세대였다. 그들이 환멸을 느끼는 것은 당연했다. 2009년을 대표하는 한 글자를 선정하는 시기가 되자 온라인상에서는 〈해고당하다〉 또는 〈학대당하다〉에서처럼 다른 사람에게 어떤 일을 당할 때 사용하는 한자어 〈베이(被)〉가 선정되었다.

새로운 분위기가 꿈틀대기 시작했다. 중국의 호황이 거의 모든 사람을 어느 정도는 더 잘살게 만들었고 평균 소득도 10년 전과 비교해서 세 배 이상 늘었지만 빈부 격차는 당이 의도했던 것보다 훨씬 심각했다. 2001년 직설 화법으로 유명한 주룽지 총리는 소득 격차가 계속 심화될 경우 사회 불안이 야기될 우려가 있지 않느냐는 질문에 〈아직 그 정도는 아니다〉라고 대답했다. 그 근거로 그는 지니 계수로 알려진 소득 균형 측정 방식을 언급했다. 지니 계수의 범위는 0에서 1까지로, 1은 극단적인 부의 불균형을 의미했다. 중국 고위 관료들은 중국의 지니 계수가 주룽지가 언급한 〈위험선〉인 0.4 아래로 유지되기만 하면 안전할 것으로 예상했다. 그로부터 11년 뒤 이 수치가 0.4를 훌쩍 넘어가자 중국 정부는 부자들이 소득의 상당 부분을 숨기는 통에 통계 수치의 신뢰성이 떨어진다고 주장하면서 지니 계수의 발표를 중단했다.

소득 격차는 추상적인 개념이 아니었다. 일례로 외딴 칭하이 고원에서 태어난 아이는 5세 이전에 사망할 확률이 베이징에서 태어난 아이보다 일곱 배나 높았다. 대책을 세워야 한다는 압박이 정부에 쇄도했다. 세제를 개혁하는 방법도 있었지만 중국 정부는 보다 즉각적인 전략을 채택했다. 그리고 2011년 4월 기업들이 〈럭셔리〉라는 단어를 상호와 광고에 사용하지 못하도록 금지했다. 그 결과 결혼식 케이크 하나를 31만 4천 달러에 판매하던 〈흑조 럭셔리 제과점〉은 〈흑조 예술 제과점〉으로 이름을 바꾸어야 했다(금지 조치는 오래가지 않았다).

지니 계수를 측정할 엄두조차 못 내던 기간이 지나고 2013년 1월 마침내 정부에서 지니 계수 수치가 0.47이라고 발표했지만 많은 전문가들이 이를 일축했다. 경제학자 쉬샤오녠은 이 발표를 〈동화 같은 이야기〉라고 지칭했다(정부와 별도로 진행된 한 계산에 따르면 수치는 0.61이었고 이는 짐바브웨보다 높은 수준이었다). 하지만 소득과 관련한 수많은 논란에도 불구하고 정작 사람들이 가장 신경 쓰는 부분은 기회의 격차라는 사실이 점점 분명해져 갔다. 하버드 대학의 사회학자 마틴 화이트는 2009년 중국 대중에게 실시한 여론 조사에서 중국인들이 새로운 부자의 등장에 놀라울 정도로 관대하다는 사실을 발견했다. 그들이 분개하는 대상은 자신이 그 대열에 합류하지 못하도록 가로막는 장애물이었고 이런 장애물에는 무력한 법원, 권력 남용, 인맥 부족 등이 포함되었다. 인창 장과 토르 에릭슨 두 학자는 1989년에서 2006년까지 여러 중국 가정을 대상으로 추적 조사를 벌인 결과 〈상당히 높은 수준의 기회 불평등〉을 발견했다. 그들은 〈근본적으로 시장 개혁은 일부 국민들을 1차로 부유하게 만든 다음 그들이 나머지 국민들도 부자가 되도록 돕게 하려는 취지였다. 하지만 우리가 분석한 바에 따르면 적어도 지금까지는 시장 개혁으로 공평한 경쟁의 장이 만들어진 흔적이 거의 없다〉라고 썼다. 그들이 조사한 다른 개발 도상국에서는 부모의 교육 수준이 자녀의 미래 소득 수준을 결정짓는 가장 중요한 요인이었다. 중국에서는 〈부모의 연줄〉이었다. 중국의 도시에 거주하는 부모와 그 자녀를 따로 분리해서 조사한 결과 〈현저히 낮은 수준의 세대 간 지위 이동성〉이 관찰되기도 했다. 2010년에 연구 결과를 정리하면서 두 저자는 〈중국의 도시는 사회 이동이 세계에서 가장 낮은 지역에 속한다〉라고 평가했다.

통계 수치가 구체적인 증거를 보여 주기 이전부터도 사람들은 중국 사회에 새로운 분열이 나타나고 있다고 주장했다. 더 이상은 단순히 보보스족과 딩크족, 신흥 중간 소득 계층을 구별하는 것으로 끝이 아니었다. 화이트칼라와 이른바 〈블랙칼라〉 사이에는 엄연한 경계가 존재했다. 블랙칼라를 정의하는 익명의 글도 나돌았다. 〈그들은 검은색 옷을 입는다. 자동차도 검은색이다. 그들의 소득 수준은 비밀이다. 그들이 어떻게 사는지도 비밀이다. 그들이 하는 일도 비밀이다. 마치 검은 옷을 입고 어둠 속에 서 있는 사람들처럼, 그들에 관한 모든 것이 비밀이다.〉

기회가 사라진다는 느낌과 더불어 자수성가한 사람들의 신화도 퇴색했다. 중국에서 가장 큰 부자의 자리에 오르기도 한 전자 제품 업계의 거물 황광위는 내부 거래와 그 밖의 위법 행위로 징역 14년을 선고받았다. 중국 당국은 8년 동안 모두 합쳐 최소 열네 명의 억만장자들을 다단계 판매부터 살인 교사에 이르기까지 다양한 죄목으로 처벌했다(마흔도 되기 전에 30억 위안을 번 전 증권 중개인 위안바오징은 자신을 협박한 사람을 죽이라고 사주한 혐의로 기소되었다). 해마다 발표되는 부자 명단은 〈죽음의 명단〉이라는 별명까지 얻었다.

폐지의 여왕은 다른 종류의 문제에 부딪쳤다. 세계에서 가장 부유한 자수성가 여성으로 축하받은 지 채 1년도 지나지 않아 청옌의 명성이 추락하기 시작했다. 〈기업의 비행을 감시하는 학생들과 학자들〉이라는 노동 인권 단체가 구룡 제지의 노동자 학대를 고발하는 보고서 「노동을 착취하는 제지 회사」를 배포했다. 학대 행위에는 산업 재해와 불충분한 안전 장비, 중국에서는 흔한 질병인 B형 간염 보균자에 대한 차별 등이 포함되었다. 해당 단체에서 일부를 공개한 〈구룡 제지 직원 지침서〉의 행동 수칙에는 〈간부를 존경하라. 상급 간부를 마주치면 걸음을 멈추고 인사하라. 상급자와 함께 걷는 경우에는 뒤에서 그 사람을 수행하라〉라는 내용이 들어 있었다. 노동자에게 다양한 벌금이 부과되기도 했다. 회사 버스 창문 밖으로 침을 뱉거나 직원 식당에서 새치기를 하는 경우에는 3백 위안의 벌금을 물었고, 낮잠을 자거나 외부인에게 공장 내부를 보여 주거나 마작을 하는 경우에는 5백 위안을, 파업을 주도하거나 〈회사에 해가 되는 소문을 퍼뜨린〉 경우에는 3천 위안의 벌금을 물거나 해고를 당했다. 지침에 따르면 각자의 임금은 기밀이었으며 〈급여를 공개하는 행위〉나 〈다른 사람의 급여를 묻는 행위〉는 명백한 해고 사유에 해당했다.

한 중국 신문은 미국의 도금 시대에 만연했던 착취 행태를 언급하며 청옌이 〈피를 금으로 바꾼다〉라고 비난했다. 그녀가 전에 〈한 나라에 부자와 빈자가 둘 다 존재하지 않으면 그 나라는 강하고 부유해질 수 없다〉라고 했던 말도 다시 주목을 받았다. 『주간 삼련 생활』이라는 유명한 잡지는 〈그녀에게 아직 분별력이 남아 있다면〉 중국 인민 정치 협상 회의로 불리는 정부 자문 기구에서 사임할 것이라고 썼다. 〈구룡 제지에서 생산하는 모든 종이가 노동자의 피로

젖어 있다〉라는 내용도 있었다. 중국에서 가장 열렬한 자유 시장 옹호자들 중 일부는 한 시대가 저물어 감을 느꼈다. 『중국 기업가』라는 잡지는 청옌에 관한 기사에서 〈만약 5년 전의 중국 사회였다면 다른 부분에서 완벽하지 못하더라도 사업적으로 성공했을 경우 아마도 그 기업은 용인되고 존경받았을 것이다. 이제는 상황이 달라졌다〉라고 선언했다.

노동 인권 단체의 보고서가 발표되자 청옌은 화를 내면서 〈우리는 폐지를 보물로 바꾸는 적절한 사업 모델을 찾았기 때문에 부자가 된 것이지 노동자를 혹독하게 다루었기 때문이 아니다〉라고 해명했다. 아울러 자신의 회사가 벌금으로 공제했던 액수보다 훨씬 많은 돈을 보너스로 주었다고 주장했다. 그녀는 해당 노동 인권 단체의 정치적인 동기를 의심하며 그 단체가 〈유럽으로부터 돈을 받았을 것〉임을 위협적인 어조로 암시했다.

내가 그 일을 언급하자 청옌은 노동자에게 벌금을 물리는 관행을 중단했다고 밝혔다. 보다 타산적인 경영 간부라면 그쯤에서 말을 멈추었을 테지만 청옌은 의자에서 몸을 앞으로 당기며 사실 자신은 적절한 수준을 유지하기만 한다면 여전히 벌금이 합법적인 전략이라고 믿는다고 설명했다. 「벌금을 부과하지 않으면 노동자들은 조심하지 않다가 부상을 당하고 도리어 훨씬 많은 배상금을 요구하며 찾아와요.」 관련 조사를 마친 뒤에 지방 노동조합은 벌금 제도를 비롯한 다른 관리 관행들을 비판하면서도 구룡 제지가 〈비교적 좋은 기업〉이라고 발표했다. 그 같은 발표가 크게 도움이 되지는 않았다. 청옌의 발언과 예의 보고서는 그녀의 공적인 이미지를 완전히 바꾸어 놓았고 그녀는 자본주의 시대의 방종한 반(反)영웅으로 전락했다.

중국에서 지내는 시간이 길어질수록 나는 사람들이 경제적 호황을 마치 좌석수가 제한된 기차처럼 여긴다는 느낌을 받았다. 좌석을 선점하거나 적당한 연줄 혹은 적당한 뇌물을 써서 확보한 사람들에게 발전 속도는 상상을 초월할 정도였다. 반면 그러지 못한 다른 사람들은 자신의 발을 최대한 바쁘게 움직여 가능한 빠르게 달리지만 결국에는 기차의 뒤통수가 저 멀리 사라지는 모습만 볼 수 있을 뿐이었다.

극한으로 내몰린 사람들의 좌절감이 폭발했다. 정부 통계에 의하면 2010년에 파업과 폭동, 그 밖의 〈집단 사태〉는 5년 전과 비교해 두 배로 증가해서 총 18만 건을 기록했으며 이를 환산하면 하루에 거의 5백 건에 달했다. 2009년 7월 24일, 지린 성의 철강 노동자들이 해고를 두려워한 나머지 대학을 졸업한 젊은 공장장 천궈쥔을 공격하다가 벽돌과 곤봉으로 때려 숨지게 하고 경찰과 구급차의 진입을 차단했다. 이와 같은 소동을 해결한 다음 중국 공산당은 종종 〈진실을 알지 못하는 집단〉에 속한 사람들이 문제라고 발표했다. 하지만 갈수록 진실 그 자체가 문제인 듯 보였다. 덩샤오핑이 기반을 마련한 대대적인 전 국민 도보 경주는 어느 정도 조작되어 있었다. 그 조작은 단순히 경기장 바닥이 국민에게 불리하도록 기울어진 정도가 아니었다. 국민들은 아예 다른 경주로를 걷고 있었다.

2010년 1월 마샹첸이라는 열아홉 살의 청년이 아이폰과 그 밖의 전자 제품을 생산하는 폭스콘 테크놀로지 공장 기숙사 지붕에서 뛰어내렸다. 조립 라인에서 연속으로 11시간씩 주당 7일을 일하다가 화장실 청소 업무로 강등된 다음이었다. 마샹첸이 죽은 뒤로도 열세 명의 폭스콘 노동자들이 더 자살했다. 처음에 사람들은 자살이 열병처럼 퍼지는 것은 아닌지 놀랐지만 곧 그 공장이 도시 하나의 크기라는 점에서 볼 때 일련의 자살에도 불구하고 자살 비율이 여전히 평균을 밑도는 수치라는 사실에 주목했다.

회사 측이 건물 지붕을 따라 주변에 그물을 설치하고 급여를 인상하자 자살은 시작될 때와 마찬가지로 돌연 감소했다. 성급한 외부인들은 폭스콘을 노동자 착취 공장이라고 생각했지만 실상은 그렇지 않았다. 폭스콘에 투입되어 노동자들을 만난 치료 전문가들은 사회학자들이 새로운 중산층에게서 발견하기 시작한 특정 현상을 그들에게서 발견할 수 있었다. 조립 라인에서 일했던 1세대 노동자들이 농장에서 벗어났다는 사실만으로도 감사하는 마음이었다면 지금의 노동자들은 더 부유한 동료들과 자신을 비교했다. 2012년 칭화 대학 사회학자 궈위화는 〈오늘날 중국에서 가장 보편적인 감정은 무엇인가?〉라고 물으면서 이렇게 썼다. 〈많은 사람이 실망감이라고 대답할 것이다. 그들이 실망하는 것은 경제적인 급성장에 비해 개개인의 생활은 충분히 개선되지 못했기 때문이다. 또한 개인이 오를 수 있는 사회적 지위의 한계와 《위대하고 강력한 국가의 발흥》에 따른 기대감 사이에 존재하는 괴리 때문이다.〉

나는 사람들이 중국 부흥의 역사에서 그들의 한철을 비유하며 여전히 『위대한 개츠비』를 인용하는 것에 주목했다. 다만 이제는 불길한 의미를 내포한다는 점이 이전과 달랐다. 사람들은 개츠비 곡선으로 알려진 연구를 거론했다. 노동 경제학자 마일스 코락이 지휘한 이 연구를 통해 중국의 사회 이동이 세계에서 가장 낮은 수준이라는 또 다른 증거가 제시되었던 것이다. 한 중국 블로거는 코락의 연구를 읽고 〈쥐의 새끼로 태어나면 평생 구멍만 팔 것이고 (……) 출생이 계급을 결정한다〉라고 썼다. 『위대한 개츠비』는 더 이상 자수성가한 사람의 이야기가 아니었다. 또 다른 블로거는 〈창궐하는 암흑가 조직들, 고향을 등지고 동부 연안의 대도시로 떠나는 농민들, 쇠퇴하는 농촌 생활, 돈에 오염된 도덕……. 이런 것이 바로 오늘날의 중국이 마주한 현실이다〉라고 쓰기도 했다. 행복의 부재를 시사하는 보도가 주목을 끌지 못하도록 중앙 선전부에서 새로운 지침이 내려왔다. 2012년 4월 내 휴대 전화기가 진동했다.

모든 웹 사이트는 〈UN에서 발표한 세계 행복 보고서에서 중국이 112위를 차지하다〉라는 뉴스를 퍼 나르지 말 것.

　마이클을 만나고 돌아온 베이징의 날씨는 겨울치고 화창했다. 나는 자전거를 타고 동네를 크게 한 바퀴 돌았다. 창안제를 향해 페달을 밟다가 우회전한 다음 다시 북쪽으로 향하며 탑 형태의 지붕 아래 웅크리고 앉은 중앙 선전부 건물을 지나쳤다.

　내가 그 건물의 존재를 처음 인식한 이래 수년에 걸쳐 진실을 추구하는 중국 내의 움직임은 과거에는 상상도 할 수 없을 정도로 확장되었고 중앙 선전부 또한 새로운 상황에 적응해 왔다. 중앙 선전부는 당이 재정적인 위기를 무사히 극복하고 아랍의 봄을 찬양하는 사람들을 침묵시키는 데 일조했다. 중국 공산당은 류샤오보와 아이웨이웨이를 투옥했고 출판업계에서 한한의 야망을 무디게 만들었다. 시스템이 보다 건강하게 발전하기를 원했던 부정부패 고발자인 편집자 후수리는 시스템이 용납할 수 있는 한계에 봉착하여 더 이상 나아갈 수 없었다. 진실을 추구하는 사람들의 노력은 그들을 억누르고 통제하려는 당의 결심을 더욱 강화시켰다. 중국 최고위 검열관인 신문 출판 총서 서장 류빈제는 그해 봄 지난 6년간의 성과를 평가해 달라는 요청을 받자 〈객관적으로 말해서 아주 탁월했습니다〉라고 자평했다.

　류빈제의 확신이 내게는 성급해 보였다. 그동안 중국의 정무(政務)는 항상 대중의 시선에서 가려져 있다가 마지막 순간에야 기정사실로 발표되었다. 하지만 이제는 정부 내의 밀약이나 반목, 가벼운 죄, 배신 같은 요소들이 날것 그대로의 상태로 대중에게 유출되어 심판과 평가를 받았다. 사람들은 체제가 제시하는 현재의 가치관이 그들의 도덕적 열망에 부응하는지 평가했다. 2012년에 이르러서는 매2초마다 새로운 중국인이 생애 처음으로 온라인에 접속했다 ─ 그럼에도 중국의 인터넷 이용자는 전체 인구의 절반 수준에 불과했다. 감옥에 들어가기 전 류샤오보는 자신에게 영감을 준 하벨의 「77헌장」이 처음 발표되고 20년이 지나서야 그 헌장의 집필자들이 의도했던 방식으로 정치가 진화하기 시작했다고 지적했다. 하벨의 견해에 따르면 공산당의 통치하에 살아가는 비결은 이중적인 생활을 유지하는 것이었다. 즉 두려움이나 이익 또는 그 두 가지 모두 때문에 기꺼이 공적으로는 이렇게 말하고 사적으로는 저렇게 말하려는 의지가 필요했다. 결과적으로 그런 이중적인 생활은 누구의 지지도 받지 못했다.

중국에서도 이중적인 생활이 서서히 무너지고 있었다. 극도의 불평등이라는 현실은 이제 무시할 수 없는 요소가 되었다. 일부 중국인들은 같은 중국인이면서도 다른 물질세계에 살았다. 물론 미국을 포함해 다른 많은 나라에도 비슷한 현상이 있었지만 중국에서는 그로 인한 감정의 골이 유독 깊었다. 불과 한 세대 전에 〈평등〉이라는 이름으로 쓰라린 희생을 치렀던 나라이기 때문이다. 더불어 능력주의에 의한 중국의 신화와 소수가 독재하는 정치적 현실 사이의 괴리가 명백해지고 측정 가능해졌기 때문이기도 했다. 2012년에 빅터스, 크리스토퍼 아돌프, 밍싱 류로 구성된 일단의 정치학자들이 중국의 성공을 둘러싼 공산당의 진부한 주장 가운데 하나에 이의를 제기했다. 그동안 중국 공산당은 가장 현명한 경제적 결정 — 덩샤오핑의 표현에 따르면 〈냉엄한 진실〉 — 을 내린 간부들에게 보상을 내리면서 발전을 위해 철저히 매진해 왔기 때문에 중국에 능력주의가 정착할 수 있었다고 주장했다. 하지만 정치학자들은 공산당의 주장을 뒷받침할 어떠한 증거도 발견하지 못했다. 경제 실적이 훌륭하다고 해서 실적이 형편없는 관료보다 반드시 더 높은 자리로 승진한다는 보장이 없다는 사실을 확인했을 뿐이다. 승진에서 가장 중요한 것은 원로 지도자들과의 연줄이었다.

공산당의 정보 독점이 무너지자 그들의 도덕적 신뢰성도 무너졌다. 철학과

학생 탕제 같은 사람들은 더 이상 진실을 파헤침으로써 그들의 회의감을 덜수 없었다. 그런 일은 자신이 어떤 사람이 되고 싶은지, 어떤 사람을 믿고 싶은지 깊은 의문에 빠뜨릴 뿐이었다. 2012년 여름 사람들은 검색어 차단 목록에 또 다른 단어가 추가된 사실을 알아차렸다. 톈안먼 사건 기념일이 막 지난 시점이었고 그래서 사람들은 〈진실〉, 즉 중국어로 〈전샹(眞相)〉을 암호를 사용하여 이 사건에 대해 토론을 벌이던 참이었다. 검열관들이 이런 움직임을 눈치챘고 얼마 후 사람들이 웨이보에서 보다 많은 내용을 찾으려고 하자 다음과 같은 경고 창이 떴다. 〈관련 법과 규정, 정부 방침에 맞지 않기 때문에 《진실》에 대한 검색 결과를 표시할 수 없습니다.〉

제3부

믿음

19. 정신적 공허

1966년 여름 상하이 연합 배지 공장이 마오쩌둥 주석의 얼굴을 담은 직경 1.3센티미터짜리 단순한 알루미늄 배지를 시장에 내놓으면서 〈마오 배지 열풍〉이 중국을 강타했다. 문화 대혁명이 대두하던 그 시기 배지는 선풍을 일으키며 몇 주도 지나지 않아 전국에서 생산되기 시작했다. 남자와 여자, 아이들이 헌신의 증표로 자신의 심장이 위치한 쪽에 배지를 달았고, 많을수록 좋다는 생각에 가슴 전체와 양팔을 배지로 가득 채워 나갔다.

마오쩌둥 주석의 얼굴은 정면이나 옆모습으로 그려질 뿐 결코 오른쪽을 바라보는 경우는 없었다. 오른쪽은 반혁명적인 방향이기 때문이었다. 야광으로 된 배지도 있었고 베트남에서 격추된 미군 전투기로 만든 배지도 있었다. 배지에 새겨진 글귀들은 마오쩌둥 주석을 〈노동자들의 메시아〉, 〈위대한 구세주〉, 〈우리 마음속의 붉은 태양〉으로 지칭했다.

문화 대혁명은 권력을 잡으려는 마오쩌둥의 마지막 행보였다. 대약진 운동의 참사 이후 경쟁자들이 마오쩌둥을 밀어내자 그는 〈사령부를 포격하라〉고 중국의 젊은이들을 독려하고 문화 대혁명을 통해 새로운 기운을 얻었다. 대

중 매체는 〈마오쩌둥의 사상이 모든 것을 통제하게 하라〉라고 선동했고 사람들은 마오쩌둥의 동상 발치에서 자신의 죄를 고백했다. 『마오쩌둥 어록』은 신비한 힘을 지녔다고 알려졌다. 관영 언론은 그 책 덕분에 한 외과 의사 팀이 4.5킬로그램짜리 암을 제거할 수 있었다고 보도했다. 그 책이 또한 상하이의 노동자들로 하여금 침몰하고 있던 도시를 1.9센티미터만큼 들어 올리도록 도움을 주었다는 보도도 있었다.

마오쩌둥의 손길은 초자연적인 의미를 가졌다. 1968년 파키스탄 대표가 마오쩌둥에게 망고 한 바구니를 선물하자 그는 이것을 다시 노동자들에게 선물했고, 노동자들은 눈물을 흘리며 그 망고를 제단에 올렸다. 수많은 사람들이 줄을 서서 과일 앞에 절을 했다. 망고 하나는 전세기로 상하이까지 운송되어 왕샤오핑 같은 노동자들도 직접 볼 수 있게 되었다. 왕샤오핑은 수필에서 〈《망고》가 무엇인가? 아무도 알지 못했다. 유식한 사람들은 그것이 불사의 버섯처럼 매우 진귀한 과일이라고 말했다〉라고 회상했다. 망고가 상하자 포르말린에 담겨 보존되었고 플라스틱 복제품이 제작되었다. 망고 중 하나가 고구마를 닮았다고 언급한 어느 시골의 치과 의사는 악의적인 모략 혐의로 재판을 받아 처형되었다.

마오쩌둥이 신이 되어 가던 그 순간에 그의 신도들은 중국의 오랜 신앙적 기반을 해체하고 있었다. 카를 마르크스는 종교를 사회주의 투쟁과 양립할 수 없는 〈공허한 행복〉으로 간주했고 「인민일보」는 젊은이들에게 〈네 가지 구습〉 즉 구관습, 구문화, 구습관, 구사상을 타파하라고 요구했다. 홍위병들은 맹렬한 폭력성을 보이며 사원을 파괴했고 성물들을 박살 냈다. 빈센트 구사트와 데이비드 팔머 같은 학자들은 이를 가리켜 〈중국 역사상, 어쩌면 인류 역사상 종교 생활에 대한 가장 철저한 파괴〉라고 표현했다. 때로는 마오쩌둥의 신격화와 그의 적들에 대한 파괴 행위를 분간하기가 불가능한 경우도 있었다. 〈계급의 적들〉이 쓴 가면을 벗겨 내고 그 안의 〈악마를 드러내는 거울〉로『마오 쩌둥 어록』이 사용되면서, 열정이 지나쳤던 두 지역에서는 식인 행위로 이어졌다. 그 지역 사람들은 계급의 적들로부터 내장을 꺼내어 공공 연회에서 그들의 장기를 먹었다.

1969년에 이르자 마오쩌둥에 대한 숭배는 통제 불가능한 상태가 되어 중국의 미래까지 위협하는 수준에 이르렀다. 목숨을 잃는 사람들이 갈수록 증가했고 사원들은 폐허가 되었다. 배지도 문제였다. 너무 많은 배지(총 20억 개에서 50억 개)가 제작되면서 공업 생산에 소비되어야 할 알루미늄이 배지를 만드는 데 이용되고 있었다. 마침내 마오쩌둥이 나서서 그 금속이 〈나라를 지킬 비행기를 만드는 데〉 사용되어야 한다고 말함으로써 배지 열풍을 잠재워야 했다.

1976년 마오쩌둥 주석이 사망하자 수집가와 투기꾼 들은 수익을 창출할 기회를 포착했고 투기 목적으로 배지를 모았다. 거래의 이윤이 상당했기 때문에 배지 시장에는 위조품들이 넘쳐 났다. 한때는 부적이었던 배지가 상품으로 변모해 베이징의 벼룩시장에서 다른 장식품들과 함께 거래되었다. 이제는 공장에서 대량으로 제작된 배지들이 인터넷에서 개당 7센트의 가격에 판매되었다.

덩샤오핑의 경제 개혁으로는 마오쩌둥의 문화 대혁명이 파괴한 중국의 오랜 신앙 체계를 재건할 수 없었다. 부에 대한 끈질긴 추구는 중국이 과거에 겪은 궁핍을 덜어 주었으나 국가와 개인의 궁극적인 목적을 규정하는 데는 실패했다. 이제 진실은 명백했다. 중국 공산당은 야만적 자본주의, 뇌물 수수, 만연한 불평등으로 가득한 나라를 통솔하고 있었다. 경제 성장을 위해 전력 질주하면서 중국은 한때 부패와 부도덕을 저지하던 모든 방어 장치들을 무시한 채 앞으로 나아갔다. 중국인의 삶에는 〈징선콩쉬(精神空虛)〉 즉 〈정신적 공허〉라고 이름 붙인 빈자리가 생겼고 이 자리를 다른 무언가로 채워야 하는 상황이 도래했다.

2010년 겨울, 우리는 〈궈쉐 후통〉 즉 〈국학(國學) 골목〉에 있는 작은 벽돌집으로 이사했다. 자동차 두 대가 동시에 지나갈 수 없을 정도로 좁고 구부러진 막다른 골목치고는 제법 거창한 이름이었다. 봄이 되면서 동네 사람들이 길의 그늘진 쪽에 자리 잡고 카드놀이를 즐기자 길은 더욱 좁아졌다.

자금성 북쪽 시끌벅적한 대로에 둘러싸인 국학 골목은 베이징의 옛 모습이 남아 있는 지역으로 두 개의 보물 사이에 자리 잡은 덕에 명맥을 유지할 수 있었다. 베이징에서 가장 큰 티베트 사원인 라마 사원과 중국에서 가장 중요한 철학자 공자를 기리는 7백 년 된 사당이었다. 베이징에서 점술가들이 가장 많이 몰려 있는 구역이 두 곳을 빙 둘러싸고 있던 터라, 이 모든 요소들로 인해 그 근방은 베이징에서 정신 활동이 가장 활발한 지역이었고 물건이 아니라 신앙을 파는 어수선한 노천 시장의 느낌을 풍겼다.

골목의 이름은 위치에서 기인했다. 〈국학〉은 중국 문화의 핵심을 이루는 철학, 역사, 정치학을 아우르는 말이었다. 어떤 역사와 사상이 국학에 포함되어야 하는지 정확히 규정하는 문제는 분명 고민스러운 일이었지만 중국 사상가들은 서구화의 압력으로부터 중국을 보호할 수 있는 가장 강력한 조합을 찾아내고자 몇 세대에 걸쳐 노력했다. 20세기 초 중국 최고의 지식인이었던 량치차오는 〈국가의 정수〉를 고취하라고 촉구했고, 최근 들어서 중국 지도자들은 다시금 그의 제안을 채택하여 중국 문화의 깊은 뿌리와 사회주의의 잔여물을 결합시키고자 했다. 서구의 정치적 가치관이 확산되는 것에 불안을 느낀 그들은 철학과 학생 탕제처럼 중국 고전을 방어물로 재활용했다. 머지않아 우리 동네를 〈국학의 성지〉로 선포하는 현수막이 걸렸다.

우리 골목에는 가게나 술집, 식당이 없었다. 큰길 융허궁다제(雍和宮大街)에서 겨우 100미터쯤 떨어진 곳이었지만 막다른 골목과 오래된 집들 때문에 마치 인구 1900만의 도시에 둘러싸인 시골 마을 같았다. 동네 사람이 기르는 수

닭이 새벽을 알렸다. 아침 공기 속에서 생가죽 채찍을 휘두르며 운동을 하는 사람도 있었다. 우리는 말 그대로 다닥다닥 붙어 살았다. 책상에 앉아 있으면 매일 저녁 정확히 6시에 이웃집 미망인 진바오주가 화덕에 불을 켜는 소리, 6시 5분에 기름이 치익 하고 타는 소리, 6시 15분에 저녁을 먹는 소리가 들렸다.

후미진 덕에 골목 안의 생활에는 자유로운 면이 있었다. 설날에 한 이웃이 우리를 불꽃놀이에 초대했는데 엄밀히 말하면 불꽃놀이는 불법이었다. 어느 해에는 폭죽이 쓰러지면서 사람들을 향해 발사된 적도 있었다. 두 달 후에는 진 부인이 집을 허물고 공터 쪽으로 1미터쯤 확장해서 다시 짓기로 했다. 그녀의 집은 비좁았고 그녀에게 필요한 일이었으므로 나는 상관하지 않았다. 하지만 우리 집 집주인은 격분했다. 그는 그녀가 〈햇빛을 도둑질한다〉고 비난하며 소송을 걸었다. 누가 어디까지 소유했는지 그들은 끝내 합의할 수 없었다. 부분적으로는 문화 대혁명 기간 중 너무나 많은 사람들이 서로의 재산을 무단으로 점유했기 때문이다.

우리 집 현관에서 그다지 멀지 않은 곳에 〈사이비 종교에 대한 경고와 교육〉을 위한 공공 게시판이 설치되었다. 게시판 맨 윗줄에는 커다란 한자로 〈사이비 종교를 경계하라. 조화를 이룩하라〉라고 쓰여 있었다. 이 부근에서 수많은 정신적 활동이 이루어졌기에 정부는 경계의 눈으로 동네를 주시했고, 충성과 헌신을 놓고 그들과 경쟁을 벌이는 종교 단체들에 대해 우려를 표시했다. 1990년대에 중국에서 파룬궁이 대두하여 보다 많은 권리와 승인을 요청하자 당은 파룬궁을 사이비 종교로 선포했는데, 여전히 파룬궁 신자들을 엄중 단속하고 보이는 즉시 검거하고 있었다. 게시판에는 〈문제와 파괴를 일으키려는 파룬궁의 일일 음모에 대응하기〉라는 제목의 포스터도 나붙었다. 사이비 종교가 〈사회 질서를 혼란에 빠뜨리는 유언비어를 생성하고 퍼뜨리기 위해 컴퓨터 통신망을 사용한다〉는 내용이었다. 나는 그 근방에서 사이비 종교에 가입하라는 권유를 받은 적이 한 번도 없었지만, 혹시라도 그런 일이 일어날 것에 대비해 대응하는 방법을 설명한 포스터도 있었다. 〈듣지 말고, 읽지 말고, 공유하지 말고, 가입하지 말라.〉

외부인이 보기에 흔히 중국인들은 신앙 활동에 시간을 허비하지 않는 실용주의자 같지만 중국은 수천 년 동안 신앙은 물론이고 종교 의식과 밀접한 관계를 유지해 왔다. 그 증거로 베이징에는 아시아의 어느 도시보다 많은 사원들이 있었다. 도교와 불교는 다양한 토착신과 함께 번성했다. 학자들은 문학의 신에게 기도했고 병자들은 류머티즘의 신에게 호소했으며 포병들은 대포의 신을 숭배했다. 수천 킬로미터 떨어진 곳에서 베이징으로 향하는 순례자들중 일부는 한 발짝씩 나아갈 때마다 오체투지를 하면서, 다시 말해 모르는 사람이 보기에는 자벌레처럼 바닥에 길게 눕기를 반복하면서 앞으로 나아갔다.

문화 대혁명이 진정되고 점차 종교가 〈대중의 아편〉이라는 마르크스의 믿음을 재해석할 수 있게 되자 중국인 학자들은 마르크스가 언급한 종교는 그가살던 시기의 독일에 존재했던 종교를 지칭한 것이지 종교 그 자체에 대한 것이아니라고 주장했다. 그즈음 이미 물질적인 만족을 추구하고 있던 중국에서, 사람들은 물질적인 만족이 열망의 단지 일부만을 채워 줄 뿐이라는 사실을 깨달았다. 의미와 자기 수양, 본질적인 삶 같은 존재론적인 질문과 관련한 막다른 벽에 봉착한 것이다. 때로는 해일 같은 애국심이 국민들에게 삶의 형태와방향을 제시했다. 하지만 일본 작가 무라카미 하루키가 일본의 민족주의에 대해 썼듯이 그러한 애국심은 〈싸구려 술 같은〉 것에 불과했다. 〈이 싸구려 술은단지 몇 잔만으로도 사람을 취하게 하고 병적으로 흥분하게 만든다. 그러나취중 광란 이후에 남는 것은 오로지 다음 날의 끔찍한 두통뿐이다.〉

우리가 그 동네에 정착할 즈음 중국은 완전한 부활을 향해 한창 나아가는중이었다. 한 연구에 따르면 〈정신적 공허〉는 이제 〈원심력에 의해 사방으로 터져 나가는 종교적 경험〉으로 채워지고 있었다. 사람들은 주변의 기관을 신뢰하지 않았다. 예컨대 공산당은 관료들의 위선으로 몸살을 앓았고 언론은 뇌물 수수와 검열로 제 역할을 하지 못했으며 대기업은 인사 청탁과 친족 등용으로 악명 높았다. 다른 곳에서 그들의 믿음을 의탁할 대상을 찾아야 했다. 가난한 시골 지역에서는 사원들이 다시 문을 열고 도교와 불교, 민간 신앙이 혼합된 형태의 신앙을 제공했다. 기독교도는 이제 6천만 명에서 8천만 명에 이르렀고 공산당원의 수에 필적하는 공동체를 형성했다. 내가 만난 중국인 중에는 펜테코스트파* 신자인 판사들과 바하이교** 신도인 재벌들도 있었다.

다양한 선택이 가능해지자 몇몇 사람들은 다소 무차별적으로 여러 종류의 신앙에 분산 투자했다. 매년 봄 입시철이 되면 중국의 부모들은 자녀의 높은 점수를 기원하기 위해 라마 사원 정문으로 줄지어 들어갔다. 그런 다음에는 길 건너 공자 사당으로 가서 기도했고 몇몇은 혹시나 하는 심정으로 가톨릭 성당에서 오후 일정을 마무리했다.

종교와 사업, 자기 계발을 혼합한 형태의 집단들이 우후죽순으로 생겨났다. 한번은 〈탑 휴먼〉이라는 단체의 모임에 참석한 일이 있는데, 그 단체는 야심 찬 사람들을 신입 회원으로 모집해서 〈자신의 심리를 들여다볼 수 있도록〉 도와주는 〈영감적인〉 상품들을 판매하게 했다. 그 단체가 〈정신과 관련한 상품〉을 판매하는 회사인지 아니면 〈종교〉인지 지역 신문들이 의문을 제기하자 결국 정부가 나서서 그 단체를 해산시켰다. 소문에 의하면 단체의 창립자들은 세금 포탈죄로 감옥에 갔다고 했다.

지난 수년 동안 나는 오랜 빈곤을 겪은 후 부를 추구하는 사람들의 이야기를 추적했다. 다양한 계층의 사람들에게 진실을 듣기 위해 중국 곳곳을 누볐

* 성령의 힘을 강조하는 기독교 교파.
** 페르시아인 바하올라가 창시한 종교.

다. 하지만 중국에 머무는 시간이 길어질수록 무엇보다 단박에 알아차릴 수 없는 어떤 변화를, 의미를 추구하는 움직임을 이해하는 데 많은 노력을 기울이게 되었다. 지난 1백 년간 중국 역사에서 신념을 둘러싼 투쟁보다 더 격변을 초래한 것도 없었기 때문이다. 나는 인생에서 가장 중요한 가치가 무엇인지 알고자 하는 사람들의 삶이 궁금했다. 굳이 멀리에서 답을 찾을 필요는 없었다. 동네 서점에만 가도 중국어로 된 『영혼을 위한 안내서』, 『무엇을 위해 사는가?』 같은 책들이 나와 있었다. 요컨대 나는 우리 집 현관을 나와 나침반의 어느 방향으로 걸어가든 각기 다른 답을 얻을 수 있었다.

국학 골목의 정확히 동쪽 방향에 라마 사원이 있었는데 이 사원은 밝게 채색된 목조와 석조 전각들로 이루어져 매우 화려했으며 항상 향 연기에 둘러싸여 있었다. 라마 사원은 세계에서 가장 중요한 티베트 사원 중 하나였고 중국 정부 입장에서는 베이징에서 가장 민감한 장소 중 하나였다. 베이징은 한때 티베트 불교와 우호적인 관계였다. 중국 황제들은 수천 명의 티베트 승려들을 수도에 거주시키며 제국의 수호를 위해 기도해 달라고 요청했다. 하지만 1959년에 이르러 티베트의 정신적 지도자 달라이 라마가 티베트에 대한 중국 공산당의 영토권 주장에 반박하고 산악 지대를 넘어 인도로 빠져나가 중국에서 탈출했다. 그는 망명 중에 노벨 평화상을 받았고, 승려 출신으로 그의 친구이기도 한 컬럼비아 대학 교수 로버트 서먼의 말을 빌리자면 티베트인들을 〈인권 운동의 새끼 물개〉로 만들었다. 교황 요한 바오로 2세가 소비에트 제국에 반대하는 상징적인 인물이었다면 달라이 라마는 중국의 지배에 저항하는 대표적인 인물이 되었다. 2008년 봄에 티베트에서 봉기가 일어나자 중국 지도자들은 달라이 라마가 불안을 조장했다고 비난했다. 정작 본인은 어떠한 개입도 부인했지만 그들은 그를 〈모국에 분열을 조장하려는 승려복을 입은 늑대〉

로 간주했다.

라마 사원 주변에는 제복 경찰과 사복 경찰이 상주했는데 대다수 방문객이 티베트인이 아니라는 사실을 생각하면 무척 기이한 광경이었다. 향을 피우고 건강한 아기를 낳게 해달라고 기도하러 오는 부유한 젊은 중국인 부부들이 대부분이었다. 그들에게 티베트는 미국의 황량한 서부에 견줄 만큼 매혹적인 중국 영토이자 영성과 엄격한 개인주의를 연상시키는 멋진 여행지였다. 한 젊은 중국인 록 뮤지션은 내게 〈티베트에 가면 자유를 느낍니다〉라고 했다.

내가 아는 한족 중에는 티베트 불교 신자도 많았다. 린이라는 이름의 비공개 기업 투자자도 그런 사람 중 하나였다. 한쪽 손목에는 염주를 차고 다른 쪽에는 스위스제 시계를 찬 그는 자신의 신앙과 달라이 라마에 대한 정부의 경고 사이에서 균형을 유지하려고 노력했다. 「티베트의 스승님들께 가르침을 받을 때 〈스승님은 중국인이십니까, 아니면 티베트인이십니까? 제가 헌금하는 돈을 무기 사는 데 쓰실 건가요?〉라고 묻곤 했어요.」 그가 심리학과 유심론에 잠시 관심을 가졌다가 티베트 불교에 정착한 이유는, 도교적인 요소와 전통적인 요소가 뒤섞인 중국 불교에 비해 티베트 불교가 더 순수한 느낌을 주기 때문이었다. 달라이 라마에 대해서는 〈그분은 대략 60권가량의 책을 썼고 나는 그중 30권쯤 읽었을 겁니다〉라고 말했다.

당시 우리는 베이징의 한 노천카페에서 이야기를 나누었는데, 그 자리에 동석한 식당 주인이자 공교롭게도 공산당원이던 또 다른 친구가 과장되게 헉 소리를 내면서 〈그런 말을 하다니 진짜 용감한 친구군요〉라고 말했다. 두 눈을 멀뚱거리는 린을 보면서, 나는 그가 자신의 신앙 생활에 요구되는 대담성을 즐긴다는 인상을 받았다. 린이 말했다. 「내 생각에 달라이 라마는 실제로 티베트 분리주의자가 아니에요. 만일 그랬다면 지금쯤 티베트는 통제 불능 상태일 겁니다.」

라마 사원을 중심으로 사방 몇 구역에 걸쳐 소규모 점포들이 산재해 있었다. 풍수 전문가와 장님 예언자, 적당한 가격에 신생아나 새로운 사업에 붙일 상서로운 이름을 지어 주는 〈작명가〉 등이 운영하는 가게였다. 수십 년간 지하에 숨어 있던 점술 사업이 세상 밖으로 나와 호황을 누리고 있었다. 중국에서는 성공과 실패의 상당 부분이 불가사의한 요소들과 숨겨진 관계, 보이지 않는 거래에 의해 좌우되었기 때문에 사람들은 신의 도움이 절실했다.

점술가들은 〈정치 경제적 미래를 예언합니다. 결혼 운세를 봅니다. 대학 입학시험 점수를 높여 줍니다〉와 같은 광고판을 창문에 걸어 자신의 전문 분야를 알렸다. 〈액운을 물리쳐 줌. 기타 등등〉이라는 광고판의 글귀와 같이, 요청에 따라 보다 고차원적인 서비스도 이용 가능했다. 상더강이라는 사람의 점집을 방문할 때면 언제나 산부인과가 떠올랐다. 차이가 있다면 무럭무럭 자라는 아기들 사진이 있어야 할 자리가 환하게 웃는 고객들 사진으로 도배되어 있다는 것 정도였다. 어느 날 오후 상 선생이 손가락으로 한 여성의 사진을 두드리면서 내게 말했다. 사진 속의 그녀는 상기된 얼굴로 어색한 미소를 짓고 있었다. 「펑위안이라는 이 젊은 아가씨는 처음 베이징에 왔을 때만 하더라도 별 볼일 없는 사람이었습니다. 지금은 미용사로 일하면서 수많은 유명인들과 친구가 되었죠.」 그녀는 납작한 녹색 물건을 들고 있었다. 「내가 그녀에게 옥쟁반을 만들어 준 덕분에 운명이 바뀐 겁니다.」

상 선생의 집무실은 『월스트리트 풍수』처럼 그다지 오래되지 않은 책들로 어수선했고 점술은 불교와 도교에 더해 약간은 말장난 같은 주문이 섞여 있었다. 하지만 정작 영업을 할 때는 주로 역사와 연계하는 방식에 의존했다. 그는 자신을 상커시 장군의 후손이라고 소개했으며 가죽으로 장정된 10센티미터 두께의 상씨 가문 족보를 항상 책상에 놓아 두었다. 문화 대혁명 기간에 무수히 많은 족보들이 불타 없어진 까닭에 그가 간직한 족보는 고객들에게 깊은 인상을 주었다. 그리고 집안의 역사를 알 수 없는 그들로서는 그의 역사에 대해 들으면서 일종의 위안을 느꼈다. 그가 내건 광고판은 〈한때 상위 계층만 이용 가능했던 초자연적인 서비스〉를 약속했다.

마오쩌둥의 노력에도 불구하고 민간 신앙은 삶의 구석구석에서 여전히 번성했다. 국학 골목으로 이사한 뒤 처음으로 맞이한 가을이었다. 책상 위쪽 천장에서 무언가를 파고 긁는 소리가 들렸다. 그러려니 하고 넘어갔는데 몇 주 뒤부터는 서재에서 동물원에서 나는 것과 비슷한 냄새가 나기 시작했다. 그러던 어느 날 밤이었다. 창문 밖에서 금색 털로 뒤덮인 정체불명의 동물이 나무를 쏜살같이 타고 올라가더니 지붕에 난 구멍 안으로 사라졌다. 동네에 사는 황원이라는 사람에게 그 일을 이야기하자 그가 미소를 지었다.

「그건 족제비예요. 경사로군요!」 그의 설명에 따르면 족제비는 곧 부자가 된다는 징조였고 그 밖에 고슴도치와 뱀, 여우와 쥐도 마찬가지였다. 이런 동물들은 무덤 주위를 배회하기 때문에 조상의 혼이 깃들어 있다고 여겨졌다. 황원이는 〈그 족제비를 방해하지 마세요〉라고 조언했다. 가정부 마씨 아주머니에게 집에 족제비가 산다고 설명하자 그녀 역시 단호한 말투로 〈혹시라도 족제비를 때리지 말아요. 족제비를 때리면 절대 안 돼요〉라고 경고했다.

하지만 책상에서 풍기는 악취 때문에 일하기가 곤란했다. 어떤 식으로든 조치를 취해야 했다. 며칠 후 나는 한창둥이라는 해충 구제업자와 나란히 마당에 서 있었다. 내가 목격한 상황을 설명하자 그는 나를 안심시키려는 듯 고개를 끄덕였다. 「족제비가 분명해요. 정말 운이 좋군요.」

「해충을 없애야 할 분이 그렇게 말해도 되나요?」

한창둥이 어깨를 으쓱해 보인 다음 설명했다. 「중국 사람들은 족제비가 집안으로 들어와 사는 것을 매우 상서로운 일로 여긴답니다.」 그의 말에 따르면 도시의 많은 지역이 점차 콘크리트로 바뀌면서 마지막 남은 야생 동물들이 목재와 지푸라기를 찾아 골목 안으로 밀려 들어왔다고 한다. 그가 자신의 장비 가방을 뒤적이며 말했다. 「우리 고향이었다면 재물의 신께 감사 제물이라도 바칠 일이지만 여기 상황은 또 다를 수 있겠죠. 그럼 족제비를 처리합시다.」 그가 가방에서 쥐약 통을 꺼내자 꺼림칙한 기분이 들었다.

「잠깐만요. 이러는 게 나쁜 생각일까요? 영적인 측면에서 말이에요.」

한창둥은 질문의 의도를 곰곰이 생각해 보더니 〈괜찮을 거예요. 당신은 외국인이고 이런 것을 믿지 않으니까요〉라고 대답했다.

나도 내가 무엇을 믿는지 더 이상 확신할 수 없었다. 어쨌거나 너무 늦었다. 한창둥은 이미 분홍색 쥐약 몇 움큼을 지붕 이곳저곳에 난 구멍에 뿌리고 있었다. 작업을 마친 그는 1년 동안 환불 보상이 적용된다고 말했다. 「족제비가 다시 나타나면 전화 주세요.」

천장은 다시 조용해졌다. 하지만 그것도 잠시 뿐, 2주가 지나자 다시 긁는 소리가 들리기 시작했고 이번에는 정도가 더 심했다. 냄새도 전보다 지독했다. 복수의 냄새라는 생각도 들었다. 해충 구제업자 한창둥에게 환불을 요청하는 일은 없었다. 대신 서재의 공기를 환기할 환풍기를 구매하고 머리 위의 족제비와 함께 사는 법을 배웠다.

동네의 이웃 가운데 우리 집과 가장 가까운 이웃은 공자 사당이었다. 우리 집 부엌과 벽을 공유할 정도였다. 사당은 1302년에 건립된 한적한 시설로 베이징에서 가장 조용한 장소 중 하나였다. 경내에는 아주 오래된 나무들이 있었고 우리 집 지붕 위로 보이는 높은 목조 정자는 마치 양심이 솟아 있는 듯한 모양이었다. 아침마다 나는 커피 한 잔을 들고 밖으로 나가서 옆집이 잠에서 깨어나는 소리를 들었다. 빗자루로 판석을 쓰는 소리, 수도꼭지가 끼익거리는 소리, 머리 위로 날아가는 까치들의 위협적인 울음소리.

그 사당이 지금까지 건재한 것은 작은 기적이었다. 공자는 기원전 6세기에 태어난 철학자이자 정치가로, 한때는 그를 숭배하는 사당이 중국 전역에 수천 개에 달했다. 그는 중국 역사에서 서양의 소크라테스와 비슷한 위치를 차지했는데 여기에는 질서와 충성을 장려한 그의 사상도 한몫했다. 공자는 어떻게 하면 정치를 잘 할 수 있느냐는 물음에 〈임금은 임금다워야 하고 신하는 신하다워야 하며, 아버지는 아버지다워야 하고 자식은 자식다우면 된다〉라고 답했다. 그는 도덕성을 국가의 힘과 연관 지었다. 〈덕으로 정치를 행하는 것은, 비유하건대 북극성이 그 자리에 있고 많은 별들이 북극성을 향하고 있는 것과 같다.〉 〈영구 혁명〉을 신봉한 마오쩌둥 주석이 1966년에 문화 대혁명을 시작하면서 젊은 홍위병들에게 구관습, 구문화, 구습관, 구사상을 지목하며 〈네 가지 구습을 타파하라〉고 촉구했을 때에 광신도들이 〈악질 분자, 우파, 괴물, 괴짜〉 등을 양산한다는 이유로 공자를 비난하고 나서자 마오쩌둥 휘하의 장교들 중 한 명이 공자의 무덤을 파헤쳐도 좋다고 승인했다. 뒤이어 수많은 사당이 파괴되었다. 1980년대에 이르러서도 유교에 대한 거센 비판은 그칠 줄 몰라 사학자 잉스 위는 온갖 중상에 휘둘리는 유교를 〈방황하는 영혼〉이라고 지칭하기도 했다.

2010년 9월의 어느 아침이었다. 사당 담장 너머로 스피커가 치직거리며 켜지는 소리가 들리는 듯싶더니 뒤이어 커다란 종과 북, 피리 소리와 고전 문학에 나오는 구절을 낭송하는 소리가 들려왔다. 20분간 지속된 공연은 1시간 후에 반복되었다가 1시간 후에 다시 반복되었고 다음 날도 마찬가지였다. 방황하는 영혼은 어떤 형태로든 계속 꿈틀거리고 있었다. 〈정신적 공허〉가 어떻게든 결국에는 채워질 것이라는 사실이 명백해진 1980년대부터 공산당은 그 공허를 메우는 일에 직접 관여하기로 마음먹었다. 혁명, 계급 의식 같은 오래된 프롤레타리아적 가치들은 이제 시대에 뒤떨어진 터였다. 지도자들에게는 그들 자신을 찬란했던 과거의 중국 문화와 결부시킬 수단으로서 집권당에 어울리는 새로운 도덕적 어휘가 필요했다. 신흥 중간 소득 계층을 위한 도덕과 정치학이 필요한 상황이었다. 당은 싱가포르의 중국인 공동체와 타이완에서 일어난 공자의 부활에 강한 흥미를 느꼈다. 어쨌거나 공자는 중국 고유의 도덕적 상징이며 중국의 〈국학〉에서 굳건히 한자리를 차지하고 있는 인물이었다. 베이징에서 공자의 명예가 회복되는 순간이었다.

중국 정부는 세계 곳곳에 4백 개가 넘는 〈공자 학원〉을 열고 표준 중국어와 역사를 가르쳤다(재외 학자들은 공자 학원이 티베트나 타이완 문제처럼 논란이 많은 쟁점을 토론하지 못하도록 억압한다고 항의했다). 공자의 부활을 지지하는 사람들은 공자가 서양의 〈이기주의적인 철학〉으로부터 중국을 보호해 줄 것이라고 주장하면서 공자의 고향인 취푸를 예루살렘에 비유했다. 공자가 태어났다고 알려진 동굴 근처에 5억 달러를 들여 박물관과 복합 공원을 건설하기 시작했다. 계획에 따르면 자유의 여신상과 비슷한 높이로 공자 동상이 들어설 예정이었다. 홍보물을 제작하면서 취푸 시는 그들 도시를 〈동양의 성스러운 도시〉로 소개했다. 2012년에 이르러 그해에만 440만 명이 취푸를 방문했는데 이는 이스라엘을 찾는 한 해 방문객을 넘어서는 숫자였다. 중국 공자 연구 협회는 이미 결혼한 사람들에게 공자의 동상 앞에서 결혼 서약을 갱신하도록 권유하는 내용을 포함한 새로운 전통을 만들었고 사학자들은 공자의 인상을 쇄신하고자 중국 전통 복식을 한 인자한 노인이 가슴 높이에서 양손을 맞잡은 이른바 〈표준화된〉 초상화를 발표했다.

고전 문학에서 〈상업적 지혜〉를 얻으려는 기업가들을 겨냥해 대학들은 앞다투어 고액 강좌를 개설했다. 공자의 사상을 다루는 국학 웹 사이트가 선전 증권 거래소에 상장되었으며 기업심이 왕성한 일부 유생들이 공자를 테마로 사용하는 와인 회사의 지원을 받아 국제 공자 축제를 개최하기도 했다. 공자의 고향에서 열린 그 축제에서는 수천 명에 달하는 사람들이 스타디움을 가득 메웠고 옛날 학자들의 이름이 인쇄된 거대한 풍선들이 머리 위로 떠다녔으며 아주 짧은 의상을 입은 한국 가수가 록 공연을 펼쳤다.

1960년대에 미국의 보수주의 운동이 도덕성과 고결함을 회복하고자 탈자유주의 열망을 이용했던 것처럼, 중국에서 고전주의의 부활은 중국인이라는 사실이 의미하는 일종의 향수에 의존했다. 요컨대 고대 중국 역사 속 이상화된 이야기에 기록된 보다 단순했던 과거의 이미지, 도덕적 투명성과 결단력을 갖춘 고결한 장수들과 정직한 군주들의 이미지를 강조한 것이다. 탕제 같은 젊은 민족주의자들은 대부분의 사람들이 예전에는 알았지만 이미 잊은 지 오래된 의식들을 공자 사당에서 예전 학자들의 복식을 하고서 그대로 재현하는 행사를 조직했다.

공자의 부활은 그 나름의 시장을 창출했다. 공산당 정치 자문 위원이자 텔레비전 화면이 잘 받는 언론학 교수 위단이 낸 공자 강연 모음집은 최근 몇 년 사이 가장 의외의 베스트셀러였다. 그녀는 〈한 나라의 진정한 힘과 풍족함을 가늠하려면 단순히 국민 총생산의 증가만을 볼 것이 아니라 평범한 개개인의 내면도 살펴야 한다. 그가 안전하다고 느끼는가? 행복한가?〉라고 썼다. 회의주의자들은 그 같은 주장을 〈공자의 영혼을 위한 닭고기 수프〉라며 비웃었지만 위단은 중국에서 두 번째로 돈을 많이 번 작가가 되었다.

공자 사당에서 소리가 들리기 시작하고 며칠이 지나자 그곳에서 공자의 탄생을 기념하는 행사가 열렸다. 공산주의자들이 권력을 잡은 1949년 이후 처음 있는 일이었다. 행사에서는 정부 인사들과 교수들이 연설을 했고 일단의 어린이들이 고전에 나오는 문구를 암송했다. 나는 아이들의 암송이 그 음악 공연의 끝을 알리는 신호이리라 생각했지만 사실상 연주회는 계속되어 날씨에 상관없이 매일 오전 10시부터 오후 6시까지 매시 정각에 정규 일정으로 행해졌다. 공연 소리가 국학 골목 구석구석에 울려 퍼지자 처음에는 신기해하던 동네 사람들도 점점 거슬리는 일상으로 여기게 되었다. 같은 동네에 사는 황원이가 어느 날 오후에 나를 찾아와 〈밤이 되도 머릿속에서 소리가 울릴 지경이에요. 마치 하루 종일 배를 탄 것 같아요. 지금도 골이 흔들려요〉라고 불평을 늘어놓았다.

좋은 생각이 났다는 듯 그의 얼굴이 밝아졌다. 「당신이 가서 소리 좀 줄여 달라고 하세요.」

「왜 나죠?」

「당신은 외국인이잖아요. 당신이 얘기하면 관심을 보일 거예요.」

나는 과연 내가 중국에서 가장 유명한 철학자를 상대로 불만을 제기할 경우에 뒤따라올 관심을 원하는지 확신이 없었다. 하지만 그 공연에 대한 호기심도 있던 터라 우즈유라는 사원 책임자를 만나기로 약속을 잡았다. 예상했던 것과 많이 다른 사람이었다. 신학자라기보다 중국 드라마에서 인자한 아버지 역을 연기하는 배우 같았다. 50대 중반의 호방한 미남이었고 볼에는 완벽한 한 쌍의 보조개가 있었으며 울림 있는 목소리가 왠지 친근하게 들렸다. 사당 책임자로 임명되기 전에는 베이징 선전부 조사국에서 대부분의 경력을 쌓았으며 마케팅에 관심이 많았다. 그가 공연에 대해 말했다. 「중국인, 외국인, 남자, 여자, 교육 수준이 높거나 낮은 사람, 전문가, 일반인 등 각계각층의 사람들에게 좋은 반응을 얻고 있습니다.」

공연의 제작에도 관여하는지 묻자 그는 눈을 빛냈다. 「주 기획자가 바로 접니다. 모든 세부 사항을 검토했죠. 내레이션도 제가 한 겁니다.」

그는 부담이 큰 상황에서 공연이 구상되었다고 말했다. 공자가 죽은 지 2천 년도 더 지났지만 공연을 준비하는 데 주어진 시간은 불과 한 달이었다. 그는 작곡가를 고용하고 지역 예술 학교에서 무용수들을 모집했으며 공연의 모양새를 갖추기 위해 중국 고전에서 적절한 문구들을 발췌했다. 「영화나 연극처럼 흐름상의 기복과 절정이 필요합니다. 너무 단조로우면 절대로 효과를 얻을 수 없어요.」

우즈유는 공자를 무대에 올리면서 그 일을 즐기고 있는 것 같았다. 「중학교에 다닐 때 항상 학생회 선전부장이었어요. 나는 글을 낭송하길 좋아하고 음악과 미술도 좋아하죠.」 여가 시간이면 그는 중국식 스탠드업 코미디인 만담까지 공연했다. 내가 보기에 그는 공자 사당을 자신의 공연장으로 만드는 데 성공한 것 같았다. 향후 계획도 있었다. 「우리는 도자기로 된 공자의 72제자 동상을 갖춘 새로운 세트를 만들고 있습니다. 조명도 더 필요하죠. 그럼 완벽하지 않을까 싶어요.」

우즈유가 시계를 확인하더니 내게 3시 공연을 보라고 권했다. 사무실에서 나오기 전에는 그 사당의 내력에 관한 책을 한 권 주면서 말했다. 「이 책을 읽으면 궁금증이 모두 풀릴 겁니다.」

무대는 경내 북쪽의 한 정자 앞에 마련되었고 조명도 구비되어 있었다. 출연자들은 학자 복식을 한 열여섯 명의 젊은 남녀로 구성되었다. 정해진 노래와 춤 각각에는 고전 문구에서 따온 제목을 붙이고 낙관적인 해석을 적용했다. 이를테면 〈행복〉이라는 공연은 〈행운은 불운 안에 있고 불운은 행운 안에 있다〉라는 구절에서 가져온 제목이었는데, 불길한 뒷부분은 무대에서 생략되었다. 마무리 공연 〈조화〉는 공자와 공산당을 연결시켰다. 소책자에 나와 있는 설명에 따르면 〈조화로운 현대 사회를 건설하는 데 긍정적인 영향을 끼칠 수 있는 조상들의 조화로운 관념과 조화로운 사회〉를 표현한 것이었다.

사당 책임자가 준 책을 읽고 나는 아주 먼 옛날 일들에 대한 지극히 자세한 설명에 감명을 받았다. 7백 년 전에 누가 어떤 나무를 심었는지까지 기록되어 있는가 하면 〈명사들의 일화〉라는 장에는 사당과 관련한 역사 속 인물들이 생생한 초상화와 함께 소개되었다. 그럼에도 1905년에서 1981년까지의 기간을 포함하여 몇 가지 문제에 대해서는 눈에 띄게 침묵했다. 요컨대 공자 사당의 공식 역사에서 20세기의 대부분은 빈칸이었다.

중국에 머무는 동안 나는 역사가 왜곡되는 경우 이를 알아차리는 법을 터득했다. 이를테면 카세트테이프에 오물이 묻어서 음악이 끊겼다가 잠시 후에 마치 아무 일도 없었던 것처럼 다시 노래가 나올 때와 비슷한 느낌이었다. 이런 식의 편집 중 일부는 위에서 정해졌다. 공산당은 톈안먼에서의 강력한 탄압이나 대약진 운동에 의해 촉발된 기근에 대해 이야기하는 것을 금지했다. 그들 스스로가 그 일들에 대한 책임을 부인하거나 인정하지 않았고 그런 일들의 재발을 방지하려면 어떤 변화가 필요할지 논의한 적도 없었기 때문이다. 그리고 오랜 시간 동안 일반 중국 시민들도 망각을 위한 당의 노력에 일조했다. 가난해서 먹고살기 바쁜 이유도 있었지만 그들 대다수가 어느 순간에는 피해자였다가 어느 순간에는 가해자였기 때문이었다.

공자 사당에 관한 다른 책들에서 우즈유가 준 책의 빈칸들을 채울 수 있었다. 특히 1966년 8월 23일 밤과 관련한 빈칸을. 문화 대혁명이 시작된 주였고 〈네 가지 구습을 타파하라〉는 명령이 모든 형태의 권위에 대해 폭력적인 공격으로 발전한 시기였다. 그날 밤 한 무리의 홍위병이 중국에서 가장 유명한 작가 중 한 명인 라오서(老舍)를 공자 사당 정문 앞으로 불러냈다.

그는 예순일곱 살이었고 중국에서 노벨 문학상 수상자로 가장 기대되는 인물이었다. 외국 군대와의 전투 중 사망한 제국 경비대원의 아들로 태어난 라오서는 사당에서 멀지 않은 곳에서 가난하게 성장했다. 1924년 런던으로 건너가 5년 동안 블룸즈버리 근교에 머물며 콘래드와 조이스의 작품을 읽었다. 트위드 옷을 살 돈이 없어서 카키색 면직 옷을 즐겨 입었다. 1939년에 발표한 소설

『낙타샹즈(駱駝祥子)』에서는 정직하고 독립심 강했던 한 젊은 인력거꾼이 사회의 부당함에 직면하여, 라오서의 표현에 따르면 〈병든 사회의 타락하고 이기적이며 불행한 산물〉로 전락한다. 베이징에서 라오서는 파리의 빅토르 위고 같은 존재가 되었다. 공산당도 그를 〈인민의 예술가〉라고 치켜세웠다. 선전물을 제작하라는 당의 요청에 분개하기도 했지만 많은 이들이 그랬듯이 그 또한 당의 충실한 하인이었고 공산당과 사이가 틀어진 동료 작가들을 향해 비난을 퍼붓기도 했다.

이번에는 그가 표적이 되었다. 대체로 13~16세의 여학생들로 구성된 한 무리의 홍위병들이 그를 사당 문 안으로 밀어 넣고는 모닥불 옆 판석 위에 강제로 무릎 꿇렸다. 주변에는 마찬가지로 공격을 당한 다른 작가들과 예술가들이 보였다. 고발자들은 그와 서양과의 연계를 추궁했다. 〈반공산당 요소들을 타도하라〉라고 외치기도 했다. 그리고 커다란 놋쇠 버클이 달린 가죽 허리띠로 그들 앞에 있는 연로한 남자들과 여자들에게 채찍질을 했다. 라오서는 머리에서 피가 흘렀지만 의식을 잃지는 않았다. 구타는 3시간 동안 계속되었고 마침내 경찰서로 보내진 그를 아내가 집으로 데려갔다.

다음 날 라오서는 아침 일찍 일어나 집에서 북서쪽 방향으로 걸어가서 타이핑이라는 조용한 호수를 찾았다. 그곳에서 해가 질 때까지 시를 읽고 글을 썼다. 해 질 녘이 되자 웃옷을 벗어서 나뭇가지에 걸었다. 그는 주머니를 돌로 채우고 호수를 향해 걸어갔다.

이튿날 그의 시체가 발견되자 아버지의 시신을 수습하기 위해 아들 수이가 불려 갔다. 경찰은 라오서의 옷과 지팡이, 안경, 펜 외에 그가 남긴 종이 다발을 발견했다. 라오서가 스스로 〈자신을 인민으로부터 고립시켰다〉는 것이 그의 죽음을 둘러싼 공식 해명이었다. 그가 〈반혁명 분자〉인 까닭에 제대로 된 매장 허가를 받을 수 없어, 결국 그의 아내와 자식들은 시신 대신 그의 안경과

펜을 관에 넣고 장사를 지냈다.

나는 아버지의 시신을 수습했던 수이가 궁금했다. 이제 70대 노인이 되어 있을 터였다. 사망 당시의 아버지보다 더 나이 든 것이다. 수소문 끝에 그가 우리 집과 걸어서 불과 몇 분 거리에 산다는 사실을 알아냈다. 그가 나를 집으로 초대했다. 책과 두루마리, 그림 등으로 어수선한 그의 아파트를 보니 앞선 점술가의 가게가 떠올랐다. 수이는 백발에 통통하고 친절한 인상이었다. 이야기를 나누는 동안 근처의 운하에서 불어온 부드러운 산들바람이 창문을 통해 들어왔다. 그에게 아버지가 마지막 순간 어떤 마음이었을지 전보다 잘 이해하게 되었는지 물었다.

「정확히 알 수는 없겠지만 아버지의 선택은 투쟁을 위한 마지막 행동이었다고 생각해요.」 그가 말했다. 「오랜 시간이 흐른 뒤 우연한 기회에 아버지가 1941년에 쓴 〈시인들〉이라는 글을 발견했어요.」 1941년이면 라오서가 죽기 25년 전이었다. 「이런 글이었어요. 〈시인들은 이상한 족속이다. 그들은 다른 사람들이 행복할 때 맥 빠지는 말을 할 수도 있다. 다른 사람들이 슬퍼할 때 웃으며 춤을 출 수도 있다. 하지만 나라가 위험에 처했을 때는 스스로 물에 몸을 던져 자신의 죽음이 진실의 이름으로 경고가 되도록 해야 한다.〉」

중국에서는 이 같은 희생이 하나의 전통이었는데 기원전 3세기의 시인 굴원 (屈原)이 부패에 항의하고자 물에 빠져 죽은 것에서 유래했다. 수이가 말했다. 「그들이 저항하는 방식이며, 다른 사람들에게 진짜 진실이 무엇인지 이야기하는 방식이죠.」 그의 설명에 따르면 라오서는 〈구부러지느니 차라리 부러지는 쪽을 택하고자 한〉 사람이었다.

수이를 만나고 나서 나는 사당 책임자 우즈유를 다시 방문해 라오서의 마지막 밤에 대해 물었다. 그가 짧게 한숨을 내쉬고는 말했다. 「사실입니다. 문화대혁명 기간 중 이곳에서 불미스러운 일들이 있었죠. 이후에 라오서는 집으로 귀가해 호수에 몸을 던졌습니다. 그 일도 역사적 사실로 기술될 수 있겠네요.」

그에게 사당의 역사를 기록한 책에 그 일이 아예 언급조차 되지 않은 이유를 물었다. 대답할 말을 궁리하는 듯한 모습에 나는 일종의 홍보성 주장이 나올 거라고 예상했다. 하지만 우즈유가 내놓은 대답은 전혀 뜻밖이었다. 그는 간단히 〈너무 슬픈 일이기 때문입니다〉라고 말했다. 「그 일은 사람들을 너무 슬프게 만들어요. 그래서 아예 그 일을 언급하지 않는 편이 최선이라고 생각했죠. 사실이 맞고 역사적인 사건도 맞지만 그 일이 사당 때문에 일어난 건 아니잖아요. 시대의 상황 때문이죠. 공자 사당의 역사로 기록할 일은 아닙니다.」

그의 요점을 이해하기는 했지만 무언가 부족한 느낌이었다. 라오서가 공자 사당에서 구타당한 이유는 그곳이 배움과 사상, 역사의 장소였기 때문이다. 중국에서 가장 유명한 소설가 중 한 명을 공격해도 된다는 허가는 문화 대혁명의 다른 많은 부분들이 그렇듯 중국인이라는 사실이 상징하는 바를 공격해도 된다는 허가였다. 문화 대혁명 이후로 수십 년의 세월이 흘렀어도 중국 공산당과 국민들은 그 순간 그들이 잃어버린 것을 절대로 회복할 수 없었다. 이제는 베이징에서 가장 위대한 기록자가 스스로 생을 마감한 장소를 보존하고자 하더라도 불가능한 일이 되어 버렸다. 수십 년 전 지하철 노선을 연장하는 과정에서 타이핑 호가 메워졌기 때문이다. 나는 정말 많은 중국인들이 혁명과 전쟁, 빈곤, 오늘날의 격변 등을 과거로 묻고 살아간다는 사실에 종종 놀라움을 금치 못했다. 이웃인 황원이의 옆집에는 88세 된 그의 노모가 살았다. 한번은 그녀에게 가족의 옛날 사진이 있는지 묻자 그녀는 〈문화 대혁명 때 다 타버렸지요〉라고 말하고는 소리 내어 웃었다. 중국인들이 끔찍한 일을 떠올릴 때 짓는 특유의 허허로운 웃음이었다.

공자 사당은 관광과 공연 관람을 위해 시골에서 올라온 공무원 단체와 베이징 각지의 학생들로 매일 붐볐다. 머리를 하나로 묶은 젊은 안내원이 한 무리의 중국인 중년 여성들을 인솔하는 광경이 보였다. 그녀가 두 손을 앞으로 내밀면서 〈이렇게 하는 건 공자에게 경의를 표하는 동작입니다〉라고 설명했다. 설명을 들은 방문객들이 최선을 다해 동작을 따라 하려고 애썼다. 역사의 공백으로 공자는 많은 중국인들에게 이방인이 되어 있었다.

그 공백 속에서도 몇몇 사람들은 공자를 보다 유용한 정치적 목적에 이용하려 애썼다. 류샤오보가 노벨 평화상을 수상하자 중국의 민족주의자들은 이른바 〈공자 평화상〉을 만들어 이듬해에 〈러시아에 안전과 안정〉을 가져온 공로로 블라디미르 푸틴에게 수여했다. 일단의 유학자들은 공자의 고향에 큰 교회를 지으려는 계획을 비난하며 〈우리는 당신들이 이 중국 문화의 성지를 존중해 주길 바라는 바입니다〉라고 썼다.

이런 식으로 포장되는 공자의 모습에 차츰 싫증을 느끼는 사람들도 생겨났다. 조화를 지나치게 강조하는 바람에 협상의 정치학이나 솔직한 의견 대립을 벌일 수 있는 여지도 없어졌다. 베이징 대학의 교수 리링은 이른바 〈만들어진 공자〉를 비판하면서 〈실제로 존재했던 진짜 공자는 현자도 왕도 아니었다. (……) 도덕성과 학식을 가졌을 뿐 권력도 지위도 없었으며 오히려 당시의 권력 집단을 비판했다. 그는 여기저기를 떠돌며 자신의 제안을 채택해 줄 것을 요청하고 그 시대의 통치자들이 문제를 해결할 수 있도록 돕기 위해 머리를 쥐어짰으며 항상 부도덕한 방식을 버리고 덕을 행하라고 그들을 설득했다. (……) 그는 고뇌했고, 집착했고, 자신의 사상을 주창하며 방랑했다. 현자보다는 집 없는 개에 가까웠다. 이것이 공자의 본모습이었다〉라고 썼다.

이 글이 출판되자 그는 공자 신봉자들로부터 〈비관론을 퍼뜨리는 자〉라고 비난을 받았다. 그를 옹호한 사람들도 있었는데 류샤오보도 그중 한 명이었다. 류샤오보는 투옥되기 전 〈유교 사상만 칭송받고 그 외의 모든 학파는 금지된〉 분위기에 대해 경고했다. 지식인들이 공자를 들먹이는 대신에 〈사고의 독립과 개인의 자율성〉을 숭상해야 한다고 쓰기도 했다.

　중국인들은 일종의 도덕적 연속성을 찾기 위해 국학의 성지를 찾았다. 그럼에도 그들의 탐구가 이곳에서 결실을 맺는 경우는 좀처럼 드물었다. 중국 공산당은 역사에 대한 통제권을 유지하기 위해 어설프게 모방된 공자의 모습을 제공했다. 몇 세대에 걸쳐 중국의 윤리적, 철학적 전통을 비판하도록 교육받으며 자란 국민들을 상대로 갑자기 중국의 전통을 부활시키면서 공산당은 그간의 일에 대해서는 토론을 벌이는 것조차 허락하지 않았다. 국민들이 〈국가의 정수(精髓)〉를 보호하기 위해 봉헌된 이 동네에 와서 절감하는 것이라고는 더 이상 어떠한 〈정수〉도 존재하지 않는다는 현실뿐이었다.

　당의 강력한 공자 끌어안기에 진보적인 지식인들만 인내심을 잃어 가는 게 아니라는 신호도 있었다. 2011년 1월 톈안먼 광장에 거대한 공자 동상이 세워졌다. 한 세대 전 마오쩌둥 묘가 들어선 이후로 그 민감한 장소에 무언가 새로 추가된 건 처음이었다. 철학자들과 정치학자들은 이 일이 당의 정강에 변화가 있음을 의미하는 것인지 의아해했다. 하지만 동상은 곧 사라졌다. 광장에 모습을 드러낸 지 불과 석 달 만에 거의 주목을 받지 않는 장소인 어느 박물관 마당으로 옮겨진 것이다. 왜일까? 이유는 미스터리로 남았다. 중앙 선전부는 그 일과 관련해 어떠한 토론도 금지했다. 사람들 사이에서는 산둥 성 출신의 떠돌이 선생 공자가 정식 허가증도 없이 베이징에 살려다가 잡혀갔다는 농담이 떠돌았다.

20. 지나치다

모든 나라에는 국민들이 가던 길을 멈추고 자신을 돌아보면서 혹시 길을 잃은 건 아닌지 의심하는 순간들이 존재한다. 중국에서는 그런 순간 중 하나가 2011년 10월 13일 오후 중국 최남단에 위치한 도시 포산에 찾아왔다. 포산은 철강 월드, 화초 월드, 아동복 타운 같은 거대한 노점 단지들이 꼬리에 꼬리를 물고 늘어선 시장 도시였다. 아동복 타운에서 1년 동안 판매되는 옷은 미국의 아이들을 다 입히고도, 두 번씩 입히고도 남을 정도였다.

상점가 중에서도 가장 큰 축에 드는 하드웨어 시티는 상주 인구만 3만 명에 달했다. 쇠사슬, 전동 공구, 드럼통으로 포장된 화공 약품, 성인 남자의 손목만큼이나 굵은 전선 등 거친 건설 장비들을 전문으로 취급하는 시장이었다. 40만 5천 제곱미터에 걸쳐 불규칙하게 뻗어 있는 점포들과 좁은 통로들이 미로를 형성했으며 그 위로 무질서하게 덮인 양철과 플라스틱 지붕 때문에 아래쪽 세상은 항상 어슴푸레했다. 시장 안에는 톱밥과 디젤 냄새가 배어 있었다. 2천여 개의 상점들이 블록과 블록으로 이어졌고 이정표나 신호등을 설치할 틈도 없이 너무나 빠르고 불규칙하게 성장한 탓에 시장 안에서 길을 잃기 십상이었다.

2011년 10월 13일 오후 2시를 막 넘긴 시각, 하드웨어 시티에서 점포를 운영하는 젊은 엄마 취페이페이는 몇 블록 떨어진 유아원에서 딸을 데리고 나와 하드웨어 시티 안에 있는 자신의 집으로 향했다. 어머니로서 취페이페이는 과하다 싶을 정도로 자식을 애지중지했다. 갓 걸음마를 뗀 아이에게 자기 옷보다 네 곱절이나 비싼 옷을 사줄 정도였다. 그녀와 남편은 〈상서롭고 번영하는 압연기 볼 베어링〉이라는 상호를 걸고 작은 점포를 운영했다. 점포 위층 창고를 개조해서 두 살과 일곱 살 된 두 자녀와 함께 살았는데 천장은 어른이 겨우 똑바로 설 정도로 낮았고 조명도 어스름했다.

취페이페이의 남편 왕츠창은 8년째 하드웨어 시티에서 일하고 있었다. 서른 살이었고 큰 눈에 미간이 넓었으며 앞머리가 길어서 눈썹 아래까지 내려왔다. 그는 한때 배와 복숭아 산지로 유명했으나 이제는 화학 물질 생산에 주력하는 산둥 성의 한 현(縣) 출신이었다. 직업 학교에서 축산학을 공부하고 베이징에서 건설 현장과 애완동물 가게를 전전하다가 결국 하드웨어 시티에 정착했다. 두 사람이 결혼해서 취페이페이가 아들을 낳자 그들은 아들에게 왕쉬라는 이름을 지어 주었다. 〈학자〉를 뜻하는 이름이었다. 둘째로 딸이 태어나자 그들은 벌금을 물었고 왕웨라고 이름을 지었다. 왕웨는 〈샤오웨웨〉라는 별칭으로 불렸는데 〈작은 기쁨〉을 뜻하는 말이었다. 두 살이 되자 「영리한 호랑이」라는 텔레비전 만화를 보면서 금방 말을 배울 정도로 조숙했고 부모님이 가게에서 저녁 식사를 준비할 때면 자기도 가짜 요리를 만드느라 부산을 떨며 좋아했다. 그날 오후 유아원에서 돌아온 취페이페이는 빨랫줄에 널린 세탁물을 걷으러 위층에 올라갔다. 샤오웨웨는 아래층에서 노는 중이었다. 위층에서 내려오자 딸이 보이지 않았다. 흔히 있는 일이었다. 평소에도 여기저기 동네 사람들 집을 기웃거리고 돌아다니는 아이였으니 말이다. 취페이페이는 딸을 찾으러 나갔다. 땅거미가 내리면서 하늘에 구멍이라도 난 듯 가을비가 세차게 시장 지붕을 두드렸다.

그 시각 몇 블록 떨어진 곳에서는 후췬이라는 상인이 그날의 마지막 일을 처리하러 출발하고 있었다. 왕츠창 부부와 마찬가지로 후췬 부부도 슬하에 어린 딸이 있었고 볼 베어링 가게를 운영했으며 같은 산둥 성 출신이었지만 시장이 너무 넓었기에 두 가족은 서로를 알지 못했다. 후췬은 중국 사람들이 〈빵덩어리〉라고 부르는 싸구려 소형 승합차를 운전해 혼잡한 골목을 요리조리 빠져나갔다. 같은 하드웨어 시티지만 익숙하지 않은 지역에서 수금을 해야 했던 터라 운전하는 동안에도 가게 간판들을 꼼꼼히 살펴야 했다.

샤오웨웨는 동네 사람들에게 간 것이 아니었다. 거리를 배회하다가 어느새 집에서 두 블록 반이나 떨어져 있었다. 골목에 죽 늘어선 가게들이 고객을 끌기 위해 상품들을 가게 앞에 내놓는 바람에 길가는 수북이 쌓인 물건들로 혼잡했다. 아이는 자신의 키만큼 쌓인 물건들 사이를 걸어갔다. 짙은 색 윗옷과 분홍색 바지를 입은 이 어린 소녀는 길모퉁이의 한 가게 앞을 지나쳤는데 그 가게에서는 낡은 고물 컴퓨터의 모니터와 연결된 감시 카메라들을 이용해 열여섯 방향의 각기 다른 각도로 출입구 쪽을 녹화하고 있었다. 이후로 일어난 일들이 이 카메라들에 녹화되었다. 오후 5시 25분, 샤오웨웨가 계속 걸어가면서 뒤를 돌아보았다. 고개를 돌려 다시 앞을 향한 그녀는 순간적으로 승합차를 발견했지만 충돌을 피하기에는 이미 늦은 시점이었다. 나중에 후췬은 타이어가 아주 약간 덜컹거리는 느낌을 받았지만 진동이 너무 미미해서 넝마 뭉치나 골판지 상자처럼 시장에 버려진 쓰레기인 줄 알았다고 진술했다. 그는 굳이 멈춰서 확인하지 않았다.

샤오웨웨는 같은 자동차에 두 번 치인 셈이었다. 1차로 앞바퀴에 상반신을 부딪치고 2차로 뒷바퀴에 하반신이 깔렸다. 상품 더미 옆에 쓰러진 그녀는 왼쪽 팔의 미약한 경련을 제외하고는 아무런 움직임도 보이지 않았다.

사고가 일어나고 20초 뒤에 흰색 셔츠와 짙은 색 바지를 입은 남자가 걸어왔다. 그는 아이가 있는 쪽을 바라보면서 발걸음을 늦추었다. 그뿐이었다. 다시 발걸음을 재촉해 그대로 지나쳤다. 5초 뒤에 오토바이 한 대가 다가왔다. 운전자는 아이 쪽으로 고개를 돌렸지만 속도를 늦추지 않았다. 10초 뒤 또 다른 남자가 지나가며 그녀 쪽을 힐끗 보고는 그대로 걸어갔다. 9초 뒤에는 소형 트럭이 다가와 재차 샤오웨웨를 치고 그녀의 다리를 깔아뭉개며 지나갔다.

이후로도 많은 사람이 지나갔다. 파란색 우비를 입은 사람, 검은 티셔츠를 입은 오토바이 운전자, 교차로에서 물건을 싣던 일꾼 등. 오토바이를 탄 어떤 남자는 그녀를 유심히 쳐다본 다음 근처의 가게 주인에게 알렸지만 그러고 나서 두 사람은 서둘러 자리를 떠났다. 최초 충돌이 발생한 지 4분이 지났을 때 열한 번째로 나타난 사람은 어린 여자아이의 손을 잡은 여성이었다. 그 근처에서 가게를 운영하는 사람으로, 취페이페이가 그랬듯이 딸을 학교에서 데려오는 길이었다. 그녀는 가던 길을 멈추고 한 가게 주인에게 길가에 쓰러진 아이에 대해 물은 다음 황급히 딸의 손을 이끌고 현장에서 사라졌다. 사람들은 계속 지나갔다. 오토바이를 탄 남자도 있었고 걸어온 남자도 있었고 예의 길모퉁이 가게에서 일하는 직원도 있었다.

소녀가 자동차에 치인 지 6분이 지난 5시 31분 폐품 깡통과 빈병이 가득한 가방을 든 작은 체구의 여인이 다가왔다. 벌써 열여덟 번째 행인이었다. 그러나 그녀는 그대로 지나치지 않았다. 들고 있던 가방을 내려놓고 샤오웨웨를 안아 올리려 했다. 아이가 신음 소리를 냈지만 왜소한 몸은 마치 시체처럼 축 늘어졌다. 천셴메이라는 이름의 그 여인은 일자무식의 할머니로 쓰레기와 고철을 주워 생계를 유지하는 사람이었다. 그녀는 아이를 인도 근처로 끌어 옮겨 놓은 다음 도움을 청하려고 주변을 두리번거렸다. 당장 눈에 띄는 대로 근처의 가게 주인들을 찾아갔지만 한 사람은 손님을 상대한다고 바빴고 다른 한 사람은 〈우리 애가 아니에요〉라는 말뿐이었다. 천셴메이는 도와 달라고 외치면서 옆 블록까지 걸어갔다. 그리고 거기에서 딸을 애타게 찾던 취페이페이를 만났다. 천셴메이가 그녀를 사고 현장으로 데려왔다. 아이 어머니는 아스팔트에 몸을 구부려 샤오웨웨를 안아 올리고 곧장 달리기 시작했다.

중국에는 구급차가 드물었기 때문에 부부는 자가용으로 사용하던 소형 뷰익에 딸을 태웠다. 그들이 15분 거리에 위치한 황치 병원에 도착했을 때 분홍색 유니폼을 입은 간호사들은 끝없이 밀려드는 환자들을 상대하느라 정신이 없었다. 대기실은 깨끗하고 효율적으로 지어졌지만 벽에 붙은 이런저런 문구들이 중국 의료 시스템에 밀착된 위험을 경고하고 있었다. 의사에게 뇌물을 써서 보다 나은 치료를 받으려 하지 말라는 충고도 보였고 〈모르는 사람이 전문의와 친분이 있다며 병원 밖으로 이끌더라도 속지 마시오〉라는 문구도 보였다.

의사들은 샤오웨웨에게서 두개골 골절과 심각한 뇌 손상을 발견했다. 처음에 기자들은 그 사건을 전형적인 뺑소니라고 생각했다가 나중에 감시 카메라를 보게 되었다. 순식간에 열일곱 명의 행인에 관한 이야기가 중국 전역에 퍼지기 시작하고 반성의 움직임이 급물살을 탔다. 작가 장리자는 〈14억 개의 차가운 심장으로 이루어진 나라가 어떻게 세상의 존경을 받을 수 있을 것이며 어떻게 세계의 지도자를 자청할 수 있겠는가?〉라고 한탄했다. 감시 카메라로 녹화된 영상은 텔레비전과 온라인에서 수없이 재생되며 대도시의 무정함과 황폐한 의식을 꼬집는 한 편의 도덕극이 되었다. 거대한 국가 경쟁 때문에 중국에서 가장 취약한 사람들이 희생된다는 사회 전반의 인식이 확고해지는 순간이었다. 그 결과 오염된 유아식을 먹고 병이 난 아기들에 대해, 무너진 학교 건물에 깔려서 목숨을 잃은 아이들에 대해, 곤경에 처한 타인을 방치한 일련의 사건들에 대해 집단 죄의식이 일었다. 그즈음 중국 신문에 실린 한 기사에 따르면 야채 시장에서 88세 노인이 쓰러졌는데 아무도 그의 몸을 일으켜 주지 않아 결국 자신이 흘린 코피 때문에 질식사한 일도 있던 터였다.

지역 기자들이 하드웨어 시티의 현장으로 몰려들어 주변을 조사했다. 현장 길모퉁이 주변 〈신(新)중국 안전 장비 도매〉라는 상호를 가진 가게의 주인은 자신이 장부를 정리하느라 바빴으며 아내는 저녁을 요리하는 중이었다고 설명했다. 그는 기자들에게 〈어린아이의 울음소리가 들리기는 했어요. 하지만 한두 번 들리다가 말길래 나도 그러려니 했죠〉라고 말했다. 지역 언론이 빨간색 세 바퀴 오토바이에 탄 남자를 찾아냈지만 〈그녀를 못 봤어요〉라는 대답이 전부였고 그는 이 말을 열 번이나 반복했다. 온라인에서는 사람들이 녹화된 영상을 샅샅이 살펴 현장 근처의 모퉁이에 위치한 배관 장비 가게의 주인을 발견했다. 자신의 가게에서 걸어 나와 아래쪽을 쳐다보고는 슬며시 안으로 들어가는 모습이었다. 길에 쓰러져 있던 아이를 절대로 보지 못했다는 그의 주장에도 불구하고 사람들은 그를 〈파렴치한〉이라고 부르며 가게의 웹 사이트를 엉망으로 만들었다. 더불어 가던 길을 멈추고 도와준 넝마주이를 영웅으로 치켜세웠다. 그 일에 개입한 이유를 묻는 기자들의 끊임없는 질문에 그녀는 오히려 어리둥절해졌다. 기자들이 돌아가자 그녀가 며느리에게 물었다. 「아이를 도와주면서 내가 뭘 걱정해야 한 거냐?」

중국인들은 〈인(仁)〉이라고도 알려진 〈인정(人情)〉에 대한 자부심이 있었고, 이 개념은 서양의 〈대접받길 바라는 만큼 먼저 타인을 대접하라〉는 원칙처럼 중국의 도덕 관념에서 중요성을 지니고 있었다. 하지만 최근의 중국 아이들은 실용적인 차원에서, 〈남을 도우려다가는 자칫 사기를 당한다〉라는 말처럼 감흥이 덜한 부분에도 신경을 쓰도록 배웠다. 구체적으로는 〈진즉부터 깨져 있

던 도자기를 네가 깼다고 비난하는〉 사람을 지칭하는 〈펑스(鬃鬃)〉 같은 단어
가 주는 공포였다.

　오늘날 중국의 많은 사람들은 위험한 해류로 둘러싸인 채 새롭게 번창하
는 섬에 사는 듯 느끼고 있었다. 요컨대 섬에 발을 디디고 있는 동안에는 안전
하고 만족스럽지만 한순간이라도 헛디뎠다가는 곧바로 세상을 하직할 수 있
었다. 스스로의 삶에 너무 여유가 없기 때문에 그들은 계속해서 방어적인 태
도를 유지하는 것 말고는 다른 선택권이 없다고 느꼈다. 언론인인 내 친구 파
예 리가 내게 물리 선생님이었던 자신의 아버지가 어느 날 자전거를 타고 가다
가 자동차에 부딪쳐 땅바닥에 넘어진 일을 들려주었다. 「아버지는 벌떡 일어
나 최대한 서둘러 자전거를 끌고 그곳을 벗어났어요.」 그는 집에 도착하고 나
서야 자신이 피해자였다는 사실을 깨달았다. 그리고 분명 다른 누군가가 자신
을 사칭해서 득을 보려 할 거라는 생각이 들었다. 그녀는 〈중국에서는 곤경에
휘말리기가 쉬운 것 같아요〉라고 말했다. 다른 사람을 도와주려다가 오히려
책임을 뒤집어쓸 위기에 처하는 상황은 지난 수년간 반복적으로 신문의 표제
를 장식한 시나리오였다. 2006년 11월 난징에서 한 나이 든 여성이 버스 정류
장에서 넘어지자 펑위라는 젊은이가 길을 가다 멈추고 그녀를 도와 병원에 데
려갔다. 건강이 회복되자 그녀는 펑위가 자신을 넘어뜨렸다고 제소했고 지역
판사는 그 주장을 받아들여 그에게 7천 달러가 넘는 배상금을 지불하라고 명
령했다. 증거가 아닌 이른바 〈논리적 사고〉에 의거한 판결이었다. 즉 죄책감이
없었다면 펑위가 절대로 그녀를 돕지 않았을 거라는 논리였다.

　해당 평결은 커다란 파문을 일으켰고 나는 샤오웨웨 사건에 관심을 가지면
서 만난 사실상 모든 사람들이 〈펑위 재판〉에 대해 들은 적이 있음을 알게 되
었다. 사람들은 종종 자진해서 그와 비슷한 사례들을 들려주곤 했다. 다른 사
람을 돕길 좋아하는 도시의 중산층 젊은이가 눈 밝은 사기꾼에게 당했다는 등

의 이야기였다. 교훈은 매번 똑같았다. 많든 적든 평생에 걸쳐 모은 재산이 한 순간에 사라질 수 있다는 것. 자전거를 탄 사람을 다치게 한 혐의로 억울하게 고소를 당한 천이라는 젊은이는 기자들에게 이야기했다. 「혹시라도 또 비슷한 상황에 처했을 때 과연 내가 그 사람을 도우려고 할지 정말 모르겠습니다.」

갈취당하는 착한 사마리아인이 될 확률은 현실적으로 매우 낮았지만 대중의 의식 속에서는 점점 증가했다. 그렇게 믿는 편이 현재에 대한 그들의 불안감, 즉 남보다 앞서려는 경주가 중국의 윤리를 무너뜨리고 있다는 인식과도 맞아떨어졌기 때문이다. 동료 시민들을 하찮게 여길수록 그들을 도와 주려는 의지도 사라졌고 악순환은 계속되었다. 하드웨어 시티를 연구한 인류학자 저 우루난은 억울한 누명을 쓸 위험에 직면했을 때 고향을 떠나 살아가는 이주자들보다 더 예민한 사람은 없다고 말했다. 「미국에서 개인은 시민 사회의 기초입니다. 반면 중국에서는 집산주의 사회가 와해되고 있음에도 아직 이 체제를 대체할 만한 아무것도 준비되지 않았어요……. 타지에서 살아가려면 스스로 자신을 건사해야 합니다. 그리고 자신의 가족이, 아내나 남편과 아이들이 삶의 중심이 됩니다. 그들을 제외한 나머지는 덜 중요한 사람이 되는 거예요. 마음속에 경계를 긋는 거죠.」

중국 언론은 이 같은 사건들이 대도시 생활의 소외 문제를 보여 준다는 이론을 재빨리 보완했다. 「환구시보」는 〈비정한 방관자들이 단지 중국만의 문제는 아니다〉라고 선언했고 「인민일보」는 그 사건들이 〈국가의 도시화 과정에서 불가피한 일〉이라고 논평했다. 그럼에도 샤오웨웨와 그 밖의 다른 사례들을 깊이 파고들수록 나에게는 이러한 설명들이 미흡하게 느껴졌다.

도시화가 도덕적 건강을 해친다고 의심한 사람은 중국인이 처음은 아니었다. 1964년 미국인들은 키티 제노비스라는 스물여덟 살의 여성이 뉴욕에서 살

해당한 사건 때문에 충격에 휩싸였다. 「뉴욕 타임스」는 당시 그 사건과 관련해 〈준법 정신이 투철하고 점잖은 서른여덟 명의 퀸즈 시민들은 30분 넘도록 살인자가 한 여성의 뒤를 쫓고 칼로 찌르는 광경을 목격했다〉라며 그들 중 누구도 경찰을 부르거나 그녀를 도우려 하지 않았다고 설명했다. 미국인들은 이 기사에 전적으로 수긍했다. 무정한 도시 사회가 되지 않을까 걱정하던 그들의 우려와 맞아떨어졌기 때문이다. 〈제노비스 신드롬〉으로 불리게 된 이 이야기는 사회 심리학에서 널리 인용되는 사례가 되었다.

다만 그 이야기가 전적으로 사실은 아니었다. 수년 뒤 연구자들이 목격자들을 만나 보고 법원 기록을 확인한 결과 그녀의 비명을 들은 서너 명만이 그녀에게 무슨 일이 일어나고 있었는지 이해했고 적어도 한 명의 목격자는 그녀가 공격당하는 중에 경찰에 신고했다는 사실을 알았다. 하지만 경찰은 너무 늦게 도착해 그녀를 구할 수 없었다(서른여덟 명의 침묵한 방관자들이 신문에 언급된 것은 우연이 아니었다. 경찰국장이 그렇게 말했기 때문이었다). 샤오웨웨의 경우, 사람들이 주저한 이유는 단지 무관심 때문만이 아니었을 것이다. 인류학자 옌윈샹은 중국에서 갈취의 희생자로 전락한 착한 사마리아인 사건 스물여섯 건에 대해 조사를 벌이며 그 모든 사건에서 지역 경찰과 법원은 무죄가 입증될 때까지 도와준 사람을 유죄로 취급했다는 점을 발견했다. 스물여섯 건 중 사기꾼에게 제소를 뒷받침할 증인을 대라고 요청한 경우는 단 한 건도 없었으며 도와준 사람이 억울하게 제소된 것으로 밝혀지더라도 사기꾼이 처벌을 받은 경우 역시 단 한 건도 없었다.

호황이 지속된 수년 동안 사람들은 법을 신뢰하기보다는 두려워해야 할 이유를 더 많이 얻었다. 때때로 법을 집행하는 관직이 가장 높은 입찰가에 팔리고 판사들이 정기적으로 뇌물을 받는 시대에 성장한 사람들로서는 신중한 것이 당연했다. 중국 학자 왕정쉬는 2008년 설문 조사를 통해 〈개혁 이후로 정부와 당에 대한 국민들의 신뢰가 상당히 낮아졌다〉는 사실을 알아냈다. 경찰은 오로지 유죄 판결을 받아 낼 생각밖에 없었고 그에 따른 부작용을 보여 주는 일련의 사건들이 세간에 알려졌다. 서샹린이라는 남자는 이혼한 아내를 살해한 죄로 11년째 감옥에서 복역 중이었는데 어느 날 문득 그녀가 자신의 가족을 만나러 나타났다. 그녀는 다른 성(省)으로 떠나 재혼했던 것으로 밝혀졌다. 열흘 밤낮으로 고문을 당한 피고가 하는 수 없이 거짓 자백을 했던 것이다. 그는 2005년에 풀려났다. 2013년 『사이언스』에 발표된 중국인의 태도에 관한 한 연구에 따르면 중국의 젊은이들은 〈신뢰감을 주고받을 줄 모르고, 위험을 기피하려는 성향이 강하고, 경쟁력이 부족하고, 비양심적인 사람들〉이었다.

샤오웨웨를 지나쳤던 거의 모든 사람들이 자신은 아무것도 보지 못했다고 주장했다. 딸을 데리고 지나가던 여성만이 유일한 예외였다. 지역 기자들이 찾아가자 린칭페이라는 그 여성은 그날 일을 생생히 기억했다. 「그 아이는 아주 희미한 소리로 울고 있었어요……. 가게 앞에 젊은 남자가 서 있길래 혹시 그 아이가 그 사람의 아이인지 물었어요. 그는 손을 내저을 뿐 아무 말도 안 했어요. 그때 딸아이가 〈저 여자애 피투성이야〉라고 말했어요. 나는 더럭 겁이 나서 딸아이 손을 잡아끌었어요.」 린칭페이는 자신의 가게에 도착해서 남편에게 목격한 것을 이야기했지만 남편은 계속 일에만 파묻혀 있을 뿐이었다. 「아무도 감히 그 아이를 건드리지 못했어요. 그 상황에서 내가 어떻게 나설 수 있었겠어요?」

병원에 있던 샤오웨웨의 부모는 혹시라도 일반 대중에게 금지 구역이나 다름없는 중국의 최고급 병원에 갈 수 있다면 딸아이가 보다 나은 치료를 받을 수 있지 않을까 고민했다. 시장에서 알고 지내던 지인들 명단을 뽑아 같은 산둥 성 출신 이주자에게 연락하자 그 사람이 전기 사포용 교체 디스크를 판매하는 〈킹 어브레이시브〉라는 가게의 주인이자 또 다른 이주자를 소개했다. 육군 참전 용사였다. 그가 어딘가에 전화를 걸어 샤오웨웨를 광저우에 있는 군 병원 중환자실로 옮길 수 있도록 조치를 취해 주었다. 그 역시 감시 카메라에 찍힌 영상을 본 터였다. 나중에 그는 〈그대로 지나친 사람들 중에서 내가 아는 얼굴도 많더군요〉라고 말했다. 그들 중 한 명과 마주쳤을 때는 〈자네 자식도 아니잖아. 왜 자기 일도 아닌 일에 관여하고 그러나?〉라는 말을 들어야 했다.

사고 이틀 뒤인 10월 15일, 샤오웨웨는 청록색으로 칠한 큰 병실에서 온갖 튜브와 기계 장치에 둘러싸여 있었다. 두개골 뒷쪽을 절개하는 응급 수술을 받았지만 여전히 위중한 상태였다. 이제 그녀의 부모는 책임 소재를 밝히는 쪽으로 관심을 돌렸다. 집집마다 찾아다니면서 〈이 비디오에 나오는 빵 덩어리 승합차의 운전자를 아시나요?〉라고 물었다. 하드웨어 시티 전역에 그 운전자의 신원에 대한 단서를 제공하는 사람에게 5만 위안, 즉 대략 8천 달러의 현상금을 지불하겠다는 전단을 붙였다. 남편 왕츠창은 〈내 딸은 좋아질 거예요〉라는 뜻의 중국어 대화명으로 온라인에도 현상금 공고를 게시했다.

문제의 운전자 후췬의 집에서는 암울한 깨달음이 그를 덮치고 있었다. 가족 중 가장 먼저 그 영상을 본 사람은 처남이었다. 후췬의 변호사 리왕둥이 내게 말했다. 「그 시점에 후췬은 기억을 더듬어 보고 〈내가 이틀 전에 무언가를 친 것 같아〉라고 깨달았습니다.」 곧바로 그 영상을 확인한 후췬은, 리왕둥의 설명에 의하면 〈머리에서 발끝까지 온몸이 그대로 굳어 버렸다〉.

운전자는 경찰에 자수했다. 「양청 이브닝 뉴스」에 따르면 그는 경찰에게 〈비가 왔고 빗물이 지붕에 부딪치는 소리가 너무 커서 아이의 비명 소리를 듣지 못했습니다. 오른쪽 사이드 미러를 통해 확인해 보았지만 아무것도 보이지 않아 계속 운전했습니다. 누군가를 친 사실을 알았다면 분명히 멈추었을 겁니다〉라고 진술했다. 그의 변호사는 사고가 난 뒤로도 몇 시간 동안 그가 죄를 지은 사람처럼 행동하지 않았다는 점을 지적했다. 「그는 세차를 하지도 않았고 걸레질도 하지 않았어요. 집에 돌아가서도 긴장하거나 겁에 질려 있지도 않았습니다. 다른 가게 주인들과 이야기할 때도 평소와 전혀 다르지 않았습니다.」

후쥔이 구속되자 기자들은 소녀의 아버지 왕츠창의 반응을 취재했다. 그는 〈어떤 반응을 보여야 할지 모르겠어요. 증오? 분노? 그게 다 무슨 소용이죠? 증오가 우리 아이를 회복시켜 주나요?〉라고 말했다. 며칠이 지났지만 샤오웨웨는 유리창을 사이에 두고 부모님과 떨어진 채 여전히 중환자실에 머물렀다. 그녀는 결국 회복하지 못했다. 10월 21일 밤 12시를 조금 넘겨 그녀는 복합 장기 부전으로 사망했다.

하드웨어 시티에서 텔레비전 카메라들이 물러난 몇 달 뒤 포산에 있던 나는 사고 현장을 찾아가기로 했다. 텔레비전에서 본 것과 똑같은 풍경이었다. 길가에는 물건들이 잔뜩 쌓여 있었고 지붕에 가려져 주위는 어스름했다. 현장에서 가장 가까운 가게인 〈클레버 하드웨어〉 안으로 어슬렁어슬렁 들어가자 어수선한 책상 앞에 한 남자가 앉아 있었다. 천둥양이라는 사람이었다. 50대 후반에 마오쩌둥 주석처럼 뒤로 넘긴 머리 모양을 했으며 코끝에 돋보기가 걸려 있었다. 벌써 내가 찾아온 이유를 짐작한 듯 앉으라고 자리를 권했다. 그러고는 미처 내가 질문을 꺼내기도 전에 그날은 자신의 딸이 가게를 지켰으며 〈그녀는 아무 소리도 듣지 못했다〉고 말했다.

천둥양과 나는 오랫동안 대화를 나눴다. 그는 샤오웨웨에 관한 이야기를 신뢰의 문제로 여겼다. 「과거에는 눈에 보이는 모든 것이 진짜라는 사실을 알았어요. 가짜를 만드느라 시간과 돈을 쓸 수 있는 사람이 없었거든요. 지금은 물고기 지느러미도 가짜일 수 있지만요…… 예전에 먹을 것이 부족하면 서로가 한 입씩 나눠 먹었습니다. 그게 당연했어요. 하지만 개혁과 개방 이후로 사정이 달라졌지요. 두 사람이 각각 한 입 거리의 음식을 가진 경우, 한 사람이 다른 한 사람의 몫까지 차지해서 상대방에게는 아무것도 남지 않게 만들려고 하는 겁니다.」

그가 미소를 지으며 말했다. 「이런 나쁜 버릇들은 다 당신네 나라에게 배운 거예요. 그리고 우리의 좋은 전통은 잊었죠. 나를 봐요. 당신한테 차를 대접하는 것도 잊었잖아요!」 그가 벌떡 일어나서 차를 찾으려고 가게 안을 두리번거리다가 결국 포기하고 다시 자리에 앉았다. 그에게 〈과거의 좋은 시절〉이라는 것이 다소 과장된 것은 아닌지 물었다.

「지금은 사람들마다 주머니에 약간씩 현금을 가졌지만 그 돈은 안전하지 않아요. 마음이 편해지려면 안전하다는 느낌이 필요합니다.」 천둥양에게 만일 자신이 길가에서 그 어린 소녀를 발견했다면 어떻게 했을 것 같냐고 묻자 그는 잠시 아무 말도 하지 않았다.

「개혁과 개방 전이었다면 정신없이 달려가서 내 목숨을 걸고라도 그 아이를 구했을 겁니다. 하지만 개혁 개방 이후라면? 아마도 망설이겠죠. 이전처럼 그렇게 용감하게 행동하지 않을 거예요. 요점은 이겁니다. 이게 우리가 사는 세상이라는 거죠.」 천둥양에게도 손녀가 있었기에 나는 〈손녀가 자라서 어떤 사람이 되었으면 좋겠어요?〉라고 물었다.

「그건 사회가 어떻게 흘러가는지에 따라 달라요. 만일 좋은 사람들이 이 사회를 이끌어 간다면 손녀는 좋은 사람이 되어야겠죠. 하지만 나쁜 사람들이 다스린다면, 글쎄요, 나쁜 사람이 되는 수밖에 없지 않을까요?」

그날 나는 샤오웨웨를 도로에서 끌어낸 할머니 천센메이와 함께 저녁을 먹었다. 그녀는 내가 만났던 어른들 중 아마도 키가 가장 작은 사람일 듯싶었다. 키가 140센티미터에 불과했다. 가족들은 그녀가 음식이 귀한 광둥 성의 산골에서 어린 시절을 보낸 탓으로 여겼다. 그녀가 지방 사투리밖에 할 줄 몰랐기 때문에 사람들은 그녀의 말을 잘 알아듣지 못했다. 아들과 며느리가 통역사 노릇을 해주는 덕분에 그나마 세상과 소통하며 살고 있었다. 그녀는 아침마다 하드웨어 시티의 노동자들에게 밥을 해 먹였고 오후에는 길에 떨어진 볼트나 종이를 주우러 다녔다. 〈아무리 사소한 물건이라도 되팔 수 있다〉는 것이 그녀의 지론이었다. 사고가 있던 날 가족들은 비가 오니까 나가지 말라고 그녀를 만류했다. 하지만 비가 오면 다른 넝마주이들이 집에서 나오지 않기 때문에 오히려 수지맞는 날이라며 그녀는 말을 듣지 않았다.

샤오웨웨를 도운 일이 알려진 뒤 그녀는 어느 정도 유명 인사가 되었다. 사진 기자들은 그녀의 미천한 출신을 보다 극적으로 드러내고자 그녀를 밭으로 데려가서 수확하는 자세를 취해 달라고 요구했다. 그녀가 지금은 수확철이 아니라고 아무리 설명해도 전혀 소용없었다. 그녀는 〈선행〉을 치하하는 공식 기념 행사 때문에 베이징에 여섯 번이나 초대되었지만 사실상 베이징에서의 경험은 그녀를 불편하게 만들 뿐이었다. 「나는 사람들이 하는 말을 알아듣지 못하고 사람들은 내가 하는 말을 알아듣지 못해요.」

지역 관리들과 개인 기업가들이 그녀와 함께 사진을 찍고 싶어 했으며 그녀는 포상금으로 약 1만 3천 달러를 받았다. 하지만 유명해질수록 상황은 좋지 않게 전개되었다. 그녀에게 쏟아지는 관심을 보면서 동네 사람들은 그녀가 실제로 받은 액수보다 훨씬 많은 돈을 받았을 거라는 생각에 돈을 빌려 달라고 요구하기 시작했다. 그녀가 무슨 말을 해도 막무가내였다. 심지어 마을 도로를 포장해 달라는 사람도 있었다.

천셴메이는 내게 말하길 포상금이 고맙기는 하지만 차라리 지방 정부가 그녀의 손자를 공립 유치원에 다닐 수 있도록 허가해 주는 편이 더 나았을 거라고 했다. 시골 후커우를 가진 손자는 도시의 공립 학교에 다닐 자격이 없었으므로 그의 부모는 아들을 사립 유치원에 보내느라 매달 700위안을 썼다. 천셴메이의 포상금도 언젠가는 바닥을 드러낼 터였다.

그녀의 선행은 아들의 인생에도 특이한 방식으로 영향을 끼쳤다. 그가 자신은 부자가 아니라고 수없이 말했음에도 회사 동료들은 그의 어머니가 큰돈을 숨기고 있다고 확신했다. 그로 인한 압박이 너무 심해져 결국 직장을 그만두어야 했다. 그리고 새로 구할 수 있었던 최상의 직업은 지극히 고단한 일이었다. 그는 하루에 13시간씩 빵 덩어리 승합차를 운전했다.

샤오웨웨의 부모에게도 전국 각지에서 성금이 도착했다. 시골 학생 한 반이 소액권으로 가득 찬 쿠키 상자를 보내기도 했다. 왕츠창 고향의 한 신문사가 선의로 그에게 위로 전화를 하자고 제안하여 이에 호응한 사람들로부터 위로 전화가 쇄도했다. 단 5분 만에 그에게 걸려 온 부재중 전화가 쉰한 통에 달할 정도였다.

한편 인터넷에서는 그 사건 자체가 완전히 사기라는 터무니없는 소문이 퍼지고 있었다. 감시 카메라에 녹화된 영상도, 여자아이도, 의사도 모두 가짜라는 주장이었다. 철학자 해나 아렌트는 〈사실에 근거한 진실을 끊임없이 철저한 거짓말로 대체하려는〉 사회에 만연한 〈특이한 유형의 냉소주의〉에 주목했다. 그녀의 설명에 따르면 사회가 보이는 그러한 반응은 〈어떠한 사실도 믿지 않겠다는 절대적인 거부〉였다. 소문을 잠재우기 위해 샤오웨웨의 아버지는 지역 기자들을 불러 성금을 세어 은행에 입금하는 과정을 공개했다. 총액이 거의 4만 4천 달러에 육박했다. 하지만 사기 의혹은 좀처럼 사라지지 않았다. 10월 말에 이르자 왕츠창은 가능한 빨리 그 돈을 처분하고 싶은 마음이 간절했다. 어려움에 처한 두 명의 환자에게 그 돈을 기부한 그와 그의 아내는 이제 뒤로 물러나 사람들의 관심에서 벗어나고자 했다. 왕츠창은 외출하는 것조차 꺼렸다. 밤이 되면 부부는 반복해서 딸의 꿈을 꾸었다. 왕츠창은 꿈속에서 딸을 안아 주거나 업어 주었다. 취페이페이의 꿈에서 샤오웨웨는 항상 노란 원피스를 입고 나와 해맑게 웃었다. 얼마 후 그들 가족은 하드웨어 시티를 떠났다.

마침내 검사들은 후쥔이 의도적으로 사고 현장에서 도주한 것이 아니라는 결론을 내렸다. 수사 과정에서 경찰은 하드웨어 시티 지붕에 비 대신 소방 호스로 물을 뿌려 당시 상황을 재연했고 후쥔은 과실 치사를 인정했다. 그가 샤오웨웨의 가족에게 사과했다. 변호사는 관대한 처분을 요청하며 후쥔이 자신의 10개월 된 딸을 안고 어르는 사진들을 제출했다. 사진 속의 어린 딸은 밑이 터진 전통 바지를 입는 대신 기저귀를 찬 모습이었는데, 중국에서 기저귀는 한 가정이 중산층으로 가는 첫걸음을 내디뎠다는 가장 명백한 신호라 할 수 있었다. 법정에서 사고 영상을 확인하던 중에 후쥔은 고개를 떨구었다. 그에게 징역 2년 6개월이 선고되었다.

샤오웨웨가 죽은 지 몇 주 후에 선전 시는 중국 최초로 착한 사마리아인을 법적 책임으로부터 보호하는 법안의 초안을 작성했다. 법안에 의하면 입증 책임이 원고에게 옮겨 갔고, 거짓 고소로 판명될 경우 원고는 공개 사과부터 구금에 이르는 처벌을 받게 되었다. 일본이나 프랑스를 비롯한 일부 국가들처럼 행인에게 적극적인 개입을 요구하는 수준까지는 아니었지만 법을 개정하는 자체만으로도 중국으로서는 커다란 진전이었다. 시간이 흐르면서 나는 하드웨어 시티에 사는 사람들이 딱하게 느껴졌다. 샤오웨웨를 그냥 지나쳤던 사람들도 예외는 아니었다. 그들은 어쩔 수 없이 도덕극의 등장인물이 되었지만 그 도덕극은 그들 삶의 면면을 공정하게 다루지 않았다. 중국 대중은 1960년대에 미국인들이 키티 제노비스의 이야기를 받아들였던 것과 유사한 방식으로 샤오웨웨의 죽음을 이해했으나 가까이 들여다보면 그게 전부는 아니었다.

중국 사람들이 더 이상 서로를 돌보려 하지 않는다는 주장을 반박하는 가장 명백한 증거는, 과정이야 어쨌든 그들이 실제로 돌봤다는 사실이다. 타인을 외면하는 영상들이 있는 만큼 다른 사람을 구하기 위해서 자신의 목숨까지 거는 사람들도 존재했다. 2012년 12월 정신이 온전치 못한 남자가 칼을 들고 허난 성의 한 초등학교에 난입해서 스물두 명의 학생들을 다치게 한 사건이 발생했을 때도 감시 카메라 영상에는 달랑 빗자루 하나만 들고 그에게 달려드는 남자가 등장했다. 시장주의 시대가 낳은 개인주의적인 세태에도 불구하고 기부 문화는 위축되기는커녕 더욱 성장했다. 당이 폐쇄했거나 인수했던 자선 단체들이 부활하고 있었다. 헌혈 인구가 부쩍 늘어나면서 집집마다 돌아다니며 소작농을 물구나무 세웠던 예전의 매혈꾼들도 거의 자취를 감추었다. 2008년 쓰촨 성에서 지진이 발생했을 때는 25만 명이 넘는 자원봉사자들이 현장으로 달려갔다. 그들 중 대다수는 젊은 사람들이었고 대부분이 자비를 들여 현장에 갔다. 인류학자 저우루난이 내게 말했다. 「중국의 젊은이들은 이기적이고 고립된 것이 아니라 충분히 균형 잡힌 사람으로 성장하고자 훈련하는 중입니다. 바로 거기에 우리의 희망이 있어요. 우리 젊은이들에게 말이죠.」

도덕성을 고취하려는 공산당의 노력은 공허하기 이를 데 없었다. 내가 사람들과 한창 샤오웨웨 사건을 이야기할 때, 국영 텔레비전에서는 마오쩌둥 주석이 사회주의적 헌신의 아이콘이 된 레이펑이라는 병사의 진가를 알아본 지 50주년이 되었다는 보도가 나오고 있었다. 버스 정류장마다 레이펑의 사진으로 도배되었고 여기저기 포스터가 나붙었다. 공산당이 그를 주제로 한 신작 영화 세 편을 극찬하고 나섰지만 그들의 대대적인 선전 공세는 처참한 실패로 막을 내렸다. 레이펑에 관한 영화를 보려는 사람이 아무도 없었던 것이다. 「환구시보」는 〈혹시라도 관객이 올까 봐〉 텅 빈 객석을 향해 레이펑 영화를 상영하는 극장들의 이야기를 보도했다. 온라인에서는 사람들이 레이펑을 조롱했다. 그들은 산술적으로 계산한 결과 레이펑이 주장한 만큼의 짐승 배설물을 모으려면 9시간 내내 매 열한 걸음마다 똥 한 덩어리씩 만나야 했을 거라고 결론을 내렸다. 레이펑이 그의 봉급으로 감당할 수 없는 복장을 하고 다녔던 것으로 보아 부패한 사람이었을지 모른다는 암시를 내비치는 게시물도 있었다. 얼마 뒤 해당 게시물을 올린 두 남자가 체포되었다. 경찰은 〈일부 인터넷 이용자들이 레이펑의 영광스러운 이미지에 의혹을 제기하고 있었다. 이에 다른 많은 이용자들이 경찰에 신고하면서 악성 루머로 레이펑의 이미지를 훼손한 사람들에 대해 철저하게 조사해 달라고 요구했다〉라고 발표했다.

이따금 나는 만일 중국의 지도자들이 레이펑 깃발이나 조화로운 사회라는 기치를 내거는 대신 정부 기관들을 보다 윤리적이고 믿음직하며 정직하게 만들고자 노력하고 있다는 신뢰할 만한 신호들을 보여 준다면 중국이 어떻게 달라질지 궁금했다. 적어도 공자의 주장에 따르면 국가는 행동과 비행동을 통해 도덕적 견해를 피력한다. 공자는 〈군자의 덕은 바람과 같고 소인의 덕은 풀과 같아서, 풀 위로 바람이 불면 풀은 반드시 쓰러진다〉라고 말했다. 인권 탄압과 기만에 빠진 중국 정부는 현대 사회에서 중국인이라는 사실이 상징하는 것이 무엇인지 설득력 있는 주장을 내놓는 데 실패했다. 당은 정통성을 인정받기 위해 경제적 번영과 안정, 공허한 영웅들에게 의지했다. 그 결과 영혼을 두고 벌이는 전투에서 스스로 무장을 해제했고 중국 국민들은 그들 나름대로 우상을 찾기 위해서 관념(觀念) 시장을 배회하고 있었다.

21. 영혼을 살찌우다

언제부터인가 린구라는 친구와 연락이 끊어졌다. 좋은 집안 출신의 기자였던 린구는 자신의 아파트에 있는 오븐을 켠 적이 없다는 사실을 자랑으로 여기는, 자칭 사교술의 대가였다. 나는 수소문을 통해 그가 수도승이 되려고 산속에 들어가 수련하는 중이라는 이야기를 들었다. 드문 일은 아니었다. 최근 들어 중국은 세계에서 가장 큰 불교 국가가 되어 있었다. 린구가 잠깐 베이징에 들렀을 때 우리는 함께 저녁을 먹기로 했다. 지하철역 밖에서 만난 그는 헐렁한 갈색 무명옷 차림에 삭발한 상태였다. 그가 사는 지역은 가장 가까운 도시도 자동차로 2시간가량 떨어진 데다 주민이 통틀어 스물네 명에 불과한 외진 곳이었다. 그가 〈중산층 출신의 중국인 수도승이라니 너무 뻔한 얘기죠?〉라며 큰 소리로 웃었다.

중국의 언론인으로서 린구는, 그의 표현을 빌리자면 〈황금률〉에 따라 살았다. 모든 것을 의심하라는 원칙이었다. 서른아홉 살이던 그는 문화 대혁명이 끝나고 정치가 관심 밖으로 밀려났던 시기에 성장했다. 젊을 때 헌신적인 공산당원이었던 모친과 달리 린구는 헌신에 흥미가 없었다. 당초 불교에 대한 첫인상도 그다지 호의적이지는 않았다. 불교 신자들을 가리켜 〈무릎을 꿇고 향이나 켜는 노인네들〉이라고 말하기도 했다. 2009년 겨울, 린구는 어머니와 함께 호화로운 태국 여행을 다녀올 생각이었다. 여행을 떠나기 전 청두의 어느 서점에서 우연히 수도승이 쓴 회고록을 발견한 그는 그때까지도 그 책이 장차 자신에게 어떤 영향을 끼칠지 전혀 몰랐다. 그가 말했다. 「알고 보니 석가모니는 무척 고무적인 인물이었어요. 이 세상을 보다 용감하게 생각하라고 요구했죠. 그는 이를테면 인도의 카스트 제도처럼 모든 사회 규범에 용감하게 도전했어요. 자신의 개념적인 틀을 처음부터 재검토했죠.」

태국에서 린구는 호텔 방에 틀어박힌 채 그 책에 푹 빠져 지냈다. 「수영장 한 번을 안 갔어요.」 여행에서 돌아온 후에는 베이징의 아파트 근처에 있는 불교 회관에 드나들기 시작했다. 그의 표현에 따르면 〈이 세계는 환상이다〉라는 개념을 터득했을 때 결정적인 변화의 순간이 찾아왔다. 직장으로 복귀하는 건 상상도 할 수 없었다. 「왜 우리는 돈과 명예, 사회적 지위에 매달려야 할까요? 중국에서 언론인으로 산다는 것은 족쇄를 차고 춤추는 짓이에요. 허락된 범위 안에서 교묘하게 움직여야 하죠. 정부와 선전관들, 취재 대상과 게임을 벌여야 해요……. 우리는 선전관이 설치한 온갖 장애물을 피하기 위해 많은 에너지와 시간을 낭비해요. 그러다 보면 몸은 녹초가 되고 마감 시한이 코앞으로 다가오죠. 결국 자신이 쓴 기사의 전문성에 의심이 생기고, 기사 자체에만 집중할 수 있는 서양 언론인들이나 마냥 부러워하게 될 뿐이에요.」 불교는 그에게 저널리즘에서 얻을 수 없었던 해답을 주었다. 「오랫동안 나는 진실을 추구해 왔던 거예요.」

21세기 초 중국에서 사는 사람들은 19세기 미국의 대각성 운동에 비유될 만한 정신적 부활을 목격했다. 자동차와 집을 갖추기 전까지는 도덕 문제를 기꺼이 뒤로 미루어 둔다는 중국인에 대한 고정 관념은 점점 과거의 이야기가 되어 갔다. 기본적인 의식주를 해결한 사람들이 늘어날수록 점점 더 많은 사람들이 진실을 폭로하고 구체제에 의문을 제기하기 시작했다. 그들은 삶의 의미를 찾기 위한 새로운 원천으로 종교, 철학, 심리학, 문학 등에 눈을 돌렸고 이데올로기적 모순과 무자비한 야망의 세계를 살아가면서 지향해야 할 새로운 방향을 모색했다. 시장 논리에 의해 움직이는 지나칠 정도로 경쟁적인 사회에서 개인은 타인에게 어떤 의무를 지는가? 진실을 말하는 것이 위험할 때 시민으로서 진실을 말할 책임은 얼마나 되는가? 독재 체제를 내부로부터 변화시키려고 시도하는 편이 나을까? 아니면 효과가 전혀 없을 것을 각오하고 외부에서 그 체제에 저항하는 편이 나을까?

해답을 모색하는 탐구 과정은 부를 추구하던 때와 마찬가지로 사람들을 각성시키고 활기를 부여했다. 2012년 12월 어느 날 밤 나는 중국 동남부 해안에 위치한 샤먼 대학 캠퍼스에 있었다. 학생들이 강당 밖에 운집했는데 그 숫자는 강당에 수용할 수 있는 인원수를 이미 훌쩍 넘어서고 있었다. 나는 강당 안에 선 채 유리문 반대편에 상기된 표정의 젊은이들 숫자가 점점 늘어나는 광경을 지켜보았다. 초조해진 안전 요원들이 그들에게 냉정을 유지하라고 호소했다. 대학 총장은 그날 저녁 행사를 주관하는 사람들에게 전화를 걸어 통제에 만전을 기해 달라고 당부했다. 그토록 열렬한 기대를 모으고, 「중국일보」의 표현에 따르면 중국에서 〈헐리우드 영화배우나 NBA 농구 선수에 준하는〉 인기를 끈 인물은 미네소타 출신의 내성적인 인물 마이클 샌델이었다. 샌델은 자신이 정치 철학과 교수로 재직 중인 하버드 대학에서 〈정의란 무엇인가〉라는 인기 강좌를 진행하며 학생들에게 아리스토텔레스와 칸트, 롤스 같은 서양 사상의 중심적인 인물들을 소개했다.

그는 도덕적 의사 결정을 둘러싼 이들 철학자들의 이론을 현실 세상의 딜레마라는 테두리 속에 끼워 넣었다. 앞서 〈고문이 과연 정당화될 수 있는가?〉,

〈자신의 아이를 살리기 위해 필요한 약을 훔칠 것인가?〉 같은 강의들이 이미 미국의 공영 텔레비전 시리즈로 녹화되어 인터넷에 배포된 터였다. 동영상이 중국에 퍼지기 시작하자 일부 중국인들이 자막을 만들겠다고 자원했고, 불과 2년 만에 샌델은 파격적인 명성을 얻었다. 중국어로 더빙된 그의 서양 정치 철학 강의 동영상은 2천만 건이 넘는 조회 수를 기록했다. 『차이나 뉴스위크』는 2010년 중국에서 〈가장 영향력 있는 외국 인사〉로 마이클 샌델을 선정했다.

샌델은 이지적이고 세심한 성격의 50대 후반 남성으로 숱 적은 회색 머리와 왠지 걱정스럽게 세상을 응시하는 듯한 연한 파란색 눈을 가졌다. 매사추세츠 주 브루클린에서 아내와 두 아들과 함께하는 삶에 보다 익숙했지만 해외의 반응, 특히 동아시아에서의 이례적인 반응에 부응하는 법을 배워 나가고 있었다. 그는 서울의 야외 경기장에서 1만 4천 명을 대상으로 강연했고, 도쿄에서는 그의 강연 암표가 5백 달러에 거래되기도 했다. 무엇보다 이미 종교에 가까운 헌신의 대상이 되어 있던 중국을 방문함으로써 이제 그는 또 다른 유명세를 얻었다. 상하이 공항에서는 출입국 관리 공무원이 팬이라며 그를 붙잡고 한참 동안 열변을 토하기도 했다.

샤먼 대학 강당 밖에는 점점 더 많은 사람들이 몰려들어 결국 주최 측은 문을 열어 두는 편이 더 안전하리라고 판단했다. 소방 법규에 어긋나는 일이긴 했지만 강당 밖에 있던 사람들이 안으로 쏟아져 들어와 통로에 자리를 잡아 바닥까지 빈틈이 없을 정도로 젊은이들로 가득 찼다. 마침내 샌델이 무대 위로 올라왔다. 그 뒤쪽으로 그가 최근에 출간한 『돈으로 살 수 없는 것들』의 중국어 제목이 적힌 거대한 비닐 현수막이 보였다. 그 책에서 그는 현대 사회의 너무나 많은 특징들이 〈이윤의 도구〉가 되어 가는 것은 아닌지 의문을 제기했다. 군대의 장교직과 결혼, 유치원 입학 자격 등 모든 것에 가격표가 달린 나라의 청중은 완전히 넋을 잃고 강의에 매료되었다. 그가 청중을 향해 말했다. 「나는 시장 자체를 반박하려는 것이 아닙니다. 내가 하려는 말은, 최근 수십 년 동안 거의 인식하지 못하는 사이에 우리 사회가 시장 경제를 소유한 사회에서 시장주의 사회로 변해 왔다는 사실입니다.」

샌델이 신문에 난 한 기사를 언급했다. 왕상쿤은 안후이 성의 가난한 동네에 사는 열일곱 살 된 고등학생이었다. 그는 인터넷 채팅방에서 신장을 3,500달러에 팔라는 불법적인 권유를 받았고, 그의 어머니가 이 거래에 대해 알게 된 것은 아이패드와 아이폰을 들고 집에 돌아온 그가 신부전증을 일으켰을 때였다. 그에게 지불한 돈의 열 배 가격에 신장을 되판 외과 의사와 일당 여덟 명이 체포되었다. 「중국에만 장기 이식이 필요한 환자가 150만 명에 달합니다. 하지만 이식 가능한 장기는 한 해에 고작 1만 개 정도에 불과하죠. 여기 있는 사람들 중 과연 몇 명이나 합법적으로 신장을 매매하는 자유 시장을 지지할까요?」

흰색 운동복 상의를 입고 두툼한 안경을 쓴 피터라는 젊은 중국인 남자가 손을 들고 신장 매매를 합법화하면 암시장이 사라질 거라는 자유방임주의 주장을 펼쳤다. 다른 학생들로부터 그다지 공감을 얻지는 못했다. 샌델은 수위를 더 높였다. 이미 신장을 하나 판 중국인 아버지가 있다. 「몇 년 뒤 둘째 아이를 학교에 보내야 하는 상황에서 어떤 사람이 찾아와 나머지 한쪽 신장을 팔지 않겠냐고, 혹시 목숨을 기꺼이 포기할 결심이 서 있다면 아예 심장을 팔지 않겠냐고 묻습니다. 여기에는 어떤 문제가 있을까요?」

곰곰이 생각하던 피터가 대답했다. 「자유 의지에 의해 공개적으로 이루어지는 투명한 거래라면 부자들이 생명을 살 수도 있다고 생각해요. 그건 비도덕적인 행위가 아니에요.」 청중들 사이에서 동요가 일었다. 내 뒤에 있던 중년 남자가 〈그렇지 않아!〉라고 소리쳤다. 샌델이 강당 안의 흥분을 가라앉히며 말했다. 「시장에 관한 문제는 사실 우리가 어떤 식으로 함께 살고 싶은지에 관한 문제입니다. 우리는 모든 것이 판매될 수 있는 사회를 원하는 걸까요?」

　다음 날 샌델은 내게 〈그동안 방문한 여러 나라들 가운데 미국을 제외하면 중국의 젊은이들이 자유 시장에 대해서 막연한 기대와 믿음을 가장 많이 갖고 있는 것 같습니다〉라고 말했다. 그럼에도 그가 가장 흥미를 느낀 부분은 그에 대항하는 힘, 즉 신장을 판다는 두 번째 주장이 청중에게 일으킨 파문이었다. 「자세히 살펴보면 시장 논리를 모든 것으로 확장할 수 없는 이유는 얼마든지 찾아낼 수 있답니다.」

　중국은 외국 사상에 빠져 여러 차례 열병을 앓은 내력이 있었다. 제1차 세계 대전이 종식된 뒤에 존 듀이는 중국을 순회하면서 수많은 추종자들에게 영감을 주었다. 프로이트와 하버마스가 그 뒤를 이었다. 샌델이 처음 중국을 방문한 것은 2007년이었는데 이는 시기적으로 적절한 선택이었다. 베이징 칭화 대학에서 샌델을 소개하며 완췬런 교수는 중국이 〈우는 심장〉을 가졌다고 말했다. 샌델은 경력의 대부분을, 그의 표현에 따르면 〈동료 시민으로서 우리가 서로에게 갖는 도덕적 책임〉을 고찰하는 데 보냈다. 그는 미네소타 주 미니애폴리스 외곽에 위치한 홉킨스에서 어린 시절을 보내고 열세 살 때 가족과 로스앤젤레스로 이사했다. 서핑을 하러 간다고 반 친구들이 학교를 빼먹는 곳이었다. 그에게 밴 미국 중서부 특유의 신중함에는 거슬리는 일이었다. 「남부 캘리포니아가 나의 인격 형성에 끼친 영향이라면 무연고적 자아를 실제로 목격하게 했다는 점입니다.」 일찍부터 진보주의 정치학에 관심을 가졌던 그는 브랜다이스 대학에 진학했다가 이후 로즈 장학금을 받고 옥스퍼드 대학에서 유학했다. 어느 해 겨울 방학에 그는 같은 과 친구와 경제학 논문을 공동으로 작업하기로 했다. 「그 친구는 수면 습관이 무척 유별났어요. 나는 자정쯤에는 잠자리에 드는데 그는 밤을 꼬박 새우고는 했습니다……. 그래서 한가한 오전 시간에 나는 철학 서적들을 읽었죠.」 학교가 개강할 무렵까지 칸트와 롤스, 노직과 아렌트를 모두 읽은 그는 아예 경제학을 제쳐 놓고 철학을 공부하기 시작했다.

그 후로 몇 년간 샌델은 공직 사회의 도덕성에 대해 보다 직접적인 대화가 필요하다고 주장했다. 「마틴 루터 킹은 명백히 정신적이고 종교적인 근본에 의지했습니다. 로버트 케네디 역시 1968년 대통령 선거에 출마하면서 도덕적, 정신적으로 그와 공명하는 자유주의를 분명하게 천명했죠.」 하지만 1980년에 이르러 미국의 자유주의자들은 그들에게서 도덕성과 미덕의 언어를 제외시켰다. 샌델의 설명에 따르면 그런 요소들이 이른바 〈종교적 우파들이나 사용하는 것〉으로 여겨졌기 때문이다. 「나는 이런 식의 가치 중립적인 정치에 부족함을 느끼기 시작했습니다. 1968년부터 1992년까지 미국의 자유주의가 대체로 부진하고 영감을 줄 능력을 잃은 것이 결코 우연이 아니라고 생각했죠.」

2010년 중국에서는 지원자들로 이루어진 자칭 〈모두의 텔레비전〉이라는 모임이 외국 방송물에 자막을 달기 시작했다. 작업할 시트콤과 경찰 드라마가 다 떨어지자 그들은 인터넷에 올라와 있는 미국 대학 강의로 눈을 돌렸다. 샌델은 이전에도 한 번 중국을 방문해서 소수의 철학과 학생들을 상대로 강의를 한 적이 있었다. 이후 그의 강의가 인터넷에 공개된 다음 다시 중국을 방문했을 때 그는 그사이에 엄청난 변화가 있었음을 느꼈다. 「저녁 7시 강연을 들으려고 학생들이 오후 1시 30분부터 자리를 맡아 둔다는 말을 들었습니다. 강당은 항상 초만원이어서 활기찬 학생들 사이를 헤집고 들어가야 했어요.」 자신의 강의가 외국에서 관심을 끈 경우를 이미 여러 번 목격했던 샌델로서도 중국처럼 갑작스러운 경우는 처음이었다. 함께 이야기를 나누며 우리는 이 같은 현상을 이해하고자 노력해 보았다. 일단 하버드라는 상표가 나쁘지 않았고 공영 방송국 제작국에서 전문적으로 다듬은 그의 강좌는 앞서 온라인에 올라왔던 다른 어떤 강의들보다 보는 재미가 있었다. 그의 강의 방식도 중국인 학생들로서는 새로운 발견이었다. 그는 학생들에게 각자의 도덕적 주장을 펼치고 정답이 없는 활발한 토론에 동참하도록 요구함으로써 복잡하고 열린 주제에 대해 창의적이고 독립적으로 생각하도록 이끌었다. 중국 강의실에서는 좀처럼 보기 힘든 방식이었다.

샌델은 중국인들이 열렬한 관심을 보이는 이유가 참신한 강의 방식 때문이라기보다 도덕 철학 때문이라고 생각했다. 「한 사회에서 도덕 철학이 열렬하게 환영받는 것은, 그 원인이야 어쨌든 간에 이전까지 그 사회에 중대한 윤리 문제를 둘러싼 어떠한 진지하고 공개적인 토론도 없었던 까닭입니다.」 특히 젊은 사람들은 〈공공 담론에 대해 일종의 공허감을 느끼고 보다 나은 무언가를 원한다〉는 얘기였다. 보보스족과 자수성가한 사람들의 시대를 맞이한 중국은 무연고적 자아의 나라였으며, 개인이 사회적 속박과 역사로부터 스스로를 해방시키고 자기 이익에 근거해서 과거에는 불가능했던 방식으로 의사 결정을 내릴 수 있는 나라였다. 그리고 이런 나라를 지배하는 사람들은 이미 신뢰를 잃은 이데올로기를 공공연히 지지하면서 실제로는 무자비한 효율성을 지닌 경제학과 공학을 신봉하는 기술 관료들이었다. 덩샤오핑은 발전만이 〈유일하고 냉엄한 진실〉이라고 선언하고 중국에 이전까지 경험하지 못했던 풍요를 가져왔지만 그와 더불어 가짜 의약품과 땅속에 묻힌 돈뭉치, 세 가지가 없어서 결혼하지 못하는 독신남들을 낳았다. 샌델과 그가 가르치는 정치 철학은 중국 젊은이들에게 유용하고 도전적이지만 체제 전복적이지 않은 어휘들은 물론, 정치적으로 들리지 않으면서 불평등과 부패와 공정성을 논의할 수 있는 틀을 제공했다. 굳이 〈그냥 자매들〉이라는 변명이나 마카오에서 드러난 야심을 언급하지 않고도 도덕성을 논의할 수 있는 방법이었다.

샌델은 권력의 분리나 법 위에 군림한 공산당 등 중국 정치의 금기에 눈에 띄게 도전한 적이 한 번도 없었다. 그럼에도 중국 당국은 종종 그에게 빈 볼을 던졌다. 한번은 상하이의 중국인 학자들과 작가들 모임에서 주선하여 샌델이 청중 800명을 상대로 강연을 하기로 되어 있었는데 바로 전날 저녁 돌연 지역 정부가 계획을 취소시켰다. 샌델이 주최 측에 〈그들이 이유를 알려 주던가요?〉라고 물었다.

주최 측은 이렇게 대답했다. 「아니요. 그들은 절대로 이유를 알려 주지 않아요.」

때때로 샌델은 중국인 비판론자들이 제기하는 회의론에 직면했다. 시장 논리에 반대하는 그의 주장은 이론상 아무런 문제가 없었지만 형평성에 관한 투명한 개념이 중국인들에게 배급 쿠폰과 텅 빈 상점 진열대를 떠올리게 한 것이다. 중국에서는 돈이 권력의 박해로부터 스스로를 방어할 수 있는 유일한 수단이므로 시장에 제한을 두는 것은 국가의 지배를 보다 강화시킬 뿐이라고 주장하는 사람들도 있었다. 하지만 샤먼 대학에서 강연을 마친 이후 샌델이 베이징 소재의 몇몇 대학에서 추가로 강연을 진행하며 미국이 부자들의 세상과 그들을 제외한 나머지 사람들의 세상으로 분리되는 현상, 즉 삶의 〈스카이 박스화〉를 설명했을 때는 중국인 청중들도 분명 공감하는 듯 보였다. 모든 것이 판매 가능한 미래를 향해 30년을 행진해 온 많은 중국인들이 이제 그들의 가치관을 재고하고 있었다.

베이징을 떠나기 전날 저녁에 샌델은 대외 경제 무역 대학에서 강연을 마친 후 그의 〈정의란 무엇인가〉 강의를 제대로 번역하고자 작업 중이던 학생들을 만났다. 한 젊은 여학생이 열정적인 목소리로 〈당신의 수업이 내 영혼을 구했어요〉라고 말했다. 그 말이 정확히 무슨 의미인지 확인할 틈도 없이 샌델은 군중에게 이끌려 가 기념 촬영과 사인을 해주어야 했다. 나는 뒤에 남아 그녀에게 내 소개를 했다. 그녀의 이름은 스예였고 스물네 살이었다. 인사 관리를 전

공하는 대학원생인 그녀는 우연히 접한 샌델의 강의가 〈마음의 문을 열고 모든 것을 의심하게 만든 열쇠였다〉라고 말했다. 「한 달 뒤부터 내가 달라졌다는 느낌이 들기 시작했어요. 그게 1년 전 일이에요. 이제는 종종 나 자신에게 이렇게 물어요. 〈이 상황에는 어떤 도덕적 딜레마가 있을까?〉」

그녀의 부모님은 원래 농부였는데 아버지가 해산물 장사로 전업했다. 그녀가 말했다. 「나는 엄마가 절에 가서 기도하고 음식으로 제단에 제물을 올릴 때마다 따라다니곤 했어요. 예전에는 그 일에 어떤 의구심을 가질 수 있다는 생각을 전혀 하지 못했어요. 하지만 1년 뒤 엄마를 따라 다시 절에 갔을 땐 〈엄마, 왜 이런 일을 해?〉라고 물었죠.」 어머니는 딸의 질문 공세를 달가워하지 않았다. 「엄마는 내가 매우 어리석은 질문을 한다고 생각해요. 나는 매사에 의문을 품기 시작했어요. 그 일이 옳다 그르다를 말하려는 게 아니에요. 그냥 물어보는 거예요.」

스예는 더 이상 암표상에게 기차표를 구매하지 않았다. 「암표상이 결정하는 단일 가격에 표를 살 경우 내가 가진 선택권이 제한되잖아요. 그가 가격을 결정하지 않았더라면 나는 일반실을 탈지 특실을 탈지 결정할 수 있었을 텐데 그가 내 선택권을 빼앗는 거죠. 그건 불공정해요.」 그녀는 친구들에게도 똑같이 행동하라고 권유하기 시작했다. 「나는 아직 어려서 많은 것을 바꿀 능력이 없지만 그래도 친구들의 생각에 영향을 줄 수는 있어요.」

스예는 곧 졸업을 앞두고 있었지만 정치 철학에 눈을 뜬 이후로 상황이 보다 복잡해졌다. 「샌델의 강의에 대해 알기 전에는 인사 관리 전문가가 되어 대기업에서 직원들을 돕는 인력 관리자로 일하려고 했어요. 하지만 지금은 잘 모르겠어요. 당초의 꿈에 확신이 서지 않아요. 한편으로 보다 의미 있는 어떤 일을 하고 싶어요.」 아직 부모님에게 이야기할 엄두를 못 내고 있었으나 그녀는 인사 관리 분야의 직장을 구하지 않을 작정이었다. 「일종의 〈갭 이어gap *year*〉를 갖고 외국을 여행하거나 아르바이트를 하면서 세상을 알고 싶어요. 사회에 기여하기 위해 내가 할 수 있는 일이 무엇인지 알고 싶어요. 여행은 혼자 가려고 해요. 중국에서 단체 여행은 보통 너무 상업적으로 운영되니까요. 어쨌든 여행이란 자신만의 경험이잖아요.」

「어느 나라를 여행하고 싶어요?」

「뉴질랜드요. 베이징은 공기가 최악이에요. 공기가 맑고 깨끗한 곳에 가서 잠시 쉴 거예요. 다음 여행지는 그 뒤에 생각하려고요. 아마도 티베트가 될 것 같아요.」

나는 새로운 신념의 영역으로 우연히 흘러든 사람들을 만나는 데 점점 익숙해졌다. 자오샤오라는 경제학자는 내게 〈만일 중국 음식을 먹어서 더욱 튼튼해질 수 있다면 나는 중국 음식을 먹을 것이고 서양 음식을 먹어서 더욱 튼튼해질 수 있다면 서양 음식을 먹을 겁니다〉라고 말했다. 자오샤오의 실용주의는 그에게 긍정적인 결과를 가져다주었다. 40대 중반의 그는 공산당원이었고 베이징 대학에서 박사 학위를 취득했으며 베이징 소재의 유명 대학들에 출강하고 있다. 그러던 중 기독교 사회에서 배워 올 만한 정책들이 있을지 연구하기 시작했다. 그는 중국이 부패와 싸우고, 환경 오염을 줄이고, 미국 기독교도로 하여금 하버드나 예일 대학을 설립하도록 이끌었던 박애주의를 촉진하는 데 기독교가 도움이 될 수 있겠다는 결론에 도달했다. 머지않아 그는 개종을 선택했다.「우리는 소련을 비롯한 모든 동유럽 국가에서 공산당이 붕괴했으며 각각의 국가들도 공산당과 함께 몰락했다는 사실을 알고 있습니다.」 하지만 중국에서는 공산당이 여전히 건재했는데, 그의 주장에 따르면 〈당이 계속해서 변화하고 있기 때문〉이었다.

당은 종교에 대한 욕구를 대하는 그들의 방식에 변화가 필요하다는 압박을 점점 더 강하게 받았다. 중국은 헌법으로 종교의 자유를 보장했지만 전도를 비롯한 그 밖의 활동을 금지하는 법규들이 해당 권리를 축소했다. 도교와 불교, 이슬람교, 가톨릭, 개신교 이렇게 다섯 가지 종교만 공식적으로 인정했고 신자들은 국가가 관리하는 장소에서만 예배를 볼 수 있었다. 2천만 명이 넘는 가톨릭과 개신교 신자들은 중국 가톨릭애국회에서 운영하는 성당과 기독교 삼자애국운동회에서 운영하는 교회에 다녔다. 하지만 그들의 두 배가 넘는 사람들이 등록되지 않은 〈가정 집회〉를 통해 예배를 보았고, 이런 집회의 규모는 농가의 소규모 연구 모임부터 도시의 대규모 비공개 집회까지 매우 다양했다. 가정 집회가 법적으로 보호 대상이 아니었기 때문에 당국은 그들을 용인하다가도 단속을 강화하라는 정치적 명령이 떨어지면 바로 다음 날 폐쇄할 수 있었다. 최근 몇 년간 당은 관용을 베푸는 데 인색한 모습을 보였다. 비공식적으로는 가정 집회의 성장을 용인하면서도 파룬궁에 대한 탄압은 단호하게 이어 갔고, 티베트와 신장 자치구에서는 불교와 이슬람교에 제약을 가함으로써 사회적 불안을 초래하곤 했다.

위험을 무릅쓰고 신앙을 추구하는 사람들의 숫자가 급증했는데 그중에는 특히 지식인들이 많았다. 함께 점심을 먹는 자리에서 리젠창이라는 인권 변호사는 개종한 후 자신의 신앙을 보다 폭넓게 인정받고자 법에 호소하고 있는 동료들의 이름을 한참 열거했다. 「누가 권력자가 되든 그들은 상관하지 않습니다. 카이사르든, 마오쩌둥이든, 공산당이든 말이죠. 누가 권력자가 되든 권력을 쥐게 되겠죠. 하지만 예수님에 대한 나의 믿음을 방해하지는 말라는 거예요.」 진보적인 통속 작가 리판은 내게 〈기독교는 중국에서 어쩌면 가장 큰 비정부 기구일 겁니다〉라고 말했다. 한때는 눈에 띄지 않는 곳에서 은밀하게 열리던 가정 집회가 충분한 공간만 확보될 수 있으면 장소를 가리지 않게 되었다. 나는 유난히 열광적인 어느 목회에 참석한 적이 있었다. 네온으로 장식된 나이트클럽과 마사지 업소들로 이루어진 복합 단지인 사우나 시티 안에서 열린 그 목회는, 어떻게 보면 불경한 환경에서 진행된 셈이었다. 목사인 진밍르에게 이유를 묻자 그는 이를 드러낸 채 히죽 웃고는 〈임대료가 저렴하거든요〉라고 대답했다.

서른아홉 살의 진밍르 목사는 숱이 많고 부스스한 회색 곱슬머리에 활기찬 텔레비전 전도사 같은 성향을 보였다. 얼마 전까지만 하더라도 조용한 교외에서 안락한 중국식 생활을 할 운명이었다. 세속적인 가정에서 자라 공산당에 가입하고 베이징 대학에 다녔다. 하지만 대학 3학년 때 톈안먼 사건을 둘러싼 정부의 강력한 탄압 사실을 알게 된 뒤로 국가에 대한 믿음이 흔들렸다. 「1980년대에는 대학생이 국가에 의해 길들여졌어요. 등록금과 생활비 일체를 국가에서 지불해 주었기 때문이죠.」 불현듯 〈거대한 절망감〉을 느낀 그는 교회에서 탈출구를 찾았다. 교회에는 도덕적 투명성과 그 자체로 중국보다 원대한 계획의 일부라는 느낌을 주었다. 그는 부모님께 개종하겠다고 말했다. 「부모님은 내가 미쳤다고 생각하셨어요.」

그는 10년간 중국의 공인된 개신교 교회에서 설교를 했다. 그러다가 새로운 아이디어가 떠올랐다. 비좁은 거실에 신자들을 모아 놓는 전형적인 〈가정 집회〉 대신 〈공개적이고 독립적인〉 가정 집회를 만들기로 했다. 「우리는 아무것도 감출 것이 없거든요.」 그의 표현을 빌리자면 당국은 〈불법의 길을 가지 말라〉라고 설득했지만 진밍르는 마찰을 일으킬 생각이 전혀 없다는 말로 그들을 안심시켰다. 「원래 우리 나라에는 모든 것을 통제하는 거대한 정부가 있었지만 꾸준히 작아졌고 반대로 시민 사회는 세력과 규모 면에서 계속 성장했어요. 나는 이 기회를 적극적으로 활용해서 교회가 세력을 확장해야 한다고 생각했습니다.」 2007년 그는 사우나 시티의 조용한 한쪽 구석에 위치한 건물 5층에서 사무실로 이용되던 장소를 발견했다. 별다른 특징이 없는 단조로운 곳이었지만 150명은 수용할 수 있는 넓이였다. 중국에서 등록되지 않은 교회를 운영하려면 크기가 작아야 하고 당국의 눈을 피해야 한다는 오랜 불문율에도 불구하고 진밍르는 문 앞에 간판을 내걸고 명함을 인쇄했으며 경찰이 참석하는 것도 마다하지 않았다. 시온 교회의 탄생이었다.

교회가 처음 문을 열었을 때 신도 수는 스무 명에 불과했다. 하지만 1년도 지나지 않아 350명으로 늘어났고 그들 대부분이 40세 미만의 고학력자들이었다. 나는 어느 일요일에 그 교회를 방문했는데 앉을 자리가 없어서 있어야 했다. 옆에 딸린 놀이방에서 아이들이 꺅꺅거리는 소리가 들렸다. 진밍르는 일종의 공연 예술가 같았다. 선명한 분홍색 가운을 입은 성가대를 대동한 채 설교를 진행했다. 성가대 옆으로는 드럼과 전자 기타 연주자도 보였다. 그는 교파를 초월한, 그럼에도 보수적인 복음주의 기독교를 지향했고 설교 사이사이에 대중 문화와 경제 문제를 언급하기도 했다. 그날은 내가 다른 교회에서는 한 번도 들어보지 못한 호소와 함께 설교를 마쳤다. 그는 소리 내어 웃으면서 간청했다. 「제발 자리 좀 비워 주세요. 다른 분들이 오고 싶어도 자리가 없습니다. 그러니 제발 하루에 한 예배에만 참석하시길 부탁드립니다.」

중국을 여행하는 동안 기독교인과 마주치는 것은 더 이상 놀라운 일이 아니었다. 중국 동해안의 상업적 수도인 원저우 시를 방문했을 때 나는 상공 회의소 회장을 만나러 갔다. 회장은 정성타오라는 실업가로 중국에서 가장 부유한 사람 중 한 명이었으며 경호원을 대동한 채 은색 롤스로이스를 타고 다녔다. 경제적으로 윤택함을 누리던 그였지만 중국에서 어린아이들의 분유 중독 사건이 발생하자 무언가 단단히 잘못되었다는 생각이 들었다. 나를 만난 자리에서 자신이 10년 전 기독교인이 된 뒤로 다른 사업가들을 윤리 서약서에 서명하도록 독려하는 데 매진해 왔다고 밝혔다. 그는 손가락을 꼽아 가면서 탈세 금지, 기준 이하의 상품 판매 금지, 〈계약서와 약속 변경〉 금지 등 윤리 서약서에 포함된 요건들을 열거했다. 「내가 신용을 지켜도 남들이 그렇게 하지 않으면 어떤 일이 벌어질까요? 결국에는 나만 얼간이가 되지 않겠어요?」

자신의 경제적·개인적인 삶을 스스로 통제하며 성장한 젊은이들에게 신앙에 제한을 두는 것은 시대에 뒤떨어진 발상이었다. 나는 〈기독교 노래 공연단〉이라는 단체의 일원으로 활동하던 마쥔옌이라는 25세 여성을 만난 적이 있는데 그녀가 속한 공연단은 교회에서 노래를 해서 돈을 벌었다. 그들이 받는 돈은 모두 장부에 기록되지 않는 거래였다. 공연단이 지역 정부로부터 공연 허가를 받는지 묻자 그녀는 이상하다는 듯 나를 쳐다보았다. 「예수님께서는 모든 사람에게 전도하라고 말씀하십니다. 하지만 〈전도를 하기 위해서는 허가를 받아야 한다〉라고 말씀하신 적은 한 번도 없어요.」 현실은 그보다 복잡했지만 그녀의 주장도 일리가 있었다. 전적으로 자기만족을 위해 세상을 사는 그녀에게는 국가에 대해 진지하게 고민할 이유가 없었던 것이다. 마쥔옌과 동료 50여 명은 만두 노점상과 야채 가판대가 죽 늘어서고 바퀴자국이 어지럽게 난 작은 시장통의 합숙소에서 함께 지냈다. 엄밀히 말하자면 공연단은 불법이었지만 그들이 생활하는 모습에서 남의 눈을 피하는 듯한 분위기는 전혀 느껴지지 않았다. 벽에 걸린 휘장에 적힌 〈베이징은 하느님의 것이다〉라는 특별할 것 없는 구호가, 이내 베이징은 중국 공산당의 것이라는 사실을 상기시켰다.

마쥔옌과 단원들은 기타와 피아노, 드럼 반주에 맞추어 춤 동작을 연습하고 있었다. 습기 때문에 눅눅한 연습실은 사람들로 가득했다. 10대와 20대 소년들이 〈그것은 성령의 힘이다! 아무도 그것을 막을 수 없다!〉라고 외치면서 반복적으로 뛰어올랐다. 미국에 있을 때 웨스트버지니아나 시카고 사우스사이드에서 이런 무대를 본 적이 있음에도 막상 중국에서 비슷한 광경을 목격하자 나로서는 무척 놀라웠다. 부모 세대와는 달리, 마쥔옌과 그녀의 친구들은 기독교가 더 이상 위험한 비밀이 아닌 시대에 어른이 되어 가고 있었다. 중국의 소셜 미디어상에서 가장 인기 있는 텔레비전 배우 야오천과 같은 유명한 개종자들 덕분에 서양 종교는 고급스러운 이미지를 갖게 되었다. 연습을 마친 마쥔옌과 동료들이 고개를 숙이고 눈을 질끈 감았다. 눈물이 뺨을 타고 흘러내렸다. 모두가 둥글게 모인 가운데 중앙에 있던 한 여성이 고개를 들고 〈중국은 기독교 국가로 거듭날 것입니다〉라고 기도했다.

독실한 신도들의 환상을 벗어나면, 중국이 서양 종교를 받아들이는 쪽으로 전면적인 방향 선회를 하리라는 비전은 전혀 가망이 없어 보였다. 그동안 마르크스주의와 자본주의를 비롯한 여러 수입품들에 대해 그랬듯이, 중국은 서양의 종교와 철학에서 가장 유용한 부분만 흡수한 다음 나머지는 저버릴 가능성이 농후했다. 하지만 다른 한편으로, 조금씩 중첩된 새로운 정체성이라는 측면에서 중국은 이미 기독교 국가였다. 같은 맥락에서 중국은 사랑 때문에 번민하고 부정부패를 폭로하며 인습을 타파하는 국가이기도 했다. 그 모든 현상이 동시다발로 일어나는 전례 없는 상황이었다. 이에 중국 공산당은 신념의 성장을 허용하기보다는 그러한 변화를 따라잡느라 더 애를 쓰고 있었다.

22. 문화 전쟁

아이웨이웨이를 만나기 위해 그의 스튜디오를 방문했는데 분위기가 이상했다. 왠지 억눌리고 밀실 공포증을 느끼게 하는 분위기였다. 조수들은 변함없이 작업 중이었고 각종 도안들도 여전히 벽면 여기저기 압정으로 고정되어 있었지만 아이웨이웨이는 법적으로 일종의 연옥 속에서 살았다. 작품 활동은 가능하되 베이징을 벗어날 수 없는 처지였다. 경찰은 그에게 외출할 때마다 보고할 것을 요구했다. 「어디를 가고 누구를 만나는지 그들에게 알려야 합니다. 기본적으로는 그들의 명령에 복종하고 있어요. 그런다고 달라지는 것은 아무것도 없기 때문이죠. 그들에게 두렵지 않다고 이야기하고 싶은 마음도 있어요. 나는 숨길 게 없어요. 그들이 나를 미행해도 상관없죠.」내가 방문하기 얼마 전 예술 잡지 『아트 리뷰』에서 가장 영향력 있는 예술계 인사들 명단을 발표하면서 아이웨이웨이를 1위로 선정한 터였다. 수상 소감을 묻는 기자의 전화에 그는 말도 안 되는 일이며 〈내게는 아무런 힘이 없다〉라고 말했다. 이제 그는 무력감을 느꼈고 실로 오랜만에 스스로 통제할 수 없는 어떤 힘에 사로잡힌 기분이었다.

구금에서 풀려난 아이웨이웨이는 중국의 문화 생활에 대한 영향력을 둘러싼 보다 거대한 싸움에 휘말렸다. 그가 석방되고 얼마 뒤 후진타오 주석은 중국의 〈문화적 안보〉를 강화하겠다고 천명했다. 관련하여 〈외국의 적대적인 세력이 중국을 서구화하고 분열시키려는 전략적 음모를 강화하고 있다〉라고 경고하며 국민들에게 〈경종을 울리고 경계를 풀지 말 것〉을 촉구했다. 중국 공산당은 당면한 시급한 문제들을 의식하기 시작했다. 중국의 예술과 사상, 오락의 경계를 누가 정할 것인가? 과연 대중은 정부와 반체제 인사, 재벌과 부정부패 적발자 중 누구를 신뢰할 것인가?

공산당은 계획과 투자, 법규 제정 등 이미 경제 분야에서 효과를 확인했던 방법을 문화 영역에 적용하기로 결정했다. 가장 먼저 지역 텔레비전에 넘쳐 나던 선택 프로그램들에 손을 댔으며 각 방송국에 〈사랑과 결혼과 우정에 관한 프로그램, 장기 자랑 프로그램, 감성적인 이야기, 퀴즈 쇼, 버라이어티 쇼, 토크 쇼, 리얼리티 쇼 등 뻔하고 자극적이며 불필요하게 많은 프로그램들〉을 정리하라고 지시했다. 그들은 3개월 만에 이런 프로그램들의 숫자를 3분의 1로 줄였고 텔레비전이 이전처럼 〈사회주의의 핵심 가치〉를 고취할 수 있도록 하겠다고 공언했다.

한편 예술가와 작가, 영화 제작자 등의 인내심은 바닥을 드러내고 있었다. 중국에서는 하루 평균 열 편 정도의 신작 영화들이 새로 개봉되었지만 영화 제작자들은 숨이 막혔다. 영화감독 지아장커는 중국에서 영화가 상영되려면 〈공산주의자들을 무조건 슈퍼 히어로로 그려야 한다〉고 불만을 토로했다. 텔레비전 콘텐츠와 관련해서도 중국은 연간 1만 4천 편에 달하는 프로그램으로 다른 어느 나라보다 많은 제작 건수를 기록했지만 중국에서 만든 프로그램을 원하는 나라가 없었고 그 결과 수출하는 텔레비전 콘텐츠의 열다섯 배를 수입했다. 「강남 스타일」이라는 과장스러운 한국의 뮤직비디오가 인터넷 역사상 가장 많이 재생된 동영상이라는 기록을 세우면서 예기치 않은 인기몰이를 할 때 중국 예술가들은 자신들이었다면 절대로 그런 작품을 만들 수 없었을 거라고 한탄했다. 그들의 작품을 관리하는 문화부 관리들이 첫째로 베이징의 소수 상류층을 우스꽝스럽게 패러디하는 것을 허락했을 리 만무했고, 둘째로 수출용 뮤직비디오란 자고로 웅장하고 감명 깊어야 한다고 주장했을 터였으니 말이다. 중국 예술가들은 〈상하이 스타일〉이라는 씁쓸한 신문 만화를 유포했는데 「강남 스타일」의 춤 동작을 개발한 사람이 거금을 벌기는 커녕 〈미친 듯이 여기저기를 뛰어다닌다〉는 이유로 정신 병원에 감금된다는 내용이었다.

문화계 인사들은 갈수록 분개했다. 영화감독 루추안이 한때 베이징 올림픽을 위한 단편 영화를 제작하기로 했다가 지나치게 많은 공식적인 〈지시와 명령〉에 치여 해당 프로젝트를 깨끗이 포기하자 그 결과 〈쿵푸 팬더 문제〉라는 신조어가 등장했다. 쿵푸와 팬더라는 중국의 두 가지 국가적 상징물을 주제로 한 가장 성공적인 영화가 외국 영화사(드림웍스)에 의해 만들어질 수밖에 없었던 이유로, 중국의 어떤 영화 제작자도 그 같은 신성한 주제를 오락거리로 만들 수 있는 허가를 받지 못했을 거라는 사실을 암시하는 용어였다.

중국 라디오 영화 텔레비전 관리국의 검열관들은 항상 은밀하게 일했다. 그들이 절대로 공개적으로 명령을 내리지 않았기에 이제 제작자들은 대중에게 불만을 토로하고 있었다. 2013년 4월 올해의 감독상을 수상한 영화 제작자 펑샤오강이 진부한 수상 소감을 밝히던 중 불쑥 대담한 발언을 내뱉었다. 감사할 사람들을 호명하다가 갑자기 중단하고 〈지난 20년간 중국의 영화감독들은 일종의 거대한 고통에 직면해 왔습니다. 그 고통은 바로 검열입니다〉라고 말한 것이다. 펑샤오강은 결코 반체제 인사가 아니었다. 로맨틱 코미디와 고예산 장편 서사 영화를 제작해서 자수성가한 인물이었지만 수십 년에 걸친 타협과 양보가 그의 전문가적 자존심에 상처를 내고 있었다. 그는 청중에게 말했다. 「심의를 통과하기 위해서 나는 실질적으로 영화의 질이 떨어지는 것을 감수하며 필름을 잘라 내야 합니다.」 그가 전달하려는 요점이 명확하지 않았어도 상관없었다. 무심결에 검열관들이 집에서 텔레비전을 시청하는 사람들에게 그의 요점을 명확히 전달했기 때문이다. 그가 수상 소감을 밝히는 동안 방송국 조정실에 있던 누군가 〈검열〉이라는 단어가 언급되는 순간 이를 검열해서 제때 버튼을 눌렀던 것이다. 텔레비전 시청자들은 이렇게 들었다. 〈그 고통은 바로 《삐-》입니다.〉

중국에서 가장 창의적인 부류에 속하는 사람들은 규칙에 순응하는 비용이 그에 따른 이득을 능가한다는 결론에 도달하고 있었다. 펑샤오강의 돌발적인 발언이 있은 지 몇 주 뒤 소설가이자 수필가인 무룽쉐춘 역시 한계에 도달했다. 검열관에 의해 자신의 웨이보 계정이 삭제되자 그는 「무명의 검열관에게 보내는 공개 항의서」라는 수필을 발표했다. 〈이 항의서가 내게 슬픔만을 가져다주리라는 것을 잘 알고 있다. 한때는 나도 두려움을 느꼈지만 더 이상 두려워하지 않을 것이다. (……) 친애하는 무명의 검열관 씨, 당신과 나의 차이는 바로 이런 점이에요. 내게는 미래가 있지만 당신이 가진 거라고는 현재뿐이죠.〉

창의성을 둘러싼 싸움은 영화나 소설의 영역을 넘어 더욱 확대되었다. 중국 경제가 전환점을 맞고 있었다. 값싼 노동력의 시대가 끝나 가는 중이었고 중국의 지도자들은 중국이 조립 라인을 넘어서도록 이끌어 줄 혁신을 촉진하고자 필사적으로 노력했다. 중국은 이미 미국을 제외한 다른 어느 나라보다 연구 개발에 많은 돈을 투자하는 나라이자 미국과 일본을 제치고 특허를 가장 많이 신청하는 나라가 되어 있었다. 그럼에도 출원된 특허 대다수가 거의 무가치했는데 정치적인 목적이나 투자금을 유치하기 위한 경우가 많았기 때문이다. 또한 미국을 제외한 다른 어느 나라보다 많은 과학 논문을 발표했지만 다른 논문에 인용되는 평균 횟수를 근거로 평가하는 질적인 측면에서는 전 세계 10위권에도 들지 못했다. 학계에는 기만 행위가 만연했다. 저장 대학에서 학술지에 실릴 논문들을 〈크로스체크〉라는 소프트웨어로 표절 여부를 검토했을 때 그들에게 보내진 논문 중 3분의 1이 표절이나 이전 논문에서 베낀 내용을 포함하고 있었다. 정부 지원으로 실시된 한 조사에서는 6천 명의 중국인 과학자들 가운데 3분의 1이 데이터 조작이나 표절 사실을 인정했다.

초목이 우거진 베이징 칭화 대학 교정에서 만난 공공 정책 대학 학장 쉐란은 많은 정부 기관이 중국에서 가장 재능 있는 젊은이들의 앞길을 가로막는다며 한탄했다. 일례로 중국 정부는 적극적으로 위험을 감수할 필요가 있던 시대에, 다시 말해 자수성가한 사람들과 농부 다빈치들이 막 등장하던 1999년에 소기업 혁신 기금이라는 것을 도입했지만 자신들의 관료적인 DNA를 극복하지 못하고 오직 안전한 사업에만 해당 기금을 투자했다. 쉐란이 말했다. 「그 돈이 공적 자금인 까닭에 혹시라도 실패율이 너무 높아질 경우 좋지 않은 평가가 내려지고 대중들이 〈이봐, 당신들이 돈을 낭비하고 있잖아〉라고 질책할까 봐 두려웠던 겁니다. 반면 진정한 벤처 투자가였다면 〈실패가 많은 건 당연한 일입니다〉라고 대답했겠죠.」 완전히 새로운 아이디어를 개발하도록 촉진하는 일은 그렇게 하겠다는 야망을 선포하는 것만으로 되는 일이 아니었다. 우선은 정치적인 간섭으로부터 자유롭고 지적 재산을 보호해 줄 수 있는 강력한 법원이 필요했다. 그래야 기업가들이 서로를 신뢰할 수 있고 혁신을 앞당기며 협력할 수 있을 터였다. 또한 창의적인 사람들이 보복당할 두려움이나 중앙 선전부의 방해 없이 윗사람에게 자유롭게 의문을 제기할 수 있는 대학 연구실도 필요했다. 〈마이클 안티〉라는 필명을 사용하는 블로거이자 분석가 자오징은 〈미국에 있는 기존의 웹 사이트를 노골적으로 표절해서 시장에 내놓기만 해도 억만장자가 될 수 있다면 누가 애써 혁신하려 들겠는가?〉라고 반문했다.

통제를 위한 정부 기관들의 무의식적인 반응은 때때로 숨이 턱 막힐 정도로 비생산적이었다. 한번은 〈Node.js〉라는 일반적인 컴퓨터 소프트웨어의 업데이트 버전이 금지된 적도 있었는데 버전 번호가 톈안먼 사건이 발생한 6월 4일과 일치하는 〈0.6.4〉라는 이유였다. 스웨덴 도시 팔룬Falun의 이름을 딴 디지털 디자인 프로젝트가 좌절되기도 했다. 이유는 만리 방화벽이 해당 프로젝트를 파룬궁Falun Gong과 연관된 것으로 인식했기 때문이다. 하버드 경영 대학원 출신의 투자 은행가로 〈차이나 e캐피탈〉을 설립한 왕란은 페이스북 주식이 상장되기 며칠 전 사업 설명서를 훑어보던 중에 투자자들에게 페이스북이 이란과 북한, 시리아, 중국 등 4개국에서 차단되어 있다는 사실을 상기시키는 문구를 발견했다. 중국이 세계에서 가장 문제가 있는 것으로 알려진 나라들과 나란히 이름을 올리고 있다는 사실에 충격을 받았다. 그는 자신의 소셜 미디어를 구독하는 수백만 명을 향해 〈나는 여러분에 대해 잘 모릅니다. 하지만 이런 상황이 모욕적이라는 생각이 들기 시작합니다〉라는 글을 썼다. 찌르는 듯한 당혹감이 잦아들면서 중국의 미래를 둘러싼 본질적인 의문이 고개를 들었다. 국민에게 페이스북을 허가할 용기조차 없는 중국이 어떻게 차세대 혁신 상품을, 차세대 페이스북을 발명하고자 바랄 수 있단 말인가?

아이웨이웨이는 중국 문화를 둘러싼 억압에 그 누구보다도 두드러지게 저항했으며 중국은 결국 그를 침묵시키는 전략을 택했다. 그가 석방되고 5개월 뒤인 11월에 중국 정부는 그에게 세 건의 건축 프로젝트와 관련한 〈미납 세금과 벌금〉으로 240만 달러를 납부하라고 명령했다. 그가 디자인한 베이징의 사진 전시관, 그리고 영국과 싱가포르에서 개인 고객이 의뢰한 두 채의 아파트가 문제였다. 아이웨이웨이는 정부에서 해당 프로젝트들에 관심을 가진 이유가 해외 고객과 해외 계좌에 연관된 프로젝트이기 때문일 거라고 추측했다. 그는 고지서를 받아들이는 대신 이의를 신청하기로 했다. 법에 따르면 고지된 총금액의 3분의 1에 해당하는 80만 달러를 보름 안에 공탁하면 해당 청구 건에 대해 법정에서 이의를 제기할 수 있었다. 그의 이의 신청 계획이 알려지자 도움의 손길이 쏟아졌다. 사람들은 1백 위안짜리 지폐로 종이비행기를 접어 담장을 넘겨 스튜디오 뜰 안으로 날려 보냈다. 지폐로 포장한 사과와 오렌지를 문간에 가져다 놓기도 했다. 그의 계좌로 직접 송금하는 사람들도 있었다. 한 기부자는 〈빨리 갚지 않아도 됩니다. 새 화폐가 나오면 그때 갚아도 돼요〉라고 썼다. 새 화폐란 마오쩌둥의 초상화가 그려져 있지 않은, 언젠가 발행될 지폐를 의미했다.

아이웨이웨이는 사람들의 반응에 경외감을 느꼈다. 「한 젊은 아가씨는 돈이 가득한 배낭을 메고 들어와서는 〈이거 어디다 놓을까요? 자동차를 사려고 모은 돈인데 이제 차는 못 사겠네요. 가지세요〉라고 하더군요.」 그는 이렇게 덧붙였다. 「국가가 〈범죄자〉로 지목한 사람에게 돈을 기부하기 위해서 사람들이 목소리를 높이고 행동에 나선다? 정말 상상도 할 수 없는 상황이죠.」 그의 회계사가 누적 기부액을 게시했다. 기부자들 목록은 광범위했다. 나는 오염된 분유를 먹고 병이 났던 한 아이의 아버지 이름을 알아보았다. 기부가 시작된 첫 주 주말에 지지자들의 기부금은 이미 아이웨이웨이의 공탁금 액수를 훨씬 넘어섰다. 아이웨이웨이를 위한 기부가 웨이보에서 핫 토픽 키워드가 되자 그의 계정이 폐쇄되었다. 언론인들에게 새로운 지시가 떨어지면서 내 휴대 전화가 진동했다.

아이웨이웨이가 세금을 납부하기 위해 돈을 빌리는 일과 관련한 모든 온라인 글을 삭제하라. 대화형 웹 페이지에서 이 사건을 계기로 당과 정부, 법체계를 공격하는 메시지들을 즉시 제거하라.

당에서 발간하는 타블로이드 신문 「환구시보」는 스튜디오 담장 너머로 날리는 종이비행기가 〈불법 기금 조성〉이 될 수 있음을 암시하면서 다음과 같은 경고문을 게재했다. 〈지난 30년간 수많은 아이웨이웨이가 등장했다가 사라졌다. 그리고 중국은 그들의 비관적인 예측에도 불구하고 계속 승승장구했다. 진정한 사회적 추세는, 그때가 언제든 그들이 사라질 거라는 사실이다.〉법정 출두일을 기다리는 사이 아이웨이웨이의 불안감은 커졌다. 겨울이 다가오면서 집 바깥에 있는 나무들의 잎이 떨어져 가로등 기둥에 설치되어 있던 경찰 감시 카메라가 모습을 드러냈다. 아이웨이웨이가 카메라들을 향해 돌을 던지자 경찰은 〈방범 카메라를 공격했다〉는 이유로 그를 연행했다. 그의 팬 중 한 명이 카메라를 걱정하는 척 인터넷에 〈카메라가 심하게 다쳤나요? 검진이 필요하지는 않았나요? CT 촬영은요?〉라는 글을 올렸다.

며칠 후 아이웨이웨이와 나는 그의 집 식탁에 앉아 있었다. 남쪽에서 겨울 햇빛이 쏟아져 들어왔다. 나이 들어 귀가 먹은 코커스패니얼 대니가 술 취한 사람처럼 비틀거리며 식당 안을 돌아다녔다. 그의 아내 루칭이 계단을 내려와 식당을 힐끗 들여다보고는 현관으로 발길을 돌렸다. 그녀는 세간의 주목에 익숙하지 않았다. 지난 한 해 동안 그녀는 여러 차례 심문을 받았고 구금된 남편을 대신해서 연설을 하며 이질감을 경험했다. 스튜디오의 법적 서류에 그녀의 이름이 기재되어 있던 탓에 세금 소송에도 휘말렸다. 아이웨이웨이는 식탁에 앉아 아내가 추위에 대비해 밝은 빨간색 스카프를 어깨에 두르는 모습을 지켜보았다. 그녀는 법원에 추가 서류를 제출하러 가려는 참이었다. 그녀가 노란색 서류철을 가슴에 안은 채 현관문을 조금 열다가 그대로 멈추었다. 아이웨이웨이가 그녀에게 〈당신 괜찮아?〉라고 물었다. 그녀는 고개를 끄덕이고 긴장된 미소를 지어 보인 뒤 문 밖으로 사라졌다.

그에게 정말로 세금을 탈루했는지 물었다. 솔직한 심정으로 설령 그가 그랬다 하더라도 전혀 놀랍지 않을 터였다. 중국인들 사이에서는 탈세가 중국의 국민 스포츠라는 농담이 돌 정도였다. 2011년 정부 연구원들이 산출한 금액에 따르면 중국은 세금 탈루로 1조 위안, 즉 1570억 달러에 달하는 재정 손실을 입었고 탈세범들 중 가장 큰 규모에 속하는 범인은 실질적으로 정부 소유의 기업들로 드러났다. 내게도 탈세에 이용할 가짜 사업 비용 청구서를 팔겠다는 스팸 문자가 하루에도 몇 통씩 날아왔다. 하지만 아이웨이웨이는 세금을 탈루한 적이 없다고 대답했다. 보통 이런 상황이 되면 나는 소송 서류를 검토했겠지만 이미 경찰에서 회사 기록을 모두 압수한 상태였다. 그들은 재판 일정을 대중과 언론에 공개하지 않았고 법원이나 검사들에게 직접 전화해 봐도 하나같이 대답을 기피했다. 아이웨이웨이의 변호사 푸즈창조차 소송과 관련한 원본 서류를 검토할 수 없었다. 아이웨이웨이에게 승소할 것 같은지 물었다. 그가 대답했다. 「아니요. 우리는 진실을 드러냈다는 점에서 승리했을 뿐이에요.」

승소하지 못할 거라던 아이웨이웨이의 예상은 들어맞았다. 2012년 3월 정부가 고지서 관련 공판 요청을 거부했고 이에 그는 다른 방법을 시도했다. 증인과 증거를 제대로 관리하지 못했다며 세무국을 고소한 것이다. 놀랍게도 이번에는 법원이 공판을 여는 데 동의했다. 그가 공판에 참석하기 위해 막 법원으로 출발하려 할 때 경찰에서 전화가 걸려 왔다. 「당신이 아무리 애써도 절대로 참석하지 못할 거요.」 그의 아내와 변호사까지는 공판에 참석할 수 있었지만 수백 명의 제복 경찰과 사복 경찰들이 법원을 둘러싼 채 언론인과 외교관의 접근을 막아섰다. 공판에 참석하려던 운동가 후자는 집 밖에서 대기하던 기관원들에게 목이 졸리고 구타를 당했다. 베이징 시는 법원을 우회하도록 버스 노선을 변경했다. 체포 1주년 되던 날, 전화는 도청되고 이메일은 검열되고 스튜디오는 감시 카메라에 둘러싸인 상태에서 아이웨이웨이는 경찰보다 한술 더 뜨기로 결심했다. 그는 침실 천장에 설치한 한 대를 포함해 자신의 스튜디오에

총 네 대의 웹 카메라를 설치하고 인터넷에 자신의 사생활을 중계하기 시작했다. 〈웨이웨이캠닷컴〉이라고 이름도 지었다. 경찰은 당황했다. 2~3주가 지나자 그들은 아이웨이웨이에게 인터넷 중계를 중단하라고 명령했다. 그에게는 스스로를 감시할 권리조차 없었다. 그는 세법에 관한 책을 써볼까 생각한다며 그럴 경우 현대 미술가 중에는 최초일 거라는 농담도 했다. 그에게 지식은 종류를 불문하고 그가 만들어 낼 수 있는 가장 효과적인 예술이었다. 「그들의 힘은 무지에 기반을 두고 있습니다. 따라서 우리가 아는 것을 원치 않죠.」

아이웨이웨이는 당초 석방되고 1년이 지나면 여권을 돌려받을 수 있으리라 생각했다. 2012년 6월 마침내 1년이 되었지만 허무할 정도로 아무 일 없이 지나갔다. 그에게 추가된 세 건의 범죄 혐의 때문에 해외여행이 금지되었다는 설명이었다. 세 건의 범죄란 일부일처제 위반, 불법 외환 거래, 음란물 제작이었다. 그가 듣기로 음란물 수사는 단 한장의 사진에 근거했다. 그가 자신의 스튜디오를 배경으로 옷을 벗은 채 의자에 앉아 있고 옆에 선 네 명의 여성들이 카메라를 응시하는 사진이었다. 그가 이 사진 때문에 기소될 수 있다는 소식을 들은 그의 팬들은 단결해서 각자의 누드 사진을 온라인에 게시하기 시작했다.

그해 가을이었다. 어느 날 아침 아이웨이웨이를 찾아갔는데 그가 시무룩해 보였다. 세금 재판의 최종 항소심에서 패소함에 따라 기부금을 모두 돌려준 뒤였다. 게다가 그의 프로덕션 회사인 〈가짜 문화 발전 주식회사〉가 매년 해야 하는 정례 등록을 갱신하지 않았다는 이유로 정부로부터 폐쇄 명령을 받은 참이었다(필요한 서류와 도장을 경찰이 모두 압수했기 때문에 갱신이 불가능했을 터였다). 그가 말했다. 「마치 외계인과 체스를 두는 기분입니다. 그들은 내가 상상할 수 없는 방식으로 게임을 합니다. 게임 자체도 그들이 승리할 수밖에 없도록 설계되어 있죠. 나는 그들과의 일전을 피할 수 없으며 아무리 영리하게 말들을 움직여도 결국에는 패자가 될 겁니다.」

그토록 비관적인 모습을 보인 건 그때가 처음이었다. 그가 내린 결론에 따르면 현 체제의 가장 큰 취약점은 그 체제가 그의 생각에 동의하지 않는다는 것이 아니라 당의 생각에 이의를 제기할 수 있는 그의 권리 자체를, 대중의 믿음을 얻기 위한 그의 시도를 부정한다는 것이었다. 「날마다 이런 날을 기대합니다. 한 관리가 문을 두드리고 들어와서 〈이봐요, 아이웨이웨이 씨, 앉아서 이야기 좀 합시다. 도대체 당신이 말하고 싶은 게 뭐요? 당신이 얼마나 우스꽝스러운 생각을 가졌는지 한번 들어나 봅시다〉라고 말하는 날 말입니다.」

아이웨이웨이에게는 이제 세 살 반 된 아들이 있었다. 나는 장차 아들에게 가족의 상황을 어떻게 설명할 계획인지 물었다. 그가 한참을 침묵하다가 눈시울을 붉혔다. 그러더니 자신은 그 문제에 대해 생뚱맞은 환상을 가졌다고 밝혔다. 「나는 아들이 아주 느리게 자랐으면 좋겠습니다. 될 수 있으면 늦게 이일에 대해 알게 되길 바랍니다.」 아이웨이웨이가 지식보다 무지를 선호하는 모습은 처음이었다. 「이 상황은 설명이 불가능해요. 합리적이지도 않습니다. 나조차도 이해할 수 없습니다. 왜 이런 식이 되어야 하는지 도대체 모르겠어요.」 자신이 한 말에 스스로도 놀란 듯 그는 곧장 화제를 바꾸었다. 숱한 고난에도 불구하고 그는 주변에서 일어나는 보다 광범위한 변화를 감지했다. 「내생각에 중국이 신뢰와 이데올로기, 도덕적 기준, 그 밖의 수많은 부분에서 위기에 봉착했다는 사실을 오늘날 사회 각계각층의 모두가 인식하고 있는 것 같아요……. 이대로는 오래 버틸 수 없을 겁니다. 근본적인 정치 구조가 바뀌지 않는 한 중국은 한계에 도달했어요. 지금 같은 일종의 기적이 영원히 지속되지는 않을 겁니다. 90년이라는 세월 동안 성공적으로 집권해 왔음에도 중국 공산당은 여전히 지하당이에요. 자신의 속내를 솔직하게 표명할 능력도 없고 자신들에게 지적인 방식으로 도전하는 사람과 맞설 능력도 없습니다.」

내가 그를 알고 지낸 몇 년 동안 아이웨이웨이는 인간적으로 성장한 동시에 상징적인 인물이 되었다. 그는 이제껏 중국이 낳은 가장 유명한 반체제 인사였다. 그를 주제로 한 책과 영화, 논문도 나와 있었다. 하지만 일단 그가 유명 인사가 되자 예술계는 인내심을 잃고 그를 대체할 인물을 찾으려고 애쓰는 듯 보였다(『뉴 리퍼블릭』에서는 〈아이웨이웨이: 훌륭한 반체제 인사, 형편없는 예술가〉라는 제목의 기사까지 냈다). 아이웨이웨이를 가장 혼란스럽게 만든 것은 중국인 동료 예술가들의 행동이었다. 「내가 사라진 동안 거의 아무도 〈이 사람 어디에 있는 거야? 그가 무슨 범죄를 저질렀다는 거지?〉라고 묻지 않았어요.」

그들이 침묵한 이유가 무엇이라고 생각하는지 물었다.

「두려워서 그랬겠지요.」 그가 심드렁하게 말했다. 「내 앞에서는 언제나 내게 전적으로 동의한다고 떠들지만 혹시라도 그들에게 자신의 입장을 공개적으로 표명해 달라고 부탁한다면 절대로 들어주지 않을 겁니다.」

일부 예술가들이 보기에 아이웨이웨이는 다른 사람들에게 부당한 기준을 적용했다. 그의 주장에 따르면 예술가나 작가, 사상가로서 갈등을 기피하고 정치를 기피하는 것은 비겁한 행동이었다. 런던에서 열린 중국 예술 전시회가 긍정적인 평가를 받았을 때도 아이웨이웨이는 그 전시회가 〈오늘날 중국에서 가장 시급한 사안들〉을 다루지 못했다며 혹평했다. 그는 그 전시회를 〈쿵파오 치킨과 탕수육처럼 하나같이 기본적인 요리만 판매하는 차이나타운의 식당〉에 비유했다.

창의적인 계층에 가해지는 압력은 아이웨이웨이가 속한 세계를 훨씬 초월해서 갈등을 유발했고 도덕적 권위와 신뢰를 둘러싼 투쟁은 점차 개인의 문제로 발전했다. 2012년 1월 마이톈이라는 한 블로거가 〈만들어진 한한〉이라는 글을 올렸다. 이 글에서 그는 한한이 자신의 블로그에 게시물을 올린 날짜와 시간을 자동차 경주에 참가했던 시간대와 비교한 다음 한한 본인이 직접 그 글들을 쓸 수 없었을 거라고 결론 내렸다. 그는 한한이 가짜이며 아마도 대필 작가들이 만들어 낸 합성 인물일 거라는 의혹을 제기했다. 한한은 그 블로거가 제기한 의혹을 일축하면서 의혹을 사실로 증명할 수 있는 사람에게는 3백만 달러를 주겠다고 제안했다. 한한의 팬들이 마이톈의 시간 구성에서 오류를 발견했고 마이톈도 자신의 글을 지웠지만, 가짜 의혹을 둘러싼 그 이야기는 팡저우즈라는 색다른 인물의 관심을 끌었다.

　팡저우즈는 미시간 주립 대학에서 학위을 받은 생화학자로 학계의 부패와 엉터리 과학을 폭로하면서 순식간에 유명해졌다. 중국에서는 위험한 행동이었다. 결국 팡저우즈는 망치와 후추 스프레이로 무장한 폭력배들에게 공격을 당했는데, 이들을 고용한 사람은 팡저우즈로부터 데이터를 조작했다는 비난을 받은 어느 박사인 것으로 밝혀졌다. 팡저우즈의 비난이 항상 옳았던 것은 아니었다. 명예 훼손으로 고소도 여러 번 당했는데 그가 세어 본 바로는 승소가 세 번이었고 패소가 네 번이었다. 그럼에도 회의주의라는 새로운 문화적 시류에 의해 그에게는 수많은 추종자가 생겼다. 나와 만난 자리에서 팡저우즈는 자신이 여러 종교의 신도들에 대해 회의적이라고 말했다. 그는 수년에 걸쳐 복음주의 기독교와 파룬궁을 비판해 온 터였고 사람들이 한한에게 갖는 믿음의 깊이가 이러한 종교들과 유사하다는 점을 발견했다. 「내가 비판하고자 하는 것은 그들이 가짜 우상을 만들고자 한다는 사실입니다.」 팡저우즈의 주장에 의하면 한때 한한을 스타로 만들어 주었던 사실들, 즉 혜성 같은 등장과 혼자 빠르게 글을 쓰는 습관, 글쓰기보다 운전을 더 좋아한다는 본인의 주장 등이 이제는 도리어 그를 의심하게 만들었다. 결국 논란을 잠재우고자 한한은 대략 1천 페이지 분량의 손으로 쓴 원고를 스캔해서 배포했다. 하지만 팡저우즈는 해당 원고에 〈전체적인 줄거리와 세부 사항의 변화〉가 명백히 부족하다며 베긴 원고라고 주장했다. 소설가로서 빛을 보지 못했던 아버지의 작품이거나 내가 이전에 만났던, 말솜씨가 번드르르한 출판사 대표가 고용한 작가들의 작품일 거라고 추측한 것이다.

중국에서 가장 영향력 있는 두 논객 한한과 팡저우즈의 충돌이 일으킨 파문은 엄청났다. 그들의 충돌과 관련하여 웨이보에는 2주 만에 1500만 건에 달하는 게시물이 올라왔다. 한한을 비판하는 사람들 중 일부는 세무국에 수사를 의뢰하기도 했다. 그들은 그가 참가한 자동차 경주의 결과가 조작된 것일지도 모른다고까지 의심했다. 한한이 자신의 키를 부풀렸다는 비난도 있었다. 한한의 신뢰성과 실력을 둘러싼 논쟁으로 둘로 나뉜 중국 지식인들이 얼마나 격렬하게 반목했던지, 소설가 무룽쉐춘은 그들이 주고받는 비난을 가리켜 〈문화 대혁명 이래 중국 지식인들이 상대 진영에 이토록 증오심을 드러낸 적은 없었다〉라고 말할 정도였다. 수많은 쟁점들 중에서도 유독 이 문제가 그토록 강렬한 싸움을 유발한 이유는 무엇일까? 소비에트 시대의 시인 예브게니 옙투셴코는 이렇게 말한 바 있다. 〈우파 놈들은 항상 어깨를 나란히 하고 단결하는데 도대체 왜 진보주의자들은 자기들끼리도 사이가 틀어질까?〉 무룽쉐춘이 보기에 중국의 지식인들은 녹초가 되어 다들 쓰러진 채 바닥에 떨어진 음식 찌꺼기를 놓고 싸우는 중이었다. 「수많은 사상가들이 그토록 많은 에너지를 소진해 가며 말과 글을 놓고 싸우느라 더 이상 관권을 비판하지 않는다. 사회 복지에도 관심을 기울이지 않는다. 우리는 바로 그 점이 걱정스럽다.」

한한을 방문해서 그에게 쏟아지는 비난에 대해 물었다. 그는 〈하지 않은 일을 정말 하지 않았다고 입증하기란 정말 어려운 노릇이에요〉라고 말하면서 자신을 비난하는 사람들이 제정신이 아니라는 암시를 내비쳤다. 「그들은 미국이 달에 착륙한 적이 없다고 주장하는 사람들과 비슷합니다.」 혹시 아버지가 아들의 이름으로 글을 한 편이라도 쓴 적이 있는지 묻자 한한은 아니라고 대답했다. 「우리는 글을 쓰는 방식이 달라요.」 아버지는 이야기의 줄거리를 중시했고 한한은 오로지 분위기를 중시하는 편이었다. 마치 경주용 자동차가 굉음을 내뿜듯이 그가 열변을 토했다. 「내 방식이 낫다는 뜻은 아니에요. 내 글은 완벽하지 않아요. 하지만 독특하잖아요.」 그는 자신에 대한 비난을 보다 폭넓은 용어로 규정했다. 「지금 이 사회에서는 사람들이 서로를 믿지 않아요. 그래서 자신이 원하는 누군가를 공격할 때면 항상 불신을 이용하죠.」 온라인에서 팡저우스의 팬을 자청하는 수많은 사람들에 대해서는 〈그들은 오직 자신의 컴퓨터만 신뢰할 뿐이죠〉라고 언급했다.

한한이 그의 아버지와 출판사 대표에 의해서 만들어진 인물일 수 있다는 추측은 이론상 그럴듯했다. 적어도 보시라이의 아내가 영국인 사업가를 독살했다거나 철도부의 간부가 너무나 많은 돈을 횡령해서 철도가 무너졌다는 사실보다 훨씬 그럴듯했다. 고백하자면 나 역시 그런 비난이 사실이길 바라는 마음이 들었는데, 그게 정말일 경우 엄청난 기삿거리가 될 수 있기 때문이었다. 〈한한의 대필 작가들〉 중 한 명을 안다고 주장하는 중국인 작가들도 두 번이나 만났지만 추적한 결과 모두 헛소리에 불과했다. 나는 한한의 아버지까지 인터뷰한 다음 그들 부자가 엄청나게 연기를 잘하거나 가짜설이 공상에 의한 결과물이라는 결론에 이르렀다. 내가 생각하기에 한한은 보이는 모습 그대로였다. 즉 마케팅 팀의 관리를 받아서 만들어진 작가일 뿐 결코 가짜는 아니었다.

한한을 비판하는 사람들 중 대다수는 한한 본인이 아니라 한한으로 상징되는 현실에 분노하는 듯했다. 한한을 〈가짜 우상〉이라고 부르는 진실 사냥꾼 팡저우스 같은 비평가들은 한한이 맹렬한 속도로 작품을 찍어 낼 뿐 아니라 설익은 작품을 시장에 공급한다는 점에서 그의 성공을 지적인 삶에 필요한 일종의 전통적 자격을 비웃는 조롱으로 받아들였다. 다른 비평가들이 본 한한은 상황이 좋을 때만 비판의 목소리를 내는 사람이었다. 상황이 험악해지면 너무나 자발적으로 변화를 요구하는 외침을 중단했다. 한한이 아이웨이웨이의 구금에 항의하기를 거부하면서 두 사람의 관계가 소원해지자, 아이웨이웨이는 한한이 〈너무 순종적〉이라고 평가했다. 나는 이러한 비평가들 사이에서 공통된 뿌리를 발견했다. 이를테면 사람들은 그들이 보고 싶은 모습을 한한에게 투영했고 한한은 그들이 원하는 모습을 보여 주길 거부했다. 그런 점에서 그는 어쩔 수 없는 아마추어였고 〈미 제너레이션〉식 개인주의 정치학의 상징이었다. 버스 정류장과 지하철 광고판에서 그의 얼굴을 발견하는 횟수가 늘어갈수록 나는 과거 사회주의의 전형으로 여겨지던 군인 레이펑이 자꾸 떠올랐다. 자의든 아니든 한한은 청바지를 입은 레이펑이 되었으며, 누구도 대신 만족시킬 수 없는 신념을 가진 사람이 되었다.

2013년 봄, 마지막으로 한한을 만나러 들렀을 때 나는 그가 신념을 품고 살아온 세월 때문에 오히려 피해를 입었다는 느낌을 받았다. 잡지가 폐간되고 당의 경고를 받는 등 족쇄를 차고 춤을 추던 그 모든 시간을 뒤로한 채 그는 상하이 주택 단지 안에 위치한 조용한 저택으로 사무실을 옮겼다. 주변에는 그들 외에도 소규모 첨단 기술 기업들이 입주해 있었다. 그는 〈원One〉이라는 안드로이드 앱을 출시한 신생 기업을 운영했다. 원은 구독자들에게 하루에 한 가지씩 특정한 이야기나 시, 비디오 영상 등을 전송하는 서비스로, 출시된 지 6개월 만에 3백만 명의 구독자를 모집했지만 중앙 선전부의 주목을 끌 정도로 유명해지지는 않았다. 「잡지사를 운영하고 싶어도 허가가 나지 않기 때문에 앱으로 방향을 바꾸었죠.」 우리는 저택 꼭대기 층에 위치한 햇빛이 잘 드는 작은 회의실에 있었다. 아래로는 방마다 가득한 젊은 직원들이 동물 인형과 탁구대를 비롯한 신생 기업 특유의 장식물에 둘러싸인 채 컴퓨터 앞에 앉아서 일을 하고 있었다. 한한은 딸과 놀아 주거나 자동차 경주에 참가하면서 대부분의 시간을 보냈다. 은퇴한 악동 작가로서 그의 최근 모습을 보면서 나는 이제 부패와 불법, 그 밖의 민감한 주제들에 관한 글쓰기를 그만둔 것인지 물었다. 「우리에게는 이제 웨이보가 있잖아요. 사람들에게 필요한 건 무엇이든 다 거기에 있어요. 나는 더 이상 정치에 관한 글을 쓰지 않아요. 이제 정치라면 신물이 나요.」

「지겨워요?」 내가 물었다.

「매번 똑같은 짓들이 계속해서 반복되잖아요. 작가로서 계속 같은 내용을 다루고 싶지는 않아요. 내게는 분노를 표출할 다른 방법들이 있어요. 그게 아니라도, 아예 표출하지 않는 쪽을 선택할 수도 있죠.」

어떻게 보느냐에 따라 작가로서 한한의 삶은 고무적이기도 했고 절망적이기도 했다. 처음 그를 만났을 때만 하더라도 그는 당과의 충돌을 피할 수 없는 방향으로 나아가고 있었지만 수년의 세월이 흐르면서 공존하는 방법을 찾았다. 지금 하는 일이 한때 그랬던 것처럼 중국에 큰 영향을 주는 것은 아니지만 조용한 길을 선택했다고 해서 그를 비난할 수는 없었다. 타협하지 않는 열망이 어떤 위험을 초래할 수 있는지는 당이 진작에 적나라하게 보여 준 터였다. 따라서 자주적 권리를 확대하려다가 실패한 사람들이 또다시 전장 속으로 들어가길 선택했다는 사실은 그만큼 더욱 인상적일 수밖에 없었다. 2010년 3월 어느 날 나는 베이징 시내에서 개최된 한 기념 행사에 초대받았다. 편집자 후수리가 부정부패를 적발하는 임무로 다시 복귀하고 있었다. 기존의 출판사 대표와 갈라선 뒤로 4개월도 지나지 않아서 호텔 연회장을 빌려 기자들과 공직자들, 학자들을 초대한 것이다. 그녀는 자신을 따라 『차이징』을 떠나온 많은 편집자들과 기자들과 함께 새로운 미디어 그룹을 설립했다. 도전적인 의미를 담아 새로운 벤처 기업의 이름을 〈차이신(財新)〉이라고 지었는데 중국어로 발음하면 〈새로운 차이징〉처럼 들렸다.

나는 사람들 틈에 앉아서 후수리가 연단으로 걸어가는 모습을 지켜보았다. 그녀는 스팽글이 달린 빨간색 상의를 입고 있었다. 키가 작은 탓에 마이크 주변의 꽃 장식 위로 간신히 보일 정도였다. 그녀가 특유의 고음으로 〈중국의 주요한 경제적·사회적 발전을 객관적으로 취재하겠다는 우리의 편집 방침은 변하지 않을 것입니다〉라고 말했다. 새로운 벤처 회사에서 그녀는 늘 원했던 주식 지분을 얻었다. 그녀와 편집자들이 30퍼센트의 지분을 보유하고 투자자 그룹과 비교적 진보적인 중국 신문 「저장 데일리」가 나머지 지분을 보유했다. 국영 신문과 함께 사업을 한다는 것 자체가 적지 않은 부담이었지만 몇 개월을 지내 보면서 그녀는 「저장 데일리」가 그녀에게 뉴스룸 운영권을 주겠다던 당초의 약속을 지킬 것이라 확신하게 되었다.

이후로 2~3년 동안 나는 후수리와 직원들이 그들의 위치를 재건하려고 노력하는 모습을 지켜보았다. 회사 설립에 따른 초기의 흥분이 가라앉자 많은 기자들이 보다 높은 연봉을 찾아 떠나거나 좀 더 기반이 탄탄한 언론사로 자리를 옮겼다. 그녀가 위험한 선택을 하기도 했다. 어느 시점에 그녀는 돈도 많이 들고 일도 복잡한 방송 분야로 영역을 확장했다가 곧 포기했다. 뉴스룸 직원들은 그 일을 후수리의 〈대약진 운동〉이라고 부르고는 했다. 그럼에도 그녀는 계속 나아갔다. 금융 사기와 공직자 부패 등 파장이 큰 기사들을 연달아 터뜨렸다. 그중에는 한 자녀 정책을 담당하는 공무원들이 아이들을 강제로 데려가서 외국 입양을 전문으로 하는 고아원에 팔아넘겨 이익을 챙긴 사건도 있었다. 후수리는 매우 비판적인 사설을 통해 민주주의가 불안을 조장한다는 당의 근본적인 논거에 이의를 제기했다. 중동 지역에서 봉기가 일어나자 그녀는 〈혼돈을 조장하는 것은 오히려 독재 정치다. 민주주의는 평화를 낳는다. 독재 정치를 지지하는 것은 사실상 단기 이익을 취하고자 장기 비용을 지불하는 셈이다〉라고 썼다.

사설이 대담하기는 했지만 후수리의 목소리는 더 이상 그녀가 12년 전 처음으로 잡지를 시작했을 때만큼 독보적으로 두드러지지 않았다. 이유는 단순했다. 이제는 다른 많은 목소리들이 그녀와 동시에 경쟁하고 있었기 때문이다. 별다른 도구 없이도 인터넷만 연결되어 있으면 보통 사람들도 하루가 멀다 하고 그녀가 주로 다루었던 기업의 위법 행위와 부패를 밝혀내는 시대였다. 한때 후수리에게 독점 인터뷰를 제공하던 거물들도 이제 인터넷을 이용하여 자신의 견해를 피력했다. 그녀가 이전에 몸담았던 잡지 『차이징』 또한 재정비에 들어갔다. 출판사 대표 왕보밍이 언론계 거물로서의 명예가 위태롭다고 느꼈는지 자신이 직접 나서서 〈위에서 내려오는 부적절한 통제〉에 저항하겠다고 독자들에게 약속했고 해당 잡지는 추적 보도에 계속 초점을 맞추었다. 그런 점에서 보면 후수리가 그 잡지를 떠났다고 추적 보도가 어려워진 것은 아니었다. 오히려 그런 기사에 할애되는 분량을 두 배로 늘린 셈이었다.

2013년 봄 세라베스와 나는 베이징을 떠날 준비를 시작했다. 중국에서 8년의 시간을 보낸 우리는 어느 정도 거리를 둔 채 중국에 대해 생각할 기회를 갖고 싶었다. 중국을 엄청나게 그리워할 것이고 다시 돌아올 테지만 지금은 떠날 시기였다. 우리는 친구들에게 작별을 고하기 시작했고, 나는 마지막으로 후수리의 사무실을 방문했다. 수년에 걸쳐 그녀는 내게 베이징 지식인들의 삶을 가늠하게 하는 일종의 심장 박동 모니터 역할을 해주었다. 독립적인 사고를 둘러싸고 압박이 가해지는지, 기회가 주어지는지에 따라 그녀의 맥박 또한 덩달아 빨라지기도 하고 아주 느려지기도 했다.

내가 도착했을 때 『차이신』의 뉴스룸은 지난번 방문 때보다 더욱 한산해 보였다. 젊은 기자들이 보다 화려하거나 보수가 좋은 자리로 빠져나갔음을 직감했다. 그녀의 사무실은 기능적인 측면에 충실했고 가구도 거의 없었다. 중국에서 부정부패 적발자가 되는 것이 이전보다 수월해졌는지 아니면 어려워졌는지 묻자 그녀는 경쟁이 치열해진 것은 확실하다고 인정했다. 「내가 『차이징』을 시작했을 때 직면한 문제는 인용할 다른 매체가 없다는 거였어요! 오직 『차이징』뿐이었죠. 이제는 인용할 기사들이 너무 많아서 어떤 것이 사실인지 판단해야 해요. 우리는 파급력 있고 포괄적인 보도를, 신뢰할 수 있는 보도를 추구합니다.」 신뢰가 부족한 사회의 틈새시장이 바로 거기에 있었다.

「그렇게 해서 살아남을 수 있겠어요?」 내가 물었다.

「중국의 전반적인 상황에 달려 있겠죠. 만일 중국이 변할 수 있고 미래가 밝다면 우리는 살아남을 수 있고 빠르게 성장할 수 있어요.」 반대의 경우에 대해 그녀는 말을 아낀 채 잠시 생각에 빠졌다. 이윽고 〈중국이 왔던 길을 되돌아가기는 어렵다고 생각해요. 따라서 여전히 희망적이라고 할 수 있죠〉라고 덧붙였다. 이제 후수리는 광저우에 소재한 중산 대학에서 시간제로 강의를 진행하며 젊은이들과 접촉하고 활기를 얻었다. 「학생들은 내게 〈우리는 언론인이 되는 것이 어렵다는 사실을 알고 있어요. 그런데 왜 우리에게 언론인이 되라고 권하는 거죠?〉라고 물어요. 그럼 나는 만일 모두가 그 길이 어렵다는 사실을 알지만 그럼에도 여러분이 하겠다고 고집한다면 여러분은 성공할 수 있다고 이야기해요. 겁을 먹은 사람들이 경쟁에서 빠지기 때문이죠.」

다시 시작하기로 한 결정은 그녀에게 단순한 출판 사업 이상의 의미를 지녔다. 그녀는 처음 시작할 때부터 자신에게 힘이 되어 준 생각들에 충실했다. 「우리는 그대로 끝낼 마음이 전혀 없었어요. 언제든 다시 시작하려고 했죠. 이곳의 젊은 직원들은 자신감에 가득 차 있고 낙관적이며 오히려 나를 이끌어 줘요. 나이가 전부 30대에서 40대 사이에요. 하나같이 창업 지향적이죠. 자신만만하고 미래를 믿고요. 그들은 단지 나만을 신뢰하는 것이 아니에요. 미래를 신뢰하죠. 이 같은 사실은 내게 압박으로 작용할 뿐 아니라 격려가 되기도 해요. 바로 그들이 〈우리끼리 창업하지 못할 이유가 뭔가요? 우리는 다시 시작할 수 있어요〉라며 나를 설득했어요.」 그녀가 미소를 지었다. 「물론 내게는 상당한 압박이죠. 하지만 때로는 선택이 필요하잖아요.」

23. 믿음을 가진 사람들

애국자 탕제가 다시 분주해졌다. 민족주의를 고취하는 동영상으로 유명세를 얻은 뒤로 수년간 그는 상하이와 베를린, 베이징을 오가며 살았다. 그리고 베이징에 소재한 〈m4〉라는 프로덕션 회사에 합류한 지 6개월밖에 되지 않은 상황에서 보다 큰 다른 일을 구상하고 있었다. 서양 언론을 비판하는 데 그치지 않고 중국 언론을 비판하며 정치에 대해 논평하는 방향으로 자신의 일을 확장하길 원한 것이다. 그는 온라인에서 서로 치고받는 수준을 벗어나 자신의 전문가적 견해를 이른바 〈독립적인 매체〉 수준으로 격상시키고 싶었다. m4의 공동 창립자들은 동의하지 않았다. 한정된 범위에서 벗어나면 정부가 회사를 폐쇄시킬지도 모른다고 그들은 걱정했다. 탕제가 말했다. 「하지만 나를 비롯해 다른 사람들은 중국과 중국이 직면한 문제들에 관심이 많아요. 그런 게 바로 정치죠. 정치란 정책이나 경찰이라는 단어들과 같은 뿌리에서 나온 말이에요. 한 나라의 발전에 대해 이야기하면서 정치라는 주제를 피하는 것은 불가능하죠. 우리 같은 젊은 사람들이 정치에 관한 이야기를 하지 않는다면 달리 무슨 이야기를 하겠어요?」

2011년 8월 그는 동료 열 명과 회사를 나와 〈독특한 웹〉이라는 뜻의 〈두자왕〉이라는 새로운 웹 사이트를 개설했다. 그들이 새롭게 내건 구호는 〈중국과 함께 일어나자〉라는 다소 애매모호한 문구였다. 내가 그를 알고 지낸 4년 동안 중국의 인터넷 인구는 두 배로 증가해서 이제 5억 명에 이르렀다. 그는 중국에 민족주의를 고취하는 유튜브 같은 회사를 만들고자 했다. 「우리는 단지 하나의 입장을 표명하는 것에 머물고 싶지 않아요.」 탕제는 한 벤처 투자자를 찾아내서 사업 자금으로 3백만 위안(대략 50만 달러)을 마련하고 베이징의 과학 기술 단지인 중관춘 안에 방이 여러 개 있는 사무실을 빌렸다. 검색 엔진 바이두 본사와 바로 이웃한 곳이었다. 그와 동료들은 인터넷을 통해 인터뷰와 강의를 방송할 용도로 방 하나를 스튜디오로 개조했다. 스튜디오에 학구적인 분위기를 더하고자 더블린의 한 도서관 사진을 구해, 확대한 이 사진을 벽에 붙여 배경막으로 사용했다.

그들은 중국의 우주 프로그램과 부채로 인한 유럽의 위기, 골드만 삭스, 총기 규제법 등을 집중 조명하는 영상을 제작했다. 그들은 변함없이 서방 세계의 저의를 의심했고 정치 개혁을 외치는 편집자 후수리를 비판했으며 중국에 자유민주주의를 도입하는 것은 〈진품 서예 작품〉 위에 〈가짜 서양 회화〉를 덧칠하는 것과 다를 바 없다고 주장했다. 중국인의 기준으로도 탕제의 민족주의는 지나치게 극단적이었다. 한번은 그가 국영 통신을 너무 물러 터졌다고 비판하자 기자 중 한 명이 그를 충성스러운 〈여론 안내자〉라는 의미의 〈50센트 당 당원〉이라고 불렀다. 내가 〈국영 통신사 기자가 당신을 정부의 앞잡이라고 불렀다면서요?〉라고 묻자 그가 미소를 지으며 말했다. 「맞아요. 우리는 약간 어이없다고 생각했어요.」

나는 이전에도 유사한 사이트에 투자한 부유한 중국 기업가들을 만난 적이 있었다. 하지만 탕제의 경우에는 투자자가 익명으로 남기를 원했다. 「그에게

3백만 위안은 그다지 대단한 돈이 아니에요. 그 돈으로는 베이징에 있는 아파트 한 채도 못 사요.」 탕제가 말했다. 「우리는 이익을 창출하길 원했어요. 처음에는 우리 투자자도 가능할 거라고 예상했죠.」 하지만 현실은 그들의 예상과 다르게 흘러갔다. 2012년 4월 보시라이의 살인 스캔들이 터지자 불안해진 당 검열관들이 온라인에서 정치 토론을 차단하고자 대대적인 단속을 펼쳤고 탕제의 애국주의 웹 사이트도 영향을 받았다. 국무원 신문 판공실로부터 〈개편〉을 위해 한 달 동안 사이트를 폐쇄하라는 통지가 내려왔다. 그 일을 이야기를 하면서 탕제는 최대한 밝은 표정을 지으려고 애썼다. 「〈개편〉이란 우리가 어떤 사람인지, 어떤 사람이 이 조직을 이끄는지 그들에게 설명해야 한다는 뜻이에요. 그러면 그들이 그 모든 내용을 기록하고 우리는 그 모든 과정이 끝나야 다시 일을 재개할 수 있죠. 우리는 그들의 입장을 이해했어요. 필요한 일이었으니까요. 그렇게 하지 않으면 정치적인 비판이 홍수처럼 넘쳐 날 거예요.」 계속해서 그가 말했다. 「좌절감이 들긴 했지만 우리는 일을 중단하지 않았어요. 비록 사이트는 닫혀 있었지만 우리가 제작한 동영상들을 여기저기 다른 웹 사이트들에 올릴 수 있었죠.」

「그 같은 폐쇄 조치가 정당했다고 생각해요?」 내가 묻자 그는 골똘히 생각에 잠겼다.

「그들이 조금 심하다는 생각은 했어요. 너무나 많은 웹 사이트들이 폐쇄되었거든요.」 그런 다음 그는 이렇게 덧붙였다. 「물론 우리는 보다 자유로운 분위기가 되길 바랍니다. 그렇지만 〈보다 자유롭다〉라는 말 자체가 무척 추상적인 개념이잖아요······. 우리는 늘 건설적인 상태를 유지해야 하죠.」

탕제는 자신의 신념을 유지했다. 한 달이라던 〈개편〉은 두 달이 되었고 두 달은 다시 세 달이 되었다. 낙담한 투자자가 투자를 중단했다. 탕제는 사무실 월세와 직원 급여를 걱정하기 시작했다. 마침내 폐쇄 5개월 만인 9월에 사이트를 재개해도 좋다는 허가가 떨어졌다. 공교롭게도 동중국해에 위치한 다섯 개의 작은 섬과 세 개의 바위섬을 둘러싼 분쟁에 그들의 도움이 필요한 시기였다. 중국 정부가 〈신성한 영토〉라고 지칭하고 중국어로는 〈댜오위댜오(釣魚島)〉*라고 불리는 곳이었다. 두더지와 알바트로스의 서식지이자 무인도인 그 열도는 먼바다에 위치했다. 해당 열도를 점유한 나라는 일본이었지만 중국은 자신들이 정당한 소유주라고 주장했다. 수십 년 동안 잠잠했던 이 분쟁은 열도 아래 값비싼 원유와 가스가 매장되어 있을 가능성이 부각되면서 서서히 갈등이 격화되는 양상을 보였다.

섬을 소유하고 있던 일본인 가족이 9월 들어 이를 일본 정부에 매각했는데 이러한 행동이 중국 내 여러 도시에서 항의 시위를 촉발했다. 일부 지역에서는 시위자들이 자제력을 잃기도 했다. 산시 성의 성도인 시안에서는 군중들이 일본인 관광객들이 머물 것으로 추측되는 호텔을 포위했고 이에 폭동 진압 경찰이 출동해서 그들을 밀어냈다. 시안의 다른 곳에서는 리젠리라는 중국인이 일제 자동차를 운전한다는 이유로 공격을 당했다. 자신이 운전하던 토요타 자동차의 운전석에서 끌려 나온 그 중국인은 자전거 자물쇠로 거의 실신할 정도까지 심하게 얻어맞았다. 베이징의 일부 상점 주인들은 어느 식당에서 영문으로 선보인 다음과 같은 안내문을 상점 유리창에 내걸었다. 〈일본 사람, 필리핀 사람, 베트남 사람, 개 출입 금지.〉

이런 분위기 속에서 민족주의적 대의에 의문을 제기하는 행위는 위험천만한 일이었다. 여든네 살의 경제학자 마오위스는 〈GDP에 전혀 도움이 되지 않을뿐더러 세금도 나오지 않는〉 몇 점의 작은 땅덩어리를 지키는 데 왜 납세자들의 돈을 사용하냐고 이의를 제기했다가 심야에 전화 세례를 받으며 그를

---

* 일본에서는 센카쿠 열도라고 부른다.

〈반역자〉라고 부르는 야유꾼들에게 시달렸다. 한 좌파 웹 사이트는 〈서양의 노예〉라는 사진 게시판을 개설해서 편집자 후수리와 노벨상 수상자 류샤오보를 비롯한 학자와 언론인 사진들을 나열하고 그들의 목에 올가미를 씌운 다음 그 아래 다음과 같은 설명을 달았다. 〈중국이 안전한 동안은 이 서양의 노예들도 안전할 것이다. 하지만 중국이 곤경에 처할 경우 우리는 곧장 그들 집으로 찾아가서 보복할 것이다.〉

또 다른 시위가 베이징의 일본 대사관 앞에서 열릴 예정이라는 말을 듣고 나는 자전거를 타고 시내를 가로질러 현장으로 달려갔다. 이번에는 중국 경찰이 대기하고 있었다. 위장복을 입은 예비군 부대와 푸른 제복을 입은 경찰관의 숫자가 시위 참가자들보다 많아 보였다. 일본 대사관의 건축 양식이 중국과의 암울한 관계를 보여 주는 듯했다. 당초 설계될 때부터 투척 공격을 염두에 두고 지어진 것이 분명했다. 도로에서 멀찍이 떨어져 창문마다 격자 모양의 강철을 덧댄 일본 대사관은 6층짜리 회색 요새나 다름없었다.

바로 며칠 전 발생했던 폭동들과 비교하면 이번 시위는 일종의 행진처럼 느껴졌다. 경찰은 시위대를 인솔하면서 사람들이 물병과 쓰레기를 일본 대사관 정문에 던져도 이를 묵인했다. 몰려드는 시위 참가자들과 뒤섞여 도로를 따라 이동하던 중 나는 중국 정부가 자신들이 시위대와 같은 편이라는 사실을 상기시키고자 얼마나 안간힘을 쓰고 있는지 문득 깨달았다. 녹음된 여자의 음성이 들렸는데 그 소리가 시위대에서 나온 것이 아니며 일본인을 향한 것도 아니라는 사실을 알아차리기까지 잠시 시간이 걸렸다.

「우리는 여러분과 똑같은 심정입니다. 정부의 입장은 분명합니다. 중국 정부는 국권을 침해하는 행위를 절대로 용인하지 않을 것입니다. 우리는 우리의 정부를 지지해야 하고 우리의 애국심을 합법적이고 질서 정연하며 이성적인 방식으로 표현해야 합니다. 법과 규정을 지켜야 하며, 극단적인 행동을 취하거나 사회 질서를 교란하지 말아야 합니다. 우리와 함께 움직이면서 경찰의 지시를 따라 주십시오.」

도로 위의 사람들과 뒤섞여 가까이서 본 중국의 민족주의는, 이데올로기라기보다 중국 경제가 호황을 누릴 당시 의미를 찾고자 했던 시도의 또 다른 방식에 가까웠다. 반일 시위에 전혀 관심이 없는 작가이자 번역가 친구 루한 역시 사람들이 그 시위에 이끌린 이유에 공감했다. 「중국에서 살다 보면 그런 감정을 느낄 기회가 거의 없어요. 이를테면 자신이 정신적으로 고양된다거나, 자신보다 거대하고 주변의 평범한 생활 터전보다 중요한 무언가를 위해 애쓰고 있다는 느낌 말이에요.」 그런 측면에서 민족주의는 일종의 종교였으며 사람들은 유교나 기독교 또는 이마누엘 칸트의 도덕 철학을 신봉하는 것과 마찬가지로 민족주의를 신봉했다. 신문 편집자 리다퉁은 중국의 젊은 민족주의자들이 드러내는 분노에 대해 〈좁은 틈새로 갑자기 밀려드는 홍수와 같은, 표현의 자유를 향한 그들의 누적된 욕망에서〉 비롯되었을 거라고 생각했다. 홍수의 방향이 언제 어디로 바뀔지 예측할 수 없다는 점에서 이들 젊은 보수주의자들은 중국의 정치 지도자들을 불안하게 만드는 새로운 세력이었다.

민족주의가 대중에게 급격히 확산되면서 탕제는 갈등에 빠졌다. 민족주의 정서가 공개적으로 표출되는 것에 기쁘기도 했지만 폭력 사태를 보면서 혐오감을 느꼈다. 그가 생각하기에 폭력은 윤리적으로 잘못되었을 뿐 아니라 역효과를 수반했다. 그는 자신의 믿음과 대중의 분노 사이에 선을 긋고 싶었다. 회사로 찾아갔을 때 그가 내게 말했다. 「여기서 일하는 젊은이들이 현수막을 들고 거리로 나가는 젊은이들보다 지성인이죠.」

칸막이로 나뉜 좁은 업무 공간들로 빼곡한 회사 한쪽에는 유리벽으로 둘러싸인 집무실이 있었다. 우리는 그 집무실로 들어가 먼지 쌓인 소파에 앉았다.

그동안 여행도 많이 하고 당이 일으킨 스캔들도 지켜보고 서양 사상에 대해 공부도 많이 했지만 그의 보수주의는 전혀 퇴색되지 않았다. 그는 중국의 정치계가 그 나름대로 애쓰고 있다는 사실을 강조하고자 했다. 「베이징에서는 매일 1천만 명이 넘는 통근자들이 도시를 가로지르고 수만 대의 트럭이 음식을 들여오며 믿기 어려울 정도로 많은 쓰레기를 싣고 나갑니다. 이 모든 부분들을 종합해 보면 강력한 정부 없이는 절대로 불가능한 일이죠.」 아울러 이렇게 덧붙였다. 「우리는 우리 자신에 대해 알아야 합니다. 무엇이 우리를 특별하게 만드는지 절대로 간과하지 말아야 합니다. 불과 60년 만에 우리는 세계에서 두 번째로 큰 경제 대국이 되었습니다. 평가 방식을 달리하면 어쩌면 첫 번째일 수도 있어요. 그리고 그 기간 동안 어느 나라도 식민지로 삼지 않았죠.」

이야기 중에 탕제는 여론이 자신으로부터 등을 돌리는 느낌이라고 말해서 나를 깜짝 놀라게 했다. 그는 민족주의 성향의 시위들을 목적도 불분명하고 일시적인 현상으로 생각했다. 대다수 중국인들이 그에게 동의하지 않는다는 확신도 점점 강하게 들었다. 「모든 것이 한쪽 방향을 향하고 있어요. 바로 미국 방향이죠. 미국적인 것이 주류가 되었고 여기에는 이론의 여지가 없어요. 사람들은 경제와 법률, 언론 등 모든 것이 보다 미국처럼 되어야 한다고 말해요. 그게 상식이 되었죠.」 놀랍게도 탕제는 정부에서 일하는 대부분의 사람들 또한 비록 말로 표현하지는 않지만 그렇게 생각할 거라고 믿었다. 「개방이 국가 정책으로 자리 잡은 이래 정부 관료들은 대다수가 개혁파이고 그들로서는 다른 견해를 받아들이기가 매우 어렵겠죠.」

탕제보다 더 젊고 진지해 보이는 남성이 들어와서 우리 대화에 합류했다. 리위창이라는 사람이었다. 탕제의 조수로 시작한 그는 시간이 흐르면서 사이트를 관리하는 자리까지 올랐다. 그 역시 명문대 출신으로 베이징 대학에서 심리학과 소프트웨어 개발을 공부한 터였다. 이야기 중에 그가 이데올로기의 변화를 둘러싼 탕제의 주장을 다시 화두에 올렸다. 그가 〈중국 언론계의 주류는 자유민주주의를 지향하는 사람들입니다. 주지의 사실이죠〉라고 말한 다음 자신은 〈사법 분리, 시장 경제, 작은 정부〉라는 목표들에 동의하지 않는다고 덧붙였다. 그는 매사를 보다 냉혹하고 대립적으로 보았다. 「언론을 주무르는 사람들은 자신들이 자유민주주의자라고 주장하면서 권위주의자처럼 행동해요. 자신들과 다른 견해는 모두 차단해 버리죠.」 잠깐 동안 그가 농담을 하는 건 아닌가 싶은 생각이 들었지만 그건 아니었다. 중국의 차세대 민족주의자들은 표현의 자유가 부족하다는 사실에 대해 진심으로 불평을 늘어놓고 있었다.

여론을 파악하는 것은 중국에서 가장 어려운 일에 속했다. 여론 조사가 하나의 통찰을 제공하기는 했지만 어느 정도 분명한 한계가 존재했다. 중국에서 많은 시간을 보낸 사람이라면 독재 국가의 국민에게 전화로 정치에 대한 견해를 묻는 경우 솔직한 대답을 얻을 수 없다는 사실을 알 터였다. 멀리서 보면 민족주의의 발흥과 돌발적인 폭력 사태 때문에 중국은 애국주의에 입각한 분노가 들끓는 것처럼 보일 수 있었다. 하지만 가까이서 보면 전혀 그렇지 않았고 얼마나 많은 사람이 실제로 그러한 정서를 공유하는지도 알기 어려웠다. 중국 공산당은 항상 중국인의 삶에서 〈중심 선율〉을 연주할 수 있다고 자부했지만 시간이 흐를수록 그들의 연주는 도처에서 튀어나온 불협화음과 즉흥 연주 때문에 점점 음정이 맞지 않게 되었다. 중국의 국영 언론과 정치 체제는 여론을 자세히 보여 주기보다는 여론에 특정한 형태를 부여할 목적으로 의도된 까닭에 〈대부분의 중국인이〉 무엇을 믿는지 알기란 애당초 불가능했다. 중심 선율의 다른 음들과 마찬가지로 민족주의도 한순간 표면으로 떠올랐다가 다음 순간에 사라질 수 있었다. 그렇다면 민족주의가 절대 다수의 견해였을까? 민족주의자들은 그렇게 생각하지 않았다.

　5개월 동안 사이트가 폐쇄되면서 탕제는 큰 타격을 입었다. 흔쾌히 그를 후원해 줄 또 다른 투자자를 찾는 데도 실패했다. 「자금이 거의 바닥났죠.」 그는 민족주의를 고취하는 직업을 재고하기 시작했다. 사람들을 만나 다시 교직으로 돌아가는 문제를 상의하다가 아내의 고향인 충칭에 소재한 한 대학에서 철학과 시간제 강사를 구한다는 말에 그 일을 맡기로 했다. 시간을 쪼개 충칭에서는 플라톤의『국가론』를 강의하고 베이징에서는 민족주의 웹 사이트를 운영했다. 잠시 후 그가 말했다. 「걱정이에요. 다음 주면 우리에게 자금을 대줄 수도 있는 누군가를 만날 예정인데 과연 그 사람이 자금 회수도 보장되지 않는 이런 프로젝트에 돈을 대려고 할지 모르겠어요.」 학자 탕제는 자신이 사업적인 부분에 능하지 못하다고 결론을 내렸다. 「나는 아무래도 사업 쪽은 아닌 것 같아요.」

　시간이 늦어지고 있었다. 우리는 도서관 배경이 있는 비디오 스튜디오로 돌아가 함께 사진을 찍었다. 그의 독설에도 불구하고 나는 이따금씩 탕제가 서양의 어떤 부분들에 대해서는 부러워한다는 느낌을 받곤 했다. 「당신을 처음 만났을 때 내가 미국에서는 가장 근본적인 가치가 무엇인지 물었죠. 당신은 자유라는 식으로 대답했고요. 그때 나는 속으로 〈와우, 미국이란 나라는 국교가 존재하고 국민들을 아주 잘 교육해서 그들 모두가 한 가지 종교를 믿는구나〉라고 생각했어요.」 관념적인 이미지였지만 나는 그가 이야기하고자 하는 바를 이해했다. 그가 말을 이었다. 「미국인들은 기본적인 믿음이 있죠. 공통의 가치가 있어요. 그 부분에서 중국은 여전히 문제입니다. 진보적인 믿음과 전통적인 믿음, 마오주의 등 온갖 종류의 서로 다른 믿음들이 뒤섞여 있거든요.」 자신의 믿음에 대해서는 어떻게 설명할 수 있는지 묻자 그는 지정학적인 방식으로 대답했다. 「수백 년간 우리는 서양 중심적인 세계관의 포로였어요. 그 세계관은 세상을 서양과 동양, 민주주의과 독재주의, 빛과 어둠이라는 두 개의 진영으로 갈라놓았죠. 긍정적인 것은 모두 서양에 속했고 부정적인 것은 모두 동양에 속했어요. 이런 세계관을 바꾸어야 합니다.」 그의 신념을 가장 근접하게 보여 주는 설명이었다. 「그것이 내가 생각하는 혁명이에요.」

그해 가을 시위가 계속되자 사람들은 민족주의에 불만을 드러냈다. 수천만 명의 온라인 팔로워를 거느린 리청펑이라는 진보주의 작가는 자신이 쓰촨 성에서 지진이 발생하기 전까지는 〈전형적인 중국인 애국자〉였다고 했다. 그는 〈조국을 괴롭히는 외국인들과 맞서라고 국민에게 호소하면서 다른 한쪽에서는 지진으로 목숨을 잃은 아이들의 어머니를 괴롭히는 것은 애국심이 아니다. 애국심은 보다 적극적으로 진실을 말하는 것이며 중국인 동포들을 존중하는 것이다〉라고 썼다. 난징의 한 저자는 인기를 끈 그의 수필을 통해 중국이 멀리 동중국해의 신성한 영토를 지키려 하는 동안 도시의 이주 노동자들은 자신의 아이를 베이징에 있는 학교에도 보낼 수 없다고 꼬집었다. 그는 〈중국인 아이들이 중국에서 학교를 다닐 수 없다면 영토가 더 넓어진들 무슨 소용이 있겠는가?〉라고 반문했다. 언제나 당을 옹호할 방법만 궁리하는 〈50센트당 당원〉을 조롱하는 농담도 나돌았다. 〈이 달걀은 지지리도 맛이 없어요〉라고 누군가가 불평하는 소리를 듣는 경우 50센트당 당원은 〈그럼 당신이 직접 달걀을 낳아서 맛보든가〉라고 주장할 거라는 내용이었다.

신념을 지키면서 살아가기가 놀랍도록 어려운 시기였다. 그해 6월에 전향자 린이푸가 세계은행 임기를 마치고 베이징으로 돌아왔다. 그는 재임 기간 동안 자신이 한 일에 자부심을 느꼈다. 중국의 경험을 본받아서 사회 기반 시설과 산업 정책에 보다 주안점을 두도록 세계은행을 설득했고 떠날 때는 정중한 배웅까지 받은 터였다. 하지만 그와 세계은행은 내심 복잡한 감정 상태로 헤어졌다. 린이푸는 이방인으로 들어와서 여전히 이방인으로 세계은행을 떠났다. 정부가 최상의 투자 결정을 내릴 수 있다는 신념이 내부적으로 비판에 부딪치는 경우 그는 논쟁을 기피했다. 자신을 영입했던 세계은행 총재 로버트 졸릭과도 잘 맞지 않았다. 린이푸는 자신이 최초로 개발 도상국에서 발탁된 수석 경제학자일 뿐 아니라 〈개발 도상국의 생리를 잘 아는〉 최초의 수석 경제학자라고 입버릇처럼 말하곤 했다.

중국을 떠나 있는 동안 린이푸는 중국의 경제적 접근법에 대한 더욱 열성적인 전도사가 되었지만 베이징으로 돌아오자 많은 동료들이 그와 견해를 달리했다. 엄청난 성과에도 불구하고 중국의 1인당 국민 소득 순위는 투르크메니스탄과 나미비아 사이 어딘가에 위치했다. 중국은 매우 가난한 농촌 국가를 산업화하는 데 성공했지만 그러한 성공이 얼마나 오랫동안 지속될 것인지를 두고 경제학자들 사이에는 의견이 분분했다. 미국의 에너지 회사 엔론의 몰락을 예견했던 헤지펀드 투자가 제임스 채노스는 중국 경제가 〈두바이의 1천배〉에 해당하는 거품 위에 놓여 있다고 주장했다. 2011년에 이르러 중국은 GDP 중 거의 70퍼센트를 사회 기반 시설과 부동산에 투자했는데 이는 최근 들어 그 어떤 경제 대국도 근접한 적이 없는 수준이었다. 1980년대 호황의 절정에 있던 일본도 그 절반 수준에 불과했다. 이처럼 급증한 투자 환경 속에서 지방 당국이 경영권을 소유하고 있는 회사들에 불균형적으로 투자가 집중되었다. 2006년과 2010년 사이에 지방 당국은 뉴저지 주 면적에 육박하는 2만 7백여 제곱킬로미터의 시골 땅을 개발하도록 내놓았다. 도시화는 중국의 경제적 성공에 중요한 부분을 차지했지만 더불어 환경 오염은 물론 소중한 땅을 몰수당한 데 따른 갈수록 커지는 분노 등 대가가 큰 부작용을 불러왔다. 지방 정부의 부채도 급증해서 2011년에는 중국 GDP의 5분의 1을 넘어섰다. 중앙 정부가 지방 정부의 공채 발행을 허가하지 않으려 했기 때문에 지방 정부는 이미 소유한 땅을 팔거나 농부들에게 시세보다 낮은 보상금을 제공하는 방법(중국에서 발생한 많은 시위의 원인이 되었다)을 써서 현금을 확보했다.

린이푸의 제자였던 야오양이라는 교수가 베이징에서 중국의 정치 경제적 미래에 관한 글을 발표했다. 스승의 견해와는 현저하게 다른 내용이었다. 야오양은 정실 자본주의의 등장과 빈부 격차를 증거로 들면서 중국의 경제 모델이 가능성의 한계에 봉착했으며 정치적 개방을 통해 〈다양한 사회 집단의 요구에 대해 균형을 유지해야 한다〉라고 지적했다. 인터넷 검열과 노동조합에 대한 통제, 안전하지 못한 근로 환경도 언급했다. 그는 〈중국 국민들이 이런 침해 행위에 직면해서 계속 침묵하지는 않을 것이고 그들의 불만은 틀림없이 주기적인 저항을 낳을 것이다〉라고 경고했다. 〈머지않아 일반 국민들을 정치에 참여하도록 하는 명백한 정치적 변화가 불가피해질 것이다.〉 그의 글은 빠르게 유포되었다. 중국 지식인들 사이에 쌓여 가던 절망감, 즉 국가가 권력을 공유하길 꺼리는 탓에 개혁이 답보 상태에 처했다는 생각을 정확히 담아낸 듯했다.

중국이 금융 위기를 겪은 뒤로 수년간 대부분의 경제학자들은 중국의 노동 인구가 노령화될수록 경제 성장이 둔화될 것으로 예상했다. 언제 시작되고 어디까지 영향이 미칠 것인지는 중국 정부가 어떻게 행동하는지에 따라 달라질 터였다. 정부가 부정부패를 통제할 수 있을지, 대중의 지지를 유지할 수 있을지, 환경 오염을 막을 수 있을지, 빈부 격차를 줄일 수 있을지, 또다시 국민의 잠재력을 이끌어 낼 수 있을지의 여부에 달려 있었다. 2012년에 이르자 둔화의 조짐이 명백해졌다. 많은 경제학자들이 경기의 경착륙을 예상했지만 린이푸는 전혀 흔들리지 않았다. 그는 중국이 2030년까지 매년 8퍼센트씩 지속적으로 성장할 잠재력을 가졌다고 주장했다. 그 같은 주장이 중국 외교부의 환심을 얻어, 외교부는 기자 회견을 주선하여 그에게 비관적인 전망들에 반박할 기회를 마련해 주었다. 이에 한 시사 평론가는 그에게 〈점입가경 린〉이라는 별명을 붙이고 그의 인공위성식 담화를 비난했다. 〈인공위성식 담화〉란 전혀 호의적이지 않은 표현으로, 수확량을 조작한 보고서를 소련이 쏘아 올린 인공위성 스푸트니크호의 성공에 비유했던 마오쩌둥의 충성스러운 보좌관들을 상기시키는 말이었다. 경제 문제를 주로 다루는 한 웹 사이트는 해당 사이트 상단에 다음과 같은 질문을 올려놓았다. 〈린이푸 3.0호는 과연 지구로 돌아올 수 있을까?〉한편 「사우스차이나 모닝 포스트」는 〈굳이 국제적으로 저명한 경제학자가 아니더라도 그의 논거에서 허점을 찾을 수 있을 것이다〉라고 비꼬았다.

나는 베이징 대학으로 린이푸을 찾아갔다. 그는 넓고 멋진 연구실을 사용했는데, 기와 건물을 복원해서 만든 연구실 건물은 캠퍼스 한쪽 구석에 한적하게 자리한 전통적인 중국식 안마당에 위치했다. 워싱턴에서 돌아온 이후 그는 자신의 책상으로 복귀한 기쁨을 만끽하며 그곳에서 가장 행복을 느끼고 있었다. 그럼에도 연구실에 있는 그의 모습은 무척 고립되어 있는 느낌이었다. 내가 현재의 제도에 대한 그의 굳건한 믿음에 쏟아지는 비판들을 언급하자 그는 미소를 지은 뒤 자신의 낙관론 때문에 사람들의 표적이 되었음을 인정했다. 「중국은 뛰어난 성과를 보였어요. 하지만 수입을 분배하는 과정에서 문제가 있었고 부패 문제도 있었죠. 그리고 수입 분배 문제가 부패 문제와 겹치면 어느 정도는 더욱 악화됩니다. 그와 관련한 경험 때문에 사람들은 실제보다 더 부정적으로 보는 경향이 있어요. 좌절한 상태인 거죠.」

〈출신이 불분명한〉 간첩 용의자 린정이 대위 신분으로 해안에 밀려 올라온 지 30년이 넘게 지난 지금, 린이푸는 이제 너무도 완벽하게 새로운 주인에게 헌신하고 있었으며 그 무엇으로도 그의 확신을 돌려놓을 수 없었다. 그는 국가적인 성공이 결심의 문제임을 늘 강조했고 자신의 인생 여정도 크게 다르지 않았다고 설명했다. 그가 쓴 글에 따르면 〈성공이나 실패를 꼭 운명에 의지할 필요가 없었다〉. 린이푸가 좋아하는 구절 중에는 노벨상을 수상한 경제학자 아서 루이스가 한 말도 있었는데 〈국가는 용기와 의지만 이끌어 낼 수 있다면 언제든 다시 기회를 붙잡을 수 있다〉라는 말이었다. 하지만 이제 린이푸의 견해는 그를 둘러싼 주변의 분위기와, 기회가 줄어들고 있다는 느낌 — 불평등과 수동성을 뜻하는 한자 〈피(被)〉로 대변되는 — 과 충돌하고 있었다. 베이징 대학의 동료 경제학자 휘더밍은 린이푸의 견해에 대해 〈중국에는 더 이상 수요가 없다〉고 평가했다.

워싱턴에 있을 때 보고 다시 베이징에서 린이푸를 보자 어쩌면 그는 항상 이방인이었던 게 아닐까 하는 생각이 들었다. 그가 워싱턴에서 중국으로 돌아왔을 때 중국 정부는 타이완에 관계 개선의 표시로 린이푸가 고향을 방문할 수 있도록 허가해 달라고 공식적으로 요청했다. 타이완은 거절했다. 린이푸가 고향 땅을 다시 밟는다면 군법에 의해 반역죄로 기소될 터였다. 린이푸의 아내가 말했다. 「나는 남편을 위로하면서 항상 기다리라고, 조금만 더 기다리라고 말해야 해요. 아마도 우리가 100살은 되어야 고향에 갈 수 있을 것 같아요.」

린이푸가 찾은 해결책은 자신의 일에 더욱 매진하는 것이었다. 3년 동안 세 권의 책을 출판한 그는 마지막으로 만났을 때 내게 네 번째 책의 교정쇄를 보여 주었다. 교정쇄를 읽으면서 우리는 즐겁게 대화를 나누었다. 그럼에도 나로서는 그를 완전히 이해할 수 없을 터였다. 나는 전향을 결심한 그의 용기에 반해서 수년 전부터 그에게 끌렸다. 그의 선택이 이상주의자로서의 행동이었을 거라고 짐작했다. 하지만 그 뒤로 몇 년 동안 그를 지켜보면서 그 선택에는 실용적인 측면도 있었다는 사실을 알게 되었다. 그는 다른 무엇보다 자신의 힘으로 자신의 야망을 이룰 수 있다고 믿는 사람이었고 그 야망을 성취하기 위해 어떠한 대가도 감수할 사람이었다. 그러한 점에서 그가 적절한 선택을 했다는 사실을 나는 깨달았다. 냉엄한 진실을 남긴 중국의 붐을 이끌어 냈던 원동력도 바로 그런 사람들이었다. 린이푸는 중화 인민 공화국에 가기만 하면 자신의 미래를 실현시킬 수 있다고 생각했던 고립된 사람이었다. 얼마 지나지 않아 나는 자신이 있는 곳에서 벗어나야만 자신의 미래를 실현할 수 있을 거라고 믿는 또 한 명의 고립된 사람을 만날 터였다.

24. 탈출

때가 되었고 이제 선택할 시간이었다. 가택 연금을 당한 지 15개월이 지난 때이자 내가 그를 만나려고 처음 시도한 이후로 7년이 지난 시점이었다. 맹인 이면서 독학으로 변호사가 된 천광청은 마침내 떠나기로 결심했다. 2012년 4월 20일 아침에 눈을 뜬 그는 계속 침대에서 꾸물거렸다. 지난 몇 주 내내 지금처럼 침대에 누운 채 감시인들이 그가 병에 걸렸거나 주어진 상황에 순응하기로 마음먹었다고 착각하기를 바랐다. 이제 천광청과 그의 아내 위안웨이징은 감시인들의 생활 리듬과 카메라 각도까지 완전히 파악하고 있었다. 아침이 나른한 이른 오후로 바뀌자 그가 바닥을 기기 시작했다.

기어서 집 뒤쪽으로 나간 그는 마당을 가로질러 돌담 밑에 도달했다. 그곳에서 다시 담장 꼭대기까지 기어 올라갔다. 굉장히 위험한 동시에 힘든 일이었고 결국 담장 반대편으로 떨어지면서 오른쪽 다리가 부러졌다. 간신히 옆집 돼지우리 안으로 기어 들어가서 안쪽 깊숙이 몸을 숨기고 해가 지기를 기다렸다. 어둠이 그의 편이 되자 그는 다시 움직이기 시작했다. 마을 외곽을 비껴 흐르는 멍 강을 향해 더듬거리며 전진했다. 어린 시절의 기억에 또렷이 새겨진 길이었다. 천광청은 절뚝거리고 비틀거리면서도 계속 걷다가 무슨 소리라도 들리면 곧바로 땅바닥에 엎드렸다. 어렸을 때 형제들과 그 강에서 수영하고 놀았기 때문에 수심이 얕은 곳을 알고 있었다. 한밤중이 되었을 즈음 그는 물살을 가르면서 강으로 걸어 들어갔다.

강의 반대편에 다다랐을 때 한기가 끼쳤고 몸에 진흙이 덕지덕지 달라붙어 있었지만 천광청은 둥시구 마을에서 벗어난 상태였다. 날이 밝자 동네 주민한 사람이 그를 발견해 전에 천광청에게 사건을 의뢰한 적이 있는 류위안청이라는 농부에게 그를 데려갔다. 그 농부는 천광청을 안으로 들여 천광청의 형에게 연락을 취했다. 천광청을 지지하는 사람들 사이에 소문이 퍼지기 시작했다. 온라인에서 선글라스 캠페인을 벌였던 허페이룽이라는 영어 교사도 〈새가 새장을 떠났다〉라는 암호로 쓰인 이메일을 통해 그의 탈출 소식을 접했다. 천광청이 사라졌다는 사실을 지역 경찰이 눈치채는 것은 시간문제였기 때문에 허페이룽과 몇몇 사람들이 천광청을 베이징으로 데려오기 위해 차 두 대로 산둥 성을 향해 급히 출발했다.

자동차를 이용한 20시간의 여정 끝에 베이징에 도착한 천광청은 계속해서 이 집 저 집을 전전하며 숨어 지냈다. 하지만 그 방법은 궁극적인 해결책이 아니었다. 그를 숨겨 주던 인권 운동가들이 미국 대사관에 도움을 요청했다. 미국 외교관들은 해당 사안을 두고 고심했다. 그를 돕는 것이 합법적인가? 현명한 일일까? 천광청의 다리가 부러졌기 때문에 인도주의적인 차원에서 그에게 피신할 곳을 제공해도 충분히 명분이 설 거라는 결론에 이르렀다. 그를 대사관으로 데려오는 일이 문제였다. 베이징 외곽에서 만나기로 약속을 정한 후 천광청을 태우고 여기저기 옮겨 다니던 자동차와 접선하기 위해 대사관 자동차가 출발했다. 자동차 두 대 모두 중국 공안에게 미행당하고 있다는 사실을 알아차린 그들은 약속 장소를 무시한 채 갑자기 방향을 바꾸어 좁은 골목 안으로 들어갔다. 천광청이 탄 자동차 옆에 나란히 선 대사관 자동차에서 문이 열렸다. 나중에 내게 당시 상황을 설명해 준 사람의 말에 따르면 미국인들은 천광청의 〈옷깃을 붙들고〉 그를 차 안으로 구겨 넣은 뒤 곧장 대사관으로 출발했다.

대사관에 도착하자 그곳 의사가 천광청의 부러진 다리를 치료하기 시작했고 외교관들은 눈앞의 현실과 마주했다. 1989년에도 팡리즈라는 중국인 반체제 인사가 아내와 함께 미국 대사관으로 피신한 적이 있었는데 그들 부부는 13개월 동안 창문도 없는 방에서 숨어 지내다가 마침내 협상을 통해 그들을 미국으로 데려가도 좋다는 거래가 성사된 뒤에야 대사관을 벗어날 수 있었다 (미국 국무부 역사상 가장 오래 미국 대사관에 머문 손님은 헝가리에서 친소련 성향의 정부에 저항했던 유제프 민드센치 추기경이었다. 그는 1956년에 부다페스트 주재 미국 대사관으로 피신하여 그곳에서 장장 15년을 머물렀다). 설상가상으로 며칠 뒤면 힐러리 클린턴 미국 국무 장관이 전략 회담과 경제 회담차 베이징을 방문할 예정이었던 까닭에 미국과 중국 양측은 그녀의 방문 중에 외교적인 충돌이 일어나지 않도록 하려고 필사적이었다.

미국과 중국의 협상가들이 중국 외교부에서 만나 해결책을 강구했다. 그들은 너무나 다른 입장에서 출발했다. 미국 측은 뉴욕 대학이 상하이에 법학 대학원을 열 예정이니 천광청이 그곳에서 공부할 수 있게 해달라고 제안했다. 중국 측은 그를 반역죄로 기소해야 한다고 주장했다. 사흘간 회담을 벌인 끝에 양측은 그가 원할 경우 톈진 시에서 공부할 수 있도록 하자는 데 동의했다. 천광청이 제안을 수락했고 그는 베이징 차오양 병원으로 옮겨져 그곳에서 가족들과 상봉했다. 하지만 그날 밤 천광청의 가족은 미국의 어떤 보호 조치도 없이 자신들만 병원에 달랑 남겨져 있음을 깨달았다. 대사관에서 나온 것을 후회하며 천광청은 미국에 있는 친구들에게 전화를 걸어 도움을 요청했다. 지난 수년간 천광청은 강제 낙태에 반대하여 벌인 캠페인이 보수적인 종교인들의 지지를 얻은 터였는데, 〈차이나에이드〉라는 기독교 인권 단체를 운영하는 중국계 미국인 밥 푸도 그런 지지자들 중 하나였다. 그는 미국 정치계의 생리를 잘 알았다. 그가 기자들에게 〈미국 정부가 천광청을 버렸다〉며 경종을 울리고 나서자, 당시 대선 후보로 출마 중이던 미트 롬니는 오늘이 경쟁 상대인 오바마 대통령의 〈수치의 날〉이라고 선언했다. 계속해서 밥 푸는 오랫동안 기억에 남을 만한 장면을 연출했다. 미국 의회에서 열린 청문회에서 자신의 아이폰을 마이크에 대고 천광청이 베이징 병실에서 하는 이야기를 세상 사람들에게 들려준 것이다. 천광청은 〈혹시라도 가족들이 잘못될까 봐 두렵습니다〉라고 말하면서 미국으로 피신할 수 있게 해달라고 애원했다. 「나는 지난 10년 동안 단 한 번도 마음 편히 쉰 적이 없습니다.」

서둘러 새로운 거래가 타결되었다. 천광청은 뉴욕 대학 방문 연구원 자격으로 뉴욕 시로 가게 되었다. 이 소식이 전해지자 인권 단체 휴먼 라이츠 워치의 중국 전문가 니컬러스 베클린은 놀라움을 금치 못했다. 그는 〈한 사람의 힘이 중국 정부 전체를 숙이게 만들었다〉라고 말했다. 5월 19일 천광청은 여전히 목발을 짚은 채 아내와 여섯 살과 열 살짜리 아이들을 데리고 뉴어크 공항으로 향하는 비행기에 탑승했다. 공항에 도착하자 마중을 나온 일단의 사람들 가운데 천광청의 오랜 친구인 제롬 코언이 늘 그렇듯 나비넥타이를 매고 콤비 상의를 입고 있는 모습이 보였다. 그들은 자동차를 타고 사람들이 기다리는 뉴욕 대학으로 향했다. 마이크로 다가간 천광청은 〈신중하고 차분하게 상황을 처리해 준〉 중국 관료들에게 감사의 말을 전했다. 한편 중국에서는 중앙 선전부가 천광청의 미국 도착 사실을 다루지 못하도록 금지했다. 사람들이 천광청 문제를 토론할 때 이용될 수 있는 새로운 검색어가 금지어 목록에 추가되었다.

맹인

쇼생크 탈출

빛 + 진실

선글라스 형제

    대략 6개월이 지난 따뜻한 어느 날 아침, 나는 뉴욕에서 워싱턴 스퀘어 공원을 가로지른 다음 맥두걸 스트리트에서 남쪽으로 방향을 틀어 걸었다. 내가 도착했을 때 천광청은 뉴욕 대학 법학 대학원 미국-아시아 법학 연구소에 있는 자신의 연구실 문 앞에 서 있었다. 그의 고향보다 내 고향과 더 가까운 곳에서 그를 처음 만난다는 사실에 묘한 기분이 들었다. 회색과 흰색이 어우러진 그의 연구실은 깔끔했고 냉방기가 뒤쪽에서 희미하게 윙윙거리는 소리를 냈다. 천광청은 단추로 여미는 반팔 셔츠 차림에 은색의 작은 타원형 렌즈로 된 선글라스를 쓰고 있었다. 연구실 벽은 텅 비어 있었고 선반 위에도 화분 몇 개와 〈I ♥ NY〉이라고 인쇄된 커피 잔 하나를 제외하고는 거의 아무것도 놓여 있지 않았다.

    미국에 도착한 뒤로 천광청은 주로 연설과 회고록 집필에 집중하며 둥시구 마을과 그리니치빌리지의 차이에 적응하는 데 주력했다. 그가 처음에 받은 인상은 강에서 불어오는 은은한 물 냄새나 오염 물질에서 나는 톡 쏘는 냄새 등 대체로 감각적인 것들이었다. 그는 식물원을 특히 좋아했는데 그곳에 가면 그의 후각을 위한 향연이 펼쳐졌다. 깜짝 놀란 적도 몇 번 있었다. 이를테면 베이징과 달리 뉴욕의 지하철역에는 냉방 시설이 갖추어져 있지 않았다. 워싱턴에 가서 미국 하원 의장 존 베이너를 만난 적도 있었다. 존 베이너와 그다지 많은 대화를 나누지는 않았지만 그의 사무실에는 천광청이 지금껏 가장 편안하게 느낀 가죽 소파가 있었다.

그즈음 그의 가장 큰 걱정거리는 중국에 있는 친척들이었다. 천광청이 사라졌다는 사실을 알게 된 경찰은 그의 형 천광푸에게 갔다. 그들은 그를 구타하고 머리에 자루를 씌워 연행했다. 심문하기 위해서였다. 그 과정에서 천광푸의 아들 천커구이가 부엌칼로 경찰의 손에 상처를 입혔다. 천커구이는 정당방위였다고 주장했지만 3년이 넘는 징역형을 선고받았다. 천광청이 자신의 연구실에서 말했다. 「권리를 침해당하거나 부당한 대우를 받으면 누구나 자신의 권리를 지키려 하기 마련입니다. 그런 상황에서 몸싸움은 불가피하죠.」

수년간 천광청이 정의와 시민 의식에 대해 어떻게 지금과 같은 생각을 갖게 되었는지 내내 궁금했던 나는 그제야 그의 시각 장애와 행동주의 사이에 어떤 관련이 있는지 물어볼 수 있었다. 「불평등을 자주 경험할수록 더더욱 평등을 원하고 정의를 갈구하게 됩니다.」 그의 신념이 신체적 결함에서 비롯된 것일지 모른다는 의심을 바닥에 깔고 있는 그런 식의 질문을 그가 지겨울 정도로 자주 받았으며, 나의 경솔한 가정이 그의 지적 호기심을 무시했다는 사실을 나는 깨달았다. 「어릴 때부터 해답을 찾을 수 없는 문제들을 연장자에게 묻곤 했어요. 첫 번째 사람이 답을 주지 못하면 다른 사람에게 또 묻고, 또 다른 사람에게 물으면서 다양한 답변을 들었어요. 그런 다음에는 그중에서 어느 답변이 가장 정답에 가까울지 생각했죠.」

그가 어릴 때 트랙터를 타고 가면서 자신의 손에 닿는 모든 기계 부품들을 더듬던 일을 회상했다. 그의 호기심은 물질적인 대상을 넘어 더욱 확장되었다. 어머니와 함께 기차를 탔을 때였다. 차장이 인화성 물질이라는 이유로 한 승객에게서 프로판가스 용기를 압수했다. 「〈차장이 저 프로판가스를 되팔면 원래 주인에게 그 돈을 돌려주나요?〉라고 어머니에게 물었어요. 말문이 막혔는지 어머니는 아무 말 없이 계시다가 잠시 후에 화를 내면서 이렇게 말했죠. 〈어찌 그렇게 순진하니? 정말로 원래 주인한테 돈을 돌려줄 거라고 생각하는 거야?〉 하지만 나는 〈어떻게 다른 사람의 재산을 가져가 팔아 놓고는 한 푼도 돌려주지 않을 수 있지?〉라고 생각했어요.」

천광청은 자신의 가능성을 진심으로 믿게 된 것이 아버지 덕분이라고 말했다. 「아버지는 인간에게 기본적으로 친절함과 정의감이 존재하며 용기를 내서 자신의 목소리를 내야 한다고 생각했어요.」 그에게 중국 공산당이 궁극적으로 내부로부터 개혁할 수 있을 거라고 생각하는지 물었다. 「상상하기 어려운 일입니다. 그들은 아직도 폭력의 힘을 믿고 있거든요. 종국에는 무력으로 모든 상황을 통제할 수 있다고 믿죠.」 중국 공산당은 종종 천광청과 그 밖의 반체제 인사들을 예외적인 사람들이라고 설명했지만 천광청은 그렇게 생각하지 않았다. 「2,500년 전 공자는 사람들이 제각각 다른 길을 선택하더라도 결국에는 같은 결론에 이르게 된다고 말했어요. 아이웨이웨이와 내가 성장 배경이 얼마나 다른지 보세요. 그는 엘리트 집안 출신인 반면에 나는 가난한 집안 출신이죠. 하지만 우리는 둘 다 정의를 추구한다는 공통점이 있어요.」 그가 다른 비유를 들었다. 「이를테면 물의 표면과 같아요. 건드리지 않고 내버려 두면 수면은 매우 평화롭죠. 하지만 그 위로 조약돌을 던지면 물결이 사방으로 일고 서로 교차하기도 합니다. 권리를 둘러싼 의식은 바로 그런 식으로 작용하는 거죠.」

이야기를 나누면서 천광청이 점자 장치를 이용해 인터넷에 접속했다. 키보드만 한 그 검은색 기계 장치는 입력 내용을 화면에 띄우는 대신 소리 내어 읽어 주었다. 인터넷이 중국의 변화에 중요한 역할을 한다고 보느냐고 묻자 그가 한숨을 내쉬고는 기술은 중요한 것이 아니라고 설명했다. 「중국에 있는 사람들이 모두 인터넷에 의존하는 건 아닙니다. 수많은 다른 경로들이 존재하죠. 중국에는 〈입 밖을 나온 말은 바람보다 빠르다. 한 사람에게서 열 사람으로, 열 사람에게서 백 사람으로 퍼져 나간다〉라는 말이 있어요.」

천광청은 인터뷰하기 쉬운 사람이 아니었다. 질문 내용이 모호하거나 시시하다고 여겨지면 짜증을 내는 기색이 역력했고 그때마다 나는 중국어를 제대로 구사하는 데 어려움을 느꼈다. 내가 문장 구조를 짜맞추기 위해 애를 쓸수록 그의 관심은 컴퓨터로 향했다. 그의 조수에게 내가 이야기하고자 하는 바를 제대로 표현할 수 있도록 도와 달라고 부탁했지만 그렇게 한 시간 남짓이 지나자 인터뷰가 이미 막바지에 다다랐음을 직감할 수 있었다. 그에게 고맙다고 인사하자 그는 문까지 나를 정중하게 배웅해 주었다.

다시 워싱턴 스퀘어 공원을 가로질러 걸어오면서 나는 우리 만남이 예상치 않게 많이 불편했다는 사실을 깨달았다. 그는 논쟁하길 좋아하는 사람이었고 나는 좌절감을 느낀 터였다. 하지만 애당초 무엇을 기대했던가? 그가 뉴욕까지 오게 된 유일한 이유는 스스로 생각하기에 설득력이 없다고 여겨지는 관념을 체질적으로 받아들이지 못했기 때문이었다. 문득 천광청은 어쩌면 이미 고향에 있을 때부터 평생 망명 생활을 해왔던 것이 아닌가 하는 생각이 들었다. 맹인을 배려하지 않는 나라에서 맹인으로 살고, 조화를 중시하는 나라에서 고집스러운 태도를 견지하면서 말이다. 그렇지 않고서는 어떻게 독학으로 법률을 공부하고, 담장을 기어오르고, 감시인들의 눈을 피해 집을 탈출하고, 외교관들로 하여금 자신을 대신해 거래를 성사시키도록 할 수 있었겠는가? 다른 많은 것을 기대한 내가 어리석었던 것이다. 어떤 면에서 내가 천광청에게 끌린 이유는 그동안 전향한 군인 린이푸나 그 밖의 많은 사람들에게 끌렸던 이유와 비슷했다. 그들은 하나같이 운명이 정해 준 어떤 길을 자신의 판단에 근거해 거부한 사람들이었다. 가까이서 본 그들은 그들의 지지자나 적들이 상상하는 우상이나 악당이 아니었다. 그들은 단지 중국사의 구습을 거부한 자들이었을 뿐이다.

천광청이 사람들의 예상을 뒤엎은 일은 그것으로 마지막이 아니었다. 나를 만나고 4개월 뒤 그는 미국의 당파 정치에 발을 내디뎠다. 그는 낙태 반대론자들을 지지했는데 그중에는 인권 단체 차이나에이드의 대표 밥 푸와 미국 법무장관 존 애시크로프트의 대변인을 역임한 마크 코랄로라는 홍보 컨설턴트도 포함되었다. 마크 코랄로의 웹 사이트에 나와 있는 설명에 따르면 그는 〈지난 10년간 워싱턴에서 공화당의 위기를 관리하며 거의 모든 뉴스거리에 관여한〉 사람이었다. 뉴저지 주의 보수적인 하원 의원 크리스토퍼 스미스는 뉴욕 대학이 자신과 천광청의 만남을 방해한다고 비난했고, 천광청도 뉴욕 대학이 중국 정부의 환심을 사려고 자신의 연구원 자격을 연장해 주지 않는다며 비난했다 (대학 측은 두 사람의 주장을 모두 부인했다). 그는 〈미국의 학계 내부에는 사람들이 상상하는 것보다 훨씬 많은 중국 공산주의자들의 입김이 작용한다〉라는 성명서를 발표했지만 어떤 의도로 한 말인지는 설명하기를 거부했다. 천광청과 뉴욕 대학의 불화는 제롬 코언을 비롯해 그를 지지하던 많은 사람들을 실망시켰다. 제롬 코언은 침울한 어조로 〈교사로서 나는 실패했습니다〉라고 말했다. 2013년 가을 천광청은 낙태와 동성 결혼에 반대하는 보수적인 연구 단체 〈위더스푼 연구소〉의 선임 연구원이 되었다. 더불어 어느 한 가지 이데올로기에 구속되지 않기 위해 가톨릭 대학의 방문 연구원이 되었고, 그해에 천광청에게 상을 주었던 진보주의 단체 〈인권과 정의를 위한 랜토스 재단〉의 고문 자리도 수락했다.

천광청의 인생이 새로운 방향으로 전개되는 모습을 지켜보면서 나는 중국에서 갈고닦은 그의 본능이 지뢰밭이나 다름없는 미국의 정치판으로 그 자신을 이끌었다는 생각이 들었다. 특히 그가 발을 내디딘 지뢰밭은 그가 아니고서는 누구도 헤쳐 나가기 어려울 그런 곳이었다. 그는 오랫동안 모든 유형의 권위를 불신하며 살아왔고, 뉴욕에 살면서도 많은 부분에서 그 원칙을 그대로 적용한 까닭에 어쩌면 그에게 도움을 줄 수도 있었을 사람들과 사이가 멀어졌다.

천광청은 자신이 얼마나 오래 미국 생활을 버틸 수 있을지 몰랐지만 역사적으로 볼 때 망명 생활이란 갈수록 수월함과는 거리가 멀어졌다. 소비에트 시절 솔제니친은 버몬트 주에 숨어 살면서 현실과 상상 속의 적을 향해 끊임없이 분노를 표출했다. 프라하를 탈출해 파리로 간 밀란 쿤데라는 자신의 작품이 〈새들의 짹짹거림처럼 의미 없는〉 것이 될까 봐 전전긍긍했다. 특히 중국의 반체제 인사들은 해외에서 힘들게 살았다. 중국 감옥에서 8년간 수감 생활을 한 웨이징성은 1997년에 석방되자마자 곧장 뉴욕으로 향했고 중국에서 가장 유명한 망명 인사가 되었다. 하지만 불과 몇 년 지나지 않아서 그는 자신의 후원자들은 물론 다른 활동가들과 멀어지고 그들의 관심 밖으로 밀려났다. 몇몇 사람은 천광청이 이전 중국인 망명객들의 행보를 답습하고 있다는 다소 성급한 주장을 내놓았다. 그럼에도 그의 인생사를 돌아보건대 그는 장차 더욱 다양한 모습을 보여 줄 수 있는 사람이었다. 그보다 앞서 온 동포들의 전철에 근거해서 그의 운명을 예상하기에는 시기상조라는 생각이 들었다. 그는 이제껏 삶을 살아오면서 다른 무엇보다 자신의 모습 그대로 대우받을 권리를 추구했다.

둥시구 마을에서 시작해 베이징과 뉴욕으로 이어진 천광청의 긴 여정은 너무나 극적이고 독특해서 오히려 그냥 특이한 일로 치부해 버리기 쉬웠다. 이를테면 독재 국가에서 탈출하는 반체제 인사들은 늘 존재해 왔다. 그런 사람들이 평범한 중국인들의 삶과 무슨 관계가 있을까? 하지만 주어진 환경에서 탈출하고자 결심하는 과정에서 천광청은 천광청 자신보다 훨씬 거대한 어떤 세력을 대변해서 보여 주었다. 내가 처음 중국에 도착했을 때 중국은 가난에서 벗어나는 데 열중했고 굶주린 국민들은 최근까지도 가장 기본적으로 필요한 것 외에는 애초에 어떤 야망을 품을 겨를이 없었다. 그런데 이제 그 시기가 지난 것이다. 천광청에게 동기를 부여한 것은 부도 권력도 아니었다. 그는 자신의 운명과 존엄성에 관한 생각들로 자극을 받았고 이런 점에서 다른 많은 사람들과 근본적인 무언가를 공유했다.

2013년 3월 영어 강사 마이클이 내게 전화를 걸어 왔다. 수년째 입버릇처럼 베이징으로 오고 싶다고 하더니 드디어 기회를 잡은 모양이었다. 그는 어느 작은 출판사로부터 연락을 받은 터였다. 마이클이 영어 강의를 한다는 말을 들은 그 출판사 직원 중 한 명이 그에게 베이징으로 와서 교과서를 집필하는 업무를 맡아 달라고 요청했다. 두어 달 전 마지막으로 만났을 때만 하더라도 몹시 우울해 보이던 마이클은 이제 새로운 기회를 맞아 무척 들떠 있었다. 그는 전화기 너머로 〈그들이 나를 발탁한 거예요〉라며 기뻐했다. 곧 베이징으로 입성하는 13시간의 기차 여정을 앞두고 있었다. 광저우 같은 대도시에 사는 젊은이에게도 베이징은 여전히 변화의 가능성을 암시하는 장소였고 마오쩌둥의 표현대로 그 안에서 누구든 변하지 않을 수 없는 〈도가니〉였다.

베이징에 도착하자 마이클은 내게 자신이 쓴 교과서 내용 중 일부의 교정을 부탁했다. 나는 그를 집으로 초대했다. 라마 사원 지하철역에서 만난 우리는 점술가와 작명가의 가게들을 지나 집까지 걸어왔다. 그가 거실에 배낭을 내려놓고 자신의 노트북 컴퓨터를 꺼냈다. 자신의 우상이었던 크레이지 잉글리시의 리양이 망신을 당한 이후, 마이클은 영어를 말할 줄 아는 사람을 대량으로 양산하려던 리양의 시도가 잘못되었다고 결론지었다. 리양의 방식이 많은 사람의 삶에 영향을 주기는 했지만 깊이가 없었다는 판단이었다. 「리양은 늘 내게 〈자네는 장차 돈을 많이 벌어야 해〉라고 말했어요. 하지만 내가 원하는 건 그게 아니었죠. 돈이 삶을 살아가는 유일한 방식은 아니잖아요. 삶의 일부일 뿐이죠. 훌륭한 사람이 되어야 해요. 스티브 잡스처럼요.」

마이클은 새로운 우상을 찾아낸 것이다. 「스티브 잡스는 내 영웅이에요. 그는 아이팟으로 음악 산업의 판도를 바꾸었고 아이폰4로 세상을 변화시켰어요. 믿어지세요?」 2011년 세상을 떠난 뒤로도 스티브 잡스는 중국에서 사람들의 마음을 사로잡고 있었다. 그를 찬양하는 중국의 젊은이들이 보기에 그는 억만장자가 된 이단아였다. 비록 아이폰을 살 돈은 없지만 월터 아이작슨이 쓴 잡스 전기의 중국어 번역판을 구한 젊은이들은 성서를 인용하듯 그 책을 인용했다. 마이클이 노트북 컴퓨터에서 비디오 파일 하나를 클릭했다. 인터넷에서 발견한 애플사의 예전 텔레비전 광고 영상이었다. 「여기 미친 사람들이 있다. 이단아들, 사고뭉치들, 사각 구멍 속의 둥근 못들…….」〈다르게 생각하라〉는 문구로 광고가 끝났고 마이클은 숨죽인 채 〈아름다워〉라며 감탄했다.

늘 그렇듯 마이클이 새로운 아이디어를 늘어놓았다. 어떤 것들은 실용적이었고(그는 스티브 잡스 전기를 쉽게 요약한 영어 버전을 만든 다음 학생들이 단어를 정확하게 발음할 수 있도록 책에 발음 기호를 병기한 책을 출판하고 싶어 했다) 어떤 것들은 터무니없었다. 예컨대 그는 자신이 만들어 낸 〈차미악*charmiac*〉이라는 단어를 마케팅 용어로 대중화시키고자 했다. 마이클 같은 사람들을 가리키는 말로, 무언가에 매료되어 광기가 느껴질 정도까지 다다른 사람을 의미한다고 했다. 시간을 낭비하는 일일 수도 있다고 그에게 충고하자 그는 풀 죽은 목소리로 항변했다. 「브루스 리는 〈쿵푸〉라는 단어를 사전에 등재시켰어요.」 우리는 마이클이 새롭게 추가한 장들을 검토했다. 어떤 장에 이르자 학생들로 하여금 자신에게 동기를 부여하는 것이 무엇인지 빈칸에 적도록 하는 대목이 보였다. 〈잡스의 사명은 기술로 세상을 바꾸는 것이었다. 에디슨의 사명은 세상에 빛을 가져오는 것이었다. 브루스 리의 사명은 쿵푸를 세상에 알리는 것이었다. 그리고 나의 사명은 _____이다.〉

교정을 마친 뒤에 우리는 바람을 쐬러 밖으로 나가 마오쩌둥이 헌신적인 병사 레이펑을 발굴한 지 50년 된 해를 기념하는 포스터 앞을 지나게 되었다. 포스터에는 〈레이펑의 깃발을 물려받아 자원봉사 활동에 동참하라〉라고 쓰여 있었다. 그 구절을 읽으며 마이클은 미소를 지었다. 리양의 크레이지 잉글리시를 알기 전까지 레이펑은 그의 어린 시절 우상 중 한 명이었다. 그에게 아직도 레이펑이 양말을 꿰매고 동물 배설물을 모은 이야기가 진짜라고 믿는지 물었다. 그가 얼굴을 찡그려 보이더니 대답했다. 「적어도 40퍼센트는 진실일 겁니다.」 마오쩌둥에 대해서도 〈70퍼센트는 옳고 30퍼센트는 틀렸다〉라고 평가하는 나라인 만큼, 질문을 받았을 때는 그런 식으로 대답하는 편이 합리적이라는 생각이 들었다. 레이펑에 대한 그의 기대치가 그리 높아 보이지 않은 까닭에 오히려 그런 질문을 던진 내가 유치하게 느껴졌다. 그가 말했다. 「나를 진심으로 감동시킬 수 있는 누군가를 만난다면 나는 그 사람을 믿을 거예요.」 지난 몇 년 동안 마이클은 어머니가 믿는 기독교부터 크레이지 잉글리시에 대한 자신의 헌신에 이르기까지 삶의 곳곳에서 받은 영향들을 하나로 묶고 있었다. 그리고 교재의 한 장에 그동안 자신이 받은 영향들을 한 문단으로 엮어서 학생들이 큰 소리로 따라 읽게끔 정리해 놓았다.

〈우리는 우주에 흔적을 남기기 위해 여기에 있습니다.〉 이 말은 위대한 잡스가 했던 대표적인 말이다. 그는 내게 삶에서 가장 강력하고 가치 있는 것이 영혼이며 그 영혼이 궁극적으로 안식을 찾는 장소가 신념이라는 사실을 가르쳐 주었다. 신념보다 더 강력하게 우리에게 영향을 끼치는 것이 있을까! 인간의 역사를 통틀어 정치, 경제, 기술, 문화, 예술, 종교 등 모든 것이 신념과 함께 시작된다. 예수, 공자, 잡스, 브루스 리, 마오쩌둥, 레이펑도 마찬가지다. 보다 아름다운 세상을 만들기 위해 그들이 가장 먼저 한 일은 자신을 변화시키는 것이었다.

베이징에서 며칠을 보낸 뒤 마이클은 내게 전화해서 출판 일이 순조롭지 않다는 소식을 전했다. 「출판사가 자기들 마음대로 하려고 해요. 내 입장은 전혀 고려하지 않아요. 오로지 돈 버는 일에만 관심이 있을 뿐이고 나보다 연장자라는 이유로 내 의견을 무시하려고 해요.」그를 만나기 위해 나는 택시를 타고 출판사 사무실로 향했다. 출판사가 있는 곳은 베이징 과학 기술 단지로, 탕제가 민족주의 웹 사이트를 운영하던 곳에서 그다지 멀지 않았다. 지하철역으로 마중 나온 마이클이 나를 〈동물용 약품 관리 사무국〉이라는 간판이 달린 복합 건물 안으로 데려갔다. 교과서 출판사가 동물용 약품 관리 사무국 건물에 있는 이유를 알 수 없지만 이해하기 어려운 사업 방식을 많이 겪어 본 터라 따로 이유를 캐묻지는 않았다고 그는 설명했다.

주말이라 출판사의 사무실은 반 정도 비어 있었다. 마이클은 중국 전통 가구와 서예로 멋지게 장식된 다른 사람의 사무실에서 일했다. 그가 사용하는 전자 장비들과 공책들이 여기저기 나뒹굴었다. 지난 며칠간 그는 계속 장 단위로 교재를 집필하고 편집자에게 넘겨주어 다듬도록 했지만 회사가 주는 부담에 좌절을 느끼고 있었다. 우리가 이야기를 나누는 도중에 밖에서 누군가 급히 문을 두드리며 안을 들여다보았다. 얼굴을 잔뜩 찌푸린 그 땅딸막한 남자가 그 출판사의 사장이었고 마이클이 정중한 태도로 나를 소개했다. 그가 돌아가자 마이클이 인상을 구기면서 말했다. 「그는 항상 나를 들볶아요. 〈오늘은 뭘 썼나? 이리 줘보게.〉」

우리는 사장이 다시 와서 마이클에게 진도를 확인하기 전에 서둘러 나가기로 했다. 마이클에게 어디서 지내는지 묻자 그는 나를 데리고 거리로 나서더니 음식 가판대가 줄지어 있는 곳을 지나 한 슈퍼마켓 뒤에 위치한 주차장 안으로 안내했다. 주차장 한쪽에 인접한 2층짜리 하숙집이 있었는데 그곳에서 마이클은 다른 아홉 명의 사람들과 방 하나를 공유하며 침대 하나를 차지하고 있었다. 침대 하나를 빌리는 비용은 한 달에 280위안으로 하루에 1달러 50센트꼴이었다. 복도에 붙은 규칙 목록에는 하숙집이 어떠한 책임도 지지 않는다고 명시되어 있었고 〈투숙객은 어디를 가든 자신의 귀중품(노트북 컴퓨터 등)을 휴대해야 한다〉라는 규칙도 보였다.

그의 방 앞에 도착하자 마이클이 검지를 입술에 대고 내게 조용히 하라고 주의를 주었다. 아직 대낮이었지만 야간 근무를 마친 그의 룸메이트 몇 명이 잠을 자고 있었다. 방 안은 공기도 답답하고 눅눅했으며 비좁았다. 방 한가운데 드러난 좁은 바닥에 짐 가방들이 가득했고 그 주위를 철제 2층 침대 다섯 개가 빙 둘러싸고 있었다. 창문 밖으로 빨래를 널어 둔 막대기가 보였고 천장에는 농구공만 한 너덜너덜한 구멍이 나 있었다. 중국의 대도시 외곽에 급증하는 이런 하숙집들에는 대학 졸업생들과 구직자들이 부를 쫓아 끊임없이 모여들었다. 중국인들 사이에서는 이들을 가리켜 〈개미족〉이라고 불렀다.

그 단어에 나는 『푸른 일개미들의 황제』라는 1970년대의 책을 떠올렸다. 당시 그 같은 은유는 중국의 현실에 대한 적절한 설명이었지만 한 세대가 지난 이제 젊은이들과 야심가들은 분노를 담아 스스로를 개미라고 불렀다. 중국이 그들을 도시 안으로 흡수하기 위한 작업에 착수하지 않는 한 2030년까지 도시의 최하층민 숫자는 전체 도시 인구의 절반인 5억 명에 이를 것으로 전망되었다. 중국 정부가 이런 사실을 불편해하자 실업 문제를 담당하는 기관에서는 2010년 12월 자료를 발표하면서 지난해 대학 졸업생 중 90퍼센트 이상이 현재 취업한 상태라고 보고하는 일단의 장밋빛 통계를 내놓기도 했다. 사람들은 그 같은 주장을 비웃었다. 인터넷에는 대학들이 취업률을 부풀리거나 학교의 명성을 지키기 위해 학생들에게 자신을 〈취업한〉 상태로 표기하도록 강요했다는 증언들이 난무했다.

마이클과 나는 한낮의 태양 속으로 다시 나왔다. 비좁은 방에서 나오자 바깥은 훨씬 시원하고 활짝 열린 느낌이었다. 그는 자처해서 하숙집을 보여 주었다가 이제 와서 겸연쩍어 하는 것 같았다. 하숙집을 나와 걷던 그가 말했다.

「그 집에서 더는 못 견디겠어요.」 낙후된 환경 때문에 난처한 문제도 생겼다. 「옆방에는 여자들 열 명이 같이 사는데 우리와 화장실을 같이 써요. 정말 마음에 안 들어요.」 문제는 불편함만이 아니었다. 「인생을 낭비하는 거예요. 나는 이런 사람들과 같이 지낼 수 없어요.」 그의 룸메이트 중 몇 명은 직업이 없었기 때문에 하루 종일 방에서 자고 먹으며 컴퓨터 게임으로 소일했다. 「이 하숙집은 에너지를 좀 먹어요. 내 인생과 경력 등 모든 부분에서 내가 가진 열정을 갉아먹고 있어요.」

함께 걷던 중 그는 문득 자신의 삶이 다른 사람에게 어떻게 보일지 생각하는 것 같았고 그 같은 궁금증은 단어에 관한 질문으로 이어졌다. 「나 같은 사람을 영어로는 뭐라고 하나요?」

「어떤 사람을 말하는 거죠?」

「나 같은 사람 말이에요.」

나는 잠시 생각에 잠겼다. 내가 미처 대답을 꺼내 놓기도 전에 그가 자신의 생각을 말했다. 「하류 사회*low society*?」 그가 물었다.

「아니에요. 아무래도 영어에는 적합한 단어가 없는 것 같군요.」

우리는 계속 걸었다. 「영어와 관련해서 도움이 필요할 때면 나는 항상 인터넷을 검색해요. 그래도 답을 찾지 못하면 당신에게 묻는 거죠.」 나는 그에게 앞서의 질문에 대한 대답을 빚지고 있는 기분이었다. 시골 사람들보다야 사정이 훨씬 나았지만 그럼에도 그는 성공의 주변부에 갇힌 상태였다. 마침내 나는 생각한 답을 꺼내 들었다. 「내 생각에 당신 같은 사람을 〈야망을 가진 중산층 *aspiring middle class*〉이라고 부를 수 있을 것 같군요.」 마이클은 내게 수첩을 뜯어 적어 달라고 부탁했고 그 종이를 자신의 주머니에 챙겼다.

우리는 창문에 광고 전단을 덕지덕지 붙여 놓은 부동산 중개소 앞에서 걸음을 멈추었다. 저가로 나온 집들을 소개하는 업소였다. 혹시라도 그를 개미족의 소굴에서 빼낼 만한 물건이 있는지 제시된 가격들을 훑어보았다. 하지만 가장 저렴한 11제곱미터짜리 방도 월세 300달러였다. 마이클의 한 달 평균 수입보다 많은 액수였다.

결과적으로 베이징은 마이클의 기대를 충족시켜 주지 못했다. 무엇보다 그는 출판사 사람들을 신뢰할 수 없었다. 「그들은 내가 한 일을 가로채서 자기들 이름을 올리려고 할 뿐이에요.」 그는 고향으로 내려가 계속 책을 쓰기로 결정했다. 그가 베이징을 떠나기 전에 나는 그에게 점심을 대접했다. 나 또한 조만간 중국을 떠날 참이었기에 작별 인사도 겸한 자리였지만 그에게 보다 구체적인 목표를 세워서 집중하라고 조언해 주고 싶었다. 내가 보기에 칭위안의 아파트에서 부모님과 부대끼며 사는 것은 썩 좋은 계획 같지 않았고, 그가 다시 다른 사람들과 함께 일하는 방향을 고려해 보길 바랐다. 그는 어떤 영감을 받을 때마다 순식간에 방향을 바꾸어 위태롭게 질주했는데 자신의 방식대로 성공하겠다는 의지 때문에 고립 상태는 계속 심화되고 있었다.

그가 말했다. 「내 걱정은 하지 않아도 돼요. 나는 강인한 남자니까요.」 하지만 내가 걱정한 것은 강인함의 문제가 아니었다. 오히려 그를 보면 작가 존 스타인벡이 묘사했던 거북이가 떠오를 정도였다. 그 거북이는 〈무슨 일이 있어도 방향을 바꾸지 않으면서〉 고속 도로 위를 아주 천천히 가로질렀다. 어느 순간 트럭에 부딪쳐 몸이 뒤집히면 한동안 그 상태로 가만히 누워 있다가 몸을 바로 세웠고 다시 〈먼지 위에 물결 모양의 얕은 참호를 그리며〉 느릿느릿 나아갔다. 이야기를 나누는 동안에도 마이클은 스스로를 성공한 사람으로 묘사하고 싶은 마음과 상황이 어렵다는 사실을 인정하고 싶은 마음 사이에서 갈피를 잡지 못했다. 그렇게 그는 허세와 연민 사이를 계속 오갔다. 어느 순간에는 〈나는 영어 산업이 싫어요〉라고 말하면서 그의 공로는 인정하지 않은 채 아이디어만 가로채려 한다고 생각되는 사람들을 향해 악담을 퍼부었다. 바로 다음 순간에는 〈나는 영어를 종교로서 가르치고 싶어요. 내 경력과 관련해서 5개년, 10개년 계획도 세워 놓았죠〉라고 주장했다. 잠시 후에는 그 자신감도 사그라들었다. 「중국 사람들은 지저분하기 짝이 없어요. 적어도 40퍼센트는 정말 그래요.」

문제는 마이클에게 심사숙고할 시간이 많지 않다는 점이었다. 그는 시계가 째깍거리는 소리를 느꼈다. 벌써 스물여덟 살이었다. 「중국에서는 서른 살이 되면 경제적으로 독립해야 해요.」 그가 스스로 정한 마감 시한이었다. 잠시 생각에 잠기는 듯하더니 이내 그의 표정이 밝아졌다. 「아마도 내년이면 서점 판매대에서 내가 쓴 책들을 발견할 수 있을 거예요. 믿어지세요?」 나는 그렇다고 대답했다. 왠지 정말 그럴 것 같았다.

마침 주말이라 우리는 점심을 먹으며 오랜 시간을 보냈다. 복잡하던 식당도 많이 한산해졌다. 마이클은 자신의 아버지가 석탄 광산에서 경험한 일들을 들려주었다. 광부로 산다는 것은 지극히 위험한 삶의 방식이었다. 마이클이 어린 시절을 보낸 제5호 탄광에서는 단 한 번의 사고로 마흔아홉 명의 광부가 목숨을 잃은 적도 있었다. 그렇게 드문 일은 아니었다. 환경이 개선되었다고 하는 최근까지도 중국에서는 매주 평균 예순 명의 석탄 광부가 목숨을 잃었다. 「아버지는 하루에 최소 14시간을 일하셨어요. 새벽 5시면 어김없이 일어나야 했죠. 어머니나 나하고 대화를 나누시는 경우는 좀처럼 없었어요. 나는 그 이유를 몰랐죠.」 나중에야 그는 아버지가 직면했던 압박감을 일부나마 이해할 수 있게 되었다. 「아버지는 학교에 다니는 자식들 넷을 부양해야 했어요. 그렇지만 한 번도 불평한 적이 없으셨죠.」

그럼에도 아버지의 삶에는 마이클이 결코 이해할 수 없는 부분이 있었다. 「아버지 친구들 중에 많은 분들이 돌아가셨는데 그분들 이름을 사망자 명단에서 한 번도 본 적이 없어요.」 중국에서는 광산이나 공사 현장, 공장에서 목숨을 잃은 사람들, 즉 중국의 부흥 과정에서 발생한 사상자들에 대한 세부 기록이 수십 년째 기밀로 취급되었다. 정부에서 대략적인 통계를 발표하기는 했지만 누가 어떻게 죽었는지에 관한 세부 사항은 여전히 국가 기밀이었다. 「단지 제1호 탄광 또는 제2호 탄광이라는 언급만이 전부였어요.」 아버지의 동료들이 이름도 남기지 못한 채 죽었다는 사실은 마이클의 자아관이나 세계관에서 볼 때 너무나 동떨어진 이야기이며 그로서는 이해가 불가능한 개념이었다. 자신의 책을 출간하고, 대중의 존경을 받고, 유명 인사가 되는 등 사람들에게 인정받는 모습을 상상하면서 많은 시간을 보내는 그로서는 이름도 남기지 못하고 죽는다는 사실에 혼란스러울 뿐이었다. 나는 이름에 집착하며 불쾌감을 토로하는 그의 모습에서 지진으로 목숨을 잃은 아이들에게 이름을 찾아 주던 아이웨이웨이를 떠올렸다. 마이클은 정치에 조금도 관심이 없었다. 그에게 이름이란 정치와는 상관없는, 자존감 그 자체였다.

다음 날 아침 마이클은 집으로 가는 기차에 올랐다. 돌아가는 길도 꼬박 13시간이 걸릴 터였다. 그는 언젠가 비행접시 모양의 역에서 출발하는 초고속 열차를 탈 수 있게 되기를 희망했지만 아직은 그날이 아니었다. 이제 그는 스스로를 규정했던 과거의, 그리고 매우 절실하게 창조하고자 하는 미래의 무게를 모두 떠안고 있었다. 순응을 요구하는 구세계와 자립을 요구하는 지금의 세계 사이에서 갈등하고 있었다. 언제나 그렇듯 그는 학생들이 따라 읽을 수 있도록 그 상황을 한 문단으로 정리했는데, 내게는 그것이 만트라나 성모송, 주문처럼 들렸다. 하지만 그들이 읽는 것은 오직 그들 자신만을 위한 기도문이었다. 〈나는 내가 가지고 태어난 모든 것을 전적으로 받아들일 것이다. 그리고 그것을 바꾸기 위해 최선을 다할 것이다.〉

에필로그

　내가 베이징에서 마지막으로 보낸 몇 달 동안 중국 공산당은 자신들이 취약해질 수 있는 순간에 대비해서 2천만 인구가 상주하는 그 도시를 과거로 돌려놓았다. 2012년 11월, 그들은 최근 10년 중 가장 신성한 한 행사를 위해 베이징을 청소하기 시작했다. 바로 중국 공산당 제18차 전국 인민 대표 대회였다. 2천여 명의 인민 대표들이 참석하는 그 회의의 마지막 순간에는 중화 인민 공화국의 미래를 이끌어 갈 새로운 중앙정치국이 베일을 벗을 참이었다. 중앙 선전부는 대회를 준비하며 전국 지부에 〈제18차 전국 인민 대표 대회의 성공적인 개최를 위해 국민들이 지지를 표명하도록 분위기를 조성하고 온라인 선전 활동을 대대적으로 확대할 것〉이라는 지시를 내렸다. 검열관들이 최근 이슈가 되는 부패나 음모에 관한 논의를 차단하고 이중적인 의미를 내포한 새로운 단어들을 금지하는가 하면 수위가 지나친 유머의 발원지를 찾아내 침묵시켰다. 관련하여 베이징의 한 투자 기금에서 근무하던 자이샤오빙이라는 사람은 전국 인민 대표 대회를 새로운 종말 영화에 비유하는 엽기적인 농담을 트위터에 올렸다가 체포되어 3주간 감금되었다.

당은 물리적인 위협에 대해서도 경계를 강화했다. 택시 회사는 기사들에게 택시 뒷좌석의 창문 개폐 장치를 제거하라는 명령을 전달했다. 혹시라도 승객들이 〈불경한 구호를 새긴 풍선이나 반동적인 메시지를 담은 탁구공〉을 퍼뜨리지 못하도록 막기 위해서였다. 공영 버스의 창문에도 테이프를 붙여 열 수 없게 만들었다. 한편 베이징 시는 호수에 유람선을 띄우지 못하도록 하고 원격 조종이 가능한 장난감 비행기의 판매를 금지했으며 애완용 비둘기를 새장에 가두어 놓으라고 지시했다. 비록 이유까지 설명해 주지는 않았지만 폭발물을 운반하는 데 이용되는 것을 막으려는 의도인 듯 보였다. 인민 대회당 앞에 특수 소방대원들도 배치되었다. 앞서 티베트인들이 고향에서 중국 정부의 정치적, 종교적 정책에 항의해 분신한 사건이 있었기 때문이다. 전국 인민 대표 대회가 진행되는 동안 인민 대회당에 모습을 나타낸 티베트인이라고는 티베트의 수도 라싸가 지난 5년 동안 네 번이나 〈중국에서 가장 행복한 도시〉에 선정되었다는 소식을 가져온 티베트 공식 대표단이 전부였다.

사교적인 후진타오 주석이 전국 인민 대표 대회 소집을 환영하면서 자신의 마지막 공식 연설을 했다. 그는 연설문 제목을 〈중국다운 사회주의의 길로 단호하게 나아가되 모든 면에서 적절히 발전하는 사회를 건설하기 위해 노력하라〉라고 지었다. 가장 기억에 남는 구절은 제목보다 간결했는데 〈우리는 절대로 서양의 정치 제도를 모방하지 않을 것이다〉라는 말이었다. 국영 통신은 한 여성 대표가 그의 연설에 몹시 감동하여 〈다섯 번이나 울음을 터뜨렸다〉는 기사를 발표했다. 다른 한 신문에서는 그녀가 서른다섯 차례나 박수 세례를 보내느라 손에 감각이 없어질 정도였다고 보도했다.

일주일 일정으로 진행된 전국 인민 대표 대회가 끝났을 때 나는 모두가 기다리던 순간을 취재하기 위해 다른 기자들과 섞여 있었다. 바로 새로운 중앙 정치국 상무 위원회의 공개였다. 상무 위원회는 일곱 명으로 구성되었다. 국가주석과 총리의 임기는 10년, 나머지 다섯 명의 임기는 5년이었다. 그 행사는 〈언론과 대담〉하는 기회라고 불렸지만 실제로 기자가 질문을 하는 것은 허락되지 않았다. 가장 먼저 무대에 오르는 사람이 새로운 국가주석이 될 터였다. 중국 공산당 중앙 위원회 총서기인 시진핑이었다. 훌륭한 혁명가 집안 출신으로 그의 아버지는 〈8대 원로〉로 알려진 당의 신성한 원로들 중 한 명이었다. 외모상으로는 전임자와 무척 대조적이었다. 시진핑은 혈색 좋은 얼굴에 덩치가 컸으며 목소리는 굵직하고 듣기 좋게 울렸고 품이 넉넉한 서양식 정장을 선호했다. 전체적으로 저우언라이보다는 재키 글리슨을 연상시키는 인상이었다. 그가 말했다. 「우리 국민들은 삶을 사랑합니다. 양질의 교육, 안정적인 일자리, 만족스러운 수입, 믿음직한 사회 보장 제도, 높은 수준의 의료와 보건 혜택, 편리한 생활 환경, 아름다운 자연 환경을 희망하고 자녀들이 건강하게 성장하고 좋은 직장에서 일하고 행복하게 살기를 바랍니다. 보다 나은 삶을 원하는 국민들의 바람은 우리의 투쟁이 지향해야 할 목표입니다.」

그가 사용한 표현은 신선했고 당을 찬양하는 내용도 거의 없었다. 그럼에도 시진핑과 나머지 사람들이 나란히 서 있는 광경은 중국 공산당이 그동안 걸어온 길과 앞으로 갈 길이 그다지 다르지 않을 거라는 의지를 보여 주었다. 이제부터 중국을 이끌어 갈 그들 일곱 명 중 네 명이 공산당 내의 귀족 가문 출신이었던 것이다. 한때는 족벌주의라는 인상을 주지 않으려고 노력하는 모습도 보였지만 이제 중국 공산당은 정치적 신뢰성을 최우선으로 여겼고, 세습 원칙의 적용만 놓고 본다면 이번에 선발된 세대가 중국 역사상 그 어느 때보다 높은 비율을 보여 주었다. 그들은 대외적으로 〈민주적이고 공개적이며 경쟁적이고 성과를 토대로 한〉 방식으로 위원들을 선발하겠다고 선언했지만 정치 전문가들은 명문 가문들과 당 원로들, 강력한 파벌들 사이의 막후 협상을 지켜보면서 명단을 미리 예상할 수 있었다. 개혁 지향적인 후보들은 고배를 마셨고 열성적인 보수파들이 자리를 차지했다. 예컨대 류윈산은 노련한 선전 전문가였고, 장더장은 북한에서 경제학을 공부한 인물이었다. 선례와 순응을 중시하는 그들의 신념은 외모에도 영향을 끼친 듯 보였다. 그들은 한 사람만 제외하고 모두 어두운 색 정장에 빨간색 넥타이를 매고 무대에 올라왔다. 머리는 단 한 명의 예외도 없이 검은색으로 염색한 평범한 스타일이었다.

2주 뒤 인민 대회장 밖에서 그들 일곱 명이 처음으로 함께 모습을 드러냈을 때 그들이 상징적인 배경으로 선택한 곳은 첨단 기술 회사나 대학교처럼 미래를 암시하는 장소가 아니라 중국 국립박물관의 한 전시장이었다. 〈부흥의 길〉이라는 제목으로 열린 이 전시회는 박물관의 표현에 따르면 〈반(半)제국주의와 반(半)봉건주의 사회라는 나락으로 추락〉하던 중국이 공산당의 손에 의해 구조되었음을 표현하는 정치적인 행사였다. 전시장 앞에서 시진핑은 말했다. 「사람은 누구나 이상과 열망과 꿈이 있습니다. (……) 최근 중국 인민의 가장 큰 꿈은 중국의 거대한 부활을 실현하는 것이었습니다. (……) 정부와 국가가 부유해지지 않고는 누구도 부유해질 수 없습니다.」

그가 언급한 〈중국의 꿈〉이라는 표현은 곧 각종 게시판과 텔레비전의 표어가 되었다. 불과 1주일 사이 중국의 꿈이란 말이 「인민일보」 1면에만 스물네 번이나 등장했다. 「중국의 꿈이 내는 목소리」라는 새로운 장기 자랑 프로그램이 방영되었고 당은 비사회주의 국가에 이 표현을 전파하기 위해 〈홍보 팀〉을 파견했다. 더불어 과학자들에게는 중국의 꿈에 관한 연구 제안서를 제출하도록, 예술가들에게는 중국의 꿈을 주제로 한 〈명작〉을 만들도록 종용했다. 시진핑은 군대가 〈강한 군대의 꿈〉을 가져야 한다고 격려했고 중앙 선전부 부장 류윈산은 중국의 꿈을 교과서에 수록해서 확실하게 〈학생들의 머릿속에 입력되도록〉 하라고 지시했다.

504

〈중국의〉 꿈이라는 표현은 부분적으로는 사실에 대한 진술이었다. 실제로 중국이 부활하고 있었기 때문이다. 한편으로는 중국의 야망을 인정하는 말이기도 했다. 다만 다른 열망보다 성취하기가 쉬운 몇몇 열망이 있을 뿐이었다. 중국 공산당은 그들이 집권당으로 남으려면 국민을 계속해서 풍요롭게 살 수 있도록 해주어야 한다는 사실을 잘 알고 있었다. 그들은 당초 16만 킬로미터의 고속 도로와 50개에 달하는 새로운 공항, 8천 킬로미터가 넘는 고속 철도를 추가로 건설할 계획이었다. 하지만 보통 사람들에게 보다 당면한 관심사가 있다는 사실을 알았기에 새로 구성된 정부는 출범과 함께 최저 소득을 높이고 예금 이율을 올리겠다고 약속했다.

진실을 추구하는 사람들을 만족시키는 문제는 훨씬 어려워 보였다. 중국 공산당은 집권 후 첫 60년 동안 검열과 비밀 유지, 협박 등을 동원해 사회 안정을 유지했지만 이제 회의적인 태도와 비리를 폭로하는 문화, 점점 더 두려움을 느끼지 않는 분위기 등에 직면했다. 그럼에도 현대식 담벼락과 전통적인 탑 형태의 지붕을 갖춘 중앙 선전부 건물은 이중적인 사고의 기념물로서 여전히 창안제에 건재했다. 나는 자전거를 타고 마지막으로 그곳 앞을 지나면서 혹시라도 중앙 선전부 본부에 표지판이 붙는다면 중국 지도자들이 주변의 현실을 받아들이기로 했다는 의미가 되리라 생각했다.

신념을 추구하는 사람들을 만족시키는 것은 어쩌면 가장 어려운 문제일 것이다. 중국은 이데올로기의 교착 상태에 빠져 있다. 어떤 정치적 진영도 자신들이 상승세에 있다고 주장할 수 없는 상황이다. 민족주의가 조금 더 끓어오를 것이고 대중의 굴욕감을 이용하려는 새로운 선동가들이 등장할 것이다. 하지만 그 같은 정서는 당의 입지를 단단하게 하는 대신 오히려 피해를 입힐 수 있다. 중국을 〈보편적 가치〉에 반하는 나라로 만듦으로써 당은 보다 많은 무시와 항의, 류샤오보의 빈 의자를 상기시키는 문제들에 직면할 게 분명하다.

그럼에도 국민들에게는 굴욕감을 참거나 원인 제공자들을 용서하지 말라고 부추기고 있다.

발작적인 방식으로 자유 시장 체제를 도입한 지 30년이 지난 지금까지도 중국에는 일관된 정책이 단 하나도 존재하지 않는다. 즉 〈중심 선율〉이 존재하지 않는 것이다. 중국을 장차 어떤 나라로 발전시킬 것인지에 대해서도 정해진 것이 전혀 없다. 중국의 국가주석은 〈중국의 꿈〉이라는 표현을 사용하면서 그 단어가 국민들을 하나로 묶어 주기를 바랐지만 국민들은 그 말을 중국의 〈꿈들〉로 해석하여 저마다 다른 꿈을 떠올렸다. 언젠가 햇빛을 훔쳤다고 우리 집 주인에게 고소당했던 옆집 미망인 진바오주를 우연히 마주쳤을 때였다. 뉴스에서 새로운 표어를 본 그녀는 내게 이렇게 말했다. 「내가 바라는 중국의 꿈이 뭔지 알아요? 내 집에서 다만 몇 년이라도 더 사는 거예요.」

머지않아 검열관들은 사람들이 손글씨로 〈내가 바라는 중국의 꿈은 정의와 공정함이다〉나 〈내가 바라는 중국의 꿈은 시진핑이 나 같은 개인의 안전과 생식권을 보호하는 것이다〉라고 적은 글을 들고 찍은 사진들을 삭제하느라 바빠졌다. 「인민일보」는 그들의 웹 사이트에서 〈중국의 꿈〉에 관한 설문 조사를 실시하면서 국민들에게 일당 통치를 지지하는지, 사회주의를 신봉하는지 물었다. 3천여 명의 응답자들 중 80퍼센트가 두 질문 모두에 〈아니요〉라고 대답하자 조사는 돌연 중단되었다. 과거 자신의 글이 검열을 당한 경우 사람들은 〈조화를 이루게 되었다〉라고 말했었다. 이제는 〈꿈속으로 사라졌다〉라고 말했다.

취임 직후 시진핑은 이미 많은 사람들이 믿고 있던 사실, 즉 당이 부패의 흐름을 끊지 않는다면 그 문제가 〈반드시 당과 국가를 멸망으로 이끌 것〉이라는 현실을 인정했다. 부패 문제를 〈썩은 곳에 알을 낳는 벌레들〉에 비유하면서 낮은 등급의 〈파리들〉뿐 아니라 유력한 〈호랑이들〉도 처벌하겠다고 약속했다. 시진핑은 자신의 동지들에게도 〈근면하고 절약하라〉고 요청했고, 첫 공식 시찰을 떠났을 때 국영 방송에서는 그가 호텔의 〈평범한 스위트룸〉에 묵었으며 연회장이 아닌 뷔페에서 식사를 했다고 보도했다. 중국의 정치 문화를 생각하면 너무나 파격적인 행보였기 때문에 〈뷔페〉라는 단어는 일종의 형이상학적인 의미까지 띠게 되었다. 국영 통신은 〈시진핑 주석, 허베이 성의 가난한 가정을 방문하다. 저녁 식사로 네 가지 반찬에 국 한 그릇, 술은 마시지 않아〉라는 표제를 1면 머리기사로 내보냈다.

시진핑은 또한 고위 관료들에게 자동차 행렬과 생화로 만든 장식, 장황한 연설을 포기하라고 요구했다. 지역 관료들은 서둘러 그의 지시를 새로운 규칙으로 받들었지만 그들의 의도와 달리 이전의 상황을 더욱 부각시킬 뿐이었다. 인촨 시는 고위 공무원들이 이제 더 이상 〈결혼하거나 새집으로 이사간 사람들을 축하하면서, 또는 자녀를 학교에 입학시키면서 돈 봉투를 주고받지 말아야 한다〉라고 선언했다. 네 가지 반찬과 국 한 그릇을 뜻하는 〈사채일탕(四菜一湯)〉 운동에 이어, 공직자들에게 주문한 음식을 남기지 말 것을 제안하는 〈빈 접시〉 운동도 등장했다. 연회가 갑작스럽게 줄어들자 곧바로 경제에 영향이 미쳤다. 연회의 필수품인 상어 지느러미 판매가 70퍼센트 이상 급감할 정도였다. 또한 마카오의 카지노에 출입하는 VIP 고객들도 숫자가 줄었고 스위스에서는 시계 수출량이 전년도에 비해 4분의 1이나 감소했다. 사치품 제조 회사들은 몹시 아쉬워했다.

시진핑이 부패 척결 총책임자로 새롭게 임명한 당의 노련한 정치인 왕치산은 한때 역사학자가 되려고 공부한 인물로 동료들에게 알렉시 드 토크빌의 『앙시앵 레짐과 프랑스 혁명』을 읽으라고 권하고 다녔다. 그 일이 알려지면서 그 책은 베스트셀러가 되었고 관대한 귀족들의 이야기, 좌절한 상인들의 이야기, 중추적인 지지 기반으로 여겼던 중산층이 왕의 목을 자르는 데 일조하는 것을 목격하는 정부의 이야기 등을 통해 중국 독자들은 그들 현실의 많은 요소들을 공감했다. 토크빌의 주장에 따르면 〈세상은 불시에 기습을 당했지만 실제로는 긴 잉태 기간을 거친 필연적인 결과였다〉. 그 책에서 어떤 메시지를 얻기를 바랐는지 왕치산이 구체적으로 언급한 일은 없지만, 국가가 불안정해지는 순간은 국가가 가난할 때가 아니라 〈정부가 압박을 늦추고 있다는 느낌이 들 때〉라는 토크빌의 주장을 두고 활발한 논쟁이 이어졌다.

부패와 싸우겠다는 결의를 보여 주고자 중국 정부는 2013년 6월 철도의 보스 류즈쥔을 재판에 회부했다. 처음에는 모든 상황이 순조롭게 진행되었다. 재판은 4시간이 채 걸리지 않았고 대약진 류 또한 자신에게 주어진 역할에 충실했다. 그는 눈물을 흘리며 죄를 인정하고 심지어 자신이 유혹에 넘어가 중국의 꿈이 지향하는 목표로 나아가지 못했다면서 시진핑의 새로운 표어를 홍보하기까지 했다. 정실 인사와 부패를 둘러싼 불필요한 논쟁을 피하기 위해 검사들이 그를 적당한 수준에서 기소하여, 권력 남용과 1060만 달러의 뇌물 수수 혐의만 적용되었다. 하지만 통상적으로 감형을 받아 13년 정도만 복역하고 끝나는 〈사형 집행 유예〉가 선고되자 눈가림이라는 비난이 잇따랐다. 「사우스차이나 모닝 포스트」는 〈어떻게 그가 그 높은 자리까지 승진했고 긴 시간 동안 자리를 보전할 수 있었는가? 지도층에서 그를 비호해 준 사람들은 누구이며 그들은 얼마를 받았는가? 흥미로운 문제들이지만 반(反)부패 조사관들은 굳이 그런 문제들까지 조사하려고 하지 않았다〉라고 썼다. 언론에서 독립적으로 조사하지 못하도록 중앙 선전부는 토론을 중단시켰다. 그들은 편집자들에게 〈류즈쥔 사건은 이제 종결되었다〉고 통보하면서 〈매스컴 보도는 오직 「신화통신」에서 발표한 기사만을 인용하라. 세부적인 보도 기사를 제작하지 말고 논평을 덧붙이지도, 선정적으로 표현하지도 말라〉라고 지시했다.

대약진 류는 따로 작별의 말을 준비해 두고 있었다. 그는 변호사를 통해 자신의 딸에게 〈무엇을 하든 정치와는 거리를 두어라〉라는 메시지를 전달했다. 정치는 힘든 사업이었고 갈수록 더욱 힘들어질 전망이었다. 시진핑은 전임자들이 한 번도 직면한 적 없는 문제에 직면했다. 국민 투표로 선출된 지도자가 아님에도 냉소주의와 정보의 시대를 맞이하여 국민에게 사랑받을 방법을 강구해야만 했다. 마오쩌둥은 한때 자신의 동지들을 물고기에 비유하고 대중을 물에 비유하면서 〈물이 없으면 물고기도 살아남을 수 없다〉라고 말했다. 하지만 중국 정부는 이제 이데올로기를 떠나서 그들의 정통성을 인정받기 위해 대중을 만족시키고 기쁘게 하는 방법에 점점 더 의존했다.

기아와 문맹, 의료 방임의 퇴치라는 기본적인 몇몇 척도에서 보면 대중은 대부분의 다른 나라 국민들보다 더 만족스러운 상태였다. 하버드 대학의 사회학자 마틴 화이트가 2004년에 처음으로 중국인들에게 공공 의료 보험의 혜택을 받고 있는지 물었을 때는 시골 주민 중 15퍼센트만이 그렇다고 대답했다. 2009년에 이르러 다시 같은 질문을 던졌을 때는 그 비율이 90퍼센트로 늘어났다. 그 내역에 여전히 많은 차이가 존재하며 가장 기본적인 치료들만 보장해 줄 뿐이었지만 분명히 진전이 있었다.

중국의 정부 지지율을 다른 나라와 비교하여 순위를 매기는 일은 언제나 당을 우쭐하게 만들었다. 2013년 5월 미국의 퓨 연구소는 여론 조사를 통해 중국 국민들 중 88퍼센트가 중국 경제에 대해 만족감을 드러냈으며 이는 조사 대상 국가 중 가장 높은 수준이라고 발표했다. 하지만 그러한 결과만 있는 것은 아니었다. 서던캘리포니아 대학의 경제학과 교수 리처드 이스털린이 이끈 조사단이 중국에서 지난 20년 동안 진행된 다섯 건의 장기 연구들을 분석하자 다른 결과가 나타났다. 〈중국 국민들이 다른 나라 국민들보다 대체로 더 행복하다는 증거는 없다. (……) 오히려 1990년에 비해 만족도가 떨어졌고, 부를 기준으로 전체 인구를 3등분했을 때 하위 3분의 1에서 만족도의 감소폭이 가장 컸다. 상위 3분의 1에서도 만족도는 아주 약간 상승했을 뿐이다.〉 그들은 최종적으로 〈경제 성장만으로는 충분하지 않다. 고용 안정과 사회 안전망도 국민이 행복을 느끼는 데 대단히 중요한 요소로 작용한다〉라고 결론을 내렸다. 2013년에 실시된 여론 조사에 따르면 중국 국민들 중 93퍼센트가 〈중국의 전성기가 자신들 앞에 놓여 있다〉고 믿었다. 확실히 현재에 대한 만족감보다는 미래에 대한 기대감을 보여 주는 결과였다. 다시 루쉰의 말이 떠오르는 순간이다. 〈희망은 시골에 나 있는 소로 같은 것이다. 원래는 길이 아니더라도 사람들이 다니기 시작하면 길이 된다.〉

부패 척결에 집중하면서 시진핑은 당이 당 내부의 부정에 전쟁을 선포할 경우 대중은 부정보다 전쟁에 더 초점을 맞출 수 있다는 사실을 놓고 도박을 하고 있었다. 위험한 일이었다. 수십 년간 당 지도부는 〈부패와의 싸움을 소홀히 하면 나라를 망칠 것이다. 하지만 그 싸움에 너무 집중하면 당을 망칠 것이다〉라고 말해 온 터였다. 부패 척결 운동은 곧장 인기를 얻었다. 〈나는 뇌물을 주었다〉 같은 새로운 시민운동 웹 사이트들이 등장해 뇌물을 요구받은 사람이 그 상대를 웹 사이트에 공개할 수 있도록 했다. 베이징 시 의원으로 일한 전력을 가진 변호사 쉬즈융은 고위 공직자들에게 재산 공개를 요구하는 청원서를 준비했고 그의 〈새 시민 운동〉에 수천 명의 지지자들이 동참하고 나섰다.

그 같은 열정에 당은 곧 심기가 불편해지기 시작했다. 내 휴대 전화에 중앙 선전부에서 배포한 공지가 떴다.

부정과 뇌물 수수 의혹을 받는 관리들이나 타락한 관리들에 대해 보도할 때 당국에서 제공하는 정보를 엄격하게 따르라. 추측하지 말고, 과장하지 말고, 조사하지 말고, 인터넷에 떠도는 말을 인용하지 말라.

여름이 되자 정부의 인내심이 한계에 이르렀다. 〈나는 뇌물을 주었다〉 사이트를 폐쇄하고 정화 운동에 동참했던 사람들을 100명 가까이 구금했다. 쉬즈융도 포함되었는데, 그는 〈사람들을 끌어모아 사회 질서를 교란했다〉는 혐의로 구금되고 기소되었다. 사람들이 쉬즈융을 대신해 항의하자 그들 역시 체포되었다. 벤처 투자로 수십억대의 부자가 된 왕궁취안이라는 투자자도 쉬즈융을 석방하라고 탄원했지만 공공질서 교란 혐의로 체포되었다. 왕궁취안의 자수성가 이야기와 거침없는 견해 표명은 온라인에서 많은 팬들을 모았지만, 재벌이 활동가들과 연합하거나 정치에 관심을 갖는 것은 당국이 특히 꺼리는 일이었다.

9월에 들어서자 중국 정부는 인터넷이라는 통제하기 어려운 힘을 길들일 새로운 방법을 도입했다. 최고 인민 법원에서 〈거짓으로 명예를 훼손하는〉 글이 5천 번 이상 조회되거나 5백 번 이상 전달되면 최고 3년의 징역형을 받을 수 있다고 명시하는 법규를 제정한 것이다. 이제 중국은 사람들의 공개적인 발언을 막기보다 들은 말을 옮기는 것을 막기 위해서 싸우고 있었다. 국가 인터넷 정보 판공실 주임 루웨이는 〈질서 없는 자유는 존재하지 않는다〉라고 선언했다. 뒤이은 몇 개월 동안 웨이보에서 펼쳐진 토론은 덜 도발적이었고 이용자의 수도 감소했다. 사람들은 이제 보다 안전한 인터넷 기반을 찾아다녔다.

공식적인 반부패 운동에는 한계가 있었다. 정부 내 몇몇 부서들은 공개적으로 돈을 낭비하는 대신 일류 호텔의 요리사를 집으로 불러와서 연회를 열었다. 그들 사이에서 비공식적인 새로운 슬로건이 뿌리를 내렸다. 〈조용히 먹고, 조용히 받고, 숨어서 놀자.〉

당의 장기적인 목표는 공공연했다. 시진핑이 2023년까지 당을 이끄는 임무를 무사히 완수할 경우 중국은 소련을 제치고 가장 오래 지속된 일당 국가라는 기록을 세울 참이었다. 소련 공산당의 집권이 74년을 넘기지 못했다는 점에서 중국 지도부 사이에는 그들도 소련 공산당의 전철을 따를 수 있다는 공공연한 두려움이 존재했다. 취임 후 당원들에게 한 연설에서 시진핑은 이렇게 말했다. 「소련 공산당이 왜 붕괴했습니까? 가장 중요하게는 그들의 이상과 확신이 흔들렸기 때문입니다. 궁극적으로 그 거대한 당은 소련 공산당의 해체를 선언하는 고르바초프의 조용한 말 한마디에 사라져 버렸습니다. 결과적으로는 앞으로 나서서 저항할 만큼 용감한 사람이 단 한 명도 없었던 겁니다.」

시진핑의 〈용감한 사람〉 연설은 선전 활동에 새로운 자극을 주었다. 당이 사라지면 어떻게 될지 궁금해할 사람들을 위해서 「인민일보」는 끔찍한 설명을 내놓았다. 그들의 설명에 따르면 소련 공산당의 몰락 이후로 러시아인들은 〈GDP가 절반으로 줄었으며 (……) 배들은 오래되어 녹슬다 못해 무너져 내리고 고철 더미로 변해 버렸다. 올리가르히*들이 발흥하여 국가의 자산을 약탈했다. 공급 부족에 직면한 러시아인들은 보도에 길게 줄을 섰다. 참전 용사들은 빵 한 조각을 사기 위해 훈장을 팔아야 했다〉. 신문은 오늘날 중국에서 유사한 위협을 가하는 요소가 무엇인지 자문했고, 답은 인터넷이었다. 〈하루도 빠짐없이 마이크로블로거들과 그 멘토들은 악성 루머를 퍼뜨리고, 사회에 유해한 뉴스를 날조하며, 중국의 멸망이라는 종말론적 전망을 양산하고, 사회주의 체제를 폄하한다. 그게 다 이 나라에 구미식 자본주의와 입헌주의를 도모하기 위해서다.〉

시진핑 체제에 돌입한 뒤로도 당은 이데올로기적인 곡예에서 벗어날 길을 찾은 것 같지 않았다. 그들이 계속해서 사회주의 깃발과 사회주의에 뒤따르는 개념들(사상 개조, 최우선 권력으로서의 공산당 등)을 그대로 유지하는 동안 고

---

* 소련의 해체 이후로 국영 산업의 민영화 과정에서 부를 축적한 러시아의 신흥 재벌.

삐 풀린 서양의 자본주의와 떠들썩한 사상 시장(市場)이 당을 포위하고 있었다. 그로 인한 긴장을 해소하기 위한 어떤 현명한 생각이 당 지도부에 있는지는 몰랐지만 적어도 그런 생각이 밖으로 표출된 경우는 없었다. 오히려 그해 8월 당에서 유출된 한 메모는 적어도 일부 지도부가 피해망상에 시달린다는 사실을 시사하고 있었다. 9호 문서로 알려진 그 메모는 일곱 가지 유형의 체제 전복적인 사고를 근절하도록 요구했다. 〈서양의 입헌 민주주의〉로 시작되는 목록에는 언론의 자유, 시민의 참여 의식, 인권을 둘러싼 〈보편적 가치〉, 그리고 메모에 적힌 표현에 따르면 당의 역사에 대한 〈허무주의적〉 해석 등이 포함되었다. 〈일곱 가지 금기〉는 대학 교수들과 소셜 미디어의 유명 인사들에게 전달되었고 그들은 정부로부터 선을 넘지 말라는 경고를 받았다. 「인민일보」는 당을 법의 지배 아래 두려는 입헌주의가 〈미국의 독점 자본주의 재벌들과 중국에 있는 그 대리인들이 중국의 사회주의 체제를 전복시키기 위한 정보전과 심리전에 사용하는 무기〉라는 시대착오적인 표현을 써가며 경고했다.

당이 불안을 느끼는 것은 당연했다. 스스로 자초한 곤경에 빠져 있었기 때문이다. 이단적인 사상을 억누르고 안정을 유지하고자 매진할수록 오히려 더 많은 이단과 불안정을 낳았던 것이다. 그들은 중국의 미래가 전 세계에 통할 만한 혁신적인 아이디어에 달려 있다고 확신하면서도 그 반대의 상황은 두려워했다. 요컨대 〈세계적 가치〉를 흡수할 경우 당의 생존 자체가 위협을 받을 수 있었다.

중국의 지도자들은 선택의 기로에 놓였다. 지속적인 성장을 위해 1980년대의 한국처럼 보다 민주적인 형태의 정부를 채택하든지, 독재주의를 유지하든지, 둘 중 하나를 선택해야 했다. 역사적으로 보건대 후자를 선택할 경우 위험이 뒤따랐다. 장기적으로 독재 국가는 민주주의 국가만큼 성장할 거라는 보장이 없었다. 또 다른 취약점도 있었는데 통찰력 있는 지도자가 권력을 잡는 경우에만 번창하는 경향이 있다는 점이었다. 하버드 대학의 경제학자 대니 로드릭에 따르면 〈싱가포르의 리콴유 같은 사람이 단 하나라면, 콩고의 모부투 세세 세코* 같은 사람은 얼마든지 있었다〉. 당을 비판하는 사람들의 입을 잠깐 동안은 틀어막을 수 있을지 몰라도 장기적으로 확실한 방법은 아니었다. 특히 당 내부에 존재하는 여러 분파들은 당에 충성함으로써 얻을 수 있는 보상과 그에 따른 위험을 재평가한 뒤에 어쩌면 국민의 편에 서는 것이 얻을 게 더 많다는 결론을 내릴 수도 있었다.

한때는 순응적인 태도로 유명했던 중국이 맹렬히 대립하는 세력들의 본거지로 바뀌었다. 서양식 진보주의자와 민족주의적인 보수주의자가, 당 수뇌부와 활동적인 재벌들이, 개미족과 보보스족이, 선전관들과 사이버 몽상가들이 서로 대립했다. 문제는 이러한 갈등이 외부로 향해 서방을 겨냥할 것인가, 아니면 내부로 향해 국가를 겨냥할 것인가 하는 점이었다. 그럼에도 당장은 중국 공산당이 어떤 응집된 도전에 직면할 거라는 생각은 하기 어려웠다. 중국의 중산층 역시 타이완이나 필리핀, 한국에서 민주주의의 태동기에 쟁점이 되었던 사안들(소비자의 권리, 환경 문제, 노동 인권, 주택 가격, 언론의 자유 등)에 자극을 받았지만 중국에는 사람들이 모여서 당의 통치에 대항하여 공동으로 대안을 만들 만한 공식적인 기구가 거의 없었다.

중국의 중산층 활동가들은 주로 정부를 개혁하고자 했을 뿐 정부를 교체하려는 실질적인 시도는 아직 없었다. 많은 나라에서 교육 수준이 높고 기업을 운영하는 중산층일수록 자신들이 하는 일에 있어 보다 많은 자율권을 요구했다. 중국은 이미 그 문턱을 넘어섰으며 정치학자들이 〈민주화 이행 구간〉이라 부르는 영역에 진입했다. 한 나라의 1인당 국민 소득이 4천 달러를 넘어가

---

* 콩고 민주 공화국의 대통령으로 32년 동안 절대 권력을 휘둘렀지만 경제 성장에는 실패했다.

면 체제에 변화가 생길 가능성이 급격히 증가한다. 2013년 기준으로 중국은 8,500달러 수준이었다. 중국 전문가 민신페이 교수는 소득 수준이 높고 민주화에 반대하는 스물다섯 개의 독재 국가들을 검토한 결과, 그들 중 스물한 개 나라가 산유국이라는 사실을 발견했다. 중국은 산유국이 아니었다.

시진핑이 현 상태를 강화하는 쪽으로 결심을 굳혔음이 분명해지자 중국의 전 총서기 후야오방의 아들이며 마찬가지로 공산당 귀족 출신인 63세의 후더화가 가문의 명성과 내력을 보호막 삼아 시진핑을 공개적으로 비판했다. 그는 소련 공산당이 멸망한 진짜 이유는 그들이 〈부정과 뇌물 수수를 통해 공공 재산을 전용하는 짓〉을 중단하지 못했기 때문이라고 주장했다. 당이 실제로 위기를 맞고 있다고도 말했다. 「두 가지 선택이 있다. 반대 세력을 진압하든지, 아니면 국민들과 화해하는 것이다.」 1989년에도 중국 공산당은 이러한 선택에 직면한 적이 있었다. 놀랍게도 그는 톈안먼 광장에서 있었던 유혈 사태를 인정하며 이렇게 물었다. 「〈용감한 사람〉이란 무슨 뜻인가? 자국의 국민들에게 전투용 탱크를 들이대는 것이 〈용감한 사람〉인가?」

외부에서 중국은 종종 보다 나은 미래를 향해 거침없이 행군하는 모습으로 묘사되었다. 하지만 중국 내에서 사람들은 보다 신중했다. 중국인들은 그들이 누리는 모든 것이 쇠와 땀과 불로 얻어졌으며 그것들이 절대로 영원하지 않다는 사실을, 즉 피츠제럴드가 〈바위처럼 단단한 세상이 요정의 얇은 날개 위에 만들어졌다는 암시〉라고 표현한 〈현실의 비현실성〉을 누구보다 잘 알고 있었다. 내가 베이징에서 보낸 마지막 몇 달 동안, 이런 취약성에서 비롯된 정서는 대중들 사이에 더욱 깊이 뿌리를 내렸다. 2013년 7월에 노벨 경제학상 수상자 폴 크루그먼은 「뉴욕 타임스」에 기고한 칼럼에서 〈중국의 전반적인 사업 방식, 즉 30년간 믿을 수 없는 성장을 이루어 낸 그들의 경제 체제는 이제 그 한계에 도달했다〉라고 썼다.

중국의 경제 성장은 1990년 이래 가장 심각한 둔화를 보였고 그 성공 비법에 포함된 재료들도 고갈되고 있었다. 한 자녀 정책은 중국 공장들의 저비용 구조를 가능하게 했던 젊은 노동자들 숫자를 급감시켰다. 2010년부터 2030년까지 중국의 노동 인구는 6700만 명이 감소할 전망이었는데 이는 프랑스의 전체 인구와 맞먹는 숫자였다. 게다가 오늘날의 경제 대국들 중에서도 가장 높은 비율인 GDP의 50퍼센트를 투자에 쏟아붓고 있었음에도 성장세가 더뎌졌다. 새로운 설비를 비롯한 그 밖의 자금에 대한 투자가 이전만큼의 성장을 이끌어 내지 못한다는 의미였다. 그렇다고 중국 경제의 붕괴 위험이 코앞에 닥친 것은 아니었다. 중국 정부의 외환 보유고는 3조 달러에 달했으며 국가로 들나드는 돈의 흐름을 제한했기 때문에 은행에서 예금 인출 사태가 벌어질 가능성도 매우 낮았다. 보다 큰 위험은 지방 정부들이 건설에 너무 많은 돈을 쓰는 바람에 그들의 빚이 2010년 이래로 두 배로 증가하여 중국 국내 총생산의 39퍼센트에 육박했다는 사실이었다. 결국 중국은 돈을 소비자의 손에 쥐여 주는 대신 지방 정부의 채무 불이행을 막는 데 사용하고 있었고 이런 상황은 사람들에게 일본식 경기 침체를 상기시켰다.

2012년 7월, 유동성이 풍부한 저금리 자금이나 남극에서 가져온 얼음덩이와 같이, 호황을 누리던 1980년대의 일본을 떠올리게 하는 요소를 중국에서 찾고자 하던 사람들에게 마침내 기회가 찾아왔다. 후난 성 성도인 창사 시에서 세계에서 가장 높은 건물이 될 스카이 시티의 공사를 시작한 것이다. 경제학자들은 〈세계에서 가장 높은〉 건물의 등장과 경제의 둔화 사이에 존재하는 역사적인 연관성을 지적했다. 인과 관계는 없지만 초고층 건물 프로젝트는 손쉬운 대출과 지나친 낙관론, 토지 가격의 폭등을 암시했다. 세계 최초의 고층 건물인 이퀴터블 라이프 빌딩도 마찬가지였다. 도금 시대의 절정기에 뉴욕에 올라가기 시작한 그 건물은 1873년에 완공되었고 그때부터 장기 공황으로 알려진 5년간의 불황이 시작되었으며 이후 수십 년 동안 비슷한 현상이 반복되었다. 높은 건물들을 마치 유명 인사처럼 대하는 상하이의 잡지 『스카이스크레이퍼』의 2012년 기사에 따르면, 중국에서는 향후 3년간 닷새마다 새로운 고층 건물이 완공될 예정이었다. 전 세계에 건설 중인 고층 건물 중 40퍼센트가 중국에 있었다.

2013년 여름에 세라베스와 나는 국학 골목을 떠나기 위해 짐을 챙겼다. 옆집에 사는 미망인 진바오주에게 미국으로 돌아간다고 말했더니 그녀가 주의를 주었다. 그녀는 중국 밖으로 나가 본 적이 없었지만 뉴스를 많이 보는 사람이었다. 「미국은 돈도 많지만 총도 많아요.」 워싱턴 디시행 항공권 두 장을 편도로 예약했다. 우리가 사용하던 공기 청정기를 친구에게 선물하고 이제 천장에 족제비가 없는 곳에서 살 거라고 생각하자 벌써부터 그곳이 그리워졌다. 그해 봄 우리 집 천장에 살던 녀석이 네 마리의 새끼를 낳아 이제 다섯 마리가 된 족제비들은 땅거미가 질 무렵이면 벽을 타고 지붕 위로 올라가서 소란을 피웠다. 그 이야기를 들은 이웃 황원이는 우리가 미국으로 돌아가서도 일이 잘 풀릴 거라는 매우 상서로운 조짐이라고 말했다.

하루는 골목에서 황원이와 잡담을 나누고 있는데 형광 오렌지색 작업복을 입은 한 남자가 우리 쪽으로 다가왔다. 그 근처에서 오렌지색 작업복을 입는 사람들은 지역 위생국에서 일하는 사람들밖에 없었다. 대부분 시골에서 온 이주자들로, 골목길을 쓸거나 공중화장실을 청소하고 쓰레기를 수거했다. 농부가 쓰는 밀짚모자를 써서 얼굴이 잘 보이지 않는 사람들도 있거니와 모두 똑같은 작업복을 입었기 때문에 나로서는 그들을 구별하기가 어려웠다. 그들이 통틀어 세 명인지, 서른 명이 교대로 일하는지도 알 수 없었다. 우리에게 다가 온 남자는 헝클어진 머리에 자글자글한 눈가 주름, 고르지 않은 치열을 드러내는 미소를 가지고 있었다. 그가 우리 발치의 회색 판석을 가리키며 물었다.

「이 돌에 황제가 보이시오?」

나는 내가 뭘 잘못 들었다고 생각했다.

다시 그가 말했다. 「내게는 바로 저 돌에 황제의 이미지가 보입니다.」

황원이와 나는 그 돌을 쳐다본 다음 다시 그 환경미화원을 바라보았다. 황원이는 금방 흥미를 잃은 것 같았다. 그가 〈무슨 헛소리를 하는 거요? 자기가 무슨 말을 하는지도 모르는 거 아뇨?〉라고 핀잔을 주었다.

환경미화원이 미소를 지으며 되물었다. 「내가 무지렁이로 보인다는 말이오?」

「당신이 말도 안 되는 소리를 하고 있다는 거요.」

환경미화원은 황원이에게 못마땅한 표정을 지어 보이더니 고개를 돌려 나를 바라보며 말했다. 「뭘 보든 나는 그로부터 사물의 정수를 끌어낼 수 있습니다. 아무리 평범한 물건이라도 상관없어요. 내 눈에는 다 보물로 보이죠. 내 말이 믿기시오?」

황원이가 짜증을 냈다. 「이봐요, 내가 지금 이 외국인 친구하고 여기서 얘기 중이거든요. 그러니 방해 그만하고 하던 일이나 계속하는 게 어때요?」

환경미화원은 개의치 않고 계속 말을 이어 갔고 이제는 한층 더 빠른 속도로 중국 고시(古詩)와 작가 루쉰에 대해 이야기했다. 어떤 내용은 너무 빨리 말하고 어떤 내용은 너무 모호해서 알아듣기가 힘들었다. 그는 흥미로운 사람과 제정신이 아닌 사람의 중간 어디쯤에 속한 것 같았다. 인내심의 한계에 베이징 시민이라는 자부심까지 더해져 황원이는 그 남자의 시골 사투리를 조롱하고 나왔다. 「베이징 말이나 제대로 배운 다음에 다시 오쇼.」

환경미화원이 작은 소리로 〈인간이 사용하는 말인 이상 사투리는 합법이

오〉라고 말했다. 그가 한 말을 듣지 못한 황원이는 그에게 손을 흔들고는 자기 집으로 들어가 버렸다. 나는 내 소개를 했다. 환경미화원의 이름은 치샹푸였다. 장쑤 성 출신이었고 베이징에 온 지 석 달이 되었다고 했다. 「베이징에 왜 오셨나요?」 내가 물었다.

그는 당당히 〈문화의 왕국을 탐험하기 위해서요〉라고 말했다.

「어떤 문화를 말씀하시는 거죠?」

그가 베이징의 선배 격인 중국 고대 수도의 이름을 언급하며 말했다. 「주로 시입니다. 고대 중국 시요. 시가 한창 전성기를 구가하던 당나라 때 시인들은 하나같이 장안으로 가고 싶어 했어요. 나도 더 큰 무대로 나아가고 싶었습니다. 성공하든 실패하든 상관없어요. 그리고 여기에 왔죠. 그 점이 무엇보다 중요합니다.」 그의 설명은 내게 〈사명〉을 상기시켰다. 내가 중국에 처음 왔을 때만 하더라도 사명이 부르는 소리를 듣는 이들은 대부분 공하이옌이나 탕제처럼 젊고 배고픈 사람들이었다. 하지만 그 뒤로도 사명은 다른 많은 사람들을 끌어들였다. 루쉰의 말처럼 〈사람들이 다니기 시작하면 길이 된다〉.

치샹푸는 자신이 시 경연 대회에 나간 적이 있다고 설명했다. 「〈대련(對聯)*의 대왕〉이라는 타이틀까지 얻었어요.」 여유 시간에는 인터넷에서 현대 중국 시에 관한 온라인 포럼도 주관하고 있었다. 「인터넷에 들어가 보면 나에 대해 알 수 있을 거요.」

그날 밤 인터넷에서 그의 이름을 확인해 보자 정말로 〈치샹푸, 대련의 대왕〉이 있었다. 사진 속 그는 나비넥타이를 매고 양복 상의를 입은 멋쟁이였다. 지금보다 젊고 자신만만해 보였다. 나로서는 중국 시를 이해하기가 어려웠고, 특히나 그의 시에는 도무지 알 수 없는 내용들이 많았다. 그럼에도 몇 차례 우

---

* 대구를 이루는 2행시.

아한 순간을 음미할 수 있었다. 〈대지는 알고 있다 우리 발의 가벼움을/ 우리는 그곳에서 서로를 만난다/ 하늘과 대지 사이에서.〉

놀랍게도 치샹푸에 대해 검색을 하면 할수록 그의 삶에서 온라인과 관련된 부분들을 더욱 많이 발견할 수 있었다. 이전에 쓴 짧은 회고록에서 그는 자신을 3인칭으로 묘사하고 일반적으로 중국에서 가장 유명한 작가들한테나 어울릴 법한 격식을 차려 가면서 자신의 개인사를 기술했다. 어릴 때 아버지가 일찍 세상을 떠나 삼촌 손에서 자란 터였다. 그는 자신에 대해 다음과 같이 썼다. 〈치샹푸는 마오쩌둥의 시 「대장정」을 읽은 순간부터 그를 길을 안내하는 스승으로 삼겠다고 굳게 결심했다. 후에 그는 이백과 두보, 소동파, 육우, 그 밖의 여러 시인들의 작품을 공부했고 문학의 대가가 되겠다고 다짐했다.〉

처음으로 자신의 시를 여러 사람에게 선보였던 일도 언급했다. 건설 현장의 스피커를 통해서였다. 버스 안에서, 그의 표현대로라면 〈자신에게 연민을 느낀 소녀〉를 만났던 일도 언급했다. 후에 그들은 결혼했고 결혼을 계기로 〈그의 부랑 생활은 끝이 났다〉. 그가 생활고에 시달렸다는 사실도 간간이 짐작할 수 있었다. 어느 순간에는 〈아아, 치샹푸 동지가 어려움을 겪고 있구나〉라고 말하면서 기부를 호소하기도 했다. 무엇보다 나를 사로잡은 것은 그의 온라인 페르소나에서 느껴지는 정신적인 측면이었다. 도시로의 여정, 온라인에서의 정체성, 현실에서 투영하는 이미지와 전혀 다른 내적인 삶 등 그가 묘사한 내용의 대부분은 불과 몇 년 전만 하더라도 불가능했을 일이었다. 중국인의 삶 안쪽 깊숙한 곳을 들여다보면 행복을 둘러싼 보다 복잡한 개념을 발견할 수 있는데, 자동차나 아파트에 대한 갈망뿐 아니라 가치와 존엄성을 추구하려는 성향도 그중 하나였다.

그날 처음 만난 뒤로 나는 길거리에서 환경미화원 치샹푸와 종종 마주쳤다. 전화번호를 교환한 후 그가 이따금씩 문자 메시지로 시를 보내 주곤 했다. 시력이 좋지 않은 그는 돋보기의 도움을 받아 전화기에 글자를 입력했다. 그가 쓴 많은 시들은 공산주의에 대한 열정으로 가득했고, 애매하고 이상한 시도 많았다. 그럼에도 나는 글을 써서 이 나라를 이해하고자 노력하는 사람이라면 누구에게나 공감했고, 그의 끈기에 감탄했다. 「나는 사람들에게 온갖 냉대와 무관심을 당했습니다. 하지만 독학을 계속했고 지식 수준을 대학생 정도까지 끌어올렸어요. 물론 학위는 없습니다. 사람들은 그런 나를 보며 업신여기죠.」

중국을 떠나기 2주 전 마지막으로 치샹푸를 길에서 마주쳤다. 그는 작업복 대신 빳빳한 흰색 셔츠와 검은색 양복 상의를 입고 있었다. 근처 식당에서 일하는 딸을 만나러 가는 중이라고 했다. 그의 옆구리에 책 한 권이 보였다. 『10인의 현대 산문 작가』라는 책이었다. 처음으로 온라인과 현실의 두 페르소나가 하나로 합쳐진 그의 모습을 보았다. 「어떻게 영감을 얻나요?」 전에 내가 그렇게 물은 적이 있었다. 「글을 쓸 때면 무엇이든 소재가 될 수 있습니다. 일상생활을 할 때는 현실적이 되어야 하지만 글을 쓸 때만큼은 모든 것이 내게 달려 있죠.」

출처

이 책은 내가 중국에서 8년 동안 직접 체류하면서 취재한 결과물이다. 나는 2005년 6월 베이징으로 갔다가 2013년 7월 아내 세라베스 버먼과 함께 워싱턴 D.C.로 돌아왔다. 개인적인 경험과 인터뷰가 조사의 많은 부분을 차지하지만 학자와 언론인, 예술가, 작가 등의 도움도 많이 받았다. 조사와 집필 과정에서 수백 건의 인터뷰를 진행했고 당사자가 직접 쓴 개인적인 일기를 참고했으며 이 책에서 다룬 몇몇 법률 사건과 관련해서는 수백 페이지 분량의 법률 서류도 참고했다. 뉴스와 관련해서는 해외 간행물뿐 아니라 중국 현지의 간행물을 참고했다. 특히 BBC, 「블룸버그」, 『차이징』, 『차이신』, 「이코노믹 옵서버」, 『이코노미스트』, 「파이낸셜 타임스」, 『뉴욕 리뷰 오브 북스』, 「뉴욕 타임스」, 「사우스차이나 모닝 포스트」, 「월스트리트 저널」, 「워싱턴 포스트」 등이 있다. 또한 각종 기사와 유출된 정부 문건, 소셜 미디어의 반응을 번역해 주고 분석까지 제공하는 〈베이징 크림〉, 〈차이나 디지털 타임스〉, 〈차이나 파일〉, 〈차이나 미디어 프로젝트〉, 〈차이나 스맥〉, 〈단웨이〉, 〈그레이트 파이어〉, 〈상하이스트〉, 〈티 리프 네이션〉 같은 웹 사이트들이 없었다면 중국 인터넷 문화의 변화를 추적하기란 불가능했을 것이다.

프롤로그

샤자 마을에 관한 기억을 공유해 준 옌윈샹에게 많은 신세를 졌다. 그는 문화 대혁명 기간에는 그 마을에서 농부로 살았으며 후에는 인류학자로서 일련의 장기적인 연구를 위해 다시 그 마을로 돌아갔다. 그는 *Private Life Under Socialism: Love, Intimacy, and Family Change in a Chinese Village 1949-1999* (Stanford, CA: Stanford University Press, 2003); *The Individualization of Chinese Society* (Oxford, UK: Berg, 2009) 등 몇몇 저서를 통해 헤이룽장 성 샤자 마을에서 일어나는 변화를 상세히 기록했다.

루쉰은 그의 단편 「고향」에서 희망에 대해 썼으며 이 글은 1921년 1월에 처음 발표되었다.

영국과의 비교는 매킨지 글로벌 연구소에서 2012년에 발간한 "Urban World: Cities and the Rise of the Consuming Class"의 내용으로 흐로닝언 대학 앵거스 매디슨의 연구에 근거했다.

혁명 이전과 이후의 소득 비교를 도출할 수 있도록 도움을 준 게이브칼 드래고노믹스의 상무 이사 아서 크로버에게 감사한다. 소득 비교는 세계은행에서 아틀라스 방식(US$)으로 산출한 중국의 일인당 국민 총소득 자료를 참조했다.

중국의 인상을 둘러싼 또 다른 시대의 감상은 George Paloczi Horvath, *Mao Tse-tung: Emperor of the Blue Ants* (London: Seeker and Warburg, 1962)을 참조하라.

도금 시대에 관한 배경 지식은 Mark Twain and Charles Dudley Warner, *The Gilded Age: A Tale of To-day* (Hartford, CT: American Publishing Company, 1874); Richard White, *Railroaded: The Transcontinentals and the Making of Modern America* (New York: W. W. Norton and Company, 2011); Bill Bryson, *At Home: A Short History of Private Life* (New York: Random House, 2010)를 참조하라.

1. 해방

수많은 인터뷰를 통해 자신의 개인사와 글을 공유해 준 린이푸(전 린정이)에게 감사한다. 그의 전향과 관련해서는 추가로 타이완 국방부에서 발표한 *Diaochao Baogao*, May 20, 2009와 *Jiuzheng'an Wen*, November 26, 2002 등의 공식 문서를 참고했다.

작가이자 지역 역사가인 린이청의 도움도 많이 받았는데 그는 내게 키모이 섬을 소개해 주었을 뿐 아니라 냉전 시대의 섬 생활에 관한 자신의 책과 기억을 공유해 주었다.

타이완과 중국 본토의 대립 과정에서 키모이 섬의 역사적인 역할을 보다 생생하게 확인하려면 Michael Szonyi, *Cold War Island: Quemoy on the Front Line* (New York: Cambridge University Press, 2008); Michael Shaplen, "Letter from Taiwan," The New Yorker, June 13, 1977, p. 72; Richard James Aldrich, Gary D. Rawnsley, Ming Yeh T. Rawnsley, *The Clandestine Cold War in Asia, 1945-65: Western Intelligence, Propaganda and Special Operations* (New York: Routledge, 2000)를 참조하라.

중국에서 혁명을 이끈 선대 지도자들의 관계를 이해하려면 Barry Naughton, "Deng Xiaoping: The Economist," *China Quarterly* 135, *Special Issue: Deng Xiaoping: An Assessment* (Sept. 1993): 491~514; Jonathan Spence, *The Search for Modern China* (New York: W. W. Norton and Company, 1990); Zhao Ziyang, *Prisoner of the State: The Secret Journal of Premier Zhao Ziyang* (New York: Simon & Schuster, 2009); Kate Xiao Zhou, *How the Farmers Changed China: Power of the People* (Boulder, CO: Westview Press, 1996)을 참조하라.

2. 사명

톈안먼 광장 시위에 관한 역사적 설명은 Orville Schell, *Mandate of Heaven: In China, a New Generation of Entrepreneurs, Dissidents, Bohemians, and Technocrats Grasps for Its Country's Power* (New York: Simon & Schuster, 1994)를 참조하라.

인터넷의 급성장과 민족주의의 발흥, 이 둘의 상관관계는 Xu Wu, *Chinese Cyber Nationalism: Evolution, Characteristics, and Implications* (Lanham, MD: Lexington Books, 2007)와 Peter Hays Gries, *China's New Nationalism: Pride, Politics, and Diplomacy* (Berkeley: University of California Press, 2004)에서 주제로 다루어졌다.

소비 문화와 여가, 선택의 출현과 관련해서는 주로 Yan, *The Individualization of Chinese Society*, Deborah S. Davis, *The Consumer Revolution in Urban China* (Berkeley: University of California Press, 2000); Pál Nyíri, *Mobility and Cultural Authority in Contemporary China* (Seattle: University of Washington Press, 2010); Li Zhang, *In Search of Paradise: Middle-Class Living in a Chinese Metropolis* (Ithaca, NY: Cornell University Press, 2012)를 참조했다.

중국의 성장 규모와 속도에 관한 통계와 분석에서는 주로 『이코노미스트』와 「뉴욕타임스」를 참고했다. 당의 교육 캠페인에 관한 정보는 주로 Anne-Marie Brady, *China's Thought Management* (New York: Routledge, 2012)를 참고했다.

천광청은 기꺼이 자신의 어린 시절을 들려주었고 그의 사고방식에 영향을 준 요소들에 대해서도 설명해 주었다. 그의 마을을 방문한 일화 중 일부는 2005년 「시카고 트리뷴」에 소개되었다. 그의 인생에 관한 보다 세부적인 사항은 대체로 Zhang Yaojie, "Chen Guangcheng and Wen Jiaobo: Power vs. Human Rights," *China Rights Forum* 3 (2006), 35~39 같은 기사를 참고했다.

나는 인터넷 통제의 기원과 관련하여 소중한 통찰의 기회를 얻었다. Rebecca Mac Kinnon, *Consent of the Networked: The Worldwide Struggle for Internet Freedom* (New York: Basic Books, 2012)에서 소개된 만리 방화벽과 스타오 기자 사건, Yang Guo-bin, *The Power of the Internet in China: Citizen Activism Online* (New York: Columbia University Press, 2013) 등이 도움을 주었다.

자젠잉이 베이징에서 받은 인상은 그녀의 저서 *China Pop: How Soap Operas, Tabloids, and Bestsellers Are Transforming a Culture* (New York: New Press, 2011)에 나온다. 베이징의 역사와 관련해서는 주로 Geremie Barmé, *The Forbidden City* (London: Profile Books, 2008); Jasper Becker, *City of Heavenly Tranquility; Beijing in the History of China* (New York: Oxford University Press, 2008)를 참조했다.

중국의 역사와 내가 머물 당시 중국의 시대적 인식에 대해서는 Colin A. Ronan, *The Shorter Science and Civilisation in China: An Abridgement of Joseph Needham's Original Text*, volume 4 (Cambridge, UK: Cambridge University Press, 1994); Wu Hung "The Hong Kong Clock: Public Time-Telling and Political Time/Space," *Public Culture* 9 (1997): 329~54를 참조했다.

3. 문명의 세례를 받다

황즈청을 비롯한 타이완 전향자들의 경험은 Linda Jaivin, *The Monkey and the Dragon: A True Story About Friendship, Music, Politics and Life on the Edge* (Melbourne: Text Publishing, 2000)에 기술되어 있다.

린이푸의 지원에 대학들이 보인 반응은 "Lin Yifu zeng xiangdu Zhongguo renmin

daxue yin 'Iai Ii bu ming' bei ju," *Huanqiu Renwu Zhoukan*, April 14, 2012에 소개되었다.

중국인의 특성, 중국 문화의 상호 의존성, 법률, 역사, 〈사상 개혁〉에 관한 논의는 Geremie Barmé and Linda Jaivin, *New Ghosts, Old Dreams: Chinese Rebel Voices* (New York: Times Books, 1992); Mette Halskov Hansen and Rune Svarverud, eds., *iChina: The Rise of the Individual in Modern Chinese Society*. book 45 (Copenhagen: Nordic Institute of Asian Studies, 2010); Gish Jen, *Tiger Writing: Art, Culture, and the Interdependent Self* (Cambridge, MA: Harvard University Press, 2013); Richard Nisbett, *The Geography of Thought: How Asians and Westerners Think Differently* ······ *and Why* (New York: Simon & Schuster, 2010); Pál Nyíri, *Mobility and Cultural Authority in Contemporary China* (Seattle: University of Washington Press, 2010); Orville Schell and John Delury, *Wealth and Power: China's Long March to the Twenty-First Century* (New York: Random House, 2013)를 참조하라.

레이펑 현상에 대해서는 작가이자 번역가인 조엘 마르틴센의 결론을 참조했다. 이 주제와 관련한 그의 글들은 "A Lei Feng Two-fer," www.danwei.org/trends_and_buzz/a_lei_feng_twofer.php에 소개되어 있다.

문화 대혁명 기간 중에 서부 사막 지대로 추방된 의사와의 인터뷰는 정신과 의사이자 인류학자인 아서 클라인만과 아서 클라인만 중국 연구소의 Yunxiang Van, Everett Zhang, Jing Jun, Sing Lee, eds., *Deep China: The Moral Life of the Person* (Berkeley: University of California Press, 2011)에서 가져왔다. 이 주제에 관한 아서 클라인만 박사와의 논의는 내게 많은 도움이 되었고 그는 그의 동료들과 이전 학생들의 연구도 간과하지 않도록 조언해 주었다.

자아나 개인의 자율성 같은 용어들에 대해서는 *Deep China*를, 특히 이 책에서 징쥔이 쓴 〈From Commodity of Death to Gift of Life〉 장을 참조했다. 여기에 추가로 Tamara Jacka, *Rural Women in Urban China: Gender, Migration, and Social Change* (Armonk, NY, and London: M.E. Sharpe, 2006); Mette Halskov Hansen, "Learning Individualism: Hesse, Confucius, and Pep-Rallies in a Chinese Rural High School," *China Quarterly* 213 (March 2013): 60~77도 참고했다.

사랑을 둘러싼 중국의 정치적 역사는 Yan, *Private Life Under Socialism*과 *Deep China*, 그리고 Fred Rothbaum and Bill Yuk-Piu Tsang, "Lovesongs in the United States and China: On the Nature of Romantic Love," *Journal of Cross-Cultural Psy-*

chology 29, no. 2 (March 1998): 306~19; Haiyan Lee, *Revolution of the Heart: A Genealogy of Love in China, 1900-1950* (Stanford, CA: Stanford University Press, 2010)를 참고했다.

공하이엔의 저서 *Ai de Hao, Shang Bu Liao* (Beijing: Reifang Funv Ertong Chuban-she, 2011)도 참고했다.

4. 정신적 욕망

자신의 이야기를 공유해 주고 수년에 걸쳐 자신의 일터까지 방문할 수 있도록 허락해 준 공하이엔에게 많은 도움을 받았다.

소비 습관과 광고에 관한 배경 지식은 Tom Doctoroff, *What Chinese Want: Culture, Communism, and the Modern Chinese Consumer* (New York: Macmillan, 2012); Cheng Li, ed., *China's Emerging Middle Class: Beyond Economic Transformation* (Washington, D.C.: Brookings Institution Press, 2010)을 참조하라.

〈담보 대출mortgage〉이란 단어의 번역과 물가 상승의 규모를 둘러싼 역사는 Jamil Anderlini, "Chinese Property: A Lofty Ceiling" *Financial Times*, December 13, 2011에서 인용했다.

주택 공급에 따른 효과는 Shang-Jin Wei and Xiaobo Zhang, "The Competitive Saving Motive: Evidence from Rising Sex Ratios and Savings Rates in China," in NBER Working Paper no. 15093 (June 2009)의 분석을 참고했다.

5. 더 이상 노예가 아니다

자신의 글을 나와 공유해 준 마이클 장에게 감사한다.

계급 투쟁과 중산층에 관한 논의는 Li, *China's Emerging Middle Class*와 Xing Lu, "An Ideological/Cultural Analysis of Political Slogans in Communist China," *Discourse Society* 10 (1999): 487; Andrew Scobell and Larry Wortzel, *Civil-Military Change in China: Elites, Institutes, and Ideas After the 16th Party Congress* (Carlisle, PA: U.S. Army War College, 2004), pp. 258, 275n5를 참고했다. 홍콩 대학의 크리스 프

레이저가 맹자를 이해하는 데 도움을 주었고 청리는 내가 오늘날의 공산당 지도자들이 맹자를 이용하는 방식을 이해하도록 도와주었다.

다른 사회주의 국가들과 비교한 중국의 균일성, 새로운 중간 소득 계층의 등장, 집권당, 혁명사 박물관, 보보스족에 관한 이야기는 David S. G. Goodman, *The New Rich in China: Future Rulers, Present Lives* (New York: Routledge, 2008); Anne-Marie Brady, *Marketing Dictatorship: Propaganda and Thought Work in Contemporary China* (Lanham, MD: Rowman and Littlefield, 2009). p. 57; Jing Wang, "Bourgeois Bohemians in China? Neo-Tribes and the Urban Imaginary," *China Quarterly* 183 (September 2005): 10~27을 참조하라.

폴 푸셀이 쓴 책『계급*Class*』은 〈Shenghuo Pinwei: Shehui Dengji de Zuihou Chulu〉 (June 1998)라는 제목으로 중국어판이 나와 있다.

중산층의 전형에 관한 작자 불명의 에세이 제목은 〈Bailing Yunluo, Heiling Shengqi〉이다. http://forum.iask.ca/archive/index.php/t-266552.html에서 확인할 수 있다.

허자오파의 성명서는 "Zhongguo de Xiandaihua Xuyao Shijian Shehuixue— Fang Shehui Xue Jia, Zhongshan Daxue Jiaoshou He Zhaofa" *Shehui Magazine*, no. 6 (1994)에서 확인할 수 있다.

『하버드 소녀』의 성공을 둘러싼 분석은 Andrew Kipnis, "Suzhi: A Keyword Approach," *China Quarterly* 186 (June 2006): 295~313을 참고했다.

중국에서 영어의 역사는 Bob Adamson, *China's English: A History of English in Chinese Education* (Hong Kong: Hong Kong University Press, 2004)을 참고하라.

6. 목숨을 건 도박

미술가 카이궈창은 수많은 농부 다빈치들을 인터뷰하고 그들의 발명품으로 2010년 상하이 록밴드 아트 뮤지엄에서 전시회를 열었다. 이 책에 소개된 인터뷰는 해당 전시회 카탈로그인 Cai Guo-Qiang, *Peasant Da Vincis* 에서 인용했다.

독학으로 자칭 화학자가 된 왕구이핑과 그에 대한 재판 결과는 "Jiangsu Sheng Taizhou Shi Renmin Jianchayuan Su Wang Guiping Yi Weixian Fangfa Weihai Gong-gong Anquan, Xiaoshou Weilie Chanpin. Xubao Zhuce Ziben An," February 20,

2010을 참조하라. 중국 언론에서 보도된 기사로는 Wang Kai, "Qi Er Zaojia Zhe Wang Guiping: Daizou Jiu Tiao Renming de Xiangcun 'Maoxian Jia'" *Sanlian Shenghuo Zhoukan*, June 2, 2006이 있다.

왕깜밍에 대한 살해 음모와 시우원핑 협박 사건을 둘러싼 재판 기록을 기꺼이 제공해 준 홍콩 고등 법원에 감사한다. 자료 요청을 준비하는 과정에서 홍콩 대학 비교 법학 및 공법 센터의 사이먼 N. M.영에게 도움을 받았다. 나는 2011년에 건축 현장에서 시우원핑을 인터뷰했다. 노름꾼 핑을 처음 알게 된 것은 로이터 통신에서 캘리포니아 대학 버클리 캠퍼스 추적 보도 프로그램의 맷 이삭스와 협업으로 2010년 3월에 발행한 기사를 통해서였다. 해당 사건과 관련하여 맷 이삭스는 친절하게도 보다 자세한 정보들을 제공해 주었다.

위험을 즐기는 중국인들의 행동과 마카오의 돈과 관련해서는 Desmond Lam, *The World of Chinese Gambling* (Adelaide: Peacock Publications, 2009); Elke U. Weber and Christopher Hsee, "Cross-National Differences in Risk Preference and Lay Predictions," *Journal of Behavioral Decision Making* 12 (1999): 165~79를 참고하라.

마카오의 비리와 돈세탁에 관련된 미국 정부의 분석은 2011 *International Narcotics Control Strategy Report, Volume II: Money Laundering and Financial Crime*을 참조하라. 트레먼트 캐피털 그룹의 CEO 샘 M. 디지온에게 감사한다. 그는 미국에서 ATM을 이용한 방법을 분석했다. 그 밖에 마카오 조직범죄의 특징은 Roderic Broadhurst and Lee King Wa, "The Transformation of Triad 'Dark Societies' in Hong Kong: The Impact of Law Enforcement, Socia-Economic and Political Change?" in *Security Challenges* (Summer 2009); Angela Veng Mei Leong, "Macau Casinos and Organised Crime," in *Journal of Money Laundering Control* 7, no. 4 (Spring 2004); Zhonglu Zeng and David Forrest, "High Rollers from Mainland China: A Profile Based on 99 Cases," in *UNLV Gaming Research and Review Journal* 13, no. 1 (2009) 등에서 확인할 수 있다.

7. 맛을 들이다

마오쩌둥은 1942년에 「옌안 문예 좌담회 강화」를 통해 그가 생각하는 예술과 문화의 비전을 제시했다. 이 책에 언급된 내용은 3부에서 인용했다. 사회주의 리얼리즘과 현대 미술의 성장에 대한 보다 자세한 정보는 Schell and Delury, *Wealth and Power*; Walter J. Meserve and Ruth I. Meserve, "Evolutionary Realism: China's Path to the Future," in *Journal of South Asian Literature* 27, no. 2 (Summer/Fall 1992): 29~39; Barbara Pollack, *The Wild, Wild East: An American Art Critic's Adventures in China* (Beijing: Timezone 8, 2010)를 참조하라.

옌푸의 영국 방문과 그가 내놓은 번역서의 영향, 중국과 서방의 갈등 관계에 관한 배경 지식은 주로 Schell and Delury, *Wealth and Power*를 참고했다.

중국 드라마 「유럽으로」에 관한 내용은 Pál Nyíri, *Scenic Spots: Chinese Tourism, the State, and Cultural Authority* (Seattle: University of Washington Press, 2011)에서 확인할 수 있다.

고등학생들에 대한 설문 조사는 Yali Zhao, Xiaoguang Zhou, Lihong Huang, "Chinese Students' Knowledge and Thinking about America and China," in *Social Studies* 99, no. 1 (2008): 13~22에 기술되어 있다.

8. 족쇄를 차고 춤추다

중앙 선전부의 역사와 구조, 진화 과정에 대해서는 주로 Anne-Marie Brady가 쓴 두 권의 책 *Marketing Dictatorship*과 *China's Thought Management*를 참고했다. 정치적 산문에 관한 오웰의 언급은 그의 에세이 「정치와 영어Politics and the English Language」(1946)에서 인용했다.

후수리는 친절하게 시간을 내주고 생각을 공유해 주었다. 그녀의 경력을 이해하기 위해 나는 특히 왕쉬, 첸강, 데이비드 반두르스커, 우쓰, 리다퉁 등 수십 명의 언론인과 대화를 나누었다.

중국에서 언론과 표현의 자유를 둘러싼 배경을 이해하기 위해 He Qinglian, *The Fog of Censorship: Media Control in China* (New York: Human Rights in China, 2008); Philip P. Pan, *Out of Mao's Shadow: The Struggle for the Soul of a New China* (New York: Simon & Schuster, 2008)를 참고했다.

9. 민중을 이끄는 자유의 여신

2008년부터 2013년까지 내내 나를 기꺼이 만나 준 탕제에게 신세를 졌다. 그가 제작한 동영상은 www.youtube.com/watch?v=MSTYhYkASsA에서 확인할 수 있다. 운 좋게도 나는 탕제의 아내 완만루를 비롯해 쩡커웨이, 류청광 같은 그의 친구들을 인터뷰할 수 있었고 그들은 몇 시간에 걸친 질문에도 성실히 대답해 주었다. 중국의 민족주의에 대한 공식적인 지지와 교과서 개정을 둘러싼 문제와 관련해서는 William A. Callahan, *China: The Pessoptimist Nation* (Oxford: Oxford University Press, 2010); Hongping Annie Nie, "Gaming, Nationalism, and Ideological Work in Contemporary China: Online Games Based on the War of Resistance Against Japan," *Journal of Contemporary China* 22, no. 81 (January 2013): 499~517; Zheng Wang, *Never Forget National Humiliation: Historical Memory in Chinese Politics and Foreign Relations* (New York: Columbia University Press, 2012)를 참조하라.

팡커청이 표현의 자유와 관련하여 조사한 결과물은 그의 블로그 www.fangkc.com 에 게재된 〈hurt the feelings of the Chinese people〉에서 확인할 수 있다.

10. 기적과 마법 기관차

이 책 전반에는 Lin Yifu, Fang Cai, and Zhou Li, *The China Miracle: Development Strategy and Economic Reform* (Hong Kong: Chinese University of Hong Kong Press, 2003); *Economic Development and Transition: Thought, Strategy, and Viability* (Cambridge, UK: Cambridge University Press, 2009); Lin Yifu and Célestin Monga, "Growth Identification and Facilitation: The Role of the State in the Dynamics of Structural Change," Policy Research Working Paper 5313, World Bank, May 2010; *New Structural Economics: A Framework for Rethinking Development and Policy* (Washington, D.C.: World Bank Publications, 2012); *The Quest for Prosperity: How Developing Economies Can Take Off* (Princeton, NJ: Princeton University Press, 2012) 등 린이푸가 쓴 논문과 책에서 많은 내용이 인용되었다.

중국 경제의 싱크 탱크에 관한 보다 자세한 내용은 Barry Naughton, "China's Economic Think Tanks: Their Changing Role in the 1990s," *China Quarterly* (2002)를 참

조하라.

류샤오보의 글과 인터넷 활용, 행동주의에 관한 이야기는 대체로 내가 그와 교류하면서 직접 확인한 내용들에 근거했다. 그는 중국어로 글을 쓰지만 그가 쓴 책, 시, 수필, 평론 등의 일부가 영어로 번역되어 있다. 나는 류샤오보가 쓴 몇 편의 작품과 Geremie Barmé, "Confession, Redemption, and Death: Liu Xiaobo and the Protest Movement of 1989," in *The Broken Mirror: China After Tiananmen*, reprinted in *China Heritage Quarterly*, March 2009; Perry Link, *Liu Xiaobo's Empty Chair: Chronicling the Reform Movement Beijing Fears Most* (New York: New York Review of Books, 2011); Liu Xiaobo, Perry Link, and Tienchi Martin-Liao, *No Enemies, No Hatred* (Cambridge, MA: Harvard University Press, 2012); Liu Xiaobo, *June Fourth Elegies: Poems,* trans. Jeffrey Yang (Minneapolis, MN: Graywolf Press, 2012) 등을 포함한 여러 저자들의 글을 참고했다.

11. 독주자들의 합창

중국의 발전하는 인터넷 문화를 따라잡기 위해 나는 일단의 웹 사이트를 활용했으며 특히 〈차이나 디지털 타임스〉를 주로 이용했다. 한한은 블로그에 글을 올리거나 책을 쓸 때 중국어를 사용했다. 그의 처녀작이자 가장 성공한 책은 *San Chong Men* (Beijing: Zuojia Chubanshe, 2000)이다. 마이클과 한한 세대가 그들 자신을 묘사하는 방식과 그들 부모가 그들 스스로를 묘사하는 방식을 비교하고 그 차이를 설명하기 위해 기시 젠의 저서 *Tiger Writing*을 이용했다. *Tiger Writing*은 중국인들의 회고록에서 나타나는 세대 간의 차이를 연구한 책이다. 유머를 바로잡고 규제하기 위한 노력의 역사에 관해서는 David Moser, "No Laughing Matter: A Hilarious Investigation into the Destruction of Modern Chinese Humor," posted to Danwei, November 16,2004, www.danwei.org/tv/ stifled_laughter_how_the_commu.php를 참조했다.

12. 저항의 예술

아이웨이웨이는 다작(多作)하는 예술가다. 그가 제작한 영화와 공예품, 건축물, 책도 있지만 학자나 비평가 등이 내놓은 일단의 분석과 번역서도 있다. 문제의 시기를 다룬 책 중 하나로는 Lee Ambrozy, ed. and trans., *Ai Weiwei's Blog: Writings, Interviews, and Digital Rants, 2006-2009* (Cambridge, MA: MIT Press, 2011)가 있다.

아이웨이웨이와 중국 전위 예술의 탄생에 관한 배경은 Karen Smith, *Ai Weiwei* (London: Phaidon Press, 2009); Karen Smith, *Nine Lives* (Beijing: Timezone 8 Limited, 2008); Philip Tinari, "A True Kind of Living," *ArtForum* Summer 2007; Wu Hung, *Making History* (Beijing: Timezone 8, 2008)을 참고했다.

중국어로 된 몇몇 저서들은 아이웨이웨이의 가족과 그들의 배경을 이해하는 데 정말 큰 도움을 주었다. 그의 모친 가오잉이 쓴 솔직한 회고록 *Wo he Ai Qing* (Beijing: Renmin Wenxue Chubanshe, 2012), 그의 동생 아이단이 가족의 뉴욕 생활을 허구를 곁들여 쓴 *Niuyue Zhaji* (Hebei: Huashan Wenyi Chubanshe, 1999), 아버지인 아이칭의 상세한 자서전 *Luo Hanchao and Luo Man, Shidai de Chui Hao Zhe—Ai Qing Zhuan* (Zhejiang: Hangzhou Chubanshe, 2005) 등이다.

13. 일곱 문장

류샤오보의 법정 진술은 페리 링크에 의해 번역되었고 류샤오보, 페리 링크, 마틴랴오 세 사람이 공저한 *No Enemies, No Hatred*라는 책으로 출간되었다. 이 책은 또한 원커젠과 경찰의 이야기도 다룬다. 가오즈성은 "Dark Night, Dark Hood and Kidnapping by Dark Mafia: My Account of More Than 50 Days of Torture in 2007"에서 자신이 구금되었던 상황을 설명했다. 그는 2010년 4월 AP 통신과의 인터뷰에서 행동주의를 포기하겠다는 결심을 밝혔다.

인터넷 검열의 진화와 관련된 세부적인 내용은 Yang, *The Power of the Internet in China*와 Gady Epstein, "Special Report: China and the Internet," *The Economist*, April 6, 2013; Gary King, Jennifer Pan, Margaret E. Roberts, "How Censorship in China Allows Government Criticism but Silences Collective Expression," *American Political Science Review* 107, no. 2 (May 2013): 1~18; Evgeny Morozov, *The Net Delusion: The Dark Side of Internet Freedom* (New York: Public Affairs, 2012); David Bandurski, "China's Guerrilla War for the Web," *Far Eastern Economic Review* (July 2008) 등 다양한 자료를 참조했다.

중국의 〈노벨 컴플렉스〉에 관한 논의에서는 줄리아 러벌과 나눈 대화와 관련 주제를 다룬 그녀의 저서 *The Politics of Cultural Capital: China's Quest for a Nobel Prize in Literature* (Honolulu: University of Hawaii Press, 2006)를 참조했다.

14. 닭장 속 세균

부시장 류제와의 만남에 관한 천광청의 회상은 장이허의 논설 "Chen Guangcheng and Wen Jiaobo: Power vs. Human Rights"에 소개된 내용을 바탕으로 했다. 국가 신 방국에 관한 연구는 위젠룽 교수의 설명을 참고했으며 중국 저항 운동의 전통을 이해하는 데 미네소타 대학의 창팡 교수가 도움을 주었다. 또한 Xi Chen, *Social Protest and Contentious Authoritarianism in China* (Cambridge, UK: Cambridge University Press, 2011); Hofung Hung, *Protest with Chinese Characteristics: Demonstrations, Riots, and Petitionsin the Mid-Qing Dynasty* (New York: Columbia University Press, 2013); Qiang Fang, *Chinese Complaint Systems: Natural Resistance*, Routledge Studies in the Modern History of Asia, vol. 80 (New York: Routledge, 2013)도 많이 참고했다.

15. 모래 폭풍

내가 진행한 인터뷰와 직접 목격한 것 외에도 무위로 돌아간 〈재스민 혁명〉과 관련해 많은 기사들이 발표되었다. 기자들에 대한 물리적인 공격에 관한 세부 내용은 「월스트리트 저널」, CNN과 재중 외신 기자 클럽에 소개되었다. 분석과 연대기는 특히 Scott J. Henderson, "Wither the Jasmine: China's Two-Phase Operation for Cyber Control-in-Depth," *Air and Space Power Chronicles*, Maxwell Air Force Base, AL (First Quarter 2012): 35~47; Dale Swartz, "Jasmine in the Middle Kingdom: Autopsy of China's (Failed) Revolution," American Enterprise Institute for Public Policy Research, no. 1 (April 2011): 1~5를 참고했다.

나와의 인터뷰에서 아이웨이웨이는 체포 당시의 상황을 설명해 주었다. 이 사건과 관련해서는 Barnaby Martin, *Hanging Man: The Arrest of Ai Weiwei* (New York: Macmillan, 2013)도 참고했다.

16. 뇌우

2011년 7월 23일 발생한 열차 충돌 사고를 재구성하기 위해서 나는 철도 공무원, 기술자, 승객, 조사관, 하도급업자, 지역 기자 등 수십 명을 인터뷰했다. 그들 중 대다수는 보복의 위협 때문에 익명으로 남길 원했다. 충돌 사건을 조사한 국무원의 공식 보고서는 가장 중요한 문서 중 하나이며 www.chinasafety.gov.cn/newpage/contents/Channel5498/2011/1228/160577/content_160577.htm에서 〈723 Yongwen Xian Tebic Zhongda Tielu Jialong Shigu Diaocha Baogao〉라는 제목으로 확인할 수 있다.

중국 고속 철도의 성장에 관한 배경 지식은 Paul Amos, Dick Bullock, and Jitendra Sondhi, "High-Speed Rail: The Fast Track to Economic Development?" World Bank, July 2010; Richard Bullock, Andrew Salzberg, Ying Jin, "High-Speed Rail—The First Three Years: Taking the Pulse of China's Emerging Program," *China Transport Topics*, no. 4, World Bank Office, Beijing, February 2012; James McGregor, "China's Drive for 'Indigenous Innovation': A Web of Industrial Policies," report commissioned by the U.S. Chamber of Commerce, July 2010을 참조하라.

류즈쥔과 남동생 류즈샹의 삶과 범죄에 관한 세부적인 내용은 인터뷰와 그들의 재판, 다른 철도계 인물들을 통해 수집되었다. 여기에 더해서 『차이신』과 그 밖의 중국 언론에서 발표한 추적 보도도 참고했다. 류즈샹의 횡령 계획과 하도급자에 대한 살인 공모 사실은 공인된 합법적 신문에서 확인할 수 있다. Rui Jiyun, "Wuhan Tielu Liu Zhixiang Fubai Da An Jubao Shimo" *Jiancha Fengyun* 10 (2006), at www.360doc.com/content/06/0612/08/142_133043.shtml에서 확인할 수 있다.

17. 번쩍이는 건 무조건

후강의 소설과 안내서 중 Fu Shi, *Qing Ci* (Hunan: Hunan Wenyi Chubanshe, 2006); Fu Shi, *Zhongguo Shi Guanxi* (Beijing: Jincheng Chubanshe, 2011) 같은 책들은 뇌물을 먹이는 그의 탁월한 기술을 보여 준다.

보시라이의 추락을 비롯한 오늘날의 비리 사건들은 중국 안팎의 언론에서 다루어진다. 블룸버그 뉴스는 중국 전국 인민 대표 대회 위원들의 순자산을 분석하고 미국 공무원들과 비교한다. 인민 해방군 내의 세부적인 비리는 John Garnaut in "Rotting from Within: Investigating the Massive Corruption of the Chinese Military" *Foreign Policy*, April 16, 2012에서 보도되었다. 마오위시는 자신의 웨이보 계정(http://weibo.com/1235457821/yibTdoQsS)에서 상습적으로 선물을 챙기는 국가 발전 개혁 위원회의 관행을 고발했고 상하이 전문 웹 사이트 〈상하이스트Shanghaiist〉에서 이 문제를 처음으로 정식 보도했다.

중국 내 부패의 역사와 진화에 관련된 보다 자세한 내용은 Melanie Manion, *Corruption by Design: Building Clean Government in Mainland China and Hong Kong* (Cambridge, MA: Harvard University Press, 2004), 114~15; Paolo Mauro, "Corruption and Growth" *Quarterly Journal of Economics* 111, no. 3 (1995): 681~712; Minxin Pei, *China's Trapped Transition: The Limits of Developmental Autocracy* (Cambridge, MA: Harvard University Press, 2006); Minxin Pei, "Corruption Threatens China's Future," Carnegie Endowment for International Peace, Policy Brief no. 55 (2007); Andrew Wedeman, *Double Paradox: Rapid Growth and Rising Corruption in China* (Ithaca, NY: Cornell University Press, 2012)을 참조하라.

18. 냉엄한 진실

중국에서 나타나는 기회와 유동성의 변화를 이해하기 위해 나는 수많은 연구를 참조했다. Cathy Honge Gong, Andrew Leigh, and Xin Meng, "Intergenerational Income Mobility in Urban China," Discussion Paper no. 140, National Centre for Social and Economic Modelling, University of Canberra, 2010; James J. Heckman and Junjian Yi, "Human Capital, Economic Growth, and Inequality in China" NBER Working Paper no. 18100, May 2012; John Knight, "Inequality in China: An Overview," World Bank, 2013; Yingqiang Zhang and Tor Eriksson, "Inequality of Opportunity and Income Inequality in Nine Chinese Provinces, 1989-2006" *China Economic Review* 21, no. 4(2010): 607~16 등이다. 아울러 이 주제와 관련해 조언과 식견을 보여 준 마틴 화이트에게 감사한다.

19. 정신적 공허

베이징에서 사찰의 파괴나 마오쩌둥의 개인 숭배, 그로 비롯된 폭력성 등 1949년 전후로 중국의 신념을 둘러싼 배경 지식은 Geremie Barmé, *Shades of Mao: The Posthumous Cult of the Great Leader* (Armonk, NY, and London: M.E. Sharpe, 1996); Jasper Becker, *City of Heavenly Tranquility: Beijing in the History of China* (New York: Oxford University Press, 2008); Vincent Goossaert and David A. Palmer, *The Religious Question in Modern China* (Chicago: University of Chicago Press, 2011); Melissa Schrift, *Biography of a Chairman Mao Badge: The Creation and Mass Consumption of a Personality Cult* (New Brunswick NJ: Rutgers University Press, 2001); Daniel Leese, *The Mao Cult: Rhetoric and Ritual in China's Cultural Revolution* (Cambridge, UK: Cambridge University Press, 2013); Alfreda Murck, *Mao's Golden Mangoes and the Cultural Revolution* (Zurich: Verlag Scheidegger and Spiess, 2013)을 참조하라.

공자의 말은 제임스 레그의 번역을 사용했다. 〈국학〉에 관한 논의와 공자의 부활을 둘러싼 논란은 프랑스 현대 중국 센터에서 발간한 *China Perspectives* (2011/1) 중 〈The National Learning Revival〉을 참고했다.

라오서의 아들 수이에게도 신세를 많이 졌다. 그는 나를 집으로 초대해서 아버지의 죽음에 관한 이야기를 들려주었다. 라오서의 죽음을 둘러싼 학자 푸광밍의 구두 설명도 많은 도움이 되었다.

20. 지나치다

샤오웨웨의 이야기는 인터뷰와 감시 카메라 화면, 중국 언론의 보도 내용을 바탕으로 재구성되었다. 특히 문제의 운전사 후쥔의 변호사이면서 조사 기록과 관련 사진들을 공유해 준 리왕둥에게 감사한다. 인류학자 저우루난은 하드웨어 시티의 동학과 역사에 관한 상세한 보고서뿐 아니라 해당 사건에 대한 의견을 제공해 주었다.

중국의 착한 사마리아인에 관한 분석은 Yunxiang Yan, "The Good Samaritan's New Trouble: A Study of the Changing Moral Landscape in Contemporary China" *Social Anthropology/Anthropologie Sociale* 17, no. 1 (February 2009): 19~24를 참고하라.

키티 제노비스 사건을 인용하는 과정에서 *Kitty Genovese: The Murder, the Bystanders, the Crime that Changed America* (New York: W.W. Norton, 2014)의 저자 케빈 쿡에게 도움을 받았다. 아울러 Rachel Manning, Mark Levine, and Alan Collins, "The Kitty Genovese Murder and the Social Psychology of Helping: The Parable of the 38 Witnesses," *American Psychologist*, September 2007: 555~62도 참고했다.

21. 영혼을 살찌우다

중국에서 신앙 공동체에 기자를 받아들이는 것은 매우 위험한 일이다. 나는 「시카고 트리뷴」과 『뉴요커』에서 일하는 동안 운 좋게도 그 같은 기회를 얻었다. 사전 준비 과정에서 Goossaert and Palmer, *The Religious Question in Modern China*에 더해 Fenggang Yang, *Religion in China: Survival and Revival Under Communist Rule* (New York: Oxford University Press, 2011)을 참고했다.

22. 문화 전쟁

무룽쉐춘의 〈무명의 검열관에게 보내는 공개 항의서〉는 중국어판 「뉴욕 타임스」에 처음 게재되었고 익명의 번역자가 영어로 번역했다. 한한과 팡저우즈의 갈등은 중국 언론과 블로그에서 대대적으로 다루어졌다. 나와의 인터뷰에 포함되어 있지 않은 팡저우즈의 주장은 대부분 그의 웹 사이트 http://fangzhouzi.blog.hexun.com/에서 확인할 수 있다. 조엘 마르틴센의 유용한 분석은 www.danwei.com/blog-fight-of-the-month-han-han-the-novelist-versus-fang-zhouzi-the-fraud-buster/를 참조하라.

23. 믿음을 가진 사람들

탕제의 설명과 동영상은 그의 사이트 〈두자왕dujiawang〉에서 볼 수 있다. 나는 린이푸가 세계은행에 근무할 당시 그와 친분을 유지했던 세계은행 직원들을 인터뷰했다. 중국 경제의 미래에 관한 야오양의 논설은 2010년 2월 『포린 어페어스』에서 〈The End of the Beijing Consensus: Can China's Model of Authoritarian Growth Survive?〉라는 제목으로 발표되었다. 천윈잉은 2012년 3월 타이완 언론과의 인터뷰에서 남편이 타이완을 방문할 수 있게 되길 바라는 심정을 밝혔다.

24. 탈출

천광청 사건과 관련하여 허페이룽을 비롯한 몇몇 미국 공무원들에게 도움을 받았다. 그들은 천광청의 둥시구 마을 탈출에 관한 견해를 공유해 주었다. 그 밖의 세부 사항은 천광청이 〈슈피겔 온라인〉, 〈아이선 어페어스〉와 인터뷰한 내용 및 〈휴먼 라이츠 인 차이나〉, 〈글로벌 보이시스〉, 〈차이나 디지털 타임스〉의 보도 내용을 참고했다.

탄광의 사망 사고를 둘러싼 비밀주의는 Tu Jianjun, "Coal Mining Safety: China's Achilles' Heel," *China Security* 3, no. 2 (2007): 36~53을 참조하라.

에필로그

자이샤오빙이 체포된 사건은 미 의회-행정부 중국 위원회의 웹 사이트에 소개되었다. 탁구공과 풍선을 금지한 문건 사본은 최초 Luhuahua라는 유저에 의해 웨이보에 게재되었다. 류즈췬의 변호사 첸례양은 나와의 인터뷰를 통해 류즈췬에게 제기된 혐의 중 일부에 대해 궁금증을 해결해 주었다. 치샹푸의 시와 비망록은 http://hi.baidu.com/abc87614332를 포함한 몇몇 웹 사이트에서 확인할 수 있다.

여론 조사 결과와 만족도에 관한 부분은 Richard A. Easterlin, Robson Morgan, Malgorzata Switek, Fei Wang, "China's Life Satisfaction, 1990-2010" *PNAS Early Edition*, April 6, 2012를 참조하라.

감사의 말

조부모님 중 누구도 생전에 이 책을 보지는 못했지만 그분들이 이 책의 시발점이었다. 조부모님인 조지프와 마르타 오스노스는 1939년에 히틀러가 폴란드를 침공했을 때 바르샤바를 탈출했다. 이후 루마니아, 터키, 이라크, 인도를 거쳐 뉴욕에 정착해 새롭게 출발했다(그 여정 중간에 뭄바이에서 아버지 피터가 태어났다). 조지프 할아버지는 에어컨 관련 사업을 했고 마르타 할머니는 생화학자였다. 나의 가운데 이름은 내가 전혀 알지 못하는 사촌 얀 리자드에게서 따온 것인데 그는 영국 공군 소속의 폴란드 전투기 중대 조종사로 생을 마감했다. 외할아버지 앨버트 시어러는 미국 외교관으로 외할머니 캐럴과 함께 동구권 국가에서 파견 생활을 했다. 그러던 중 1951년 부다페스트에서 소련의 지원을 받는 정부가 외할아버지의 간첩 혐의를 제기했고 가족들은 24시간 안에 헝가리를 떠나라는 명령을 받았다. 이 사건은 「시카고 데일리 뉴스」에 〈공산당이 양키를 내쫓다〉라는 제목으로 다루어졌다. 우리 집안에 이런 경험들에서 비롯된 잠재된 기억들이 있었기에 나는 나이가 들수록 독재 체제에서 살아가는 사람들의 기록되지 않은 경험들에 호기심을 느꼈다.

중국에 머무는 동안 나는 무엇보다 이 책에서 삶을 소개한 사람들에게 도움을 받았다. 그것이 약점이든, 열정이든, 개인적인 선택이든 자신을 너무 많이 보여 준다는 것은 중국에서 위험을 초래할 수도 있는 문제였다. 그럼에도 그들은 수년에 걸쳐 언제나 나를 기꺼이 맞아 주었다. 그들로서는 더 이상 물어볼 것이 없을 거라는 생각이 들 때도 마찬가지였다. 물론 이 책에 언급된 사람들 말고도 공무원이나 궁벽한 어떤 마을에 사는 사람들처럼 익명으로 남을 필요가 있는 사람들도 많았다. 인터뷰에 응해 준 그들의 용기에 감사한다.

중국에서 지내는 수년 동안 가장 즐거웠던 일 중 하나는 중국과 관련한 일에 종사하는 재능 있는 친구들과 어울리는 것이었다. 여기에 그들을 소개한다. 앤드루 안드레아센, 스티븐 앵글, 마이클 앤티, 앤지 베커, 빌 비숍, 타니아 브래니건, 크리스 버클리, 로리 버킷, 차오 하일리, 레슬리 창, 클리포드 코난, 이디스 코론, 맥스 던컨, 사이먼 엘러건트, 리타 홍 핀처, 제이미 플로크루즈, 피터 포드, 마이클 포르시스, 폴 프렌치, 앨리슨 프리드먼, 존 가넷, 존 기섹, 톰 골드, 제러미 골드콘, 조나 그린버그, 엘리자베스 해널, 폴 해널, 피터 헤슬러, 이자벨 홀든, 존 홀든, 루시 혼비, 앤드루 제이컵스, 이언 존슨, 조지프 칸, 톰 켈로그, 앨리슨 클레이먼, 엘리자베스 크놉, 아서 크로버, 카이저 쿠오, 크리스티나 라슨, 톰 레시터, 댄 레빈, 루이자 림, 필 리시오, 줄리어 러벌, H. S. 류, 조 러스비.

메리 카이 메지스태드, 마크 맥키넌, 시몬 몬트레이크, 리처드 맥그리거, 앤드루 메이어, 폴 무니, 앨리슨 무어, 데이비드 머피, 제러미 페이지, 제인 펄레즈, 닉 플랫, 쉴라 플랫, 존 폼프렛, 친 리원, 시몬 라비노비츠, 에이프릴 랍킨, 오스틴 램지, 크리스 레이놀즈, 티프 로버츠, 앤디 로스먼, 질 사브리, 마이클 슈만, 클라리사 시백 몬티피오리, 수전 쉬르크, 캐런 스미스, 쿠미 스미스, 매건 스택, 앤 스티븐슨-양, 안야 스티글리츠, 조지프 스티글리츠, 디디 크리스틴 태틀로, 필립 티나리, 왕웨이, 외르크 부트케, 램버트 얌, 유니스 윤, 쿤쿤 위, 젠잉 자, 장리자, 메이 장, 위엔 리. 작고한 UCLA의 리처드 바움은 중국 사회에 대한 자료의 원천으로서 〈차이나폴〉을 설립했으며 우리 모두를 보다 현명하게 만들어 주었다.

특히 제레미 바르메, 니컬러스 비퀼런, 이라 벨킨, 앤핑 친, 던 클라크, 제롬 코언, 폴 게위츠, 황야성, 빌 커비, 로드릭 맥파커, 빅터 메어, 데이비드 모세르, 바리 노튼, 민신 페이, 빅터 스, 샤오페이 톈, 소피 볼프, 제프리 워서스트롬에게 감사한다. 그들은 조언과 전문적인 지식을 공유해 주었다.

에이미 앤스필드, 조너선 앤스필드, 해나 비치, 파니 천, 엘리너 코널리, 존 들러리, 바버라 데미크, 마이클 도너후, 캐디 엡스타인, 에드 가르강, 뎁 팔로스, 제임스 팔로스, 미셸 가닛, 호르헤 구아하르도, 수전 제이크스, 조너선 랜드레스, 브룩 라머, 더니 로런스, 우 리, 리오 루이스, 전 린-류, 멀린다 류, 제인 매카트니, 제임스 맥그리거, 알렉사 올슨, 필립 판, 에르베 파우제, 현주 로, 리사 로빈스, 제프 프레스콧, 파올라 새다, 세라 셰이퍼, 바이팡 셸, 오빌 셸, 카를라 스나이더, 닉 스나이더, 크레이그 시몬스, 코미노 타무라, 탕 디, 앨리스터 손턴, 티니 트란, 앨릭스 트래블리, 앨릭스 왕, 앨런 휘틀리, 에드워드 웡, 장샤오광 등 이들이 없는 베이징 생활은 상상도 할 수 없으며 그들 모두를 사랑한다.

나를 포함한 해외 특파원들에게 지원을 아끼지 않는 외신 기자 클럽과 아시아 소사이어티에도 감사를 전한다. 내내 지원과 관심을 보여 준 허버트 앨런 3세에게 특히 감사한다. 중국에 관한 논의에 처음으로 나를 초대해 준 이후로 나는 내가 소개한 커뮤니티보다 그를 통해 알게 된 커뮤니티에서 훨씬 많은 것을 배웠다.

이 책을 쓰면서 개러스 콜린스, 데빈 코리건, 제이컵 프로머, 구웅챵, 후밍 장, 조던 리, 파예 리, 맥스 클라인, 웬디 찬, 에이미 친, 게리 왕, 데비 우, 쑤 완,

양샤오 같은 훌륭한 젊은 기자들과 조사원들에게 수시로 많은 도움을 받았다. 그뿐 아니라 그들은 인터뷰를 필사하고 번역해 주기도 했다. 루한만큼 이 주제들을 가지고 나와 많은 시간을 함께한 사람도 없으며, 나는 전문성과 훌륭하고 공정한 판단을 해준 그녀에게 많은 신세를 졌다.

이 책의 일정 부분은 내가 「시카고 트리뷴」에 기고했던 내용을 담고 있다. 어느 해 여름 인턴으로 입사한 뒤로 그곳에서 9년 동안 근무했으며 해당 기간 중 대부분을 해외에서 지냈다. 나를 해외로 파견하고 우정을 나누어 준 리사 앤더슨, 조지 드 라마, 앤 마리 리핀스키, 케리 루르트, 팀 맥널티, 폴 살로페크, 짐 오시어, 하워드 타이너에게 감사한다.

지난 6년 동안 직업적으로 내게 고향 같았던 『뉴요커』에서는 데이비드 램닉, 도러시 위켄덴, 존 버넷이 나를 작가로 만들어 주었다. 그들의 놀라운 능력과 판단력은 내게 일종의 기준이 되었다. 피터 캔비의 사실 확인 팀, 특히 장엔 판은 우리 작업의 완성도를 높여 주었다. 닉 톰프슨과 에이미 데이비드슨은 내가 이 책에 빠져 있는 동안 글을 쓰고 생각할 수 있는 장소를 제공해 주었다. 존은 절대로 흔들리지 않는 기준을 가진 편집자다. 데이비드와 도러시 그리고 그들을 돕는 애나 알트먼은 그들의 견해가 절실할 때 원고를 읽어 주었다. 바버라 데미크, 가디 엡스타인, 이언 존슨, 제프리 워서스트롬을 비롯한 여러 친구들도 책이 완성되는 과정에서 계속 원고를 확인해 주었다. 그들은 이 책 곳곳에서 자신들이 보여 준 현명한 관찰의 흔적들을 발견하게 될 것이다.

중국에 가기 전 내가 〈패러, 슈트라우스 앤드 지루〉 출판사의 조너선 갈라시를 방문했을 때 그는 올바른 책을 찾고 인내심을 가지라는 조언을 해 주었다. 그리고 내가 그런 책을 찾자, 그는 작가라면 누구나 닮길 원하는 주의 깊고, 분석적이며, 지칠 줄 모르고, 유머까지 겸비한 에릭 친스키와 함께 작업할 수 있는 기회를 선물했다. 〈패러, 슈트라우스 앤드 지루〉에서 창의성을 보여 주고 내게 신경을 써준 나온 초, 가브리엘라 두브, 데브라 헬펀드, 크리스 피터슨, 제프 세로이, 사리타 바르마에게도 감사한다.

제니퍼 조엘을 처음 만난 것은 우리가 갓 10대를 벗어났을 때였다. 그녀가 저작권 대리인이 되었을 때 나는 그녀의 고객이 되어 한 명의 독자와 대리인으로서 그녀가 보여 준 탁월한 재능의 덕을 보았다. ICM에서 일하는 그녀와 그녀를 돕는 클레이 이젤, 매들린 오스본이 보여 준 전문성과 관심에 감사한다.

커다란 가족이자 서로에게 헌신적인 가족의 일원으로서, 거의 10년 동안 명절과 생일을 챙기지 못하고 가끔 방문할 때조차 시차증 때문에 멍한 모습만 보였음에도 이를 참아 준 이들에게 감사한다. 현명한 어머니 수전은 세상 어느 곳에서든 우리가 편안하게 느끼고 중요한 가치를 위해 자신의 목소리를 낼 수 있도록 가르쳤다. 기자이자 발행인인 아버지는 영원한 나의 멘토이자 영감을 주는 협력자이다. 똑똑한 누이 캐서린 샌퍼드와 매형 콜린은 나의 영혼을 살찌웠고 힘을 주었다. 조카 벤, 피, 피트, 메이는 가족의 의미를 일깨워 주었다.

세라베스 버먼은 1년 예정으로 베이징을 방문했다가 나를 만났다. 7년 뒤 우리는 함께 미국으로 돌아와 결혼했다. 중국은 내게 세라베스를 선물했고 그 사실 하나만으로도 나는 중국에 감사한다. 그녀는 내게 또 다른 가족을 선물했다. 루스 님조프와 해리스 버먼, 킴 버먼과 파자드 모스타샤리, 먼디 리 버먼과 세스 버먼, 리베카 버먼, 프랭클린 황이다. 세라베스의 사랑과 모든 단어를 소리 내서 읽어 보는 지혜, 무엇보다 그녀의 웃음은 나를 지탱해 준 힘이다. 그녀의 타고난 판단력은 모든 문장을 완성도 높게 만들어 주었다. 감사의 글을 제외하면 이 책의 모든 문장은 그녀의 최종적인 확인과 함께 완성되었다.

찾아보기

옮긴이의 말

이 책의 저자가 처음 중국을 방문한 1996년, 나는 미국의 한 시골 대학에서 공부하고 있었다. 겨울의 어느 날이었다. 워낙에 추운 지방이었기 때문에 강의실의 창문은 모두 닫혀 있었고 라디에이터가 아침부터 뜨거운 김을 내뿜고 있었다. 언제부터인가 좁은 실내에서 이상야릇한 역한 냄새가 스멀거리기 시작했고 눈치를 살피니 다른 학생들도 같은 냄새를 맡은 모양이었다. 표정들이 하나같이 심상치 않았다. 수업 후에 따뜻하게 입을 요량으로 라디에이터에 벗어 놓은 누군가의 오래된 겉옷이 문제였다. 인내심이 바닥난 한 학생이 슬며시 창문을 열었다. 옷은 어느새 바닥에 내팽개쳐져 있었다. 옷 주인은 그동안 특별히 눈에 띄지 않던 중국인 남학생이었다. 그 사건을 계기로 단박에 그는 다른 학생들에게 자신의 존재를 각인시켰다.

불미스럽게 유명세를 얻는 그 남학생은 약간 덩치가 컸고 왠지 익숙한 짧은 머리에 커다란 안경을 썼으며 들리는 바로는 중국 국비 유학생이라고 했다. 당시는 중국의 이민법이 개정된 첫해이기도 했다. 국비 유학생이라고? 흔히 말하듯 공감 능력이 부족한 천재였던가? 그는 평소에도 늘 과묵하고 진지했

562

다. 나중에 알고 보니 나와 기숙사도 같았다. 그럼에도 강의실이나 가끔 도서관에 모습을 보일 뿐 일단 기숙사로 돌아오면 두문불출이었다. 농구를 할 때만큼은 예외였다. 그는 농구를 무척 좋아했고 다른 학생들과 어울릴 때 보면 으레 농구를 하고 있었다.

20년 전이었고 내내 잊고 지내다가 이 책을 번역하면서 그 중국인 유학생이 계속 머릿속 주변을 어슬렁거렸다. 이제 이름도 기억나지 않는 그는 중국으로 돌아가서 탕제 같은 사람이 되었을까? 한한이 되었을까? 류즈쥔이나 아이웨이웨이가 되었을까? 어쨌거나 주역은 아닐지라도 최소한 레이펑처럼 혁명이라는 기계의 〈작은 나사못〉이 되었을 터였다.

우리에게 중국은 익숙한 나라다. 우리나라 역사책에 등장하는 모습이나 가끔씩 접하는 중국 사상가들의 금언, 삼국지나 손자병법 같은 책에서 연상되는 것만으로도 중국에 대해서는 솔직히 이미 알 만큼 아는 것 같다. 오늘날의 중국은 굳이 군사력이나 각종 경제 지표를 들먹이지 않더라도 미국과 어깨를 견주는 강대국이다. 그들은 구소련의 붕괴 이후에도 계속해서 사회주의 노선을 고수해 왔고 그럼에도 시장 경제를 도입했으며 오늘날 자타가 인정하는 세계의 공장이 되었다.

이 책은 공산주의 체제하에서 문호를 개방한 이래로 사회주의와 자본주의, 민족주의와 진보주의, 경제적 자유와 언론 탄압, 경제 전문가이자 공산주의자인 관료들, 그들의 부정부패, 그 밖의 다양한 기회와 제한 등 자기모순적인 모습으로 분열된 오늘날의 중국에서 살아가는 다양한 사람들의 삶을 밀착해서 보여 준다. 그들의 원초적이고 목표 지향적인 인생관과 시행착오, 이기주의, 열정 등은 우리 아버지나 할아버지 세대의 그것과 닮아 있다. 그들이 우리보다 시대적으로 얼마나 뒤떨어졌는지 이야기하는 것이 아니다. 배고픈 시절을 겪어 본 사람들이 새로운 시대를 맞아 기회를 움켜잡고자 노력하는 모습이 닮았다는 이야기다. 자신의 현실과 밀착된 신념과 야망이 닮았다는 것이다. 모든 인생살이가 그렇듯 내 신념이 항상 옳거나 내 야망이 늘 바람직한 결과로 이어지는 것은 아니다. 비록 부작용이나 실패를 겪기도 하지만 그들은 각자의 신념과 야망을 가지고 나름의 방식대로 21세기를 열정적으로 살아간다. 그들의 삶 역시 우리의 삶과 마찬가지로 현재 진행형이다.

옮긴이 **고기탁**은 한국외국어대학교 불어과를 졸업했으며, 펍헙 번역그룹에서 전업 번역가로 일한다. 옮긴 책으로는 『부모와 다른 아이들』, 『이노베이터의 탄생』, 『속임수에 대한 거의 모든 것』, 『공감의 진화』, 『사회 참여 예술이란 무엇인가』, 『멋지게 나이 드는 기술』, 『유혹하는 책 읽기』 등이 있다.

야망의 시대 새로운 중국의 부, 진실, 믿음

발행일 2015년 7월 10일 초판 1쇄
2019년 3월 20일 초판 7쇄

지은이 에번 오스노스
옮긴이 고기탁
발행인 홍지웅 · 홍예빈
발행처 주식회사 열린책들

경기도 파주시 문발로 253 파주출판도시
전화 031-955-4000 팩스 031-955-4004
www.openbooks.co.kr

Copyright (C) 주식회사 열린책들, 2015, *Printed in Korea.*
ISBN 978-89-329-1723-8 03300

이 도서의 국립중앙도서관 출판시도서목록(CIP)은 서지정보유통지원시스템 홈페이지(http://seoji.nl.go.kr)와
국가자료 공동목록시스템 (http://www.nl.go.kr/kolisnet)에서 이용하실 수 있습니다. (CIP제어번호 : CIP2015017077)